법과 혁명 II

그리스도교가
서양법 전통에 미친 영향(後)

법과 혁명 II

그리스도교가
서양법 전통에 미친 영향(後)

해롤드 버만 지음·김철 옮기고 주석

Harold J. Berman

LAW and REVOLUTION, II

translation & commentary
by
Chull Kim

Law and Revolution II
The Impact of the Protestant Reformations
on the Western Legal Tradition
by
Harold J. Berman

■ 해롤드 버만 교수와 "법과 혁명": 옮긴이의 서문

1. 해롤드 버만 교수는 20세기와 21세기에 걸친 세계적인 법학자이자, 인문 사회과학계에서도 존중과 칭송받는 학자이다. 이런 의미에서 로스코 파운드, 론 풀러, 막스 베버(Max Weber)와 비견되는 예로 지적된다.

2. 그는 1917년에 태어나 1930년대의 세계 대공황, 1933년의 히틀러의 대두, 1938년의 세계대전 발발과 세계대전, 그리고 1945년 8월에 2차 세계대전의 종막을 겪었고(유럽전쟁에 참전하였다), 전후 미·소 냉전시대를 거쳐서, 냉전질서에 이완이 가시화되던 고르바쵸프의 페레스트로이카 시대, 그리고 드디어 1989년 가을의 베를린 장벽붕괴에 잇따른 중동부 유럽 전체의 공산주의의 붕괴와 마침내는 1917년 이후 1차 세계 대전 종전 이후 약 72년간 존속하였던 소비에트 연방공화국의 붕괴를 직접 체험하였다.

3. 사회주의 법 가족의 붕괴와 해체 전후의 이른바 교량기간(the Bridge Years) 동안, 그는 공산주의 이후의 중동부 유럽과 러시아 연방에 "서양법 전통"의 전통과 역사를 새로운 질서의 근간으로

하는 법치주의를 수립하는 데 진력하였다. 또한 2006년 여름에는 중국 대륙의 4개 도시의 순회강연을 통해서 수천 명의 중국학자들에게 강의하였다. 그의 생애를 통해서 버만 교수는 약 40개국 이상의 나라에서 천 번 이상의 공개강좌를 행하였다.

4. 『법과 혁명 Ⅰ-서양법 전통의 형성』(원저 1983년, 한국어 번역본 2013년)은 도이치어, 프랑스어, 이탈리아어, 스페인어, 러시아어, 폴란드어, 리투아니아어로 번역되었으며, 중국어와 일본어로도 번역되어 있다. 그의 다른 저술은 합쳐서 20개국 이상의 언어로써 세계 각국에서 읽히고 있다.

5. 해롤드 버만 교수는, 하버드 로스쿨에서 가장 업적이 탁월한 교수에게 주어지는 두 가지의 특별 교수직으로 37년간을 재직하고, 68세 때 남부의 하버드라고 불리는 에모리 대학이 최초로 주는 특별 교수직으로 다시 22년간을 에모리 로스쿨에서 재직하였다. 그의 영향으로, 에모리 대학의 법과 종교 연구센터(the Center for the Study of Law & Religion)가 설립되었다. 그는 또한 동서냉전이 격렬하던 1955년 이후 1989년 동유럽 러시아혁명 이전에도, 학자의 신분으로 당시 소비에트 러시아에서 모스크바 법과대학을 베이스로 해서 50회 이상 강의와 연구 프로젝트를 행하고, 모스코바에 아메리카 법 센터(the American Law Center in Moscow)를 창설하였다.

6. 공산주의가 붕괴 해체된, 1989년 동유럽 러시아혁명 이후에도, 동유럽과 대륙 중국에서 가장 신뢰되고, 자주 인용되는 학자이

다. 그는 신흥 민주주의 국가에서의, 신뢰, 평화, 정의를 확립하고, 불평등을 교정하기 위해서, 세계법 기구(the World Law Institute)를 공동 창설하였다. 이 기구는 세계법(world law) 교육 프로그램과, 2000년에 부다페스트의 중앙 유럽대학(Central European University in Budapest)과 모스코바에, 세계법 아카데미(Academy of World Law)를 개설하였다.

7. 버만은 로스코 파운드, 칼 르웰린, 론 풀러에 이어서 20세기 법학교육에 있어서의 거인으로 평가되고 있다(James T Laney). 로스코 파운드는 하버드 로스쿨의 실질적인 건설자이고, 론 풀러 역시 2차 세계대전 이후 전후 세계질서와 관계된 자연법론자로서 하버드 로스쿨을 베이스로 해서 2015년 한국의 법학계까지 영향을 미치고 있는 전설적 인물이다. 칼 르웰린은 법 현실주의로 뉴딜 법학에 관계 된다.

8. "버만의 법과 혁명(Law and Revolution)은, 모든 것이 잊혀지고 나서도, 세월을 초월해서 빛을 발할 것이다(칼라브레시, Calabresi)."

"법의 근대성(legal modernity)을 역사적으로 비교하여 이해하는 데 있어서, 버만은 막스 베버와 짝이 될 수 있는 유일한 인물이다 (칼라브레시, Calabresi)."

"법과 혁명은, 금세대에 있어서, 법과 제도에 대한 가장 중요한 업적이 될 수 있다(전미 변호사협회, 아메리카 정치학 리뷰)."

9. 이러한 세계 법학과 인문 사회 과학계의 거인이 한국에 소개된 바가 극히 최근이라는 것은 놀랄 만한 일이다. 옮기고 주석 붙인 필자가, *The Interaction of Law and Religion*(1974)을 한국어로 옮겨『종교와 제도 - 문명과 역사적 법이론』(1992)으로 한국에서 출간한 것이 논문을 제외한 단행본으로는 처음이었고,『법과 혁명 Ⅰ - 서양법 전통의 형성』을 2013년에 출간한 것이 본격적인 저술의 두 번째 소개였다.

10. 이제『법과 혁명 Ⅰ』이후, 버만이 20년의 세월이 걸려서, 최후의 대작으로, 집대성한『법과 혁명 Ⅱ - 그리스도교가 서양법 전통에 미친 영향』을 한국어로 옮기고, 주석을 달고, 한국어 독자의 이해의 편의를 위하여, 가외의 부록을 붙여서, 출간하기로 하면서, 방대한 분량때문에; 총론과 도이치 종교개혁은 전편으로, 청교도 혁명과 부록은 후편으로 두 권으로 나눌 수밖에 없었음을 밝힌다. 도와주신 분들에게의 깊은 감사는 책 끝의 옮기고 정리한 사람의 후기를 참조해주었으면 좋겠다.

2016년 1월

옮기고, 정리해서, 주석을 붙인 김철

■ 해롤드 버만의 서문

만만치 않은 부제목과 엄청난 각주에도 불구하고 이 책은 법학도만이 아니라, 또한 비법학도들을 위해서 쓰인 것이다. 실로 이책은 전문적인 주제인 법에 관한 것이다. 그러나 법은 전문가들에게만 맡겨두기에는 너무 중요하다. 실로 법은 대부분의 생각하는 사람들의 마음속에 있다. 입법가들의 정책과 행동, 정부 규제와 절차, 그리고 비정부기구의 것들, 판사들의 결정은 모든 주요 정보 미디어에서 눈에 띄게 보도된다. 국제 관계든 정치캠페인이든, 경제, 범죄, 인종, 여성문제 그리고 스포츠에 관한 사항들이다.

이 책은 또한 역사를 다루고 있고, 종교를 다루고 있는데, 이것역시 전문가들에게만 맡겨두기에는 너무 중요하다. 전문가들은 개별적인 세부 전공에 지나치게 집착하는 경향이 있다. **법을 역사와 종교와 함께 고찰하는 전문가는 드문데, 실지로는 이 세 개가 눈에 띄는 방식으로 서로 겹치고 있다.** 현대에 와서 법을, 다른 주제와 함께 학제적으로 생각하는 저명한 법학자들조차도, 정치학쯤을 같이 놓고 생각할 뿐이다.[1]

법의 생명은 어느 사회의 정치뿐 아니라 그 사회의 도덕적 가치

---

1) 옮긴이 주석: 법학과 경제학의 학제적 연구에 대하여는 김철, 법과 경제 3부작 (2009.3, 2009.9, 2014) 참조.

와 역사적 경험과 분리될 수 없게 연결되어 있다고 믿는 사람들에게는, 전문가가 자기 전공 만에 집착하는 것은, 힘들게 느낀다. 『법과 혁명』 1권을 읽은 법학 전문가나 역사가들과 대부분의 사람들은, 이 책에서의, 새로운 발견에 놀랐을 것이다. **서양법 전통(Western Legal Tradition)은 12세기와 13세기에 교황의 혁명(Papal Revolution)의 영향으로 형성되었으며, 교황의 혁명은 로마 가톨릭 교회의 위계를, 황제, 왕, 봉건 영주의 지배로부터 해방시켰으며, 최초의 근대적 서양 법체제인 로마 가톨릭 교회법(canon law)의 창설로 결과되었다.** 여기에 대한 응수로, 왕의 법, 봉건법, 도시법 그리고 상인법이라는 세속 법체계가 유럽 전역에서 점진적으로 형성되었다.

성속(聖俗)의 구별에 따른 재판 관할권의 이원론(즉 교회 법원과 세속 법원의 양립)과, 같은 정치 공동체 내에서의 세속 법원 내의 재판 관할권의 복수주의는, 서양법 전통의 형성의 심장부였다. 법학 전문가나 역사 전문가들과 함께 비전문 일반인들은 새로운 사실에 접하게 된다. **게르만의 루터주의와 잉글랜드의 칼뱅주의가, 16세기 초에서 18세기 초까지 서양법 전통의 변용에 엄청난 영향을 끼쳤다는 사실, 프로테스탄티즘이 정신적 권위와 정신적 책임감을, 여러 지역 영방과 민족 국가의 세속 입법가들에게 옮겼는데,** 이들의 주권적 권위가 이전에는 자율적이었던 모든 재판 관할권을 포함하고 있다. 그래서 세속법은 국가화되는 동시에 정신화 되어 왔다고 할 수 있다. 이 중요한 역사적 사건은, 20세기 이전 세대의 역사가들에게는 잘 알려졌으나, 20세기에 와서는 거의 잊혔는데, 세속주의 자체가 세속화되고, 서양의 공통적인 법적 유산은 강한 민족주의로 용해되었다.

지나간 세기들에서 로마 가톨릭과 프로테스탄트 그리스도교가

서양법 전통에 미친 영향을 기억하는 것이 왜 중요한가?

첫째로, 우리는 그 전통의 유산 상속자들이며, 근대 이후의 법은, 그 영향의 산물이기 때문이다. 우리는 우리들의 법세노가 어떻게 현재의 것으로 왔는가를 모르고서는, 우리들의 법제도를 이해할 수 없다. 마치 만약 사람이, 어떻게 현재 상태까지 오게 되었는가를 모르고서는, 현재의 우리를 알 수 없는 것과 마찬가지이다. 우리들의 역사는 우리들의 집합적 기억(group memory)이고, 그것이 없다면 집합체로서의 우리는 없을 것이다. 만약 우리가 단지 현재에만 산다면, 우리는 기억 상실증으로 고통받을 것인데, 어디서 우리가 왔으며, 어디로 우리가 가는가를 모르는, 사회적 건망증일 것이다.

두 번째는, 과거에 대한 지식 없이는 미래를 향한 확실한 근거 있는 헌신은 없을 것이다. 에드먼드 버크(Edmund Burke)가 2세기 이상 전에 가르친 것처럼, 조상 때의 과거를 돌아보지 않는 국민은, 그 장래를 예측할 수도 없다. 떼이아르 드 샤르뎅(Teilhard de Chardin)의 말처럼, 미래가 어떻게 건설될지를 알려주는 것은 과거이다.

세 번째로, 우리들의 법적 유산은, 역사적으로 각기 다른 형태의 그리스도교 신앙에 뿌리를 두고 있다고 하는 것이 중요하다. 최근 세대에서 그 사실은 망각되었고, 그 결과로 우리는 더 이상 현재 지배하는 법적 제도의 기초로 깔려 있는, 근본적 확신을 더 이상 확인하지 못하고 있다. 1952년에 미합중국 최고법원 판사는 판결 의견에서, 아메리카인들은 "**그들의 모든 제도가 지고(至高)의 존재(a Supreme Being)를 전제로 하고 있는 종교적인 국민(religious people)이다**"라고 할 수 있었다.[2)3)] 오늘날에도 정치가나 다른 분야에서는 그런 소리를 할 수 있겠으나, 더 이상 법원에서는 하지 않는다. 법적으로, 종교는 개개인의 사적인 일들이 되었고, 대체로 법적인 논의에서는 떨어져 나갔다. 오늘날에는 어떤 새로운 근본적인 확신이, 우리들의 법제도가 그 위에 서 있는 초석으로서의 정통적인 종교적 신념을 대체했는가는 분명하지 않다. 순차적으로, 우리들의 법적인 논의와 법 가치의 네트워크가, 일찍이 그것들이 가졌던 힘과 활력을 결여하고 있다.

네 번째로, 그리스도교의 다양한 신앙에 두고 있는 뿌리를 포괄하여, 우리들의 법적 전통의 종교적 차원에 대한 인식을 회복하는 것이 중요하다. 이것은 20세기와 21세기에 우리들이 진입한 세계 역사의 새로운 시대의 도전에 대해서 창조적으로 응수하기 위해서 필요하다. 이 시대에, 서양(the West)은 다른 문명과 문화와 끊임없이 상호 작용하였다. 특히 그리스도 시대의 두 번째 1000년 시대(2000년대 이후)에는, 한 세기가 지나갈수록, 세계의 사람들은 서로 접촉하도록 상황지어진다. 서양 기독교는 선교사, 상인, 군대를 통해서 점차로 그 자신 주위에 하나의 세계를 만들었다. 이제 서양(the West)은 더 이상 그 세계의 중심은 아니다. 모든 인류는, 한편에서는 지구 차원의 커뮤니케이션, 과학과 기술, 시장을 통해서 공통의 문명으로 같이 연결되어 있고, 다른 한편으로는, 환경 파괴, 질병, 빈곤, 억압 그리고 파괴적인 전쟁의 전 지구적인 도전에 의해서 연결되어 있다.

비록 대부분의 사람들이 아직도 **법을 일차적으로 국가적 용어**

---

2) 윌리엄 더글라스(William O. Douglas) 판사 의견, Zorach v. Clauson, 343 U.S. 306, 213 (1952).

3) 옮긴이 주석: 프랑스 인권선언(1789)은 지고(至高) 또는 최고의 존재(supérieur)를 전제로 하고 있다. 2차 전후의 본 기본법은 유사한 구절을 쓰고 있다.

(國家的 用語)로 생각하고 있지만 - 법은 국민 국가(nation - states)에 의해서 만들어지기 때문에 - 실로 온전히 새로운 세계법(world law)의 유기체가 나타나고 있으며, 이것은 국제적 비정부 조직이나 정부 간의 조직에 의해서 만들어지고 있다. 지구적 통합의 새로운 시대에서는, **세계법은 물질적·정신적 원천을 서양뿐 아니라 다른 문명에서도 찾아야 하며, 그리스도교뿐만 아니라, 다른 세계적인 종교적 또는 비종교적 신념 체계에서도 찾아야 할 것이다.** 서양 법 전통(the Western Legal Tradition)의 역사적 원천에 대한 기억을 소생시킨다는 것은, 세계법의 새로운 시대에 대한 전망에서 나오는 것이다.

마지막으로, 서양법 전통은 세계 사회에 특유한 시대감각(time sense)을 주는 데 공헌할 수 있다. 이 시대감각(time sense)은, **세대를 넘고 세기를 넘어서, 점차적으로 진행되는 제도적 진화의 규범적 중요성에 대한 감각이다. 서양에서는 이 시간의 의미(time sense)는, 역사의 신(God of history)이 인류로 하여금, 세계의 개혁(reformation)을 통해서 구원을 찾도록 도전한다는 생각과 연결되어** 있다. 실로 (이 책에서 보여주는 대로) 서양에서 법의 진화를 시기에 따라서 중단시켜 왔던 대혁명들 모두는, 사회를 묵시록에서처럼, 폭력적으로 변화시켜서 인간의 형제애의 새로운 시대를 열게 한다는 확신에 기초하고 있었다. **그러나 모든 혁명은 이윽고 종말론적 프로그램과 결별하고, 처음에 내걸었던 새로운 비전을 혁명 이전의 과거와 타협하게 한다.** 만약 서양법 전통이, 다 문명적인 세계법의 발달에 적극적인 공헌을 하게 하려면, 그것은 폭력적 혁명으로 가는 종말론적 비전이 아니라, 법이 진화하는 능력을 믿는, 혁명 이후의 확신을 통해서이다. 즉 변화하는 사회의 필요성과 가치에 적응해가면서, 계속성(continuity)을 유지해나가는 법의 능력에 대한 믿음이다.

실로 서양법 전통의 주된 장점 중 하나는, 진화하는 특징이며 점진적 성장의 능력이며 새로운 상황에의 의식적인 적응이다. 유럽과 미국에서의 현대 법 사상은, 법 실증주의자(legal positivists)와 자연법 이론자(a theory of natural law)와의 논쟁으로 점철되어 왔다. 19세기 법철학의 제3의 학파는 역사학파(historical school)로서, 법 실증주의와 자연법이론 모두에 반대해서 대두하였다. 역사학파는 오늘날 법학 이론가들 간에서는, 주로 낭만적 민족주의(romantic nationalism)와 같은 것으로 오인되어서, 불신되고 있는데, 법의 시작(origin)과 유효성의 원천을, 그 법이 해당하는 사회의 역사적 경험과 역사적 가치에서 찾는다. 도이치에서는 중점이, "국민의 정신(the spirit of the people)"이라는 뜻의 Volksgeist에 주어진다. 미국에서 중점은 건국의 아버지(Founding Fathers)의 신념과 그 신념에 대한 잇따른 해석에 주어진다.

이 책은, 계몽주의 이전 시대의 법이론으로 돌아간다. ─ 그때는 법의 세 가지 차원을 모두 결합하고 있었는데 ─ 정치적 차원, 도덕적 차원 그리고 역사적 차원이다. 이와 같은 종합적인 즉 통합적인 법학(integrative jurisprudence)에서 법을 정의(definition)하기를, 경험의 빛으로 질서와 정의(justice)를 균형 잡는 과정으로 본다. 통합법학이란 라틴어 *integrare*의 원래 의미인 병 고치는 "to heal" 그리고 *integratio*의 의미인 새롭게 하는 "renewal"과 관계있다.

이와 같이 16세기와 17세기의 프로테스탄트혁명(개혁)이 서양법 제도에 미친 영향은, 과거의 에피소드가 아니라, 우리들의 현재와 미래에 영향을 주는 살아 있는 기억이다. 물론 과거로 돌아갈

수는 없다. 루터주의와 칼뱅주의가, 이 책에서 강조된 대로, — 법질서와 법 정의를 쇄신하는 데 있어서의 주요한 원천이었을 뿐 아니라, 군주 권과 귀족에 의한 계층적 독점, 종교전쟁, 이단의 억압, 유대인에 대한 차별, 마녀 처형과 그 밖의 악의 원천이었던 과거로 회귀할 수도 없다. 그러나 그 시대의 좋은 점으로 회귀할 가능성과 필요성은 없을 것인가? 법이 종교적 원천을 가지고 있다는 확신이 그 시대의 좋은 점의 중요 부분이 될 수 있을 것인가? **인류학자들은 모세의 10계명 중 마지막 6계명은 모든 다른 문명에서도 상응하는 대응물을 가지고 있다고 한다.**

서양법 전통과 서양 종교 전통의 관계에 대한 대발견과 부흥은 양자만을 강화할 뿐 아니라, 세계의 다른 문명권 간의 대화와 협조를 촉진할 것이며, 이것은 보편적인 법 기준과 공통적 법제도를 발전시키는 데 도움이 될 것이라는 확신에서, 이 책은 쓰였다.

■ 전·후편의 총 차례

<전편>

<후편>

■ 후편 차례

제 2 부

잉글랜드혁명과
잉글랜드법의 변용(17세기)

권리청원(the Petition of Right) 통과 당시의 에드워드 코크(Edward Coke)
"코크는 자연적 이성과 자연법(natural law)의 존재를 의심하지 않았다."(본문)

코크는 1613년에 왕좌법원(Court of King's Bench)으로 옮겼다.

매튜 헤일(Matthew Hale)의 저서
The Jurisdiction of the Lords House, or Parliament(1796).

존 셀던(John Selden)의 저서
the Inner-Temple(1683)

사진 출처: 위키피디아

제7장
잉글랜드혁명(1640~1689)

1640~1689년까지의 잉글랜드혁명은 1517~1555년까지의 도이치혁명과 마찬가지로, 유럽의 혁명이었다. 왜냐하면 잉글랜드혁명은 영국에서의 위기에 대한 응답에 그치지 아니하고, 범유럽적 위기에 대한 응답이었기 때문이다. 여기에 더해서 잉글랜드혁명은 다른 유럽 여러 나라들에게서 실질적인 반향을 일으켰다. 이런 이유로 잉글랜드혁명이라 하지만 순전히 영국사의 용어에서만은 이해될 수가 없다. 도이치혁명이나 잉글랜드혁명은 그 성질에 있어서 도이치와 잉글랜드의 국가적 성격을 반영하고 마침내 다시 형성시킨 국민적 봉기임에는 틀림없다. 그럼에도 불구하고 왜 각각의 나라의 사건만이 아니고 범유럽적인 사건이라 할 수 있는가? 두 혁명은 유럽의 특징을 반영하고 다시 형성시켰기 때문이다.

7.1 17세기에서의 유럽의 위기

잉글랜드혁명의 유럽적인 특징은— 적어도 최근 수십 년에 이르기까지는— 그렇게 명료하지 않았다. 왜냐하면 영국의 역사가들의 강조점은 그 혁명의 비교할 수 없이 유니크한 영국적인 특징에 있어서 결과적으로 잉글랜드혁명이 유럽의 다른 나라와도 공유할 수 있는 특징을 배제하거나 추방하였기 때문이다.[1] 이러한 섬나라 근성이라고 할 수 있는 편협성은 새로운 역사학파가 등장함으로써 부분적으로 극복되었다. 이 새로운 역사학파들은 1959년에 H. R. 트레보어-로퍼(H. R. Trevor-Roper)가 "17세기의 보편적이며 일반적인 위기"[2]라고 부른 것을 연구한 결과이다. 위에 말한 Trevor-Roper가 17세기의 위기는 절대 왕권에 대한 도전-영국과 다른 지역에서 마찬가지로-이라고 기술하였으나, 그의 강조점은 그러한 절대주의에 대한 도전의 한 가지 측면 만에 주로 가 있었다. 즉, 토지를 소유한 젠트리 계층[다른 말로 표현하면 왕권의 소재지에서 멀리 떨어진 지방 또는 시골("the country")]이, 왕을 중심으로 한 위계질서 또는 중앙 관료층[다른 말로 표현하면 왕이 정사를 보는 조정("the court")]에 대해서 반대해서 도전한 것을 말한다. 그러나 이 책에서 강조하는 것은 보편적이고 일반적인 유럽 전체의 위기

---

1) 원저 p.201. 각주 1. This is not to say, of course, that anything like the English Revolution had ever happened before. It is only to say that, like the German Revolution of the previous century, and like the French Revolution of the next century, it had been prepared by political and religious movements that were pan-European in scope, and it had political and religious consequences that were also pan-European in scope.

2) 원저 p.201. 각주 2. H. R. Trevor-Roper, "The General Crisis of the Seventeenth Century," *Past and Present* 16 (1959), 31~64. Five years earlier Eric Hobsbawm had argued for a "general crisis" in the European economy in his article "The Crisis of the Seventeenth Century," *Past and Present* 5 (1954), 33~53; 6 (1954), 44~65. In the same year the French historian Roland Mousnier's study *Les XVIe et XVIIe siècles*, 5th ed. (Paris, 1954), described the period 1598~1715 as a "century of crisis." But Trevor-Roper's article sparked the greatest debate. Cf. *Past and Present* 18 (1960), 8~42; Trevor Aston, ed., *Crisis in Europe*, 1560~1660 (Garden City, N.Y., 1967).

를 더 넓게 보아야만 유럽의 위기와 잉글랜드의 혁명의 관계가 이
해될 수 있다.3)4)

17세기의 유럽 전역에 걸친 위기의 성격을 주의하기로 하자.5) 위
기는 부분적으로 종교적 위기였고, 부분적으로는 정치적 위기였으며,
부분적으로는 사회 경제적 위기였다. 첫 번째로, 17세기의 유럽에서
의 종교적 위기는 어디에서 결과했는가? 우선 오랜 종교 전쟁 이후
에 1555년 아우그스부르크에서 체결한 평화조약(the settlement in
the German Peace of Augsburg of 1555)과 역시 16세기에 프랑
스와 잉글랜드와 유럽 다른 지역에서도 마찬가지로 체결된 아우그
스부르크 협약과 병행하는 협약들이 있은 이후에 이러한 협약이 유

---

3) 원저 p.201. 각주 3. An example of a broader approach, treating both the
   socioeconomic crisis and the political crisis can be found in Geoffrey Parker
   and Lesley Smith, eds., *The General Crisis of the Seventeenth Century* (London,
   1978). The various authors of this anthology, however, fail to link the
   socioeconomic and the political crises, and the role of religion is treated only as
   one possible revolutionary ideology.

4) 옮긴이 주석: 잉글랜드혁명을 영국 국내의 정치적 사건 전개만 서술하는 것이 한국
   에서 익숙한 방식이다. 또한 도이치 종교개혁을 도이치에만 국한시키는 방식도 한
   국에서 익숙했으나 프로테스탄트 개혁이 다른 나라에도 영향을 미쳤다는 것 정도
   는 한국의 교양층에게도 알려져 있어서 이 점은 다소 다르다. 그럼에도 불구하고
   한국의 법학자 중에서 도이치법을 다루는 사람들이 또한 도이치법의 형성을 다른
   유럽 국가들의 법 발전을 배제하고 오로지 도이치 국가 발전사로만 파악하는 방법
   이 성행해왔다. 버만의 관점은 도이치 종교개혁이나 영국혁명이나 다 같이 범유럽
   적인 세계사의 큰 물줄기였으며, 오로지 국가주의적인 시각으로 보는 것은 잘못된
   것임을 지적하고 있다.

5) 옮긴이 주석: 한국인들의 위기의 파악은 어떤 측면에 강조 가 있는가? 대다수가
   할 수 있는 재빠른 대답은 정치적 위기를 압도적으로 우선한다. 그러나 우리가 17
   세기 문명사의 기둥 줄거리라 할 수 있는 서유럽사를 공부하면서 주의해야 될 것
   은 17세기 대 전환기의 유럽의 위기는 일견 정치적인 위기로 보일 수 있으나 실은
   그것은 한 측면일 뿐이고, 부분적으로는 정신과 문화를 합친 종교적 위기이며, 또
   한 사회·경제적 위기가 정치적 위기의 다른 측면임을 종종 잊고 있다. 대전환기
   의 위기 파악에 있어서 한국인들은 너무나 한 측면만을 강조하고 그 문제 해결에
   막대한 에너지를 쏟음으로써 다른 중요한 측면을 망각하는 경위는 한국사의 여러
   중요한 대목에서 나타나고 있다.

럽 전역의 종교 분쟁 국가와 지역에서 가져왔던 희망이 따랐다. 그리고 나서 그 희망이 실현되는 것을 보지를 못한 것이다. 이것은 희망의 실패라고 할 만하였다. 그 이유를 살펴보자. 아우그스부르크 평화조약(The Peace of Augsburg)은 도이치의 각각의 영방의 군주들에게 각각의 영방에서 종교를 국교로 정할 수 있는 권능을 부여하였었다 – 그러나 각 영방의 공인 종교를 선택할 수 있는 권능이라고 했지만 당시의 종교 선택의 현실적인 선택은 로마 가톨릭이냐 루터주의냐, 양자택일에만 있었다. 16세기 말과 17세기 초에 게르만인들의 제국 내부에서 칼뱅주의가 퍼져 나가면서, 칼뱅주의를 아우그스부르크 평화조약에서 제외한 것이 심각한 갈등의 원천이 되고 말았다. 여기에 더해서 (아우그스부르크 평화협정에도 불구하고 다음과 같은 예기치 못하던 일들이 생겨났다) 즉, 종교개혁 당시의 가톨릭 주권자들이 지배하던 가톨릭 영역에서, 개신교 주권자들이 왕위에 오르는 경우가 생겼고, 또한 원래 프로테스탄트 지역에서 가톨릭 왕들이 왕위에 오르는 일들이 생겨서, 이러한 일들이 심각한 갈등을 일으켰다. 여기에서 더 중대한 사태는 이른바 각 종교 지역에서, 그 지역에서 소수자에 해당되는 사람들의 권리의 문제였다. 즉, 프로테스탄트든 가톨릭이든 그 소재 지역에서 다수가 아닌 사람들이 모여서 그들 자신의 예배 의식을 거행하려고 할 때의 가장 기초적 종교적 자유를 아우그스부르크 평화조약이 적절하게 제공하는 데에 실패했다는 것이다. 비슷한 긴장의 원천이 유럽의 다른 부분에서도 존재했는데 여러 지역에서 왕이나 주권자의 종교가, 왕과 주권자가 통치하는 영역에 있어서 배타적이고 독점적인 종교가 된다는 원칙이 채택되었을 때 일어난 것이다. 이와 같은 사정으로 로마 가톨릭을 신봉하는 스페인 왕권에 속했던 네덜란드는, 사실상 날카롭게 분리되어 버렸는데, 이 분리는 로마 가톨릭 지역과 프로테스탄트라고 하나 주로 칼뱅주의를 신봉하는 지역으로 분리되어버린 것이다.6) 로마 가톨릭을 국교로 해온 프랑스의 예를 보자. 일련의 국내 종교 전쟁을 거쳐서 앙리 4세는 1598년 낭트 칙령을 공포하였다(Henry Ⅳ's Edict of Nantes of 1598). 낭트 칙령의 조항은 (주로 칼뱅주의자였던) 위그노(Huguenots)에 대한 보호를 포함하고 있었다. 여기에 대해서 엘리자베스 여왕(Elizabath, 1558~1603) 치하의 프로테스탄트 잉글랜드에 있어서는 사실상의 종교적 관용(de facto toleration)이 존재했다. 이 톨레랑스는 영국 국교회(the Church of England) 내부에서의, 온건한 형태의 칼뱅주의자들로 구성된 청교도주의(Calvinist Puritanism)와 또한 매우 개인적인 형태의 로마 가톨릭 신자 개인들의 예배의식에 대한 관용을 의미한다. 그럼에도 불구하고 사정은 늘 좋은 것은 아니었다. 프랑스나 영국 양국에 있어서의 종교적 상황은, 도이치와 마찬가지로 대단한 긴장 상태로 지속되었고 17세기에서 유럽 전역을 통한 일련의 종교 전쟁으로 정점에 달했다. 유럽 전역의 종교 전쟁은 모두

---

6) 원저 p.202. 각주 4. The Catholic provinces were, in general, loyal to Spain, and revolts against Spain in 1566 and 1572 were ruthlessly crushed. In 1576, however, thirteen of the seventeen provinces signed the Pacification of Ghent, providing for joint action against Spain and the formation of a United Netherlands Estates-General chosen by the various provincial estates. In 1578 an "edict of religious toleration" (*Religionsvrede*) was proposed, which would have allowed freedom of religion to all religious minorities of one hundred families or more in any one place. This was defeated, and the division between Catholic and Calvinist provinces was further intensified. Thus the Netherlands, like Germany, remained within the basic constitutional framework of established churches, without toleration, at the same time that it developed the rudiments of a republican form of government, at both the provincial and the national levels. See Geoffrey Parker, *The Dutch Revolt* (Ithaca, N.Y., 1977).

모아서 집합적으로 30년 전쟁(the Thirty Year's War, 1618~1648)으로 알려져 있다. 프랑스에서 프로테스탄트들의 처형은 재개되어서 1685년에 낭트 칙령의 폐지에까지 이르게 되었다. 영국에서 왕권은 청교도들을 탄압하였으며,7) 여기에 대해서 청교도들은 이윽고 봉기하여 내전으로 발전되었다.

이 시대에서 종교 위기 및 전쟁과 밀접하게 연결되어 있는 것이, 정치적 위기였다. 이러한 정치적 위기는 종교개혁 이후에, 이전과는 달리 유럽이 분단되어서 각각의 정치적 영토로 발전되면서 그 내부에서 일어난 것이며, 또한 나누어진 정치적 영토 내지 통치권 사이의 국제적인 정치적 위기였다. 이제 종교개혁 이후에 성립된 유럽 전역의 다양한 정치적 공동체가 오늘날 우리가 알고 있는 기본적 정치 공동체로써 주어지게 되었다. 이러한 다양한 정치적 공동체 내부에서도 끊임없는 긴장이 있어 왔는데, 이 긴장은 입헌군주주의의 원칙(constitutional monarchy)과 절대 군주주의의 원칙(absolute monarchy) 사이에 존재하는 긴장이었다. **16세기를 통하여 도이치에서 루터주의를 신봉하는 군주의 권력은, 한편에 있어서 제한되어 있는데, 이 제한은 우선 기독교인의 양심(Christian conscience)이라는 양심의 명령에 의해서 제한되고 있었으며, 또한 성직자나 목회자의 설교를 통한 충고나 훈계라는 방식에 의해서 다시 강화되고 있었다. 다른 일방에 있어서 왕권의 제한은 왕을 둘러싸고 있는 고위 자문관들, 즉 고위 관료들의 집단인 Obrigkeit에 의해서 행해졌는데, 주의할 것은 이러한 고위 관료 집단들 역시, 기독교인의 양심**

---

7) 옮긴이 주석: 여기에 대해서 한국 독자들에게 잘 알려진, 한국인에 의해서 쓰인 역사 소설이 있다. 즉, 김성한, "다비도"가 그것이다. 이 픽션의 주인공인 다비도는 당시 영국의 종교 탄압기에 실재하던 인물이었으며, 그 실제 명칭은 다소 다르다고 한다.

(Christian conscience)에 복종하고 있었고, 이들 조정을 구성하고 있는 고위 관료가 군주의 통치권, 즉 주권을 공유하고 있었다.[8] 이 시기의 도이치가 아닌 다른 유럽 나라들에 있어서의 프로테스탄트들은 왕과 군주의 권력에 도이치와 같은 비슷한 한계를 제도화하려고 노력했으나 보통은 성공하지 못했다. 심지어 로마 가톨릭 국가들에 있어서도, 종교개혁 이후에는 이전의 중세 사회와는 다른 현상이 일어났다. 즉, 로마 가톨릭을 신봉하는 나라들에서도, 교회는 점점 더 왕권에 복속하게 되었으며, 절대 왕권(absolute monarchy)의 독트린이 주장되기에 이르렀다. 즉, 절대적인(absolute, *absolutus*) 왕은, 그의 왕국에 있어서 가장 지고의 더 이상은 없는 입법자(the supreme lawmaker)가 되었으며, 동시에 **절대군주는 그 성질상, 그 자신이 만든 법을 포함해서, 모든 인간이 만든 법에 복종하는 것으로부터 면제(absolved)되었다.** 도덕적 의무로 얘기한다면 왕도 신의 법(divine law)과 자연법(natural law)에 복종한다고 생각되어졌으나 **이러한 의무를 실효적으로 강제할 아무런 제도적 방식이 확실하게 주어지지 않은 상태였다.** 이러한 상태가 오래 계속되었다.

---

8) 옮긴이 주석: 16세기 동아시아 및 한국의 사정은 어떠했는가? 1555년 기준으로 한국사는 인조를 계승한 명종 11년이었다. 인조, 명종, 선조 당시의 왕권은 우선 입헌군주제는 아니었다. 서양 개념으로는 절대군주제가 될 수밖에 없는 사정이다. 그러나 한국사학자들은 왕권은 제한되어 있었다고 누누이 설명한다. 루터 당시의 기독교 군주와 조선 인조, 명종, 선조 대의 유교 군주를 비교하는 수밖에 없다. 우선 버만의 텍스트대로 기독교인의 양심에 대비하는 유교적 양심에 해당하는 것이 유교 왕을 양심의 법칙에 의해서 제한했는가라고 물을 수가 있다. 다음에 도이치의 상부 관료 Obrigkeit에 해당하는, 조선조의 조정의 대신들이 왕권을 견제했다고 설명되어 왔으니만큼, 이들에게 기독교적 양심에 해당되는 유교적 양심이, 현실적으로 결정에 작용했는가를 물을 수가 있다. 가장 중요한 것은 루터 시대의 기독교 왕에게 충고와 훈계라는 영향을 준 성직자 계급이, 조선조 유교 사회에도 존재했는가라고 물을 수 있다. 프로테스탄티즘의 목회자의 역할과 주일 설교에 해당되는, 유교의 성직자의 역할과 규칙적 종교 의식을 찾아보아야 할 것이다.

17세기에 이르러서 드디어 절대 왕권의 독트린이라는 것이 지속적으로 공격을 받게 되었다. **이 공격은 첫째로 칼뱅주의가 나라의 국경을 초월한 형태로 행해짐에 따라 일어났다.** 칼뱅주의는 첫째로 정부의 원칙으로써, 귀족에 의거한 원칙이 왕권에 의거한 원칙과 반대된다고 가르쳤다.9)10) 두 번째로 절대 왕권에 대한 공격은, 왕이 중심이 된 조정과 조정을 구성하는 고위 관료들의 손에 의해서 실지로 억압과 탄압을 받았든지 상상적으로 억압을 받았든지 간에, 시골에 토지를 가지고 그 토지 위에서 그 지역의 세력을 가지고 있는 젠트리 계층과 다른 계층들의 사람들에 의해서 행해졌다. **1640년대와 1650년대에 유럽의 다양한 국가들이, 왕권에 대항한 영국의 의회 혁명에 대체로 비견할 만한 군주에 반대하는 반란을 경험하였다.** 그러나 영국과 비교하면 훨씬 적은 규모였고 일반적으로 성공하지 못했다.

영역을 중심으로 한 다양한 정치 공동체 내부에서의 종교적 위기와 정치적 위기는, 다 같이 17세기에 유럽을 좌초시킨 국제적인 위기와 연결되어 있었다. 30년 전쟁은 도이치의 게르만인들의 제국, 개별적인 도이치의 군주의 영방들, 스웨덴, 덴마크, 폴란드, 프랑스, 스페인, 그리고 네덜란드가 직접 개입한 전쟁인데, 범유럽적인 내전이었다. 직접적으로 전투에 참가하지 않았던 나라들까지도

---

9) 원저 p.203. 각주 5. See Winthrop S. Hudson, "John Locke: Heir of Puritan Political Theorists," in George Laird Hunt, ed., *Calvinism and the Political Order* (Philadelphia, 1965), pp.108~129. See also Menna Prestwich, *International Calvinism*, 1541~1715 (Oxford, 1985).

10) 옮긴이 주석: 한국의 사회과학도나 인문학도들은 왕권주의와 귀족주의는 같은 것의 다른 측면이라고 알아왔다. 물론 그러한 시대가 있었다. 그러나 17세기 유럽에서 프로테스탄티즘의 한 형태인 칼뱅주의는 귀족에 의한 통치와 왕에 의한 통치가 다르다는 것을 가르쳤다.

(예를 들어 잉글랜드) 그럼에도 불구하고 간접적으로는 깊숙이 개입되고 있었다.[11] 종교적 적개심이나 원한이 같이 일어나고 또한 정치적 적개심과 원한 관계와 같이 갈등을 일으킴에 따라서, 나라들의 동맹과 연합은 계속 변화하였다. 어떤 프로테스탄트들은, 루터주의를 택한 도이치의 영방에서 보여주는 것처럼, 입헌군주제(constitutional monarchy)나 또는, 네덜란드와 스위스에서의 예처럼 공화주의(republicanism) 양자를 좋아했다. 여기에 비해서 가톨릭들은 절대 군주를 더 좋아하는 경향을 띠게 되었다. 비슷한 양상으로, 어떤 도이치의 프로테스탄트 영방들은 도이치 제국(옮긴이 주석: 신성로마제국을 의미하고 있다) 내부에서의 군주들의 연합과 연맹을 좋아하는 경향이 있었으며, 여기에 비해서 도이치의 가톨릭 영방들은 중앙 집권화된 연합을 더 좋아하는 경향이 있었다. 그러나 이와 같은 연결은 단순하지가 않았다. 예를 들면, 절대주의를 지지하는 프로테스탄트도 있었다. 입헌주의를 지지하는 가톨릭도 있었으며, 연방주의를 지지하는 가톨릭도 있었으며, 중앙 집권을 지지하

---

11) 원저 p.203. 각주 6. England had a vested interest in the outcome, for the Elector Palatine Frederick V was James I's son-in-law. After Frederick, who was a Calvinist, accepted the offer of the estates of Bohemia to become their king, he was defeated by imperial forces at the Battle of White Mountain (1620) outside Prague, and his principality was occupied by Spanish troops. While members of Parliament advocated vigorous military support for their fellow Protestants on the continent, the monarchy pursued more diplomatic means with the modest goal of mediating the reinstatement of Frederick and James's daughter Elizabeth to the Palatine electorate. English forces were sent to the Palatinate in 1625 and attacks were made on Spain (Cazbswiz expedition) and France (relief of La Rochelle). The military efforts ended in failure, and peace treaties were made with France (1629) and Spain (1630). During the 1630s England played no active role in the war. See W. B. Patterson, *King James VI and I and the Reunion of Christendom* (Cambridge, 1997), pp.293~338 (analyzing James's diplomatic efforts to resolve the Thirty Years' War).

는 프로테스탄트도 있었다. 그래서 다양한 영역을 중심으로 한 정치적 공동체들이 직접 간접으로 모두 개입한 유럽의 30년 전쟁은, 결국은 (종교적 분류를 넘어선) 일종의 적나라한 권력 투쟁으로 전락하게 되었다 – 이러한 권력 투쟁을 그 당시에는 "국가의 존재 이유"(reason of the state, raison d'état)라고 불리게 되었다.[12]

이와 같이 적나라한 권력 투쟁으로 전락한 30년 전쟁의 국제적인 정치적 위기는, 마침내 1648년에 해결되게 되었다. 베스트팔리아 평화 조약(the Peace of Westphalia)은 신성로마제국 내부를 구성하고 있는 하나하나의 영방의 독립 주권과 주권의 평등을 선언하였고, 또한 게르만 제국뿐만 아니라 다른 유럽 국가의 하나하나에 대해서도 주권의 독립성과 주권의 평등성을 선언하였다. 이와 같이 베스트팔리아 평화조약(the Peace of Westphalia)은, 근대 유럽에 있어서의 국가들의 존재 양태를 이루는 국제적인 시스템의 법적인 기초 즉, 공식적인 법적인 기초를 확립하였다. 이 조약에서 각각의 국가는, 근대 유럽의 국가 시스템 안에서 구성원으로 존재한다는 데에서부터 국가의 성격을 취하게 되었다. **베스트팔리아 평화조약은 또한, 종교적 신조에 있어서 지배자와 주권자에 의해서 국교로 인정된 국교와는 종교적 신조가 다른 가톨릭교도들, 루터주의자들, 그리고 칼뱅주의자들에게 양심의 자유(freedom of conscience)를 부여했으며, (국교와 다른 경우에도 개인적으로) 종교 의식과 예배에 대한 권리를 부여하였으며, (살고 있던 나라에서부터 다른 나라로 떠나서 살 수 있는) 이민의 권리를 부여받았다.** 이 모든 것에 대한 예외는 계속 합스부르크 가(the Hapsburgs)에 의해서 계속

---

12) 원저 p.203. 각주 7. See Sigfrid Henry Steinberg, *The Thirty Years' War and the Conflict for European Hegemony, 1600~1660* (New York, 1966), pp.2, 99.

통치되고 있었던 영역들13)에서인데, 여기에서는 이미 말한 양심, 예배, 이민의 자유와 같은 제한된 관용도, 비가톨릭, 즉 비국교도에 게는 허용되지 않았다. 도이치 제국(신성로마제국을 말한다) 내부에서는, 제국 의회(the Imperial Parliament, Reichstag)가, 황제나 선제후(신성로마제국의 선제후를 말한다)에 비교해서 훨씬 확장된 권력을 가지게 되었었다. 또한 1663년 이후부터는 제국 의회, 즉 Reichstag가 상시회기를 열게 되었는데 레겐스부르크(Regensburg)14) 가 제국 의회의 도시가 되었다.

17세기에 있어서의 유럽의 위기의 사회 경제적인 차원은, 16세 기에 있어서의 왕의 관료들에 의한 정부의 시스템과 직접적으로 관계가 있었다. 왕의 관료들은 그들의 권력과 부를 겸비한 지위를, 1차적으로 군주의 뜻에 빚지고 있었다. 이것은 15세기와 그 이전 의 유럽에 있어서, 권력과 부의 지위를 1차적으로 봉건 체제에서의

---

13) 옮긴이 주석: 합스부르크가는 오스트리아 – 헝가리 제국을 건설하고 계속 왕위를 세습한 왕가였다. The House of Habsburg (/ˈhæbs.bɜrg/; German pronunciation: [ˈhaːps.bʊʁk]), also spelled Hapsburg, was one of the most important royal houses of Europe. The throne of the Holy Roman Empire was continuously occupied by the Habsburgs between 1438 and 1740. The house also produced kings of Bohemia, England, Germany, Hungary, Croatia, Ireland, Portugal, Spain, as well as rulers of several Dutch and Italian countries. By 1276, Count Radbot's seventh generation descendant, Rudolph of Habsburg, had moved the family's power base from Habsburg Castle to the Duchy of Austria. Rudolph had become King of Germany in 1273, and the dynasty of the House of Habsburg was truly entrenched in 1276 when Rudolph became ruler of Austria, which the Habsburgs ruled until 1918. A series of dynastic marriages enabled the family to vastly expand its domains, to include Burgundy, Spain and her colonial empire, Bohemia, Hungary, and other territories into the inheritance. In the 16th century, the family separated into the senior Habsburg Spain and the junior Habsburg Monarchy branches, who settled their mutual claims in the Oñate treaty. http://www.wikipedia.org, "House of Habsburg."

14) 원저 p.203. 각주 8. Ibid., p.83.

연계와 성직자 계층에 빚지고 있는 것과 마찬가지이다. 15세기와 그 이전의 유럽 시스템에 있어서, **군주의 권력은 교회에 의해서 견제되어 왔고 균형을 잡아왔으며, 또한 교회와 함께 봉건제에 뿌리를 둔 귀족층, 그리고 자유도시들이 또한 왕권을 견제 균형하여 왔다.**[15] 또한 군주의 재정 수입, 즉 세입 중 대부분의 것은, 군주 자신이 세습적으로 소유하고 있는 왕가의 토지에서부터 나왔으며, 다른 경우는 수입 물품에 대한 관세를 부가함으로써, 또는 봉건 제도에서의 영주 위에 있는 대군주로서의 왕에게 (봉건 영주가) 바쳐야 되는 부담으로부터 나왔다. 그러나 **16세기에 이르러서, 유럽 대부분의 나라들에서 (이전과는 달리) 교회, 봉건 귀족, 그리고 자유 도시들은 점점 더 군주의 지배 밑에 들어가게 되었다.** 여기에서 더해서 여러 나라들에서 봉건적 연결 없이, 새로운 대토지 소유자의 계층이 출현하였다. 이것은 소규모의 농민들의 토지 소유 분들이 결합되고, 또한 토지의 사고파는 것들이 점점 더 원래 있어서의 토지에 대한 봉건적 의무로부터 자유롭게 되면서 일어났다. 이와 같은 일이 일어나고 있는 일방, (왕들이 벌이는) 전쟁의 재정적 비용, 즉

---

15) 옮긴이 주석: 한국의 공법학도들이 익숙한 유럽 국가 시스템은, 오로지 **왕권이 의회에 의해서,** 또는 삼권분립 체제 이후에는 잘 알려진 **삼권분립원칙에 의해서** 견제, 균형되는 것으로 잘 알고 있다. 그러나 서양의 시민혁명의 이전의 15세기를 기준으로 한 거의 천 년을 넘는 기간 동안 **왕권의 견제 균형에** 대해서는 구조적인 지식이 많지 않다. 이것은 이 기간 동안 서양 세계가 사회적으로는 봉건주의 위에 서 있을 뿐만 아니라, 자유 도시라는 동양 사회에 없는 존재가 있었으며, 가장 중요한 것은 **오랜 중세 동안 서양 세계의 주된 권력 행사는 동양 사회와는 달리 왕권과 교회권이라는 상호 견제하는 양검 이론에 의해서 견제 균형되었다는 것이다.** 비교 공법학에서 또는 비교 법학에서 흔히 동서양의 대비에서 기본적 전제로써 출발하여야 되는 것은, **절대 왕권에 대한 견제 균형을 실제로 유효하게 할 수 있었던 제도적 법적 구조가 서양 세계에서는 존재하였다는 것이다.** 이런 의미에서 전제 정치라 하더라도 동양적 전제정(oriental despotism)은 **구조적으로 견제와 균형 장치가 없는 것이라는** 인식이, 헤겔(Hegel)로 하여금 동양적 전제정이라는 개념을 주조한 듯하다(김철; 2013.2: 509).

전비는 엄청나게 높아졌는데; 이것은 봉건적 군역이 용병에 의해서 대치되어가고, 또한 군대가 규모에 있어서 증가하며, 전투 행위가 빈도수와 기간에 있어서 증가함에 따라서 일어났다. 전쟁을 감당할 수 있는 돈을 거두기 위해서, 왕들은 왕에게 속하는 토지를 담보로 해서 돈을 대출받았으며, 전쟁에서 패배할 때는 담보로 잡힌 땅을 잃었다. **왕이 가진 땅으로부터의 세입이 감소함에 따라서, 대토지 소유자와 상인들에게 부과한 세금들은 점점 더 부담이 커졌다.** 어떤 나라들에 있어서는 왕과 궁정의 신하를 둘러싼 왕의 관료와 자문관에 대한 반대가 높아졌다. **잉글랜드에 있어서는 왕궁("court") 과 지방("country") 사이의 17세기에 일어난 갈등이 마침내 영국혁명을 산출하도록 이끌었다.**[16]

프랑스와 네덜란드 그리고 스페인에서는, 비록 작은 규모이지만 비슷한 움직임이 있었다. 프랑스에 있어서는 1648~1653년 사이에 일련의 실패한 반란이 일어났는데; 이 반란은 왕과 그의 주된 신하였던 마자랭(Mazarin) 추기경에 반대해서, 주로 다양한 그룹의 프랑스의 토지를 가진 귀족층에 의해서 행해지고, 더 프롱드(the Fronde)라고 알려졌다. **잉글랜드의 토지 소유 상중류 계층, 즉 젠트리gentry[17]가 주역이 된 당대 혁명의 모델은 유럽 전역의 양쪽에서 사용되었다.**[18] 1640년에 카탈로니아의 귀족이, 당시 스페인 왕 필

---

16) 원저 p.204. 각주 9. Cf. Perez Zagorin, *The Court and the Country: The Beginning of the English Revolution* (London, 1969); idem, *Rebels and Rulers, 1500~1660*, vol. 2 (Cambridge, 1982), pp.138~146.

17) 옮긴이 주석: 귀족인 nobility에 버금가는 신사 계급. 상층 계급이나, 최상층은 아닌 중상층(시사영어사전).

18) 원저 p.204. 각주 10. Roger Merriman, *Six Contemporaneous Revolutions* (Oxford, 1938), pp.170~189; P. A. Knaechel, *England and the Fronde: The Impact of the English Civil War and Revolution on France* (Ithaca, N.Y.,

립 2세의 지배에 반대해서 반란을 일으켰다. 또한 같은 1640년에
포르투갈의 귀족이 비슷한 반란을 일으키고, 그들은 포르투갈의 독
립의 기초를 놓았다.19) 이들 여러 가지 반란의 각각이 그것 자신
의 특징을 가지고 있었지만, 이 중 딱 하나, 즉 **포르투갈에서 일어**
난 반란만이 성공했고, 따라서 그 이외의 모든 반란은, 부분적으로
는 토지 귀족과 절대 군주와의 사이에 벌어진 계층 갈등을 나타내
고 있었다. 이때 절대 군주들은 전쟁 비용이 감당할 수 없는 정도

1967). Richard Bonney, "The English and French Civil Wars," *History* 65
(1980), 365–382, analyzes the contrasts between the civil wars in the two
countries. See also A. Lloyd Moote, "The French Crown versus Its Judicial
Officials, 1625–1683," *Journal of Modern History* 34 (1962), 146~160
(analyzing the claims made by the Parlement of Paris justifying an independent
judicial authority vis-à-vis the Crown). In his book Merriman also discusses
the "uprising in Naples" and the "revolution in the Netherlands." The Naples
revolt of 1647 was essentially a popular rebellion. The local elite played little
role except to support the Spanish Crown in suppressing the revolt. See John
Huxtable Elliott, "Revolts in the Spanish Monarchy," in Robert Forster and
Jack P. Greene, eds., *Preconditions of Revolution in Early Modern Europe*
(Baltimore, 1970), pp.111, 123~127. In the Netherlands, the revolution began
more than a half century before, in the successful struggle for independence
from the Spanish Crown and the establishment of a new republic, the United
Provinces. The first revolt began in 1566, and official Spanish recognition of
the Dutch Republic did not occur until the Peace of Westphalia in 1648. It
was therefore a precursor of the English Revolution of 1640~1689. The revolt
of 1650, which Merriman includes in his "six contemporaneous revolutions,"
concerned the form of government the republic was to take: a federation of
sovereign provincial republics, with federal authority resting in an Estate-General
(dominated by Holland, the largest and most prosperous of the seven
provinces), or a single republic, increasingly centralized under the authority of
the stadtholder. The death of the twenty-five-year-old stadtholder William of
Orange in 1650 allowed Holland to reassert its leadership through the abolition
of the office and the strengthening of the powers of the provincial estates.

19) 원저 p.204. 각주 11. See John Huxtable Elliott, *The Revolt of the Catalans: A
Study in the Decline of Spain, 1598~1640* (Cambridge, 1963); idem, "Revolts
in the Spanish Monarchy," pp.109~130; Merriman, *Six Contemporaneous
Revolutions,* pp.10~17.

로 다다랐던 전쟁들을 수행하고 있었다. 그러나 도이치에 있어서는, 지주들과 왕의 상부 관료들 간의 계층 갈등은, 게르만인들의 지역 영방들 각각 사이에서 존재하는 종교적이며 정치적인 적개심과 적대 행위에 의해서 가려지고 있었다.

17세기의 전반적인 유럽에서의 위기에 대한 대규모의 사회 경제적 차원을 이야기하는 것은, 보다 더 좁은 경제적 이유에 대한 질문으로 이끌게 된다. 17세기 전반부의 위기를 봉건 경제로부터 자본주의 경제로 전반적으로 옮아가는 마지막 단계로 묘사한 영국의 역사가가 있었다. 17세기 전반부 위기의 증상은 감소하는 인구와 감소하는 교역량, 그리고 해외 팽창의 수축이었다.20) 그러나 이러한 감소들은 유럽 어디에서나 일어난 것은 아니고, 잉글랜드는 대부분 심각한 경제적 어려움은 피했다.21) 잉글랜드혁명의 맥락에서 이와 같은 요인들을 면밀히 조사하는 것은 이후의 다른 챕터로 미룬다. 다음과 같이 말하는 것이 현재로서는 충분하다. 이미 말한 요인들 중의 어떤 것도, 위기의 크기를 모두 다 설명할 만큼 충분하지 않았으며, 또한 연달아 일어난 정치적 종교적 변화의 크기를 설명하는 데에도 충분하지 않다. 그러나 토지 소유 계층의 분포에서, 봉건주의에도 기초하지 않고 또한 성직에도 기초하지 않은 토지 소유 계층의 중요성이 증가했다는 것은; 이러한 새로운 계층들

---

20) 원저 p.204. 각주 12. Hobsbawm, "Crisis of the Seventeenth Century," p.33. Other historians, while avoiding a Marxist framework, have similarly emphasized an overall decline in the production and the rate of growth of the European economy. These works are summarized in Niels Steensgaard, "The Seventeenth-Century Crisis," in Parker and Smith, *General Crisis*, pp.27~42.

21) 원저 p.204. 각주 13. England avoided the devastating type of subsistence crisis which occurred with regularity on the continent. Lawrence Stone, *The Origins of the English Revolution* (London, 1972), p.67. Commerce and trade did slump, however, in the 1620s and 1630s.

은, 왕권이 행하는 재정적인 압박에 대해서 저항할 것이고; 이러한 저항을 전반적인 위기의 주요한 차원으로 볼 수 있는 것은, 역시 종교적이며 정치적 요인과 합쳐서일 때 더욱 그러하다.

잉글랜드혁명이 유럽적인 위기에 대한 응답이라는 사실, 그리고 단순히 영국에서의 위기만이 문제가 아니라는 것, 그리고 잉글랜드혁명은 유럽 전역에 걸쳐서 반향을 가지고 왔다는 것은 잉글랜드에서나 당시의 어디에서나 이해되는 방식에 의해서 증거될 수 있다. 즉, 다음의 연설을 보자. 1643년 하원에서 제레미아 휘타커(Jeremiah Whittaker)가 연설했다. "오늘날은 흔들리고 있는 시대이다. 그리고 이러한 흔들림은 여러 곳에서 일어나는 보편적인 현상이다: (라인 강 서부의 신성로마제국에 속하던) 선제후령(the Palatinate)에서, 보헤미아에서, 게르마니아에서, 카탈로니아에서, 포르투갈에서, 아일랜드에서, 잉글랜드에서이다."22) 또한 이탈리아의 백작 비라고 아보가드로(Birago Avogadro)는, 신문 기사를 기초로 해서 1653년에 책 한 권을 출판했는데, 이 책은 이전 10년 동안의 "정치적 반란들"을 취급하고 있으며, 정치적 반란이 일어난 곳은, 카탈로니아, 포르투갈, 시실리, 잉글랜드, 프랑스, 나폴리, 그리고 브라질까지였다.23) 1651년에 영국 해군 제독인 로버트 블레이크

---

22) 원저 p.205. 각주 14. Quoted in Trevor-Roper, "General Crisis," p.31.

23) 원저 p.205. 각주 15. Parker and Smith, General Crisis, p.1. Ralph Josselin, an English vicar, recorded in his diary in 1652: "France is likely to fall in flames by her owne divisions. The Spaniard has almost reduced Barcelona, the chiefe city of Catalonia, and so that kingdom; the issue of that affaire wee waite. Poland is free from warre with the Cossacks but feareth them. Dane and Suede are both quiet, and so is Germany, yet the peace at Munster is not fully executed: the Turke hath done no great matter on the Venetian, nor beene so fortunate and martial as formerly, as if that people were at their height and declining rather." Parker and Smith note that the diary "reveals the wide range of

(Robert Blake)는, 크롬웰 정부를 대표하여 스페인에 주재하고 있었는데, 카디스(Cádiz)의 여러 사람이 모이는 광장에서 다음과 같이 말했다고 보도되었다. **"런던이 보여주는 예를 모범으로 삼아서[24) 모든 왕국들은 독재를 없애고, 공화국이 되어야 한다. 영국은 벌써 해 내었으며; 프랑스는 스스로의 길에 따라 이를 행하고 있으며, 스페인 사람들의 자연적 성향이 다소 느리게 움직이게 한다고 하더라도 그는 스페인에서의 혁명은 10년 뒤에 이루어질 것이라고 했다."[25)**

7.2 잉글랜드혁명의 연대 구분과 혁명적 성격

인습적인 영국 역사 연표는 1640년에서 1689년 사이에 잉글랜드에서 일어난 사건들을 언어의 넓은 의미에 있어서 혁명으로 인

---

foreign affairs information that came even to a small Essex village." Ibid., p.2.

24) 옮긴이 주석: 1648년과 1649년의 크롬웰이 지휘한 청교도혁명이 왕권을 폐지한 것을 말한다.

25) 원저 p.205. 각주 16. *Calendar of State Papers, Venetian, 1647∼52* (London, 1927), p.170. The letter of the Venetian ambassador in Spain continues: "Moreover from that end Cardenas reports that after his victory in Scotland, Cromuel wrote to the parliament that through that success they might now consider the affairs of the interior safe, and that for the future they must think of helping other nations to throw off the yoke, and to consolidate their government by establishing republican neighbors." Merriman *Six Contemporaneous Revolutions* (p.95 n.4), cites as corroborating evidence of the veracity of this diplomatic correspondence a letter from Edward Hyde to the royal secretary Sir Edward Nicholas, dated February 9, 1651, at Madrid: "That you may see how brave and open dealing your friends of the new commonwealth are, Blake, at his late being at Cadiz, said openly, that Monarchy is a kind of government the world is weary of: that it is past in England, going in France, and that it must get out of Spain with more gravity, but in ten years it would be determined there likewise."

지하지 않는다. 잉글랜드의 제정법에 연대가 주어지는 기준인 왕의 즉위년을 기준으로 하는 공식적인 잉글랜드 연표(The official English Regnal Years)는, 찰스 2세의 치세를 그의 아버지가 처형되었을 때인 1649년 1월 30일로부터 기록하고 있다; 이것에서 완전히 제외되어진 기간은 1649년부터 1660년대까지의 공위 기간(Interregnum)[26]이다. 처음에는 올리버 크롬웰(Oliver Cromwell)이, 다음에는 짧은 기간 동안 그의 아들인 리처드 크롬웰(Richard Cromwell)이 치세했는데, 그들은 호민관 경(Lord Protectors)이라고 불렸는데; 이 기간은 이미 처형당한 왕, 즉 찰스 1세의 후계자는 유럽 대륙에 거주할 때였다. 비록 1640년에서 1660년에 이르는 기간은 점차로 많은 영국 역사가들에 의해서 청교도혁명(Puritan Revolution)이라고 불리게 되었지만, 다른 영국 사가들은 계속해서 청교도혁명의 혁명적 성격을 부인하고, 어떤 영국 사가들은 심지어 (혁명의 적들이 그랬듯이) "대반역"(the Great Rebellion)이라고 부르기를 고집했다.[27]

　1660년에서 1688년까지의 기간은 보편적으로 왕정복고(the Restoration)라고 불렸는데, 그 이유는 당시에 그렇게 불렸기 때문이고, 또한 그때가 찰스 2세가 잉글랜드로 귀환했을 때이기 때문이었다. 그래서 실로 그 기간은 스튜어트(Stuart) 왕가의 복고였다. 만약 어떤 사람들이 상상하듯이 **그 시기가 1640년 이전의 기존 상태(status quo)로의 회귀였다면, 그렇다면 (그 논리적 귀결은) 1640**

---

26) 옮긴이 주석: 왕이 없는 기간을 뜻한다.

27) 원저 p.205. 각주 17. Edward Hyde, earl of Clarendon and the first chief minister to Charles II, titled his work, first published in 1702~1704, *History of the Rebellion and Civil Wars in England*. Among modern historians, note Ivan Alan Roots, *The Great Rebellion*, 1642~1660 (London, 1966). Cf. J. P. Kenyon, *The Stuart Constitution*, 2nd ed (Cambridge, 1985), p.7.

년부터 1660년간의 20년간에 이루어진 청교도혁명은 정상 궤도를 벗어난 탈선일 수밖에 없었을 것이다. 『잉글랜드혁명의 원인들』이라고 제목 붙여진 책을 공격하는 데에서 어떤 저명한 영국 역사가가 다음과 같이 언명하였다. "우리가 기억할 필요가 있는 것은, 다음과 같은 사실이다. 그 같은 규모의 어떤 혁명도, 이와 같이 짧은 기간 동안, 쉽사리 정지된 것일 수가 없었고, 또한 그것을 번복한 점에 있어서도 그러하다."[28] 그러나 반대로, 만약 1640년 이후의 기간 중에 잉글랜드가 진정한 혁명을 경험하였다면-혁명이라는 것은 프랑스와 러시아혁명들이 혁명이었다는 그런 의미에서, 또한 16세기에 우리가 앞에서 고찰한 게르만인들의 혁명과 더 앞에서 고찰한 11세기의 교황의 혁명이 혁명이었다는 의미에서 그러하고, 이러한 인류사의 혁명들에는 대문자 R을 붙이는 것처럼-그렇다면 스튜어트 왕정복고는 실로 부분적으로는 한걸음 뒤로 물러난 것으로 보일 수 있고, 그러나 주로 한걸음 앞으로 나간 것으로도 볼 수 있으며, 결과적으로 혁명의 새로운 단계이며, 혁명의 번복은 아니라는 것이다. 실로 찰스 2세의 정부는, **그 이전의 시대에 행해진 개혁들의 어떤 것들을 앞으로 진행시켰으며, 새로운 개혁들을 주도하였다.**

전통적으로, 영국 사람들이 "혁명"에 대해서 말할 때에는, 통상적으로 1688~1689년까지의 사건들을 가리키는 것이다. 이때, **의회가 새로운 왕조를 의회 자신의 지배권 아래에서 창조했고, 공식적으로 의회 지배의 조건들을 내건 것이다.** 비록 1688년에서 1689년 사이의 사건은 (네덜란드의) 오란다 가문의 윌리엄 공(Prince William

---

28) 원저 p.206. 각주 18. G. R. Elton in a review of Lawrence Stone's *Causes of the English Revolution* in *Historical Journal* 16 (1973), 207.

of Orange)에 의한 잉글랜드의 침공을 포함하고 있고, 이때 15,000명의 병력이었으며, 비교적 유혈을 동반하지 않았다는 점에서 당시에는 "명예혁명"(the Glorious Revolution)으로 불렸다고 하더라도,[29] 명예혁명은 1640년에 시작된 혁명의 마지막 해결 또는 대단원으로 이해될 수 있다.

이전의 도이치혁명과 마찬가지로, 영국혁명은, 그것이 바로 선언되는 데에 2세대가 걸렸다. 첫 번째의 급격한 단계는 두 번째의 보수적인 단계가 계승했으며, 순서에 따라서 보수적 단계는 세 번째 단계가 뒤따랐는데, 이 세 번째 단계에서 첫 번째의 급진적인 단계와, 두 번째의 보수적인 단계 사이의 협상이 실효화되었다.[30] 49년의 혁명의 역사가 진행됨에 따라서, 반대편에 서서 싸웠던 청교도혁명 당시의 전사들의 손자 세대들은, 서로 각각 다른 진영의 자손들과 평화를 가졌으며, 전체적으로 혁명은, 더 광범위하게 현재 진행형으로 나아가고 있는 역사의 필수 불가결한 부분으로써 받아들여지게 되었다.

영국혁명의 이 모든 세 개의 단계-첫 번째의 청교도혁명의 단계, 이후의 스튜어트 왕가 단계와 의회에 의한 새로운 왕조의 설립-는 당시에는 그 성격들을 모두 (이전에 존재했던 그러나 가상적인) 옛 질서의 귀환으로 인식되었다. 청교도혁명은, 100년 이전의 튜더-스튜어트(Tudor-Stuart) 왕조가 행한 찬탈 이전에 존재하였던 것들,

---

29) 원저 p.206. 각주 19. James R. Hertzler, "Who Dubbed It 'The Glorious Revolution?'" *Albion* 19 (1987), 579~585.

30) 옮긴이 주석: 실로 49년간의 영국혁명에서의 구분된 세 개의 단계가, 대역사 이론에서 논의되기는 하나, 실제로는 별로 일상적으로 인지되기 어려웠기 때문에 기피되어왔던, 헤겔(Hegel) 유의 정반합의 변증법이 역사에서 그 모습을 드러낸 것이라 볼 수 있다.

즉 교회와 국가를 초과하는 지고의 힘(supreme power)에 대한 찬탈 이전에 존재하였던 중요한 권위들, 즉 1215년의 마그나 카르타(Magna Carta)와 중세에 확립된 제정법 및 사법 결정들에서 확립된 영국인들의 오래된 자유권(ancient liberties)의 원상 복구로 인식되었다. 따라서 (1649년 크롬웰에 의한 청교도혁명과 공화국의 수립 이후의) 1649년의 공화국의 국쇄(The Commonwealth's Great Seal of 1649)에 "자유가 회복된 첫 번째 해"(The First Year of Freedome Restored)로 각인되었다.[31] 스튜어트 왕정복고는 왕국의 복구였을 뿐만 아니라, 1640년대에 확립된 혁명 의회의 입법을 복구하는 것이었고, 이들 중 많은 것들을 1650년대에 크롬웰이 독재를 행할 때에는 무시하였던 것이다. "명예혁명"(Glorious Revolution)이라는 이름 아래에서의 혁명(Revolution)이라는 용어는 역사의 수레바퀴를 어떤 때까지 소급해서 돌리는 것을 의미했다. 그 기준년은 제임스 2세가 의회 지배에 도전하고 로마 가톨릭을 재수립하겠다고 위협했을 때였다.[32] 이와 같이 **1640년에서 1689년의 49년**

---

31) 원저 p.206. 각주 20. See Eugen Rosenstock-Huessy, *Out of Revolution: The Autobiography of Western Man* (1938; reprint, Providence, 1993), p.761, and, on the three restorations, p.260.

32) 원저 p.206. 각주 21. On the term "revolution" in the seventeenth century, see Vernon Snow, "The Concept of Revolution in Seventeenth-Century England," *Historical Journal* 5 (1962), 167~174; and Zagorin, *Court and Country*, pp.13~16. Both stress the seventeenth-century predominance of the astronomical meaning of the term, an emphasis on circularity in which planetary bodies return to their original place in the heavens. Zagorin states that the French historian Franç·ois-Pierre-Guillaume Guizot (*Histoire de la révolution d'Angleterre depuis l'avènement de Charles I jusqu'à sa mort*, 2 vols. [Paris, 1826]) was the first to systematically treat the period 1640~1660 as an authentic revolution in the modern sense. Christopher Hill, "The Word 'Revolution' in Seventeenth-Century England," in Pamela Tudor-Craig and Richard Ollard, eds., *For Veronica Wedgewood: These Studies in Seventeenth-Century History* (London, 1986), pp.134~151, argues that "revolution" in the sense of a break in continuity was

동안의 혁명적인 기간을 통해서 잉글랜드는, 미래를 향해서 앞으로 움직이면서, 눈은 과거의 어떤 시점을 기준으로 하면서 진행했다고 인식되었다.

그러한 의미에서, 잉글랜드혁명의 보수주의(Conservatism)는 다른 큰 혁명들의 보수주의를 상기하게 한다. 16세기에서 루터주의 성직자와 군주들은 성서의 권위를 회복시키려고 노력하였으며, 교황과 황제 권을 넘어서서 초기 기독교 시대(early Christianity)로 돌아가려고 노력하였다. 11세기와 12세기에서 교황 그레고리 7세 (Pope Gregory Ⅶ)와 교황당은, 카롤링거 제국(Carolingian Empire) 의 출현에 우선하여, 주교와 교회 공의회의 권위를 강조하였으며, 그들이 "교회의 자유권"을 위해서 투쟁하고 있다고 정당한 목표를 내세웠다. 더 앞선 시대의 황금시대(an earlier golden age)[33]로 돌아간다는, 신화는 ─ 그 성질상 무의식적으로 계급 없는 원시부족을 의미하는 것인데 ─ 이것 역시 프랑스 대혁명이나 러시아혁명의 각각에 있어서의 부분적인 이데올로기였었다. 그러나 영국혁명의 보수주의는 ─ 또는 더 정확하게는 영국혁명의 이데올로기는 ─ (지금 말한) 고대의 어떤 이상적인 시대로의 회귀라는 신화를 초과하는 것이었다. **영국혁명의 보수 내지 복고는 역시 파괴되지 않는 연속성 또는 계속성이라는 신화를 포함하고 있었다.** 영국의 역사 연표

---

used before 1688, with the catalyst being the dramatic developments of the winter of 1648~49. This view is confirmed by the statement of Admiral Blake in Cádiz, quoted earlier in the text.

33) 옮긴이 주석: 중국 문화권에 있어서의 "더 이른 시대의 아득한 때의 황금시대"(an earlier golden age)는, 중국어 고전과 풍속에서 되풀이해서 나타나는 요순시대를 들 수 있다. 이후의 모든 중국 제왕의 치세는 그 가장 이상적인 형태로써의 요순 시절을 일종의 기준으로 하고 있었다는 것을 볼 수 있다. 이것 역시 Golden Age 신화라고 볼 수 있다.

는 가장 최근에까지 이러한 파괴되지 않는 연속성이라는 이데올로기를 유지 보존하고 있다. 이러한 계속성이라는 이데올로기는 특별히 영국법의 역사 연표에서 분명해진다. 많은 영국사가들이 영국혁명을 다루는 데에 있어서 고립적이며, 보다 보편적인 성격을 부인하는 섬나라 근성과 같은 강한 경향은, 역시 **점진주의라는 똑같이 강한 경향과 짝을 같이한다. 이 두 가지 경향은 실로 더 이전의 영국 역사에 뿌리를 두고 있다.** 그러나 이 두 가지 경향은 혁명 이전의 초기 스튜어트나 엘리자베스 시대의 잉글랜드에서 지배적인 사고방식의 부분은 아니었다.

1640년 이전에 잉글랜드의 정부 형태는 절대 군주 정부였다. 왕은 그가 중심이 되는 카운슬(council)에서 지배하였고, 간헐적으로 의회를 그가 소집했을 때에는, 의회에서 지배권을 행사했다. (찰스 1세가 1640년에 의회를 소집했을 때에는, 의회 없이도 개인적 통치를 11년간이나 한 뒤였다) 1689년 이후에는, 정부의 형태는 입헌군주제(constitutional monarchy)였다. 입헌군주제에서 의회는 지속적으로 개회하였으며, 또한 최고의 지위에 있었다. 비록 왕과 왕의 위원회가 의회의 동의를 얻어서 실질적인 권력을 보유하고 있었지만 ─ 이것은 특히 외교관계와 해외 식민지에 관해서일 때 그러했다. 1640년 이전에 잉글랜드에서 정당성을 가졌다고 인정된 유일한 교회는 잉글랜드 국교회(the Church of England)였다. 이 영국 국교회 체제에서, 국왕은 법 제도나 또는 실상에 있어서 지고의 지배자였다. 1689년 이후에는 사정이 달라졌다. 왕이 아니라 의회가 사실상 영국 국교회의 수장이 되었고, 다양한 종류의 프로테스탄트 교회들이 영국 국교회에 복종하지 않으면서도 정당한 것으로 인정되었다. 이 경우에 국교회에 반대하는 프로테스탄트 교회들의 구성원들은 정치적인 무능력하에 있었다. 의회에서는 정당제도 – 휘그당(Whigs)과 토리당(Tories)이 처음으로 1660년대에 출현하였다. **역시 1660년대에 처음으로 평민들의 대표들이 모인 하원(the House of Commons)이, 귀족들의 대표가 모인 귀족원(the House of Lords) 보다 더 큰 권한을 가지게 되었다. 땅을 가진 지방의 젠트리 계급이 칭호를 가진 귀족들을 대체하였다.** "귀족 계급"(the peerage)은 영국의 지배 계급 중에서 가장 중요한 분파였다.

이 기간 동안 영국법에서 근본적이고 지속적인 변용이 있었다. 1640년 이전에 판사들은, 군주의 뜻과 의지에 봉사하였다; 1689년 청교도혁명 이후의 기간에서는, 판사들은 왕권에서부터 독립성을 부여받고, 종신직으로 보장되었다. 튜더 왕권에 의해서 확립되었던, 강력한 특권적인 법원들의 대부분은, 그중에서 17세기 초에 스타챔버(Star Chamber) 법원이 가장 악명이 높았는데, 이와 같은 것들은 폐지되었다. **(이전에 존재하던, 이러한 절대 왕권의 의지에 봉사하는) 특권적인 법원(prerogative courts)에 대비해서, 비로소 이른바 특권적이 아닌 보통법원(common law courts)이 확립되고, 이러한 보통법 법원이 모든 다른 사람들 위의 최고의 지위를 가지게** 되었다. 따라서 이러한 의미에서 **(특권적인 법이 아니라는 의미가 강한) 보통법(common law[34])이 잉글랜드와 영국의 기본 골격을 이루는 법(constitutional law)이** 되었다. 형사 케이스와 민사 케이스에서의 배심원 재판이 변화되었다; 배심원은 판사로부터 독립하

---

34) 옮긴이 주석: 보통법 또는 common law의 원래 용법이 이 문맥에서 나타난다. 역사적으로 절대 왕권 때는 특권적 법원(prerogative court)이 맹위를 떨쳤으나, 청교도혁명 이후에 특권적 법원이 폐지되고, 왕에서부터 독립하고, 종신 임기가 보장되는, common law court가 확립된 것이다. 이러한 보통법 법원에서, 독립된 판사들이 적용하는 법이 English common law이다.

게 되었고, 증인에 의한 증거와 증거에 대한 규칙들이 도입되었다. 물권, 계약, 그리고 불법 행위에 관한 영국법이 근대화되었다. **선례 구속의 영국 독트린(The English doctrine of precedent)은 - 근대 영국 보통법의 품질 증명서(hallmark)인데 - 여기에 최초의 근대적인 의미가 부여되었다.**

이와 같이 우리들은 1640～1689년의 영국혁명이 서양사의 다른 위대한 혁명들의 기준(criteria)에 도달했다고 말할 수 있다.[35] 영국혁명은 근본적인 변화, 급격한 변화, 맹렬하고 폭력을 동반한 변화, 그리고 전체적으로 영국사회 체제에 영향을 주는 지속적인 변화로 특징지어진다. **영국혁명은 뿌리를 내리는 데에 한 세대 이상이 걸렸다. 영국혁명은 이윽고 전혀 새로운 법 시스템을 산출하였는데 그 법 시스템은 영국혁명의 주된 목적들을 담게 되었다.** 영국혁명이 다른 위대한 유럽혁명의 또 다른 기준에 적합한지는 이 장의 잇따른 절과 또 다른 장에서 보일 것이다: 어쨌든 영국혁명이 산출한 전혀 새로운 법의 시스템은 서양법 전통을 변화시키고, 마침내는 그 서양법 전통 안에서 중요한 것으로써 남아 있게 되었다.

7.3 제1차 영국 종교개혁에 나타난 영국혁명의 배경

16세기의 프로테스탄트 종교개혁은, 도이치혁명(the German Revoltuion)으로 결실하게 되었는데, 유럽의 여러 다른 나라에서, 다른 형태를 취하게 되었다. 일반적으로, 종교개혁은 군주의 공식적 지위를 높였으나, 도이치에서는, 프로테스탄트 연맹(Protestant

---

35) 원저 p.208. 각주 22. Berman, *Law and Revolution*, p.19, 24.

League)의 존재와 연관되어 있었으며, 이 개신교 연맹은 수많은 게르만인들의 영방들 중 어느 하나의 지역적인 한계를 초월해서, 게르만인들의 제국 안에 머물러 있으면서도, 황제에게는 반대하고 있었다. 더욱이 도이치에 있어서의 종교개혁(Reformation)은, 루터 주의자들의 반란(revolt)과 관계있었는데, 이 반란은, 그때까지 존재 하며, 지배권을 행사했던, 교회법에 기초를 두고 있으며, 가시적이 며, 위계질서를 이루고 있는, 교회에 대한 반란이었다.

대조적으로, 16세기의 잉글랜드 종교개혁(English Reformation) 은 처음에는 일차적으로 정치적 운동이었으며, 목적은 잉글랜드에 있어서의 교황의 권위를 군주의 권위로 대체하는 것이었다. 헨리 8세 (Henry VIII, 재위 1509~1547)가 시작한 영국의 종교개혁은, 카 톨리시즘의 영국화(Anglicization of Catholicism)와 관계있으며, 그 러나 전통적인 로마가톨릭의 신학과 전례의식(liturgy)을 그대로 유 지하고 있었다.

헨리의 프로테스탄트 아들인 에드워드 Edward 6세(재위 1547~ 1553)와 - 가톨릭의 일시적인 복귀를 경험한 뒤에 - 그의 프로테스 탄트 딸인, 엘리자베스 Elizabeth(재위 1558~1603)의 치세하에서, 비로소 영국의 군주들은 루터주의와 칼뱅주의의 교리가 영국 국교 회의 교리에 스며드는 것을 허용하였다.

영국 왕 헨리 8세와 그의 후계자들이 영국 국교회(Church of England)에 대한 절대적 권위를 선포한 것은, 저명한 영국 역사학자 G. R. Elton이 지적한 것처럼, "진정한 혁명"(genuine revolution)이 었다.36) 그런 의미에서, 누구든지 16세기의 영국혁명(English Revolution

---

36) 원저 페이지 208, 원저 각주 23. G. R. Elton, *The Tudor Constitution* (Cambridge, 1960), p.327.

of 16th century)을 얘기할 수 있을 것이다. 그 혁명의 중심적 부분으로, Elton이 그러했듯이, 왕권 자체와 왕의 자문관들의 변화, 의회의 변화와 사법부의 변화를 포함시키기를 원할 것이다. 이런 사항들은 17세기의 영국혁명(English Revolution of 17th century)의 배경으로써, 지금 논의되어야 할 것들이다. 그다음에 명료한 것은 다음의 사실들이다. 잉글랜드는 두 번의 큰 혁명 two "Great Revolutions"을 경험하였는데, 하나는 16세기에, 하나는 17세기에 일어난 것이다. 16세기에 영국인들의 로마 가톨릭교의 개혁은, 유럽적 시각에서 보면, 최초의 프로테스탄트 종교개혁(Protestant Reformation)의 부분이었다. 이 최초의 개신교 종교개혁은, 물론 루터가 교황에 대해서 선전포고를 한 것이었고, 도이치로부터 유럽 여러 나라로 퍼져 갔으며, 각양각색의 방식으로 반응하였다. 16세기의 영국에서의 왕의 권위를 높이는 것은, 역시 범유럽적인 현상이었으며, 어디서나 교황의 권위의 하강과 관계있었다.

그럼에도 불구하고, 최초로 그리고 전면적으로 도이치에서, 도이치혁명(German Revolution)으로 발발한 것을, 16세기의 유럽혁명(European Revolution of the sixteenth century)이라고 부르고, 최초로 그리고 전면적으로, 잉글랜드에서 잉글랜드혁명으로 발발한 것을, 17세기의 유럽혁명(the European Revoltuion of the seventeenth century)이라고 부르는 것이 온당하다. 프랑스 역시 16세기와 17세기의 유럽 혁명들의 반향들을 경험하였으나, "프랑스혁명"(French Revolution)이라는 이름은 1789년과 그 이후의 경험들을 위해서, 유보되었으며, 1789년과 그 이후의 경험들은, 18세기의 전 유럽적인 위기에 맹렬하고 폭력적으로 응수한 최초의 의미를 가지고 있다.

그 시초에서부터 16세기의 헨리 왕에 의한 종교개혁은, 군주 중심과 반로마적인 성격에 의해서 도이치 종교개혁과 프로테스탄티즘과 연계되어 있었다. 시초에서부터 헨리 왕에 의한 영국 종교개혁은 1차적으로 헨리의 신학적 확신의 산물은 아니었다. 1535년에 영국 왕 헨리는 토마스 모어(Thomas More) 경과 존 피셔(John Fisher) 주교를 반역죄로 참수하였는데 - 반역죄라는 것은 정치적 성격의 범죄였지, 신학적 범죄는 아니었다. 이렇게 말하는 것은 두 사람의 위대한 종교인은 로마 교회의 교회법에서 영국 교회의 권위가 영국 왕의 권위보다 더 고차적이라는 것을 인정하였기 때문에 처형된 것이기 때문이다. 실로, 1533년에 헨리 왕은 그가 임명한, 헌신적인 프로테스탄트였던 대주교 토마스 크랜머(Archbishop Thomas Cranmer)에게 다음과 같이 말했다. 즉, 헨리는 지상에서 절대자를 제외한 어떤 더 우월한 존재도 인정하지 않으며, 헨리 자신이 "어떤 지상의 창조물인 법37)38)에도 복종하지 않는다"라고 했다. 이러한 정신 아래 헨리 왕은 로마 가톨릭 수도원들을 해체하고, 재산을 몰수하여 왕 자신의 용도로 돌렸는데 - 이것은 잉글랜드 전역의 가치가 있는 땅의 약 4분의 1을 포함하고 있었다. 비록 헨리 왕은 그와 같이 공존한 잉글랜드 의회가 이러한 목적을 달성하는 데 이용하였지만, 그의 행동은 - 심지어 헨리 왕의 주된 이론적 옹호자였던 엘튼(Elton)이 말한 바 - "본질적으로 왕의 개인적 행동"인 것이며, (의회의 동의를 동반하였다고 하나) "본질적으로

---

37) 원저 p.209. 각주 24. *State Papers of Henry VIII, 1509~1547*, vol. 1 (London, 1970), p.392. Cranmer had close relations with leading German Lutherans, including Martin Bucer, and in 1532 married a relative of Luther's friend Andreas Osiander. See Diarmaid Mac-Cullogh, *Thomas Cranmer: A Life* (New Haven, 1996), p.72.

38) 옮긴이 주석: 로마 교회의 교회법을 의미한다.

의회가 한 것"[39])은 아니었다는 것이다.

헨리 왕의 맹렬한 반로마정책은 여러 번 역시 맹렬한 반프로테스탄트정책을 동반하였다. 1531년과 1533년, 그리고 다시 1540년에, 헨리 왕은 영국의 루터주의자들의 지도자들이 이단이라는 명목으로 화형에 처해지도록 했다.[40]) 그럼에도 불구하고, 루터주의 신학은 이 시대에 영국사상에 스며들었고, 짧은 기간이기는 하지만, 헨리 왕에 의해서 관용되거나 아마도 심지어 고무되었다. 이것은 (잘 알려진 바대로) 그의 첫 번째 이혼이 비텐베르크(Wittenberg) 대학의 신학 교수(루터 및 그의 추종자를 말함)에 의해서 정당화되기를 희망했기 때문이다. 또한 헨리 왕이 도이치의 프로테스탄트 군주들과 동맹하기를 원했기 때문이었다. 1535년에 구약성경과 신약성경 모두를 최초로 영어로 번역한 카버데일 성경(Coverdale Bible)이 영국에서 발행되었다. 이 최초의 영역본 성경은 루터의 도이치어 번역에 많이 빚지고 있었다. 1538년에 크랜머(Cranmer) 대주교와 다른 영국 신학자들이 도이치의 루터주의 신학자와 만났는데, 그 목적은 공통적인 종교적 교리를 개발하려는 노력이었다. 그러나 점차로 헨리 왕은 이러한 영국과 도이치 신학자들의 접촉에 정지명령을 하였으며, 1539년에 새로운 신앙의 선언을 공포하고-이 공포는 이단에 대한 화형과 교수형에 의해서 강화되었다. 1539년 공포된 헨리왕의 신앙 선언은 소위 6개조(Six Articles)라고 불리는데, 이것은 기초적인 가톨릭의 가르침(이제 영국과 결합해서 Anglo-

---

39) 원저 p.209. 각주 25. Elton, *Tudor Constitution*, p.344.

40) 원저 p.209. 각주 26. See Basil Hall, "Lutheranism in England," in Derek Baker, ed., *Reform and Reformation: England and the Continent* (Oxford, 1979), pp.111~112.

Catholic이 된)을 재확인한 것이다.[41]

그러나 에드워드 6세 치하에서, 그리고 나중에는 엘리자베스 치하에서 영국 종교개혁은 점증하여 도이치로부터의 프로테스탄트 영향하에 들어가게 되었다. 영어 성경의 인쇄와 구독, 그리고 영어 성경을 가르치는 데에 대한 이전에 있어왔던 제한은 제거되었다.[42] 에드워드 4세 치하에서 1549년에 발간되고, 1552년에 개정된 공통된 기도서(Common Prayer)의 첫 번째 책은 주된 저자가 헨리 시대의 주교 크랜머(Cranmer)였는데, 많은 정도 루터주의 영향에 힘입고 있었다. 이것은 후일 영국 왕 에드워드 6세에 의해서, 그의 사망 직전에 공인된 42개조(the forty-two Articles of Faith) 또한 루터주의의 영향 아래에 있었다.

에드워드를 계승한 메리(Mary) 여왕은 헨리 왕의 딸이었는데, 국왕 우위 이론 아래에서의 로마 가톨릭이었는데, 따라서, 로마 교

---

41) 원저 p.210. 각주 27. The Six Articles declared that anyone who denied transubstantiation-namely, that the bread and wine of the eucharist become the spiritual body and blood of Christ upon their elevation by the priest in the ceremony of Holy Communion – was a heretic and therefore subject to be burned at the stake, and anyone who maintained opinions contrary to other provisions of the Six Articles was a felon and therefore subject to be hanged. Hall, "Lutheranism in England," pp.118~119; cf. Edward John Bicknell, *A Theological Introduction to the Thirty-nine Articles of the Church of England* (London, 1944), pp.12~13. See also Elton, *Tudor Constitution*, pp.399~401.

42) 옮긴이 주석: 이전의 시대에 있어서 영어로 번역된 성경을 평민이 읽는 것을 금지하였다. 그 이유는 엄격한 이전의 가톨릭 방식에 있어서는 라틴어 성경을 읽을 수 있는 것은 성직자에 한하였으며, 평신도들이 성경을 직접 읽는 것을 허용하지 않았다. 라틴어 성경이 도이치어로 번역된 것이 도이치 종교개혁의 중요 단계였던 것처럼, 라틴어 성경이 영국 일반인들이 읽을 수 있는 영어 성경으로 번역되고 난 이후 상당 기간 동안, 영국의 평민들은 경찰과 관리의 수색을 피해서, 자택의 비밀장소에 영어 성경을 비치하고 영어 성경을 읽을 동안은 가족 중 한 사람이 망을 보는 관행이 계속되었다. 이때의 상세한 미시 역사에 대해서는 김성한, 『다비도』 참조. 이 단편은 한국인에 의해서 쓰인 영국 종교개혁기의 역사를 배경으로 한 본격적인 역사 소설이다.

회로 회귀하였다. 그래서 새로운 공포에 의한 통치가 제도화되었다. 영국 종교개혁의 지도적인 역사가인 A. G. Dickens는 다음과 같이 표현하였다. "죄수의 인구수가 급격하게 변화하였다."[43] 메리 여왕의 치하의 5년 동안 약 290인이 이단으로 화형되었는데, 가장 중요한 인물로는 헨리 왕의 대주교였던 크랜머(Cranmer)가 있었으며, 적어도 40인의 프로테스탄트들이 감옥에서 사망하였다. 800명 이상의 메리 여왕 시대의 망명자들이 영국 국외의 프로테스탄트 중심지로 도망하였다.

스물다섯 살에 왕위를 물려받은 엘리자베스 여왕은 그의 언니였던 메리 여왕의 종교정책을 완전히 반전시켜서 그의 오빠였던 에드워드 왕의 종교정책으로 회귀하였다. 동시에 스물다섯 살의 엘리자베스 여왕의 주된 관심은 이러한 반전을 최소한의 폭력으로 완성하는 것이었다. 엘리자베스 여왕은 즉시로 의회가 1559년에 새로운 수장(首長)법(Act of Supremacy)을 통과하도록 했는데, 이 법의 내용은 여왕 자신을 영국 교회의 "최고 지배자"(Supreme Governor)로 하는 것이었으며, 또한 교회 통일법(Act of Uniformity)을 제정하여 일요일이면 모든 영국민들은 교회에 참석하도록 하고, 어기는 경우에는 벌금을 물렸으며, 성직자나 평민들에게 다 같이 똑같은 종교의식을 행하도록 부담을 지웠는데, 이때의 통일적인 종교의식은 에드워드 6세가 간행한 공통된 예배의 두 번째 책(second book of Common Prayer, 1552)에 의거한 것이었다. 그 책의 탁월성은 부분적으로는 그 책의 "학습된 애매모호성"(studied ambiguity)에 있었다. 이와 같이 한편에서 영국 국교회주의(Anglicanism)는 온건

---

43) 원저 p.210. 각주 28. A. G. Dickens, *The English Reformation*, (New York, 1964), p.287.

한 프로테스탄트에게 개방적이었는데, 다른 한편에 있어서는 그러나 급진적인 청교도주의에게는 그러하지 않았으며, 또한 비록 로마 가톨릭에 대해서는 그러하지 않았지만, 앵글로 가톨릭(Anglo Catholic)에 대해서는 호의적이었다.

1570년대와 1580년대에 있어서 로마 가톨릭 스페인으로부터 침공의 위협은 교황에 의한 적대적인 작전들과 결합하여서 적의와 원한의 강화에 기여하였다. 1570년의 교황의 교서는 영국 여왕을 파문하였으며, 여왕의 신민들로 하여금 여왕을 배척하도록 강조하였다. 이 교황교서는 1571년의 제정법에 의해서 응수되었는데, 이 제정법에 의하면, 로마 가톨릭 미사에 관한 것을 말하거나 미사곡을 노래 부르는 어떤 사람도 벌금 또는 구류에 처하도록 하고 있었다. 이것은 일요일에 영국 국교회에 참석하지 않는 영국민에 대해서도 해당되었다. 1582년의 국왕의 선포와 잇따른 1585년의 제정법은 영국 여왕 폐하의 영역에서 발견된 로마 가톨릭의 Jesuit와 신학교 성직자들은 반역자로 간주되고 사형으로써 처벌되도록 하였다.44)

16세기의 마지막 수십 년 동안에 일어난 엘리자베스 여왕의 방식(Elizabethan Settlement)에 대한 청교도의 도전은 주로 외국으로부터 보다는 왕국 내부에서 왔다ー그러나 이러한 청교도들의 도전은 역시 강력한 외국과의 연계를 가지고 있었다. 그러나 강조되어야 될 것은 그 당시에 청교도(Puritan)로 불리던 모든 사람들 또한 훨씬 이후에 청교도로 불리게 된 모든 사람들이 엘리자베스 여왕의 방식을 반대한 것은 아니었다. 더 심각한 도전은 영국의 칼뱅주

---

44) 원저 p.210. 각주 29. Elton, *Tudor Constitution*, pp.423~442 and documents pp.197~201.

의자들로부터 왔는데, 그들은 16세기 말에 영국 교회를 정화시키려고 (purify) 노력했을 뿐만 아니라 [그래서 경멸적인 이름으로(derogatory name)으로 Puritan이라고 불렀다] 또한 그 욕구를 영국 국교회의 제식에 대한 반대와 비일치를 설교할 뿐만 아니라 실천하는 데까지 나아갔다. 이들은 또한 교회 국가의 시스템을 급진적으로 재건축하려는 데까지 나아갔다. 이러한 사람들은 그 당시에 비순응주의자들 (Nonconformist)로 불리게 되었다. 이들은 장로교도(Presbyterian)를 포함하고 있었는데, 장로교인들은 영국 국교회의 주교의 권위를 부인하고, 교회의 통제는 지역 교회의 장로회의의 손에 있어야 된다고 주장했으며, 장로회의는 목사와 지역교회의 회중에 의해서 선출되는 장로들에 의해서 구성되는 것이었다. 이들 비순응주의자들은 역시 다양한 교파를 포함하고 있었는데, 분리주의자들(Separatist) 또는 독립파들(Independents) 또는 회중주의자들(Congregationalist)을 포함하고 있었으며, 모든 외부적 권위를 거절하고, 나라가 만든 교회의 정당성을 부인하였다.

7.4 튜더 왕조의 통치구조

7.4.1 추밀원(Privy Council)

잉글랜드도 다른 유럽국가와 같이, 우선 왕권을 강화한 뒤 교황과의 관계를 끊었다(또는 로마 가톨릭에서 남은 국가에서처럼, 왕이 교회에 대한 통제를 선언하게 되었다). 국왕은 성속의 봉건귀족이나 가신에게 의존하지 않고(헨리 7세 때 그 경향이 나타났고, 헨리 8세 때 명확해졌다), 도이치의 제후와 같이 충성심과 능력을 기준으로 고른 측근에게 의존하게 되었다.

1536년에 창설된 추밀원(Privy Council)[45]이 그것으로, **추밀원을 구성하는 것은 상근 관료였다**. 또한, 그 이전의 국왕 평의회(King's Council)와 같이 때때로 소집되어 국왕의 자문에 응하는 것이 아니라, **추밀원은 상설 관료기구로써 창설되었다**[이 추밀원의 창설에 관여했던 크롬웰(Thomas Cromwell)은 새롭게 등장한 관료의 전형(典型)이었다. 숙박업, 양조업자를 아버지로 둔 법률가 아들로 윌지 추기경(Cardinal Wolsey) 밑에서 일한 뒤, 헨리 8세의 측근이 되었다]. 추밀원은, 국왕의 가계인 궁정에서 일하는 고위 관리들(왕실 감사원장, 귀족인 궁정 의전 장관, 왕실 회계국 장관)과, 국가 차원의 최고위 고관("great officers")(켄터베리 대주교, 귀족인 대법관, 귀족인 재무장관, 귀족인 해군 제독 등) 약 20명으로 구성되었다. 이 추밀원의 최상급 고관들은, 각각 그들의 영역에서, 전문성을 가진 관료층을 보유하고 있었다. 그리고 대부분의 경우 왕의 가계와는 독립해서 운영되었다. 그래서 이전 수백 년 동안 왕의 가계(household)[46]에 의해서 운영되어 왔던, 정부의 시스템은 정부의

---

45) 옮긴이 주석: Privy는 "내밀히 관계하는"이란 뜻이다. privy chamber는 궁중의 내밀한 공간을 의미한다. privy council(혹은 councilor)는 통치자, 고위층, 즉 왕의 개인적인 자문위원회를 뜻한다. In England, the principle council of the sovereign, composed of the cabinet ministers, and other persons chosen by the king or queen as privy councilors. The judicial committee of the privy council acts as court of ultimate appeal in various cases. The importance of the privy council has been replaced to a great extent by the cabinet. *Black's Law Dictionary*, 1978.

46) 옮긴이 주석: 왕정의 원형은 국정과 왕의 가계(household)가 잘 구별되지 않는다. 고대 국가(ancient society)의 예로, 호메로스의 『일리아드』, 『오디세우스』에서 고대 도시 국가의 수장이었던 바실리우스(Basilius)는 대규모 가계의 가장이었다. 또한 서양 근세 절대 국가 시대의 왕정은 사실상 왕의 가계(household)에 의하여 운영되었다. 가산 국가라 할 만하다.

여러 부처로써 운영되는 내각 시스템의 초기 형태로 변용되었다. **잉글랜드의 추밀원(Privy Council)은, 도이치에서 등장한 Obrigkeit (최상급 관료층)47)의 잉글랜드 판이었다.**

국왕 평의회(King's Council)의 변용은, 의회의 역할과 기능의 변용과 동행했다. 이전에 의회(Parliament)는, 때때로, 중요한 (정치적) 사례에서 국왕의 사법적 판단을 신민들에게 베풀거나, 때때로 제정법을 입법하거나 해왔다. 그러나 가장 중요한 일은, 과세를 승인하여(특히 새로운 국왕이 즉위한 때) 국왕을 재정적으로 지원하거나, 국왕에 대하여, 불만을 청원(petition)하거나 하는 일이었다. Parliament는 연속성이 있는 것이 아니고, 그때그때마다 소집·해산은 국왕이 하는 것이다. 국왕은 필요에 따라 의회를 소집하고 해산하였다. 상원(귀족들로 구성되는 House of Lord)은 고위 성직자(주교와 대수도원장)와 세습 작위 귀족[의회 귀족(peerage)라고도 부른다], 하원(평민들로 구성되는 House of Commons)은, 각지의 농촌(shire)와 도시(borough)로부터 2명씩 선발하여 대표로 구성하였다.

16세기에는, 아직 의회의 오랜 성격에 변화는 나타나지 않았다. 국왕은 2·3년에 1번 의회를 소집하여 2·3개월 후에 해산했다.48)

---

47) 옮긴이 주석: 도이치의 Obrigkeit에 대하여는 제1장 16세기의 게르만 혁명과 게르만 법의 변화 중 1.12 법의 개혁(The Reformation of Law) 중 German Constitutional Law에 해당하는 부분을 볼 것. 원저 pp.65~66. 원저 인덱스 Obrigkeit(High magistracy) "군주는 혼자서 통치하는 것이 아니고 그와 함께 고위관료층(Obrigkeit)을 구성하는 공무원을 통해서 한다. 군주와 마찬가지로 고위관료를 형성하는 공무원계층은 그들 역시 공익에 봉사하라는 그들의 기독교적인 소명에 의해서 묶여 있었다. 동시에 그들의 높은 정도의 공적인 책임감은 직업공무원들에게 일반시민들보다 더 높은 정도의 독립성을 부여한다. 더하여 이제는 프로테스탄트 도이치의 여러 영역들의 하나하나는 유효하게 주권국가로 되었기 때문에 직업공무원들은 한 영역의 군주의 고용을 떠나서 다른 영역의 군주에게로 옮아갈 수 있었다. 비슷하게 당시의 고위관료층(Obrigkeit)을 구성하고 있던 대학교수들도 군주에 대한 그들의 의무보다도 더 고차적인 진리에 대한 의무를 가지고 있었다."

예를 들면, 엘리자베스 1세는 45년의 재위기간 중에, 10번 의회를 소집하였고, 의회의 개최일 수는 합쳐서 140주에 미치지 못한다. 평균적으로 4년 반마다 14주간 개최되었다. **이렇게 16세기에 국왕은, 의회를 지배하였지만, 그럼에도 군주권의 증가와 군주의 주도권을 위한 행정 행위 전체를 국가의 의사(national will)로, 국민에게 인정받기 위해서는 도구로 써서, 국민들이 보다 수용하게 하기 쉽게 하기 위해서는, 의회의 승인이 필요했다.** 비상설이었던 국왕위원회 또는 평의회(King's Council)가, 상근의 관료 제도로 변용하고, 교회를 국가화함과 함께, 봉건 왕조의 권력은 쇠퇴하게 되었다. 이제 잉글랜드의 정치적 통일은 형태를 이루게 되었다. 이미 국왕이 최상위에서 오는 경쟁적 제한에서는 자유로워졌지만, 그 대신에 상위층 아래에서 오는 저항에 대해서는 덜 보호받게 되었다.

튜더 왕조 시대의 의회는, 어떤 사례들에 대해서는, 아직 법원의 기능도 하였고(단 귀족들의 상원만 그 역할을 했다), 따라서 "의회라는 최고 법정"(the High Court of Parliament)이라고 불리기도 했으며, 국왕에게 **재정 지원**을 하거나, 국왕에게 고정 교정을 위한 청원을 하는 경우에도 기능을 했지만, 때에 따라서 중요한 일은 법률의 제정으로 변화하였다. 그러나 아직 국왕이 의회의 수장이요 주재자(head)였기 때문에, **17세기의 의회와 같이, 국왕의 정책에 반대하거나 국왕의 권한에 제약을 가하는 일은 없었다.** 국왕은 의회와, 그리고 그의 각료에 해당하는 국왕 측근의 위원회49)와 협력

---

48) 원저 p.212. 각주 30. E. B. Fryde et al., eds., *Handbook of British Chronology*, 3rd ed. (London, 1986), pp.572~574.

49) 옮긴이 주석: 일역은 추밀원이라고 하고 있다. 국왕의 측근 위원회는 1536년 이후에는 추밀원밖에 없었으므로 결과적으로 전혀 틀린 얘기는 아니다.

하여(in his council in his parliament) 통치하게 되었다. 또한 입법권은 아직 의회의 독점적인 권한은 아니었다. 국왕은 단독으로, 또는 의회 없이, 그의 측근 위원회(his council)만으로도 입법할 수 있었다. 국왕이 공포한 것은 왕령(proclamations)이라 부르고, 의회가 제정한 법률(statutes)과 구별되었지만, 법률(laws)로써 효력은 인정되었다. **엘리자베스 1세의** 치세는 540개월이었지만(45년이다), 그중 500개월(41년 8개월)은 의회가 열리지 않았고,50) 그 간에 엘리자베스 1세는 수백에 이르는 왕령을 공포하였다. 형식적으로는, 의회의 제정법에 변경을 가하는 권한은 국왕에게 없었지만, 튜더 왕조 시대의 의회도 법정도 그것을 문제 삼지 않았다.51) (의회도 법원도 제한적인 역할을 했다)

국왕의 위원회(King's Council)가 추밀원을 대신하고, 의회도 국왕의 정책집행기관으로 변하였으며, 국왕은 재판제도에도 변경을 가하였다. 전통적인 커먼 로 법원은 새로운 정치·경제 문제에 대처하지 못하고, 또한 국왕의 의지에 신속하게 대응하지 못했기 때문

---

50) 옮긴이 주석: 45년의 치세 중 41년 8개월은 의회를 소집하지 않았다.

51) 원저 p.212. 각주 31. Elton, *Tudor Constitution*, p.22, claims that proclamations had no force in the common law courts. This is not true. R. W. Heinze, *The Proclamations of Tudor Kings* (Cambridge, 1976), pp.63, 262~263, cites proclamations that specifically list the courts of King's Bench, Common Pleas, and Exchequer as places where offenses could be tried. Other proclamations mention or imply that any court of record is a proper venue. See also Frederic A. Youngs, *The Proclamations of the Tudor Queens* (Cambridge, 1976), who states (pp.39~40): "Regardless of the opinions held by some jurists who would have restricted proclamations to a subordinate role and denied them the right to make law in them, both Mary and Elizabeth used royal proclamations to frame temporary legislation." Proclamations could extend the effect of existing laws; they could define situations as falling within the purview of existing legislation; they could create new offenses directly or by applying penalties designed for principal offenders to accessories as well.

이다. 그때까지 추밀원(Privy Council)이 담당하던 재판기능을 독립시키고, 성청법원(Court of Star Chamber), 청원법원(Court of Requests), 웨일즈 지방법원(the Court of Wales and the Marches[52])), 고등종무법원(Court of High Commission)이 만들어졌고, 또한 새로운 해상법원(High Court of Admiralty)이 만들어졌다. 또한 종래 대법관이 담당하던 법원은 새롭게 대법관 고등법원(High Court of Chancery)이라고 이름을 바꿔, 그 권한을 강화시켰다.[53] 국왕이 새롭게 창설한 이러한 법원은 고등법원(High Court)이거나, 국왕 대권에 근거한 법원(Prerogative Courts)로 불렸고, 가톨릭교회가 사용하던 교회법과 유럽의 대학(잉글랜드에서는 옥스퍼드 대학과 케임브리지 대학)에서 몇 세기에 걸쳐 연구하고 가르친, 16세기에 새롭게 체계화된 로마법을 적용하였다.

7.5 혁명의 전조

1603년에 스코틀랜드 국왕 제임스 6세가 잉글랜드 국왕에 즉위하자(제임스 1세라고 칭하였다), 제임스 1세와 그 아들 찰스 1세의

---

52) 옮긴이 주석: 잉글랜드와 스코틀랜드에서 쓰임. 잉글랜드와 웨일즈 사이의 경계 연안 지방들을 지칭함.

53) 원저 p.231. 각주 32. Other prerogative courts, that is, courts created by the royal prerogative, included the Court of the Council of the North, the Court of the Council in the Marches of Wales, the Court of the Duchy of Lancaster, and the Court of the Exchequer of the County Palatine of Chester. In fact, though not in theory, the High Court of Admiralty was a new court and a prerogative court, although it had predecessors in the so-called Admirals' Court of an earlier time. Also the High Court of Chancery was in fact, though not in theory, a new court and a prerogative court, although its historical roots in the Chancery jurisdiction of the fourteenth and fifteenth centuries were strong.

치세기에, 잉글랜드의 정치·경제·사회는 크게 변화하여, 퓨리탄과 국교도·지방(country)과 궁정(court)의 대립이 첨예해졌다. 거기에 제임스 1세는 즉위 직후부터 하원이나 커먼 로 법원과의 문제를 안고 있었다. 그가 책까지 출판시켜 절대왕정의 정통성을 강경하게 주장했던 것은, 이 하원이나 커먼 로 법원과의 대립이 원인이었다. 원래 역사가 중에는 이 대립을 중요하게 보지 않은 사람도 있다[특히 찰스 1세가 친정(親政)을 하기 시작한 1629년까지의 대립은 그 정도로 결정적인 것이 아니라고 하고 있다].54) 확실히 국왕과 의회는 협력할 수 있었을지도 모르지만, 1642년에 국왕군과 의회군이 전투에 돌입한 것은 피하지 못했다. 거기다 절대 왕정에 반대하는 자가, 반드시 국왕에 대하여 충성심이 없는 것도 아니었다. 그들이 바란 것은, 전통적으로 권한이 제한되는 왕정이었다.

국왕과 의회 간에 가장 큰 문제는 과세를 둘러싼 대립이었다. 이미 (45년을 치세한) 엘리자베스 1세가, 40만 파운드에 달하는 부채

---

54) 원저 p.213. 각주 33. In the 1970s and 1980s revisionist historians, though they disagreed among themselves on many points, challenged the hitherto almost universally accepted view that a crescendo of constitutional conflict led to the outbreak of the English Revolution in the 1640s. The revisionists minimized the strength of Parliament, the existence of an opposition to the Crown, and the provocative role of Puritanism. They instead emphasized the ineffectiveness of Parliament and the divisions within it, the financial crisis brought on by war expenditures, and the "revolutionary" nature of royal ecclesiastical policy in the 1630s. The outbreak of the Revolution was thus made to appear to be a historical accident brought on by the fiscal, religious, and foreign policy blunders of the monarchy in the decade prior to the Civil War. See Conrad Russell, "Parliamentary History in Perspective, 1604~1629," *History* 51 (1976), 1~27; idem, *Parliaments and English Politics, 1621~1629* (Oxford, 1979); Kevin Sharpe, ed., *Faction and Parliament: Essays on Early Stuart History* (Oxford, 1978); and Howard Tomlinson, ed., *Before the English Civil War* (New York, 1983). The element of truth in these views is that the Revolution was not inevitable; it could have been avoided if both sides had been more understanding and less stubborn. This is true of all the Great Revolutions.

(負債)를 남겼는데, 그것이 1606년에는 70만 파운드로 늘었다. 따라서 제임스 1세는 국왕이 가진 무역 통제권을 근거로, 의회가 인정한 톤세55) · 파운드세(tunnage and poundage) 이외에 무역과징금 (impositions)을 징수하였다.56) 1610년에 소집된 의회에서 제임스 1세는, 의회가 국왕의 무역 통제권에 대하여 참견할 권리가 없다고 주장하지만, 이 국왕의 주장에 대하여, 하원은 "잉글랜드 국민이 걸린 문제를 하원은 자유롭게 논의할 권리가 있다"고 반론하였다.57) 국왕과 의회 간에 타협이 성립할 기미가 보이려고 할 때, 국왕은 의회를 해산시키고 만다. 1614년에 의회가 재소집되어, 하원은 의회가 인정한 톤세 · 파운드세 이외의 무역과징금을 비합법적으로 하고, 또한 국왕이 의회의 고충을 듣지 않는 한 새로운 과세는 인정되지 않는다고 결의하였기 때문에, 다시 한번 국왕은 의회를 해산하고 회기 중에 불경한 발언을 한 의원 몇 명을 투옥시켰다.

같은 무렵, 제임스 1세는, 커먼 로 법원인 민사법원(Court of Common Pleas)58) · King's Bench와도 문제가 생겼다. 이 2개의 법원은 재무

---

55) 옮긴이 주석: 배의 입항 시 등록 톤수에 따라 징수되는 세금을 말한다.

56) 원저 p.214. 각주 34. "Tunnage and poundage" were customs duties granted to the king since the fourteenth century. Tunnage was a fixed rate assessed on each "tun" (cask) of wine imported. Poundage was a tax proportional to monetary value (pounds) levied on all imported and exported goods. "Impositions" were not a Stuart innovation; they had been introduced in the reign of Mary and were continued under Elizabeth. In 1606 a merchant named John Bate challenged the legality of the imposition on currants. The Court of Exchequer ruled in the king's favor, Chief Baron Gleming holding that "if the king may impose, he may impose any quantity he pleases, [and] this is to be referred to the wisdom of the king ······ and is not to be disputed by a subject; and many things are left to his wisdom for the ordering of his power, rather than his power shall be restrained." J. R. Tanner, *Constitutional Documents of the Reign of James I* (Cambridge, 1930), p.342.

57) 원저 p.214. 각주 35. Ibid., pp.245~247.

법원(Court of Exchequer)[59]와 같이 12세기에 국왕 평의회(King's Council)로부터 독립한 법원으로, **교회법·장원법·봉건법·도시법·상인법과 같이 관할이 한정되어 있는 각각의 법의 법원과는 구별되어, 그런 의미에서 커먼 로 법원라고 불리게 되었다**(커먼 로 (common law)라 함은 "전국에 통용되는 법률"을 의미한다). 또한 커먼 로 법원은, 특별히 공평·형평(equity)을 실현하기 위하여 14~15세기에 등장·발전한 Chancellor[60](**대법관)의 법원과도 구별되었다.** 이 커먼 로 법원이, 16세기가 되어 추밀원으로부터 독립하여, 몇 개의 대권법원이나, 새롭게 개조된 대법관법원(Chancery Court)·해상법원(Admiralty Court)에 대항하여 자기주장을 강하게 하기 시작했다. 또한 법원의 관할이 문제된 경우, 국왕이 그의 대권을 기반으로 한 법원에게 우위성을 인정하는 경향이 강해진 것도 문제의 배경이었다.

16세기가 시작될 무렵의 이 대권법원과 커먼 로 법원의 대립이 제임스 1세 시대에 표면으로 나타났다. 코크(Coke)를 따르는 12명의 민사법원(common pleas)과 대권법원(Prerogative court)의 판사가, 대권법원을 시작으로 대법관 고등법원이나 해사 고등법원의 권한에 제약을 가하려고 했다. 1606~1616년에 민사법원의 법원장(chief justice)이었던 코크가(이후에 왕좌법원의 법원장도 역임했다), **잉글랜드 전통의 커먼 로 법원이, 국왕의 대권에 기반을 둔 대권법원(Prerogative**

---

58) 옮긴이 주석: Court of Common Pleas는 최대권, 『영미법』(서울: 박영사, 1991), 53면, 123면, 243면에서 민사법원이라 옮기고 있다.

59) 옮긴이 주석: 최대권, 『영미법』(서울: 박영사, 1991), 243면에서 재무법원으로 옮기고 있다.

60) 옮긴이 주석: (영국) 장관과 사법관의 칭호. the chancellor of Exchequer 재무상. the Lord(High) chancellor (the chancellor of England) 대법관(각료의 한 사람, 의회개회 중에는 상원의장). *English Dictionary*(시사영어사).

Court)보다 우위에 있음을 선언하고, 국왕은 커먼 로 법원의 권한을 제약할 수 없다고 선언하였다. 1616년에 국왕은 코크를 파면했는데, 코크가 주장한 커먼 로 법원 우위설은, 국왕과 의회 간에 있었던 절대왕정의 문제점을 수면 위로 드러나게 했다. 그렇기 때문에 1640년대에 하원에서 있었던 과격파 퓨리탄의 릴번(John Lilburne)은, 성서 외에 코크의 『커먼 로 판례집』(Reports)을 손에 넣을 수 있었던 것이다.

후에 코크는 국왕에게 용서받고, 1621년에 하원 의원이 되어 하원에서 지도적인 입장에 서게 된다(고충처리위원회(Committee of Grievances)의 위원장이 되었다).

1625년에 찰스 1세가 즉위하여, 국왕과 의회의 대립은 한층 더 격해졌다. 관례가 되었던 톤세·파운드세의 승인조차 의회는 거부했다(관례로서 새로운 국왕이 즉위할 때, 의회가 이 세금을 걷는 것을 보증하였다). 따라서 찰스 1세는 강제로 차용하여 보충하였는데, 여기에 찬성하지 않은 자는 투옥시켰다.[61] 1628년에 소집된

---

61) 원저 p.215. 각주 36. The 1621 parliament was dominated by discussions of James's policies relating to the religious wars in Europe and his intention to marry his son Charles to the Catholic Princess Maria of Spain. (Charles later married a different Catholic princess, Henrietta Maria of France) James rejected parliamentary counsel, declaring that foreign policy was within the royal prerogative and constituted "matters far above [the Commons'] reach and capacity." On December 18, 1621, the Commons adopted a Protestation, stating that it possessed the right to discuss on its own initiative all matters of church and state and that the king may not limit such discussions. This was directly contrary to the principle laid down in 1593, under Elizabeth, that matters concerning the royal prerogative, called "matters of state," could be discussed in a parliament only with the express permission of the monarch. The 1621 Protestation, drafted by Coke, declared "that the liberties, franchise, privileges and jurisdiction of parliament are the ancient and undoubted birthright and inheritance of the subjects of England." On the following day James prorogued Parliament, and on December 30 he sent for the journal of the House of

의회는, 강제차용에 응하지 않는 자의 투옥에 대하여, 그것이 국민의 권리인 신체의 자유(Subject's Liberty in his Person)를 침해하는 것으로, 불법한 투옥·인신보호령 위반·보석 거부·**의회가 승인하지 않은 과세**의 실행·개인의 주거에의 병사 숙박 할당 강제·전쟁 중이 아님에도 불구하고 계엄령을 선포하여 약식재판을 한데에 대하여, 찰스 1세에 대한 비판하는 협의를 시작했다. 이것이 **권리청원(Petition of Rights)**으로, 코크에 의하여 문서화되고, 국왕과 그 관료에게 국민의 권리를 존중하도록 국왕에게 요구했다. 찰스 1세는, 하원의 요구에 응하여 권리청원을 재가·포고하였는데 (청원은 법률은 아니지만 양원의 찬성과 국왕의 재가가 있다면 법적인 효력을 가진다), 그것이 국왕의 권한을 제약하는 것이 아님을 찰스 1세는 강조하였고, 의회도 권리청원이 국가 체제의 변경을 의미하지 않는다고 인정했다.[62]

1629년에 회기를 중단한 찰스 1세는, 1640년까지 의회를 소집하

Commons and in the presence of the Privy Council tore out the page on which the Protestation had been entered. Ibid., pp.274~295. Coke and two other members of the Commons were sent to the Tower, where Coke sat for six months. Some seventy gentlemen were imprisoned for such opposition. The "forced loan" had been used as a financial device by the Tudor monarchs, but never on such a large scale and never to overcome parliamentary opposition to a monarch at the beginning of his reign. See Frederick C. Dietz, *English Government Finance, 1485~1558* (Urbana, Ill., 1921), pp.93~97, 163~166, 211; idem, *English Public Finance, 1558~1641* (New York, 1932), pp.25~26, 62~63.

62) 원저 p.215. 각주 37. The Petition of Right is reproduced in Kenyon, Stuart Constitution, pp.68~71. In 1629 a second rancorous session of Parliament ended dramatically when the Speaker, on the king's orders, declared Parliament to be adjourned but the Commons insisted on continuing the session. The Speaker rose to cut off debate, but two members pushed him back down and held him in his seat while another member read three resolutions indirectly criticizing the Crown. The House passed the resolutions and then voted its own adjournment.

지 않았다. 또한 **징수 방법**은 전례가 없을 정도로 강제적이었으므로63) 종교 정책도 퓨리탄의 이탈을 야기했을 뿐만 아니라, 국교회 신도의 반발까지 사게 되었다. 따라서 찰스 1세가 친정을 한 시기는, 전제의 11년간(Eleven Years' Tyranny)이라고 부르게 되었다.

특히 문제가 된 것은 종교정책이었다. 1633년에 찰스 1세가 켄터베리 대주교에 임명한 로드(William Laud)를 통해서, 가톨릭교회와 많이 닮은 교의와 전례가 도입되었기 때문이다. 거기다 이에 반대한 자에게는 엄격한 강압이 가해졌다. 성직자이건 세속인이건, 새로운 교의와 전례에 **반대하는 자**에게는, 고등종무법원나 성청법원에서 잔혹한 형벌이 과해졌다.64) **이러한 탄압이 원인이 되어 약 2만 명의 잉글랜드인이 1630~1640년에 매사추세츠만 식민지로 건너갔고, 또 그 이상의 수의 사람들이 네덜란드로 망명했다.** 당시 어떤 국교회 신도가 말했듯이 "바빌론으로부터 도망갔듯이 잉글랜드로부터 사람들이 떠났다."

---

63) 원저 p.215. 각주 38. Without Parliament, Charles resorted to a series of devices to raise money even more extraordinary than the earlier forced loans. See Roger Lockyer, *Early Stuarts: A Political History of England, 1603~1642* (London, 1999), pp.267~268. The most offensive was "ship money," originally collected from seaport towns and surrounding regions to increase the strength of the navy against foreign enemies and pirates but now extended by Charles to inland counties as well. Charles's ship money was imposed at a higher rate and over a broader class of people than the traditional tax, and many small freeholders and merchants who previously had been exempt from such taxes were now included. In 1637 a joint session of the courts of King's Bench and Common Pleas, in *Hampden's Case*, by a vote of seven to five, upheld the convictions of a group of gentlemen who had refused to pay ship money.

64) 원저 p.216. 각주 39. Three writers of anti-episcopal tracts (William Prynne, John Bastwick, and Henry Burton) were tried in Star Chamber in 1637 and ordered to have their ears cut off, to pay heavy fines, and to be imprisoned for life.

7.6 장기의회 · 내란 · 공화정

찰스 1세의 정책은 내정에서도 외교에서도 파란을 일으켰다. 1637년에 스코틀랜드에서 잉글랜드 성공회와 닮은 기도서를 강제했지만(찰스 1세는 1633년, 스코틀랜드 국왕에 즉위), 스코틀랜드 교회는 대부분이 장로교(칼뱅파)의 신학을 채용했는데(16세기에 녹스(John Knox)가 도입), 1638년에 **스코틀랜드의 교회 회의**는, 성공회와 닮은 새로운 기도서를 거부했을 뿐만 아니라, 스코틀랜드에 있던 성공회 제도 그 자체를 폐지하였다. 이에 대하여 찰스 1세는 1639년에 군대를 파견하였지만 패배했고, 그다음 해 11월에 군대를 다시 파견하기 위해 필요한 자금을 모으기 위해 의회를 소집했다. 이것이 1659년까지 열렸던 장기의회(Long Parliament)이다. 처칠(Winston Churchill)에 의하면, 이것은 잉글랜드에서 가장 주목해야 할 의회였다.[65]

장기의회는 **권리청원의 교훈을 살려**, 우선 성청법원 · 고등종무법원이 체포 · 투옥한 사람을 석방하게 하였고, 이어서 전제의 11년간의 책임재[스트라포드 백작(earl of Strafford) · 로드 대주교 등]을 런던탑에 유폐시켰다(후에 처형됨).[66] 또한 1641년, 국왕의 권

---

65) 원저 p.216. 각주 40. Winston Churchill, *A History of the English-Speaking Peoples*, vol. 2, *The New World* (New York, 1956), pp.212～213. In April 1640, before the second Scottish war, Charles had summoned a parliament (the first since 1629), which, however, he dissolved after three weeks (it was called "the Short Parliament") because it refused to grant him money for the war unless he first redressed its grievances.

66) 원저 p.216. 각주 41. Among the lesser officials impeached were those judges of King's Bench and Common Pleas who in 1637 had supported the monarchy in the seven-to-five vote of Hampden's Case (see n. 38). See W. J. Jones, *Politics and the Bench: The Judge and the Origins of the English Civil War* (London,

한에 제약을 가하는 법률을 제정하였는데, 이것은 다음의 3개로 분류할 수 있다.

1) 3년 의회법에 의해 의회는 3년을 넘게 폐회되지 못하고, 또한 50일간의 개회 기간을 경과한 후가 아니면 의회 스스로의 의지에 반하여 해산할 수 없게 되었다. 즉, 의회는 상설 제도가 되었고, 국왕의 변덕으로 소집·해산하지 못하게 되었다.

2) 선례가 없는 과세는 금지되고, 톤세·파운드세는 2개월에 한하여 과세가 인정되어(종래는 국왕이 살아 있는 한 과세가 인정되었다), 국왕의 왕실 소유 산림은 이전의 상태로 돌아갔다(찰스 1세는, 소멸한 오래된 왕실 소유 산림의 권리를 부활시켜 그 소유자로부터 벌금을 징수했다). 또한 기사 신분을 건드리는, 오래된 왕권의 남용("vexatious proceedings touching the Order of Knighthood")을 저지하는 측면에서 기사 강제금(knight fines)이 폐지되었다(연수입 40파운드 이상의 토지를 소유하는 자는, 새로운 왕이 즉위함에 따라 기사 신분을 국왕으로부터 받을 의무가 있고, 이를 실행하지 않으면 벌금을 물었다). 즉, 과세권은 의회만이 갖게 되었다.

3) 성청법원(聖廳法院, the Star Chamber)·고등종무법원(Court of High Commission)[67] 등의 국왕의 대권에 기반을 둔 대권법원을 폐지하는 법률이 제정되어,[68] 또한 국왕의 측근인 추밀원도 민·

1971), pp.139~143, 199~215.

67) 옮긴이 주석: 최대권, 『영미법』(서울: 박영사, 1991), 33면에서 고등종무법원으로 옮겼다.

68) 원저 p.217. 각주 42. The Act for the Abolition of the Court of Star Chamber (17 Charles I, 10) was passed July 5, 1641. It also abolished the other prerogative courts listed in n. 32. The Act for the Abolition of the Court of High Commission (17 Charles I, 11) passed the same day. Both statutes are

형사 재판권을 박탈당했다. 또한 국왕이나 추밀원의 명령에 의한 구금이 부당한지 여부를 판단하기 위해 **인신보호령**(habeas corpus)에 의해 신병을 커먼 로 법원으로 옮기는 것이 가능해졌다. 즉, **민·형사에 관계없이, 커먼 로 법원이 최종적인 판결을 내리게 되었다.**

찰스 1세의 종교정책도 비판적으로 되었다. 1641년 봄에 국교회 제도를 뿌리째(with all its dependencies, roots and branches) 폐지하는 법안이 하원에 제출되었지만, 이 법안은 하원에서 통과되지 않았다. 그런데 11월이 되어 아일랜드에서 가톨릭 신도에 의한 대규모 반란이 일어나자, 교황파의 음모(popish plot)를 두려워한 하원과 귀족원은 대항의문(大抗議文, Grand Remonstrance)이라 불리는 법률을 가결했다. 단 뿌리 뽑기 법안의 내용과는 다르게 국왕의 가톨릭교도로의 심정을 비판하는 것에 그쳤고, 또한 국교회의 주교가 가지는 권한을 제한하고, 귀족원으로부터 추방하는 것이 결의되었을 뿐이다. 국왕이 대신을 임명하는 때에도 의회의 동의가 필요했지만, 이것도 국왕의 임명권에 제약을 가하기 위해서였으며, 의회와의 협력을 국왕에게 요구하는 취지였다.[69]

즉, **국왕 측에서 과도한 반응을 보이지 않는다면, 의회와의 타협은 가능했을 것이다. 그런데 국왕은, 의회가 장로교 교회의 도입을 스코틀랜드인과 모의하여 이루어진 것이라 하여, 5명의 하원 리더**

---

reproduced in S. R. Gardiner, *Constitutional Documents of the Puritan Revolution*, 1625~1660, 3rd ed. (Oxford, 1958), pp.179~189. Records of the Court of Requests ceased in 1642. See John H. Baker, *An Introduction to English Legal History*, 3rd ed. (Cambridge, 1990), p.105.

69) 원저 p.217. 각주 43. The Grand Remonstrance passed by a vote of only 159 to 148. The document, together with the king's reply, can be found in Gardiner, *Constitutional Documents*, pp.202~232, 233~236.

를 체포하기 위하여 친위대를 파견했다. 또한 의회가 5명의 신병 인도를 거부하자, 찰스 1세는 400명의 병사를 이끌고 스스로 의회에 향했지만, 5명은 이미 도주한 상태였다.[70] 1641~1642년 1월 2일의 일이었다.[71] 그 후 국왕과 의회(House of Commons) 간에 군사적 대립이 시작하여 다음해 8월에 의회는 군대를 조직했다. 1642~1646년 · 48년의 내전이 시작되었다.

잉글랜드혁명의 초기는 폭력적으로, 거기다 혁명 추진파 간에 대립 · 분열이 반복되는 시기였다. 1645년에 의회는, 장로교(칼뱅파)를, 잉글랜드의 종파로 선택하였는데, 같은 해에 장로교보다 더 과격한 독립파(The Independents)가 신형군(New Model Army)이라 불리는 의회군 주도권을 장악하게 되었다. 독립파는 장로 · 신자로 구성된 장로회의를 지방교회회의와 전국교회회의로 모으는 방식에 반대하여 회중 들, 즉 개별 교회의 신자회의(congregation)가 각각 독립하여 교회운영을 하여야 한다고 주장했다. 또한 신형군에는 독

---

70) 원저 p.217. 각주 44. "Such an event was entirely without precedent. It has been pointed out that the usual entry in the Journals of the House breaks off suddenly, 'as if the excitement of the scene had paralyzed the clerks at their work.' The House itself was stricken with amazement, fury, and shame. 'Such a night of prayers, tears, and groans,' wrote an eyewitness long afterwards, 'I never was present at in all my life.' As one writer said at the time, 'The obedience of his Majesty's subjects hath been poisoned.' The danger which had been dreaded had come at last, and it was now certain, what before had only been suspected, that the King was prepared, even in violation of his pledged word, to throw the sword into the scale. The House appealed to the City for protection, and adjourned its sittings to the Guildhall, and when it returned to Westminster it met under a guard of train-bands." J. R. Tanner, *English Constitutional Conflicts of the Seventeenth Century*, 1603~1689 (Cambridge, 1928), p.114.

71) 원저 p.217. 각주 45. In the "Old Style" English calendar, the new year began on March 25. This was not changed until 1751. Thus January 1641~1642 refers to both the "Old Style" and "New Style" year.

립파보다 더 과격한 **평등파**(Levellers)가 있었다. 그들은 시민협정 (Agreement of the People)[72]인 문서를 작성하고, 국민주권에 기초한 헌법안·기존의 법제도나 경제제도의 개혁(전매제도의 폐지를 포함)·빈민구제법의 개정·세금 감면·신앙의 자유·선거권의 확대를 제안했다. 1648년 10～11월에 독립파(군 간부)와 평등파의 병사 대표로 구성된 전군위원회(全軍委員會 General Council of the Army)가 국민협정의 내용에 대하여 의논이 이루어졌다(런던 교회의 개최 지명으로부터 푸트니(Putney) 토의라고 불렀다).[73]

1649년 1월, 이미 1648년 12월에 장로교를 배제하여 독립파만으로 구성한 의회(여기서 잔여의회(Rump Parliament)[74]라고 불렀다)에서 **135명의 재판 위원으로부터 특별 고등 법정**(special High Court of Justice)**이 설치되어, 이 특별법정이 찰스 1세에게 반역죄** (high treason)**로 사형을 선고하였다.** 당시, 의회군의 사령관이었던 크롬웰(Oliver Cromwell)을 포함한 59명의 재판위원이 사형선고서에 서명하여, 1649년 1월 30일에 찰스 1세는 단두대의 이슬로 사라졌다(국왕의 처형은 유럽에서 처음이었다).[75] 잔여의회(Rump

---

72) 옮긴이 주석: 이 번역은 직역하면 인민협정 같은 것이 될 수도 있다. 그러나 헌법학에서 근대 국가 주권 이론 중 people주권과 nation주권의 차이가 있다. 1645년 잉글랜드혁명 당시를 생각하면, 영어의 people을 people주권과 nation주권과 같은 것으로 보기는 힘들다는 토론자의 견해가 있었다. 따라서 청교도혁명의 주체가 제한된 숫자라는 것을 감안하여 시민주권으로 했다.

73) 원저 p.218. 각주 46. The Putney Debates pitted the more conservative senior army officers against the more radical junior officers and rank-and-file soldiers. Cromwell participated in the debates, but the principal spokesman for the senior officers was his sonin-law Henry Ireton. No consensus was reached. The debates are recorded in A. S. P. Woodhouse, ed., *Puritanism and Liberty, Being the Army Debates*, 1647～1649, 2nd ed. (London, 1974).

74) 1648년의 추방 후에, 남은 Long Parliament의 일부의 사람들만으로 행한 의회 (1648～53).

Parliament)는 왕정과 귀족원을 폐지하고, 공화정을 선언하여 잉글랜드혁명의 제1단계는 끝을 맺었다.[76]

공화정의 잉글랜드를 통치한 것은, 국가위원회(Council of State) 였다. 40명의 멤버 중 31명은 잔여의회의 의원이었는데, 1653년에 4년간 아일랜드・스코틀랜드로 원정을 간 크롬웰이 귀국하고 무력으로 잔여의회를 해산시켰다. "그때 의회에서 반대를 부르짖기가 쉬웠는데, 단 한 사람도 그런 사람은 없었다"(its passing occasioned not so much as the barking of a dog)고 크롬웰은 말했다. 새로운 의회는, 크롬웰이 주최하는 장교 회의(將校會議, Council of Officers) 에 지명된 140명의 의원으로 구성되어, **성자들의 의회**(Parliament of Saints)라고 불리거나, 런던의 평신도 침례교 목사 의원의 이름이었던, Praise-God Barebone을 계승하여, 베어본 의회(Barebone's Parliament)라고 불렀다. 이 의회에서 급진적인 법안이 제출되었다. 세속법을 폐지하여, 십계를 시작으로 모세가 정한 계율에 의하여 지배를 실현하는 것・십일조의 폐지(성직자는 십일조에 의하여 생활하고 있었다)・민사혼의 합법화・대법관(Chancery)제도의 폐지・군 장교의 봉급 삭감・지방 행정 개혁[**지방을 지배하는 토지 준귀족**(landed gentry)의 영향력을 배제] 등이 그 내용이었다. 급진파에 의하여 전통적인 질서의 해체를 두려워한 온건파는, 1653년 12월에 성자들의 의회를 자발적으로 해산하고, 크롬웰에게 통치를 위임했다. 크롬웰은 공화국의 호민관 경(Lord Protector of the Common-

---

75) 원저 p.218. 각주 47. Gardiner, *Constitutional Documents*, pp.371~374. Charles's defense and the significance of the trial are discussed later in this chapter.

76) 원저 p.218. 각주 48. Blair Worden, *The Rump Parliament, 1648~1653* (Cambridge, 1974), pp.306~308.

wealth of England, Scotland, and Ireland)에 취임하여, 온건파의 부하가 기초한 통치장전(Instrument of Government)에 의하여 통치하였다. 의회군의 총사령관이기도 했던 크롬웰에 의하여, 15명의 국가위원회의 멤버(임기는 종신)가 선발되어 크롬웰 사후(크롬웰의 임기도 종신), 후계자는 국가위원회가 뽑게 되었다. 국권의 최고기관은 **호민관과 의회**로, 의회가 제정한 법률은 의회만이 개정할 수 있고, 또한 의회는 3년마다 소집되어 5개월간 개회하였다. 그러나 1654년에 소집된 의회가, 다음해 크롬웰에 의하여 해산되어 크롬웰의 독재체제가 확립되어, 통치장전은 소용이 없게 되었다.

성자들의 의회(베어본 의회)는, 크롬웰에게 있어 너무나 과격한 의원의 집단이었다. 따라서 그는 자발적으로 해산시켰지만, 통치장전에 의하여 소집된 의회는, 거꾸로 너무나 온건한 의원들의 집단이었다. 따라서 이 의회도 크롬웰에 의해서 해산되었다. 즉, 국왕과 의회의 대립이 내란을 불러일으켰듯이, 1653~1660년에 중요한 법안은 무엇 하나 성립되지 않고(1658년에 크롬웰이 사망하고, 1660년에 왕정복고가 실현되었다), 통치제제에는 어떤 변화도 없었다.

크롬웰은 새로운 종교체제의 수립에도 실패했다. 그는 회중, 즉 평신도 회의에게 자치를 인정하고, 또한 여러 프로테스탄트 파(tender consciences)에게 신앙의 자유를 인정하는 것이 필요하다고 생각했으며, 장로교에게도 이러한 것을 요구했다. 그러나 다른 한편 장로교의 전국조직이 붕괴하여, 성직자(그 대부분은 장로교)는 사유재산을 빼앗기고, 생활의 터전을 잃었다. 사유재산을 지키든가 종교적 관용을 요구할 것인가의 선택지에 직면한 크롬웰은,77) 독

---

77) 원저 p.219. 각주 49. See Austin Woolrych, *Oliver Cromwell* (Oxford, 1964), pp.46~47.

립파가 반대한, 세금에 의한 성직자의 생활유지에 찬성하여(즉, 성직자의 사유재산을 지키는 것을 우선함), 종교적 관용의 문제에는 해결을 뒤로 미뤘다. **내란의 원인이었던 청교도와 국교도의 대립**이, 평신도 회의의 독립이나 전국교회회의(장로교)에 의한 통제라는 형태로 재현되게 되었다.

게다가 크롬웰의 통치에는 정통성이 빠져 있다. 1640년에 소집된 장기의회는 정식으로 해산되지 않고, 따라서 성자들의 의회(베어본 의회)도, 그 후의 의회도 정식 의회는 아니었다. 의원은 크롬웰과 국무회의가 선발했다. 1653년에 크롬웰을 호민관으로 임명한 통치장전은, 의회의 승인을 얻지 못했고, 모든 조항이 보장되는 것도 아니었다. 찰스 1세의 처형 후에도 왕위계승은 이루어지지 않았고, 또한 1657년에 의회로부터 제공받은 왕관을, 크롬웰은 받지 않았다. 그럼에도 크롬웰은 왕좌에 있었고 국왕 폐하(Your Highness)라고 불렸다.

1658년 9월에 크롬웰이 죽고 호민관 체제는 붕괴되었다. 그 후를 이어 호민관이 된 아들 리처드가 바로 사임했기 때문이다. 1659년 5월, 잔여의회가 부활하여 정식으로 장기의회의 해산을 결의하고, 1660년 4월에 가의회(假議會, Convention Parliament)(국왕의 소집장 없이 소집되었다)가 소집되어, 찰스 1세의 아들 제임스 2세를 망명지인 네덜란드로부터 불러 왕으로 옹립했다.

7.7 크롬웰과 그 유산

크롬웰은 헨리 8세 때의 유명한 수상 토마스(Thomas Cromwell)의 먼 친척에 해당하고, 1599년에 출생하여 양친은 토지 준귀족

(landed gentry)이었다. 부친은 의원을 지냈고, 크롬웰도 1628년의 의회선거와 1640년의 장기의회 선거에서 의원으로 뽑혔다. 장기의회에서도 활약했지만, 그가 두각을 나타낸 것은 내란기에 의회군에서 활약하고부터이다. 처음에는 출신지의 헌팅던 샤이어(Huntingdonshire)의 기병대장, 그 후에는 동부연합(Eastern Association)군의 부사령관, 그 후에는 신형군의 부사령관을 역임했다. 제1차 내란이 끝나고 하원의원으로 복귀했지만 **1648년에 제2차 내란이 시작되어** 다시 군대로 돌아갔다. **국왕군과 스코틀랜드군을 제압하고, 런던에 귀환하여 국왕재판에 참가하였다.** 1649년에는 아일랜드 반란을 제압하고 (철저하게 강압적으로 제압했다), 1650년에는 스코틀랜드에 원정을 떠났다.

크롬웰은 공화주의자는 아니었다. 푸트니 토론에서는, 평등파의 과격한 요구에 반대했고, 1648년에 찰스 1세와의 교섭을 하지 않은 것도, 찰스 1세가 입헌주의를 일절 인정하지 않았기 때문이다. **칼뱅파에 속하여 양심의 자유를 중요하게 생각했다.** 1630년대 초에 로드(William Laud) 대주교가, 성공회로부터 칼뱅파의 영향을 배제하려고 했을 때, 아메리카(뉴잉글랜드)에의 이주를 진지하게 생각했을 정도였다.[78] 1641년에 성공회 제도의 폐지를 요구하는 뿌리 뽑기 법안(Root and Branch Bill)이 의회에 제출된 대에는 이를 지지했지만, 또한 억압적인 장로교의 방식에도 반대하였다. 1643년에는 하원에서 웨스트민스터 종교회의(Westminster Assembly, 교회의 형태를 결정하기 위하여 성직자와 세속인의 대표가 웨스트민스터 수도원에 모임)가 승인되도록 노력했지만, 그것은 "전국 규모

---

78) 원저 p.220, 각주 50. See Antonia Fraser, *Cromwell, the Lord Protector* (New York, 1973), pp.48~50.

의 제도 교회에 따를 수 없는 자에 대하여, 신의 말씀(Word)에 따라 평화(public peace)를 실현하기 위한 어떤 관용한 마음(tender consciences)에 임하는 방법을 찾기 위하여"였다.79)

5년간의 통치에서 크롬웰이 생각했던 것은 실현되지 못했다. 그러나 그것이 무의미하다고 생각하는 것은 잘못된 것이다. 우선 호민관시대의 잉글랜드는, **유럽 최초의 공화정 국가였다**. 게다가 잉글랜드 최초의 성문 헌법인 **통치 장전**은, **행정권과 입법권을 분리**했고, 또한 다른 법률에 의하여 **재판권도 독립을 보장**했다. 의회는 정기적으로 소집하는 것이 의무가 되었고, 법률의 개정에는 의회의 동의가 필요했다. 문제는 이상의 3권이 모두 호민관에게 종속되어 있다는 것이다. 같은 제도를 후기 스튜어트 왕조도 채용하여 실패했다. 그러나 후에 **잉글랜드에서 의회가 국권의 최고기관으로 되는 원점이었고, 또한 프랑스혁명에서 실현**되는 3권 분립의 원형이기도 했다.

종교체제도 성공회 제도가 부활되어, 크롬웰이 생각하는 지역의 평신도 회의(congregation)는, 각각 독립되어 교회를 운영하는 방식이 전국규모의 방식이 채용되지 않았지만, 지역에 의한 방식은 채용되었다. 1640년대와 같이 성공회인가 장로교인가의 양자택일의 기로에 있었는데, 비성공회교도도 신앙의 자유가 인정되었다. 하원에서, 신을 모독하는 자로서 퀘이커교도의 폭스(George Fox)와 네일러(James Naylor)에게 유죄판결이 내려질 때, 크롬웰은 2명의 형량을 감형시키는 것에 성공했다. 이때부터 판단해보면 프로테스탄

---

79) 원저 p.220. 각주 51. See Claire Cross, "The Church in England, 1646~1660," in G. E. Aylmer, ed., *The Interregnum: The Quest for Settlement, 1646-1660* (Hamden, Conn., 1972), p.102.

트 여러 종파에 대한 관용이 뿌리를 내리게 된 것은 호민관 시대였다고 할 수 있다. 유대교도 관용의 대상이 되었다. 1655년에는 에드워드 1세가 1290년에 추방한 유대인의 귀환을 허락했다.[80] 차별의 대상이 된 것은 가톨릭교도뿐이었다(아일랜드는 박해의 대상이 되었다).[81]

또한 크롬웰의 생각은 잉글랜드인의 사상에 큰 영향을 미쳤다. **그는 잉글랜드인이 하나님에 의해 선택된(elect) 새로운 이스라엘(a new Israel)이며, 위업을 달성해야 할 운명을 타고났다고 생각했다.** "크롬웰의 위대함은, 장교·병사들에게 자신들이 하나님의 계획을 실현하기 위해 선택되었다고 확신을 갖게 한 것이었다. 즉, 자신들이 하나님의 병사라는 확신을 갖게 한 것이었다."[82] 게다가 그는

---

80) 원저 p.221. 각주 52. Despite King Edward I's order, there is evidence that small numbers of Jews remained in the realm, since conversions from Judaism continued to be recorded throughout the fourteenth and fifteenth centuries. In addition, a small community of Spanish Marranos existed in London, although its members took considerable pains to conceal their Jewish identity. The revival of interest in Hebrew in the sixteenth century and the introduction of Hebraic studies at Oxford and Cambridge helped to create a climate that one scholar has labeled "philo-Semitism." In the 1650s, negotiations were opened up with Menassah ben Israel, a leader of the Amsterdam Jewish community, over the return of Jews to England, and in 1655 an invitation was extended to Menassah, who led the return personally. See David S. Katz, *The Jews in the History of England, 1485~1850* (Oxford, 1994), esp. pp.107~144; cf. idem, *Philo-Semitism and the Readmission of the Jews to England, 1603~1655* (Oxford, 1982) (documenting the changed climate of opinion and its effect on Christian-Jewish relations).

81) 원저 p.221. 각주 53. On the persecution of Irish Catholics, see Nicholas P. Canny, "The Ideology of Colonization: From Ireland to America," *William and Mary Quarterly* 30, 3rd ser. (1973), 575~598; James Muldoon, "The Indian as Irishman," *Essex Institutes Historical Collections* 111 (1975), 267~289. Cf. Brendan Fitzpatrick, *Seventeenth-Century Ireland: The Wars of Religion* (Dublin, 1988).

82) 원저 p.221. 각주 54. Austin Woolrych, "Cromwell as a Soldier," in John

평등파나 국왕파의 광신을 혐오했다. 공화정을 채용했지만, 그 구체적인 중심 몸체는 결정되지 않았다. 해야 할 일은 신이 가르쳐 준다고 믿었기 때문이다. 같은 퓨리탄 중에서도, 광신적인 퓨리탄과 달리, 그는 낙천가였다. "우리가 가야 할 방향이 보이지 않는다면, 하늘을 목표로 하면 된다(가야 할 방향은 신이 알려준다)."[83]

그는 공공 정신의 발휘나 약자 보호에도 열심이었다. 1650년 9월, 스코틀랜드에 주둔할 때 의회 의장에게 보내는 편지에서 이렇게 썼다.

"약자 보호에 온 힘을 다하도록. 수인(囚人)의 고통받는 목소리에 귀를 기울이도록. 직권 남용을 용서하지 말도록. 우리 공화국에 많은 빈민과 성실한 부자밖에 없게 해서는 아니 된다."

그러나 약자 보호와 공공정신의 발휘가 언제나 병립한다고는 할 수 없다. 국가와 국민을 위하여 공공정신은 토지 준귀족의 전매였지만, 그들이 반드시 약자에게 동정적이었다고는 할 수 없었다. 특히 게으른 자나 적대하는 입장의 약자에게 그들은 잔혹했다. 크롬웰이 아일랜드를 정복할 때 그 모순이 표면에 드러났다. 여류·전기작가인 프레이저(Antonina Fraser)에 의하면, 크롬웰은 "공인의 입장에서 가톨릭교회의 성직자를 비난하면서도, 사제 개인이나 수도사에게는 관용적이었다." 스코틀랜드의 장로교를 이주시키기 위

Morrill, ed., *Oliver Cromwell and the English Revolution* (London, 1990), pp.93~118; Oliver Cromwell, *Letters and Speeches*, ed. Thomas Carlyle, vol. 1 (London, 1845), pp.472~473.

83) 원저 p.221. 각주 55. Quoted in Eugen Rosenstock-Huessy, *Out of Revolution*, p.358.

하여, 북아일랜드의 가톨릭교도·귀족에게 토지를 빼앗으면서도, "개인에 대하여는 관용적이었다."[84]

7.8 왕정복고

1660년에 찰스 2세가 네덜란드로부터 귀국하자 청교도혁명은 없었던 것으로 취급받았다. 1642~1660년의 내란기는 **대반란**(Great Rebellion)의 시기가 되어, 1649년의 찰스 1세의 처형부터 1660년까지의 **공위기(空位期)에 대하여는**, 찰스 2세가 왕위에 오른 때로 여겨졌다. 그러나 역사의 바늘을 거꾸로 돌리는 것은 불가능했다. 1660년에 찰스 2세는 장기의회(1641~1642년)가 제정한 법률을 승인하였고, 찰스 1세 때와 같은 **국왕의 직접 통치는 없었다**. 또한 찰스 2세는 잉글랜드에 귀국하기 전에, 망명지 네덜란드에서 브레다 선언(Declaration of Breda)을 발표했다. 후에 의회가 지명하는 자와는 별개로, "좋은 국민으로서, 충성과 복종을 맹세한"(return to the loyalty and obedience of good subjects) 자, 전원에게 "무조건적이고 전면적인 대사면"(free and general pardon)을 약속하였으며, 또한 "모든 프로테스탄트 종파에게 신앙의 자유"(liberty to tender consciences)를 약속했다. "왕국의 평화를 깨지 않는 한, 누구도 종교에 관한 의견의 차이를 문제 삼지 않으며, 의회가 관용을 인정한 법률을 제정하면 그것을 승인한다"고 약속했다. 또한 토지소유권의 문제에 관하여도 **"긴 세월 동안의 소란과 혁명 중에 발생한 소유권 이전을 어떻게 처리할 것인가는 의회에게 맡긴다"**고

---

84) 원저 p.222. 각주 56. Fraser, *Cromwell*, pp.355~357.

선언하고, 장교나 병사에 대하여 급여 미지급 건도 의회의 결정에 따른다고 약속했다.85)

어디까지가 진심인지는 알 수 없지만, 찰스 2세는 잉글랜드혁명이 실현을 목표로 했던 **의회의 우위와 신앙의 자유를 인정했다.** 그러나 마지막에는 찰스 2세도 제임스 2세(찰스 2세의 뒤를 이은 동생)도 이 약속을 지키지 않았고, 스튜어트 왕조는 왕좌에서 쫓겨나게 되었다.

종극에는 약속을 깬 것이 된 찰스 2세와 제임스 2세도, 혁명 이전의 상황으로 되돌리는 것은 불가능했다고 판단했다. **새로운 질서를 위하여 싸운 자**를 규탄·탄핵하지 않고, **국민 화해의 정책**을 채용했다.

찰스 2세와 클라렌든 백작은 1660년의 반의회에서 대사면법(大赦免法, Act of Free and General Pardon, Indemnity and Oblivion)의 체결을 위하여 노력했지만, 그것은 브레다 선언의 약속을 실현하기 위한 것이었다. 대사면법이 적용되지 않은 것은, 1641년의 아일랜드 반란의 참가자와 국왕 시해자(Regicides, 국왕의 사형 판결장에서 명한 자와 사형 집행에 관계했던 자)뿐이었다. 게다가 국왕 시해자 중 사형에 처해진 자는 13명뿐이었다.86) 또한 **대사면법에는, 이후 3년간 "최근에 의견의 차이를 말한 인명이나 말을 고의로 방해한 자"**는 젠틀맨 또는 그 이상의 계급의 자(gentleman or

---

85) 원저 p.222. 각주 57. For the documents quoted in this discussion, see Kenyon, *Stuart Constitution*, pp.339~344 (Act of Indemnity) and 331~332 (Declaration of Breda).

86) 원저 p.223. 각주 58. On the Regicides, who they were, and what became of them, see A. L. Rouse, *The Regicides and the Puritan Revolution* (London, 1994).

person above)[87]는 10파운드, 그 이하의 계급의 자는 40실링의 벌금이 과해졌다. 그러나 신앙의 자유는 실현되지 못했다. 성공회에 십일조를 내지 않은 자나 성공회에 속하지 않은 자에게는 **엄한 형벌**이 과해졌다.

스튜어트 왕조로 회귀했을 뿐만 아니라, 의회도 혁명 이전으로 회귀했다. **귀족들의 상원**이 부활하여 **주교**들이 귀족들의 상원에 회귀했지만, 하원의 우위(특히 재정 문제의 처리)는 유지되었다.[88] 결국 국왕과 의회의 대립이 시작되어, 2대 정당제가 등장하게 되었다(유럽 최초의 정당제). **청교도의 성향을 지닌 휘그당(Whigs)과 성공회·국왕파를 지지하는 토리당(Tories)의 등장이 그것이다.** 클라렌든 백작이 찰스 2세에게 휘그당(Roundheads)이 너무 많다고 한탄하자, 찰스 2세는 토리당(Cavaliers)이 이 이상 커지면 공화정으로 역행할 수 있다고 대답했다. 즉, 왕정복고는 반혁명임과 동시에, 혁명의 제2단계이기도 했다. 찰스 2세는 **이 반혁명과 제2단계 혁명을 미묘하게 조정**하면서 통치했다. 후에 찰스 2세의 통치는 반혁명이 우위를 점하게 되어(찰스 2세의 뒤를 이은 제임스 2세의 통치에서 반혁명은 결정적이 된다), 다시 혁명이 일어나게 되지만, 이 혁명은 이전과 같이 폭력적이지 않았고 큰 변화를 동반하였다.

찰스 2세는 의회의 동의 없이 과세가 불가능하게 된 것을 잘 알게 되었기에, "의회와 일체가 되어"(in Parliament) 통치하지는 않았지만, "독자적인 입장에서 의회가 협력하는 형태로"(with Parliament)

---

87) 옮긴이 주석: 전체의 뜻은 잉글랜드 청교도혁명의 주체였던 토지 준귀족(landed gentry)을 의미한다.

88) 원저 p.223. 각주 59. Financial legislation now originated in the House of Commons, and this was used as a means of asserting legislative prerogatives with which the Lords could not interfere. See ibid., pp.415~419.

통치하였다. 군대에 대한 명령권은 국왕이 가졌지만, 의회는 재정적인면을 장악하여 군대의 규모와 행동을 통제하게 되었다.[89] 처음 10년간 의회는 매년 소집되었고, 그다음 10년간은 2년에 한 번씩, 회기도 가장 짧게는 2달, 보통은 3달 혹은 그 이상이었다.

찰스 2세는 커먼 로와 커먼 로 법원의 우위도 인정했다. 1660년에 의회는 찰스 2세의 권유로 대권법원(prerogative courts)의 폐지를 정한 1641년의 결의를 재확인했다. 또한 대법관고등법원·해사고등법원은, 종래대로 커먼 로 법원인 왕좌법원·민사법원보다 하위에 놓이게 되었다.[90] 또한 국왕·하원·귀족원(His Majesty and the Lords and Commons in parliament assembled)은, 1660년에 제정된 법률에서 **내란 발발 때부터 왕정복고까지 법원이 내린 판결이 모두 유효한 것임**을 재확인했다. 단 1641년 5월부터 왕정복고까지 의회가 제정한 법률·의회가 발한 명령·법원의 판결에 의해, 반역을 이유로 국왕에게 매수된 토지는 예외였다. 또한 1640년 이전부터 커먼 로 법학자에 의해 시작되어, 1640~1660년에 청교도들이 추진했던 법 개혁은 왕정복고 후에도 계속되었다.

---

89) 원저 p.224. 각주 60. In the 1670s Charles circumvented the financial restrictions of Parliament with the aid of a £200,000 annual subsidy from Louis XIV, part of the secret 1670 Treaty of Dover, in which Charles promised to help the French in their war against the Dutch and also to convert openly to Catholicism at the earliest possible time. When trade recovered in the late 1670s, the king's revenues increased and he grew more independent of the legislative assembly. "The Restoration financial settlement, which had been designed to restore a balanced constitution in which King and Parliament should cooperate, had opened the way to a second Stuart depotism." Roger Lockyer, *Tudor and Stuart Britain* (New York, 1985), p.349.

90) 원저 p.224. 각주 61. See Baker, *Introduction to English Legal History*, pp.127~128 (discussing Chancery) and 142~143 (discussing Admiralty).

7.9 명예혁명

내란의 원인이 된 장기의회도, 크롬웰도 해결하지 못했던 것은 다시 등장한 스튜어트 왕조 때에도 해결하지 못했다. **의회와 국왕의 대립ㆍ청교도와 성공회의 대립ㆍ토지 준귀족과 궁정 관료의 대**립이었다. 1680년대가 되어 찰스 2세와 제임스 2세는 찰스 1세ㆍ제임스 1세 시대의 절대 왕정ㆍ가톨릭적인 성공회(High Church)ㆍ중앙집권적인 관료제를 목표로 한다.[91] 그것이 결정적으로 이루어진 것은, 제임스 2세가 1687년에 신앙자유선언(Declaration of Indulgence)을 공포하여 심사법(test Act)(1673년에 제정된 법률에서 공직을 성공회교도에 한정하였다)의 적용을 비성공회도는 (따라서 가톨릭교도에게도) 제외되었는데, 이것은 1688년 6월, 가톨릭교도의 왕비가 왕자를 낳을 때의 일이었다.[92] 그때 제임스 2세가 해산한 의회는, **휘그당ㆍ토리당과 함께 제임스 2세의 장녀 메리와** 결혼한 네덜란드의 오렌지공 윌리엄을 국왕으로서 불러들였다.

---

91) 원저 p.224. 각주 62. James II, who ascended the throne in 1685, took a number of reactionary steps: he established a court of ecclesiastical commission that resembled the old High Commission too closely for comfort; he dismissed judges for political reasons; he promoted Catholics within the army; and he issued in 1687 a new Declaration of Indulgence which had the effect of lifting all civil penalties against membership in the Roman Church. See Goldwin Albert Smith, *A History of England*, 2nd ed. rev. (New York, 1957), p.365; and Frederick George Marcham, *A History of England* (New York, 1950), pp.482~484.

92) 원저 p.224. 각주 63. Charles II had proclaimed himself a Catholic on his deathbed. See Marcham, *History of England*, p.481. James II, however, was then a Protestant and only later became a Catholic. Prior to the birth of James's son, it was thought that he would be succeeded by his Protestant daughter Mary, who was married to William of Orange. The birth of James's son, however, changed this political calculation dramatically. Ibid., p.484.

새로운 왕조가 정치·종교의 문제를 해결하여 하노버(Hanover) 왕조로서 안정되기까지 50년의 세월이 더 필요했다.

7.9.1 정치문제의 해결

1688년 11월 5일, 윌리엄은 1만 5,000명의 병사와 300척의 함대를 이끌고 잉글랜드에 왔다. 그를 맞이한 것은 1681년에 찰스 2세가 해산한 의회의 하원의원들이었다(이 의회가 스튜어트 왕조 최후의 의회였다).[93] 윌리엄 군에게 저항하는 자는 거의 없었다. 1688년 12월에 제임스 2세가 잉글랜드를 탈출했다. 1689년 1월에 가의회 (Convention)가 소집되어 (1660년의 가의회에 이어 2번째 소집이었다), 윌리엄을 왕위에 옹립하는 것, 그리고 윌리엄이 통치하는 때의 조건을 결정했다.[94] 잉글랜드 법제사 전문가 홀즈워스(W. S. Holdsworth)에 의하면, **이때 이래로 잉글랜드에서는 의회가 국왕의 즉위·폐위를 결정하게 되었다.**

오렌지공 윌리엄이 윌리엄 3세로서 잉글랜드 국왕이 된 때를 당시, 혁명(a Revolution)이나 명예로운 혁명(a Glorious Revolution)으로 불렀고, 나중에 명예혁명(the Glorious Revolution)이라고 부

---

93) 원저 p.225. 각주 64. At the time of William's invasion, his supporters had built a strong constitutional case against James's continued reign. An important constitutional challenge to his authority had been raised when seven of England's leading bishops refused to read from the pulpit his Declaration of Indulgence and petitioned him to revoke the Declaration as illegal. The bishops were tried for seditious libel, but their acquittal in July 1688 in the so-called *Seven Bishops' Case* seriously undermined the legitimacy of James's rule. See Marcham, *History of England*, pp.483~484.

94) 원저 p.225. 각주 65. See Howard Nenner, *The Right to Be King: The Succession to the Crown of England, 1603~1714* (Chapel Hill, 1995), esp. pp.149~247.

르게 됐다.[95] 커먼 로의 국가답게, 1689년 당시의 잉글랜드인은 **혁명을 과거로 회귀하는 것, 즉 복고(restoration)의 의미로 사용했다.** 1660년에 스튜어트 왕조가 돌아왔을 때에도 혁명이라고 생각했다.

명예혁명의 성과는, 시민의 자유와 권리의 선언(Declaration of Rights and Liberties of the Subject)이었다. 가의회가 채택하고, 1689년 2월 13일에 양원의 의원이 지켜보는 가운데 윌리엄 3세와 메리 2세에 의해 승인되어, 3월에는 정식으로 **권리장전(Bill of Rights)**이 제정되었다.[96] 고(故) 제임스 2세가 스스로 임명한, 성격 나쁜 고문관·판사·대신들은, 하나가 되어 잉글랜드 국민의 프로테스탄트 신앙·법·특권을 폐지하려 하였고, (제임스)국왕이 범한 13가지 악행을 열거하였다. 또한 "고(故) 제임스 2세는 정무와 왕좌를 포기(抛棄)하였기 때문에, 공석이 되어, 오렌지공은 신의 명령에 따라 가톨릭교회에 아첨하는 전제정치로부터 잉글랜드를 해방시키기 위하여, 귀족의 상원·하원의 유력자의 조언으로 의회소집 영장을 공포하고", 의회는 "우선 전통에 따라 **예전의 권리·특권의 회복을 다시 확인**하여 다음과 같이 선언한다"고 하였다.

그 후, 국왕이 지켜야 할 13가지 항목을 열거하고, "오렌지공이 13가지 항목을 지키고, 국민의 신앙·권리·특권을 침해하지 않는다고 믿고, 오렌지공 윌리엄과 공비(公妃) 메리를 잉글랜드 국왕·왕비로 선언"하였다. 국왕·왕비는 이 의회의 선언을 받아들였고, 또한 의회는 "선서한 권리·특권은 옛날부터 잉글랜드인의 권리·

---

95) 원저 p.225. 각주 66. See Hertzler, "Who Dubbed It 'The Glorious Revolution?'"
96) 원저 p.225. 각주 67. 1 William III and Mary II c. 36 (1689). See Lois Schwoerer, *The Declaration of Rights, 1689* (Baltimore, 1981).

특권으로 이를 법률로써 제정한다"고 하였다.

권리장전은 4개의 이유를 들면서 튜더 · 스튜어트 왕조 시대의 절대왕정(왕권신수설을 주장하였다)으로부터 의회 통제하의 입헌군주제에의 이행을 정당하게 했다.

1) 원래 입헌군주제였던 것을 제임스 2세가 "자의적 · 전제적인 왕정"으로 만들어버렸다는 점, 2) 제임스 2세가 퇴위한 것(즉, 가톨릭교도는 프로테스탄트 교국인 잉글랜드의 왕위에는 오를 수 없다는 것), 3) 오렌지공 윌리엄은 새로운 의회의 소집을 약속하고, 또한 의회가 잉글랜드 왕국이라고 선언하는 것이 통치의 조건임을 동의한 것, 4) **윌리엄이 동의한 입헌군주제**는 전통적으로 잉글랜드인의 권리 · 특권인 점.

또한 권리장전이 열거한 중요한 권리 · 특권은 다음과 같다.
1) 의회선거는 국왕의 간섭으로부터 자유롭다는 것
2) 의회에서의 발언은 면책된다는 것
3) 의회는 자주 열 수 있다는 것
4) 의회의 동의 없이 국왕이 법률을 개정 및 폐지하거나, 법률의 집행을 정지하는 것은 허용되지 않는다는 것
5) 과대한 보석금 · 과대한 벌금 · 잔혹하고 이상한 형벌은 적용되지 않는다는 점
6) 배심원의 선정은 적절하게(duly) 이루어져야 되는 점
7) 유죄판결이 내려질 때까지 벌금 · 재산몰수는 할 수 없는 점

권리장전은, 국왕의 권한(prerogatives)에 제약을 가하는 것을 **명시하지 않았다.** 외교정책과 대신 · 판사의 임면은 국왕의 전속 사

항이지만, 이것에 제약을 가하지는 않았다. 의회의 소집·휴회·해산도 국왕의 전속사항이었고, 또한 국왕은 의회가 관료에 대하여 행하는 문책을 면제하거나, 의회가 제정한 법률을 부인할 수 있었지만, 이 국왕의 권한도 제한하지 않았다. 국왕은 예전대로 "직무에 의하여 의석을 부여받은 관료"(placemen)를 통하여 의회에 압박을 계속 가하였고, 오히려 자신이 인정받은 권한을 강화하는 것에 힘썼지만, 사태는 국왕에게 불리하였다. **의회의 우위·입헌군주제의 원칙은 권리장전의 전제가 되어 그것은 혁명(아이러니하게도 혁명 자체는 비합법적이었다)에 의하여 부동의 것이 되었다.**

1690년대에는 또한 의회는, 윌리엄이 네덜란드로부터 데려온 고문관의 의견을 듣거나, 잉글랜드의 이익보다도 네덜란드의 이익을 우선시하는 것을 지켜보지만은 않았고, 1701년에 왕위 계승법(Act of Settlement)을 제정하여 제임스 2세 사후에 왕위를 계승한 앤 여왕(제임스 2세의 차녀) 이후에 왕위를 계승한 **하노버 선제후비(選帝侯妃)** 소피아(제임스 1세의 손녀)를 지명했을 때, 외국인이 공직에 취임하는 것을 금지하고, 외국 출신의 국왕이 외국에 있는 자기 영지를 지키는 전쟁을 하는 때에는 의회의 승인을 받아야 되었다. 1691~92년에 의회가 판사법(Judge's Bill)을 제정하여, **국왕으로부터 판사의 파면권을 빼앗았을 때**, 윌리엄 3세는 거부권을 행사하여 판사법을 폐지하려 했지만, 왕위 계승법에서 판사는 "적정한 직무집행이 이루어지고 있다면"(quamdiu se bene gesserint) 판사직에서 해임되는 일은 없고 (사실상, 의회가 해임시키지 않는 한 종신으로 신분이 보장된다),[97] 윌리엄 3세도 **적정한 직무집행**을 하

---

97) 원저 p.227. 각주 68. 12 & 13 William III c. 2 (1701). Since 1701, no English judge has been removed from office.

고 있는 판사는 모두 재임명했다.

이 외에 1701년의 왕위 계승법은, 의회가 문책한 관료에 대하여 사면(赦免)을 하는 것을 금지하고, 또한 가톨릭 신자가 잉글랜드 왕위에 오르는 것을 금지했다. 왕위 계승법의 정식명칭인 "국왕의 권한을 제한하고, 국민의 권리·특권을 보다 더 잘 보장하기 위한 법률"(Act for further limitation of the Crown and better securing the Rights and Liberties of the Subject)에서 나타나듯이, 이 법률에 의하여 명예혁명의 성과가 확보되어, 윌리엄 3세의 왕권강화의 움직임을 봉했다.

윌리엄 3세는, 의회를 소집하지 않을 권리(의회 선거를 하지 않을 권리)를 제한하려는 법률을 부인했고, 1690년대에 도입된 국왕의 재정지출을 의회의 감시하에 두는 것에도 반대했는데, 그 결과 의회는 국왕의 민정(民政) 및 군사의 비용을 승인하기 위하여, 매년 열리게 되었다. 이렇게 국왕의 외교 정책 결정권도 **의회의 감시하에 두게 되어, 평화 시에 있어서 마저도 군대의 경비를 인정받기 위하여는, 매년 의회를 소집하게 되었다.** 1685년 11월~89년 11월, 즉 3년간에는 한 번도 소집되지 않았던 의회도(튜더·스튜어트 왕조의 130년간에는 75회 소집되었을 뿐) 1689년 이후에는 매년 소집되었다.

왕정의 존재가 변한 것이 잘 나타난 것은, 즉위할 때 국왕이 하는 선서의 문언이다. 윌리엄 3세 전까지는 국왕은 전임자가 인가한 법률과 관습을 지키는 것을 맹세했을 뿐으로, 의회에 대하여 언급하는 일은 없었다. 그런데 윌리엄 3세는 "의회가 승인한 제정법과 관습에 따라서"(according to Statutes in Parliament agreed on, and the Laws and Customs of the same) 통치할 것을 맹세했다.[98]

1689년에 실현한, 의회를 국권의 최고기관으로 하는 원칙은, 1640년대에 실현된 원칙과 다르게 왕정의 폐지도 왕정의 무능화도 의미하지 않았다. 국왕은 **강력한 관료제도와 내각제도** 덕분에 오히려 행정권을 장악할 수 있었다. 의회는 최고 국권기관이 되었지만, 행정은 국왕에게 위임하였다. 예를 들어 **식민지에서는, 전통적인 국왕의 권한**은 변하지 않고 유지되었다(이것이 아메리카혁명이 일어난 원인이 되었다).

7.9.2 종교문제의 해결

종교문제도 1689년에 해결되었다. 오렌지공 윌리엄의 서약문에서, "법에 의하여 확립된, **프로테스탄트 개혁 신앙**을 유지한다" (maintain ······ the Protestant Reformed Religion established by Law)라는 문언이 있다. **공화주의자의 휘그당과 왕권신수설을 지지하는 토리당**이 협력하여 의회 우위의 정치제도를 만들었듯이, **비성공회교도의 청교도와 성공회교도가 협력하여, 성공회를 체제 교회로 하고, 동시에 장로교·독립파·회중파 등 삼위일체의 교의를 인정한 프로테스탄트 여러 종파는 용인된**(tolerated) 종교 체제가 가능해졌다. 그중에서도 유니테리안과 퀘이커교와 같이 과격한 프로테스탄트 종파는 추방되었고, 유대교도 종교 활동에 큰 제약이 가해졌다. 또한 가톨릭교도는 엄격한 차별을 받았다.

국왕도 교회의 존재에 일정한 영향력을 발휘하였지만 교회의 존재를 최종적으로 결정한 것은 의회였다. 의회는 국왕이 임명한 대

---

98) 원저 p.228. 각주 69. 1 William & Mary, c. 6 (1689).

주교·주교를 부인하는 것이 가능했고, 교의·전례의 방식을 결정한 것도 의회였다.

오렌지공 윌리엄이, **프로테스탄트 신자였던 부인 메리**와 함께 잉글랜드 왕위에 즉위해서, 처음으로 한 것은 1671년의 심사법(Test Act)을 폐지한 것이다. 이 법률은 공직에 취임한 자에게 성공회의 성사에 따르는 것을 의무화한 것으로, 사실상 비성공회교도(네덜란드에서 온 윌리엄공도 비성공회교도였다)를 공직에서 배제하기 위한 것이었기 때문이다.

또한 윌리엄은, 찰스 2세·제임스 2세 시대에 제정된 비성공회교도인 프로테스탄트를 차별하는 법률을 무효로 하는 법률을 제정했다. 이 법률은 관용법(Toleration Act)이라고 불렀는데, 관용(toleration)이라는 말은 어디에서도 쓰이지 않았고, 비성공회교도를 차별하는 법률을 무효로 한다는 문구도 들어가 있지 않았다.[99] 일정한 조건만 충족하면 형벌을 면제하는 법률이었다. 형벌을 면제하는 것은 사실상 용인한다는 것이었기 때문이다.

이런 방식은 급격한 변화를 실현해가면서, 과거와의 연속성을 유지하는 것으로, 변화를 정당화한 잉글랜드혁명의 방식과 같다.

엘리자베스 1세와 제임스 1세 시대에 제정된 법률에 의하면, 일요일에 성공회의 미사에 참석하지 않은 자는 1일당 1실링과 **1달에 20파운드**의 벌금을 내게 되어 있었는데, 관용법은 국왕에게 충성을 맹세하고, 국왕이 성공회의 수장임을 인정하고, 성찬식에서 빵과 포도주에 그리스도의 몸과 피가 변한 것이라는 가톨릭교회의

---

99) 원저 p.229. 각주 70. 1 William & Mary, c. 18 (1689). The formal title of the Toleration Act was "An Act to Exempt their Majesties' Protestant Subjects Dissenting from the Church of England from the Penalties of Certain Laws."

교의를 부정하며, 삼위일체의 교의를 인정하는 프로테스탄트 여러 종파의 교회와 인정받은 교회에서 미사에 참가한다면, 벌금은 면제되었다. 또한 비성공회교도의 성직자도, **"신앙 39개조"에 동의**만 한다면(단 프로테스탄트 여러 종파가 인정하지 않은, 교회의 수장을 국왕으로 정한 조항과 유아세례를 정한 조항에 동의할 필요는 없다), 예배 통일법(Act of Uniformity)에서 정한 형벌을 면제 받았다. 또한 공직에 취임하거나 사기업의 사무직에 취업한 비성공회교도가, 성공회 교도에게 요구되는 서약을 거부하거나 성공회에서 성찬에 따르지 않더라도 **형벌을 받지 않도록 매년, 의회에서 면책하는 법률**을 제정했다.

"잉글랜드 특유의 기묘한 방식"(curious English practice)이라는 것은 법제사가 메이틀런드(F. W. Maitland)의 말이다. "법률은 존재하지만, 그것을 누구도 준수하려 하지 않았다. 왜냐하면 지키지 않는 자를 면책하는 법률이 매년 제정되었기 때문이다."[100]

찰스 2세 때는 유대인의 취급이 확실하지 않았다. 비성공회교도라는 이유로 가톨릭교도나 삼위일체의 교의를 인정하지 않은 프로테스탄트와 같이 차별할 것인가, 아니면 외국의 상인이라고 하여 높은 세금을 부과할 것인가가 정해져 있지 않았기 때문이다. 따라서 제임스 2세는, 몇 번인가 "신앙 자유 선언"(Declaration of Indulgence)을 공포하여, **유대인도 "국왕의 정부에 충실하다면 신앙의 자유를 인정한다"**고 하였다.[101]

---

100) 원저 p.229. 각주 71. F. W. Maitland, *The Constitutional History of England: A Course of Lectures*, ed. H. A. L. Fisher (Cambridge, 1965), p.516. (The lectures were originally delivered in 1887 and 1888.)

101) 원저 p.229. 각주 72. See Katz, *Jews in the History of England*, pp.151~153.

이 정책이 윌리엄 3세의 치세 때도 계속되어, **유대인 중에서는**
윌리엄 3세의 측근이 된 자도 있었고, 윌리엄 3세에게 무기·탄약을
공급하는 무기 상인도 있었다. 적어도 **1명의 유대인이 귀족(peer)
이 되었고,** 1701년에는 훌륭하고 새로운 시나고그(grandiose new
synagogue)가 세워졌다.[102]

그럼에도 불구하고, 유대인은 법인법 또는 도시 자치체법(Corporation
Act), 심사법에 의하여 **공직에 취임하지 못했다.** 유대인이 잉글랜
드의 대학에 입학할 수 있게 된 것은, 19세기의 일이고, 잉글랜드
인으로서의 권리를 향유할 수 있게 된 것은, 1860년에 유대인법·
개정법(Jews Act Amendment Bill)이 제정되고 나서의 일이다.[103]

---

102) 원저 p.230. 각주 73. Ibid., p.201.

103) 원저 p.230. 각주 74. See ibid., passim; also Abraham Gilam, "The Emancipation
    of the Jews in England, 1830～1860" (Ph.D. diss., Washington University,
    1978), pp.80～175.

제8장
잉글랜드 법철학의 변용

 다음과 같은 사실은 놀라운 일이 아니다. 즉, 청교도혁명 이전에
는 영국의 교회법학자와 로마법학자에 의해서 쓰인 법서와 영국
대학들에서 가르쳐지던 교회법과 로마법의 학과목들은 다른 유럽
나라들의 교회법학자와 로마법학자의 법철학과 거의 분간할 수 없
는 정도의 법철학을 반영하고 있었다. 즉, 다음과 같은 사실이 중
요하다.[104] 종교개혁 이전의 영국과 프랑스, 도이치, 이탈리아 기타
유럽의 신학과 철학은 그 기초에 있어서는 유사하다는 것이 그들
의 저술로 보아서 그렇다. 서양 기독교국의 모든 부분에서의 교회
법학자, 로마법학자, 신학자와 철학자들은 종교개혁 이전의 오랜
기간 동안은 단일한 공동체를 형성하고 있었는데, 이것은 공통적인
종교로써의 로마 가톨릭 신앙과 또한 공통적인 라틴어로써 묶여져
있는 단일한 공동체였다. 흔히 하듯이 어떤 사람은 16세기 이전의
세기의 문헌과 저술에서 나타난 영국 법철학의 특징적인 모습들을

---

104) 옮긴이 주석: 한국의 현대 법학자들이 유럽 대륙과 영국의 법을 획연하게 구별
　　하는 것은 현재에 와서는 불가피하다고 할 수 있다. 그러나 한국의 법학자가 유
　　의해야 될 것은 종교개혁 이전의 영국과 서유럽은 기본적으로 같은 지적인 기초
　　를 가지고 거의 비슷한 신학이나 철학을 공유하고 있었다는 사실이다.

발견하려고 기대할 것이다. 이때 16세기 이전의 영국법은 민사법원(Common Pleas)의 왕의 법정, 왕좌법원 또는 형사법원(King's bench)[105] 그리고 재무법원(Exchequer) 법정[106]과 같은[107] 법정에서 적용되는 법과 또한 다른 유럽 나라들의 왕의 법정과는 다른 타입의 법들이 존재하고 있었다는 것을 기대할 것이다. 실로 잘 알려진 통례적인 독트린은 다음과 같다. 즉, 법의 성질과 원천(즉, 법원)과 법의 목적에 대한 특징적인 영국의 개념은 12세기와 13세기의 영국 보통법의 초기 역사에까지 소급할 수가 있다.[108] 12세기

---

105) 옮긴이 주석: 최대권, 『영미법』(서울: 박영사, 1991), 243면에서 왕좌법원 또는 형사법원이라 옮기고 있다.

106) 옮긴이 주석: 1600년 기준의 영국의 법정에 대해서는 김철, 『한국 법학의 반성』(서울: 한국학술정보, 2009.09), 176면 각주 137 도표 참조.

107) 옮긴이 주석: 다른 법문화에서 볼 수 없는 정도의 '다양하고 역동적인' 심판기구들, 즉 법정 조직을 가지고 있었다. 김철, 상게서, 같은 면.

108) 원저 p.231. 각주 1. This view, which originated in the seventeenth century, acquired even greater support in the heyday of English insularity in the nineteenth and early twentieth centuries. Thus Bishop William Stubbs, a leading English constitutional historian of the Victorian era, described English law as the purest surviving specimen of Germanic customary law, to which he attributed a strong stress on individual freedom and constitutional limitations on the monarch, as opposed to Romanist theories of absolutism. From the time of Henry II, he wrote, the English common law reflected a wholly different philosophy from that of the canon or civil law, to which "there was in England the greatest antipathy." See William Stubbs, *Lectures on Early English History* (London, 1906), p.257; idem, *Constitutional History of England*, vol. 1 (Oxford, 1891), pp.584~585. The notion of an age-old conflict between a democratic, individualist, empirical, Anglo-Saxon or Germanic theory of law and government versus an autocratic, collectivist, dogmatic Romanist one was widespread in late-nineteenth-century America as well, and was taught at Harvard University, for example, by Henry Adams. See Henry Adams, *Essays in Anglo-Saxon Law* (Boston, 1905), containing his Harvard lectures. Similar views recur even in more recent scholarship. Thus Quentin Skinner, in *The Foundations of Modern Political Thought*, vol. 2 (Cambridge, 1978), pp.54~55, states that English "nationalist hostility" to the Roman law and the canon lawyers "can be traced as far back as Bracton's

와 13세기의 글랜빌(Glanvill)과 브락톤(Bracton)에서부터 15세기와 16세기의 존 포테스큐 경(Sir John Fortescue)과 그리스토퍼 생 저메인(Christopher St. German)과 같은 다양한 영국 저술가들은 영국의 왕의 법정에서 적용된 법에 대해서 큰 프라이드를 갖고 있었고, 따라서 이러한 프라이드는 어떤 철학적 함의를 가지고 있었다는 것은 의문의 여지가 없다. 그럼에도 불구하고, 포테스큐가 "영국의 국법을 찬양하기 위해서" 쓴 책들조차도 그 기초가 되는 철학에서 볼 때 동시대의 게르만이나 프랑스, 이탈리아 법학자들이 각각 그들의 세속법을 찬양하기 위해서 쓴 책들과 거의 다르지 않

defence of custom in the thirteenth century." In fact Bracton, in his great treatise on English law, quoted Roman law favorably in at least five hundred different places; moreover, Bishop Raleigh, the judge for whom Bracton clerked and whose cases he collected in his *Casebook*, was an ardent supporter of the papacy who was called at the time a second Thomas Becket and who had to flee to France to escape the king's wrath. Skinner also wrongly attributes to the fifteenth-century English jurist Sir John Fortescue the view that "the whole of the Roman code is alien to the 'political' nature of the English constitution," and he misreads Fortescue as "xenophobic" toward Romanists and canonists. In fact, at the page cited by Skinner to support these conclusions, Fortescue merely states that English law is as "adapted to the utility of [England] as the civil law is to the good of the Empire." See Skinner, *Foundations*, p.55; and Sir John Fortescue, *De Laudibus Legum Angliae* (In praise of the laws of England), ed. S. B. Chimes (Cambridge, 1942), pp.25 and 37.

A prominent contemporary historian of medieval English law, R. C. van Caenegem, makes an argument similar to that of Stubbs and Skinner, and in addition contrasts the empirical, inductive character of the "Germanic and feudal customs and laws of England" in the twelfth century and thereafter with the dogmatic, deductive character of the Roman law of the continental European universities. See R. C. van Caenegem, T*he Birth of the English Common Law*, 2nd ed. (Cambridge, 1988), pp.85~110. But of course the comparison should be between the Germanic and feudal customs of England and the Germanic and feudal customs of the other countries of western Europe, and between the Roman law of the continental European universities and the Roman law of the English universities.

다는 것을 발견하게 된다.109)

실로 포테스큐는 17세기에 영국 법사상을 지배하기에 이른, 역사주의(historicism)의 중요한 예언자로서 찬양되어 왔다. 실로 포테스큐는 로마 이전 시대까지 연대를 소급하여서, 영국법의 기원을 기억할 수 없는 관습에까지 추적하였다. 예를 들면, 포테스큐가 쓴 가상의 대화편에는 망명 중인 젊은 영국 왕자와 그의 대법관(lord chancellor)과의 가상적인 대화를 전개하고 있는데, 이 대화록에서 포테스큐는 "영국의 국법"(laws of England)을 찬양(praised)하였다. 그러나 그가 찬양한 "영국의 국법"은 그 자신에 의해서도 근본적인 성질과 법의 원천과 목적에 있어서 다른 나라들의 관습법(customary laws)에서부터 본질적으로 다르지 않고110) 단지 그 관습법들의 오래됨에 있어서 차이가 날 뿐이다. 관습법들은 단지 특수한 영국에서의 관습법만 포함하는 것이 아니고, "보편적인 원칙

---

109) 옮긴이 주석: 한국의 법학도는 당연히 영국의 법, 도이치의 법, 프랑스의 법, 이 탈리아의 법은 그 국법 구조로 보아서는 다른 것이고, 따라서 법문화로써 기본적인 공통점이 없다는 것으로 결론을 내고 만다. 특히 비교법의 20세기적 출발이었던 영미법과 대륙법의 엄격 구분론 때문에 더욱이 그러하다. 이러한 인식을 완전히 배제하지 않으면서도 그러나, 특히 법문화의 비교에서 지금까지 통째로 간과했던 역사적 사실이 이 책에서 드러난다. 즉, 16세기까지의 유럽의 법체계는 상부구조의 다름에도 불구하고 하부구조라 할 수 있는 신학과 철학에 있어서는 공통이었다는 것이다. 동아시아인에게 법계보다 더 큰 것은 기저가 되는 문화와 문명의 문제이다(김철, 2003, 2007: 82)(김철, 2009.09: 68). 다시 말하자면 대륙법계와 영미법계의 구별보다 더 크고 근본적인 것은 "서양법 전통(Western Legal Tradition)이라는 일관성이 존재하느냐"의 문제이다(해롤드 버만, 1983). 해롤드 버만은 1983년의 20세기 최대의 기념비적인 저작에서 종전의 비교법적인 구별을 넘어서, 서양법 전통의 형성에 있어서의 종교개혁과 청교도혁명의 역할을 법제사에 추가하였다(위 사람, 위 책)(김철, 2009.09: 68~69).

110) 옮긴이 주석: 이 점은 해롤드 버만 지음, 김철 옮기고 정리함, 『법과 혁명 I — 서양법 전통의 형성1』(서울: 한국학술정보, 2013.03), 제2장 서양법 전통의 배경: 부족법에서 나타나고 있으며 관습의 신성성이라는 점에서 공통적이며 기독교 전래 이후에는 속죄에 관한 법에 의해서 관습법이 변화했다는 점에 있어서도 그러하며, 기독교의 영향은 관습의 최종적 신성불가침에 도전하였다(같은 책, 234면).

들"(universal principles)을 포함하고 있었다고 한다. 이 보편적인 원칙을 영국법의 선생들은 법언(maxim)이라고 불렀으며, 일반 시민들은 이 보편적 법원칙을 법의 룰(rule of law)이라고 불렀다.[111] 더욱 주목할 만한 것은 다음의 사실이다. 포테스큐의 법철학에 관한 주된 업적은 토마스 아퀴나스(Thomas Aquinas)에 의해서 대표되는 자연법학파(the school of natural law)에 바로 속하는 것이었다. 자연법학파는 법의 궁극적인 원천을 신적인 이성(divine reason), 즉 창조주의 이성에서 발견하는 것을 강조하며, 법의 궁극적인 목적을 모든 사람의 공통적인 선(the common good)의 촉진으로 강조하는 것이다.[112] 15세기와 16세기 초의 다른 영국 법학자들이 강력하게 영향 받은 것은 자연법학파 중 "주의론자"(主意論者, voluntarist)이며 이 주의론자들 중에서 14세기의 철학자 윌리엄 오캄(William of Ockham)이 가장 주도적인 창조자였다. 오캄 철학(Ockhamist philosophy)은 법의 궁극적인 원천에서 신의 이성(divine reason)보다는 신의 의지(divine will)을 강조한다.[113] 그러

---

111) 원저 p.232. 각주 2. Fortescue, *De Laudibus Legum Angliae,* p.20.

112) 원저 p.232. 각주 3. See John Fortescue, *De Natura Legis Naturae*, in *Works*, ed. Lord Clermont, vol. 1 (London, 1869). Fortescue submitted this book to the examination of the pope, asking him if he found it right and just to impart it to all the sons of the church or otherwise "to annul it" (p.332). See George L. Mosse, "Sir John Fortescue and the Problem of Papal Power," *Medievalia et Humanistica* 7 (1952), 89. Fortescue presented the orthodox view, then more or less universally shared in the West, that human law, including the statutes of Parliament, were derived from natural law, which was a reflection of divine law, and that statutes contrary to natural law were void; and further, that the church was the final custodian of divine and human law and the pope the final authority in its interpretation. Indeed, Fortescue goes so far as to say that the secular judge, in interpreting divine law, should "in doubtful matters follow the decree of the supreme Pontiff." See Joan Lockwood O'Donovan, *Theology of Law and Authority in the English Reformation* (Atlanta, 1991), p.49.

나 이 오캄 철학이 "영국적"이 아닌 것은 아퀴나스의 철학이(아퀴나스는 오캄 철학을 반대했는데) "이탈리아적"이 아닌 것과 마찬가지이다.114)115)

생 저메인(St. German)의 이름은 역시 영국 근대 법학의 아버지의 하나로써 불린다. 그러나 자세히 보면 그가 영국 종교개혁 전야인 1531년에 쓴 책인 『선생과 학생』(Doctor and Student)에서 "학생"은 "신학에 기반을 둔 선생"(doctor of divinity)을 비판하면서 영국 보통법을 변호한다. 이때 학생은 사법의 근본적인 원칙들과 일치함을 증거로 내세운다. 이 책은 영국법사의 이후의 전개에 있어서의 씨앗을 포함하고 있다. 그러나 다시 기본적으로 살피면 세인트 저메인조차도 16세기 유럽의 법철학 전통 안에 머물러 있으며, 16세기 유럽 법철학이라는 것은 이전의 로마 가톨릭 신학과 그것에 수반하고 있었던 스콜라주의의 방식으로부터 서서히 분리하기 시작한 것을 보여준다. 토마스 아퀴나스의 신학과 유사한 이론을 되풀이하면서 그러나 15세기의 프랑스에 오캄주의 철학 및 신학자였던 장 게르송(Jean Gerson)의 저술을 특별히 인용하면서, 세인트 저메인이 강조하는 것은 다음과 같다. 즉, 영국법을 포함해서 모든 법은 그것의 궁극적인 원천(즉, 법원)을 이성에 기원하는 자연법(the natural law of reason)과 신의 영원한 법(the eternal law

---

113) 옮긴이 주석: 이런 맥락에서 voluntarist school은 신의 의지를 그것도 신의 자발적인 의지를 강조한다는 뜻에서 동아시아에서 주의론(主意論)으로 번역되어 왔다.

114) 원저 p.232. 각주 4. See Norman Doe, *Fundamental Authority in Late Medieval English Law* (Cambridge, 1990), pp.12~19; idem, "Fifteenth-Century Concepts of Law: Fortescue and Pecock," *History of Political Thought* 10 (1989), 257~280.

115) 옮긴이 주석: 오캄 철학이나 아퀴나스 철학은 둘 다 당시까지의 문명 세계의 대명사인 전 유럽에 파급되어 있는 보편적 철학이지 특별히 영국적이라든지 이탈리아적이 아니라는 뜻이다.

of god), 그리고 일반적이며 널리 통용되는 관습(general customs) 그리고 일반적이고 보편적으로 통용될 수 있는 법원칙(즉, 법언 -maxims-)을 강조한다. 동시에 세인트 저메인은 영국법의 특유한 점(peculiarities)을 설명하는 데에 있어서, 1차적 이성의 법(the law of primary reason)과 2차적 이성의 법(law of secondary reason)을 구별한다. "1차적 이성의 법"은 모든 시간과 장소에서 적용 가능한 일반적이고 보편적인 원칙으로 구성되어 있는데, 살인, 거짓 맹세 또는 위증, 또는 평화를 교란하는 것, 즉 치안 방해를 구성하는 요소들을 말한다. "2차적 이성의 법"은 대조적으로 특유한 영국법으로 구성되는데 이러한 특유한 영국법은 이성과 특수한 영국의 관습 양자 모두의 산물이다. 세인트 저메인은 이들 두 가지 법을 전 세계에 공통적인 법적인 관습으로 구성되는 "2차적 이성 일반의 법"(the laws of secondary reason general)과 영국과 같이 어떤 주어진 정치적 공동체에 특유한 법적인 관습으로 구성되는 "특수한 2차적 이성의 법"으로 나누었다.116) 이와 같이 포테스큐와 마찬가지로 또한 실로 16세기의 프랑스와 다른 법인문주의자와 마찬가지로, 세인트 저메인은 나라와 민족이라는 정치적 공동체의 관습법에 보편적 정당성을 부여하는 데에 관심을 가졌다.

17세기에 와서 최초로 (다른 유럽과) 구분되는 영국 법학이라고 할 만한 것의 신학적이고 철학적인 기초를 놓은 것은 1590년대의

---

116) 원저 p.232. 각주 5. See Christopher St. German, St. German's Doctor and Student, ed. T. F. T. Plucknett and J. L. Barton (London, 1974), pp.8~31. Cf. J. A. Guy, Christopher St. German on Chancery and Statute (London, 1985), p.19 ("Within St. German's framework, the universal laws of God and Nature were shown to be both rationally antecedent to, and harmoniously co-existent with, English common law (the law of man)").

리처드 후커(Richard Hooker)였고, 그는 영국의 신학 및 정치철학자였는데 여러 권으로 쓰인『교회 공동체의 법에 관해서』(Of The Ecclesiastical Polity)에서 영국법의 신학적, 철학적 기초를 놓았다고 평가된다. 후커 책 저술의 목적은 부분적으로는 격렬한 청교도들의 공격에서부터 영국 국교회인 성공회(Anglican Church)를 방어하는 것이었다. 그러나 그 책의 정신은 칼뱅주의자 내부에서의 보다 온건한 요소와 화해하려는 것이고, 날카로운 대결을 시도한 것은 아니었다. 이 책의 저술 의도는 부분적으로는 청교도와 로마 가톨릭 측의 공격에 반대해서 앵그리칸 처치에 대한 국왕의 우위성을 변호하려는 것이었다; 그럼에도 불구하고 그 내용은 교회의 자율성과 국왕이 공화국(옮긴이 주석: 영국혁명 이후의 공화국)의 법을 위한 법(law of the Commonwealth)에 종속된다는 것을 강조한다.117) 마지막으로 후커의 관심은 그의 앵그리칸 철학을 전통적인 아리스토텔레스와 토마스 아퀴나스의 철학과 동일시하는 것이었는데 아리스토텔레스 철학과 토마스 철학은 로마 가톨릭교회에

---

117) 원저 p.233. 각주 6. See Richard Hooker, *The Laws of Ecclesiastical Polity*, bk. 1, chap. 10, reprinted in *The Works of that Learned and Judicious Divine, Mr. Richard Hooker*, ed. John Keble (1888; reprint, New York, 1970), 1:239. At a later point Hooker wrote that "where the law doth give him dominion, who doubteth but that the king who receiveth it must hold it of and under the law? According to that axiom, *Attribuat rex legi, quod lex attribuit ei, potestatem et dominium* [the king will give to the law that which the law gives to him, power and dominion] and again *rex non debet esse sub homine sed sub deo et lege* [the king ought to be under God and the law]." Hooker, *Ecclesiastical Polity*, bk. 8, chap. 2, (Keble ed. 3: 342). This last expression, drawn from Bracton, is used eleven times by Hooker in his working notes to *Ecclesiastical Polity*. See Arthur S. McGrade, "Constitutionalism, Late Medieval and Early Modern-*Lex Facit Regem*: Hooker's Use of Bracton," in *Acta Conventus Neo-Latini Bononiensis (Proceedings of the Fourth International Congress of Neo-Latin Studies)*, ed. R. J. Schoeck (Binghamton, N.Y., 1985).

서 지배적인 것이었다.118) 그러나 치명적인 요점에서 후커는 아리스토텔레스 사상과 토마스 사상으로부터, 명백히 존중심을 가지면서 그러나 결연히 이별을 고한 것이다. 요약하면 "현명한 후커"(the judicious Hooker)라는 별명을 얻었는데 그렇다고 해서 그가 후대의 다른 저술가들이 행한 그의 철학의 왜곡에 마땅하다는 것은 아니었다. 후대의 저술가들은 그의 철학의 한 부분 또는 다른 부분에만 주력하고 후커 철학의 명료성 그것의 일관성, 그리고 포괄성은 무시하였다.119)

후커는 영국을 분열시킨 종교적 갈등이 이윽고 급격한 내전의 갈등으로 발전되리라는 강한 예감을 갖고 있었다. 그의 책 서문 중 처음 단어에서 그는, 그의 저술의 유일한 목적은 "후세인들은, 우리가 일어나는 일들을 꿈속에서처럼 스쳐 지나가도록 허용하면서 만연하게 침묵하지 않았다는 것을 알게 될 것이다"라고 썼다. 후커는 영국혁명 이후의 사람으로서 썼고, 그 의미는 임박한 변화와 변용을 돌이켜 보는 사람으로서, 또한 그 이전에 있었던 것들과 변화를 조화시키려는 노력을 하는 사람으로 썼다; 따라서 다음과 같은 사실은 우연한 일은 아니었다. 한 세기 뒤에 그의 저술은 영국 국교회의 신학과 영국 정치 공동체의 철학에 관한 고전적인 언급이

---

118) 원저 p.233. 각주 7. He calls Thomas Aquinas "the greatest amongst the school-divines." Hooker, *Ecclesiastical Polity*, bk. 3, chap. 9 (Keble ed., 1: 381). See also Robert K. Faulkner, *Richard Hooker and the Politics of a Christian England* (Berkeley, 1981), pp.63~72, for a comparison of Hooker with Aristotle and Aquinas.

119) 원저 p.233. 각주 8. On Hooker's theological comprehensiveness, see John E. Booty, "Hooker and the Anglican Tradition," in *Studies in Richard Hooker*, ed. W. Speed Hill (Cleveland, 1971), pp.207~239; and John Marshall, *Hooker and the Anglican Tradition: An Historical and Theological Study of Hooker's Ecclesiastical Polity* (Sewanee, Tenn., 1963).

되었다. 그리고 한 세기 뒤라는 것은 영국혁명이 종결되는 시점을 이야기한다. 『시민 정부 이론』(Second Treatise of Government)을 쓴 존 로크(John Locke)는 1680년대에 이 고전을 쓰면서 후커의 한 세기 전 저술을 상당히 인용하였다. 18세기와 19세기 초까지도, 후커의 책은 영국의 정치 및 종교 사상의 주류를 계속해서 반영하고 있었으며, 이것은 "자유주의적"(liberal) 또는 "계몽주의적"인 (Enlightenment) 설득의 의도를 가지고 있었던 저자들의 저술보다 훨씬 더 큰 영향력이 있었다.

후커에게 있어서 법의 기초는, 이성과 도덕성, 그리고 인간의 자연적인 사회성(sociability)에 있었다; 그와 같이 후커는 고전적이며 스콜라주의적인 자연법 이론에 집착하였다. 그러나 후커는 다음과 같이 단언하였다. 법은, 의지와 정치에, 그리고 인간성의 부패에 기초하고 있다. 인간성의 부패는 사회의 존속 그 자체를 위해서 정치적 권위의 명령에 복종할 것을 요구한다. 정부라는 것은, 인간이 사회를 형성시키려는 자연적 경향의 결과이다; 어쨌든 모든 특수한 형태의 정부라는 것은 그러한 특별한 형태의 정부에 복종하겠다는 인간의 명시적이거나 묵시적인 동의의 결과이다. 그래서 어떤 특수한 정부의 실정법의 구속성이 도출되는 것은, 이러한 애초에 행해진 동의에서부터이다.120) 따라서 후커의 이론에는 주의(voluntarist school)의 강한 요소와 함께 어떤 특별한 정부의 정당성은 역사적으로 사람들의 동의에 뿌리를 두고 있다는 강한 함의가 포함되어 있다. 1세기 뒤에 존 로크는, 후커의 업적을 통해서 사회 계약 이

---

120) 원저 p.233. 각주 9. See Hooker, *Ecclesiastical Polity*, bk. 1, chap. 10 (Keble ed., 1: 239). Cf. E. T. Davies, *The Political Ideas of Richard Hooker* (London, 1946), p.65.

론을 일구어 내었는데 사회 계약 이론은 폭군적인 정부에 대항해서 혁명을 정당화하는 것이었다. 실로 존 로크 이전의 1세기 전에 후커가 이해한 것은, 시민사회를 형성시키는 사람의 원초적 동의는 로크의 의미로써의 사회 계약이 아니라, 정치적 공동체의 권위에 대한 복종의 위치에 서는 데에 대한 보편적 동의의 표시로써였다.[121] 이러한 복종의 지위의 영구성은, **정치적 공동체가 그때에 가지는 단체적 성질**과 관계있다고 후커는 보았다. "500년 이전에 행해졌던 인간의 공적인 사회의 행동"은 현재, 그리고 똑같은 사회 위에 서 있는 사람들에게도 여전히 실제로써 서 있으며 그 이유는 단체(corporations)란 것은 불멸의 것이기 때문이다; "현재 우리는 우리들 선대의 조상 때에도 (이런 의미로) 살아 있었다고 할 수 있고, 우리들의 선조도, 그들의 후대 후계자 속에서 살아 있다고 할 수 있다"(Corporations are immortal; we were then alive in our predecessors, and they in their successor do live).[122]

이와 같이 과거에 정치적 공동체의 권위에 의해서 세워진 법들은, 현재에도 구속력을 계속 가진다. 전체 공화국, 즉 공화국의 지배자를 포함해서 구속력을 가진다. 물론 법은 변화할 수 있으며, 그러나 적법한 방식에 의해서 변화되어야 하고, 왜냐하면 법을 만드는 정부를 형성한다는 것은, 사람들의 애초의 동의에 내재한 것이기 때문이다. 그러므로 법은 공중의 동의가 하지 않았던 것을 뜻하는 것은 아니다.[123] 이런 동의는 백성의 이름으로 행동하는 백성

---

121) 원저 p.234. 각주 10. See W. D. J. Cargill Thompson, "The Philosopher of the 'Politic Society': Richard Hooker as a Political Thinker," in Hill, *Studies in Richard Hooker*, p.39. Cf. Faulkner, *Richard Hooker*, pp.110ff.

122) 원저 p.234. 각주 11. Hooker, *Ecclesiastical Polity*, bk. 1, chap. 10.

123) 원저 p.234. 각주 12. Ibid.

의 대표들에 의해서 법이 입법될 때에만 존재하는 것이다. 후커에 의하면 절대 군주제의 법 역시 구속력을 가지는데, 이러한 절대군주가 그들의 권위를 향유하는 것은, 신적인 지명이나 영국에서와 같이, 백성의 동의에 의한 것이기 때문이다.

후커의 "현명함과 명민함"은 그가 되풀이해서 "필요한 믿음과 관행과 단지 있음직한" 믿음과 관행을 구별하는 데서 발견될 수 있다. 청교도들은 자주 어떤 의식이나 독트린의 "필요성"을 주장한다. 그리고 그 의식과 독트린은 실로 그 자체로써 반대할 만한 것이 아니고 그러나 반대할 만하지 않지만 동시에 단지 "있음직한 개연적인" 가치만을 갖고 있는데 그것은 멜랑히톤이 중요하지 않음의 일들, 즉 adiaphora라고 불렀던 것이다. 비슷하게 후커는 정부의 특수한 형태라는 문제에 대해서도 문을 열어 놓는다. 즉, 정부 형태는 신적인 제도 위에 기초하든가 또는 백성의 동의에 기초하든가 또는 양자 위에 기초하여야 한다. 똑같은 구별을 법제도에 적용하면서, 후커는 (그가 부르는 바대로의 이성의 법인)124) 다음과 같은 요구를 자연법에 돌리고 있다. 그 요구는 예를 들면 절도는 처벌되어야 된다는 것이다. 그러나 어떤 형태와 정도의 처벌이 행해져야 될 것인가는 개별 정치 공동체의 실정법에 맡겨져 있다는 것이다.125)

그의 경향은 진정한 기독교인의 신앙과 그리고 올바른 정치 및 법적 질서의 필요한 요구를 실제적으로 감소시키는 것이다. 여기에

---

124) 원저 p.234, 각주 13. Hooker uses the phrase "natural law" or "law of nature" to refer to the phenomena of inanimate nature and of animal and human biology, and the phrase "law of reason" to refer to human moral and intellectual processes. See Davies, *Political Ideas of Hooker*, p.49.

125) 원저 p.234. 각주 14. Hooker, *Ecclesiastical Polity*, bk. 1, chap. 10.

내재하는 것은 법체제 전반에 걸친, 즉 헌법적 이론들: 즉 정치적 공동체의 주권에 관한 권위도 근본법(fundamental law)에 의해서 구속되며, 그러나 (근본법에서 뻗어 나온 가지인) 보조적인 법들은 특별한 시간과 장소의 요구에 따라서 달라질 수 있다는 것이다.

후커의 교회 정부의 정치적 공동체의 법(Laws of Ecclesiastical Polity)은 17세기에 불붙었던 법의 성질, 원천, 목적에 관한 격론에 무대를 제공한 것이다. 어쨌든 17세기의 첫 번째 수십 년 동안 후커의 업적은 다른 법철학에 의해서 가리워졌는데 그것이야말로 제임스 왕 자신의 법철학이었으며, 제임스 왕은 법과 정부의 이론을 전개하기 위해서 중요한 책을 썼을 뿐만 아니라 자신의 이론에 공개적으로 반대하려는 사람들에 대해서 그의 이론을 유효하게 실행하였기 때문이다.

8.1 절대왕정의 법이론: 제임스 1세와 보댕(Bodin)

국왕 제임스가 신의 법, 자연법, 그리고 실정법의 상호관계에 대한 일관된 철학을 발표하였다. 1598년에 쓰인 『자유왕정의 진정한 법』(the Trew Law of Free Monarchies)에서 ─ 이때 제임스는 단지 스코틀랜드만의 왕이었는데 ─ 그는 칼뱅주의의 반왕정의 견해뿐만 아니라 교황의 우위권을 주장하는 로마 가톨릭 주장도 또한 반박하면서 왕을 만든 것은 법 자체이고 법을 만든 것은 왕 자체 아니며, 따라서 왕은 법 아래에 있다는 종교개혁 이전의 견해를 정면으로 충돌하여 거부하였다. 그의 반론은 신은 우주의 창조자로서 그리고 자연적 질서의 창조자로서 군주를 지상에서의 신의 뜻을 수

행하기 위해서 지명하였다는 것이다. 그래서 왕들은 그들의 권력을 직접 신으로부터 이끌어내며 백성들과의 사회 계약을 통해서 이끌어낸 것은 아니라는 것이다. 신의 법은 성서와 전통에서 나타난 바와 같은 신의 의지인 것과 마찬가지로, 인간의 법은 최고 지배자의 의지라는 것이다. 법을 통해서 지배자가 사회 질서를 유지하는 것은 바로 법을 통해서 절대자가 자연의 질서를 유지하는 것과 마찬가지이다. 제임스 왕의 철학에 있어서, 이성이라는 것은 자연과 사회에 있어서 내재하는 것이 아니고, 이러한 것은 성 안셀름과 아벨라르 이후의 대부분의 스콜라주의 신학자들과 철학자들에 의해서 믿어지는 것과 같다. 제임스 왕에 의하면 이성이라는 것은 일반적으로 준수하고 따라야 될 하나의 기준이며, 또한 의지가 일반적으로 유효하게 행사되는 방법이기도 하다. 그러나 궁극적으로는 무엇이 이성이며, 이성이 무엇을 요구하는가를 결정하는 것은 지배자의 의지이다. 그래서 예외적인 사례들에 있어서는 지배자는, 신과 마찬가지로 이성에 반해서 자의적으로 행동할 수 있으며, 아무도 지배자를 책임이 있다고 할 수는 없다. 왕들은 지상에 있어서의 하나님의 대리인이며, 이 대리권은 신성 그 자체와 함께 신에 의해서 주어진 것이다.126)

왕의 의지가 일치되어야 될 이성이라는 것은 제임스 왕에 의하면 신의 자연적 성질에 일치되는 원칙들에서 발견되는 것이고, 따라서 그러한 원칙들은 인간성의 보존을 위해서 필요한 것이다. 이와 같이 자연 상태에서 왕권이라는 것은 필요한데, 왜냐하면 왕권

---

126) 원저 p.235. 각주 15. See *The Trew Law of Free Monarchies*, in *The Political Works of James I*, ed. Charles Howard McIlwain (Cambridge, Mass., 1918), passim. Unlike God, however, a ruler might prove to be evil. Such a ruler is to be tolerated as condign punishment for sins, rather than resisted (p.67).

이 없이는 사회는 단지 머리가 없는 다수의 사람으로서 구성되기 때문이다. 제임스가 쓰기를 왕과 그의 신민의 관계는 여왕벌과 그가 거느리는 벌들의 관계와 비교할 만한 자연적인 관계이며, 아버지가 가족의 구성원에 대한 관계와 같은 유사한 자연적인 관계이다. 제임스는 또한 절대왕정을 영혼과 신체 사이의 자연적인 관계에 비교하였다. 그의 이론에 의하면 왕권이라는 것은 신체에 비유되는 정치적 공동체의 영혼이다.

물론 이 이론은 제임스 왕의 독창적인 것이 아니고, 사실은 그 시대의 유럽에서 절대 왕정을 지지한 사람들의 지배적인 이론이었다. 제임스 왕은 16세기에 가장 영향력이 있었던 프랑스 정치 및 법 철학자 장 보당(Jean Bodin)에서 그의 아이디어를 뽑아내었다. 장 보당의 주장은 자연에서 절대자가 우주를 지배하듯이 인간 사회에서 절대 왕권이 절대 왕정에 의해서 각개의 정치적 영역에서 행사되어야 된다는 것이다. 보당에 의하면 신은 "주권자인 군주를 세웠으며, 이것은 군주의 부관들이 다른 사람들을 지휘하는 것과 같다."[127] 제한된 군주권의 이론은 16세기에 다른 사람들에 의해서 이미 개발되어 왔고, 절대 군주 제도의 개념-그 의미는 군주권은 법에 우월하고 따라서 법으로부터 "면죄"된다는 것인데-은 16세기보다 이전 수세기에 법률가들에 의해서 제시되어서 논의되고 정당성을 갖게 되었다. 그러나 장 보당은 눈에 보이지 않는 통치권에 대한 체계적 이론을 전개시킨 최초의 주요한 필자였는데-단지 우월성뿐만 아니라 오히려 전적인 최고의 지위, 즉 단일하며 궁극적인 사람이 정하는 입법적 권위이며 그것으로부터 모든 인간

---

127) 원저 p.235. 각주 16. Jean Bodin, *On Sovereignty*, ed. and trans. Julian Franklin (Cambridge, 1992), p.46.

의 입법적 권위가 도출되는 것으로 보았다; 또한 보당은 통치권을 가진 권위가 법에 대한 복종으로부터 전적으로 면제된다는 체계적 이론을 발전시킨 최초의 주요한 필자였다. 토마스 홉스의 저작을 약 1세기 이전에 이미 예고하면서, 보당은 모든 안정적인 정치질서에서는 궁극적인 권력이 존재하여야 하며, 그 권력이 단일한 인격이든 그룹이든 간에 입법을 행하며 따라서 법 위에서는 그러한 궁극적 권력이 있어야 된다고 했다. 이 이론은 토마스 홉스의 실증주의 법학과는 다른데 주로 국가의 입법 권력의 신적인 원천을 주창하는 점에 있어서 그러하다.

보당의 주된 저작인 『공화국』(The Republic)[128]은 1576년에 간행되었는데 부분적으로는 (당시에 이미 나타나 있던) 프랑스 위그노의 교조들을 반대하는 데에 초점이 맞춰져 있었다. 프랑스 위그노(Huguenot)의 독트린은 군주정의 권위에 법적인 제한을 가하는 것이었고, 또한 이러한 법적 제한을 무시하는 군주에 대해서는 저항권을 인정하는 이론이었다. 일반적으로 **위그노들(the Huguenots) 은, 칼뱅(Calvin)을 쫓아서, 성서에 기초한 권리와 [존 살리스베리 (John of Salisbury)가 12세기에 주창한 것과 같은] 폭군을 살해할 의무[129]를 주창했는데** 이 의무는 모든 사람들의 의무는 아니었으

---

128) 원저 p.236. 각주 17. Jean Bodin, *Les six livres de la République* (The six books on the Republic) (1576). The 1583 text of this work was reprinted in 1961 in facsimile edition by Scientia Verlag (Aalen, Germany). A modern abridgment and translation is Jean Bodin, *Six Books of the Commonwealth*, trans. M. J. Tooley (Oxford, 1955). For a translation of Bodin's central arguments on sovereignty, with commentary, see Bodin, *On Sovereignty*.

129) 원저 p.236. 각주 18. John of Salisbury, *Policraticus*, ed. C. C. Webb (Oxford, 1909), 3.15. See also *The Statesman's Book of John of Salisbury, Being the Fourth, Fifth, and Sixth Books, Selections from the Seventh and Eighth Books, of the Policraticus*, trans. with intro. John Dickinson (New York, 1963), pp.

나, 기독교 공동체의 책임 있는 지도자의 의무였으며, 또한 장로들이나 행정 및 사법 고위 관료를 칭하는 magistrates의 의무라고 하였다. 성서에 근거한 권리이며 의무는 진실한 신앙을 가진 성도를 처형하는 군주를 무너뜨리는 것이었다. 이와 같은 위그노의 이론을 공격하면서 보당은 귀족주의에 기본을 둔 질서의 가능성을 배제하지 않았다. 보당은 그러나 주장하기를 (귀족주의적 질서보다는) 군주제가 훨씬 선택할 만한 것이라고 했다.[130] 보당은 복잡한 수학적 시스템을 정교하게 발전시켜서 종교적 봉기는 어떤 사이클을 따르는 것이며, 절대 군주에 의해서 행사되는 물리력만이 이러한 폭동에 대처할 수 있다고 주장하였다. 또한 절대 군주 제도는 유럽의 기후에 적합하다고 했다.[131]

영국에서는, 제임스 왕에 충성하는 법무장관(attorney general)이었던 철학자이며 과학자였던 프란시스 베이컨(Francis Bacon)은, 정부란 것은 자연스러운 것(natural thing) 또한 자연히 정부를 필

---

lxxiii-lxxiv. For analysis of John of Salisbury's political theory, including his doctrine of tyrannicide, see Berman, *Law and Revolution*, pp.276~288.

130) 원저 p.236. 각주 19. See Julian Franklin, *Jean Bodin and the Rise of Absolutist Theory* (Cambridge, 1973), pp.23, 54ff. In his earlier writings Bodin had defended a limited sovereignty, but in *The Republic* he argued that in every ordered commonwealth there must be a single center of absolute authority, and that apparent constitutional restrictions on monarchical power, such as the monarch's oath to obey the laws of the realm and his establishment of various offices to carry out various governmental functions, are not binding upon him. The sharing of sovereignty among prince, nobility, and people, he wrote, would amount to "anarchy." Ibid., p.29.
The premises of James's argument for royal absolutism differed from Bodin's insofar as James, perhaps because of his Protestantism, relied heavily on biblical sources, including, in particular, examples of absolute monarchical rule drawn from the books of Samuel, Chronicles, Kings, and Psalms.

131) 원저 p.236. 각주 20. See Anton Meuten, *Bodins Theorie von der Beeinflussung des politischen Lebens der Staaten durch ihre geographische Lage* (Bonn, 1904).

요로 하고 산출한 것처럼 정부는 법을 필요로 하고 산출한다고 주장했다. 1621년에 프란시스 베이컨은 영국 의회에서 절대 군주 제도와 다른 형태의 정부는 "쉽사리 와해되는 경향이 있다"라고 했다.[132] 40년 뒤에 토마스 홉스가 비슷한 주장을 했는데 절대 군주 제도는 물리적인 물건이 따르는 운동의 법칙(the laws of motion)에 일치하는 정부의 형태라고 절대 군주제를 옹호하였다.

그래서 신이 정한 법(신이 준 권리)에 의해서 통치하는 군주가 실정법의 최종적인 법의 원천이며 동시에 군주는 궁극적으로는 법으로부터 면제된다는 이론이 그 당시의 과학 사상 및 철학 사상과 밀접하게 연결되어 있었다. 그러한 생각의 가장 중요한 특징은 다음과 같은 가정이었다. 즉, 전체로써의 우주는 단일하며 설명 가능한 모델에 기초를 하고 있다는 것이다. 이해 가능하며 단일한 모델이라는 것은, 즉 별들이나 또는 당구공들이나 또는 정부 형태를 포함한 모든 현상들이 똑같은 기본적 법칙을 따른다는 것이다.[133] 보당(Bodin), 베이컨(Bacon), 데카르트(Descartes), 홉스(Hobbes), 필머(Filmer)와 당시에 모든 학자들은 모두 이와 같은 우주 법칙에 대한 환원주의(還元主義, reductionist)적 견해에 사로잡혀 있었다.

보당의 절대 군주와 제임스 왕의 개념도 폭군이나 독재자(despot)를 의미하는 것은 아니었다. 오히려 정반대였는데: 폭군의 정반대라는 것은 보당이 의미하는 절대 군주는 신의 대리인으로서 정당한 법에 의해서 통치한다고 가상되기 때문이다. 보당은 그 자신이

---

132) 원저 p.236. 각주 21. Francis Bacon, "A Speech of the King's Solicitor, Persuading the House of Commons to Desist from Farther Question of Receiving the King's Messages," in *The Works of Francis Bacon*, ed. Basil Montagu, vol. 2 (Philadelphia, 1857), pp.276, 277.

133) 옮긴이 주석: 물리학과 역학의 법칙이 당시의 과학 사상이었다.

훈련받은 법률가였는데 그 당시 보편적으로 통용되던 믿음을 공유하고 있었다. 그 믿음이라는 것은 왕들은 신의 명령을 수행하기 위해서 절대자에 의해서 요구되어졌고 왕국에 있어서 올바름과 정의를 유지하며, 자연법의 원칙들을 준수하라는 것이 신의 명령이라는 것이다. 이때 자연법의 원칙이라는 것은 이성과 양심의 원칙들을 말하는 것이다. 실로, 영국에 있어서나 또는 유럽의 다른 나라에 있어서, 대관식에 있어서 절대 군주는 비단 도덕적 의무뿐만이 아니라 그의 직책이 주는 법적인 의무를 수행할 것을 선서하곤 했다. 보당에 의하면 절대 군주를 절대적으로 만드는 것은 신 자신 이외에는 어느 누구에게도 해명할 의무가 없다는 점이며, 그 점이 바로 보당의 헌법 이론에 있어서 "근세적"(modern)이라는 것이다. 대관식에서 주권자인 왕이 선서할 때 그 선서의 방향은 오로지 신에게만이었다. 따라서 절대 군주가 그 선서를 위반하여서 폭군이 될 때에도, 신민들은 그럼에도 불구하고 군주에게 복종하며 그의 폭군적인 혹은 전제적인 지배를 인내로써 감수하여야 하며, 기도와 한숨과 눈물로써 희생하면서, 그러한 절대군주가 신에 의해서 파견된 것은 신민들의 죄악으로 인해서 처벌로써 보내진 것이라는 것을 인식해야 된다는 것이다.

군주는 그의 권력 행사에 있어서 그 자신 아닌 다른 사람들과 권력을 나눌 수도 있었고, 나누어야만 했다. 그러나 법적인 측면에서는 군주는 심지어 그가 원한다 하더라도 그의 불가분의 최고의 지위의 어떤 부분도 그 자신으로부터 분리시켜서 타인에게 줄 수 없었다. 보당의 말에 의하면 다음과 같다. 법의 방법에 의한 통제(voie de justice)에 대해서는, 신민은 그의 군주에 대해서 재판 권한을 가지지 않는다. 왜냐하면 모든 권력과 명령할 수 있는 권위는 오로지 군주에서부터 나오기 때문이고, 또한 군주는 모든 고위 행정 및 사법관들의 권한과 재판관할을 무효로 할 수 있으며, 또한 군주의 존재 앞에서는 모든 상위 사법 및 행정 관료들과 동업자 조합(guild) 그리고 법인들, 재산들 그리고 다른 공동체들의 권한과 재판권이 전적으로 소멸하기 때문이다.[134]

줄리안 프랭클린(Julian Franklin)이 말한 바대로, 17세기의 헌법적 갈등 속에서 보당은 영국의 왕권주의자들에게 미리 만들어진 이데올로기의 병기를 제공한 것이고, 더 정확하게 얘기하면 왕권주의자들이 그들의 이데올로기를 발전시키는 데에 있어서의 모델을 제공한 것이다. 보당이 쓴 *République*은 서양 중세에서 오래 존재해 왔던 왕권에 대한 모든 견제장치가 어떤 식으로 구속력을 박탈되느냐를 보여주는 데에 일조를 하고 있다 — 왕이 만든 제정법과 왕의 포고령의 적법성에 대해서 법원이 재심사하는 것이 단지 행정부 내부의 기능만으로 재해석될 수 있으며, 또한 영국 의회의 여러 업적들이 단순히 왕에 대한 소원 또는 충성스러운 충고로만 이해될 수 있으며 최상의 의미에 있어서 협동적으로 이해될 수 있으

---

134) 원저 p.237. 각주 22. Quoted in Franklin, *Jean Bodin*, p.93. Bodin did place two theoretical limitations on the absolute power of the monarch, namely, that kings are obliged to honor their contracts and that they may not deprive persons of property without compensation. The latter obligation included a restriction on royal power to impose arbitrary taxes. In view of these limitations, some writers dispute the view that Bodin advocated a theory of absolute monarchy. Bodin did not, however, propose any means for enforcing these limitations on tyrannical power: no agency of government was empowered, in his theory, to oppose the monarch's will and no right of civil disobedience was attributed to the monarch's subjects. Nevertheless, the French monarchy was, as a practical matter, under some significant restraints at the hands of the nobility. See J. Russell Major, *Representative Institutions in Renaissance France,* 1421~1559 (Madison, Wisc., 1960).

며, 또한 왕에 의한 모든 인가와 계약이 단지 임시적이며 조건이 부과된 것으로만 해석될 수 있는지에 대해서 재해석될 수 있었다. 프랑스와 영국의 각각의 나라 간의 차이가 고려되는 것과 함께 얘기한다면 프랑스인 장 보당의 처방은 1차적으로는 프랑스를 위해서 발명된 것이지만은 역시 잉글랜드에서도 적용될 수 있었다.135)

17세기의 영국 보통법 법률가들이 왕의 특권을 제한하는 사법권이나 의회권을 (역사적 어법을 사용해서) "원래 존재하던 상속받은 것"(inheritance)이라고 주장했을 때, 제임스 왕은 그러한 사법권과 의회권은 단지 이전의 군주들에 의해서 일종의 "너그러운 관용"(toleration)으로 주어졌을 따름이고 따라서 왕의 자유재량에 의해서 철회될 수 있다고 답변하였다.

이와 같이 제임스 왕은 그의 철학적 주장에 역사적 주장을 덧붙였다: 즉, "세습 재산이나 의회나 법 이전에 이미 왕들이 있었으며, 토지를 나누어주고 정부 형태를 확립한 것은 왕이었다"라는 주장이었다. 그래서 왕들이 법의 저작자이며 입법자이지, 왕의 법이 먼저 있었던 것은 아니다. 따라서 "근본적인 법"(fundamental laws)의 유일한 것은 왕위계승의 서열을 정하는 법이 있을 뿐이다. 일단 왕의 계승권이 확립되면 왕은 법 위에 서며 어떠한 경우에도 그것을 준수하는 것에 매이지 않는다. 비록 왕은 "그의 선의(good will)와 그의 신민들에 대한 좋은 선례를 보여준다는 의미에서" 법을 준수할 수도 있고 준수하여야만 하지만은136) 오로지 군주만이 자

---

135) 원저 p.237. 각주 23. Franklin, *Jean Bodin,* p.106.
136) 원저 p.237. 각주 24. James I, *Trew Law of Free Monarchies,* in Charles H. McIlwain, ed., *The Political Works of James I* (Cambridge, Mass., 1918), pp.62～63.

유로운 것이다. 그의 정부의 모든 가지들은 그에게 책임이 있으며, 왕이 사법부나 입법부와 같은 정부 기구에 책임이 있는 것은 아니다. 의회는 왕 자신과 제후들의 가장 으뜸인 정사를 의논하는 조정일 뿐이다.137) 이러한 명제의 실제 예를 들기 위해서 제임스 왕은 튜더(Tudor) 왕조의 선례(precedents)에 심하게 의존하였다. 그러나 제임스 왕의 언어는 훨씬 이전의 튜더 왕들의 언어보다는 훨씬 덜 외교적이었다. 즉, 튜더 왕조 시대의 엘리자베스 1세라면, 1603년에 제임스 왕이 그가 최초로 참석한 영국 의회에서 한 연설을, 그렇게 말하지도 않았을 것이고―그렇게 말할 수도 없었다. 제임스 왕이 말한 것은 다음과 같다. "나는 남편이고, 모든 영국 섬은 나의 적법한 아내이다: 내가 머리이며, 전 영국은 나의 신체이다."138)

많은 의회의 구성원들이 그들의 새로운 통치자가 절대적이고 자유로운 군주정의 이론을 그렇게 쏟아내는 것을 듣고 놀란 것은 말할 필요도 없다. 그러나 그 절대군주정의 이론은 어떤 의미에서도 잉글랜드에게는 새로운 것이 아니었으며, 약 70년 동안 튜더 군주제도의 지지자들이 쓰는 언어에서는 암묵적이었으며, 가끔은 명백히 나타나기도 했었다. 이전의 사정에 있어서 엘리자베스의 45년간 통치 동안 그 절대왕정의 수사는 약간 더 부드러웠다; 튜더를 계승한 스튜어트(Stuart) 왕조의 두 왕 중 첫째는 어떤 점을 완전히 결여하고 있었는데, 그 결여된 것은 튜더 왕조의 엘리자베스 여왕으로 하여금 백성들을 단합시키는 데에 성공한 것을 말한다. 엘리자베스 시대에 백성들의 통일성은 한편으로써는 점점 증가하는

---

137) 원저 p.238. 각주 25. Ibid. Cf. John D. Eusden, *Puritans, Lawyers, and Politics in Seventeenth-Century England* (New Haven, 1958), p.46.

138) 원저 p.238. 각주 26. Quoted in McIlwain, *Political Works of James I*, p.xxxv.

청교도들의 세력과 다른 한편에 있어서는 (종교개혁에도 불구하고) 잔존하고 있는 로마 가톨릭 세력들에 의해서 끊임없이 위협받고 있었다. 그러나 기본적으로 볼 때 정부와 법에 대한 기반이 되는 스튜어트 왕조의 이론은 그 본질에 있어서 튜더 왕조 시대 때 뒤덮었던 것과 다르지 않았다. 실로 제임스 왕은 끊임없이 그 이전의 튜더 왕정 시대 때의 관행과 그의 이론이 일관성이 있고 일치한다는 것을 강조하였다.

여기에 더해서 제임스 1세와 그리고 나중에 그의 아들 찰스 (Charles)는, 통치권과 절대주의에 대한 그들 이론의 퉁명스러움에도 불구하고 잉글랜드의 보통법을 포함하여 잉글랜드법에 대한 깊은 존중심을 가지고 있었으며, 그것을 보존할 강한 의욕을 가지고 있었다. 그들의 치세 전반에 걸쳐서 재판정과 의회의 있어서의 보통법 법률가들의 그들의 통치에 대한 도전에 직면하였음에도 — 그러한 도전을 행한 보통법 법률가 중에서 에드워드 코크 경(Sir Edward Coke)이 가장 현저한데 — 제임스 왕과 그의 아들 찰스 왕은 거듭해서 과거의 선례(precedent)를 존중하고 따를 의도를 확실하게 했으며 그들이 튜더 왕조 시대의 선조들에게서부터 계승한 법적인 전통과 법적인 전통을 본래대로 손대지 않고 완전하게 유지할 의도를 거듭 천명하였다.

8.2 에드워드 코크경(Sir Edward Coke),[139] 국왕의 충성스러운 반대자의 지도자

법철학의 문제와 직접적으로 관련되는 더 나아간 항목이 추가될 필요가 있는데 코크(Coke)나 그의 동지들 — 그들 중 청교도들(Puritan)을 제외하고, 또한 그들 중 비밀리에 이미 불법화된 로마 가톨릭 교조에 집착한 사람들을 제외하고는 — 누구도 제임스 1세가 명백히 밝힌 정부와 법을 기초적인 이론적 개념과 원칙에 도전하지는 않았다는 것이다. 코크 자신은 의문의 여지없이 절대 군주 제도의 이론을 받아들였다. 코크는 보통법을 사랑했고, 왕 자신을 포함해서 보통법의 영역과 재판관할권을 제약하려는 그 어느 누구에 대해서도 투쟁했다고 할 수 있다. 그러나 코크 자신은 절대 군주제의 철학적 전제의 진실성은 부인하지 않았다. 공동체를 안전하게 보호하는 것은 왕의 자연적 의무이며, 왕은 가장 최고의 입법자이며, 또한 왕은 판사를 지명하고 해임할 절대적 권력을 가지고 있다는 데에 동의했다. 코크 자신은 엘리자베스 여왕의 법무부 장관(attorney general)로서 교회에 대한 수장령(Act of Supremacy)을 지지하면서 그 자신은 "의회의 많은 법률의 권위에 의해서 잉글랜드 왕국은 절대 군주제이다."[140] 코크 자신은 성서에서 나오는 권

---

139) 옮긴이 주석: Coke의 연대는 스튜어트 정부의 연대(1629-1638)에 해당된다. 참조, 김철, 『한국 법학의 반성』, 제2부 제2장 공법의 역사 2.7 Stuart 정부와 제정법 (1629~1628), 176~178, 또한 Coke에 대해서는, 같은 책, 제2장 공법의 역사 3.2 에드워드 코크 p.178 3.3 커먼 로의 우위 또는 고차법 p.179, 3.4 보통법이 의회입법을 통제한다. 3.5 어떤 입법도 근본법을 침해하지 못한다. p.181 참조.

140) 원저 p.239. 각주 27. *Caudrey's Case*, 5 *Coke's Reports*, 1, 8 (K.B., 1595); 77 *Eng. Rep.* 1, 10.

위를 믿는 청교도들의 개념을 신봉하지 않았으며, (교회에 참가하는 회중들의 집합적 의사를 존중하는) 회중주의 또는 조합주의를 믿지 않았으며, (장로교회에서 나타난 것과 같은) 장로들의 지배를 믿지 않았다. 코크는 칼뱅주의자가 아니었다. 동시에 세속 군주제가 교회의 권위에 의해서 제한된다는 로마 가톨릭 독트린도 신봉하지 않았다. 코크는 실로 영국 국교회, 즉 앵그리칸(Anglican)에 속했으며, 철두철미한 군주주의자였다. 코크에 있어서 왕은 국가와 교회 양자 모두의 머리였으며, 그에게 있어서 국가의 이성이라는 것은 이미 청교도 신학이나 로마 가톨릭 신학으로부터 결별한 것이었다. 그러나 1606년부터 1616년 사이의 chief justice로써 또한 나중에는 의회의 멤버로서, 코크는 왕의 특권적인 권력을 제한하기 위해서 또한 왕의 특권적인 권력들을 보통법과 의회의 통제에 종속시키기 위해서 싸웠다.

다음과 같이 물을 수가 있다. 만약 코크가 국왕 제임스의 전제조건 - 즉, 절대군제의 전제조건을 받아들였으면 어떻게 똑같은 사람이 국왕 제임스의 결론 - 즉, 왕이 법 위에 존재하며 절대 군주는 법에 구속되지 않는다 - 을 피할 수 있었을까. 대답은 부분적으로는 코크라는 사람의 특징에, 그리고 부분적으로는 당시 잉글랜드가 처했던 역사적 상황에 놓여 있다.[141] 그리고 마지막으로 대답은,

---

141) 옮긴이 주석: 이 문맥에 주의하자. 에드워드 코크가 주로 활동하던 시기는 1606년에서 1616년 그리고 그 이후의 기간이다. 코크의 업적을 설명하는 데에 저자는 그 대답을 그의 개인적 특징과 그리고 당시 그 나라가 처했던 역사적 상황을 다 같이 들고 있다. 평범하게 들리는 방식이나 한국인들이 역사적 인물의 업적을 서술할 때 실패하는 방식이다. 한국 역사의 서술은 문학적 경향이 있어서 역사적 상황이나 사회적 현실보다 그의 사상과 개인적 특징만 부각시킨다. 다소 비약하면, 한국인들이 가장 즐겨 읽는 역사적 픽션인 삼국지가 그토록 골고루 읽히는 까닭은 삼국지의 역사적 맥락이나 거시적 상황 때문이 아니다. 삼국지를 구성하는 특이한 인격들의 특징들 때문이다. 다른 한편 최근 한국의 역사 서술

코크 자신의 법철학에 부분적으로 놓여 있다. 이미 서술한 바, 국왕 제임스나 혹은 똑같은 일에 있어서의 장 보당의 정치 철학과 법철학의 근본적인 애매모호함은 그들이 쓴 언어 중에서 "법"(law)과 "왕"(king)이라는 단어에 부여한 다양한 의미에 놓여있다. 이 의미 부여는 제임스나 보당에 의해서만 아니라 특별히 그들이 연설한 예를 들어, 영국 의회 구성원들도 마찬가지이다. 실로 왕은 법 위에 있다고 말해졌다. 그 의미로써 첫째는 그는 가장 높은 지위의 입법자라는 것이고, 두 번째 의미는 왕이 스스로 만든 법을 준수하지 못할 때에도 아무도 왕에게는 도전하지 못한다는 것이다. 이 경우에 법을 해석하고 집행할 의무를 가진 책임을 진 사람들은 아마도 사건이 있을 때마다 매 사례에서 법이 무엇을 말했으며, 법이 무엇을 의미하는가를 결정하기 위해서 왕의 마음을 투시할 수는 없었을 것이다. 그들에게 있어서 법은 개념, 원칙들, 룰들, 그리고 절차들로 구성되어 있는 것이고 이러한 것들은 과거에 이미 확립되어서 그 의미가 표현된 언어에 의해서 전달되어진 것이다. 실로 이러한 것이 바로 법의 개념 자체에 내재하는 역설이라고 할 수 있다: 왜냐하면 과거에 확립된 룰(rules)들이 현대에 구속력을 가지는 것이다 — 그것을 다시 말한다면, 현대에 효력이 있고 통용되는 법이, 실지로는, 과거의 기념비라는 것이다. 비슷하게 제임스 왕의 법철학에 있어서는 궁극적인 법의 원천이라고 주장되었던, '왕'(the king)이라는 지위는, 어떤 주어진 시간에 왕의 의자에 앉아 있는 인격일 뿐만 아니라 오히려 훨씬 더 소급된 과거의 어떤 시간에 살았던 같은 왕가의 여러 인물들의 연속일 뿐만 아니라 또

의 방법은 여전히 역사적 상황 안에서의 개인적 인격을 고루 보여주는 듯하면서도, 실제로는 두 요소 간의 서로 역동적인 교호 관계는 덮어두기만 한다.

한 미래에도 역시 생존할 인물들의 연속이기 때문이다. 이리하여, Coke에게 있어서는 '왕'(the kings)의 법은 통치하고 있는 군주의 법만을 포함할 뿐만 아니라 역시 왕의 전임자들의 법들도 포함하기 마련이다: 더 이전의 왕의 전임자들을 이야기한다면 튜더 왕가의(the Tudors) 왕들, 플랜태니짓 왕가(the Plantagenets),[142] 그리고 (노르만족의 잉글랜드 침공 이후의) 초기 노르만 왕들, 그리고 (노르만 침공 이전의 잉글랜드를 지배했던) 앵글로색슨(Anglo-Saxon rulers) 지배자들의 법을 모두 포함하는 것이 된다. 이러한 이전의 왕들은 그들의 궁정과 그들의 의회와 그들의 법원을 통해서 그리고 수세기에 걸쳐서 시간적으로 지속되고, 과거로부터 기억이 보존되어 온 의미를 운반해온 법체계를 창조한 것이 된다. 이러한 사실이 또한 법에 있어서의 역설을 나타내준다: 왜냐하면 현재가 아니고 과거의 입법자들이, (그들이 볼 수도 없는) 그 이후의 입법자들을 구속하는 것이 되는 것이며 적어도 추측상으로서는 그러하다. 그래서 왕에 의해서 보통법 법정의 법원장으로서 임명된 Coke에게는 다음과 같은 사실이 전적으로 가능할 뿐만 아니라 어떤 의미에서는 필요한 것이 되었다. 즉, 그가 그의 군주에게 가장 잘 봉사한다고 간주할 수 있는 것은 법원장인 Coke가 어떤 재판사례를 결정할 때 이미 이전의 수백 년간의, 즉 수세기에 있어서 법원에 있어서 확립된 보통법의 법원칙에 따라서 하거나 또는 커먼 로의 법원칙이 왕의 의회에 의해서 확립된 경우에도 그러했는데, 어쨌든 이러한 훨씬 이전의 법원과 의회에 의해서 확립된 보통법의 법원칙은 이후에 폐지되거나 수정되지 않는 것이라야 했다.[143]

---

142) 옮긴이 주석, 1154~1485.

143) 원저 p.239, 각주 28. Coke's position on this point is set forth in *Calvin's*

법원장인 Coke와 왕가의 사이의 논쟁의 주된 원인은 Coke의 어떤 믿음이라고 정확히 할 수 있었다. Coke의 믿음이라는 것은 현재의 왕 제임스의 이전의 왕들의 법이 현재에도 여전히 효력이 있다는 것이었다. 1621년에 의회의 의원들이 스페인과 로마 가톨릭 교회와 관련된 제임스 왕의 정책에 도전하고 이에 대해서 왕은 의회 의원들로 하여금 더 이상 그것에 대해 토론하는 것을 금지했을 때, 법원장 Coke와 다른 사람들의 주장은 의회 의원들의 스피치의 자유는, 법원의 권한과 신민일반의 자유와 마찬가지로, (제임스 왕 훨씬 이전부터 확립된) 이전의 통치 질서로부터 승계된 특권 (privilege)이라고 했다. 이에 대해서 국왕 제임스는 다음과 같이 대답했다. "너희들이 과거 역사로부터 계승받았다고 주장하는 특권이라는 것은, 우리 왕가의 선조들과 우리들의 은혜와 허가에서부터 끄집어 낸 것이며 그 선례(precedents)라는 것은 승계 또는 세습 (inheritance)이라기보다 차라리 하나의 너그러움 또는 관용(toleration) 을 보여주는 것이다." 여기에 대해서 Coke의 제의에 따라서 평민들의 대표인 하원(House of Commons)은 하원저널에 다음과 같은 항의하는 주장을 게재하였다. "의회가 가진 자유권(liberties), 특권과 면책특권 그리고 재판관할권과 같은 것은 고대로부터 물려받은 오래된 것이며, 의심할 나위 없이, 잉글랜드의 신민들의 태어날 때부터의 권리(birthright)이며 유산이다." 바로 이것 때문에 국왕 제

Case (1608), where he quoted Plowden's statement that "the King has in him two bodies, viz. a body natural and a body politic," the latter "consisting of policy and government" and being "utterly void of infancy and old age and other natural defects and inbecilities." See Ernst Kantorowicz, *The King's Two Bodies: A Study in Medieval Political Theology* (Princeton, 1957), p.7. Thus the king's law could survive his death.

임스가 Coke를, (국왕 궁정에서 가장 가까운 신하들의 모임인) 추밀원(the Privy Council)에서 해임하고 그를 런던탑(the Tower of London)의 가두었으며 거기서 Coke는 7개월 동안 폐쇄된 상태에서 고립 속에서 유폐되었었다.[144]

이와 같이, Coke는 성실성과 일관성을 유지하면서, 국왕 제임스의 정부와 법에 관한 기본 이론은 수락하면서도 그러나 대담하게 국왕의 특권을 어떤 경우에 사용하는데 대해서 도전하였다. 그 동기는 첫 번째는 Coke 자신의 사라지지 않는 법에 대한 인격적 헌신 때문이었으며, 두 번째는 국왕 제임스가 내세운 이론 자체에 내재하는 법과 왕권 개념의 불확실성과 애매모호함 때문이었다. 우리들은 지난 세기의 권위주의적인 체제에서 비슷한 사례를 발견할 수가 있다. 즉, 용감한 인격들이 자의적이고 멋대로 하는 독재에 대항해서 일어섰으며, 그 독재에 대해서 지배자가 이미 이전에 입법한 법률에 따라서 살도록 도전한 것이다. 그러나 17세기 잉글랜드에는 제3의 요인들이 존재했는데, 그것은 한 국민의 역사적 상황이었다. 3세대 이전에 영국민들은 400년이나 오래된 로마 가톨릭의 유산을 결정적으로 물리쳤는데, 이 로마 가톨릭 유산에 있어서는 교회와 국가는 서로 각각 견제하면서 균형을 잡았던 것이다. 로마 가톨릭 유산을 벗어난 것은 교회와 국가가 단 하나의 머리 아래에 있다는, Erastus의 국가 만능론 주권 이론을 좋아서였다. 그러

---

144) 원저 p.240, 각주 29. The pretext was that he had at one time failed to pay taxes to the Crown. The common law judges dismissed the complaint, and Coke was thereupon released from custody. Catherine Drinker Bowen, *The Lion and the Throne,* (Boston, 1957), pp.455~457. Note that the "birthright" theory of the common law became important in the struggle of the American colonies against abuses of the royal prerogative.

나 영국민들의 상황은 1600년대 초기에는 아직도 급격한 내부에서의 종교적 갈등에 의해서 한편에 있어서 분열되어 있었으며, 다른 한편에 있어서는, 군주의 지배의 정당성이 궁극적으로 어디에서 나오는가에 대해서 근본적인 불확실성에 의해서 내부적 갈등을 겪고 있었다. 이러한 역사적 상황에서, (당대 최고의 법률가요 법학자였던) Coke는 스튜어트 왕가가 내세운 왕권의 정당성이 천부의 권리에 존재한다는 이론 자체와 싸우지는 않았다. Coke는 왕권의 정당성이 신권에 있다는 이론을 지지하려고 노력했으며, 또한 그것에 조건을 지우는 방식을 택했는데 그 방식에 대해서 왕은 적어도, 곤란함을 느낀 것이다. Coke는 사법부의 결정과 의회의 위치를 정당화했는데, 이것은 왕권을 제한하는 효과를 가지고 있었다. Coke가 사법부와 의회를 정당화한 근거는 선례구속의 원칙이라고 할 만한 것의 효시였는데 잉글랜드법의 역사적 선례에 의해서 결정되었으며, 더욱이 이 선례들은 훨씬 이전의 군주에 의해서는 승인되고 인정되었다는 것이다. 원칙적으로 왕은 이와 같은 정당화 방식을 반대할 수 없었다. 왜냐하면 왕 자신 역시 그 자신의 행위를 정당화할 때 근거로 쓴 것은 그의 선대왕들이 승인한 잉글랜드의 법적인 선례와 그의 행동이 일치한다는 것을 기본으로 했기 때문이다.

이와 같이 (현명한 법원장이었던) Coke는 그의 군주의 법철학을 받아들이고 수락했으나, 그럼에도 그는 군주의 법철학과 서로 용납되지 않는 새로운 학파의 영국 법철학을 창설한 것이다! 이러한 역설은 다음과 같이 해결될 수 있다. 즉, 제임스 왕의 법이론(같은 내용으로써 장보당의 법이론)과 같은 법 이론과, 잉글랜드법(English law)의 이론을 구별함으로이다.145)

법에 대한 일반 이론(A Theory of law)은 직접적으로 보편적인 의문을 말한다. 즉, 법의 성질에 대해서, 법의 원천에 대해서, 그리고 법과 도덕 간의 관계 또는 법과 정치와의 관계, 권리와 책임에 대한 근본적인 법 개념들, 그리고 일반적 성격을 가진 다른 관련된 일들이다. 여기에 비해서 잉글랜드법의 이론(A Theory of English law)은 이러한 질문들에 대해서 단지 간접적으로만 얘기하며 또한 특정한 법체계의 콘텍스트 안에서 얘기하며, 영국법의 성질에 관해서, 영국법의 원천에 관해서, 영국법의 도덕과 정치와의 관계에 대해서 질문을 만들 뿐이다. 방금 이야기한 이들 두 가지 의미의 법의 이론 중에서 일반론적인 의미에서의, 17세기 영국 법철학의 연구는, Thomas Hobbes, Robert Filmer, John Locke, James Harrington, 그리고 그들의 이론이 잉글랜드의 정치적이며 법적인 유산을 반영하고 있는 정치철학 및 법철학자의 철학적 저술을 분석해야 한다. 그러나 지금까지 열거한 사람들의 철학적 저술의 초점은 정치와 법 일반의 문제이며, 잉글랜드 정치와 잉글랜드법의 문제라는 특수화된 데 있지 않았다. 그러나 Coke의 관심은 무엇보다도 법 일반의 문제를 설명하는 것이 아니라 잉글랜드법의 문제를 설명하는 것이었으며 잉글랜드법의 그것의 특유한 특징을 부여하는 요인들을 밝혀내는 데 있었다. Coke의 분석의 함의는, 그가 전개한 보다 더 좁은 법적인 측면에 종속되었으며 보다 덜 일반적이고 따라서 더 협소한 법적 측면이라는 것을 그는 역사적 조건에서 보았던 것이다.

Coke의 법철학은 범위를 좁혀서 잉글랜드법에 대해 초점이 맞춰진 것일 뿐만 아니라, 더욱더 범위를 좁혀서 법의 한 분과에 대

---

145) 옮긴이 주석: Coke의 논점은 국왕 제임스나 장 보당의 법이론 이었던 것을 직접 비판하지 않고, 역사적 접근법을 이용해서 제임스 왕을 이전의 왕들에 의해서 승인되고 오랜 세월 계승되어 온 영국 전통법의 이론에 의거해서, 법학적으로 반박한 것이다.

해서 초점을 맞춘 것이다. 이 법의 분과라는 것은 그것에 의해서 잉글랜드가 지배되고 있는 것을 말하며, 그것은 영국의 보통법이었으며 또한 그 보통법은 다음과 같은 여러 종류의 왕의 법원에서 (비록 배타적이고 전속적인 것은 아니었지만) 주로 전통적으로 적용 가능한 법이었다: 여러 종류의 왕의 법원은 민사법원(Common Pleas), 왕좌법원 또는 형사법원(King's bench), 그리고 재무법원(Exchequer)이었다. Coke는 영국 국교회, 즉 Anglican Church의 교회법에 대한 이론을 개발 시도한 것이 아니었다. 이때, 영국 국교회의 교회법이라는 것은 영국 교회법정에서 적용 가능한 것을 말하고, 이것은 로마법학자와 교회법학자들의 규칙과 절차들의 혼합체로서 다른 영국 법원의 다양한 종류에서 적용될 수 있는 것을 말한다. 그는 여러 다양한 재판 사례들에서 이러한 여러 종류의 법원에서 적용 가능한 교회법과 로마법의 매우 그리고 전적으로 숙달하고 있었다. 그러나 Coke는 이러한 교회법과 로마법을 - 나중에 대부분의 잉글랜드법 사가들에 의해서 간주되는 것처럼 - "외국의 foreign" 법으로 간주하였다.146)

후세의 우리가 "영국의 법"(English Law) - "나라의 법"(the Law of the land) - 영국법이란 무엇보다도 영국 보통법(English common law)을 의미한다고 생각하게 된 것은, 어떤 다른 사람보다도 단 하

---

146) 원저 p.231. 각주 30. To assume that the new Roman law and the new canon law were foreign to England in the period from the twelfth century on, one would have to draw the absurd conclusion that they were foreign to all the other countries of Europe as well. Richard Helmholz has noted that Coke "possessed a sizable collection of works from the Roman and canon law. His professed antipathy toward them did not prevent him from drawing upon what he found in those works." Richard Helmholz, *The Jus Commune in England: Four Studies* (Oxford, 2001), p.4.

나의 법학자 Coke 때문이다. 당시의 "나라의 법", 즉 영국의 법은 그 종류가 "왕의 법(the law of the Chancery) 그리고 "교회법"(the Ecclesiastical law), "회사법"(the Law of Admiralty), "상인법"(the law of the Merchants), "군사법"(the Martial law), 그리고 "정부의 법"(the Law of State)이 있었다.[147]

이와 같이 자유로운 군주주의자의 정부와 법에 대한 일반이론에 대한 Coke의 대답과 응수는 – 전혀 이론은 아니었다. 즉, Coke는 국왕 제임스가 해석한 자연법 이론의 유효성을 부인하지 않았다. 그 자연법 이론의 내용은 법은 (하나님의) 이성 Reason 위에 놓인다는 것이다.

이와 같이 자유로운 군주주의자의 정부와 법에 대한 일반이론에 대한 Coke의 대답과 응수는 – 전혀 이론은 아니었다. 즉, Coke는 국왕 제임스가 해석한 자연법 이론의 유효성을 부인하지 않았다. 그 자연법 이론의 내용은 법은 (하나님의) 이성 Reason 위에 놓인다는 것이다. Coke는 후일에 법실증주의라고 불리게 된 이론, 즉 법은 의지(will)에 기초를 두며 그 의지는 입법자의 의지라는 이론을 국왕 제임스의 언어의 유효성을 부인하지 않았다. Coke는 단지 법이론의 초점을 일반적인 의미에 있어서의 법에서 잉글랜드법으로 옮겼으며 특히 영국법 중에서도 잉글랜드 보통법(English common

---

147) 원저 p.241. 각주 31. This was the objection raised by Serjeant Ashley to the position taken by Coke and Selden and two other spokesmen for the House of Commons at a conference held between the Lords and Commons in 1628 – prior to the issuance of the Petition of Right – "concerning the subject's Liberties and Freedoms from Imprisonment." Ashley argued that the phrase *per legem terrae* in Magna Carta must be understood to refer to "divers laws of this realm" and not only to the common law. See *State Trials*, iii, 153. Cf. J. W. Gough, *Fundamental Law in English Constitutional History* (Oxford, 1955), pp.61~63.

law)으로 초점을 옮겼는데 이 영국 보통법을 당시에 Coke는 역사적 용어로 정의하였다. 국왕 제임스에 대한 Coke의 대답은 역사(History)였으며 역사란 무엇인가에 대해서 Coke는 거시적으로 전통(Tradition)과 선례(Precedent)라는 용어로 보았다. 영국의 군주주권론자 자신이 그리고 무엇보다도 왕 제임스가 끊임없이 잉글랜드의 선례들은 존중되어야 된다고 — 그러나 군주주권론자들은 잉글랜드의 선례를 참으로 다르게 해석하였는데 — 주장하였고 당시에 있어서 역사라는 것은 하나의 이론이 아니었기 때문에 Coke는 여기서부터 출발할 수 있었다. 왜냐하면 군주주권론자 역시 군주정체의 정당성을 위한 역사적 기초의 필요성을 느끼고 있었기 때문이었다.

어쨌든 법의 일반이론이라는 의미에서, Coke가 법철학을 가지고 있지 않았다고 얘기하는 것은, Coke의 잉글랜드법에 대한 이론이 중요한 철학적 함의를 가지고 있지 않았다고 하는 것은 전혀 아니다.148) 무엇보다도 중요한 철학적 중요성을 Coke의 "인위적 이성"(artificial reason)이라는 개념이다. 인위적 이성이라는 것은 자연적으로 또는 저절로 주어져서 존재하게 된 이성이 아니라, 인간의 노력과 인간의 학술에 의하여 존재하게 된 이성을 뜻한다.149) 자주 인용되는 구절에서 Coke는 다음과 같이 설명한다. "법은 적

---

148) 원저 p.242. 각주 32. Charles Gray has said that Coke had "an ad hoc mind" and that "he did not think philosophically." See Charles M. Gray, "Reason, Authority, and Imagination: The Jurisprudence of Sir Edward Coke," in Perez Zagorin, ed., *Culture and Politics from Puritanism to the Enlightenment* (Berkeley, 1980), p.28. Gray adds, however, that "in his attitudes the outlines of a jurisprudence are discernible." Ibid.

149) 원저 p.242. 각주 33. Gray has called Coke's concept of artificial reason "perhaps Coke's main gift to legal theory." Ibid., p. 30. See also J. W. Tubbs, *The Common Law Mind: Medieval and Early Modern Conceptions* (Baltimore, 2000), pp.162~165.

절하고 필요한 사물들을 지휘하고 그 반대되는 사물들을 금지하는 완벽한 이성이다."[150] 순전히 문면상으로는, 이러한 법에 대한 정의는 당시 군주주권론자였던 제임스 왕에게도 완벽히 수용될 수 있는 것이었고, 또한 가정한다면, 토마스 아퀴나스(Thomas Aquinas)에게도 수용될 수 있는 것이었다. 실제로 당시 국왕은 잘 알려진 담화에서 Coke에게 말했다. (Coke가 정의한대로) 법은 이성이고 (the law is reason) 또한 국왕도 적어도 국왕이 임명한 판사들의 어느 누구만큼 이성을 가지고 있기 때문에 국왕 자신의 법에 대한 해석 역시 Coke의 해석이나 Coke가 인용한 사람들의 해석만큼은 같은 무게를 가질 수가 있다. 여기에 대해서 Coke는 다음과 같이 응수한다. 실로 창조주는 국왕폐하에 대해서 매우 큰 지적인 능력을 준 것이 틀림없다. 그러나 법의 이성(The reason of law), (국왕을 포함해서) 어떤 개별 인격자의 자연적인 이성(the natural reason of person)은 아니다. 법의 이성은 차라리 법 자체의 인위적인 이성(the artificial reason of law)[151]이다. Coke는 다음과 같이 썼다.

---

150) 원저 p.242. 각주 34. Edward Coke, *The First Part of the Institutes of the Laws of England,* ed. Robert H. Small (Philadelphia, 1853), 319b (p.15).

151) 원저 p.242. 각주 35. Coke's version of the colloquy is given at length in *Prohibitions del Roy, 12 Coke's Reports* 63 (1608). Although it is highly colored, it does represent accurately the nature of the conflict and many parts of it are corroborated by other sources. It reads as follows:
"Note upon Sunday the 10th of November in this same term, the King, upon complaint made to him by Bancroft, Archbishop of Canterbury, concerning prohibitions, the King was informed that when the question was made of what matters the Ecclesiastical Judges have cognizance, either upon the exposition of the statutes concerning tithes, or any other thing ecclesiastical, or upon the statute 1 Eliz. concerning the High Commission, or in any other case in which there is not express authority in law, the King himself may decide it in his Royal person; and that the Judges are but the delegates of the King; and that the King may take what causes he shall please ······ from ······ the Judges, and may determine them himself. And the Archbishop said it was

보통법(The common law)은 이성 이외에 아무것도 아니다; 이때 이성이라는 것은, (자연적 이성이 아니라) 인위적으로 획득한 이성이며, 이 이성은 오랜 연구와 관찰(observation)과 경험(experience)에 의해서만 획득될 수 있는 것이다. 보통법은 "여러 세대의 개성에 의해서, 확정할 수 없는 숫자의 중요한 학식 있는 사람들의 의해서 정의되고 또한 장기에 걸친 경험에 의해서 이러한 영역의 통제를 위해서 완성에 이른 것이다. (문명세계에서 전달해온) 오래된 룰은 다음의 법언에서 검증될 수 있다(*Neminem opportet esse sapientiorem lebigus*). 아무도 그 개인의 이성에서 출발해서는 법보다 더 현명할 수 없는데 법이란 이성의 완성이기 때문이다."[152]

---

clear in divinity, that such authority belongs to the King by the word of God in the Scripture.

"To which it was answered by me, in the presence and with the clear consent of all the judges of England, and Barons of the Exchequer, that the King in his own person cannot adjudge any case, either criminal, as treason, felony, etc., or betwixt party and party, concerning the inheritance, chattels, or goods, etc., but this ought to be determined and adjudged in some Court of Justice, according to the law and custom of England, and always judgments are given *ideo consideratum est per Curiam* [thus it was considered by the Court] so that the Court gives the judgment.

"Then the King said that he thought the law was founded upon reason, and that he and others had reason as well as the Judges. To which it was answered by me that true it was that God had endowed His Majesty with excellent science and with great endowments of nature. But His Majesty was not learned in the laws of his realm of England, and causes which concern the life or inheritance or goods or fortunes of his subjects are not to be decided by natural reason but by the artificial reason and judgment of law, which law is an act which requires long study and experience before a man can attain to cognizance of it; that the law was the golden met-wand and measure to try the causes of the subjects, and which protected His Majesty in safety and peace. With which the King was greatly offended and said that then he should be under the law, which was treason to affirm, as he said. To which I said that Bracton saith: *quod Rex non Debet esse sub homine sed sub Deo et lege* [the king ought not to be under man but under God and the law]."

Coke가 영국 보통법을 여러 세대에 걸친 학식 있는 사람의 이성적 추론을 유기체의 몸과 같이 육화시킨 것이라는 설명은, Coke 시대 이전의 서양 법철학이나 일반적으로 서양 법철학에서 지배적이었던 이성의 개념과는 다른 것을 나타내준다. 즉, 12세기부터 15세기까지의, (중세 교부철학에 해당하였던) 스콜라 철학자들이나 16세기의 휴머니스트 철학자들은 이성을 인간마음의 창조주가 부여한 자연적 능력(God-given natural faculty of the human mind)이라고 이해했으며, 이 능력은 이해력과 판단할 수 있는 능력을 말했다. 이성(reason)은 의지(will)와 대비된다. 의지는 정서 또는 감정의 자연적인 능력(natural faculty of the emotions)으로 이해되며, 한 인격으로 하여금 갈망하고 있는 목표를 향하여 마음이나 행동을 조정하는 동기가 되는 것이며 다른 경우에는 생각과 행위를 컨트롤하게 되는 동기가 되는 것이다. 스콜라철학에 속하는 법철학자들은 다음과 같이 주장해왔다. 이성은 한 인격으로 하여금 정당한 것과 부정당한 것, 즉 정의(justice)와 부정의(injustice)를 구별하게 능력을 줄 뿐만 아니라 이성의 작용은 여기에 더해서, 정당한 것, 즉 정의가 선택할 만한 것이라는 강제하는 것이다. 스콜라 법철학자들은 다음과 같이 주장했다. 이성은 자연적으로, (여러 사람에게) 영향을 미치는 공통적인 선(the common good)을 증진하기 위해서 움직이는 경향을 가지고 있으며 따라서 이성에 맞지 않는, 즉 이성에 반대되는 실정법들(positive laws)은 준수할 근거를 잃게 된다.[153] 이와 같이 스콜라주의 법철학자들은 이성(reason)을 인간성

---

152) 원저 p.242. 각주 36. Coke, *Institutes*, 97b (p.1).

153) 옮긴이 주석: 이성에 반하는 실정법은 준수할 근거를 잃게 된다는 명제의 최근 한국 상황에서의 가장 미시적인 예는, 심리학을 법학에 응용시킨 시카고 로스쿨

자체(human nature itself)에 원래 내재하고 있는 도덕에 관한 원칙
으로 시간의 제한을 받지 않는 것과 동일시했다. 다시 말하자면,
이성이란, 어떤 개별 국가의 법과 동일시될 수 없는 것이고 오히려
모든 나라들과 (민족들에게도) 적용할 수 있는 보편적 자연법과 동
일시하는 것이다.[154] 가톨릭과 프로테스탄트를 막론한 휴머니스트

의 Cass Sunstein(김철, 2010년 12월)이 쓴 실험의 예에 준해서 설명할 수 있다.
즉, 침몰해가는 난파선에서, 선창 아래에 갇혀 있는 미성년자들에게, "꼼짝 말고
그 자리에서 다음 지시가 있을 때까지 기다려라"라고 명령 및 감독 후견 책임
있는 성인이 명령했을 경우를 들 수 있다. 순전히 법실증주의적인 규칙의 준수
라는 논리를 끝까지 관철시키면, '미성년인 학생들은 감독책임이 있는 책임자의
지시를 준수해야 한다.' 그러나 이러한 지시는 이미, Coke의 경험적 법이론에
의하면, 이성(reason)에 반한 것이다. 이러한 사례는, 비록 미시적이기는 하지만,
한국정부와 또한 한국정부에 동반하는 한국의 법학이 지금까지 진행시킨 법실증
주의 생활윤리의 어떤 단면을 보여주는 것이다. 후진국에 있어서, 법실증주의적
인 법학교육 방식은, 시민윤리에 있어서도 큰 영향을 미치는데 이 문제는 권위
주의적 인간형(authoritarian personality)이라는, 거시 법심리학의 2차 대전 이후
의 최대 발견과 관계된다. 참조 김철, 「경제 위기와 치유적 법학」 제10장 치유
적 법학과 심층 심리학적 법학(파주: 한국학술정보, 2014.6).

154) 옮긴이 주석: 스콜라 철학자들은 법을 이성(resaon) 자체라고 보았고, 이성은 모
든 나라에서 적용 가능한 보편적인 법칙이라는 것이다. "모든 나라에서 적용 가
능한 법칙"이라는 것은, 한국에서는 썩 그리 친숙하지 않다. 왜냐하면 한국인이
개발이후 또는 정치적 민주화 이후 익숙한 법의 실제 내용은, "공동체가 원하기
만 하면 어떤 규칙도 만들 수 있다"라는 합의였기 때문이다. 이것은 법의 세계에
서는, "우리나라, 우리 선거구, 우리 대표가 원하기만 하면 어떤 것도 규칙으로
만들 수 있고, 통용시킬 수 있다"라는 태도이다. 대단히 조야하게 표현하면, 한
국인이 압축성장이라고 지칭하는 전 기간에 걸쳐 이러한 압축성장의 법적 도구
는 "이성으로서의 법, 보편적인 법"이 아니라 "의지로서의 법", "정서나 감정의
응집체로서의 법"이었다고 할 수 있다. 이러한 주장에 대한 Cass Sunstein 방식
의 미시적 예는 또한 2014년 4월 14일의 세월호 침몰사건에서 찾아볼 수 있다.
"선장의 의무"는, 문명세계에서는, 문명사회에서 나타난 지리상의 발견과, 마젤
란과 콜럼버스의 대항해 시대 이후에, 어느 주된 항해국에서도 실정법이나 실정
규칙으로 정했기 때문에 확립된 것이 아니다. Coke가 설명한 바 영국 보통법의
형성과 같이, 여러 세대에 걸쳐서 많은 사람들의 경험과 또한 사후적인 학식과
판단이 집적되어서 서서히 이와 같은 의무사항이 일종의 법칙으로서 성립된 것
이다. 이 한도에서 한국인들이 이제야 관심을 가지는 "문명사회의 일반법칙"은
주권자의 의지에 의해서 입법에 의해서 일거에 확립된 것은 아니다. 즉, 보도에
따르면 수백 년 동안 세계의 거친 파도를 항해하여 세계 지도와 세계 해도를 남
긴 문명국에서는 선장의 마지막 의무를 법정화한 적이 없다고 한다. 그럼에도 불

법철학자들은 이러한 자연법의 개념을 그 근본에 있어서는 변경하지 않고 거기에 덧붙여서 강조점을 법적 룰의 합리화와 체계화의 중요성에 옮겼다. 그리고 그 목적은 건전하고 좋은 공공정책을 더욱더 효력이 있게 만드는 것이었다. 이와 같은 경위로 대부분 그 역사에 있어서 스콜라 철학자인 선조들과 비교해서 이성 자체보다도 의지에 더 큰 신뢰를 가지고 있었던 휴머니스트 법철학자들에게도 다음과 같은 길이 열렸다. 이성 중, 도덕적 이성(moral reason)은 압도적인 정치적 이성(political reason)과 연결되어 있다. 이때 도덕적 이성은 보편적으로 적용할 수 있는 일반적 용어로 분석할 수 있는 인간의 본성의 어떤 능력(a faculty of human nature)이라고 생각되었다.

Coke는 자연적 이성(natural reason)과 자연적 법, 즉 자연법(natural law)의 존재를 의심하지 않았다. 그리고 자연적 이성과 자연법은, 법학자가 아니라 도덕 철학자나 정치 철학자가 규정하고 개념정의 한 것이었다. Coke의 위대함은 도덕 철학자와 정치 철학자가 개념적의한 자연적 이성과 자연법의 옆에 병행하여 또 다른 종류의 이성을 놓은 것이다. 이 이성을 역사적 이성(historical reason)이라고 불릴 만한 것이다. Coke의 주장은 다음과 같다. 영국 보통

구하고 이러한 "불문율"은 실정법보다도 더 큰 효력을 가지고 지켜져 왔다. 한국의 관료 사회나 입법가들은 흔히, 일하다가 막히면 버릇처럼 "입법의 불비"라고 하고, 더 많은 실정법을 요구한다. 물론 세계 제2차 대전 이후, 국가가 성립된 제3세계 국가에서는 실정법이, 존재하지 않는 도덕의 대치물로서 기능하기도 한다. 그러나 이번 사태로 알려지게 된 것은 "입법의 불비"라기보다는 1. 존재하고 있는 법은 지키지 않는다, 2. 공백 부분이 있으면 법이 없기 때문에 아무것도 할 수 없다고 얘기하는 이중구조이다. 지금 논의되고 있는 안전문제에 대해서, 입법의 불비나 또는 법해석의 차이나 또는 법 시행의 곤란점 같은 지금까지 한국의 관료 사회나 법학적 정치가들이 흔히 하던 상투어를 벗어나는 길은 무엇인가? "문명 사회의 일반 원칙"을 받아들이는 것이다.

법이 기초를 하고 있는 "이성"(reason)은 잉글랜드 법률가들이 이성을 사용함(reasoning)으로써 추론하고 판단한 것에서부터 나왔다. 즉, 여러 세기에 걸쳐서 영국법에 대한 "중요하고 학식 있는 사람들"이 법문제에 대해서 전통적으로 이성을 사용하여 추론하고 판단한 방식을 말한다. 그리고 이러한 법률가들의 방식으로서의 이성(reason)은, (법률가들에 앞서서 도덕 철학자들이나 정치 철학자 또는 인문주의자들이 발달시킨) 창조주에 의해서 사람의 본성 자체에 나무 심듯이 심어진 자연적 이성을 얘기하는 것이 아니다. 또한 (흔히 영웅적 인격에 대한 감탄사로 특징 지워지는 고대사의 경우나 위대한 정치적 인격의 압도적 영향을 대서특필하는 제2차 세계대전 이후의 신생독립국의 경우와 같이) 특별한 개인의 "개인적이며 사적인 이성"(private reason)에서 발견되는 것도 아니다. Coke가 말한 바 영국법과 영국보통법의 출발이며 기초인 이성(reason)은, 경험을 가진 사람들과 이른바 전문가들의 실제적이고 신중한 이성을 말한다. 경험을 가진 사람들(persons of experience)이라는 것은 그들의 주제에 대해서 특별한 연구를 했으며 둘째 조건은 그들의 역사를 아는 것이며 세 번째 조건은 다른 경험이 있는 개인들의 여러 세기에 걸친 학문과 지혜 위에 자신의 역사를 세운 사람들을 말한다. 따라서 이러한 사람들은 가장 복잡하고 (또한 가장 급박한) 상황에서도 무엇이 이성에 맞으며 따라서 온당하며 무엇이 많은 다른 인격들의 보통의 감각이 요구하는가를 알게 된다.155) 그래

---

155) 원저 p.243. 각주 37. Indeed, the translation of "reason" into "reasonableness" and the exaltation of "common sense" were English developments of the seventeenth century, to which Coke contributed. To this day it is difficult to find in other languages precise equivalents for the English words "reasonable" and "common sense." The usual translation of "reasonable" into equivalents of

서 그들은 전문가나 아마추어들을 당황케 하는 문제들을 해결할 수 있을 것이다. 더 특화시켜서 말한다면 그들은 주제(subject) 자체의 등고선(contours)과 윤곽 내부에서 문제에 대한 해답을 찾으려 할 것이다. 그들은 주제 자체의 이성(reason)과 주제 자체의 내부에 있는 논리(logic)를 발견하려 할 것이다. 그들은, 법 안에서 (in law), 법 자체(law itself) - 이때 법이란 전체로서의 법(law as a whole)과 모든 부분에 있는 법을 포함하는데 - 의 논리, 이성(reason), 이유(reason), 의미(sence) 그리고 목적들을 발견하려 할 것이다. 그러나 Coke의, 법의 인위적 이성(the artificial reason)이라는 것은, 방금 말한 것보다 더 좁다. 그 이유는 Coke의 관심은, 일반적인 법 (law in general)이 아니라 잉글랜드의 보통법(the English common law)에 있었기 때문이다. Coke의 "인위적인 이성으로서의 법"(artificial reason of law)이라는 것은, 실로 다른 타입의 법 - 즉, 교회법(canon law), 로마법(Roman law) 또는 자연법(natural law) 또는 신의 법 (神法, divine law) - 에도 적용될 수 있었다. 왜냐하면 이 모든 영역(subjects)에서 훈련받은 전문가(expert), 즉 그 영역에서 학식과 경험을 가진 인격은, 그 영역의 원래 있는 이성(reason), 논리(logic), 의미(sense), 그리고 목적들을 다른 사람들보다 더 잘 이해할 것이기 때문이다. 그러나 Coke에게는, '잉글랜드 보통법의 인위적 이

"rational" is a distortion; as Lon L. Fuller once said, "To be reasonable is to be not too rational." Likewise, common sense is not the same as public opinion; it is more like the shared moral judgment of the community. Cf. Christopher Hill, "'Reason' and 'Reasonableness' in Seventeenth-Century England," *British Journal of Sociology* 20 (1969), 235~252. See also John Underwood Lewis, "Sir Edward Coke (1552~1633): His Theory of 'Artificial Reason' as a Context for Modern Basic Legal Theory," *Law Quarterly Review* 84 (1968), 330~342. Cf. Michael Lobban, *The Common Law and English Jurisprudence, 1760~1850* (Oxford, 1991), pp.6~7.

성'(artificial reason of the English common law)은, 잉글랜드라는 나라의 역사(적으로) 뿌리가 있는 법의, 특유한(unique) 이성이요, 논리이며, 의미이며, 목적이었다. 또한 여러 세기에 걸친 잉글랜드 보통법률가(the English common lawyers)의 사고와 경험이라는 저장장소인, 역사에 뿌리가 있는 법에 나타나는 유니크한 이성, 논리, 의미, 목적이었다. 따라서 '잉글랜드 보통법'에 나타나는 인위적 이성은 그 역사의 불빛 아래에서 이해되어야 한다.

자연법(Natural law)은, '잉글랜드 보통법에 나타나는(인위적 이성'의) 부분이었다: 예를 들면 Calvin's Case에서, Coke는 자연의 법(the law of nature)은 보통법의 부분(part of common law)이라는 명백한 명제를 발전시켰다.[156] Bonham's Case에서, Coke는 '아무도 그 자신의 주장(his own cause)에 대해서는 심판관(judge)이 될 수 없다'라는 원칙을 "보통의 권리"(common right), 즉 "보통법"(common law)의 교의(敎義, doctrine)라고 판시하였다.[157] 그

---

156) 원저 p.243. 각주 38. See *Calvin's Case, 7 Coke's Reports,* 1a. Cf. Gray, "Reason, Authority, and Imagination," pp.37, 55 n.24. In time the phrase "natural justice" came to be used by the English courts more frequently than "natural law," and eventually to replace it.

157) 원저 p.243. 각주 39. *Bonham's Case, 77 Eng. Rep.* 638, 644 (K.B. 1611), is sometimes taken to stand for the proposition that the courts may annul an act of Parliament if it is in contradiction to the common law. In fact, the holding of the case rested on an interpretation of the statute rather than an annulment of it. See Samuel Thorne, "Dr. *Bonham's Case,*" *Law Quarterly Review* 54 (1938), 543–552, criticizing some conclusions drawn in T. F. T. Plucknett, "*Bonham's Case* and Judicial Review," *Harvard Law Review* 40 (1926), 30~70. But see also Charles M. Gray, "*Bonham's Case* Reviewed," *Proceedings of the American Philosophical Society* 116 (1972), 35~58; and Tubbs, *Common Law Mind,* pp.154~155. In any event, the line was relatively thin, in 1611, between judicial review of the constitutionality of a statute and judicial interpretation of a problematic statute in order to make it conform to constitutional requirements. If, as Coke assumed, the judges of the common law courts had final power to

의 Institutes[158])에서, Coke는 다음과 같이 썼다. 한 사람의 변호를 위한 청문의 권리(the right to be heard in one's own defence)는, 신의 정의(神의 正義, divine justice)에 속하는 원칙이다. 그리고 Coke는, 15세기의 민사법원(Common Pleas)의 어떤 법원장(Chief justice)을 호의적으로 인용한다: 즉, 聖교회란 聖書로부터 뽑아낸 법들에 대해서는, 우리는 신용하여야 한다. 왜냐하면 그것은 …… 모든 법 근저에 놓여 있는 보통법이기 때문이다.[159] 이와 같이 Coke는 자연법의 유효성을 부인하지 않았으며, 자연법은 잉글랜드의 보통법에 편입되어 육화되었다고 믿었다.

다른 한편 실정법(positive law) 역시 보통법의 부분을 이루고 있었다. Coke는 (실정법을 만드는) 입법의 구속력을 결코 의심하지 않았다. 그러나 Coke가 입법을 보는 관점은 달랐다. 그는 실정법을 만드는 입법의 역할과 내용을 잉글랜드 보통법정의 여러 선례들이라는 역사적 맥락 안에서 파악해왔다. 이때 보통법 법원의 선례라는 것은, Magna Carta와 의회의 역사적인 보통법상의 제정법과 함께이며, 더 일반적으로 말한다면 재판정과 변호사단체의 다음과 같은 사항에 대한 이해를 포함하는 것이다. 즉, 헌법, 행정법과 행정절차, 형법과 형사절차, 사법과 민사절차 그리고 기타법이라는

---

interpret the common law, then it would require a clear alteration of the common law by Parliament to avoid judicial control in a given case. 옮긴이 주석, 이 원칙은 Nemo Judex 원칙이라 한다. 참조, 김철, 「러시아 – 소비에트법 – 비교법 문화적 연구」(1989)에서의 러시아 소비에트법의 역사적 기원 참조.

158) 옮긴이 주석: 로마법에서는 법학제요라고 동양에서 번역함, 헤롤드 버만과 김철, 2013; 제4장 유럽대학에서의 서양법, 과학의 원천 2절 커리큘럼과 가르치는 방법 참조.

159) 원저 p.244. 각주 40. Coke, *Institutes*, pt. 2, sec. viii (p.625). See Eusden, *Puritans, Lawyers, and Politics*, p.124. Cf. Coke, *Institutes*, 11b (the *lex naturae* is one of the "diverse laws within the realm of England").

법의 수많은 분과를 구성하는, 복잡하고 많은 숫자의 개념들, 원칙들, 룰들, 절차들과 제도들에 관한 재판부와 변호사 단체의 학식과 이해를 포함하는 것이다. 함께 파악한다면 이 모든 것들은, Coke의 관견으로는 잉글랜드 사람들의 역사의 산물이며, 많은 세기에 걸쳐 발전된 전망에서만 볼 수 있는, 잉글랜드 사람들의 정치적이며 경제적인 가치들이며 또한 잉글랜드 사람들의 근본에 놓여 있는 도덕성 이었다; 그래서 이와 같이(많은 세기에 걸쳐서 전개된) 시대가 오래된 법에 몰두한 인격만이, 심지어 비교적 최근의 입법을 이해할 자격이 있으며 또한 그 최근의 입법을 각각의 사례에 적용할 자격이 있는 것이다.

이와 같이 Coke는 잉글랜드라는 맥락에서, 역사법학(the historical school of jurisprudence)의 최초의 원칙을 확립하였다. 그리고 이 최초의 원칙은 17세기와 18세기에 그를 추종하는 잉글랜드인에 의해서 더 발달되게 되었다. 그리하여 마침내 전면적인 법의 일반원칙(full-scale general theory of law)으로 개화하게 되었다. 그 결과는 자연법이론과 법실증주의(legal positivism)와 함께 또한 나란히 역사법학이 자리 잡게 되었다. 첫 번째 역사법학의 원칙이, 한 나라의 법은 무엇보다도 그 나라의 역사의 산물로 이해되어야 한다 — 현존하는 제도들, 이전에 존재하는 제도들로부터 유래한다는 명백한 사회학적 의미에서 뿐만 아니라, 한 나라의 법의 과거의 역사는 현재와 미래의 발전을 위해서는 규범적인 중요성(normative significance)을 가지고 있으며 또한 당연히 가져야 한다는 철학적 의미에서도 그러하다. 이와 같은 기준점에서 볼 때에는, 입법을 위한 결정을 할 때에는 또는 사법적 결정 또는 행정적 결정을 할 때 맨 먼저 찾아보아야 할 일차적인 법의 원천(primary source of law)은, 또한 법의 개념이나 법 원칙 또는 법 규칙이나 법 절차의 의미를 결정할 때도 마찬가지인데, 관습(custom)과 선례(precedent)이다. 다른 법의 원천은, 특별히 정의에 관한 보편적인 도덕적 개념들은 (그리고 이러한 것들은 자연법이론 아래에서 미리 일어난 것인데) 역사법학파에 의하면, 고려 대상이 되는 특별한 각각의 법체제(legal system)의 역사적 발전과 역사적 상황이라는 불빛 아래에서 관찰되어야 되고 또한 역사적 발전과 역사적 상황에 종속되는 것이다.

법 이론의 역사학파(historical school of legal theory)는 그것 자체가, 과거 역사를, 법과 고정된 규칙과 결정들에 대한, 일련의 고정된 포인트가 유지되고 반복된다는 생각 – 이 생각을 historicism 이라고 불린다 – 과 과거 역사를, 변화하고 있는 필요성에 대한, 과거 역사의 적용의 프로세스로 보는 생각 – 이 생각을 historicity라고 불린다 – 사이에서 분열되어 있다. Jaroslav Pelikan은 전통주의(traditionalism)와 전통(tradition)에 대해서 비슷한 구별을 하였다. 그는 전통주의를 살아 있는 존재들(the living)의 죽은 믿음(the dead faith)이라고 불렀고, 전통을 죽은 사람들(the dead)의 살아 있는 믿음(the living faith)라고 불렀다.[160] 역사법학의 이와 같은 두 가지 버전 사이의 긴장이 충격적으로 명백히 드러나는 것은, 현대 아메리카의 헌법 재판(constitutional adjudication)에서이다. 즉, 어떤 최고 법원 판사들은 전적으로 아메리카 헌법의 기초자들의, 기초 당시의 원래 의도에 의존한다. 다른 판사들은 헌법적 텍스트를 해석하는 데 있어서, 기초 이후에 전개된 여러 세대와 여러 세기에 걸

---

160) 원저 p.245. 각주 41. Jaroslav Pelikan, *The Vindication of Tradition* (New Haven, 1984), p.65.

쳐서, 일어난, 헌법 텍스트의 언어들의 변화해온 의미라는 불빛 아래에서 행하려고 한다.

Edward Coke 경은, 견지에 따라서는, 전통주의자(traditionalist)로 때로는 분류되기도 한다. 왜냐하면 Coke는 되풀이해서 국왕의 특권(royal prerogative)을 쇄신과 이노베이션(innovation)을 위한 특별한 권한 행사로 쓰는 데 도전하였다. 그때 그가 의지한 것은 (개별적인 상황에 따라서 맞는 각각의) 오래된 법(ancient laws)과 오래된 재판결정들(court decisions)을 권위 있는 원천(authoritative)으로 한 것이었다. 그리고 실로 다음과 같은 것은 진실이다. Coke는 자주, 과거의 고정된 사건의 권위를 불러일으켜서 호소하는 것처럼 보였으며 또한 이미 과거의 사건이, 오로지 그것만을 위해서 반복되어야 한다고 주장하는 것처럼 보였다. Coke는 잉글랜드의 보통법의 오래된 성격과 가치 있는 성격을 영예롭게 하였고 잉글랜드 보통법의 기본적 원칙들의 기억할 수 없는 아득한 옛날부터 존재해온 아주 오랜 성격을 영예롭게 하였다. Coke는 Chaucer의 격언을 되풀이해서 인용하였다. "묵은 밭에서, 새로운 옥수수가 움트고 자란다."161) 동시에 Coke는 많은 역사가들에 의해서 신랄하게 비판되어 왔다. 또한 그가 살아 있는 동안에도 많은 도전을 받았다. 그 이유는 그가 역사적 선례들(historical precedents)을 사용하는 데 있어서의 방법이었다. 왜냐하면 역사적 선례의 사용방식이 처음 Coke에 의해서 소개되었을 때 그 이전의 거의 그와 같은 방식은 생각 할 수 없었기 때문이다. (현대인인 우리가 성찰하건데)

---

161) 원저 p.245. 각주 42. Sir Edward Coke, preface to *The First Part of the Reports of Sir Edward Coke, KT.* (London, 1727); see Geoffrey Chaucer, *The Parliament of Foules* (ca. 1380), ed. T. R. Loundsbury (Boston, 1877), p.52: "For out of olde feldys, as men sey, /Comyth al this newe corn from yer to yere."

Coke가 선례에 호소한 것이나 또한 명백히 그가 역사적 선례를 잘 못 사용한 것(abuse)은 어쨌든 Coke가 처한 당시의 상황이라는 맥락에서 이해되지 않으면 안 된다. 그의 상황이라는 것은 다음과 같다. 대부분의 경우에 있어서 Coke는 그의 공직을 걸지 않고서는 또한 감옥 가는 위험을 감수하지 않고서는, 국왕이 대권을 오용·남용하는 것(abuses of the royal prerogative)에 도전할 수가 없었다. 그런데 명백히 Coke는 국왕에 도전할 성향을 가지고 있지는 않았다. (즉, 그는 당시 잉글랜드의 최고의 학식을 가진 판사였을 뿐 정치적 의도나 당시 주권자인 국왕 자체에 대해서 도전할 아무런 동기가 없었다. 그렇다면 문제는 무엇인가. 그의 정치적 중립성에도 불구하고, 그가 발견한 법의 참다운 의미를 그는 중요한 판결에 반영하고 싶었을 뿐이다) 국왕의 대권을 오용·남용하는 데에 대한 판결사항의 반대의 이론적인 근거는 국왕의 집권 남용이, (잉글랜드에서 이미 오랜 과거에서 확립되고 증명된 제정법과 결정들을 위반하였다는 것이다) 그러나 그의 동기가 무엇이든 간에 당대의 학식가요 법학자였던 Coke는 과거를 고정되고 움직이지 않는 정태적인 용어로 바라보는, 골동품수집가(antiquarian)는 아니었다. 잉글랜드 보통법이, Anglo-Saxon시대에까지 소급하고 따라서 "기억할 수도 없는 정도의 오래된 관습법"(immemorial custom)에서 출발하고 있던 Coke의 믿음은 그로 하여금, 수백 년에 걸쳐서 발생했던 많은 변화들에 대해서 그를 눈멀게 하지는 않았다. 동시에 오늘날 많은 사람들이 과거를, 이후에 연계해서 일어난 사건들의 단순한 기록이나 원인이나 또는 선제조건으로 보고 있는 데 비해서 Coke는 과거를 그와 같이 보지 않았다. 오히려 반대로 Coke는 과거에서 어떤 목적들(purposes)을 그리고 규범들(norms)을 보았던 것이다. 더욱더 Coke에게 있어서 과거란 일차적으로 직전의 가장 인접한 과거(the immediate past)가 아니었고 오히려 무엇보다도 가장 거리가 먼 오래된 과거(the ancient past)였으며 그 오래된 과거는 일차적으로 Tudor 이전의 과거를 의미했으며[162] 특히 Bracton이 만든 the Year Books가 속한 과거였다.[163] 이러한 것들이 Coke의 보수주의(conservatism)를 - 그것의 역사적 맥락에 있어서 - 혁명적으로 만든 것이었다.[164]

8.3 존 셀던(John Selden)의 법철학

Coke의 추종자들이 Coke의 영국 법철학으로 발전시키는 데는 두 세대가 걸렸다. 이 중 첫 번째 세대에서 이러한 발전의 지도적인 인물은 John Selden(1584~1654)이었다. 두 번째 세대에 있어

---

162) 옮긴이 주석: 왜 Coke가 권위로 삼은, 과거의 법이 직전의 법이 아니고 더 오래된, Tudor왕조 이전의 법이었는가를 생각해보자. 그가 대권을 오용·남용하고 있다고, 정치적 의도 없이 법학자로서 판단한 당시의 국왕을, 그가 속한 왕조 이전의 선례를 들어서 판결하는 것이 전통의 권위를 들어서 국왕을 좌절시키는 데 필요하였기 때문이다.

163) Bracton과 the Year Books에 대해서는 참조, 해롤드 버만 지음·김철 옮기고 정리함, 「법과 혁명 I - 서양법 전통의 형성1」, (서울: 한국학술정보, 2013), page 332 참조, "영국법에 대한 13세기의 요약 중 가장 위대한 저자인 브랙턴(Bracton)의 『잉글랜드의 법과 관습에 대한 논문(Treatise on the customs of England)』."

164) 옮긴이 주석: Coke의 conservatism이라는 것은, 그가 사용한 전통에 호소하는 역사적 방식은, 보통 또는 일반적으로, 지나가는 과거의 가치를 현재에 적용함으로서, 현존하는 상태나 현재의 권력을 정당화하는 데 쓰이는 것이 일반이었다. 즉, "일반적으로 역사주의는 보수적 가치를 현재에 주장하는 데 쓰인다. 그러나 Coke가 아득한 과거의 전통에 호소한 목적은 현재 팽배하고 있는 국왕 대권의 오용과 남용을 정당화하기 위해서 쓴 것이 아니었고 오히려 그 것의 부당함을 법적으로 증명하기 위해서였다. 이와 같이 흔히 보수성을 가진다고 간주되는 지적인 방식이 구체적인 목적과 상황에 따라서는 그 효력이 전혀 달라질 수도 있다고 말하는 것이다."

서 지도적인 인물은 Matthew Hale(1609~1676)이었다. 이 세 사람 사이의 연결과 연계는 매우 강했다. Selden은 37세에 당시 69세의 Coke와 같이 일하였는데, 하원(the House of Commons)이, 1621년 에 (국왕의 대권이 오남용되고 있다는 취지의) 이의문을 기초할 때 였다. 이 일로 인해서 Coke와 Selden은 이윽고 런던타워로 수감되게 된다. 나중에 Selden 자신은 하원에 선출되고, 여기에서 Selden 은, (우리가 영국헌법사에서 연대로 알고 있는) 1628년의 권리청원 (Petition of Right)을 기초하고 입법하는 데 있어서 Coke와 협력하게 된다. 이 1628년의 권리청원으로 인해서 Selden은 다시, (국왕에 의해서) 당시 정치범을 수감시키는 런던타워로 보내지게 된다.[165] 1630년대와 1640년대에 Selden은 이제, 그 자신이 청년 Hale의 멘토며 가까운 친구가 되고, 나중에 Selden은 Hale을 그의 유언집행자로 지명하게 된다. 마지막으로, Hale은 Coke의, 가장 중요한 법학적 업적인 Institutes(법학제요)를 전면 개정해서, 더 체계화시키고, 철학적 함의를 분명하게 했다. 이 세 사람은, 그들의 직업적 경력의 (당시 영국의 법학자들이 그랬던 것처럼) 실천적인 법률가로 출발하였다. 이 세 사람 모두 그들의 시대에, 일상적인 법률사건이 아닌, 대단히 큰 헌법적 투쟁[166]에 깊숙이 개입하게 되었다. 세 사

---

165) 원저 p.246, 각주 43. Selden's first term in the Tower of London lasted only five weeks. In his second term, commencing in 1629, he was released early from imprisonment but remained under restraint until early 1635. See David Sandler Berkowitz, *John Selden's Formative Years* (Washington, D.C., 1988), pp.231~290.

166) 옮긴이 주석: 한국의 법학도들은, 교과서에서 마그나 카르타 이후의 영국 헌정사나 헌법사의 발전을 연대순으로 읽는데서 그친다. 1640년대부터 시작되고 1648년과 1649년의 찰스 2세의 처형으로 정점에 달했던 청교도혁명이 어떻게 시작되었는지 알지 못한다. 영국 불문헌법이라고 불리는 일련의 중요한 문서 중 권리청원이 세 사람의 당시의 가장 존경 받던 법률가들에 의해서 주도되고, 이것의

람 모두가 헌신적이며 대단히 업적을 많이 낸 학자들이었다.

Selden의 학자로서의 영역은 그의 선생이었던 Coke보다 더 넓었다. Selden은 최상급의 역사가였으며 당시 잉글랜드의 지도적인 역사학회였던 the Society of Antiquaries에서 잘 알려진 대가였다. Selden은 또한 매우 정교한 성서학자였으며, 동양학자였으며 철학자였다. John Milton은 그를 가리켜 "학자들의 머리이며 이 땅에서 가장 존중받을 사람이다"라고 했다.167)

Selden은 Coke의 역사주의(historicism)를 한걸음 앞으로 끌고 나가서 기억할 수도 없이 아득한 과거의, 그리고 변경시킬 수 없는 근본법(unchangeable fundamental law)의 개념을 넘어서서 진화도 중에 있는 과거와 진화하고 있는 근본법(evolving fundamental law)의 개념으로 전진시켰다. Coke 역시 보통법은 수백 년에 걸쳐서 변화하였다는 것을 충분히 이해하고 있었다; 그러나 그의 전적인 중점은 보통법의 계속성 또는 지속성(continuity)에 있었다. Coke는 변화는 지속성에 비교해서는 부수하여 일어나는 것으로 보았다. 그러나 그의 한 세대 아래인 (Coke가 69세일 때 Selden이 37세였으

발단은 정치적 동기라기보다는 영국의 법 전통을 공고히 하려는 중립적인 법학자들에 의해서 시작되었다는 것을 알지 못한다. 권리청원의 발단이 된 Coke와 Selden은 국왕의 대권의 남용을 항의해서 의회에서 문서로서 이의를 제기한 사건부터 시작해서 두 번씩이나 당시의 악명 높았던 주로 반역죄를 다스리는 런던 타워에 보내졌다. 즉, 생명의 안전을 위협받은 것이다. 이 사건을 법철학적으로 기초 놓은 Coke는 당시 이미 69세가 넘었으며 그는 영국의 재판체계 중 보통법의 발전과 관계있는 민사법원(Court of Common Pleas)의 법원장을 역임하였다. 말하자면 당시 영국 법조계의 가장 지도적인 인물이었고 법학계의 원로였다고 볼 수 있다. 이런 인물이, 청교도혁명과 후일 명예혁명에 이르는 약 40년간에 걸친 혁명의 법학적 철학적 기초를 제공하고 또한 직접 하원에서 행동한 것이다. 동아시아 전통에서는 이해하기 힘든 일이다.

167) 원저 p.246. 각주 44. John Milton, *Areopagitica*, ed. John W. Hales (Oxford, 1886), p.16.

니, 연령차는 32세이다. 여기서 한 세대라는 것은 1600년대 당시 잉글랜드를 배경으로 한 것이다) Selden은 조금 달라진다. 즉, 혁명을 예비하는 기간과 혁명시대를 기준으로 하면 더 후기 단계에 나타난 Selden은 그의 선생이었던 Coke가 강조한 지속성을 재확인했으나, 그 이전보다 변화를 더 강조했다. Selden은 발전(development)과 성장(growth)을 강조했다. 잉글랜드의 헌법적 제도와 원칙들의 기본적인 것은 기억할 수도 없는 과거에서부터 왔고 따라서 영원한 성격을 지니고 있다고 그는 믿었다. 잉글랜드 헌법 제도와 원칙은 무엇인가. 우선 저명한 사람들, 즉 귀족들의 회의체로서의 정부(government by assemblies of notable)와 법에 대한 책임은 사법부가 저야 된다는 것이다(judicial responsibility to law). 그러나 Selden은 이러한 기본적인 제도와 원칙들이 점진적으로 발전하는 예로서 주기적으로 일어나는 변화를 들었다.

무엇보다도 Selden은 잉글랜드 법의 역사적 발전에, 규범적인 중요성을 부착시켰다. 예를 들면 Selden은 역사를 통해서, 타키투스(Tacitus)가 표현한 게르만족의 wapentakes의 전개를 추적하였는데 (그에 의하면) 고대 로마 시대의 변방 민족이었던 게르만부족의 wapentakes가, Anglo-Saxons 부족의 witans로 되었다. 그리고 이 witans는 13세기에 와서, (후일 서유럽 근대 국가에서 국민의 대표의 모임을 뜻하게 된 의회의 원형이 된) parliaments가 되었다.[168] 또 다른 역사학자로서의 Selden의 발견, 방금 말한 그와 같은 전개 속에서 그 자신의 시대에 적용 가능한 의회정부(parliamentary government)의 원칙들과 규범들을 발견한 것이다. 동시에 인문학자로서의

---

168) 원저 p.246. 각주 45. Berkowitz, *John Selden*, p.276.

그의 면모는 Selden으로 하여금 잉글랜드법의 진화에 있어서의 비어 있는 곳을 알게 했다. 예를 들면 Norman Conquest는 실질적인 변화를 가져왔는데 이 변화는 봉건법(feudal law)을 도입한 것과 주교의 법정의 독립성을 강화한 것을 포함한다. 그러나 Selden 역시 노르만족의 정복 이후의 시대에 있어서는 Anglo-Saxon 제도의 연속성과 지속성의 요소를 강조한다. Selden은 단일한 역사적 전개의 세 가지 서로 다른 단계로서 잉글랜드 역사의 시대를 삼 단계로 구분한다. 즉, 고대 브리튼 시대(ancient British), 색손시대 그리고 노르만시대이다. 이 세 시대에 걸쳐 공통적인 요소가 연속적으로 정제되고 세련화되었다. 비록 이와 같이 열거한 세 가지 고대법들의 대부분은, 이후의 법들에 의해서, 찬탈되었으나 고대법의 근본적 구조(fundamental structure)는 살아남았고 향상되어가는 과정을 겪었다.

더하여 Selden의 역사적 법학은 잉글랜드법의 이론보다 훨씬 이상의 것이다. 즉, 모든 법체제는 그 성격에 있어서 역사적인 것으로 이해되어야 된다고 Selden은 썼다. 인간은 사회적 시민적 존재이며, 최초로 어떤 땅에서 모여살기 시작할 때 "공통의 사회라는 나무를 심기 시작했다"("plant a common society"). 이러한 것은 인간의 본성에 대한 바꾸어질 수 없는 법칙이라고 그는 썼다. 즉, 불변의 본성에서 나온 법이라는 뜻이다. 어떤 땅과 나라에서 정착하게 된 이후의 시기에서, 사람들은 그들의 각각의 필요성을 반영하는 "여러 가지 다양한 욕구에 대한 편의"("the several conveniences")에 따라서 자연법(natural law)을 해석하고 또한 제한하게 된 것이다. 따라서 잉글랜드의 보통 사람들의 법(common law of England)을 포함해서, 어떤 국민의 법의 상대적인 수준과 질은 어느 것이

더 오래되었느냐에 따라서 판단될 것이 아니다. (왜냐하면 Coke는 그 이전의 Fortescue와 St. German을 좇아서 한 국민의 법을 그와 같이 평가했을 것이기 때문이다) 오히려 모든 법체계는 평등하게 고대로부터 유래된 오래된 것이며 그 법들이 각각의 개별 국민들의 욕구와 필요성을 얼마나 잘 만족시키느냐의 정도에 의해서 판단되어야 한다. 동시에 다양한 국민들의 다양한 관습들은 그 국민들의 시민 및 공동체 사회에 관한 법의 각각 체제의 원천이 되는 것인데, 비록 공통적인 인간성에 뿌리를 두고 있다 하더라도 지속적으로 변화하는 유기적 과정에 종속되어 있다. 이러한 변화의 과정에 의해서 자연법은 특화되고 또한 변경되는 것이다. 이와 같이 어떤 국민의 법의 상대적인 질은 그 법이 유기적인 지속성에 얼마나 충실하고 있는가의 정도에 의해서 판단되지 않으면 안 된다. 변화하면서도 과거의 원형의 연속성을 가지고 있을 것이다. 이것의 비유는 다음과 같다. 선박이나 가옥의 건축 재료는 시간의 지남에 따라서 완전히 대치될 수 있지만 그럼에도 불구하고 똑같은 선박이나 똑같은 가옥으로 간주될 수 있는 경우이다.169)

---

169) 원저 p.247. 각주 46. See Arthur B. Ferguson, *Clio Unbound: Perception of the Social and Cultural Past in Renaissance England* (Durham, N.C., 1979), p.295 (quoting Selden, *Ad Fletam Dissertatio*). Richard Tuck has characterized the passage from Selden, quoted in the text, as an expression of "the Burkean theory of English law." See Richard Tuck, *Natural Rights Theories: Their Origin and Development* (Cambridge, 1979), p.84. Selden's understanding of the Western legal tradition was in many ways superior to that of his successors, even down to the twentieth century. He understood, for example, that the Roman law of Justinian was not simply "received" into European law. He denied the usual English assumption that "the supreme and governing law of every other Christian state (saving England and Ireland) ······ [i]s the old Roman imperial law of Justinian." He insisted that "no nation in the world is governed by [that law]." "Doubtless," he continued, "custom hath made some parts of the imperials to be received for law in all places where they have

Selden은 모든 시민법(all civil law)의 원천이 "자연"("Nature") 에 있다는 것을 부인하지 않고 오히려 재확인하였다. 이때 "자 연"("Nature")이라는 것은, 그 유래가, (신이 인간을 창조하였다는 교리에 의하면) 절대자가 창조할 때 당시의 인간의 자연 상태, 즉 본성을 의미하는 것이고, 그 본성은 무엇보다도 인간의 도덕적 본 성을 의미한다.

자연법에 대한 중요한 책에서,[170] Selden은 다음의 이론을 길게 발전시켰다. 즉, 도덕적 의무나 법의 의무 양자 모두의 궁극적인 원천은 절대자의 명령 안에 있다. 절대자의 명령은 1차적으로 성경 에서 발견되고, 그중에서도 특별히 하나님과 노아(Noah) 사이의 언약에서 나타나는데 하나님은 어떤 금지령을 과했고 노아가 받아 들였다. 탈무드의 전통에 의하면, 신과 인간의 언약은 다음과 같은 것들에 대한 금지이다; 우상숭배, 독신제, 살인죄, 간통, 절도, 살아 있는 동물을 먹는 것, 시민법(civil laws)에 대한 불복종이다. Selden 은 노아가 받아들인 의무의 언약적 성격이나 계약적 성격의 중요 성뿐만 아니라 그와 같은 의무를 완수하는 데에 있어서 신이 부여 한 인간의 양심의 중요성을 강조한다.[171] 이와 같이 Selden의 모든 분석은 당시의 신교도(Protestant) 특히 칼뱅주의자의 신학과 철학

---

been studied, as even in England also," but that only means that they have become part of the local law. England is thus not unique in its uniqueness: "Every Christian state hath its own common law, as this kingdom hath." See Richard Helgerson, *Forms of Nationhood: The Elizabethan Writing of England* (Chicago, 1992), p.68 (quoting Selden, *History of Tythes*).

170) 원저 p.247. 각주 47. John Selden, *De Jure Naturali et Gentium juxta Disciplinam Ebraerorum Libri Septum* (London, 1640).

171) 원저 p.247. 각주 48. J. P. Sommerville, "John Selden, the Law of Nature, and the Origins of Government," *Historical Journal* 27 (1984), 440~442.

의 경향을 그대로 따르고 있다.[172] 아마도 Selden의 가장 뛰어난 헌신은 그가 도덕적 의무의 계약적 성격을 일반적으로 해석한 것이다; 그것은 신을 모욕해서 신에 의해서 처벌할 수 있는 금지령(prohibition)의 파괴만이 아니고, 더하여 언약의 파기(breach of a covenant)였다. 실로 Selden에게는 자연법의 가장 중요한 룰은 다음의 룰로 보였다. 즉, 계약 또는 약속(contracts)은 지켜져야 한다(pacta sunt servanda). 이 룰을 Selden은 하나님과의 계약뿐만 아니라 인간과의 계약에도 일반적으로 적용하였다.[173] 약속과 계약을 유지하는 것이 절대적 의무라는 Selden의 강력한 생각은 관습법의 구속력이라는 Selden의 생각과 관계되어 있다. 관습법의 구속력을 Selden은 본질적으로 그 성질에 있어서 합의에 의해서 생긴다고 보았다.

Selden의 사고에서 가장 특징적인 것과 잉글랜드 법철학의 발전에 있어서 결정적으로 중요한 것은 Selden의 역사적이고 사회학적인 개념이었다. 즉, 여러 나라의 법체제(legal systems) 사이에 존재하는 정당한 다양성은, 다양한 국민들의 여러 다른 다양한 관습에 그 원천을 두고 있다. 개인 인격이 서로서로 다르듯이 민족과

---

172) 원저 p.247. 각주 49. Richard Tuck argues that Selden's political philosophy was highly original and represented a decisive break with much of the theologically based political theory of the time. See Tuck, *Natural Rights Theories*, pp.90~100. J. P. Sommerville has argued, however, that while Selden was a highly original legal historian (as well as scholar of Hebrew and Greek antiquities), he nevertheless contributed little that was new to contemporary debates on political theory as such. See Sommerville, "John Selden," p.446. It is argued here that the chief elements of Selden's originality lay in that special part of his political philosophy which was constituted by legal philosophy.

173) 원저 p.247. 각주 50. See Chapter 11.

나라가 서로 다르고 그러한 차이가 관습법에 있어서의 차이를 발생시킨다. 이러한 개념은 다음과 같은 원칙에 대해서 새로운 의미를 가져오게 되었는데 이 원칙은 이전에 Hooker에 의해서 강조되었다. 즉, 인간의 법의 정당성에 대한 궁극적인 원천은 신이 만든 법(divine law)에 대한 인간의 법의 일치만에 있지 않고, (이때 이성의 법(the law of reason)과 양심의 법(the law of conscience)을 포함한다) 또한 정당하게 입법을 행할 권위를 가진 주체의 의지에 인간의 법이 일치하느냐만에 있지 않고, 국민 또는 백성의 동의에 일치하느냐에 있다. Selden은 이와 같이 국민의 동의에 의한 정부라는 독트린에 새로운 법적 의미를 부여했다. 국민의 동의에 의한 정부에 대해서는 당시에 모든 서로 갈등하는 당파들이 주장하고 변호하였고 각 당파는 그 개념에 각각의 의미를 부여하였었다. 국민의 동의란 것은 Selden의 견지에서는 관습(custom)에서 명백히 나타난다. 즉, 커뮤니티에 의해서 명시적이나 묵시적이거나 받아들여진 행위의 패턴이나 규범을 말한다. 모든 법은, 역사적으로는 관습법에 기원을 두고 있다고 Selden은 주장한다. 실로 잉글랜드의 common law는 그 자체가 본질적으로 변화와 진화를 거듭하고 있는 관습법(customary law)라고 Selden과 그의 동료들은 생각했다. 진화하고 있는 관습법이라는 것은 행동의 패턴과 규범이 유기적인 몸체로 나타난 것이고 이것들은, 변화하고 있는 상황에 대응해서 여러 세대와 여러 세기에 걸쳐서 보통법 법률가들이 발전시킨 것이다.

8.4 매튜 헤일(Matthew Hale) 경의 생애와 저작

Matthew Hale이 1609년에 태어났을 때, Selden은 25살이었고 Coke는 57세였다. Coke는 25년을 더 살았고, Selden은 45년을 더 살았으며 따라서 두 사람은 Hale에게 심대한 영향을 미쳤다. Hale 이 Coke를 만난 것 같지는 않다. 그러나 1620년대에 학생으로서 Hale은 Coke의 의회에서의 행동들을 추종했음이 분명하다. 그리고 점차로 Hale은 Coke가 쓴 법학 제요(Institutes)와 판례보고(reports) 를 열심히 읽게 되었다. 한편, 연령차가 25년이나 났음에도 불구하 고 Selden은 Hale의 가까운 개인적 친구가 되었다. 법학자로서의 학문의 길에 있어서는 법조인으로서의 길에 있어서나, Hale은 Coke와 Selden 두 사람의 발자취를 따랐고 여러 점에서 이 두 사 람을 심지어 능가하였다.[174]

역사적 법학의 일반이론을 처음으로 공개적으로 천명한 사람은

---

174) 원저 p.248. 각주 51. Holdsworth writes of Hale: "His character and talents made him easily the greatest English lawyer of his day [and] the most scientific jurist that England had yet seen." William S. Holdsworth, *A History of English Law*, 13 vols. (London, 1922~1952), 6: 580~581 (hereafter cited as Holdsworth, *History of English Law*). Elsewhere Holdsworth states: "[Hale] was the greatest common lawyer who had arisen since Coke; and, that, though his influence has not been so great as that of Coke, he was as a lawyer, Coke's superior. The position which they respectively occupy in our legal history is as different as their character and mental outlook. Coke ······ stands midway between the medieval and the modern law. Hale is the first of our great modern common lawyers. ······ He was what Coke never was－a true historian; and, like Bacon, he had studied other things besides law, and other bodies of law besides the English common law." W. S. Holdsworth, "Sir Matthew Hale," *Law Quarterly Review* 39 (1923), 424~425. An excellent comparison of Coke and Hale may also be found in Charles M. Gray, "Editor's Introduction" to Matthew Hale, *The History of the Common Law of England* (Chicago, 1981), pp.xxiii-xxxvii.

Hale이었다. 역사 법학은 Coke가 잉글랜드 보통법을 풍경화처럼 그린 것에서 이미 배태되고 있었고, Selden이 역사적이고 철학적인 연구를 한 것에서도 내재되고 있었다. 그러나 19세기와 20세기 초에 번성한 역사법학파와 대조해서, Hale은 여기서 다시 Coke와 Selden 양인의 업적 위에 그의 노력으로 건축하여서 그의 역사이론을, 그때까지 역사이론과 경쟁하고 있던 두 가지 문명의 주된 법이론인 자연법이론(natural law theory)과 법실증주의(legal positivism)와 통합하였다.

Hale의 비범한 성격은 그의 개인적 생애를 더 집중적으로 볼 것을 정당화한다. Hale의 어머니는 그가 3살 때 사망했고, 그의 아버지는 그가 5살 때 사망했다. 그의 아버지는 법실무가였는데 그가 개업을 포기한 것은 당시 잘못된 소장을 제출하는 관행에 항의하고 여기에 대해서 도덕적 가책을 느꼈기 때문이다. 아버지 친척의 보호와 후견 아래서 Hale은 처음에는 청교도 목사인 지방교구 목사의 가르침을 받았으며, 나중에는 그의 후견인에 의해서 당시 지도적인 신교도 신학자에 의해서 교육되도록 Oxford로 보내졌다. 청년 Hale은 그 자신이 목사가 되고자 하였다. 그러나 그의 젊음은 그를 스포츠, 극장, 좋은 옷 그리고 파티에서 어울려 놀기로 어울렸고, 그래서 목사가 되는 것을 포기하였다. 대신 Hale은 19세 나이에 Lincoln's Inn에 들어가서 법공부로 향했다.[175]

Hale의 과목은 로마법, 수학, 광학, 의학, 철학, 그리고 신학을 포함했다.[176] Lincoln's Inn에 재학 중일 때, 어떤 극적인 경험이

---

175) 옮긴이 주석: Lincoln's Inn은, 법조 실무가 위주의 법학조직으로 1464년 decree 에 의하여, 공식 법학교육기관이 되었다. 칙령에 의하면, Reader(강사)가 법학도 에게 강의를 하도록 규정하고 있다. (Wikipedia참조)

그로 하여금 생애의 근본적인 변화를 이끌게 했다. 친구 한 명이 음주 끝에 거의 사망에 이른 것이다. 이후에 Hale은 식사 때 이외에는 음주를 중지했고, 의복도 상류층의 화려한 것 대신에 수수한 의복으로 바꾸었다. 그리고 Hale은 공직생활에 적합한 비난가능성이 없는 모범적인 생활을 위해서 그 자신을 준비하려고 계속 공부했다. 그는 누군가를 나쁘게 말하는 것을 피했다. 생활 계획을 짜서 그의 수입의 10분의 1을 가난한 사람들에게 주었으며 궁핍한 사람들에게 더 자선을 행했다. 이러한 특징이 전 생애에 걸친 개성으로 유지되었다. 판사로 임명된 이후에 그는, 당시 판사들이 받는 것이 보통이었던 뇌물을 거절했을 뿐만 아니라 어떤 종류의 선물이나 호의도 물리쳤는데 심지어 가장 고위의 귀족층에게도 그러했다. 또한 당시 어떤 특별 수당이 개인적으로 판사들에게 건네지면 판사들이 거절하기 힘들었을 때 Hale은 이러한 특별수당을 가난한 사람들에게 보냈다. 당시 그와 같은 공직에 있어서의 지위를 점하고 있던 사람들은 거의 대부분 아주 부유한 계층이었는데, Hale은 매우 검소하게 살았으며, 그가 죽었을 때 비교적 아주 작은 유산만을 남겼다.

Hale의 절대적 성실성은 그와 접촉하게 되는 그의 모든 사람들에 의해서 알 수 있었다.[177] 절대적 성실성은 사람들과의 개인적 관계뿐만 아니라 공직생활에서도 특징지어졌다. 처음에는 고객에

---

176) 원저 p.249. 각주 52. The classic biography of Sir Matthew Hale remains the one written by his near contemporary Gilbert Burnet, *Lives of Sir Matthew Hale and John Earl of Rochester* (London, 1829). See also Edmund Heward, *Matthew Hale* (London, 1972). Additional biographical data are also found in Holdsworth, "Sir Matthew Hale," and Gray, "Editor's Introduction."

177) 원저 p.249. 각주 53. Holdsworth, "Sir Matthew Hale," p.408.

대한 변호사로서 다음에는 1640년대와 1650년대에 (이 기간은 잉글랜드 청교도혁명이 시작되는 기간이다) 반역죄로 재판을 받은 지도적인 왕당파들에 대한 법정대리인으로서 다음에는 1660년대 찰스 2세 국왕 아래서, 반역죄로 기소된 청교도들을 위한 중재 및 조정자로서[178] 또한 1652년에는 영국 하원의 중요한 법개혁위원회의 우두머리로서 그리고 Cromwell 치하에서 1653년에서 1657년까지는 민사법원(the Court of Common Pleas)의 판사로서 그리고 (왕정복고 이후의) 찰스 2세 때에는 상급법원의 수석 남작으로서 1671년에서 1676년 사망 직전까지는 왕좌법원 또는 형사법원(King's bench)의 법원장으로 재직하였다.[179] Hale의 성실성과 그 성실성이 기초하고 있는 심원한 종교적 확신은 긴 기간에 걸친 혁명적 봉기의 시대를 통하여 본질적으로 정치적으로 중립적인 입장을 견지할 수 있었던 그의 능력을 설명해준다. 또한 이 기간은 고위 공직에서 봉사하는 데에 있어서는 연속되어서 출현하는 서로 반대되는 체제 아래에서 공직생활을 한 것이다. Charles Gray는 Hale의 정치적 중립성을 Hale이 common law에 열중했기 때문에 가능하다고 한 것은 의심할 나위 없이 옳게 보인다. "(정치)체제들은 왔다가 떠난다. 그러나 보통법은 항상 지탱하고 있다"라고 Gray는 썼다. Gray가 보기에 Hale에게 있어서 "법에 있어서의 지속성과 계속성은 시

---

178) 원저 p.249. 각주 54. Holdsworth indicates that Hale served as counsel to Charles I during his trial and that he advised Charles to plead to the jurisdiction of the newly created "High Court of Justice." Ibid., p.403. It seems that Hale also advised Strafford on the occasion of his impeachment and provided legal services to Laud as well. See ibid.

179) 옮긴이 주석 Thomas A. Green, *English Courts in 1600. A.D., Anglo-American Legal History*, course material, U. of Michigan Law School(Ann Arbor: Mich. Law School, 1980). 도표 출처는, 김철, 한국 법학의 반성, (한국학술정보, 2009) p.176에서 재인용.

민사회의 동일성과 인격성을 위해서 치명적인 것이다."[180] "legal continuity was vital for civic identity" 첨가되어야 할 것은 다음과 같은 사실이다. 보통법의 지속성에 대한 Hale의 헌신은 그 자체가 적어도 부분적으로는 Hale의 강력한 종교적 믿음에 의해서 설명될 수 있다. 당시에 많은 Puritan들이 그러했듯이 Hale은 기본에 있어서는 청교도로서 그러나 영국국교회(the church of England)의 독실한 멤버로 지속하였는데, Hale은 법에 있어서의 지속성뿐만 아니라 종교적 계속성도 시민생활의 일관성과 인격성을 위해서 치명적이라고 믿었다. 여기에 더해서 잉글랜드의 보통법의 계속성과 지속성은 잉글랜드의 종교적 신앙에 근거를 두고 있다는 것을 Hale은 믿었다. 이 믿음은 (당시의) 프로테스탄트 기독교의 여러 가지를 분리시키고 있었던 교리와 의식에 있어서의 날카로운 차이를 극복하게 했다. 1660년대 말에 Hale은 의회 법안을 제출했는데, 그 법안의 내용은 장로교인(Presbyterians)들도 영국국교회(Anglican Church)에

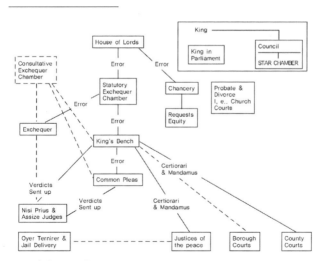

180) 원저 249. 각주 55. Gray, "Editor's Introduction," pp.xiv-xv.

받아들이자는 내용이었는데 – 이것은 (훨씬 뒤에 유럽 각지에서 문제가 되게 된) 종교적 관용의 사항으로서가 아니라 영국국교회 내부에 있어서의 개신교의 포괄성(comprehension)의 문제로서 제기한 것이다.[181] Hale은 또한 (당시 프로테스탄트 줄기 안에서 이단적으로 보였던) 다른 분파적인 교파들에 대한 "종교적 관용"(toleration)의 초기 변호자였는데 당시의 분기 중에서는 Quaker 교도를 포함하고 있었다.[182]

Hale의 약하지 아니한 인격적 특징과 그의 보통법에 대한 헌신, 그리고 그의 종교적 확신의 세 개 모두가 그 자신이 공직생활에 있어서의 법률가로서의 경력뿐만 아니라 그의 지식인으로서 생애를 설명하는 데 도움이 되고 있다. 그의 지식인으로서 생활은 비록 주된 영역은 법학이었지만, 자연과학과 철학과 또한 신학까지 포함하고 있었다. 당시 잉글랜드의 과학자와 철학자들의 엘리트서클이었던 the Royal Society의 적극적인 회원이었는데 그의 친근한 동료 중에는 당시 지도적인 청교도 신학자였던 Richard Baxter와 또다른 뛰어난 신학자들을 포함하고 있었다. Hale은 정치사와 법의

---

181) 원저 p.250. 각주 56. Hale's bill was "killed stone dead" by the opposition of the Anglican clergy, who feared that it "meant more competition for preferments and livings." Ibid., p.103.

182) 원저 p.250. 각주 57. Many examples can be given of specific legal contributions that reflected Hale's religious outlook. As a judge, he set an example of scrupulous fairness to prisoners in criminal cases. He once persuaded a jury, with some difficulty, to acquit a man who had stolen a loaf of bread because he was starving. He shared the overriding Puritan concern with poor relief; his "Discourse Touching Provision for the Poor," written in 1659, contained a detailed plan for providing work for the poor, anticipating reforms that were only carried out a century and a half later. Yet he also shared the Puritan horror of witchcraft and in 1664 imposed the death penalty, as provided by statute, on two women found by the jury to be guilty of bewitching certain children.

역사에 대한 대가였으며, 그래서 잉글랜드법에 대해서 쓰인 최초의
역사의 저자였다.[183] 잉글랜드의 형사법과 민사법에 관한 Hale의
저술은 그 분야에 있어서 체계적 연구를 대표하고 있다.[184] 여기에
더하여 Hale은 로마법에 대한 아주 심각한 학도였으며, 또한 다음
의 영역에 대해서 논문들을 썼는데, 수학, 자연과학, 철학, 그리고
신학이었다.[185][186]

Hale의 종교적 믿음은 학자로서 남아 있으려는 그의 동기와 또

---

183) 원저 p.250. 각주 58. Hale's *History of the Common Law* was first published
in 1713, years after his death. In fact, none of Hale's voluminous legal
writings were published in his lifetime, though many of them circulated
widely in manuscript.

184) 원저 p.250. 각주 59. Hale's *History of the Pleas of the Crown,* first published
in 1736, was not a history but a textbook on criminal law and procedure
dealing with capital crimes. Heward writes (*Matthew Hale,* pp.133~34): "This
book is a tour de force. It is systematic and detailed. ······ Hale succeeded in
reducing the mass of material to a coherent account of the criminal law relating
to capital offenses." His *Analysis of the Law* divides the law into two main
divisions, namely, civil law and criminal law, but itself deals only with civil
matters, which it divides into civil rights or interests, wrongs or injuries related
to those rights, and relief or remedies applicable to those wrongs. Civil rights
are subdivided in the *jus commune* style into rights of persons (chiefly
obligations) and rights of things (chiefly property).

185) 원저 p.250. 각주 60. Although he did not write any tracts on Roman law, Hale
admired Roman law and, in the words of his contemporary biographer, Burnet,
"lamented much that it was so little studied in England." Quoted in Heward,
Matthew Hale, p. 26. Hale's systematization of English law was greatly
influenced by Romanist legal science as it had developed in the West since the
late eleventh century. His systematization of English law was also greatly
influenced by his knowledge of the exact and natural sciences, on which he
did write several long tracts. He was well acquainted with Boyle and Newton
and with some of the founders of the Royal Society of London. Three of his
discourses on religion were published after his death by his friend the Puritan
minister Richard Baxter. They are summarized ibid., pp.127~128.

186) 옮긴이 주석 Hale은 1609년에 태어나서 1620년대부터 Coke의 영향을 받기 시
작했으며, 1676년 왕좌법원 또는 형사법원(King's bench)의 chief justice로 재임
중 서거하였다.

한 학자로서 보통법의 역사와 시스템을 밝혀내겠다는 노력 모두에 심원한 영향을 미쳤다. 그는 습관적으로 기도하였는데, 그 기도가 그로 하여금 삶의 의미와 인류의 역사의 목적에 대해서 깊은 질문을 하게끔 인도하였다. Hale의 학문에 대한 강력한 헌신과 그의 다산성의 저술은 주로 개인 인격 안에서 그의 창조주와 관계를 맺음으로써 고양되어온 것처럼 보이며 사회적 의무나 정치적 의무감에서 온 것은 부차적인 것으로 보인다. 그는 수십 권의 책과 논문들을 써서 단지 친우들과 지인들에게만 읽어보라고 배포하고는 그의 생전에 그중에서 단지 2개의 과학 논문만 인쇄되게 하였고, 모든 저작들을 두세 개의 짧은 것을 제외하고 그가 죽고 난 뒤에 간행되도록 했다.187) 다행히 Hale은 다른 원고들을 파괴하지 않았다. "아마도 일반 원칙(general principles)을 파악하고, 그와 같은 과정에서, 특수한 것들(particulars) 밝히려는 Hale의 내적인 욕구는 일차적으로 그 자신에 대한 어떤 필요성이라고 보이는데 그것은 그가 당시 영위하고 있던 **이 세상의, 법을 포함한 지적인 기상도와 배경** (the intellectual milieu of the law)을 우선 그 자신에게 밝히고 개인적으로 설명하고 싶은 요구에서 나왔다"라고 Gray는 썼다.188) 여기에 대해서 Gray는 계속한다. (타고난 지식인의 순서는) 우선 그 자신을 절대자에게 설명하는 것이고 이 설명의 과정은 아주 용이하게 그 자신에게 (그 자신의 주위 환경과 세계를) 지적으로 설명하는 것으로 전이될 수 있었다.189) 판사의 직책과 재판에 있어서의 Hale 자신의 규칙에 관한 Hale의 주목할 만한 에세이는 1668

---

187) 원저 p.250. 각주 61. Gray, "Editor's Introduction," p.xv.
188) 원저 p.250. 각주 62. Ibid., p.xix.
189) 원저 p.250. 각주 63. Ibid., p.xvi.

년 그의 일기에서 쓰여 있었는데, 당시는 그가 순회법원 판사였을 때였다. 1668년에 쓰인 일기체의 수필이 처음으로 공식적으로 출판된 것은 1988년이었으니 320년이 걸린 것이다. 여기서 우리가 볼 수 있는 것은, 일기는 그 자신에게 무엇인가 지적으로 설명하는 것이고 또한 경우에 따라서 일기 안에서 절대자에게 개인적으로 증언한다는 뜻에서 자신에게 지적으로 설명한다는 것과 절대자에게 증언한다는 것의 관계를 알 수 있게 된다.[190] (이 모든 사실로

---

190) 원저 p.250. 각주 64. This diary, which is kept in the Beineke Rare Book and Manuscript Library of Yale University, was edited and published by Maija Jansson under the title "Matthew Hale on Judges and Judging," *Journal of Legal History* 9 (1988), 201~213. It reveals Hale's powerful reliance on divine guidance in the performance of his judicial duties. He writes that judging is so "difficult an employment" that "it is a wonder that any prudent man will accept it, and that any man in his right judgment should desire it or not desire to decline or be delivered from it." He lists twelve of its onerous requirements, including that "it requires a mind constantly awed by the fear of almighty God and sense of his presence." Describing his feelings in trying criminal cases, he writes that "it is the grace and goodness of God that I myself have not fallen into as great enormities as those upon which I give judgment. I have the same passions and lusts and corruptions that even those malefactors themselves have. ⋯⋯ But even while the duty of my place requires justice and possibly severity in punishing the offense, yet the same sense of common humanity and human frailty should at the same time engage me to great compassion to the offender." The judge, Hale writes, must "avoid all precipitancy in examining, censuring, judging, [and must] pause and consider, turn every stone, weigh every answer, every circumstance." These meditations lead Hale to the conclusion that if, in a criminal case, "upon the best inquisition a man can make, the scales are very near even," a judgment of acquittal is fitter than a judgment of condemnation, "for though to condemn the innocent and to acquit the guilty are both abomination unto God, yet that is here a sufficient evidence of guilt appears, but *in obscuris et in evidentibus praesumitur pro innocentia* [both in matters that are obscure and in matters that are clear, innocence is presumed] and I had rather through ignorance of the truth of the fact or the unevidence of it acquit ten guilty persons than condemn one innocent. For the hand of divine justice in the way of His providence may reach in after time a guilty person, or of evidence to convict him, he may hereafter repent and amend; but the loss of the life of an

미루어 볼 때) justice Hale은 그의 법정에 절대자가 임재하고 있다는 강력한 느낌을 가졌다고 보인다.

Hale의 저작에서 특징적인 것은 그가 쓴 어떤 것도 그 자신의 법철학에 대해서 적절하게 설명하지 않는다는 것이다. 실로 각각의 글은 완전히 끝난 것도 아니고 그 성격에 있어서 단편적이다. Hale의 History Of the Common Law는 잉글랜드법의 역사적 기원과 성장을 포괄적으로 그리려는 최초의 시도였다. 그리고 19세기 말까지 잉글랜드의 초기법의 역사에 대한 표준적인 책으로 계속되었다. 그럼에도 불구하고 그 책은 Hale이 12세기와 13세기에 잉글랜드법의 형성기라고 간주하였던 것을 통하여 원래 쓰였던 스토리의 대부분을 그대로 유지하고 있으며, 튜더와 스튜어트 시기에 대해서는 어떤 법도 인용하지 않고 있다. 더 중요한 것은 잉글랜드의 법의 역사를 철학의 용어로 전면적으로 보여주려는 노력과 법의 역사의 기초가 되는 이론을 명백히 밝히려는 노력은 단지 부분적으로만 성공했다는 것이다.[191] 다른 중요한 저작인 『법의 분석』(The Analysis of the Law)에서 헤일(Hale)은 잉글랜드 보통법을 응집성이 있는 일관된 시스템으로 설명하였다. 그러나 서문에서 그는 잉글랜드 법은 너무 복잡해서 혼자서는 "정확한 논리적인 방식으로 환원시키기는 힘들다"라고 하였다.[192] 헤일은 법의 그러한 체계화

---

innocent is irreconvertable in this world. But this must be intended where upon a sincere, judicious, impartial, inquiry the evidence is inevident, not where a man out of partiality or vain pity will render use to himself to each himself of doing justice upon a malefactor."

191) 원저 p.251. 각주 65. Cf. Gray, "Editor's Introduction," p.xviii.

192) 원저 p.251. 각주 66. Matthew Hale, preface to *The Analysis of the Law,* 2nd ed. (1716), quoted in Barbara Shapiro, "Law and Science in Seventeenth-Century England," *Stanford Law Review* (1969), 746. Shapiro emphasizes that

를 향한 대강의 스케치를 동료들에게 한 번 보낸 적이 있으나, 그 것을 끝까지 해내는 것은 국가의 명령에 의해서 수행되어야 될 사업이며, 다른 법학자와 함께해야 될 일이라고 하였다.[193] 그럼에도 불구하고 그가 성공한 것은 극도로 산재되어 있었던 Littleton의 주석집을 다시 정리해서 다시 완전히 조직한 것이며, Littleton은 Coke의 Institutes의 제1권을 텍스트로 쓴 것이다. Hale은 철학적 함의를 추출하는 데 성공했다. [후속 세대가 "리틀턴에 대한 코크"(Coke on Littleton)를 읽은 것은 주로 헤일이 편집한 책으로부터이다] 동시에 헤일이 홉스(Thomas Hobbes)의 코크 비판에 반론한 "홉스 씨의 법률론에 대하여"(Reflections on Mr. Hobbes's Dialogue of the Law)도 (1921년에 처음으로 활자화되었다) 전면적인 온전한 법학의 기초를 놓았으나, 약 7,000자로 짧았기 때문에 그 기초 위에서 다른 구조를 건축할 여지는 주지 못했다.[194] 그 외에도 잉글랜드법의 성질과 법 전반의 성질에 대한 뛰어난 통찰을 보여주는 테크니컬한 논문은 있으나, 그 어떤 것도 정리된 형태로 법사상이 전개된 것은 아니고, 독자들이 그의 일반적으로 진술된

Hale approached both the common law and the civil law as "systems," that is, as "series of interrelated parts" rather than as random assortments of writs or rules (p.746).

193) 원저 p.251. 각주 67. Hale's biographer Burnet reports that some persons once said to Hale that they "looked on the common law as a study that could not be brought into a scheme, nor formed into a rational science, by reason of the indigestedness of it, and the multiplicity of cases in it." Hale replied decisively that he "was not of their mind," and he drew on a large sheet of paper "a scheme of the whole order and parts of it ⋯⋯ to the great satisfaction of those to whom he sent it." Quoted in Holdsworth, *History of English Law*, p.584.

194) 원저 p.251. 각주 68. The text is published in *Law Quarterly Review* 37 (1921), 274~303 under the title "Sir Matthew Hale on Hobbes: An Unpublished Manuscript," with a short introduction by Sir Frederick Pollock.

철학적 함의로부터 더 전개시킬 여지를 두고 있다.[195]

그럼에도 불구하고 Hale의 저작의 온전한 전체를 연구해서 그것의 기초가 되고 있는 응집력 있고 일관적인 법철학을 재구성한다는 것은 가능하다. Hale의 전기를 맥락으로 해서 이해할 때, Hale의 법철학이라는 것은 17세기 말과 18세기 그리고 19세기 초의 잉글랜드 법사상을 지배하였던 철학을 나타내주고 있다고 할 수 있다. 그리고 이러한 법사상은 아직도 다수는 아니지만, 그리고 대부분은 아니라고 할지라도 잉글랜드와 아메리카의 법률가들의 지적인 프레임 워크에 중요한 역할을 하고 있는 것이다.

8.5 헤일(Sir Matthew Hale)의 법철학

16~17세기 초에 유럽에서 유력했던 법철학은, "자연법이론"(natural law theory)과 "법실증주의"(positivism)이다. 자연법이론은, 법이 이성(reason)[196]과 양심(conscience)에서 유래한다고 생각

---

195) 원저 p.251. 각주 69. Some of Hale's more technical legal writings include *The Jurisdiction of the Lord's House, Considerations Touching the Amendment and Alteration of Laws, A Short* Treatise of Sheriff's Accompts, and *A Treatise on the Admiralty Jurisdiction.* A full list is given in Heward, *Matthew Hale,* pp.130~155.

196) 옮긴이 주석: reason을, Miyajima는 도리라고 옮긴다. 한국어에서, 도리는, "사람의 도리", "가족의 도리 – 즉, 가족관계에서 부부, 부자의 도리", "공식 조직에서의 도리 – 즉, 사원의 도리, 직책을 맡은 사람의 도리, 임원의 도리" 더 나아가서 "국민의 도리", "공직자의 도리" "국민 대표의 도리" 같은 식으로 쓰인다. 보다 법학언어 쪽으로, 논의를 진행해 보면, (도리 자체는 법학적 언어는 아니나) 비슷한 것으로, 사리가 있다(김철, 2007; 2009). 그러나 이 사리 역시, 자연어로써는, 그 어원은 논어 전 주문에 나오는 세 가지 이치, 즉 하늘의 이치로서의 천리(天理), 인간의 이치로서의 인리(人理), 그리고 사물의 이치로서의 사리(事理)를 구별한 데서 유래한다(김철, 2009.09; 401~406). 이렇게 보면 Miyajima가 쓴 "도리"는, 논어 전 주문에서 말하는, 세 가지 이치 중 "인간의 이치로서의 인리"

하고, 법실증주의는 "최고우위의 주권자"(sovereign)가 "제정한"(posited) 것이라고 생각한다. 자연법 이론은, 법을 도리와 양심에 관련된 도덕적인 것(morality)으로 보는 것에 대하여, 법실증주의는, 법을 "입법권자의 의지"(will of the lawmaker)의 실현이라고 생각한다. 법실증주의자(positivist)도, 법이 정의와 같은 도덕적인 목적의 실현을 "목표로 한"(ought to serve)다고 생각하지 않은 것은 아니지만, 그 이전에 우선 법은, 정당하게 구성된, 정치적 권위(political authority)의 정책을 구체화한 것이다. 자연법주의자(naturalist)는 그와 반대로 법이 "도덕적인"(moral) 목적의 실현을 전제로 하고("도덕적인 목적 중에는 정치적인 목적도 포함되어 있다), 그것을 무시하고서는 법의 문제는 생각할 수 없다고 했다. 따라서 자연법주의자는 정의에 반하는 법에 구속력을 인정하지 않았다.

프로테스탄트에 의한 종교개혁이 시작되기 400년 전에는, 여러 자연법주의자가 존재하였다. 그중에서도 유명한 것이 아퀴나스(Thomas Aquinas)의 "이성"(reason)을 중시하는 생각이었는데, 이 아퀴

에 대략 해당한다. 자연법 이론이, 이성과 양심에서, 법이 유래한다고 했을 때, reason(이성)은, 인간의 이치로서의 인리뿐 아니라, 사물의 이치로서의 사리, 하늘의 이치로서의 천리 모두를 포함하고 있다는 것이, 고대 및 중세를 포함한 서양 법제사의 바른 해석이다. 만약 Miyagima의 reason=도리라는 등식을 그대로 받아드리면, reason에서, 최소한 사물의 이치(Natur der Sache, nature of things and matters)라는 서양 근세 이후의 자연법의 대업적을, 빼먹고 진행하게 된다. 이런 이유로, Miyajima의 이 번역은, 서양 법제사나 사상사의, 큰 흐름을, 의식하지 않았을 뿐 아니라, 논어 전 주문에서, 밝힌, 하늘의 이성, 인간의 이성, 사물 자체의 이성이라는 큰 구별조차도 무시한 것으로, 역자가 이미 지적한 대로, 동양적 전제정의 역사적 과정에서, 사리는 발달되지 못하고, human relation으로 최소화된 social relation에서의 인간의 이치, 즉 "인간의 도리"만 강조되는, oriental despotism의 특징을 보여준다. 참조, 김철, "중국 유교 영향의 동아시아 문화에서의 법과 종교" Religion and Law in East-Asian Culture of Chinese Confucian Influence untill early 1990's, 한국 법학의 반성 Reflections on Korean Law toward New Korean Jurisprudence and Judicial System (파주, 2009.9, 한국학술정보).

나스의 생각에 대하여 이성(reason)보다도 의지(will)를 중시하는 것이 오캄(William of Ockham)으로, [동시대의 마르실리우스(Marsilius of Padova)나 그 후에 등장하는 마키아벨리(Niccolo Machiabelli)의 생각도 같다], 법은 지배자의 의지의 실현으로 강제력을 가진다고 생각했다. 16세기에 등장한 루터파의 법학자는, 이 주의론 또는 "의지주의"(voluntarist)의 생각을 지지했다(단, 루터 본인은 법실증주의와 자연법주의의 양방을 채용하고, 그 긴장관계를 소중히 했다).

12세기 유럽에서 독자적인 제도로서 등장한 법 제도에는, 법 제도가 시간의 경과와 함께 변화(development, growth)해 가는 것이라는 생각을 암묵적으로 이해했다. 이 생각은 유럽에서만 있는 것으로, 변화(organic change)의 메카니즘이 법 제도 속에 포함된 것으로, 법제도는 변화하면서 존속 가능한 것이라는 생각이었다. 이러한 생각을 전제로, 11세기 말 이래 유럽 각지에서 등장한 대학에서 로마법을 배운 법학자들은, 로마법과 당시에 존재하던 왕의 법·도시법·봉건법·장원법·상인법을 연구·발전시킨 것이다. 유럽의 법 제도에는, (하나의) 역사(a history, a story)가 존재하는 것이다.

16세기가 되기까지, 유럽의 법 제도에 특유한 역사적 차원(historical dimension)은, 자연법이론이나 법실증주의의 논의에 숨어 있을 여지는 없었지만, 16세기가 되어 프랑스에, 게르만 관습법과 프랑크 관습법을 모델로 하는, 유럽 최초의 역사 법학파가 등장하였다. 이 모델은 로마법주의자나 교회법주의자의 법 전통에는 반대되는 것이었다. 그들에 의하면, 로마법이나 교회법은 프랑스에 고유한 것이 아니다(foreign).[197] 그들은 프랑스 왕에 의한, 새로운 제도 도입("innovations")에 반대하기 위하여, 민족주의에 근거한 역사주의

(nationalist historicism)를 주장했지만, 16세기 잉글랜드의, 왕권을 지지하면서도, 무제한 한 왕권을 견제한 법학자들(free monarchists)이, 근거로 삼은 것도, 옛날부터 잉글랜드에 존재한 전통과 선례였다. 그러나 법제도의 역사가, 법제도의 형태 그 자체를 구속하고, 발전 방식이나 지배자의 정통성까지 정한다고 생각하는 것은 코크(Coke)가 처음이었다.[198] 단 코크는 사상가는 아니었다. 이미 본 바와 같이, 그는 잉글랜드법밖에 문제 삼지 않았고, 법사상으로써 자신의 생각을 전개한 것은 아니었다. 게다가 코크는 잉글랜드 법의 연속성(continuity)에만 주목했고, 변화해온 것에는 주목하지 않았다(변화해 온 것을 그는 잘 알고 있었다). 코크는 역사가는 아니었다. 그런데 셀던(Selden)은 사상가이자 역사가였다. 그러나 그 셀던도, 혁명까지의 커먼 로 법원과 대권법원(prerogative courts)의 대립에 관하여 논한 단계에서, 대권법원에 과한 전통적인 제약만을 강조하였다. 잉글랜드법에서는 새롭게 등장한 상황에 대응하여 변화하는 능력이 있는 것을 지적한 것은, 헤일(Hale)이 최초였다. 시대의 요청에 맞춰 법 제도가 변화하지 않으면 무용지물이 된다고 그는 썼다.

이렇게 헤일은 19세기에 자연법 이론과 법실증주의와 함께 비견되는 역사 법학(historical theory)을 제창하게 되었다. 단 헤일의

---

197) 원저 p.252. 각주 70. see Donald R. Kelley, *Foundations of Modern Historical Scholarship: Language, Law, and History in the French Renaissance* (New York, 1970), pp.118~120 idem, *François Hotman: A Revolutionary' Ordeal* (Princeton, 1973), pp.192~97. Cf. Gerald Strauss, *Law, Resistance, and the State: The Opposition to Roman Law in Reformation Germany* (Princeton, 1986). See also Chapter 8.

198) 옮긴이 주석: Edward Coke에 대해서는, 김철, 『한국 법학의 반성』, pp.178~181 (파주, 한국학술정보. 2009).

경우, 19세기의 역사 법학자가 그랬듯이, 역사 법학이 자연법주의와 법실증주의와 대립한다고 보지 않았다. 19세기에 등장한 역사법학자는, 법이 민족 고유의 에토스(ethos)의 실현이라고 주장했지만, 헤일은 거기까지 생각하지 않았다. 역사에 나타난 에토스가, 입법권자의 주권(sovereignty)에 제한을 가한 것뿐이었다. 동시에, 법은 입법자의 의지의 실현이고, 또한 이성과 양심에 맞는 것이어야 한다고 생각했다.

이하에서는 헤일의 법사상을 4개로 나누어 보고자 한다. 1) 자연법과 실정법의 역사적 차원에 대하여, 2) 잉글랜드 법제사의 특징에 대하여, 3) 코크가 처음으로 제창한, 커먼 로는 "의식적으로 형성된 이성"(artificial reason)[199]이라고 한 테제에 대하여, 4) 주권자의 권한(sovereignty), 특히 잉글랜드의 왕국이 가지는 권한에 관하여.

8.5.1 자연법과 실정법(positive law)의 역사적 차원(historical dimension)에 관하여

헤일(Hale)은 실정법보다 상위에 자연법이 존재하고, 자연법이 국가의 형태에 제약을 가하는 것이라고 생각했다. 이 헤일의 생각은, 유럽 대륙의 자연법 개념과 같다(코크는 자연법이 잉글랜드에

---

199) 옮긴이 주석: Miyajima가, Coke의 artificial reason을 의역하여, "선인(先人)이 쌓아올린 도리"라고 했다. reason을 "도리"로 이해한 표현이다. "선인이 쌓아 올린"이란, "역사적으로, 집적된"이란 뜻으로 보여, 다소 의미 있다 하겠다. Harold J. Berman (原著), 宮島 直機 (翻訳), 『法と革命<2>ドイツとイギリスの宗教改革が欧米の法制度に与えた影響』(日本比較法研究所翻訳叢書)(東京: 中央大学出版部, 2010).

효력을 가지는 것은, 자연법은 커먼 로에 포함될 때뿐이라고 생각했다). 따라서 헤일은, 자연법에서 금지한 범죄는 형법에서도 금지되어야 한다고 했다. 또한 자연법이 금지한 범죄는, 신의 법(divine law)[헤일은 프로테스탄트답게 이 말을 성서의 율법(biblical law)의 의미로 썼다]에서도 금지하여야 하고, 따라서 살인·절도와 같이, 자연법에서도 신의 법에서도 금지되는 범죄는 기독교 왕국에서도, 비기독교 왕국에서도 금지된다.

그러나 헤일은, 신의 법과 자연법이 어떤 경우에 통용되는지 생각하지 않았다. 구약 성서에서 금지된 범죄는 이스라엘에서 금지되어 있다고 해서, 다른 국가에서 금지된다고 할 수 없었다. 또한 형벌의 종류나 형량은 신의 법이나 자연법에서 정하는 것이 아니고, "나라마다의 사정을 고려하여 실정법에 의하여 결정하여야 한다"고 하였다. 이 각 국가마다 제정하는 실정법이 역사성을 가진다. 헤브라이인·그리스인·로마인·앵글로색슨인의 법제도를 상세하게 연구한 결론으로써, 헤일은 다음과 같이 쓰고 있다. 형벌은, 실정법에 의하여 결정하여야 하고, 자연법에 의하여 결정할 것은 아니다. 시대나 국가가 다르다면, 형벌의 종류도 형량도 달라지는 것은 당연하다. 이것은 국가가 처한 상황 외에, 판사에 의하여도 달라지기 때문이다. 모살(謀殺)의 경우 보복형이 과해지는데, 이것은 자연법에 의한 것이 아니고, 인간이라면 누구나 지켜야 하는 신의 법(창세기 9:6)에 의한 것이다. 모살 이외의 경우, 보복형이 과해지는 것은 실정법에 의한다. 유대법에서는 "눈에는 눈, 이에는 이·손에는 손·발에는 발·화상에는 화상·상해에는 상해·채찍에는 채찍"(출애굽기 21:24~25)이라고 보복형이 정해져 있지만, 피해자가 발생한 경우에는, 피해자가 금전으로 배상받는 것이 인정된다.200) 즉, 헤일(Hale)은, 십계명과 같이 신의 법은 모든 인간에 적용되어야 한다고 생각했다. 또한 자연법은, 십계명과 같은 신의 법이나, 모든 국가에 공통하는 법 원칙과 법 제도도 포괄하는 것으로, 신의 법과 자연법은 모든 주권자를 구속하는 것이기도 하다. 그런데 실정법은 자연법과 달리 입법권자에 따라 내용이 달라진다. 따라서 헤일은 유능한 입법자라면, 역사가 준비한 상황을 고려하여, "사회적으로 유용한"(socially useful) 법을 만들 것이라고 생각했다.

그런데 잉글랜드의 형법을 분석하는 단계에서, 헤일은 역사적으로, 경험이 "지켜야 할 규범"(norm)이 된다는 것을 알고 있었다. 교회 법학자는, 절도죄에서 사형을 과하는 것은 잘못된 것으로 알고 있는데, 헤일은 "절도 사건이 급격하게 늘어나고, 그것이 심각한 문제가 된 경우, 사형도 과할 수 있다"고 했다. 특히 잉글랜드에서는 역사적으로 경험을 중시하기 때문에, 그의 시대에 절도범이 사형에 처해지는 것은 당연하다고 했다. 판사가 선택할 여지가 없는 것이다.201) "시대에 의하여 절도죄의 수는 달랐고, 따라서 형벌도 달라진다."202) 이렇게 헤일은 법률이 상황에 의하여 달라진다고 생각했다.

형벌의 형태에 대하여 헤일은 실익주의를 채용하였다. "형벌의 진정한 목적은, 법률 위반을 막는 것으로, 형벌을 과하는 것은 본보기를 보이기 위함이고, 형벌은 과하는 것 자체가 목적이 되어서

---

200) 원저 p.254. 각주 71. Matthew Hale, *Historia Placitorum Coronae,* ed. Sollom Emlyn, vol. 1 (Philadelphia, 1847), p.13.
201) 원저 p.255. 각주 72. Ibid., p.12.
202) 원저 p.255. 각주 73. Ibid., p.11.

는 아니 된다. 범죄가 늘어나 국가가 위험한 상황에 처하거나, 국가의 안전이 위협 받는 경우에는, 엄한 형벌, 예를 들어 사형도 주저하여서는 안 된다"고 하였다.203)

헤일의 "형벌의 진정한 목적"이라는 생각은, 법실증주의의 생각과 같다. 즉, 자연법이 요구하는 이성(reason)204)이나 그 나라의 역사적 사정보다도, 법 제정자의 정치적 판단이 우선되는 것이다. 그런데 헤일은, 다른 한편으로 형벌은 자연법이 요구하는 보편적 이성 실현을 위한 것이라고도 생각했다. 이것은 자연법주의의 생각과 같다. 즉, 헤일은 법 제도, 특히 잉글랜드의 법 제도를 분석할 때 법실증주의와 자연법주의의 양자를 염두에 두었다. 역사적인 경험이 정치적 판단과 이성적인 판단을 같이 고려에 넣는 것을 요구한 것이다. 이렇게 헤일은 유럽 특유의 법제도가 등장한 이래, 눈에 보이지 않는 전통이 된 "통합 법학"(integrative jurisprudence)을 눈에 보이는 형태로 만들었다.205)

8.5.2 법체계의 역사적 발전

헤일은 19~20세기에 활약한 역사 법학자, 사비니(Friedrich Carl von Savigny)와 메인(Henry Sumner Maine)이나 사회학자인 뒤르케임(Emile Durkheim), 베버(Max Weber)와 같이, 법체계의 역사

---

203) 원저 p.255. 각주 74. Ibid., pp.12~3.
204) 옮긴이 주석: Miyajima는 도리라고 옮김. 어떤 경우는 문맥상, 이성이라는 직역보다, 더 동양인의 이해 정도를 높이는 것 같기도 하다. 그러나 엄격한 접근은, 이 장 최초의 각주를 참조.
205) 옮긴이 주석: 그런데 법 사상가는 양자의 통합보다도 양자의 우열을 문제 삼았고, 지금까지도 양자의 우열만을 문제 삼고 있다.

적 발전에 대한, 학문적 이론을 발전시키지 못했다.206) 그러나 그
는 잉글랜드 이외의 국가의 법체계의 역사에 대한 깊은 지식을 가
지고 있었고, 법의 역사에 대해서, 일반화를 할 수 있었으며, 그와
같은 일반화를 잉글랜드 법제사의 특수한 성격에 대해서 적용할

---

206) 원저 p.255. 각주 75. Savigny, generally considered to be the founder of the
historical school of legal philosophy, viewed the development of law as part
of the historical development of the common consciousness of a society. Law,
he wrote, is developed first by custom and by popular belief, and only then
by juristic activity. As a people becomes more mature, and social and
economic life becomes more complex, its law becomes less symbolic and
more abstract, more technical, requiring administration and development by a
professional class of trained jurists. The professional or technical element
should not, however, Savigny wrote, become divorced from the symbolic
element or from the community ideas and ideals which underlie both the early
and later stages of legal development. Thus Savigny combined a historical and
a sociological analysis with a normative one. See Friedrich Karl von Savigny,
Vom Beruf unsrer Zeit für Gesetzgebung und Rechtswissenschaft (1814), 2nd
ed. (Heidelberg, 1840), trans. Abraham Hayward, *On the Vocation of Our Age
for Legislation and Jurisprudence* (1831 reprint, New York, 1975).
Maine also saw a normative element in the development of modern law from
its origins in "arly"societies, stressing the transition over many centuries from
fictions to equity to legislation as the main source of creative legal innovation
and from status to contract as the main source of legal obligation. See Henry
Sumner Maine, *Ancient Law* (London, 1861) and *Early History of Institutions*
(London, 1875).
Durkheim echoed Savigny in emphasizing the source of law in the moral
sense and collective consciousness *(conscience collective)* of a people, and
built partly on Maine in tracing a movement of the center of gravity of law
from repressive to restitutive sanctions. See Emile Durkheim, *The Division of
Labor in Society* (Glencoe, Ill., 1893), and *Durkheim and the Law,* ed. Steven
Lukes and Andrew Scull (New York, 1983) (a collection of Durkheim'
writings on law and legal evolution). In contrast to Savigny and Maine,
however, Durkheim did not expressly attach normative significance to his
evolutionary theory. Similarly, Weber, in tracing changes from what he termed
charismatic to traditional and to formalrational types of law, did not attribute
a normative character to historical development within each of the particular
types of law or from one type to another. See *Max Weber on Law in
Economy and Society,* ed. Max Rheinstein (Cambridge, Mass., 1954).

수 있었다. 법 제도가 "각각의 나라의 사정과 및 편의에 맞춰 만들어진 것으로, 각각의 국가의 사정과 및 편의가 국가마다 다르기 때문에 오랜 시간의 경과와 함께 법제도도 여러 형태로 변화하였다"고 쓰고 있다.[207] 이렇게 생각했기 때문에 헤일(Hale)은, 헨리 2세의 시대에 활약한 그랑빌(Raulf de Glanville)의 커먼 로 이론도, 헨리 3세의 시대에 활약한 브락톤(Henry de Bracton)의 커먼 로 이론도, 거리감 없이 받아들일 수 있었다. 또한 에드워드 1세("잉글랜드의 유스티니아누스 황제"라고 불린 이 왕을 헤일은, 『커먼 로의 역사』에서 영웅으로 칭송했다)가 제정한 법률의 중요성, 그리고 잉글랜드의 법제사에 있어서, 입법부가 한 위대한 역할을 잘 이해하고 있었다. 코크가, 잉글랜드 입법부의 변화를 잘 알고 있었음에도, 이를 최소화시키고, 사법부의 일관성을 강조하여 왔음에 비교하여; 헤일은 크롬웰 시대에 유명한 "헤일 위원회"(Hale Commission for law reform)의 위원장을 역임했으며, 혁명의 봉기시대 때에 태어났기 때문에, 헤일은 셀던(Selden)과 마찬가지로, 잉글랜드의 보통법의 역사를, 변화하는 필요성에 따라서 적응해온 것을, 잘 알고 있었다. 장기 전망에서 볼 때, 이러한 적응은 점진적 개선과 자기완성의 경위라고, Hale은 보았다. 이것을 맨즈필드(Lord Mansfield)의 간결한 말이 잘 표현하고 있다. "커먼 로는 시대가 경과함에 따라 점점 개선되어, 그 적용 범위를 확대했다"(The common law works itself pure).[208][209]

---

207) 원저 p.256. 각주 76. Matthew Hale, *The History of the Common Law of England*, ed. Charles M. Gray (Chicago, 1971), p.39.

208) 원저 p.256. 각주 77. 이것은 *Omychund v.Baker*, 1 Atkins 32 (1744)에서의 Mansfield의 의견이다. 쟁점은 힌두교에 따라서 선서한 인도인의 증언이 영국 법원에서 증거로써 채택될 수 있느냐라는 문제였다. 의회 실정법은, 법원에서의

변화한다고 하여도, 법제도의 기본적인 구조, 즉 헌법적 구조는 변하지 않는다(이 점에 대하여는, 헤일도 셀던이나 코크와 같은 의견이었다). 잉글랜드에 있어서 커먼 로의 지배와 의회의 독립이라는 기본적인 구조는, 앵글로 색슨의 현인(witan), 현인회(moot)의 시대부터 변하지 않았다. 또한 노르만인이 배심제(assize)를 가지기 이전부터, 이미 배심제는 잉글랜드에 존재하고 있었다(형태가 달랐을 뿐이다). 이것을 인정하면서도, 역시 헤일은 노르만의 정복이 토지법 등에 큰 변화를 가져다준 것을 인정했다(이 점에서는 헤일이나 셀든은 코크와 달랐다).210)

선서는 성경의 복음에 따라서 행해질 것을 규정하고 있었다. 맨즈필드는 "이성, 정의, 그리고 편의성의 원칙"이, 그 증언이 받아들여져야 한다고 요구한다고 했다. 이 경우에 물론 의회 실정법의 문자는, 반드시 기독교의 방식에 의한 선서를 요구하고 있었다. 실정법상의 문자를 초과해야 되는 이유로써, "하나의 실정법이 모든 사례에서 항상 적용된다는 것은 매우 드문 일이다. **따라서 (실정법이 아니라) 보통법이, 이런 이유로 의회가 만든 제정법보다 우위에 서는 것이다.** 이 때의 보통법은 올바름과 정의의 원천으로부터 끌어내 온 규칙에 의해서 그 자체가 순수하게 이용하고 있는 것이다. 당시의 법원은 점차로 이와 같은 법리를 받아들였다. J. W. Gough, *Fundamental Law in English Constitutional History* (Oxford, 1955), p.188. 맨즈필드의 견해는 헤일의 이론에 접근한다. Michael Lobban은 다음과 같이 말한다. "헤일은 보통법의 아주 오랜 성질과, 보통법의 변화 가능한 유연성을 조화시켰다: 보통법은 하나의 유기체와 같은 몸이며, 그것은 성장해서 어떤 국민의 필요성에 스스로를 적응시키며, 점점 더 완성을 향해서 나아간다." Lobban, *Common Law and English Jurisprudence*, p.3. Lobban quotes Hale's statements that "by use, practice, commerce, study and improvement of the English people, [the laws] arrived in Henry II's time to a greater improvement" and that under Edward 1, the "English Justitian", the law obtained a very great perfection. Hale, *History of the Common Law*, pp.84 and 101.

209) 옮긴이 주석: 무엇이 보통법이냐? 각주의 판례에서, 제정법 statute의 문자를 초과하는 것, 의회 입법의 문자를 초과하는 것으로 보인다.

210) 원저 p.256. 각주 78. Whether the Norman Conquest was a decisive rupture in the common law was a question of fundamental importance in the constitutional debates of the late sixteenth and early seventeenth centuries. On the one hand, parliamentarians like Coke, who wished to emphasize the prerogatives of representative institutions vis-a'-vis the Crown, argued that the Norman Conquest

헤일은 잉글랜드 법제도가 변화와 연속의 미묘한 밸런스 위에 성립한 것을, 그리스 신화에 등장하는 아르고호나 인체를 예를 들어 설명하고 있다. "잉글랜드 법제도에는 여러 변화가 일어났는데, 아무리 변화하여도, 그것이 600년 전부터 존재한 잉글랜드 법제도인 것은 변하지 않는다. 마치 아르고호가 긴 항해로 손상되어 수리를 하여도, 여전히 그 배가 아르고호임은 변하지 않는 것과 같다. 또는 의사가 40세의 인간에 대하여 몸의 세포를 7년마다 바꿔 넣어도, 그 사람은 같은 사람임은 변하지 않는 것과 같다."211) 변화하면서도 변하지 않는 잉글랜드의 법제도의 특징은, 유럽 법제도에는 없는 특징이었다. 눈에 보이지 않는 형태로 커먼 로가 존재하고, 그것이 잉글랜드의 사정·편의에 맞춰 변하는 것이다. 이를 보편 논쟁(보편적인 개념이 실재하는가 아닌가가 중세 유럽에서 논쟁이 되었다)에서 예를 들면, 정의라는 추상적인 법 원칙을 중시하는 자연법 이론의 주장은 프라톤의 이데아론(정의와 같은 보편적인 개념은 실재한다는 생각)과 닮았고, 지배자의 의지가 전부가 된다(정의와 같은 보편적인 개념은 무의미하고 실재하지도 않는다)고 하는

---

did not represent a fundamental breach in English law and also maintained that the origins of Parliament itself could be traced back into the mists of Anglo-Saxon times. Royalists like Archbishop Laud, on the other hand, tended to see the appeal to an Anglo-Saxon past as little better than "stimulus to rebellion." See Christopher Hill, "the Norman Yoke,"in *Puritanism and Revolution: Studies in Interpretation of the English Revolution of the Seventeenth Century* (London, 1958), p.62. Hale, like Selden, took a middle view, asserting, with Coke, a continuity of representative government from Anglo-Saxon times but departing from Coke in tracing the introduction of feudal property law and other related matters to the Normans.

211) 원저 p.256. 각주 79. Hale, *History of the Common Law,* p. 40. The Argonaut image builds on Selden, discussed earlier in this chapter. The image of the human body is more powerful. Hale also sometimes compared the common law to a river that is fed from many tributaries.

마키아벨리의 생각은, 법실증주의(legal positivism) 그 자체이다. 헤일의 생각은 그 어느 것에도 속하지 않았다. 잉글랜드라는 나라의 법제도(그것이 아르고호이다)는, 긴 세월에 걸쳐 겉의 형태는 흩어지고, 수리하였지만, 그럼에도 전체로서의 기본 구조(constitution) – 즉, 제도라는 선박 – 은 그 자체가 수세기에 걸친 부분적 변화의 연속에 의해서 구성되어 있는 것이다.

8.5.3 커먼 로는 "역사적으로 집적된 이성"(artificial reason)이라는 테제: 홉스(Hobbes)에 대한 반론(1)

헤일은 코크가 제창한 테제, 즉 커먼 로는 "역사적으로 집적된 이성"이라는 테제를 발전시켰다. 그것은 잉글랜드에서 과거에 활약한 법률가·판사·의원이 몇 세기에 걸쳐 경험에 기초하여 쌓아올린 이성(reason)인 것이다. 헤일은 코크에 대하여 홉스의 공격에 반론하는 형태로 코크의 테제를 명확하게 했고, 자신의 통합법학을 만들어내었다.

홉스(Hobbes)의 코크에 대한 비판은, 철학자[베이컨(Francis Bacon)이나 홉스의 의견을 대변하고 있다]와 법률가(코크의 의견을 대변하고 있다)의 『대화』(Dialogue)의 형태로 전개하고 있다.212) 홉스

---

212) 원저 p.257. 각주 80. See Thomas Hobbes, *A Dialogue between a Philosopher and a Student of the Common Laws of England,* ed. and intro. Joseph Cropsey (Chicago, 1971). The *Dialogue* runs to 115 printed pages. It was first published in 1681, two years after Hobbes' death, and was written after 1661 and before Hale' death in 1676. Hale saw it in manuscript. His reply was also not published until after his death, but, like Hobbes' essay, was no doubt circulated during his lifetime in manuscript form. Hobbes' essay was a shorter but in some respects stronger statement of the political and legal philosophy contained in his famous book *Leviathan,* published in 1651.

에 의하면, 코크가 말하는 "역사적으로 집적된 이성"이라는 것이, 법률과 같이 구속력을 가지는 것은, 진실에 반하는 것이고, 그것을 인정해 버리면 법률가·판사와 주권자와의 관계가 애매모호해진다. 홉스에 의하면, 법률은 법률가나 판사가 만들어낸 "이성"이 아니라 "주권자의 의지"(will of the sovereign)이다. 주권자가 제정한 법률이 이성에 그 제정근거를 구하게 되면, 법률로부터 강제력을 빼앗게 된다. 왜냐하면 법률가나 판사는 자신들의 이성이, 법률의 이성보다 우위에 있다고 주장할 수밖에 없기 때문이다. 또한 법률가나 판사가 해야 할 것은, 주권자의 명령인 법률을 해석하여 개별의 사안에 맞추는 것인데, 그것을 할 수 없게 만든다. "법률을 만드는 것은 권위로, 지혜(知惠)가 아니다"(It is not Wisdom but Authority that makes a Law)라는 것이, 당시의 철학자(즉, 홉스)의 의견이었다. 이성이냐 권위냐의 문제는, 합리주의냐 권위주의냐의 문제와 같다.213)

헤일은, 이 홉스의 비판에 직접 답하지 않고, 우선 이성의 정의로부터 논의를 시작한다. 이성에는 2종류가 있는데, 하나는 "인간과는 관계없는 것으로, 자동적으로 작동하는 인과관계"(시계의 바늘과 용수철의 관계, 사과의 낙하와 중력의 관계)이고, 다른 하나는 인간에게 특유의 능력(인과관계를 찾아내는 능력, 선의 길이나 면적의 차이를 인식하는 능력)이다. 헤일은 2번째 "인간 고유의 능력"을 "이성을 전개하는 능력"(ratiocination)이라고 불렀다. 중요한 것은, 이 두 개의 이성을 하나로 엮었다는 것이다. 이성(reason)을 가진 인간이, 이성(reason)의 전개를 필요로 하는 주제(subject matter)

---

213) 옮긴이 주석: 이 이분법의 한국에서의 전개는, 한국 법학이 아직도 처한 기본적 토양을 지적하고 있다.

를 몇 번이고 경험함으로써 시행착오를 반복하고, 그 결과 등장한 것이 수학자·철학자·정치가·의사·법률가 등의 전문가이다.214)

이성(reason)을 전개하는 능력은 모든 사람이 갖추고 있지만, 주제나 활동의 종류에 따라 요구되는 능력에는 차이가 있고, 따라서 좋은(good) 기술·외과의·수학자가 되기 위하여는, "주제마다 다른 방법으로, 이성을 전개할 수 있는 것"이 요구되었다. 즉, 어떤 주제에 적합한 이성이, 다른 주제에 적합하다고 할 수는 없다. "키케로는 변론에 뛰어났고 훌륭한 인물이었지만, 정치가로서는 평범했고, 시인으로서는 최악이었다"고 할 수 있다. "모든 것을 알고 있다는 인물은, 표면적인 지식만 갖고 있고, 본질은 알 수 없다."

그중에서도 법률은 가장 어려운 과제에 속한다. 왜냐하면 법률은 "사회 질서의 유지와 선악의 판단을 하기 때문이다." 선악의 판단은 어렵고, 자연 과학과 같이 확실한 증거에 기초하여 판단할 수 없기 때문이다. 따라서 무엇이 정의로운지, 무엇이 정의롭지 않은지의 판단을 둘러싸고, 어떤 현명한 사람들 간에도 항상 대립이 존재하는 것이다. 무엇이 정의이고 무엇이 올바른 것인가라는 고도의 추상적인 문제의 고찰에 익숙한 자도, 특정 문제를 판단하는 때에는, 최악의 판사가 될 수 있다. 왜냐하면 너무 생각을 많이 하여 상식에서 벗어날 수 있기 때문이다.

고찰의 대상이 되는 주제에 따라 적용해야 할 방법도 바뀌어야 하고, 따라서 법률상의 문제는, 철학자(홉스를 암시하고 있다)에게는 이해할 수 없는 것이다. 법률문제를 해결하기 위하여는, 철학자

---

214) 원저 p.258. 각주 81. These and the following quotations are from William Holdsworth, "Sir Matthew Hale on Hobbes," *Law Quarterly Review* 37 (1921), 287~91.

와 같이 일반적인 원칙만을 논의하면 되는 것이 아닌, 일반적인 원칙을 특수한 사안에 맞출 때, 변덕스러운 방법을 피하고, 변덕 때문에, 사리에서 벗어나는 기준에 의하여 판단하는 일이 없도록 하고, 어떤 규칙에 따라 사는 것이 좋은가 판단하기 위하여 "오랜 세월에 걸쳐 현인들이 만들어낸" 법률과 규칙 등 정의를 실현하기 위한 수단이 존재하는 것이다.

단, "법률을 제정하여 집행하기만 하면 된다"라는 간단한 것이 아니다. 여러 사안에 법률을 어떻게 적용하는가라는 문제가 아직 남아 있다. 사안에 따라 사정은 각각 다르고, 한 사람의 인간만으로 법률을 만들면 반드시 문제가 생긴다. 몇 개의 특정한 문제에 능통하다고 자부하는 자라도, 복수의 인간의 경험을 넘는 것은 불가능하다. "100~200명의 인간이 만든 법률은, 나 하나가 만든 법률보다 뛰어나고, 새로 만든 법률보다도, 100~200년에 걸쳐 선인들이 쌓아올린 법률이 더 뛰어나다." "잉글랜드에서는, 모든 토지는 장남이 상속하게 되어 있다. 자유 보유권의 토지는, 그 상속 시점유 인도의 의식이 필요하고, 또한 새롭게 토지를 상속받는 자는, 보유자에게 그것을 확인시킬 필요가 있다. 그러나 의회의 제정법이 제도를 변경하는 경우에는, 인장이 찍힌 증서에 의하여 소유권 이전이 있었더라도, 그 이전에는, 무유언 상속인의 경우에는 생존 때에만 가능 하는 등 여러 형태로 상속인을 지명하는 것이 가능했다. 어떤 뛰어난 두뇌의 수유자도 추론만으로, 혹은 플라톤·아리스토텔레스의 저서를 읽었다는 것만으로, 또는 유대법 등 잉글랜드 이외의 법률을 조사한 것만으로 잉글랜드에 있어서 토지 상속의 현상을 아는 것은 불가능하다. 잉글랜드에 있어서 토지 상속의 현상을 아는 것은, 그것이 관습이라는 형태로 암묵적으로 도입되거나,

의회의 제정법으로서 성문화된 잉글랜드법 제도를 조사하는 방법 밖에 없다."

마지막으로 헤일은, 홉스가 비난한 코크의 "역사적으로 집적된 이성"을 다음과 같이 정리하고 있다. "태어날 때부터 커먼 로 전문가였던 자는 없고, 이성을 전개하는 잠재적인 능력도, 독서·연구·관찰에 의하여 단련하지 않으면 어떤 도움도 되지 않는다."

헤일의 반론의 방법은, 코크와 같이 커먼 로의 잉글랜드적인 특수성을 강조하는 방법은 아니었다. 잉글랜드 이외의 나라의 예도 들면서, 법제도 일반의 문제로써 반론하고 있다. 홉스의 문제를 보는 방법은 역사를 무시하고 있다. 홉스는, 코크의 문제를 보는 방법에서는 어떤 것도 얻을 수 없다고 주장한다. 그러나 "개별 경험으로부터 일반적인 원칙은 도출되지 않는다"고 홉스가 주장했지만, 그에 대하여 헤일은, 단 하나의 중대한 예외가 있으면 원칙은 원칙이 아니게 되고, 어떤 국가에서 (오랫동안, 즉 역사적으로) 존재하는 경험에서라면, 일반적인 결론을 내리는 것은 가능하다고 했다 (코크의 대답도 같았을 것이다).

홉스가 코크를 비난한 것은, 우선 법률이 주권자의 의지라는 점을 인정하지 않았다는 것, 그리고 주권자가 제정한 법률을 해석·적용해야 할, 판사가 내리는 판결 자체를 법이라고 한 것에 대해서이다. 그러나 헤일에 의하면, 비난받아야 할 것은 홉스 쪽이었다. 왜냐하면 잉글랜드 국왕은, 과거의 법률에 구속되었고, 그것을 변경하는 경우에도 과거에 결정된 방법에 따라 해야 했기 때문이다. 또한 홉스는, 판사가 내리는 판결이 법이 된다고 했는데, 코크는 그렇게 말하지 않았기 때문이다. 코크가 말한 것은, 판례라는 것은 법률의 전문가인 판사가 몇 세기에 걸쳐 **발견해 낸 "이성"**(reasoning)

이라는 것이다.

헤일에 의하면, 코크의 "역사적으로 집적된 이성"이라는 것은 법제도에 내재하는 "이성"(reason)뿐만 아니라, 그것이 또한 법제도의 연구자 또는 시행자인 **학자나 판사가 경험법에 기초하여 만든 "이성화**"(reasoning)인 것이다. 헤일이 코크와 다른 점은, 그것을 커먼로만의 문제에 한정하지 않고, 법제도 일반의 문제로 한 점이고, 또한 역사만의 문제가 아니라 정치나 도덕적 차원이라는 점이었다. 따라서 역사만이 이성의 근거가 되는 것이 아니라, 정치나 도덕까지도 이성의 근거가 되었다. 그것은 "이성화의 능력"(faculty of reasoning)을 사용하여 주제에 내재하는 이성(reason)[215]을 발견하고, 내재하는 논리(its internal logic)에 따라 논의를 전개하는 결과인 것이다.

8.5.4 주권자의 권한: 홉스에 대한 반론(2)

홉스에 대한 헤일의 2번째 반론은 "주권자의 권한에 대하여"(Of Sovereign Power)였다. 홉스에 의하면 "주권자"(sovereign)라 함은 국가에서 가장 높은 권한을 가진 자를 말한다. 우선 무질서한 상태를 가정한다(현실에서는 절대로 없는 상황의 가정). 그 상태에서는 [홉스는, 이것을 자연 상태(state of nature)라고 부른다], 모든 인간은 서로 투쟁 상태에 놓여 있는데, 이성에 따라[이것을 홉스는 "자연적 이성"(natural reason)이라고 부른다] 서로 계약을 맺어 "국

---

215) 옮긴이 주석: 주제에 내재하는 이성(reason inherent in the subject matter)이란, 훨씬 후대의, Grotius의 언어에 의하면, Natur der Sache, 한국 법학에서 조리라고 부르고, 한국어에서 사리라고 부르는 것의 등가물이다.

가"(commonwealth)를 결성하고, 주권자를 선택한다(주권자는 한 명이든 여러 명이든 상관없다). 국가의 구성원을 복종하게 하여 평화를 실현시키기 위하여는, 주권자가 질서유지를 위하여 입법권을 위임받고, 주권자의 의지로 법률을 작성·집행하도록 하고, 주권자는 스스로 제정한 법률에는 구속되지 않도록 해야 한다. 그렇지 않으면 주권자는 질서 유지를 할 수 없고, 평화를 실현할 수 없기 때문이다[인간의 본성(human nature)은 사악하기 때문이다]. 홉스에 의하면 "법률이라 함은, 주권자의 명령으로, 모든 피지배자가 해야 할 것, 견뎌야 될 것을 공공연하게 명확히 선언하는 것"이다. 법률은 보통 제정법(statutes)의 형태로 공포된다. 『철학자와 법률가의 대화』에서, 철학자(즉, 홉스 자신)는 이렇게 말한다. "제정법은, 커먼 로와 같은 막연한 법사상이 아니라, 지배자에게 복종하는 것에 동의한 사람이 따라야 하는 명령이다."216) 코크에 의하면 법률은 이성에 맞는 것이어야 하는데, 그것이 이성에 맞는가의 여부는 역사가 증명한다.217) 예일(D. E. C. Yale)은 "홉스에 의하면, 법률을 코크와 같이 생각하는 그 누구도, 법률을 지킬 수 없게 된다. 법률이 이성에 맞는가 여부가 문제된다면, 누구도 법률을 지킬 수 없게 된다"고 하였다.218)

홉스의 주권자론에 대한 헤일의 반론은, 잉글랜드 왕권을 예로 든 것으로, 홉스의 관점에서 보면, 그것은 예외의 반론이 된다. 홉

---

216) 원저 p.261. 각주 82. Hobbes, *Dialogue,* p. 69. See also D. E. C. Yale, "Hobbes and Hale on Law, Legislation, and the Sovereign," *Cambridge Law Journal* 31 (1972), 123~24.

217) 원저 p.261. 각주 83. See Lewis, "Coke: His Theory of 'Artificial Reason,'" p.339.

218) 원저 p.261. 각주 84. Yale, "Hobbes and Hale on Law, Legislation, and the Sovereign," pp.121, 123~24.

스의 『레비아탄』(Leviathan)(구약성서에 나오는 괴물로, 홉스는 전권을 장악한 주권자에게 지배받는 국가를 이 괴물에 비유했다)은, 현실에 존재하는 것이 아닌 어디까지나 현실로부터 추출된 "모델"(model)이었다[베버의 용어에 의하면, "이상형"(Idealtypus)과 같다]. 그러나 이 모든 이상형(ideal types)에 있어서, 그 이상형 뒤에는, 존재하는 현실(existing reality)이 있지 않으면 안 된다. 그것은, 현실과부터의 이상화(idealization)가 아무리 존재하는 현실로부터 거리가 있더라도 그렇다. 만약 이상형에 대응하는 현실이 존재하지 않으면, 그것은 모델이나, 이상형은 될 수 없고, 유토피아(utopia)거나, 어디에도 존재하지 않는 것이 되어버린다. 베버주의자는, 현실(the reality)은, 이상형의 한 예(an example)라고 해석했다. 그럼에도 만약 반대자가, 현실이 이상형(Idealtypus)과 일치하지 않는다고 하면, 베버주의자는, 이상형(Idealtypus)은 어디까지나 이상형(Idealtypus)일 뿐이고 현실에는 존재하지 않는 것이기 때문에 다른 것은 당연하다고 대답했다.[219] 헤일은 홉스가 주권(sovereignty)을, 최고성(supreme)과 불가분성(indivisible)을 가진, 사실상 권력(factual power)으로 개념 규정한 것을 충분히 잘 이해하고 있었다. 헤일은 왜 홉스가 이러한, 주권(sovereignty)이라는 이상형(Idealtypus)을, 잉글랜드를 위해서, 처방했는지 잘 알고 있었다. 20년간 내전에서 고통받고, 그 후에도 혼란의 수습에 고통받던 잉글랜드를 염두에 둔 것이라는 것도 잘 알고 있었다. 그렇기 때문에 Hale은, Hobbes의 주권이라는 이상형을, 대응하는데, 도덕적이나 정치적인 주장뿐 아니라, 잉글랜드 헌

---

219) 원저 p.261. 각주 85. See Harold J. Berman, "Some False Premises of Max Weber's Sociology of Law," *Washington University Law Quarterly* 65 (1987), 759~60.

법사의 현실(reality of English constitutional history)로써 했고, 헌법사의 현실에, 그는 규범적 의미를 부여한 것이었다.

헤일은, 언어의 정의(definition)로부터 시작한다. 권력(power)의 정의가 그것이다. 첫 번째로 강제하는 권력(coercive power)(potestas coerciva)을 든다. 잉글랜드 국왕은, 법의 강제하는 권력 아래 있지 않다. 신민은 법의 강제권 아래에 있다. (이것이 쓰인 것은, 국왕이 의회의 새로운 주권 아래에서, 법의 강제력 아래에 있지 않았던, 1689년 이전의 일이다) 단 잉글랜드의 전통은, 국왕에게 복종을 권고하는 권한(potestas directiva)도 갖고 있었다. 국왕은 대관식에서, 근본법(fundamental law)을 준수하겠다는 엄숙한 서약을 하기 때문이다. 특히 신민의 자유에 대한 법을 포함한다. 근본법과 자유에 대한 법을 준수하도록 강제되지는 않을지 몰라도, 그럼에도 불구하고, 이 법들은 지도하고 지휘하는 힘을 가지며, 왕을 지휘한다. 또한 이들 법 자체에는, "무효화하는 권한"(potestas irritans)이 존재한다. 즉, 이들 법에 반하는 제정법(acts)은 무효인 것이다. 이와 같이, 국왕의 주권은, 법의 프레임 워크 내부에 존재하고 있다.

헤일은 잉글랜드 국왕이 가지는 권한을 6가지로 분류하는데[전쟁과 강화(講和)・통화의 발행・범죄자의 특사・법원의 관할 범위 결정・육해군의 동원・법제정], 그 권한에는 제약이 가해져 있었다. 오랜 법률(ancient statutes)에 의하면, 국왕은 국민을 왕국으로부터 추방할 수 없었고, 또한 의회의 승인 없이 새로운 세금을 과할 수 없었으며, 의회(이 경우에는 하원과 상원)의 승인 없이 법률을 제정할 수도 없었다.

홉스가 이상형으로 제시한 주권자의 권한은; 어떤 제약도 받지 않고 자유롭게 법률의 제정・폐지・변경이 가능하고, 과세도 자유로우며, 국민의 재산을 자유롭게 몰수할 수 있고, 치안 대책도 자유롭게 채용할 수 있는 것이다. 이 홉스의 주권자상에 대하여, 헤일은 잉글랜드의 통치체제가 놓인 상황을 지적하는 것으로 반론한다. 헤일에 의하면 "이 난폭한 논의는, 사실에 반하는 것으로, 있어야 할, 자연적 정의(natural justice)에도 반하고, 통치 체제에 있어서 위험을 초래하며, 공공선(common good)의 실현을 방해하고, 법과 이성(law or reason)에도 반한다."[220] 헤일의 반론을 상세히 보면 다음과 같다.

우선 홉스의 주권 개념이 허위(false)이고, 진실이 아니라(untrue)라는 반론은, 헤일의 역사 법학을 반영하고 있다 "잉글랜드에서 현실에 존재하는 법률과 관습이, 이성 그 자체이고, 인간이 머리로 생각하는 이성은 이성이 아니다." 헤일에 의하면, 홉스의 주권이라는 이상형은 환상이고, 홉스가 생각하는 주권자는 현실에 없는 존재이다. 현실에 존재하는 주권자는 법제도에 의하여 구속되는 존재로, 그것은 잉글랜드 역사가 증명한다.

헤일은 단지 역사상의 사실을 들어 반론할 뿐만 아니라, 도덕적·정치적인 지배자의 의무도 지적하여 반론하고 있다. "자연적 정의"에서 보면, 지배자는 국민에게 맹세한 것을 지켜야 한다(계약은 지켜져야 한다-pacta sunt servanda). "게다가 잉글랜드 국왕은 즉위 시 잉글랜드법에 따라 잉글랜드인의 특권을 범하지 않는다고 맹세하고 있다. 확실히 국왕은 특별한 인간으로, 국왕의 행동을 방해하는 것이 가능한 자는 존재하지 않지만, 국왕이라고 해도 신과 정의를 무시할 수는 없는" 것이다.

---

220) 원저 p.262. 각주 86. These and the following quotations are from Holdsworth, "Sir Matthew Hale on Hobbes," pp.297~98 and 302.

또한 보통은 정치적인 배려에서, 잉글랜드에 한하지 않고 모든 국가에서도 주권자의 권한에는 제약이 가해진다. 그런데 홉스에 의하면 주권자의 권한에 제약을 가하려고 하면 (타국의 침략·반란 등의 비상시에) 주권자는 국민의 안전을 지킬 수 없게 된다고 한다(이것이야 말로 주권자의 등장의 최대 이유였다). "웬만해선 일어나지 않는 것에 대비하기 위하여 이러한 정치체제를 제창하는 것은, 마치 7년에 한 번 병이 든다고 하여, 약초만을 먹는 생활을 하는 것과 같다." 여기서 실증적이고, 공리주의적인 헤일의 기반이 잘 드러난다. 또한 헤일은 법률이 지배자의 명령인 것을 인정하는 법실증주의자이기도 했다. 헤일에 의하면 "악법도 무법보다 훨씬 낫다"고 했다.

8.6 영국 역사법학과 17세기 종교사상

코크(Coke), 셀던(Selden), 헤일(Hale)과 같은 사람의 법철학은, 그들의 종교철학과 그들의 자연과학 철학을 포함해서, 그들의 전체적이고 총체적인 철학의 핵심적인 부분으로 이해되어야 한다. (여기서 주의할 것은, 현대에서 쓰이지 않는 용어인) "자연철학"(natural philosophy)이라는 용어가 17세기에 쓰였는데, 절대자의 자연적 성질, 인간의 자연적 성질, 물질세계의 자연적 성질에 관한 지식을 모두 포함하는 뜻으로 썼다. 그래서 인간의 자연적 성질(the nature of man)에 대한 지식은 정치와 법에 관한 과학을 포함하고 있었다. 물론 법에 대한 과학은, 예를 들어서 천체에 대한 과학이나 또는 빛에 대한 과학이나 다른 물질에 대한 과학과는 다르다는 것은 이

해되고 있었다. 즉, 과학의 방법론에 있어서는 과학이 내린 결론의
확실성이나 개연성의 정도에 있어서 다르다는 것이다. 그럼에도 이
모든 과학들은 "같이 어울릴 수 있는 성질"(of a sociable nature)
로 여겨지고 있었으며, 공통적인 동류의식 안에서 옆으로 나란히
사이좋게 거주하고 있다고 믿어졌다.221)

   그 당시는 다음과 같은 사실이 놀라운 일이 아니었다. 코크, 셀
던, 헤일과 많은 그들의 재판정과 변호사협회의 동료들은 법에 대
한 지식에 몰입했을 뿐만 아니라, 신학에 대한 지식과 자연과학에
대한 지식에도 몰입했다는 것이다. 그래서 지식의 이러한 가지의
각각에 대한 그들의 형성된 견해가 지식의 다른 가지에 대한 그들
의 견해와 관계가 있었다. 또한 17세기에 법철학에 소개된 혁명적
인 변화는 실질적으로 "자연철학"(natural philosophy)의 모든 측면
에서 동시에 일어나고 있었던 혁명적인 변화가 같이 병행하고 있
었다. 어깨를 나란히 하고 변화했다는 뜻이다. 실로 헤일(Hale)의
역사법학은 놀랄 만한 정도로 그가 청년 시기에 훈련받았던 칼뱅
주의의 청교도 신앙체계와 어깨를 나란히 하고 있었다. 동시에 헤
일의 역사철학은 또한, 그 자신이(당시의 새로운 자연과학적 지식
의 집적지였던, 잉글랜드) 왕립학회(the Royal Society)의 멤버로서
토론하고 논문을 썼던, 자연과학에 있어서의 새로운 발전에서 나타
난 중요한 요소들을 구성하고 있는 경험적 방법(empirical method)
에서 끌어왔다.222)

---

221) 옮긴이 주석: 현대와 같이 인간에 대한 과학, 정치와 법에 대한 과학, 그리고 자
     연과학이 전혀 어울릴 수 없는 상태가 아니라는 뜻이다.
222) 옮긴이 주석: 헤일의 역사법학은 자연과학 방법론이었던 경험주의와 또한 동시
     에 종교개혁 이후의 칼뱅주의 청교도 신앙체계를 동시에 반영하고 있었다. 한국
     의 상식은 청교도 신앙 체계는 경험적인 자연과학적 방식과 전혀 양립하지 않는

청교도라고 불리는 사람들의 각기 다른 회중과 각기 다른 분파의 많은 다른 점에도 불구하고, 칼뱅주의 신앙의 기본은 공통점을 가지고 있었는데 이것들이 나중에 가서는 잉글랜드 세계가 가지는 전망의 부분이 되었으며, 또한 헤일과 그의 동료들이 주창한 역사법학에서 그 반영이 나타나게 되었다. 여기서 이와 같은 칼뱅주의 청교도들의 기본적, 종교적 신조가 여섯 개로 나열될 수 있는데, 극히 흥미로운 것은, 여섯 개의 기본적 종교 신조는, 법학에 있어서의 대위법적인(counter to counter) 각각의 항목과 같이 병행되고 있다는 것이다.

첫 번째 것이 역사는 절대자의 섭리(divine providence)가 나타나고 계시되는 과정이라는 것이다. 즉, 절대자 자신의 목적이 펼쳐지는 영적인 스토리이며, 더 특별하게는 절대자는 역사 안에서 사역하고 있으며, 더욱이 그가 선택한 나라인 잉글랜드를 통해서 사역한다는 것이다. 잉글랜드는, 역사적으로 인류를 위한 절대자의 사명을 드러내고 구체적으로 구현하도록 운명지워졌다는 것이다. 이러한 믿음은 어떤 확신을 뒷받침하는데 ─ 이 확신은 주도적인 청교도와 선도하는 보통법 법률가가 똑같이 공유하는 것이다. 즉, 잉글랜드의 보통법(the English common law)은 수백 년에 걸쳐서 전개발전되며, 점진적으로 불완전에서 완전함으로 나아가며, 또한 영국 보통법은 특유하게 잉글랜드의 것이며, 적어도 잉글랜드에게 있어서는, 어떤 외국법(any "foreign law")보다도 우월하다는 확신이다.

청교도 신조의 두 번째 기본적인 것은 세상을 개혁하는 것(reformation)이, 절대자인 신으로부터 명명되고 부과된 종교적 의

―――――――――――――

다. 그러나 이것은 한국적인 현상일 뿐이다.

무라는 것이다.

이 신조가, 공공적 정신(public spirit)과 시민의 덕성(civic virtue)에 강한 중점을 두는 태도에 토대를 놓았다. 이러한 중점이, 잉글랜드에서의, 귀족에 의한 의회의 지배와 사법부의 지배의 품질 보증서요, 특징(hallmark)이다. 그리고 이러한 중점이 잉글랜드법에 올바름과 정의(justice)의 체계로써 정당성을 부여한 것이다.

세 번째의 청교도 신조는, 절대자는 법의 신(God of law)이라는 것이다. 절대자인 신은 그를 따르는 사람들로 하여금, 절대자의 의지(will of God)를 법적인 제도와 법적인 격언으로 번역하도록 고취한다. 코크(Coke), 셀던(Selden), 헤일(Hale)의 역사법학은, 영국 보통법의 역사에서 16세기 이전의 유산들에서, 성서에 나타난 법(biblical law)의 세속적 등가물을 발견하였다.223) 이러한 이전 시대의 보통법의 유산을, 그들은 튜더-스튜어트(Tudor-Stuart) 왕조에 의해 행사되고 있는 왕의 대권과 특권(royal prerogative)을 부정당한 것으로 만들기 위한 목적을 위해서, 고취하였으며, 또한 그 당시의 보통법 자체를 그 내용과 실질에 있어서 개혁하기 위한 기초로 제공한 것이다.

청교도 신학의 네 번째 요소는 그것의 강한 사회적 차원이며, 이 사회적 차원은 언약과 약속(covenant)에 기초를 두고 있었으며, 신실한 자들이 모인, 지역 커뮤니티의 단체적 성격에 대한 믿음에 기초를 두고 있었다. 이와 같은 (언약에 기초를 두었다는 점에 있어서) 종교적 가르침은, 역사법학이 보통법의 발전과 전개에 있어서

---

223) 옮긴이 주석: 영국 보통법의 유산을 성서법의 등가물로 보는 이러한 방식을 주의하여야 한다. 그들은 그들의 전통 중 어떤 것을 성경의 규범과 똑같이 성스럽게 취급했다는 것이다.

관습을 중심적 중요성으로 강조하는 데서 세속적 표현을 발견하였다. 이때 관습(custom)이라 함은, 지역 공동체인 커뮤니티의 관습들과 관습에 기초를 둔 커먼 로(common law)가, 사법부와 변호사들의 긴밀하게 짜인 조직에 의해서 발전되었다는 것이다.

청교도 신앙체계의 다섯 번째 특징은, 열심히 또는 고되게 일하는 것(hard work)에 중점을 두는 것이다. 이것은 또한 금욕적일 정도의 간소하며 내핍하는 생활(austerity), 검소하며 절약하는 것(frugality), 믿음직하며 신뢰성이 있어서 확실함에 중심을 두는 생활(reliability), 끊임없이 단련하며 교육과 훈련을 중심으로 하는 생활(discipline), 그리고 생애를 통하여 천직 하나에 오로지 헌신하는 생활(vocational commitment)에 중점을 두는 것이다. 이 모든 것을 합쳐서 **청교도 윤리**(Puritan ethic)라고 불린다.[224]

이와 같은 단순하나 중점적인 방식으로 이루어진, 절대자의 명령으로서의 윤리는, 잉글랜드 역사 법학의 강조가 사례법(case law)에 놓이는 것을 가능하게 했고, 더욱 자세하게는 영국 역사 법학의 중점이 사실(facts)에 대한 가장 자세한 조사의 필요성을 강조하는 것으로 나타났다. 이때 사실 관계라는 것은, 이미 이전에 있었던 사례 중에서 비슷한 사례들의 사실관계를 가장 세심하게 살피는 것이고, 그 목적은 (이전에 적용되었던) 법적인 룰(legal rule) 또는 법적인 원칙(legal doctrine)을 적용할 것인가를 결정하기 위해서이

---

224) 옮긴이 주석: 이 청교도 윤리를 실천한 예가 대서양을 건너서 미국 독립 예비기의 벤자민 프랭클린이다. 그리고 이와 같은 생활이 기록된 프랭클린의 자서전과 프랭클린의 과학적 발견을 훨씬 나중에 막스 베버가 자본주의 정신의 대표적인 예로 든 것이다. 김철, "막스 베버의 프로테스탄트 윤리와 자본주의 정신에 대한 해롤드 버만의 연구", 2014.4.19. 한국사회이론학회 및 인문사회과학회 공동 주최 베버 탄생 150주년 기념 학술대회발표문. 『다시 읽는 막스 베버』(2015)

다. 헤일 (Hale)의 일기에서(원저 각주 64) 명백한 것처럼, 헤일은 재판의 결정에 도달하기 전에, 판결에 있어서의 엄청난 책임과 부담에 대해서, 쓰고 있고, 모든 답변을 무게를 재며, 모든 상황을 가늠할 필요성을 쓰고 있다. 백 년 전의 도이치에 있어서의 올덴도르프(Oldendorp)와 마찬가지로, 헤일은 재판의 전 과정에서, 그 자신의 양심 자체를 스스로 판단하는, 깊은 탐색이 게재한다고 보았다.

동시에 올덴도르프와 헤일의 차이점은, 이와 관련해서 법의 원천(the sources of law), 즉 법원에 대한 그들의 이론에서의 차이점을 드러내주고 있다. 도이치-루터주의(German-Lutheran) 그리고 로마-교회법주의자(Romanist-canonist)들이, 개념들(concepts) 그리고 법 원칙들(doctrines)의 비슷함과 이에 대한 분석에 심하게 의지하는 것과 대비해서, 사례들의 분석과 사례들의 비슷함에 심하게 중점을 두는 잉글랜드의 특유한 방식은 잉글랜드 역사 법학의 중심이며, 핵심적인 부분이다.

헤일에게 있어서-이것은 백년 뒤 맨즈필드경(Lord Mansfield)과 마찬가지인데, 법을 법 되게 하는 것은 "개별적인 선례들의 문자"(not the letter of particular precedents)들이 아니다. 그러면 무엇이냐? 법을 법 되게 하는 것은 "사례들에 나타난 이성과 정신"(the reason and spirit of cases)이다.225) 부연하면 선례에 나타난 문자도 아니

---

225) 원저 p.265. 각주 87. *Fisher v. Prince,* 97 *Eng. Rep.* (K.B. 1762), p.876, quoted in Cecil H. S. Fifoot, *Lord Mansfield* (London, 1936), p.219. Mansfield's concept of "the reason and spirit of cases," as contrasted with "the letter of particular precedents," resulted in attaching authority to a line of similar decisions on a particular matter rather than to the holding of a single case. This was a later development of Hale's concept of the doctrine of precedent, which was expressed in his statement that "the Decisions of Courts of Justice …… have a great Weight and Authority in Expounding, Declaring, and Publishing what the Law of this Kingdom is, especially when such Decisions

고; 법 개념과 법 원칙들이 정교하게 체계화된 유기체에서 발견되는 이성과 정신도 우선적으로는 아니라는 것이다. 이와 같이 헤일에게는 법이 법 되게 하는 결정적인 것은, 개인 인격으로서의 판사의 양심뿐만 아니라, 역시 사법부의 단체적인 집합적인 양심(the collective conscience of the judiciary)이며, 이 양심은(개별 인격이나 집단에 나타나 있는 것이 아니라) 이전의 사례들의 연속된 라인에 몸으로써 나타나 있는 것이다.

마지막으로 청교도 신학은 보통법의 다양한 가지들에서 중요한 변화가 일어나는 것에 기초를 주었다 – 이 보통법의 변화는 역사적 전개와 발전에 뿌리를 가지고 있다고 생각되었다. 이와 같이 모든 인격을 가진 사람들이, 판사를 포함해서, 타고날 때부터 죄성을 가지고 있다는 것(the innate sinfulness)을 강조하는 청교도의 입장은,

---

hold a Consonancy and Congruity with Resolutions and Decisions of former Times." Hale, *History of the Common Law,* p.45. Only in the later nineteenth century was this declarative theory of precedent, as it came to be called, replaced – in both England and the United States – by the strict doctrine, called *stare decisis,* "to stand by the decisions," that the holding of a single case whose facts are entirely similar to the facts of a later case is binding in the later case. The later theory reflected a historicism that was quite different from Hale's or Mansfield's conception of historicity. Late-nineteenth-century historicism was associated with a drive toward predictability based on a rational categorization of authoritative legal principles and rules, and was more consonant with late-eighteenth-century Enlightenment concepts and the nineteenth-century codification movement than with the idea of an ongoing tradition of judicially declared law associated with the seventeenth-century English Revolution. See Harold J. Berman, "Law and Belief in Three Revolutions," *Valparaiso Law Review* 18 (1984), 607~608; Harold J. Berman, Samir Saliba, and William R. Greiner, *The Nature and Functions of Law,* 5th ed. (Westbury, N.Y., 1996), pp.483~485; Rupert Cross and J. W. Harris, *Precedent in English Law,* 4th ed. (Oxford, 1991), pp.24~36; Charles M. Gray, "Parliament, Liberty, and the Law," in *Parliament and Liberty: From the Reign of Elizabeth to the English Civil War,* ed. J. H. Hexter (Stanford, 1992), pp.155, 157~60.

심판과 재판에 대한 헤일의 철학에 강력히 나타날 뿐만 아니라 헤일의 형사법 이론에도 반영되어 있다. 이 맥락에서 특별한 관심은 헤일이 무죄 추정(a presumption of innocence)을 종교적 용어에 의해서 정당하다고 말한 것이다: 절대자는 심판자인 판사로 하여금 유죄자에게 유죄를 선언하고 증거가 불충분할 경우에 무죄자를 석방할 것을 요구한다. 심판자인 판사가 따라서 죄인에게 증거가 충분치 않을 때 방면하는 위험을 감수하지만, (종교적 입장에서 볼 때) 절대자 자신이 마지막 심판자이자 판사이다. 그리고 더하여 (또 종교적 입장에서 볼 때) 실수로 방면된 죄인은 회개하고 개심할 수도 있다고 생각할 수 있다. 비슷하게, 하나님이 고취한 언약 및 약속이라는 맥락에서 공동체 및 커뮤니티의 원천을 강조하는 청교도의 중점은, 계약 위반에 대해서 엄격한 책임을 과하는 새로운 원칙들에 기초를 둔다.226) (이 시대의 특징으로서) 개인 물권의 권리를 확장하기 위해서 역시 성서의 권위에 호소하였다. 이와 같은 발전들의 각각에 있어서 보통법 법률가들은 성서의 권위에 병

---

226) 옮긴이 주석: 세속에서 당사자가 계약을 한다는 것은 서로 약속을 한다는 것이다. 이 약속은 어디까지나 세속 세계에서 변하기 쉬운 개인들의 약속일 뿐이다. 그러나 청교도들의 의식 세계에서 모든 계약(contract) 및 약속의 원천은, 성서에 있다. 즉, 인간들 간의 계약의 성서적 원천은 절대자와 인간 간의 계약이다. 이 것은 언약(covenant)이라고 성서에서 번역되는데, "너희가 나와의 약속 및 금지를 지키면 내가 너희들에게 반드시 줄 것을 주겠다"라는 절대자의 언약을 지시하고 있다. 이스라엘 민족들이 이동할 때 항상 먼저 모시는 것은 이러한 언약을 형상화한 언약궤라고 성서에 쓰여 있다. 그러니까 contract의 청교도적 해석은 사인 간의 계약이라도 그 원천은 절대자와의 계약에서 출발한 것이고, 이 계약과 약속의 파기는 엄하게 다루어야 된다는 것이다. 비교 문화적으로 볼 때, 약속 및 계약이 이러한 종교적 배경을 가지고 있지 않은 문화에서는 개인의 사정이나 더 압도적인 상황에 의해서 계약 파기나 위반이 덜 엄중하게 다루어진다. 흔히 현대 영미법 체계가 계약법에서 출발한다는 생각들이 있는데, 완전히 맞다고는 할 수 없으나 계약과 언약을 중요시하는 법문화라고 할 수 있다. 해롤드 버만/김철, 『종교와 제도-문명과 역사적 법이론』(서울: 민영사, 1992).

행하는 역사적 권위를 발견하거나 또는 발명하였다.

8.7 잉글랜드 법사상과 17세기 과학사상

헤일(Hale)의 시간과 장소에서, 잉글랜드의 역사법학이 청교도 종교개혁과 긴밀하게 연결되어 있다는 것은 당시 영국 법학이 당대의 자연 과학의 개혁과 긴밀하게 연결되어 있다는 것을 증명하는 것보다는 쉬운 일이다. 어떤 점에서 자연 과학에 있어서의 변화와 법철학에 있어서의 변화는 각각 서로서로가 반대 또는 배치 또는 어긋나고 있거나 있다고 생각되어 왔다. 그러나 다른 점에 있어서 법철학과 자연과학이라는, 사상의 두 몸체가 가지는 전제조건이나 방법론은 서로서로, 어긋나거나 다른 방향이라기보다도, 서로 병행해서 나아갔다고 할 수 있다.

17세기의 서양세계의 과학사상에는 하나가 아니라 두 가지의 급격한 변화가 연속적으로 일어났다. 첫 번째 것은 갈릴레오 갈릴레이(Galileo Galilei, 1564~1642)와 르네 데카르트(René Descartes, 1592~1650)의 전기와 글에서 나타난다.

갈릴레오는 아리스토텔레스의 우주관을 뒤흔들었다. 즉, 인간의 감각이 주는 증거에 의해서 어떤 진리에 도달할 수 있다는 이전의 가능성에 대해서 회의적이었으며, 자연계의 물질적 우주에 대한 어떤 지식에 도달하기 위해서는, 1차적으로 수학과 같은 방법에 호소해야 된다는 그의 방법론에 의해서였다.

갈릴레오는 다음과 같이 썼다. "우주는 펼쳐진 책과 같다. 그 책은 수학의 언어로 쓰여 있다. 그 책의 문자는 삼각형, 사각형, 그리고 다른 기하학적 형태이다."227) "절대자는 만물을 숫자와 중량과 척도로 창조하셨다."228)

한 세대 뒤에, 데카르트는 갈릴레오의 회의론 위에, 그 자신의 합리주의 철학을 건축했다. 갈릴레오의 회의론이란, 감각의 능력과 수학적 방식에 관한 것이었다. 데카르트는 지식의 모든 능력에서 확실성에 도달하는 유일한 방법으로, "명료하고 뚜렷한 생각들" (clear and distinct ideas)에 호소하였다.

점차로 홉스(Hobbes), 라이프니츠(Leibniz), 스피노자(Spinoza) 역시, 정치철학과 도덕철학에서 확실성에 도달하는 길로써, 기하학적 방법(geometrical way)이라고 불리는 것을 채택하였다. 기하학적 방법은 다음과 같다. 어떤 해결해야 될 문제나 조사해야 될 목적물의 성질에 대해서 가설(hypothesis)을 설정한다. 그다음에는 정교한 분류 체계에 의해서 그 가설을 각각 분리된 단순한 요소들의 복합체로 분쇄한다. 그리고 마지막으로 분리된 단순한 요소들(elements)의 각각을 분석하는데 수학적 계량을 적용한다. 이 수학적 계량은 물질과 운동을 서술하도록 고안된 것이다.

이와 같은 연역적 방식(deductive method)에 의해서, 갈릴레오는 코페르니쿠스(Copernicus)의 가설이 진실하다는 것을 증명하였었다. 코페르니쿠스는 지구가 태양 주위를 돈다는 가설을 설정하였었다.

이와 같은 진행은, 역시 역방향으로도 나갈 수 있었다: 프란시스 베이컨(Francis Bacon)처럼, 누구나 각각 별개의 사실들로부터 출

---

227) 원저 p.266. 각주 88. Galileo Galilei, *Dialogues Concerning Two New Sciences,* trans. Henry Crew and Alfonso DeSalvio (New York, 1914), p.24.

228) 원저 p.266. 각주 89. Quoted in John Herman Randall, Jr., *The Making of the Modern Mind* (Boston, 1926), p.237.

발해서 일련의 연속된 점진적인 귀납(inductions)법에 의해서, 각각의 분리된 사실들이 드러내주고 있는 일반적 진리의 확실성에 대한 증거에 도달할 수 있다. 물론 연역법(deductive)과 귀납법은 결합될 수가 있다. 갈릴레오 그 자신이나 나중에 뉴턴과 다른 사람들이 그러했다. 주된 포인트는 다음과 같다. 우주는 이제 "본질론적으로"(essentially) 물질과 운동으로 구성된 물질과 역학의 구조라고 생각되게 되었다. 그리고 경험적 증거만으로, 혹은 경험적 증거와 결합해서, 어쨌든 수학적 방법에 의해서 발견될 수 있다고 우주는 생각되었다.

더하여 이 방법은, 물질과 자연의 우주에 대한 지식에만 적용가능하다고 생각되었을 뿐만 아니라 지식의 모든 분과에도 가능하다고 생각되었다.

데카르트는 쓰기를, "모든 학문 분과는 너무나 서로 긴밀하게 연결되어 있어서 하나를 딴 것으로부터 따로 떼서 연구하기보다는 모두를 같이 연구하는 것이 더 쉬울 정도이다."229) 실로 서양세계를 통하여 "철학" 또는 학문("philosophy")이라고 계속 불리게 된 다양한 학문의 가지들, 즉 물질적 성격, 인간에 관한 것 그리고 절대자에 관한 것들이 나란히 놓이게 되는 서적들과 논문들이 나타났다. 그러나 일반적으로 받아들여지기는, 단지 우연에 의해서 진실이라고 생각되는 지식과 대조해서 "철학 또는 학문은 어떤 다른 지식을 의미한다." 따라서 이런 의미에서는 역사에 대해서는 "철학" 또는 학문이 있을 수가 없다. 왜냐하면, (알려지기를) 역사에 관한 지식의 기초는 기억에 의지하기 때문이고, 그것은 과거에 대한

---

229) 원저 p.266. 각주 90. René Descartes, *Rules for the Direction of the Mind*, in *Great Books of the Western World*, vol. 31 (Chicago, 1952), p.1.

증언에 기초를 두는 것인데, 이 과거에 대한 증언이라는 것은 (데 카르트가 말한 명료하고 확실한 지식이 아니기 때문에 갈릴레오나 데카르트가 확실성을 발견한 자연계의 지식에 비해서) 신뢰도가 떨어지는 것이기 때문이다.[230]

법에 대한 "철학" 또는 보편적 학문이 존재할 수 있느냐 없느냐는 토론의 대상이 된다. 프란시스 베이컨은 법에 대한 철학 또는 보편적 학문도 가능하다고 믿었다. 왜냐하면 다음의 조건에서 법도 또한 확실성을 부여받을 수 있다. 법의 확실성에 대한 조건은 한정된 숫자의 범위가 넓은 법언들(maxims) – 이 법언들은 보편적인 원칙들(universal principles)인데 – 에 의해서 (법을) 적절하게 분류하는 것이다. 보편적 원칙으로서의 이러한 "법언들"(maxims)의 진실성은, 법체계의 모든 부분으로부터 이끌어낸, 하나하나의 룰들의 예들에 의해서 테스트할 수 있다.

17세기의 최초의 과학혁명은 갈릴레오와 데카르트의 선상에서 진행하였고, 이들보다 약한 정도로써는 베이컨의 선상에서 진행하였다. 진리(Truth)는 인간의 마음이 무게를 잴 수 있고, 측정할 수 있으며, 숫자를 잴 수 있는 것과 동일시되었다. 이 경우에 전제가 되는 것은, (진실에 대한) 관찰자가 전적으로 객관성과 중립성을 가진다는 것이다. 아리스토텔레스 철학의 중요 개념이었던 "궁극적 원인 또는 궁극적 목표"(final causes)[231]는 부인되었다. 거부의 이

---

230) 원저 p.266. 각주 91. See Lucien Lévy-Bruhl, "The Cartesian Spirit and History," in Raymond Klibansky and H. J. Paton, eds., *Philosophy and History: Essays Presented to Ernst Cassirer* (Oxford, 1936), p.191.

231) 옮긴이 주석: 아리스토텔레스는 존재하는 모든 질료와 형상은 마지막 목적을 가지며, 이 목적이 또한 궁극적인 원인이 된다고 하였다. 아리스토텔레스 철학에 있어서, 모든 존재의 운동인 형상은 어떤 마지막 목적을 가진다. 따라서 목적 없는 존재나 물질은 생각할 수 없다.

유는 모든 형태의 인과관계를, 아리스토텔레스가 일찍이 "유효한 원인들"(efficient causes)이라고 불렀던 것으로 환원시키는 방식을 좋아했기 때문이다. 이때 아리스토텔레스가 "유효한 원인들"이라는 것은 역시 플라톤의 용어로는 합리적 필요성이 된다. 아리스토텔레스 철학에 있어서 우주를 목적을 가진 서로 연결되어 있는 유기체로 보는 세계관은 부인되었다. 왜냐하면 도덕이나 윤리적으로는 중성적이며 그래서 물질적인 세계관을 선호했기 때문이다.232)

그러나 17세기가 진행되는 도중에 수학적 방식과 경험적 방식 사이에 뚜렷한 균열이 전개되었다. 특별히 잉글랜드에서는, 경험적 방식은 많은 사람들에 의해서 베이컨이 말한 귀납적 논리에 의해서가 아니라, 이 베이컨의 귀납 논리는 수학적으로 확실한 진실을 산출하기 위해서 고안된 것인데 오히려 확률적인 용어로 관찰되게 되었다: 경험적 방식이 확률론적인 용어로 보여지게 되었다는 것은 무엇을 얘기하는가?

실험적 방식은 "도덕적"(moral) 확실성(certainty)을 산출할 따름이라고 주장되었다. 왜냐하면 확실성(certainty)은 높은 정도의 확률(high degree of probability)을 의미하기 때문이다. 갈릴레오를 따르는 사람들은 다음의 사실을 공리로 간주하였다. 즉, 자연과학의 결론은 수학 위에 놓여 있기 때문에, 객관적으로 확실하며, 인간의

---

232) 원저 p.267. 각주 92. Of the vast literature on the philosophical implications of the contributions of Galileo (1564~1642) and Descartes (1596~1650), the following studies are pertinent to the present discussion: Maurice Clavelin, *The Natural Philosophy of Galileo: Essays on the Origins and Formation of Classical Mechanics,* trans. A. J. Pomerans (Cambridge, Mass., 1974); Robert E. Butts and Joseph C. Pitts, eds., *New Perspectives on Galileo,* (Dordrecht, 1978); William A. Wallace, ed., *Prelude to Galileo: Essays on Medieval and Sixteenth-Century Sources of Galileo's Thought* (Dordrecht, 1981); Desmond Clarke, *Descartes' Philosophy of Science* (University Park, Pa., 1982).

판단에 좌우되지 않는다. 인간의 판단이라는 것은 변형이 가능하다. 과학적 실험은 시행착오를 겪어서 이해될 수 있다. 과학적 가정(hypotheses)을 증명하기 위해서 실험의 방식에 의하는 것은, 수학적으로 올바른 것으로 믿어졌으며, 합리적 필요성은, 실험을 설정한 가설의 개연성의 정도를 확립하기 위해서 채택되었다. 가설들은 진실일 수도 있으나 반드시 진실은 아닐 수도 있다고 믿어졌다.[233]

이와 같은 방식은 혁명적 변화였다. 이 변화는 특별히 아이작 뉴턴(Isaac Newton, 1642~1727), 존 로크(John Locke, 1632~1704)의 전기와 저술들에서 특별히 나타난다.

뉴턴이나 로크나 두 사람 모두 절대적 진실(absolute truth)에 관계되는 인간의 마음의 능력을 부인하였다. 그 대신에 다양한 경험적 방식을 써서, 지식의 여러 분야에 있어서 여러 가지 다른 정도의, 진실의 확률을 획득하는 것을 강조하였다.[234]

---

233) 원저 p.267. 각주 93. See Barbara Shapiro, *Probability and Certainty in Seventeenth-Century England: A Study of the Relationships between Natural Science, Religion, History, Law, and Literature* (Princeton, 1983). Shapiro shows that in the thirty to fifty years after Bacon's death, experimental scientists in the Royal Society abandoned his idea that the inductive method could yield certain knowledge and instead adopted a probabilistic view. Cf. Steven Shapin and Simon Schaffer, *Leviathan and the Air Pump: Hobbes, Boyle, and the Experimental Life* (Princeton, 1985). Relying partly on Shapiro's work, Shapin and Schaffer state (p.24) that "by the adoption of a probabilistic view of knowledge one could attain to an appropriate certainty and aim to secure legitimate assent to knowledge claims. The quest for necessary and universal assent to physical propositions was seen as inappropriate and illegitimate. It belonged to a 'dogmatic' enterprise, and dogmatism was seen not only as a failure but as dangerous to genuine knowledge."

234) 옮긴이 주석: 뉴턴과 로크의 경험적 방법의 의미는 "그들은 어차피 인간의 능력으로서는 절대적 진리를 파악하는 것은 불가능하다. 그렇다면 상대적 진리 또는 순도 100%는 아니더라도 어느 정도 순도가 높은 진리를 인간이 얻는 것은, 경험적 방식에 의해서 이고, 이렇게 얻은 진실이 어느 정도이냐 라는 것은 확률의 문제이다"라고 본 것이다. 해롤드 버만 지음, 김철 옮기고 정리함, 『법과 혁명 I ─ 서양

이들의 전제는 다음과 같다. 인간의 감각에 의한 인지 또는 전문가 집단의 집합적 경험을 포함한 광범위한 의미에 있어서의 경험(experience)이라는 것은, 새로운 (지식의) 패러다임의 발전을 가능케 하는 최대의 가능성과 확률을 세울 수가 있다. 이때 지식의 패러다임이라는 것은, 자연과학에서만 이야기가 아니고, 다른 형태의 다양한 과학을 포함하며, 이 다른 형태의 과학들은 다양한 다른 방법론 위에 서게 된다.

마지막 포인트는 17세기 법의 혁명을 이해하는 데에 중요하다. 왜냐하면 매튜 헤일과 그의 동료들의 역사 법학은, (우리들이 보기에는 상당한 정도 의외인데) 그의 동시대인들이 자연과학에서 쓰고 있었던 경험적 방식(empirical method)과 긴밀한 관계를 맺고 있다. 그러나 긴밀한 관계는 있었으나 갈릴레오와 데카르트가 출발시킨 수학적 방식과는 충돌하고 있었다.

때때로 (잉글랜드의) 보통 법학자들의 경험적 방식이라는 것은, 자연 과학자들의 경험적 방식과 관계가 적거나 아무 관계가 없는 것으로 가상되어 왔다. 왜냐하면 자연과학의 경험적 방법이라는 것은, 먼저 가설을 설정하고 (이 설정된 가설이 잘못된 것임을 밝히는) 반증이라는 원칙에 기초를 두고 있기 때문이다.

여기에 비해서 잉글랜드 보통법학자들의 경험적 방법은, 비슷한 하나하나의 여러 사례들에서 결정 이유를 면밀히 조사해서, 일반적으로 통용할 수 있는 일반규칙(general rules)을 추출해내는 점에 있어서는, 경험적 방식(empirical method)이라고 할 만하다. 그러나 보통법학자들은, (이렇게 사례들에서 추출해낸) 일반 룰을 가

법 전통의 형성1』(서울: 한국학술정보, 2013).

설(hypothesis)만으로써 취급하는 것이 아니고, 오히려 인용할 수 있는 권위의 출발점으로 취급하는 점이 다르다. 사례들에서 뽑아낸, (자연과학에 있어서는 가설에 해당하는) 규칙(rule)들을, 의지할 만한 권위 있는(reliable, authoritative) 명제로 취급하다가, 그 발견된 가설로써의 룰(rule as hypothetical)이 이윽고 불만족스럽게 느껴질 때까지도 그러한 것을 지속하는 점에 있어서 역시 다르다.

그러나 법을 이렇게 보는 것은 역시 한계가 있다. 즉, 이렇게 법을 보는 것은 법 규칙(legal rules)의 형식 또는 형태(form)라는 점에만 주목하는 것이고, 법의 목적이나 또는 법 발전에 있어서의 이후의 경위(process)를 간과하는 것이 된다; 즉, 이와 같이 법을 보는 것은, 어떤 경로와 과정을 무시하는 것이며, 이 경로와 과정이라는 것은 법 규칙을 새로운 환경에서 적용할 때 법 규칙의 유효성이 검증되면서 그 과정에서 법 규칙이 수정(modified)되는 것을 의미하는 것이다.

실로 (이미 말한 자연과학에 있어서의 귀납적 방식인) 여러 소재들에서부터 뽑아낸 가설을 검증해서 진실이냐 아니냐를 따지는) 자연과학의 방식과 (경험적 방식에 있어서는 같으나 이때까지의 사례들을 소재로 해서 이 사례들에서 공통된 어떤 룰을 법적 권위의 가설로써 취급하는) 법학적 경험론과는 결정적인 차이가 있다.

법학적 경험론은, 재판에 있어서의 결정의 사례들에 내재해 있는 규칙들(rules)을 확정하기 위해서, 법정에서의 결정례인 공인된 사례들에 나타난 팩트(facts)를 분석적으로 따져 들어가는 프로세스를 의미하는 것으로, 물질세계에서 일어나는 현상의 원인과 효과에 관해서, 설정된 가설들을 검증하기 위해서, 자연과학에 있어서 사용한 실험들의 팩트(facts)를 분석적으로 연구하는 자연 과학의 프로세스와는 치명적인 차이가 있다.

그럼에도 불구하고 (지금까지 무시된 것은) 경험주의 법학과 경험적 자연과학 방식을 두 가지 프로세스 사이에 어떤 중요한 상사점(similarities)이 존재한다는 것이다. 이것은 특별히 이 두 가지 경험적 방식에 기초로써 존재하고 있는 철학적 의미(philosophical implicaitons)에 있어서 그러하다.

자연 과학에 있어서의 실험에 의한 방식에 대한 철학적 의미는, 17세기에 있어서 이러한 방식의 가장 위대한 실행자의 한 사람이었던 로버트 보일(Robert Boyle)과, 누구보다 더 당대의 위대한 철학자로 여겨졌던 "철학자" 토마스 홉스(Thomas Hobbes)가 여러 번에 걸쳐서 해냈던 양극화된 토론의 주제였다.235)

홉스는 다음과 같이 썼다. "학문(Philosophy)이란 (여기서 philosophy라는 홉스 시대의 언어는 오늘날 우리가 학문의 동의어로 쓰는 영어의 "science"와 같은 의미이고, 도이치어로는 Wissenschaft에 해당한다) 우리가 그것의 원인과 발생에 대해서 애초에 가지고 있던 지식들로부터 논리를 더듬어 사고하고 추리를 진실하게 함으로써(true ratiocination) 우리가 얻는 결과 또는 현상에 대한 그러한 지식이다. 또한 그러한 원인과 발생은, 먼저 그것들의 결과를 아는 데서부터 나올 수가 있다."

홉스가 주장한 것은 학문의 목적은 획득할 수 있는 높은 정도의 확실성이기 때문에, 따라서 틀릴 수 있는 감각적 지식은 학문의 기초를 이룰 수 없다는 것이다.

---

235) 원저 p.268. 각주 94. This debate is analyzed in depth in Shapin and Schaffer, *Leviathan and the Air Pump.* The quotations and paraphrases of the arguments of Hobbes and Boyle given in the text may be found at pp.107~108 of that work.

홉스는 보일에 반대해서 다음과 같이 썼다. 감각과 기억(sense and memory)은 지식을 구성하기는 한다. 그러나 감각과 기억은 이성에 의해서 주어지지 않기 때문에 "감각과 기억은 학문이 아니다." 더 나아가서 경험(experience)은, (아주 요약해서 단언할 수 있다면) 기억(memory)에 지나지 아니한다. 따라서 (기억으로부터는) 아무런 일반적으로 통용될 수 있는 진리가 찾아내어질 수 없다.

따라서 홉스(Hobbes)는, 보일(Boyle)이, 이른바 인공의 진공 상태(artificial vacuum)를 만들기 위해서 고안된 공기 펌프를 발명해서, 다른 가설들을 검증하기 위해서 자기 발명품을 사용하고, 빛의 운동(the motion of light)에 관한 가설들을 검증한 것은, 그것 자체가 "학문"을 구성하는 확실성에 공헌한다는 것을 부인하였다.[236]

보일과 그의 지지자들[그의 지지자들 중에서는 그의 친구였던 법학자 매튜 헤일(Matthew Hale)이 포함되어 있었다]의 입장은 다음과 같다. 그들이(절대적 진리가 아니라 어디까지나 확률상의 문제로서 나타날 따름인) 상대적 진리를 위해 노력한다는 것을, 보다 더 높은 단계의 목표(예를 들면 절대적 진리)로부터의 통탄할 만한 후퇴라고 여기지 않았다(그 당시 절대주의자들로부터 그런 비판을 받았을 것이다).

---

236) 옮긴이 주석: 보일이 빛의 운동에 관한 그의 가설을 검증하기 위해서 그 자신이 발명한 공기 펌프를 사용한 것을, 확실한 지식에 도달하는 학문의 방법이 아니라고 본 것이다. 그 이유는 공기 펌프에 의해서 어떤 감각적인 데이터를 얻고 기록한다 하더라도 그 진실은 확실하지 않다는 것이다. 여기에 대해서 보일 자신의 대답은 어떠한가. 보일은 이러한 실험 장치에 의해서 그가 증명하려고 하는 새로운 가설을 검증하는 것이 성공하더라도 그것은 단지 절대적 지식이 아니라 그 진실은 확률에 매이는 개연적 지식이라는 것을 인정하였다. 그러나 21세기에 우리가 보기에 보일이 증명하려 한 가설은, 물론 절대적 지식인 아닌지는 덮어 두고, 그 검증된 가설의 상대적인 지식 위에 계속 쌓아올려진 상대적 지식의 연쇄가 이후의 거대한 지식 체계를 이루게 되었다는 것은 알 수 있다.

오히려 반대로 보일과 그의 친구였던 헤일은, 절대적 확실성 (absolute certainty, 즉 언제 어느 때나 100% 타당한 진리)을 오로지 추구하는 것은, 실패율이 높고 따라서 위험한 기획으로 간주했다 — 실패할 가능성이 높다는 이유는, 인간이 추구하는, 모든 학문적 지식은 그들이 보기에는 확률의 문제였으며, 또한 그러한 절대 지식의 추구가 위험하다는 이유는 절대적 확실성을 추구하면 이윽고 (만약 그러한 절대적 지식이 획득되었다고 주장되는 경우에는) 여기에 대한 반대를 용납하지 않고 이단(dissident)으로 몰게 되는 교조주의(dogmatism)로 나아가기 때문이다.

　그러나 만약 실험 방식으로부터 얻어진 진리가, 항상 확률적인 성질인 것이고, 절대 확실이라는 것이 있을 수 없다면 어떤 실험의 정당성 또는 타당성, 유효성은 어떻게 증명될 수 있는가.

　여기에 대한 보일의 대답은 다음과 같다. "어떤 실험의 타당성은 학문 세계를 구성하는 학문적 커뮤니티(the scientific community)의 다른 사람들에 의해서 그 유효성을 입증(verification)하는 수밖에 없다. 즉, 실험의 증인과 증언을 수적으로 증가시키지 않으면 안 된다. 실험을 경험하는 것이, 다수인에게로 확장되고, 원칙적으로 모든 사람에게 실험을 직접 경험할 수 있게 한다면 그 실험의 결과는 하나의 팩트(fact)로 취급될 수 있을 것이고, 이것은 또한 높은 정도의 확률을 가진 진리로 취급될 수 있을 것이다."

　이와 같이 보일(Boyle)은, 과학적 또는 학문적 지식의 사회이론을 미리 예언한 것이 된다. 이러한 학문적 지식에 대한, 사회이론은 20세기 후반 이후에 널리 증폭되었다. 즉, 과학적 진리 또는 학문적 진실이라는 것은 과학 커뮤니티 또는 학문 커뮤니티에 의해서 진실로 받아들여지는 그것이다.[237]

보일은 또한 다음과 같은 것을 실험 방법의 요구 조건으로 만들었다.

즉, 실험 방법을 쓰는 실행자는 제1원인 또는 최초의 원인에 대해서 추측을 하는 것을 피해야 한다.[238] 보일은 쓰기를, "자연철학자들은 자연 현상과 결과에 대한 원인들에 대해서 서로 일치하지 않는 것은 정당하다."

이 대목에서 보일의 적은 홉스(Hobbes)로 나타나게 된다. 왜냐하면 (절대주의자) 홉스에게는 (위의 예를 든 대로 자연 현상의 제1원인에 대해서, 즉 신학에 있어서의 제1원인과 같이) 일치하지 않

---

237) 원저 p.269. 각주 95. See Robert K. Merton, *The Sociology of Science: Theoretical and Empirical Investigations* (Carbondale, 1973); cf. idem, *Science, Technology, and Society in Seventeenth-Century England,* 1st American ed. (New York, 1970). Merton, a pioneer in the discipline called sociology of knowledge, does not expressly state that what he calls "certified scientific knowledge" is ultimately what the scientific community determines it to be; nevertheless, that proposition is assumed by him throughout his work. See *Sociology of Science,* pp.267~278. He writes that scientific inquiry presupposes an "interplay" between "culture and science," and that there exists an "interdependence" between scientific knowledge and "institutional" developments in the fields of "economy, politics, religion, military, and so on" (pp.ix‑x). See also I. Bernard Cohen, ed., *Puritanism and the Rise of Modern Science* (New Brunswick, N.J., 1990) (a retrospective on the contribution of Robert K. Merton to the sociology of knowledge).
That scientific knowledge – "truth" – is not achieved either by individual reason or by divine or other authoritative will ("revelation") but by satisfaction of criteria established by the relevant scientific communities is also the underlying premise of Thomas Kuhn's important conception of scientific revolutions in which scientific communities create new scientific "paradigms." See Thomas Kuhn, *The Structure of Scientific Revolutions,* 2nd ed., enl. (Chicago, 1970). See also Shapiro, *Probability and Certainty,* pp.15~73, and Shapin and Schaffer, *Leviathan and the Air Pump,* pp.69~79, for excellent discussions of the seventeenth-century origins of this distinctively twentieth-century approach to scientific knowledge.

238) 옮긴이 주석: 제1원인(first causes)이라는 것은 자연계를 포함한 모든 존재의 최초의 존재 원인을 말하는 것이다.

고 다른 의견을 가지며, 특히 한 시대의 확립된 견해로부터 벗어난 다는 것은 가장 큰 죄악이었기 때문이다.

헤일(Hale)이 이와 같은 학문 논쟁에서 (홉스가 아니라) 보일과 어깨를 나란히 한 것은 우연이 아니었다. 또한 헤일은 보일의 자연 과학 철학이 그 자신의 법에 관한 철학과 가까운 인척관계를 가지 고 있다고 보았다. 헤일에게 있어서, 법원칙의 타당성과 유효성이 라는 것은, 자연과학에서의 여러 법칙들의 타당성과 유효성과 마찬 가지로, 훈련된 실행자들의 커뮤니티에 의해서 반복되고 또한 반복 해서 타당성과 유효성을 검증할 때 비로소 서게 되는 것이다. (이 미 보통법의 역사에서 설명했던 개념인) 보통법학자들의 인위적 이 성(artificial reason)이라는 것은 그것 자체는 비록 자연과학자들이 쓰는 실험에 의한 경험주의와는 다를지라도 일종의 경험주의라는 점에서 병행하고 있다고 보이는 것이다.

수백 년에 걸쳐서 서양의 법이 역사적으로 성장 발전해왔다는 것과 각 세대가 의식적으로 그 이전 세대의 경험 위에 자신들의 노력을 쌓아 올려왔다는 것은, 물론 잘 알려진 사실이다. 그러나 17세기 이전에는, 이러한 사실은 이론의 수준(the level of theory) 까지는 떠오르지 않았다.

이제 코크(Coke), 셀던(Selden), 헤일(Hale) 그리고 그들의 추종 자들은, 영국 커먼 로의 역사에 철학적 차원을 더했다. 이들은 역 사적 경험의 규범적 성격을 내세웠고, (그 결과로) 관습과 선례를 법의 원천으로써 형평법과 입법과 같은 레벨로까지 놓게 되었다. 이와 같이 이 세 사람의 잉글랜드 법학자들은 역사법학의 주춧돌 을 놓았고, 이 역사법학은 이전에 존재했던 자연법 이론과 법실증 주의와 똑같은 자리를 차지하게 되었다.

다음과 같은 법에 대한 이해는 코크보다는 셀던, 셀던보다는 헤일에게서 더 잘 발달된 것인데,[239] 가장 넓은 의미에서 법은 도덕적 성격을 가진다. 왜냐하면 법의 목적이 법적인 정당성(legal legitimacy)을 행하기 때문이다. 그리고 정당한 것(legitimacy)이라는 것은 도덕적 성격이기 때문이다.

또한 법은 정치적 성격을 가진다. 왜냐하면, 법의 목적은 또한 법질서를 유지하는 것이다. 그리고 어떤 정치 질서도, 구체적으로는 법을 통해서, 그들에게 안정과 기득권을 보장해주는, 이른바 법질서 유지를 요구한다. 마지막으로, 법이라는 것은 또한 역사적 성격을 가진다. 법의 목적은 어떤 그들의 법을 가진 국민들의 법적 전통을 유지하고 발전시키는 것이기 때문이다. 이 Coke, Selden, Hale 세 사람의 저술에서 내재하고 있는 것은, 법의 이 세 가지 목적(도덕적, 정치적, 역사적 목적)이 동시에 나타나고 또한 서로 분리되어 충돌하지 않고 통합되어 있는 것이다. 더 자세하게 말한다면 법의 목적 중에서, 도덕적 목적과 정치적 목적 사이에 불가피하게 나타나는 갈등은 법의 역사라는 맥락과 컨텍스트에 의해서 해결될 수 있고 해결되어야 한다는 것이다.

따라서 잉글랜드 법철학의 이 세 사람의 선구자는 다음과 같이 말했을 수가 있다. "도덕과 정치를, 역사의 불빛 아래에서 저울질(balancing)하는 것이 법이다. 또한 법이란 것은, 경험이라는 불빛 아래에서 올바름(justice)과 질서(order)를 균형 잡게 하는 것(balancing)이다."[240]

---

239) 옮긴이 주석: 후세대가 더 충분하게 발달시켰다는 뜻이다 이러한 전개는 흔히 학문 전개에 대한 오리엔트적 이해와는 순서가 다르다.

240) 원저 p.269. 각주 96. See Harold J. Berman, "Toward an Integrative Jurisprudence:

Politics, Morality, History," *California Law Review* 76 (1988), 797~801. This trinitarian view of law is strikingly parallel to the view of social life generally that seems to have prevailed among seventeenth-century English writers. Thus F. Smith Fussner states that it can be said "with certainty" that "most seventeenth-century [English] writers thought of politics, morality, and tradition (alias history) as forming a kind of trinity." F. Smith Fussner, *The Historical Revolution: English Historical Writing and Thought,* 1580~1640 (London, 1962), p.xvii.

제9장
잉글랜드 법과학(English legal science)의 변용

17세기 말과 18세기 중엽의 초기에, 잉글랜드의 법체계는, 그 방법에 있어서 근본적인 변화를 겪었다. 근본적인 변화라는 것은, 법체계가 운영되는 기본적인 원칙에 있어서의 변화라는 뜻이다. 이 시기에 새로운 강조점이 잉글랜드 법의 역사성(historicity of English law)에 주어졌다는 것은, 여러 세대와 수백 년에 걸쳐서 법체계의 역사적 발전의 규범적 특징에 새로운 중점이 주어졌다는 것을 의미하고, 이러한 새로운 강조점은 법체계를 체계화하는 새로운 방식들에서 명백하게 나타났다.

새로운 역사법학이 가장 명백하게 방법론적으로 표명된 것은, 선례(precedent)에 관한 근대적 독트린의 출현이다. 관계되는 방법론적인 변화는, 소송의 역사적 형태(historical forms of action)가, 재산권의 보호와 계약, 불법행위, 그리고 부정당한 치부(unjust enrichment)에서 발생하는 의무(채무)를 강제하기 위해서, 새롭고 근대적인 구제책으로 변화한 것을 포함하였다. 1. 소송 형태 또는 형식의 변화와 2. 선례 구속의 원칙과 긴밀하게 연결되어 있던 것은, 오래된 독트린을 채택하는 장치와 새로운 목적에의 절차를 위한 장치로써 3. **법적 의제(legal fictions)**에 호소하는 것이었다.

법학 방법에서 다른 변화는, 법의 역사성에 대한 새로운 강조뿐만이 아니라 진실과 정의에 대한 새로운 철학적 개념과도 관계있었는데, 이 철학적 개념들은 자연법과 법실증주의에 대한 더 오래된 법학적 이론에서 성장하였던 것이다. 새로운 변화들은 사실과 법에 대한 검사원으로서의 **배심원의 독립성의 증가**를 포함하며, 또한 **형사 재판에 있어서 피고인의 권리의 확장**을 포함하였다. 증거 제출에 있어서, **당사자주의 또는 대심(對審) 제도**(adversary system)**의 도입**을 포함하며, 민사 및 형사 사례에 있어서 **증거의 새로운 범주**를 확립하는 것을 포함하고 있었다.

마지막으로 법과학의 변화는, 새로운 타입의 법문헌에 반영되었다. 이것은 잉글랜드법을 분석하고 체계화하는 근대적 법학 논문(legal treatises)에 나타난다는 뜻이다. 이 법학 논문들은 전체로써의 잉글랜드법뿐만 아니라, 개별적인 분야의 어떤 것까지도 포함하고 있었다.241) 지금까지 열거한 변화의 목록으로써의 주제들 - 선

---

241) 원저 p.270. 각주 1. The designation "legal treatise" is used here in a broader sense than that advanced in A. W. B. Simpson, "The Rise and Fall of the Legal Treatise: Legal Principles and the Forms of Legal Literature," *University of Chicago Law Review* 42 (1981), 632. Simpson would confine the term "treatise" to a particular type of systematic monograph on individual branches of English and American law, a type which, he contends, "rose" in the 1770s and 1780s and "fell" only in the twentieth century, and would exclude systematic works on English law as a whole, such as those of Bracton in the thirteenth century, on the one hand, and, on the other hand, those of Matthew Hale in the late seventeenth century and William Blackstone in the mid-eighteenth century. For reasons only roughly indicated in his article, Simpson hesitates to designate as "treatises" works on individual branches of English law written in the late seventeenth and early eighteenth centuries, such as the treatise on the law of evidence by Jeffrey Gilbert and the treatise on criminal law by William

례 구속의 원칙, 소송의 형식 또는 형태, 법적 의제(legal fictions), 배심원 재판, 피고인의 권리, 당사자 시스템, 증거, 법학 논문들 - 은 처음에는 앵글로 아메리칸(Anglo-American) 법체계의 다양한 면모를 나열한 것 같이 보일 것이다. 그러나 이러한 여러 주제들 은, 이 장에서 법적인 데이터로써 다루어질 뿐만 아니라, 법적인 데 이터가 이해될 수 있는, 서로 맞물려서 연결되어 있는 방식으로 취 급된다. 무슨 뜻인가 하면 법에 대한 지식의 응집력 있는 유기체 (body)의 중요한 구성 부분으로 다루어진다는 뜻이다. 또한 더 기 술적인 의미에서 법학 방법에 있어서의 요소일 뿐만 아니라, 더 이 론적인 의미에서 법과학의 요소로써 다루어진다는 것이다. 실로 16 **세기와 17세기의 특징상, 방법 또는 방법론을 뜻하는 "method"와 학문 또는 과학을 뜻하는 "science"는 자주 서로 바꾸어 사용할 수 있을 정도로 혼용되었는데,** 이것은 (옮긴이 주석: 흔히 한국인들은 테크니컬한 것과 이론적인 것을 아무 관계가 없다고 생각하고, 더 나아가서 실용성과 학문성은 아무 관계가 없다고 생각한다. 이런 생각은, 잉글랜드 법 발전의 역사에서 볼 때는 편견이고, 법의 기술 성과 법의 학문성 또는 과학성은, 당시에는 동전의 양면으로 여겨 졌다는 뜻이다. 한국 법학에서 왜 기술성과 학문성이 전혀 다른 방 향을 뜻하는 것으로 오해되게 되었을까? 이 문제는 근대 법학 이후 현대 법학에서의 강단 법학의 실제를 법 현실주의적 방식으로 분석 하면 대답이 나올 것이다) 두 가지를 같이 아우르는 것이다.[242]

법학에 대해서, 또는 법에 대한 과학[243]에 대해서 이야기하는

Hawkins.

242) 원저 p.271. 각주 2. See the discussion in Chapter 3.

243) 옮긴이 주석: 한국어, 한국 법 문화에 있어서, science about law 또는 science of

것은 어떤 심각한 오해를 무릅쓰는 것이 된다. **법에 대한 과학이라**
는 것은, 즉 법과 과학을 결합시킨 단어는, 역시 이 문화권(옮긴이
주석: Anglo-American 문화권)에 있어서도 선입견의 문제를 일으
킨다고 본다. 어떤 사람은 유일하고 진정한 과학은, 자연과학이며,
특별히 물리학과 화학과 같은 "경성(hard)의 자연과학"을 의미한다
고 생각하는 사람들이 있다. 이런 것이 현대 영미어의 사용법에 있
어서도 그러하다. 그러나 대부분의 다른 서양어에 있어서 "science"
(여기에 해당하는 도이치어는 Wissenschaft이고, 프랑스어는 *science*
이며, 러시아어는 nauka이다)는 더 오래되고 더 넓은 의미를 가지
고 있으며, 지식의 유기적이고 체계적인 몸통을 의미한다. 즉, **특수**
한 사실(particular facts)들과 일반 원칙(general principle)들을 결
합하고 있는 것을 의미한다. 따라서 이러한 보다 오래되고 넓은 의
미의 지식의 총체라는 단어는, 비단 정확한 자연 과학뿐만 아니라,
자연 과학보다는 덜 정교하지만, 사회에 대해서나, 또는 인간에 대
한 지식의 총체에도 해당되는데, 이 점에서 법에 대한 지식의 총체

---

law는, 통상적으로 "법학"으로 옮겨지면 한국 법학의 현재 모습 대로를 지칭한
다. "법과학"이라는 용어는 생소하다. 왜냐하면 한국 관행상 법학은, 인문 사회
과학으로 분류되고, 한국이나 동아시아에서 "과학"이라는 용어는 주로 "자연 과
학"을 지칭하기 때문이다. 동아시아의 한자어 "법학"은 주로 19세기 도이치어
Rechtswissenschaft에서 유래했다. 그 내용도 일본 메이지 시대(1891년 메이지
헌법으로 결론)에 해당하는, 프로이센과 오스트리아의 Rechtswissenschaft를 주
로 한 것이다. 그러나 도이치어 Wissenschaft는 인문사회와 자연과학을 다 같이
포함하는 것이다. 마찬가지로 영어 science도 인문사회와 자연과학을 다 같이 포
함한다. 동아시아어에서, 서양어 science에 해당하는 언어는 "학문"이 된다. 그러
나 동아시아 전통 사회에서는, "학문"의 주된 중점이 유교 경전의 해독에 있었고
그 목적은 과거(문과, 대과 중심) 합격이었다. 사회과학과 여타의 과학은 중심위
치에 선 적이 없다. 개화기 이후 해방 이후 근대화 이후도 이 전통은 계속되어
서, 법에 대한 학문=법에 대한 해석학으로 고착되었다. "법에 대한 과학"이라면,
이상하게 들린다. "법은 과학의 대상이 아니고, 법학은 과학이 아니다." 이런 태
도는, 더 나아가서 동아시아의 인문학자나 순수과학자들의 머리에서는 "법학은
학문이 될 수 없다"가 된다. 한국 대중문화에 널리 퍼진 생각의 기원이다.

도 포함한다는 것이다. (그래서 도이치어에서 법을 의미하는 Recht
와 지식의 총체, 즉 학문을 의미하는 Wissenschaft가 결합하게 되
고, 프랑스에 있어서도 science는 법과 결합해서 science de droit
라고 통용되며, 러시아어에서는 pravovaia nauka라고 통용되는 것
이다)

그러나 science라는 **단어를 법에 적용할 때,** 또 다른 심각한 애
매 모호성이 존재한다. 즉, legal science는, **법학자에 의해서 산출
된, 법에 대한, 지식의 유기체를 지칭할 뿐만 아니라** [이것은 마치
화학(physics)이, 예를 들면 물질과 운동에 관한, 화학자에 의해서
산출된 지식의 유기체를 지칭하며; 지질학(geology)이라는 언어가
지구의 형성에 관한, 지질학자들에 의해서, 산출된 지식의 유기체
를 지칭하는 것과 같다], **법 자체에 의해서 산출된 지식의 유기체
를 또한 지칭한다**는 것이다. 법 자체에 의해서 산출되는 지식은,
법의 기능을 명백하게 해주고, 법이 운영되는 방식을 또한 명백하
게 해주고 있다. 어떤 법체계가, 이런 의미에서, science를 포함하
고 있다고 말하는 것은, (예를 들어서 의학처럼) science가 역시,
그것의 적용이라는 면 있어서, "어떤 품격이 있는 기술"("art"[244])
이라는 것을 부인하는 것은 절대 아니다. 주어질 법체계 자체가 그
안에 science를 포함하고 있다는 것은 다음과 같은 것을 의미한다.
법학 논문 저자나 입법가들, 판사들, 행정가들과 같은 법 실행자들
에 의해서 세워진 원칙들이, 법의 특징을 명백하게 규정하고 있다
는 것을 말할 뿐이다. 또한 이렇게 확립된 원칙들을, 법에 관한 언
급(statement about law)뿐만 아니라 법 자신의 언급(statements of

---

244) 옮긴이 주석: 여기서, art라는 언어의 쓰임새는, "Life is short, Art is long"에서
　　보이는 대로, 그리스어 ars의 영어 번역어이다.

law)이며, 적어도 서양법 전통에 있어서, **원칙들(principles)은 특별한 규칙과 결정들, 운영의 특별한 양식들에서부터 지식의 체계적 몸통을 구성하며, 보다 일반적인 법 이론에** 이르기까지의 지식을 구성한다. 가장 간단한 법의 룰 또는 법적 규칙(legal rules)조차도 – 예를 들면 동의(agreement)의 어떤 형태는, 법적으로 구속력이 있는 계약이다. 또는 타인을 고의 또는 악의를 가지고 살해하는 것은 살인죄를 구성한다는 간단한 법원칙들 – 법체계의 일반적 법원칙(general principles)을 내포하고 있는 것이다. 보다 일반적인 법원칙이라는 것은, 다음과 같은 원칙을 말한다. 계약은, 법정에 의해서 강제할 수 있는 민사 채무를 발생시킨다. 또한 어떤 형태의 살인은 다른 형태의 살인보다 더 심하게 처벌될 수 있다. 또한 어떤 형태의 구별이, 민법과 형법 사이에 명백하게 되어야 한다. 그리고 이들 원칙들은 법의 목적을 달성하기 위해서 필요하다고 공식적으로 선언된다. 이때 법의 목적이라는 것은, 정의를 촉진시키고 질서를 유지하는 것이다. 이것은 다음과 같은 사실을 말하는 것이 된다. 즉, 법에 대한 science는, 다른 사회과학과 마찬가지로, 그리고 언어 자체에 관한 과학과 마찬가지로, 자연과학과는 다르다. 다르다는 것은 법적인 행동에 참여하는 사람들, 즉 법을 만들거나 적용하거나 행정가로서 또는 실무가로서 행동하는 사람들은, 그들 자신이 그들이 행하는 법적 행동의 성질을 분명하게 표현한다(articulate)는 것이다. (이때 주의할 것은 자연과학과 달리) 이러한 행동자들의 분명한 발언(articulations)이 법과학 자체의 중요하고도 핵심적인 부분이라는 것이다. (이 점에 대해서 주의하여야 하는데) 실로 서양법 전통에 있어서는, 이미 열거한 법 영역에 있어서의 행동자들 그 자신이, 수백 년에 걸쳐서, 체계적이며 객관적이고 검증 가능한 지식의 유기체에 대한 성질과 특성의 기원을, 법적 행동자 자신이 하고 있는 행동에 대한 그들 자신의 선언(declaration)에 의식적으로 기원을 돌려왔다는 것이다. (법 영역의 행동자들이 그들이 하고 있는 일에 대해서 선언한 것이라는 것은 무엇인가?) 이것은 (흔히 체계적이며 객관적이며 그것 자체로써 존재한다고 믿어지고 있는, 그래서 흔히 초학자들이 생각하기를 인간의 의식과 평가와 관계없이 말하자면 천체의 은하계처럼 생각되고 있는) **법의 체계 그 자체를 분석하고 평가할 때 쓰이는, (평가의 척도로서의) meta-law를 의미한다.**

한편에 있어서 17세기 말과 18세기 중반의 초까지의 잉글랜드법의 룰과 원칙들은, 잉글랜드**법의 내부에 존재하는 과학**(internal science)을 구성했다고 말하여진다. 여기에 비해서 다른 한편에는, 그 시대에 새롭게 나타난 법학 논문의 문헌들이 법학자들에 의해서 생산되었는데, 이것들은 방금 말한 내부적 법과학의 자본 구성을 고쳤을(recapitulate) 뿐만 아니라, 부분적으로는 법체계의 내부에서 가져왔으나, 동시에 부분적으로는 **그 제도들의 외부에서 가져온, 어떤 기준(criteria)에 따라서 영국 법 제도를 분석하고 분류하였으며,** 체계화하고 또한 평가하였다. 따라서 (첫 번째로 든 그 시대의 룰과 원칙들이 법과학의 내부적 구성을 이루는 데에 비교해서) 이와 같은 법학자들의 논문에 의한 학술 활동이 **그 시대의 잉글랜드 법에 대한 외부적 과학**(external science)을 구성하였다고 말해진다.245)246) 방금 말한 17세기 말과 18세기 중반의 초엽에 쓰

---

245) 원저 p.272. 각주 3. H. L. A. Hart draws a similar distinction, though for a different purpose, between the internal and external aspects of legal rules. He describes the internal aspect of legal rules as that which governs persons who are subject to the law, for whom legal rules are "the rules of the game" by

인 법학 논문의 문헌에서 자주 인용되는 "법에 대한 과학" 또는
법학은 방금 우리가 구별한 법과학의 내부적 측면과 외부적 측면
과의 구별을 명백하게 하지 않았다. 예를 들어서, 윌리엄 블랙스톤
(William Blackstone)은 어떤 잉글랜드 대학에서 제공된 최초의 잉
글랜드 법에 대한 정규 과목을 1753년에 시작함에 있어서 다음과
같이 말했다. 법이란 것은 (흔히 일반이 생각하듯이) 어떤 쟁송이
나 소송에 임해서 어떻게 실무가가 일을 처리하느냐의 **소송 실무
의 문제**일 뿐만 아니라 더 나아가서 **이성적인 과학**(rational science)
이라고 간주된다. 이때 이성적 과학의 근거가 되는 것은, **법 자체
에 이미 내재해 있는, "일반 원칙"**(general principles)들이며, 그래
서 그러한 법 자체에 내재해 있는 일반 원칙들을 분별하고 분간해
내는 것이 법학자들의 임무이다.247) 동시에 블랙스톤은 3세대 이전

---

which they are bound, and the external aspect as the ways in which the rules
appear to an external observer who describes them as binding upon others but
who himself is not playing the game. See H. L. A. Hart, *The Concept of
Law,* 2nd ed. (Oxford, 1994), pp.56~57, 88~90, 102~103. It is contended
here that external observers are also players in the game.

246) 옮긴이 주석: 흔히 한국의 법학의 초기에 있어서, 법학의 중요 부분은 (어떤 영
역이든 간에) 룰과 법 원칙들을 밝히는 걸로 족하다고 생각되었다. 이러한 태도
는 법학 또는 법과학이, 어떤 고정된 질서를 내부에 감추고 있어서, 흡사 태양계
또는 은하계의 구성처럼, 밝혀내기만 하면 족하다고 생각되었다. 흔히 법학 교과
서라고 지칭되는 교재는, 가장 이상적인 형태로는, 여러 실정법 조문으로 구성된
법 규범에 공통되는 룰과 원칙을 명백하게 표현해서 학습 가능하게 하면 족하다
고 생각되었다. 이러한 법학에 대한 생각이야말로 법학의 다른 한 면을 전혀 고
려하지 않는 것이 된다. 실무자들의 매뉴얼을 요구하는, 흔히 말해서 실용적 태
도가 방금 말한 법학의 어떤 면을 더욱 강조하였다.

247) 원저 p.272. 각주 4. William Blackstone, *Commentaries on the Laws of
England,* 4 vols. (1765~1769; reprint, Chicago, 1979), 2:2, 4:5; see idem, *An
Analysis of the Laws of England* (1753; reprint, Buffalo, 1997). Cf. Daniel J.
Boorstin, *The Mysterious Science of the Law: An Essay on Blackstone's
Commentaries* (1941; reprint, Boston, 1958) p.20 (characterizing Blackstone's
conception of English legal science): "Everywhere in English law 'principles'
were waiting to be found."

에 매튜 헤일(Matthew Hale)에 의해서 이미 도입되었던, 잉글랜드 법에 대한 분석과 종합의 방법을 추종하였다.248) 헤일의 방법이라는 것은 그 유래가 부분적으로는 철학, 신학, 그리고 자연과학에서부터 부분적으로 나온 것이며, 또한 그때까지의 서양 법학의 전체적인 유기체에서부터 나온 것이다. 블랙스톤 자신은 간접적으로, (방금 위에서 말한) **법과학의 외부적 측면**에 대해서 언급을 하고 있다. 즉, 영국 법과학을 (대학에서) 가르친다는 것은 그 자신이 좀 더 교화되고, 방법적으로 세련되어지며, 좀 더 설명되어야 되는 책임에 헌신한다는 것이다. 그리고 잉글랜드 법은 "보다 더 안정되며 과학적 방법"으로 연구되어야 한다.249) (이 말은 무엇을 의미하는가) 만약에 (대학에서) 잉글랜드 법체계가 운영되는 내부적 방식 (internal mode)만이 가르쳐진다면, 즉 (학자가 행하는) 외부에서의 이론적 분석과 평가 없이 가르쳐진다면, 그 법학을 종합대학 정규 과목에서 가르치는 것은 별 의미가 없을 것이다. 왜냐하면 종합대학의 정규 과목이라는 것은 "(어떤 문명사회의, 지적이나 도덕적인 원동력이 되는) 모든 신사와 학자들"의 보편적인 교육의 부분으로 고안되었기 때문이다.250)

---

248) 원저 p.272. 각주 5. See Matthew Hale, *The Analysis of the Law: A Scheme or Abstract of the Several Titles and Partitions of the Law, Digested into Method* (ca. 1670; first published London, 1713).

249) 원저 p.272. 각주 6. Blackstone, *Commentaries*, 1:4, 34.

250) 원저 p.272. 각주 7. Ibid., 1:5~6; cf. 1:33: "The inconveniences here pointed out can never be effectually prevented, but by making academical education a previous step to the profession of the common law and at the same time making the rudiments of the law a part of academical education. For sciences are of a sociable disposition, and flourish best in the neighborhood of each other: nor is there any branch of learning, but may be helped and improved by assistances drawn from other arts."

주의되어야 될 사실은, 잉글랜드법에 대해서 최초로 법학 논문을 쓴 필자들은 교수들이 아니라 판사들이나 또는 실무를 행하는 법률가들이었으며, 이들의 법학 논문들은 실로 17세기 말과 18세기 중반의 초에 잉글랜드 법체계에 발생했던 근본적이며 구조적이며 제도적인 변화에 큰 영향을 미쳤다. 새로운 잉글랜드 법 이론과 그 이전에 서양 세계에서 팽배하였던 법 이론과의 차이에 대한 주된 원천은 다음과 같은 사실이다. 즉, **17세기 말 이전의 법 이론은, 그 연원과 성질에 있어서 1차적으로 교수들이 관계하고 있었는데 비해서, 이제 새로운 잉글랜드 법 이론은 1차적으로 그 연원과 성질에 있어서 사법부에 관계되고 있었다.** 잉글랜드혁명은 법률 전문직의 역할을 실정법의 수호자로서뿐만 아니라 법과학의 수호자로 격상시켰다. 이러한 사실은 역시 잉글랜드 법과학의 내부적 측면과 외부적 측면의 통합에 기여하였다─즉, 좁은 의미에 있어서는 법과학의 방법론과 넓은 의미에 있어서는 법과학의 이론에 대해서이다.

9.1 선례에 관한 근대 독트린의 출현
(the Modern Doctrine of Precedent)

잉글랜드의 왕에 의한 법원이 행한 재판의 발달 단계에서 최초의 단계에서는, 그리고 특히 재판 절차에 관한 서증, 즉 필사 기록을 도입한 이후로는, 법원의 결정이 무엇이 법이냐에 대한 가이드로써 관심이 발전되었다. **사례 중심의 접근법(Casuistry)은 역시 캐논법과 로마법에 걸쳐서 당대의 시스템의 특징이었고, 특히 잉글랜드 왕의 법원에서 번성하였다.** 왕의 법정에 있어서의 법은 (이전의 서유럽에서와 같은) 대학에서 가르쳐진 과목은 아니었고, 단지 때때로 쓰인 책에 나온 이론적인 취급에 매일 뿐이었다. 그러나 사례법에 의한 접근(Casuistry)은, 케이스들을 권위 있는 선례로써 취급하지 않고 단순히 법원칙과 법의 룰을 적용하는 본보기로만 취급하였다; 17세기 이전의 서양에서 주조였던 법체제의 어떤 곳에서도 사법부가 한 결정이, 규범적인 힘(normative force)을 가지지 않았는데 이것은 그 사례에 있어서 당사자에게뿐만 아니고, 역시 법의 원천, 즉 법원으로써 규범력이 없었다는 얘기이다; 이와 반대로, 사례들이라는 것은 단지 하나하나의 특별한 사례들에서 법이 어떻게 적용되는가에 관한 특수한 예시로 간주되었다 - 예시(example)라는 것은 이후의 비슷한 사례들에서 답습될 수도 있고, 답습되지 않을 수도 있는 것이었다. 이와 같은 까닭에 비록 브락톤(Bracton)이 쓴 위대한 13세기의 "잉글랜드법과 관습법에 관한 논문"(Treatise on the Customs of England)은 약 500개의 법원 결정의 사례들을 취급하고 있고, 브락톤 역시 약 2,000개의 사례에 관한 요약을 포함하고 있는 노트 북(Note Book)을 저술하였지만, 그 자신은 선례의 원칙(a doctrine of precedent)을 지지하거나 신봉하지 않았으며, 심지어 선례(precedent)라는 말조차 그의 어휘에서는 보이지 않는다.

브락톤의 사례에 대한 태도는 **교회법주의자들의 룰**(canonist rule)**을 반영하고 있었다** - 그 룰을 그는 그의 논문집에서 반복하고 있다 - **"누구든 판단이나 재판을 할 때에는, 사례나 주어진 전례로 할 것이 아니라 이성으로 해야 한다"**(non exemplis sed rationibus adjudicandum est.).

재판에 있어서 판사가 행할 결정이라는 것은, 법원칙을 보여주기 위해서 사용될 수 있다. 그러나 결정의 예(example)라는 것, 자체가 법에 대한 권위 있는 원천(authoritative source of law)은 아니다. 잉글랜드에 있어서 "Year Books"가 나온 기간(ca. 1290~1535)을 보자. "Year Books"는 법학생들이 참석하는 재판 기일에 대한, 법학 생들의 보고서였는데, 사례들은 때때로 구두 토론에서 논쟁되어 졌으며, 절차적인 문제로써 일련의 비슷한 결정들은, 판사들 자신의 관습(mos judiciorum)이 존재한다는 증거로써 고려될 수는 있었다. 그러나 심지어 이러한 관습조차도 단지 설득적인 성격을 가지고, 그러나 구속력은 없는 것으로 간주되었다. 그래서 **만약 어떤 판사가, 어떤 이전의 결정을 받아들이지 않거나 또는 심지어 법원의 이전의 관습을 받아들이지 않는 경우에는, 판사는 이전 결정이나 법원의 이전 관습이 틀렸다 말하고 무시할 수가 있었다.**

"Year Books"의 시대는 약 1535년까지 계속되었는데, 그 시대가 끝나자 사례들에 대한 사적인 보고서들이 발간되기 시작하였고, 그 사적인 보고서는 "Year Books"와 흡사했다. 이들 리포트(report)들은, 보통은 어떤 뛰어난 법률가나 판사의 이름으로 발행되는데, 16세기와 17세기 초의 이러한 사례들에 대한 리포트들은, 사례들의 사실관계(fact)와, 판사와 법정대리인들의 언급과, 그 사례들을 기록한 보고자들의 코멘트와 노트를 같이 섞어서 수록한 것이었다. 역사적 기록으로 볼 때, 이러한 사적인 케이스 리포트는 종종 아주 의지할 만하지 않았다. 그럼에도 불구하고 이러한 개인 이름으로 발행되는 케이스 리포트는, 새롭게 출현하고 있는 원칙들을 강화하는 데에 봉사하였다. 새롭게 일어나는 원칙이라는 것은, 소송절차와 변론절차의 문제에 있어서, 민사법원(Court of Common Pleas)은 그들의 관습에 집착한다. 그리고 "관습이라는 것은, 민사법원(Court of Common Pleas)의 선례들을 의미한다." 그러나 이러한 원칙은 철갑을 입힌 듯이 깨뜨릴 수 없는 것이 아니었다; 1557년에 "선례"(precedent)라는 용어를 쓴 최초의 기록에서, 다음과 같은 문맥에서, 하나의 사례가 보고되었다. 즉, 판결은 "두 개의 선례(two precedents)에도 불구하고" (다르게) 주어졌다.[251] 여기에 더하여 그(선례 구속의) "원칙"은 대체로 절차적 문제에만 국한되었는데, 사법부의 권능과 같은 것이었으며, 그 (선례구속의) 원칙은 아마도 보통법원의 관할과 보통법원이 아닌 다른 형태의 법원들의 관할 사이에 분리를 유지하려는 필요성과 관계되어 있었다.[252]

선례 구속의 원칙(the doctrine of precedent) – 즉, 재판에 의한 결정이 나중의 비슷한 사건들에서, 법원과 판사를 구속할 수 있는, 권위 있는 법의 원천이라는 원칙 – 은 다음과 같은 것을 요구한다. 즉, 어떤 판사의 언급(statement)에도, 그 사례의 결정에 꼭 필요한 말과 꼭 필요하지 않은 언급 사이를 구별하여야 한다는 것이다. 주어진 결정에 꼭 필요한, 그러한 결정 이유들(reasons)만이, 그 사례가 "성립될 수 있는" 법 원칙(legal principle)이나 원칙들(principles)을 구성할 수 있다는 것이다. 주어진 사례에서, 그 결정에 꼭 필요하지 않은 것이면서도, 법원이 그 의견에서 말한 것은, 단지 '부수

---

251) 원저 p.274. 각주 8. "Et le briefe et judgement *supra* fuit rule per opinionem Curiae de Banco non obstante deux presidents." See C. K. Allen, *Law in the Making,* 7th ed. (Oxford, 1964), p.204.

252) 원저 p.274. 각주 9. In the late 1500s and early 1600s, the courts of common law sometimes referred to previous decisions in order to justify their competence in the matter before them. See John H. Baker, "New Light on *Slade's Case,*" *Cambridge Law Journal* 29, pts. 1 and 2 (1971), 51~67, 213~236; idem, *The Common Law Tradition: Lawyers, Books, and the Law* (Hambledon, 2001), pp.158~164. Other English courts did the same. See Thomas G. Barnes, "A Cheshire Seductress, Precedent, and a 'Sore Blow' to Star Chamber," in Morris S. Arnold et al., eds., *On the Laws and Customs of England: Essays in Honor of Samuel E. Thorne* (Chapel Hill, 1981), pp.359, 378.

의견'(dictum), 즉 단지 (법원이) "말한 것"에 지나지 않고, 따라서 나중에 유사한 사례들에서, 구속하지(binding) 않는다는 것이다. 구속력이 있는 것은, 사례 결정의 주된 이유(holdings of cases), 즉 재판 결정들이 필요 불가결하게 기초로 하고 있는, 결정 이유들(reasons)이고, 그 사례의 결정에 있어서, 본질적인(essential) 이유들이다. 장래의 유사한 사건들에서 구속력을 가지는, 법의 룰(rule of law)을 구성하는 것은, 사례의 주된 결정 취지(holding)이다.

부수의견(dictum)과 주된 취지(holding)를 구별하려는, 초기의 시도는, 1673년의 민사법원(Court of Common Pleas) 법원장(Chief Justice, Court of Common Pleas) Vaughan이었다. "심판, 즉 판결에 꼭 필요 불가결하지 않더라도, 그러한 의견(opinion) 또는 상반된(contrary) 의견이 주창되지 않았다면, 그 판결이 내려지지 않았을 것이라면, 재판정에서의 어떤 의견(opinion)은 더 이상, 구속력 없는 부수의견(gratis dictum)이 아니다."

그러나 Vaughan은, 어떤 개별적 사례의, 주된 결정 취지(holding)가, 잇따른 다른 사례들에서 꼭 추종되어야 한다고 생각하지는 않았다. "만약 어떤 판사가, 다른 법정에서 결정된 판단을 오류라고 간주한다면, 법에 따라서, 즉 그의 양심에 있어서, 선서해서 판사가 된, 그 판사는 똑같은 판결을 해서는 안 된다."[253]

Matthew Hale의 언급, "사법법원의 결정들은 …… 법을 흔히 말하는 대로 온당하게 만들지는 않는다. (법을 올바르게 만드는 것은 왕과 의회만이 할 수 있기 때문이다); 그러나 사법법원의 판결들은 이 왕국의 법이 무엇이냐를 상설하고, 선언하며, 그리고 공간

---

253) 원저 274쪽, 원저 주 10 Bole v. Norton (1673), *Vaughan's Rep.*, 382.

하는 데에 있어서 큰 무게와 권위를 가지고 있다. 특별히 이러한 판결들이 이전 시대의 결정 및 판결들과 조화되어 있으며 일치할 때 그러하다. 그리고 비록 사법법원의 판결들이 법 자체보다는 못한 것이라고 할지라도 사법부의 의견이 무엇이든 간에, 어떤 개인적 인격들의 어떤 의견보다도 법에 대해서는 더 큰 증명이다."254)

이 언급에서 주의할 가치가 있는 것은, **헤일(Hale)이 시대에 걸쳐서 비슷한 사례들에 있어서의 판결의 일관성을 강조한 것이다. 다양하고 비슷한 사실의 상황(fact situations)에 법원칙이나 룰을 일관성 있게 적용한, 일련의 사법부 결정들은, 헤일의 공식에 의하면, 이러한 원칙 또는 룰의 존재와 유효성을 "증거"하는 것이다.** 이와 같이 사법부의 결정은 원칙이나 룰의 "실례"(example)일 뿐만 아니라 사법부가 그 원칙과 룰을 받아들였다는 "증명"(proof)인 것이며, 따라서 이와 같은 원칙과 룰은 구속력의 원천이 되는 것이다.255) 이리하여 실로, **판사들은 법을 "만드는 것"(make)이 아니라, 수락되고, 인정된 법 전통 안에서, 법을 "발견"(find)하는 것이다.** 여기서 보는 바대로, 방금 얘기한대로, "법을 선언한다는 이론"(declaratory theory)은 다음과 같은 것을 의미한다. 즉, **법의 원천을 선례에 두는 것은, 그 자체가 법의 원천을 전통과 관습(custom)에 두는 것과 연결되어 있는 것이다.** 그리고 논리의 순서

---

254) 원저 p.274. 각주 11. Matthew Hale, *History of English Law* (London, 1739) p.67, cited by C. K. Allen, *Law in the Making*, 6th ed. (Oxford, 1958), p.206.

255) 원저 p.274. 각주 12. See Gerald J. Postema, "Some Roots of the Notion of Precedent," in Laurence Goldstein, ed., *Precedent in Law* (Oxford, 1987), pp.9, 16: "On [Hale's] view, both the meaning or normative content and the authority of the precedential case rest on its being recognized as an integral part of the collective experience (or 'wisdom') of the community, of which the law is the repository"–and of which "the law reports are the public record."

대로, 법의 원천을 전통(custom)에 두는 것은, 법의 원천을 "사리에 합당함" 또는 "조리 있음"(reasonableness)에 두는 것과 연결되어 있는 것이다. 그러고 나서 법에 있어서의 도덕적 요소를 처음으로 불러내게 되는 것이다.256)

reasonableness와의 연결은 판사들의 법정으로 하여금 심지어 오래 실행되고 계속된 관행이라도 오류가 있을 경우에는 번복할 수 있는 여지를 주고 있다.257) 그러나 17세기 잉글랜드의 reasonableness라는 개념 그 자체는, 역사적 차원을 가지고 있었다. 제럴드 포스테마(Gerald Postema)의 언급, "법의 reasonableness를 확신한다는 것은, 고전적인 자연법 이론에 안주한다는 것이 아니다. 고전적 자연법 이론은, 실정법은, 이성과 정의(reason or justice)에 대한 어떤 초월적인 표준의 집합에, 실정법을 맞추어야 된다는 확신 위에 서 있다. …… 법의 reasonableness를 확신한다는 것은 다른 두 개의 확신 위에 서 있다: (1) 선례와 전체로써의 법의 유기체가 역사적으로 적당하다는 생각, (2) 사리와 조리를 구성하는 법원의 결정들이 공통의 경험에 대한 이성적 추리와 성찰을 거쳐서 훈련된 경과의 결과라는 믿음."258) 이와 같이 선례(precedent)라는 전통적

---

256) 옮긴이 주석: 법의 원천을 reasonableness에 둔다는 것은 벌써 법 정립에 있어서의 입법자의 의지라는 초학자의 법의 성질에서는 떨어지는 것이다. reasonableness는 reasonable에서 나오고, reasonable은 reason에서 나온다. rule of reason이 나타난다. 이때 reason은, 분석적으로 보면 이성법의 세계 같으나 reason은 power와 구별되는 점에 있어서 인간의 reason은 결국 인간의 moral element로 연결되는 것이다. 한국 법학에서 익숙한 용어는, reasonableness는, 사리가 된다. 사리는 도이치어 Natur der Sache와 연결되고, Natur der Sache는 최광의로는 정의, 형평과 연결된다. 김철, 『법 제도의 보편성과 특수성』(사간본)(1993; 2007), 또한 김철, 『한국 법학의 반성』(서울: 한국학술정보, 2009)의 해당 부분을 참조.

257) 옮긴이 주석: rule of reason의 영향이다. 또한 "나는 관습을 위해서가 아니라 그것을 폐하러 왔다"라는 기독교 경전의 구절.

258) 원저 p.275. 각주 13. Ibid. pp.16~17.

개념은, 비슷하게 보이나 다른 다음의 것과 혼동되어서는 안 된다. 즉, 19세기에서야 처음으로 출현한 선례구속의 엄격한 원칙(strict doctrine of stare decisis)이다. 이 원칙 아래에서는 어떤 개별 특수 사례의 판결 취지는, 나중에 유사한 사례에서, 재판정의 결정에 구속력을 가지는 것으로 취급된다. 이와 같은 엄격한 법원칙은 19세기 사람들의 산물이다. 그리고 17세기 말과 18세기 초에 지배적이었던 개념들과는 다른 개념과 연결되어 있다. 엄격 원칙(the strict doctrine)은, 더 이전에 확고하게 된 판결의 주된 취지(holding)와 판결의 부수 의견(dictum)을 구별하는 기초 위에 서 있다. 그러나 더 이전 시대의 선례의 법칙(the doctrine of precedent)은, 판사들의 관습법이었던, mos judiciorum의 개념과 밀접하게 관계하고 있다; 판사들의 관습(custom)으로써의 mos judiciorum은, 단일한 판결이라기보다도 일련의 여러 사례들이었다. 그리고 그 일련의 사례들은 매우 중요한 이유들이 없는 경우에는 번복되어서는 안 될 것이었다. 1762년에 Lord Mansfield는 여전히 다음과 같이 말하고 있다. "사례들에서 나타난 이성과 정신(the reason and spirit)이 법이 된다; (흔히 생각하듯이) 특별한 선례들에 나타난 문자가 법이 되는 것이 아니다."259)

이전의 8장에서 보여준 바와 마찬가지로, 전통적인 **선례의 독트린(doctrine of precedent)이 이룩된 것은 17세기 말의 과학적 지식의 이론 위에 놓여졌다.** 이때의 과학적 지식은 화학자 **로버트 보일**(Robert Boyle), 물리학자 **아이작 뉴턴**(Isaac Newton), **법학자 매튜 헤일**(Matthew Hale)과 잉글랜드 로얄 소사이어티의 저명한 회

---

259) 원저 p.275. 각주 14. *Fisher v. Prince,* 97 *Eng. Rep.* 876 (K.B. 1762).

원들에 의해서 가능해진 것이다.[260] 그 이론은 18세기 중엽에, 순차적으로 데이비드 흄(David Hume)에 의해서 발전되었다. 흄은 인간의 진리에 대한 지식의 연원을 인간이 진리를 검증하는 정신적 습관에까지 소급해서 연구했다. 그리고 다시 흄은 인간 공통의 정신적 습관을 추적해서, 아득한 과거로부터 내려 온 사회적 관행(social conventions)에까지 도달한다는 것을 증명하였다. 이것은, 실로, 과학자 보일의 이론을, 철학 특히 형이상학적으로 표현한 것이 된다. 과학자 보일의 이론은 다음과 같다. 자연과학이든 사회과학이든 지식에 있어서의 마지막 원천은, 실험과 관찰을, 전문가 사회에서 검증하고 인정하는 데에 있다. 뉴턴과 같은 물리학자들 그리고 보일과 같은 화학자들의 커뮤니티가 **어떤 과학적 실험들의 결과를 한 번이 아니고 여러 번 되풀이해서 반복 확인한 것이, 새로운 발견에 대한 확률적 진리(probable truth)의 증거로써 취급된다.** 이것이 이러한 과학적 진리가 선례 독트린과 어떻게 연결되는가. 다음과 같다. 사법부가, 이전의 판결 이유들을 비슷한 다른 사례들에게 한 번이 아니고 되풀이해서 반복적으로 적용하는 것은, 이전의 판결 이유가 확률적으로 유효하다는 가장 좋은 증거로써 볼 수 있다는 것이 전통적 선례의 독트린이다.[261]

---

260) 원저 p.275. 각주 15. On the Royal Society, see note 100. On Hume's theory that knowledge is based on habitual experience, see Terence Penelhum, *David Hume: An Introduction to His Philosophical System* (West Lafayette, Ind., 1992), pp.76~77; Daniel E. Flage, *David Hume's Theory of Mind* (London, 1990), pp.92~93; cf. Knud Haakonssen, "The Structure of Hume's Political theory," in David Fate Norton, ed., *The Cambridge Companion of Hume* (Cambridge, 1993), pp.182, 202~203.

261) 옮긴이 주석: 어떤가. 비슷하지 않은가? 역사로써 취급할 때 확률적 진실의 발견은 과학의 세계에 있어서나 법의 세계에 있어서 다 같이 몇 개의 문장으로 간단하게 표현된다. 그러나 우선 과학적 발견과 그 발견에 따른 진리를 법학에서 수

9.2 소송형태의 변용

(the trasformation of the forms of action)

17세기 말과 18세기 초에 1. 잉글랜드 보통법(jus commune)의 초기 사례접근법(casuistry)이 새로운 선례 독트린으로 변화한 것처럼 2. 소송형태에 기초를 둔 민사구제의 초기 시스템이 새로운 시스템의 실체적 민법으로 변화되었다. 이 새로운 시스템에서 **소송형태는 물권법(property), 계약법(contract), 불법행위법(tort), 그리고 부당이득(unjust enrichment)에 관한 일반적 범주에 일치하도록 개정되었다.**

1178년에 민사법원(the Court of Common Pleas)을 최초의 잉글랜드 왕립 법원으로써 상설하며 전문가에 의한 법원으로 창설함에 있어서 헨리 2세는 그 법원의 민사재판관할을 한정해서 chancellor가 **발부한 허가서(a writ)가 있는 경우의 소송의 형태에 국한시켰다.** 첫 단계에서 주로 다룬 소송은 토지 소유권과 동산 소유권을 해치는 또한 개인 인격의 신체적 안전을 해치는 행위로써, (나중에 불리워진 이름으로써 어떤 형태의) 침범 또는 침해(trespasses)를 다루고 있었다. 나중 단계에 와서 chancellor는 "부채"에 관한 (소송)허가장(writs of debt)을 발부하게 되었다. 원고가 그에게 속하는 금전의 지급을 청구하는 경우이다. 이와 함께 원고의 동산을 부당하게 점유하는 데에서 나타난 손해를 배상하기 위해서 "동산 불법 점유"(detinue)에 대한 영장을 발부하게 되고, 부당하게 압류된

용해서 병행하는 확률적 진리를 구성한다는 것 자체가 길고 긴 세월이 걸렸다는 것이 이 장의 전 내용을 구성하고 있다.

물건 회복 소송(replevin)의 영장은 채무를 위해서 압류된 동산의 반환을 위해서 허용되었으며, 그다음에는 "계약"(covenant)에 관한 소송허가 영장을 허용했는데, 이것은 약속을 쓴 계약서를 담고 있는 봉인된 기구를 파괴하는 경우에 허용되었다. 이 밖의 다른 형태의 소송허가 영장이 있었다. 1300년까지는 이러한 "소송 형태"가 국왕의 지방 공무원(sheriff)에게, 왕의 영장에 의해서 발부되었다. 그 내용은 지방에 주재하는 왕의 공무원, 즉 보안관으로 하여금 피고를 민사법원(Common Pleas)이나 또는 왕의 법정[왕좌법원 또는 형사법원(King's bench)]의 판사들 앞에 데리고 와서 영장에 언급된 죄목들에 대해서 대답하게 했다. 그러나 14세기와 15세기에 이르러서는 새로운 형태의 (소송 허용) 영장은 별로 발부되지 않았다. 그러나 "trespass on the case"에 대한 영장은 매우 중요했는데 그 이유는 "간접적으로", 사람이나 물건에 가해진 어떤 형태의 위해에 대한 법적인 구제책을 주었기 때문이다. 또한 피고가 원래 특별히 이행하겠다고 한 어떤 행위(special assumpsit)를 행하지 못함으로 결과된 어떤 종류의 위해를 위한 것이었다.262) 16세기에 와서 새로운 형태의 소송이 허용되었다. 이때 문제가 된 것은 어떤 형태의 의무 또는 채무불이행에 대한 구제책을 두고 있었다. 이것의 상황은 명시적으로 표기하지 않았지만, 피고가 "빚을 지고 있었기 때문

---

262) 원저 p.276. 각주 16. On the origin and development of the writ system, see F. W. Maitland, *The Forms of Action at Common Law: A Course of Lectures* (1909; reprint, Cambridge, 1965). On the "freezing" of the writs in the fourteenth century and the resulting expansion of the equitable jurisdiction of the chancellor, see T. F. T. Plucknett, *Statutes and Their Interpretation in the First Half of the Fourteenth Century* (Cambridge, 1922), pp.121, 169; also Harold J. Berman, *Faith and Order: The Reconciliation of Law and Religion* (Atlanta, 1993), chap. 4 ("Medieval English Equity"), pp.65~67.

에" 암묵리에 포함될 수 있는 경우의 채무였다. 가격에 대한 상호 합의가 없는 상태에서 피고가 원고로부터 어떤 가치를 이미 받았는 데, 그가 취득한 혜택에 대해서 지급하지 않으려고 하는 경우이다.

이와 같은 다양한 형태의 소송의 각각은 비교적 아주 폭이 좁게 규정되어 있었고, 이것 모두가 **민사구제책에 관한 고도로 형식적인 시스템을 구성**하고 있었다. 여기에 더해서 각각 다른 재판 절차들이, 서로 다른 소송형태에 때때로 적용될 수 있었다. 만약 원고가 사실은 부채에 대한 소송 영장이 적절할 때, chancellor로부터 동산 불법점유에 대한 소송 영장을 발부 받았을 경우나 또는 계약 이행의 영장(writ of general assumpsit)이 적절할 때 부채에 관한 영장(writ of debt)을 발부받았을 경우에 원고는 그 사례에서 패소하였다. 나중에 Tudor 왕조가 새로운 특권 법원 또는 대권법원 (prerogative court)을 새로운 형태의 민사사례를 다루기 위해서 만든 것은 민사법원(Court of Common Pleas)과 왕좌법원 또는 형사법원(King's bench)과 같은 왕립법원에서 적용 가능한 민사구제책이 상대적으로 좁고 형식적이었기 때문이다. 비슷한 이유로 튜더 왕조 이전의 왕립법원에서 가능했던 형사구제책이 좁고 형식적이었던 것이 이윽고 국왕의 대권법원이 생겨서 형사재판관할권을 확장한 것으로 되어갔다. 동시에 새로 생긴 대권법원들과의 경쟁이 그 이전에 존재했던 법원들로 하여금 소송을 유도하기 위해서 다양한 소송형태의 영역을 확대하는 것으로 이끌었다. 이와 같은 경과로 16세기 말과 17세기 초에 이르러서 이전의 민사법원(Court of Common Pleas)과 국왕법원이 새로운 형태의 거래를 포함시키기 위해서 특별한 계약 이행(special assumpsit)의 구제 방식을 확장하였다─예를 들면 미래 이행의 약속의 교환과 같은 어떤 형태의 이

행 계약(executory contracts)이 있고, 또한 한 당사자가, 그 작위나 수인이 금전적 가치가 있다는 것을 전제로, 다른 당사자의 작위에 대한 수인의 대가로 한 약속과 같은 것이다.263) 그러나 이러한 변화에도 불구하고 **계약에 대한 보통법(common law of contracts)은 상대적으로 발달되지 않았으며, 소송절차와 증거에 관한 체계는 고도로 형식적인 것으로 머물러 있었다.** 그래서 비교적 적은 형태의 계약에 대한 분쟁만이 이 시기에는 민사법원(Court of Common Pleas)으로 제소되는 길을 발견하였다.264) **"정해진 대로 의식처럼 행하는 상투적인 절차"**(formulary procedure)라고 당시에 불린 이전에 존재했던 민사법원(Court of Common Pleas)과 왕좌법원 또는 형사법원(King's bench)의 왕립법원의 절차는 16세기에 왕의 대권에 의해서 만들어진 새로운 high courts와는 그 배경이 되는 법과학이 전혀 달랐다. 16세기의 high courts는 대법관법원(High Court of Chancery)이라고 개명된 것이며, 또한 High Court of Admiralty라고 개명된 것이며, King's Council과 High Court of Star Chamber, 그리고 High Commision, the Court of Requests, the Court of Wards

---

263) 원저 p.277. 각주 17. For other changes in the same direction taken by the common law courts, see John H. Baker, "Origins of the 'Doctrine' of Consideration, 1535~1585," in Arnold et al., *On the Laws and Customs of England,* pp.336~358.

264) 원저 p.277. 각주 18. A large proportion of the contract cases in the common law courts in the sixteenth and early seventeenth centuries were suits on so-called recognizances. These were, in effect, penal bonds payable only on default of the timely performance of the contractual obligation. The bonds were usually for at least twice the contract price and were reduced to judgment at the time of contracting, so that on default the debtor could be sued on the judgment. See A. W. B. Simpson, *A History of the Common Law of Contract: The Rise of the Action of Assumpsit* (Oxford, 1987), p.125 (indicating that in one sample year, that of 1572, 503 actions were brought on bonds, in contrast to three actions brought in assumpsit).

라고 불린 최고의 교회법원과 다른 것을 포함하고 있었다. [대법관 법원(High Court of Chancery)에 관계해서] 예를 들어 절차법과 실체법만 이전 시대의 법원의 것과 실질적으로 다를 뿐만 아니라 법적인 논쟁이 진행되고, 정당화되며, 판결이 이루어지는 표준이 되는 범주조차도 달랐다. [대법관법원(High Court of Chancery)에 대해서] chancellor의 "형평법"(equity)은 rule의 총체가 전혀 달랐을 뿐만 아니라, 법적인 추론(legal reasoning) 자체를 전혀 다른 종류를 썼다 - 물론 전체적으로 완전히 달랐다는 뜻이 아니고, 구별할 수 있을 만큼 충분히 차이를 가지고 있었다는 것이다. 위와 비슷한 양상으로 Star Chamber, High Commission, Admiralty 그리고 다른 새로 생긴 법원들 역시 법원에 따라서 적용되는, 구별된 법적인 방식을 가지고 있었다. 따라서 실로 다음과 같이 말할 수 있다. (이 책의 큰 주제인 서양법 전통이 공통적으로 존재한다는 것에 있어서의) 공통적 서양법 전통의 부분으로써, 공통적인 잉글랜드의 법 전통이 존재하였다. (그러나 이미 예시한 바대로 그토록 많은 종류의 법원과 법원에 따라서 전혀 다른 법적 방식과 법적 추론을 쓰고 있었다는 것을 감안한다면) 방금 말한 서양법 전통의 각각의 내부에서 복수의 법학 방법과 법 이론을 가진, 복수의, 그러나 서로 상호 관계되고 얽혀 있는 법체계가 존재하였다.

1640년대까지의 장기 의회(Long Parliament)까지 (방금 말한 튜더 왕조의 특권적 법원 또는 국왕의 대권에 의한 법원들이었던) Star Chamber, High Commission, 그리고 또 다른 국왕의 대권에 의한 법원들이 억압적이었기 때문에, 점차로 보통법의 우위(supremacy of the common law) - 무엇에 대한 우위인가? Chancery, Admiralty, 그리고 교회 법원들에 대한 우위 - 가 나타나고, 민사법원(Court of

Common Pleas)이 민사관할권에 많은 것을 차지하게 되고, 또한 형사 관할권의 대부분도 차지하게 되었다. 불가피하게 소송의 형태는 다음과 같은 경로를 취하게 되었다. 1) (특권에 의한 대권법원들의 방식은 억압적이었기 때문에) 포기될 수밖에 없었다. 2) (이와 다른 경우에는) 소송형태가 전통적으로 오랫동안 적용되어 왔던, (튜더 왕조 이전의) 오래된 소송 이유에 국한되게 되었다. 3) 소송형태가 확장되었다. 그 목적은 서로 경쟁하고 있는 법원에서 이전에는 가능했던 구제책을 제공하기 위해서이다. 열거한 것 중에서 세 번째 가능성이 잉글랜드 법의 역사성과 전통적인 선례 독트린에 대한 믿음과 가장 일치하는 것이고, 세 번째 것이 그러니까 억압적 특권 법원이 물러간 이후에 보통법 법원이 채택한 경로였다.

9.3 법적 의제[265]를 소유권을 확립하는 데에 사용하기 시작함
(The Use of Legal Fictions to Establish Rights of Ownership)

어떤 경우에는 소송의 형태들이 법적 의제를 사용함으로써 변화되었다. 두 개의 가장 뚜렷한 예는, 부동산 점유회복에 관한 소유권에 기한 소송이다. 이것은 토지점유권뿐 아니라 소유권을 보호하

---

265) 옮긴이 주석: fiction의 일상적인 뜻은 non-fiction과의 대비에서 출발한다. 인문학에서 non-fiction은, 사실의 기록으로서 전기문학, 역사물, 기록문학이다. fiction은 지어낸 얘기, 즉 가공의 스토리로 소설 같은 것이다. fact가 아니라는 의미가 강하다. 그런데 어떤 경우의 fiction은 진실(truth)을 지향하고 있어서, 개별적 fact를 보다 더 사회적 목적에 유용할 수도 있다. 예를 들어서 Les Miserables의 등장인물들은 실존인물은 아니나, 그래서 허구(fiction)의 세계에서 존재하나, 어떤 시대를 파악하는데 유용하다고 할 수 있다. 법에 있어서의 fiction은 물론 fact도 아니고 협의의 truth도 아니다. 그러나 어떤 목적을 위해서, 존재하지 않는 허구를 인정하자는 것이다. 의제(擬制)는 일본인들의 조어이다.

기 위한 것이다. 두 번째는 **동산의 점유권뿐 아니라 소유권을 보호하기 위해서**였다.

토지 점유권 소송은 이미 13세기에 가능했는데, 이것의 목적은 특별히 임차인을 토지 점유에 있어서 보호하기 위해서였다. 임대인을 포함해서 불법적으로 점유권을 주장하는 사람들에 의해서 점유권이 침해되는 것을 막기 위해서이다. 13세기에는, 그리고 그 이후 수백 년에 걸쳐서 토지에 있어서 최고의 권리는 사용과 처분의 온전한 권리를 포함하며 점유의 우월한 권리만은 아니었다. 이 토지의 최고의 권리는 매우 제한된 적용 가능성을 가지고 있었고, 단지 매우 성가시고 귀찮은 절차에 의해서만 주장될 수 있었다. **실로 부동산에 대한 커먼 로는 대체로 봉건적 토지보유권(feudal tenure)266)에 대한 법으로 구성되어 있었고, 소유권의 명백한 개념은 아직 발달하지 않았다.** 그러나 17세기에 와서 온전한 소유권의 보호를 위해서 소유권에 기초한 소송을 보다 더 간단한 형태로 채택할 필요성이 느껴졌다. 이러한 필요성에 부응하는 보통법 법률가들이 고안한 특별한 해법은, 일련의 fiction(의제)를 통해서, 부동산 점유회복소송을 토지명의를 다투는 소송으로 변화시키는 것이었다.

예를 들어서 토지 점유 회복 소송(an action of ejectment)의 원고(이 사람을 smith로 부르기로 한다)는 다음과 같이 주장한다.

원고는 문제의 토지를, 가상의, 즉 의제된 임차인 John Doe에게 임대하였었다. 그리고 임차인 John Doe는 해당 토지를 점유하는 동안 역시 가상의 의제적인 임차인으로 다른 당사자인 Richard Roe에

---

266) 옮긴이 주석: 봉건제도에서의 토지 관계는, 현대인이 생각하는 소유주 중심의 개인권리와 다르다. 기본이 되는 것도 대영주-소영주, 농민-농노와 같은 봉건적 귀속관계이다.

의해서 토지점유를 빼앗기고 퇴거당했다. 또한 여기 제3당사자인 Richard Roe는 또 다른 당사자(그를 Saunders라고 부르기로 하자)에게 다음과 같이 통지하였다. 즉, John Doe가 Roe인 그를 상대로 부동산 점유 회복 소송을 제기하였다. 그런데 그 소송에 대해서 Roe는 어떤 재판상 행동을 취할 의도가 없다. 그리고 Saunders가 법정에 나타나서 그 소송에 있어서 피고가 되도록 신청하라고 통지하였다.

이와 같이 해서 다음과 같은 가상적인, 즉 의제의 임차가 있게 된다. Smith가 Doe에게, 그다음에는 임차인 Doe가, "가상적으로 점유하는" 점유의 의제가 있게 된다. 그다음에는 Roe가 Doe를 "가상적인 축출", 즉 의제된 축출이 있게 된다. 그다음에는 역시 Saunders가 가상적인 통지, 즉 의제된 통지를 하는 것이 있게 된다. 그 내용은 Roe는 소송에서 방어를 하지 않고, 소송당사자가 되지 않겠다. 그 결과로, 순전히 형태 또는 형식으로는(in form), 법정에서 결정되도록 남겨진 유일한 논점은 Smith **또는** Saunders가 문제의 땅의 임차권에 대해서 누가 더 나은 권리를 가지고 있느냐의 문제이다. 이 논점을 재판하기 위한 소송의 제목은 Doe d.(=on the devise of) Smith v. Saunders가 되고, 순전히 소송형태로는(in form) Smith는 Saunders를 소송하고 있는데, 그 이유는 Smith의 임차권의 "점유회복소송"(ejectment)을 위해서이다. 그러나 실질에 있어서는, 피고인 Saunders는 제3자의 타이틀, 즉 명의를 쓰도록 허락받는다. 그리고 문제되는 토지에 대한 어떤 다른 권리주장자, 즉 원고도 나타날 수 있도록 소송이 공중에게 공식적으로 통지된다. 이와 같은 경위로 비록 실지 벌어지고 있는 분쟁은 Smith와 Saunders라는 양 당사자 사이의 문제이고, 당사자들 각각이 해당

토지의 소유권을 주장하고 있으며, 소유권을 주장하는 제3의 사람
도 당사자로 나타날 수 있어서 소송은 토지를 임대할 권리를 둘러
싼 분쟁의 형태를 띠게 된다. 왜냐하면 커먼 로에 있어서는 그것이
사용 가능한, 유일하게 편리한 절차적 형태이기 때문이었다.

　　동산 침해에 의한 손해배상청구소송(action of trover)에 관해서
도 동일하게 적용된다. 동산의 우위에 있는 점유권을 주장하는 자
는 동산의 점유자에 대하여 제기한 손해배상청구소송을 근대적인
소유권을 다투는 소송으로 의제하였다. 이 소송은 원래 원고가 잃어
버린 물건을 발견한[원고의 trover는 프랑스어의 '발견하다'(trouver)에
서 유래했다] 피고가, 원고에게 거짓말을 하여 방어할 수 없도록 한
경우에 인정된 소송이었지만, 이 소송으로 피고는 동산점유회복소송
(action of replevin)과 같이 동산을 반환하지 않고 손해배상으로서의
대가를 지불하는 형태가 되었다. 16세기가 되어 피고의 악의는 당연
히 존재하는 것으로 전제되고 쟁송의 대상으로는 고려되지 않았다.
왜냐하면 동산반환청구소송에는 **보증선서**(wager of law)[267]라 불리
는 증인제도가 요구되었지만(**소송당사자의 항변이 믿을 수 있는 것
인지를 정하는 여러 증인이 선서를 통해 증언하는 제도**), 이 오래
된 제도는 번잡하고 믿을 수 있는 제도는 아니었다.[268] 그러나 당

---

267) 옮긴이 주석: 일본어역자 宮島는 설원선서라고 번역했다. 雪冤(せつえん)은 일본
　　어로 원죄(冤罪), 즉 "원통한 죄를 씻음"을 의미한다.

268) 원저 p.279. 각주 19. The action of detinue had three principal shortcomings: (1)
　　it permitted wager of law at the option of the defendant, which meant, in
　　practice, that a defendant would prevail if he could muster six or twelve men
　　to swear that his statements were true; (2) the defendant had the option either
　　to return the goods or compensate the plaintiff for the harm which his detention
　　of them had caused him; and (3) where the defendant chose to return the
　　goods, he could deliver them in whatever condition they were in at the time of
　　judgment. See John H. Baker, *An Introduction to English Legal History*, 3rd ed.

시에 문제되었던 소송은 동산반환청구소송과 유사하다. 즉, 피고는 원고가 점유권을 가진 동산을 불법으로 점유(사용)하였기 때문이다. 나아가 17세기 말에서 18세기 초가 되어, **점유권뿐만 아니라 제3자에게도 대항할 수 있는 소유권을 다투는 소송과도 같이 여겨졌다.**[269] 이 경우도 부동산소유(점유) 회복소송과 같이 법원은 소유권(title)이 원고에게는 없고 제3자에게는 있는 것으로서 소송이 제기된 것으로 공표했다.[270]

이 두 가지가 17~18세기에 커먼 로의 실체법에 변경을 가한

(London, 1990), pp.7:441~445. Wager of law was abolished in 1833.

269) 원저 p.279. 각주 20. Holdsworth confirms the point that the decisive change in trover occurred in the late 1600s, when litigants were allowed to plead the rights of a third party − the *jus tertii* − as a means of demonstrating that the plaintiff lacked property rights in the thing claimed. He states: "At the end of this period [the late seventeenth century] we can see the beginnings of the idea that, if a plaintiff in an action of trover is relying, not on his possession, but on his right to possess, the defendant could ······ meet his claim by proving a *jus tertii*. In other words, the plaintiff must prove an absolute right good as against all the world." Holdsworth, *History of English Law*, 7:426. Cf. *Cooper v. Chitty*, 1 Burr. 20, 97, *Eng. Rep.* 166 (1756), 172, declaring per Lord Mansfield that the first element of proof in an action of trover is "property in the plaintiff," and holding that an officer to whom goods in a bankrupt estate had been transferred for distribution to creditors must pay the value of the goods to one into whose ownership they had been transferred by the bankrupt prior to his insolvency.

270) 원저 p.279. 각주 21. Some English legal historians have tended to stress the use of fictions to expand the actions of ejectment and trover in the sixteenth and early seventeenth centuries, and have underestimated the more important changes of the late seventeenth and early eighteenth centuries. The earlier fictions, however, were procedural fictions, to which the common law courts resorted in order to rationalize and enhance their attractiveness in their competition with other courts. See Holdsworth, *History of English Law*, 7:405. In contrast, the resort to substantive fictions in the late seventeenth and eighteenth centuries occurred at a time when the common law courts were supreme and did not need to use fictions to expand their jurisdiction vis-à-vis other courts but did need them in order to maintain the myth of continuity with the past.

대표적인 "의제"(fiction)이다. 일견 대단히 자의적인 의제(fiction)로 보인다. 이 방식은 법률의 조문을 단순하게 확대해석하는 방법과 다르다. 원래 보증(warranty, guaranty)이라는 말은, 파는 자가 명시적으로 동의하는 보증만을 의미하지만, 결국 파는 자가 명시적으로 동의하지 않은 하자에 대해서도 보증을 의미하는 것과 같은 의미로 쓰였다. 판매자가 명시적으로 부동의(不同意)의 의사를 표명하지 않는, 한 보증은 유효한 것으로 되었고, 이것은 그다지 자의적 의미의 변경이라고는 할 수 없다. 법률의 취지에서(implied in law) 보면 확대해석은 가능하다. 같은 방법으로, 회사는 사법의 주체로서의 사람(person)은 아니지만 법인(legal person)으로서 소송의 당사자가 될 수 있고, **타인의 토지에 허가 없이 침입한 아이가 그 토지에서 상해를 입은 경우(그 원인이 무엇인지는 상관없이), 그 아이는 불법침입자(trespasser)로 보지 않고, 초대받은 자(invitee)로 본다(따라서 상해에 대한 배상책임은 토지 소유자에게 있다).**

법률상의 의제는 거짓말 또는 허구와는 구별될 필요가 있다. 상대를 속일 것이 목적이 아니기 때문이다. 소설이 의제 위에 성립되는 것과 같은 이치이다. **누구도 법률상 의제가 본래의 진실된 것이라고는 생각하지 않지만, "법률상은 진실이라고 믿는다"**(it is true in law).

제레미 벤담(Jeremy Bentham)은 이러한 방식과 반대로 하였다. 말에는 1가지 뜻만 허용되고 그것을 어느 누구도 어떠한 때에도 확인 가능하여야 하고, 또한 그것은 가치중립적이지 않으면 아니 된다는 것이 벤담의 생각이었다. "의제(fiction), 동어 반복(tautology), 기술성(technicality), 우회하는 성격, 즉 돌려말하기(circuity), 정해진 방식이 없는 것(irregularity), 일관성 없는 것(inconsistency)와 같은 것이 잉글랜드 법의 특징이지만, 그중에서도 의제의 다양함은 잉글랜드 법문헌의 최대의 결점이다."271)

이것이 벤담의 커먼 로에 대한 생각이었다. **전통을 중요시하면서 (밴담은 그 필요성을 인정하지 않았다) 새로운 현실에 대응하기 위해서는 언어·개념·법률의 의미의 모호함(때로는 상호 모순)은 불가피한 것이었고, 때에 따라서는 오히려 필요할 것이다.**

17세기 말에서 18세기 초에 커먼 로에 도입된 의제는, 오래된 법률을 사용한 새로운 소송형태와 법률내용의 도입을 가능하게 하였다. 그것은 오래된 법률을 사용해서 새로운 사태를 처리하는 것을 의미한다.272) 이것이 의제의 효용이다. 19세기의 도이치의 역사법학자 사비니(Friedrich Carl von Savigny)는 다음과 같이 말했다.

"의제에 의해 도입된 새로운 법률 내용은 오래된 기존의 법제도에 직접적으로 새로운 법률 내용을 도입하는 것으로, 오래된 법제도의 신뢰성과 발전을 법제도에 가져온 것이다."273)

17세기 말과 18세기 초의 잉글랜드에서는 의제(fiction)가 실용

---

271) 원저 p.280. 각주 22. Jeremy Bentham, "A Fragment on Government," in *The Works of Jeremy Bentham,* vol. 1, ed. J. Bowring (1843), p.235, n. s. See also idem, "Elements of Packing as Applied to Juries," in *The Works of Jeremy Bentham,* vol. 5, ed. J. Bowring (1843), p.92 ("In English law, fiction is a syphilis, which runs in every vein, and carries into every part of the system the principle of rottenness").

272) 원저 p.280. 각주 23. See Lon L. Fuller, *Legal Fictions* (Stanford, 1967), pp.63～65. Owen Barfield, English lawyer and poet, has compared legal fictions with metaphors, in which old words receive new meanings. Legal fictions are an extreme example, he writes, of the process of expressing new meanings in preexisting language and, in law, of applying preexisting legal rules to new situations. See Owen Barfield, *The Rediscovery of Meaning and Other Essays* (Middleton, Conn., 1977), p.44 ("Poetic Fiction and Legal Diction"), 57.

273) 원저 p.280. 각주 24. See Friedrich Carl von Savigny, *Vom Beruf unserer Zeit für Gesetzgebung und Rechtswissenschaft,* 2nd ed. (Heidelberg, 1828), pp.32～33, quoted in Fuller, *Legal Fictions,* p.59.

적 의미를 가졌을 뿐만 아니라 법리적으로도 큰 의미를 가졌다. 즉, 커먼 로에 대한 전통적인 신뢰감을 강화하는 효과를 가져왔다. 잉글랜드의 판사들은 의제를 이용하여 선례구속의 원칙274)을 확립 시켰다. 의제와 선례를 이용한 새로운 법률을 탄생시켰다. 또한 그 것은 과거와의 연속성을 유지하게 되었다.

9.4 주요한 (3개의) 채무를 처리하기 위해 확대 해석된 소송형태(Expansion of the Forms of Action to Cover the Major Types of Civil Obligations)

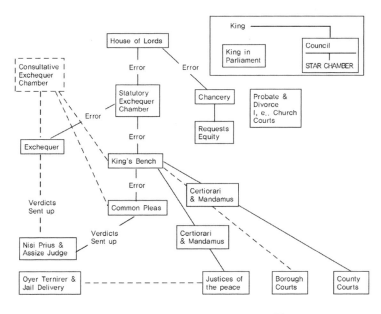

〈도표 1〉 1600년대의 잉글랜드 법원조직도275)

---

274) 옮긴이 주석: 일본어판은 판례주의로 번역하였다.

17세기 말과 18세기 초에 민사법원(Court of Common Pleas)[276] 은 당시 유럽의 이우스 코무네(보통법, jus commune)에서 인정된 3가지 채무(계약위반, 불법행위, 부당이득에서 발생된 채무)를 해결하기 위해 소송형태를 확대 해석하였다.[277] 예를 들면, 피고가 명시적으로 약속한 것을 근거로 제기한 소송(special assumpsit)을 확대 해석해서 민사법원(Court of Common Pleas)은 Chancery(대법관법원), Admiralty(해상법원), High Commission(고등종무법원), Star Chamber(성청법원)[278]가 관할한 계약에 관한 소송을 관할하에 두도록 했다. 그 결과 잉글랜드의 계약법이 통일적으로 되었고, 또한 로마법, 교회법에는 없던 엄격한 조건이 계약에서 요구되게 되었다. 1677년에 의회가 사기방지법(Statute of Frauds)이 제정되어 사기방지법에서 계약은 서면에 의할 것이 요구되었다. 그때까지는 구두에 의한 계약이 유효성을 인정했던 법원이(교회법원), 그

---

275) 김철, 『한국 법학의 반성』(서울: 한국학술정보, 2009), 176면.

276) 옮긴이 주석: 법원 명칭은 최대권, 『영미법』(서울: 박영사, 1991)에 의함.

277) 원저 p.281. 각주 25. In Justinian's *Institutes*, obligations *(obligationes)* were divided into four categories: those arising from contract, those arising from delict, those arising "as if from contract" *(quasi ex-contractu)*, and those arising "as if from delict" *(quasi ex-delicto)*. Although thereafter various types of contractual, delictual, quasi-contractual, and quasi-delictual obligations were identified, there was (as was usual in the classical and post-classical Roman law) no conceptual analysis of the underlying principles that distinguished them from one another. The European Romanists of the twelfth to seventeenth centuries struggled with the nature of those differences and with the division itself. By the seventeenth century, the European *jus commune*, which combined Roman law, canon law, and common features of the laws of secular polities of Europe, had assimilated quasi-delictual to delictual obligations and had attached the concept of unjust enrichment to quasi-contractual obligations. See Reinhard Zimmermann, *The Law of Obligations* (Oxford, 1990), pp.1~33 and 885~886.

278) 옮긴이 주석: 법원 명칭은 최대권, 『영미법』(서울: 박영사, 1991)에 의함.

후에는 어떤 법원도 서면에 의한 계약만을 인정하게 되었다.

커먼 로에서 인정되는 피고가 명시적으로 약속한 것에 기한 소송이 다른 법원의 관할하에 있는 계약에 또한 적용되게 되자, 다른 법원도 채용한 방법이 민사법원(Court of Common Pleas)에도 적용되었다. 그중에도 중요한 것이, 실행 불가능한 것을 이유로 계약 불이행의 정당성을 주장하는 것은 인정되지 않는다는 원칙이다. 1647년에 Paradine v. Jane 재판에서 왕좌법원 또는 형사법원 (King's bench)이 내린 판결에서 드러난다. 프로테스탄트혁명의 와중, 국왕파의 군대가 침략했기 때문에 토지의 이용이 불가능해진 것을 이유로, 토지의 임차인이 임대료 지불을 거부한 것에 대한 소송이다.[279] 피고의 변호사는 사리 또는 도리(law of reason)를 이유로 피고는 임대료를 지불할 의무가 없다고 주장했다. 토지를 이용하지 못한 이유는 피고의 책임은 아니고, 교회법·로마법에 의해서도 또한 도덕법(by moral law)에 의해서도 피고는 임대료를 지불한 의무가 없고, 군대법, 자연법, 국제법에서도 피고는 임대료 지불을 면제받는다고 주장했다. 이에 대하여 민사법원(Court of Common Pleas)은 **"계약에 의해 의무를 부담한 이상, 피고는 어떠한 이유에도 불구하고 그 의무를 면제받지 못한다"**고 하였다.[280] 이 임대료의 문제를 계기로 계약은 항상 이행이 요구된다는 법원칙이 확립되었다.[281]

---

279) 원저 p.281. 각주 26. Style 47, 82 *Eng. Rep.* 519 (1647); Aleyn 26, 82 *Eng. Rep.* 897 (1647). The report in Aleyn is usually cited or reproduced in American books on contract law. The report in Style, from which the discussion in the text is chiefly drawn, gives a much better account of the losing arguments of the defendant.

280) 원저 p.281. 각주 27. Style 47.

281) 원저 p.281. 각주 28. Although it remains true in English and American law

이 법원칙은 계약(covenant)을 신성시하는 프로테스탄트의 사상
이었다. 또한 상거래의 보호(security of bargained transactions)라
불리는 상인의 논리에도 적용되었다. 그러나 중요한 점은 다른 새
로운 법원칙이 등장하였다는 것이다. 임대료의 지불을 명한 이유
로서 민사법원(Court of Common Pleas)은 "어쩔 수 없는 이유"
(inevitable necessity)가 있더라도 계약의 불이행은 인정되지 않는
데, 이 원칙에 의하면 계약에 의해 발생한 채무와 불법행위에 의해
발생한 채무가 구별가능하게 된다(불법행위에 의해 발생한 채무의
경우, 어쩔 수 없는 이유가 불이행의 이유가 될 수 있다).

민사법원(Court of Common Pleas)에 있어서도 계약으로부터 발
생한 채무와 불법행위로부터 발생한 채무가 구별되게 되어(Chancery,
High Admiralty, Star Chamber, Royal Court에서는 일찍부터 이
두 가지를 구별했다) 잉글랜드의 불법행위법은 그 양상이 크게 변
화하였다. 커먼 로에 있어서 사람이나 물건에 대한 손해배상청구의
소송형태는 모두 고의 또는 과실에 의한 것으로, 고의 또는 과실에
의하지 않은 것[엄격책임(strict or absolute liability)]으로 정리되게
되었다(이전까지는 다양한 소송형태가 존재했다). 단 14세기에 등

---

that one who breaks a contract is liable even in the absence of fault, the
doctrine of absolute liability announced in *Paradine v. Jane* has been generally
repudiated in the past century, except that in England, at least, it is still said
to be applicable to leases. That is, the risk of impossibility due to unforeseen
contingencies is placed on the lessee, in the absence of express terms to the
contrary. Also in commercial cases where the parties are of more or less equal
bargaining power and they insert into their contract a list of contingencies that
will excuse nonperformance, the risk of frustration of the purpose of the
contract owing to an unforeseen contingency that is not included in the list will,
in certain types of cases at least, be borne by the obligor. See Harold J.
Berman, "Excuse for Non-performance in the Light of Contract Practices in
International Trade," *Columbia Law Review* 63 (1963), 1413.

장했던 직접침해행위(trespass)와 간접침해행위(trespass on the case)
의 구별은 남았다(직접 침해행위의 등장은 피고가 어쩔 수 없는 이
유를 증명하는 의무를 지는 것에 반하여, 간접 침해행위의 경우는
피고의 과실을 원고가 증명하는 의무를 진다). 불법행위책임을 고
의나 과실에서 구한 새로운 법이론은 17세기 말 18세기에 명확한
형태를 가지게 되고, 그 계기가 된 것이 1703년의 Coggs vs Bernard
판결에 대해 홀트(Sir John Holt)경이 전개한 기탁(bailment)론이다.282)

　홀트경은 해사법원에서 그때까지 민사법원(Court of Common Pleas)
이외에서 채용되었던 상법(mercantile law)·해상법(maritime law)
을 언급하면서 과실(neglect)에 의한 수탁자(受託者, bailee)의 배상
책임[이 경우 중대한 과실(gross neglect)인지는 명확하지 않다]과
무과실책임('단 신에 의한 것으로 국왕의 적에 의한 것은 제외'라
고 부기하고 있지만, 이것은 해상법으로부터 인용한 것이다)을 구
별하고 있다. 홀트경은 로마법도 언급하고 있고(유스티니아누스법
전의 법학제요나 브락톤이 사용한 로마법의 학설에서 인용)283) 나
아가 **피고용자의 과실에 대해 고용자는 무과실책임을 진다는 원칙**
[노예의 과실은 주인의 과실(*respondeat superior*)]도 커먼 로에 포
함하고 있다.284)

---

282) 원저 p.282. 각주 29. 2 *Lord Raymond* 909, 92 *Eng. Rep.* 107 (1703).

283) 원저 p.282. 각주 30. See George W. Paton, *Bailment in the Common Law*
(London, 1952), pp.81～85.

284) 원저 p.282. 각주 31. This development was also a contribution of Lord Holt,
who imported it into the common law chiefly from maritime law, which was
then understood as part of the law of nations. See *Boson v. Sandford*, 2 *Salk.*
440, 91 *Eng. Rep.* 382 (1691), a maritime case brought by owners of cargo
against the owners of a ship for damage done to the cargo while it was under
the supervision of the ship's master. The owners of the ship disavowed
liability, since they had not personally undertaken to ship the goods, but Lord

(부주의로 인한) 과실(negligence)이라는 것이 잉글랜드에 등장한
것은 19세기가 되어서라고 법제사가들은 말하지만,[285] 그들은 17
세기 말~18세기에 민사법원(Court of Common Pleas)이 소송형태

Holt held that "whoever employs another is answerable for him, and undertakes
for his care to all that make use of him." Prior to the English Revolution, this
action would probably have been brought in the High Court of Admiralty. By
1691 the triumphant common law courts had adopted Lord Coke's dictum that
the jurisdiction of Admiralty is limited to matters that take place on the high
seas.

285) 원저 p.282. 각주 32. G. Edward White states that "it is misleading ⋯⋯ to
speak of separate 'tort' actions, let alone standards of tort liability, before the
nineteenth century," and that "the idea of Torts as a separate category of law
was not present in the commentaries of ⋯⋯ Blackstone." He writes, "The
crucial inquiry in tort actions prior to the 1870s was not whether a defendant
was 'in fault' or had otherwise violated some comprehensive standard of tort
liability, but whether something about the circumstances of the plaintiff's
injury compelled the defendant to pay the plaintiff damages. Tort liability was
no more precise than that." Edward G. White, *Tort Law in America: An
Intellectual History* (New York, 1980), p.14. These statements are correct only
in a narrow sense. They fail to take into account the large category of
wrongful acts giving rise to civil liability in the late seventeenth and eighteenth
centuries. It is true that the separate "action on the case for negligence," as
contrasted with the action on the case for negligently causing harm to person
or property in any one of a variety of specific ways, emerged only in the
eighteenth (not the nineteenth) century. It is true also that Blackstone and
others, in writing about civil liability for "trespasses," including "actions on the
case," did not develop a general theory that expressly identified liability for
harm caused by either negligent or intentional misconduct or by extra-hazardous
activity. Nevertheless, those distinctions were made in the context of a general
category of noncontractual civil obligations. Blackstone expressly separated
obligations arising from contract from obligations arising from delict, which
he separated into "public delicts" (crimes) and "private wrongs" (torts).
"Personal actions," he wrote, "are such whereby a man claims a debt, or
personal duty, or damages in lieu thereof; and likewise whereby a man claims
a satisfaction in damages for some injury done to his person or property. The
former are said to be founded in contracts, the latter upon torts or wrongs
⋯⋯ Of the former nature are all actions upon debt or promises; of the latter
all actions for trespasses, nusances [sic], assaults, defamatory words, and the
like." Blackstone, *Commentaries*, 3: 117. The latter surely constituted "a
separate category of law."

를 확대해석하는 형태로 과실을 소송의 원인으로 몰래 숨겨서 들여왔다(secreted)는 것에 대해 알아채지 못했다. 프렉네트(T. F. T. Plucknett)는 이 점을 다음과 같이 지적한다. "오랫동안 그들은 나무는 잘 알고 있었다. 그러나 숲을 보게 된 것은 1762년부터였다. 잉글랜드 법률가들이 과실을 소송의 원인으로 하는 소송(action on the case for negligence)이라는 제목으로 축쇄판 편집을 했을 때 그 개념이 떠올랐다."286)

로마법의 부당이득에 해당하는 것을 커먼 로에 포함한 때에도, 피고가 명시적으로 약속하지 않은 것을 근거로 제기한 소송[indebitatus (general) assumpsit]을 확대 해석하는 것으로 민사법원(Court of Common Pleas)은 그것을 가능하게 했다. 이미 지적한 바와 같이 이 소송형태가 등장하게 된 것은 15세기 말~16세기 초이지만, 정식으로 계약이 이루어지지 않아도 명시적·암묵적으로 계약관계가 확인된 경우 이를 구제하는 방법이 이때 도입되었다.287) 예를 들면, 반환기간을 정하지 않고 상품을 인도받았다고 해도 받은 측이 상품을 반환하지 않고 대금도 지불하지 않은 경우, 혹은 반환기간을 정하지 않고 금전을 넘긴 경우 등을 들 수 있다. 전부 7가지로 되어 있으나[소송의 원인(common counts)라고 불린다], 어느 경우에도 받은 측은 그 대가를 지불해야 한다.288)

---

286) 원저 p.282. 각주 33. T. F. T. Plucknett, *A Concise History of the Common Law*, 5th ed. (Boston, 1956), p. 471, referring to Percy H. Winfield, "The History of Negligence in the Law of Torts," *Law Quarterly Review* 42 (1926), 195. Winfield, in turn, refers to the classification of remedies in Comyns's 1762 *Abridgement of the Laws*.

287) 원저 p.282. 각주 34. Thus "assumpsit" came to be divided into two forms: "special assumpsit," where there was an express undertaking, and "general assumpsit," where an undertaking could be implied from a preceding debt.

피고가 명시적으로 약속하지 않은 것을 근거로 제기한 소송은 17세기 말~18세기 초에 계약의 존재가 명시적·암묵적으로 계약 관계가 확인 가능한 경우만 아니라, 전혀 계약관계가 아닌 경우에도 인정되게 되었다. 예를 들면 금전을 착오에 의해 모르는 사람에게 인도한 경우, 비록 그게 선의라고 해도 받은 사람은 그 금전으로 얻은 이익도 가산하여 반환할 의무가 발생하였다. 계약이 이루어진 경우에는 이익을 얻든 얻지 아니하든 관계없이 계약을 한 금액을 지불해야 했고, 계약이 이루어지지 않은 경우는 반환한 시점에서, 금전에서 얻은 이익을 가산하는 경우는, 이를 가산하지 않으면 부당이득을 볼 때뿐이었다. 예를 들어, 양자의 착오로 금전을 받은 선의의 수령자가 받은 금전을 도둑맞은 경우 그 금전에 의해 이익을 얻지 않았기 때문에 금전을 반환하지 않아도 된다. 나아가 계약에 의한 채무는 (예를 들어 피고가 대가를 지불하는 것을 전제로 상품을 받은 경우나 임대료를 지불하는 것을 전제로 피고가 집을 임대한 경우), 금액이 명시되어 있지 않은 경우, 법원이 시장 가격을 참고하여 금액을 결정하든가 원고와 피고가 합의한 금액을 법원이 결정하도록 하였다. 또한 계약이 이루어지지 않은 경우에는 피고가 얻은 부당이득을 가산하지만, 역시 시장 가격을 참고하여 법원이 금액을 정하든가 원고와 피고가 합의한 금액을 법원이 결정하는 것으로 되었다.

17세기~18세기 초가 되어, 민사법원(Court of Common Pleas)

---

288) 원저 p.283. 각주 35. See Baker, *English Legal History*, pp. 389-390, 394-395; Holdsworth, *History of English Law*, 3:443; A. W. B. Simpson, "The Place of *Slade's Case* in the History of Contract," *Law Quarterly Review* 74 (1958), 381; John H. Baker, "New Light on *Slade's Case*," *Cambridge Law Journal* (1971), 51, 213.

도 커먼 로 법학자도 피고가 명시적으로 약속하지 않은 것을 근거로 제기한 소송에서 얻을 수 있는 손해배상을 유사계약(quasi-contract)에 의한 손해배상이라고 부르기 시작했다. 이 **유사계약이라는 말은 로마법에서 유래한 것으로, 문자 그대로 해석하면 "흡사 계약이 이루어진 것 같이"**(quasi ex-contractu)라는 뜻이다. 즉, 계약이 이루어지지 않은 것을 전제로 마치 계약에 의해 배상책임이 있는 것 같이 의제에 의하여 배상책임이 있는 것을 논증하는 것이다.

18세기 중반 무렵에는 왕좌법원 또는 형사법원(King's bench)의 주석 판사였던 Lord Mansfield가 유사계약에 대한 명확한 논거를 제시하였다. 즉, 피고가 명시적으로 약속하지 않은 것을 근거로 제기한 소송에 있어서 유사계약에 의한 배상책임을 인정하여 받은 금전(money had and received)을 반환시키는 것은 자연적 정의 (natural justice)와 형평(equity)의 원칙[289]에 의한 것이다.[290] 이렇

---

289) 옮긴이 주석: 일본어판은 정의(natural justice)와 공평(equity)의 원칙이라고 번역하고 있다.

290) 원저 p.283. 각주 36. See *Moses v. Macferlan*, 2 Burr. 1005, 97 *Eng. Rep.* 676 (1760). This was an action brought under the rubric "money had and received." The plaintiff had endorsed promissory notes to the defendant, who had promised that he would not seek payment from the plaintiff but only from the maker of the notes. That promise, however, in a prior proceeding in a small claims court (called "court of conscience"), had been held to be unenforceable, and the plaintiff had been required in that proceeding to honor the indorsements. Lord Mansfield held that the defendant was obliged "by the ties of natural justice" to refund the payment, and that the cause of action was "founded in the equity of the plaintiff's case, as it were upon a contract (*'quasi ex contractu,'* as the Roman law expresses it)." Blackstone cited this decision and quoted from it at length in stating that certain obligations arise from "contracts that are only implied by law [w]hich are such as reason and justice dictate" and that the action for money had and received "lies only for money which *ex aequo et bono* the defendant ought to refund" such as "money paid by mistake, or on a consideration which happens to fail, or through imposition, extortion, or oppression, or where undue advantage is

게 부당이득의 법리가 사실상 커먼 로에도 도입되었다. Lord
Mansfield의 논거는 후에 배제되지만(블랙스톤 경은 지지하였었
다),[291] 이로써 잉글랜드의 법원은 피고가 명시적으로 약속하지 않
은 것을 근거로 제기한 소송에서 계약관계의 존재를 암묵적으로라
도 확인할 수 없는 경우에도, 계약관계의 존재를 인정하게 되었다.
정식으로 잉글랜드의 법원이 부당이득의 법리를 인정한 것은 20세
기 후반에서이다.

왜 민사법원(Court of Common Pleas)은 오랜 시간 부당이득의
법리를 인정하지 않고, 또한 유사계약의 적용도 8개의 소송의 원인
만으로 한정하여 계약에 의한 채무와 같이 무조건적으로 이를 인
정하지 않았는가. 이것도 청교도혁명의 사상과 상거래 보호라는 것
으로 증명할 수 있지만, 더욱 민사법원(Court of Common Pleas)
의 우위성을 확립하기 위한 것으로, 잉글랜드에서 새로운 법학이
등장하게 된 것과도 관련이 있다. 피고가 명시적으로 약속하지 않
는 것을 근거로 제기한 소송이라는 법리는, 16세기 말~17세기 초
에 새롭게 등장한 것으로, 채권·채무관계가 있는 것만으로 채무
자는 채권자로부터 받은 물건에 대하여 금전을 지불하는 것에 동
의하는 것으로 간주하였다. 해사법원, 대법관법원, 성청법원, 고등

---

taken of the plaintiff's situation." Blackstone, *Commentaries* 3:162. Mansfield's
debt to the civil law of quasicontract – not the Roman law of Justinian but the
Romanist *jus commune* of the seventeenth century – is well brought out in
Peter B. H. Birks, "English and Roman Learning in *Moses v. Macferlan*,"
Current Legal Problems 37 (1984), 1.

291) 원저 p.284. 각주 37. In 1922 another leading English judge, Lord Scrutton,
characterized the "now discarded doctrine of Lord Mansfield" as "that vague
jurisprudence which is sometimes attractively styled 'justice as between man
and man,'" and as "wellmeaning sloppiness of thought." See *Holt v. Markham*
(1923) K.B. 504, 513.

종무법원 등[즉, 민사법원(Court of Common Pleas) 이외의 법원]
에서는 일찍이 부당이득의 법리를 받아들이고 있었지만, 민사법원
(Court of Common Pleas)이 피고가 명시적으로 약속하지 않은 것
을 근거로 제기한 소송을 계약관계가 존재하지 않는 경우에도 인
정한 것은(소송의 원인이 있는 경우에 한정하고 있었지만), 17세기
말~18세기 초에 와서이다. 이것은 부당이득의 의미가 애매하기
때문이다. 이득(enrichment)의 존재는 간단하게 확인할 수 있지만,
그것이 부당하다(unjust) 혹은 부당하지 않다는 것을 판단하기는
민사법원(Court of Common Pleas)이 채용한 선례구속의 원칙으로
는 어려웠다. 그러나 이미 피고가 명시적으로 약속한 것을 근거로
한 소송이 모든 계약에서 가능했기 때문에, 부당하다는 것을 이유
로 계약에 의해 발생한 채무를 거부할 수 있는 것은 불가능하게
되었다.

9.5 새로운 민사소송절차와 형사소송절차의 등장
(The Transformation of Civil and Criminal Procedure)

원래 커먼 로에서는 민사재판도 형사재판도 법원에서의 청문(judicial
hearing)은 이루어지지 않았다. 그 대신 12명의 선서인(jurati)이 행
한 심문(尋問) 결과(inquest)가, 국왕이 임명한 순회판사에게 제출
되어, 대법관이 발행한 영장의 내용의 가부(민사의 경우), 혹은 대
배심(grand jury's presentment or indictment)에 의하여 고발되어진
내용의 가부(형사의 경우)를 보고하게 되어 있었다. 또는, 배심
원 스스로 증거를 수집하여 평결을 내렸다. 이 시기의 배심제를

학자들은 적극형(active) 배심제 혹은 자신이 증거를 모으는(self-informing) 배심제라고 부른다. 형사사건에서는 놀랄 정도로 유죄 판결이 적었고,[292] 판사가 배심원의 평결에 불만이 있을 경우에는 배심원 심사(attaint)가 가능했지만(배심원의 평결이 옳은가 그렇지 않은가를 심사하기 위하여, 기존의 배심원들과는 다른 배심원이 소집되어 평결의 결과를 심사한다), 그 절차는 복잡하고, 민사재판에서만 이루어지고 있었다.

시대에 따라서, 배심원에게 증거가 제출되는 것으로 되었다. 13세기 초에는 토지의 소유권 이전(transfer of title to land) 소송과 같은 민사소송에서, 증인(witnesses)이 [민사행위 증인(deed witness)이라고 불린다], **배심원 앞에서 증언을 하게 되었다.** 15세기에 와서는 민사소송에서 판사가 배심원을 위하여 질문한 것에 대하여 원고·피고가 한 답변에 배심원은 귀를 기울이고, 증인의 증언에 귀를 기울이게 되었다. 나아가 형사사건의 경우는, 법원에서 판사의 질문에 대하여 피해자·피해자의 가족·검시관(檢屍官), 보안관(constable)이 직접 답하도록 되었다. 16세기 중엽에는 민사재판에서 증인의 소환이 보통 이루어지지 않게 되었고, 형사재판에서도 대배심의 심문보다는 치안판사가 피의자나 증인을 심문하거나, 재판에서의 심리에서도 판사 외에 국왕이 임명한 검찰관이 피의자나 증인의 심문을 하게 되었다. 17세기 초에는 재판이 시작하기 전에

---

292) 원저 p.285. 각주 38. By a study of the English plea rolls, Thomas Green has shown that from the twelfth through the fifteenth century juries generally convicted only about 20 percent of those indicted for homicide. See Thomas A. Green, "The Jury and the English Law of Homicide, 1200~1600," *Michigan Law Review* 74 (1974), 413. Green concludes (p. 432): "Thus, it appears that during the later Middle Ages jury convictions were largely limited to the most culpable homicides."

배심원이 소송에 관하여 조사를 행하지 않게 되었고, 18세기에는 법원 외에서 얻은 증거는 평결에 쓰이는 것이 금지되게 되었다.[293] 이렇게 잉글랜드혁명까지는 적극형(active) 배심제가 소극형(passive) 배심제로 변했지만 그것이 실현된 것은 튜더 왕조 때이다. 16세기 에는 유럽대륙 각국에서 민사소송·형사소송의 절차가 합리화되지 만, 그 배경에는 종교개혁과 왕권의 강화가 있었다.[294] 잉글랜드에 서는 관직과 지위에 따르는 특권에 의한 재판을 하는 대권법원 (prerogative courts, 배심제를 채용하지 않고 전문가로서 훈련을 받 은 판사가 원고나 피고, 증인을 심문한다)과 경합관계에 있던 민사 법원(Court of Common Pleas)이 배심제의 합리화를 실현시켰다.

17세기 말~18세기 초에 민사법원(Court of Common Pleas)이

---

293) 원저 p.285. 각주 39. Giles Dunscombe, in *Trials per Pais* (1682), indicates that even in his time jurors might consult evidence not part of the judicial record: "They may have other Evidence than what is shewed in Court. They are of the Vicinage, the Judge is a Stranger. They may have Evidence from their own personal Knowledge, that the witnesses speak false, which the Judge knows not of may know the witnesses to be stigmatized and infamous, which may be unknown to the Parties or Court." Quoted in Theodore Waldman, "Origins of the Legal Doctrine of Reasonable Doubt," *Journal of the History of Ideas* 20 (1959), 299, 310. Not until 1705 could the jury be drawn from the county rather than from the immediate vicinity of the place where the controverted facts occurred (p.308).

294) 원저 p.285. 각주 40. On the emergence of a new criminal procedure in post-Reformation Germany, see John Langbein, *Prosecuting Crime in the Renaissance: England, Germany, France* (Cambridge, Mass., 1974), pp.129~ 209 (comprehensively reviewing the contents of the Carolina, the early sixteenth-century German criminal code, and the circumstances surrounding its promulgation); and Harold J. Berman, "Conscience and Law: The Lutheran Reformation and the Western Legal Tradition," *Journal of Law and Religion* 5 (1987), 188~189 (briefly discussing the relationship of the Carolina to Lutheran thought). For an analysis of the chief elements of Protestant thought on the purposes of criminal law, see John Witte, Jr., and Thomas C. Arthur, "The Three Uses of the Law: A Protestant Source of the Purposes of Criminal Punishment," *Journal of Law and Religion* 10 (1993~1994), 433.

실현한 개혁은, 다음과 같은 4가지이다. 1) 판사의 지배로부터 배심원 독립의 확립, 2) 형사재판에 있어서의 피고의 권리 확립, 3) 증거를 둘러싼 원고와 피고가 직접 대결하는 당사자주의(adversaru sustem)를 채용, 4) 유죄의 결정적 증거의 새로운 평가방법(형사재판)과 책임의 유무를 판단하는 증거의 새로운 평가방법(민사재판)의 등장.

9.5.1 배심원 독립의 확립

16세기와 17세기 초에 커먼 로 법원에서 증인에 의한 증거(witness proof)를 점점 더 사용함으로써 그리고 "적극적인" 배심원이 "소극적인" 배심원으로 점진적으로 변화하면서 배심원은 이전의 독립성의 많은 것을 잃게 되었다. 16세기와 17세기 초의 당시에 민사 케이스에 있어서의 판사는 이제 그 사례에 대해서 배심원들이 아는 만큼이나 알게 되었다. 그리고 그 시대에 형사재판에 있어서의 판사는 치안판사(justices of the peace) 앞에서 집중적으로 재판 이전의 절차(pre-trial proceeding)에서 대배심원(grand jury)에게 제출된 증거를 토대로 한 기소를 판사의 면전에 접하게 되었다. 또한 많은 재판들에 있어서 기소를 유지하도록 제시된 증거를 제출한 왕을 대리하는 검사(crown prosecutor)가 판사의 면전에 접하게 되었다. 그때 엄격한 제재들-높은 벌금과 가혹한 신체적 조건하에서의 구금-이 형사재판에 있어서 소송판사들에 의해서 반항하는 배심원들에게 부과되게 되었다.

1640년대와 1660년대에 있었던 왕정복고의 기간 동안, 왕이 지명한 판사들이 배심원들을 억압하는 것은 국왕의 최고 우위에 반대하는 사람들에 의해서 강력하게 공격되었다. 국왕은 커먼 로 법원에서 정치적인 이단자와 종교적 이단자들의 형사적 처벌에 호소하였고, 이단자들의 동료로서의 **배심원들은 왕이 임명한 판사들이 배심원들에게 제재를 가하려는 지시들에 저항하였다.** 유명한 재판 사건(cause célèbre)은 1670년의 퀘이커 교도였던 청년 극단주의자 윌리엄 펜(William Penn)과 윌리엄 미드(William Mead)의 처형이었다. 죄명은 "선동적으로 설교하였으며 그래서 백성의 큰 폭동의 이유가 되었으며 …… 백성들이 폭력적으로 또한 불법적으로 집회하게 하였으며 …… 왕의 신민의 큰 공포와 불안정을 초래하게 하였다." 판사가 배심원들에게 음식과 물을 주지 않겠다는 위협을 하고 또한 배심원들이 유죄 평결을 할 때까지 모욕적인 상태에 그들을 가두겠다고 위협했음에도 불구하고 배심원들은 유죄 평결하기를 거절하였다. **판사는 배심원들 각각에게 판사의 지시에 따르기를 거절한 이유로 40마르크의 벌금을 과했으며, 그다음에 벌금을 못 무는 경우에는 감옥에 넣었다.**295) 배심원 중의 한 사람이었던 Edward Bushell은 민사법원(Court of Common Pleas)으로부터 인신보호영장(a writ of habeas corpus)을 얻어내었는데, 이 법원은 청문회 뒤에 배심원들은 그들의 평결이 판사의 지시와 어긋나는 경우에 있어서도 그들이 내린 평결로 인해서 벌금형에 과해지거나 금고에 처하지 않는다고 판결했다.296) 그 죄수들을 방면함에 있어

---

295) 원저 p.286. 각주 41. *The Trial of William Penn and William Mead (Written by themselves),* in *Howell's State Trials,* vol. 6 (1670; reprint, 1816), pp.951~999.

296) 원저 p.286. 각주 42. *Bushell's Case, Vaughan Rep.* 135, 124 *Eng. Rep.* 1006 (1670). An annotated version of the opinion of Justice Vaughan is given in *Howell's State Trials,* 6:999~1026. Contrary to the citations in almost all modern treatises, Vaughan and other contemporary reporters spelled "Bushell" with two l's, not one.

서 Chief Justice Vaughan은 다음과 같이 판결 이유를 설시했다. 즉, 배심원들은 그들 자신의 판단에 따라서 결정할 책임을 가지고 있으며, 똑같은 증거를 들은 이후의 판사가 다른 결론에 도달할 수 있다는 사실은 배심원들의 책임을 감경시키지 않는다. 왜냐하면 보간이 그의 의견에서 말한 바대로, "판사와 배심원은 증거로부터 도달한 결과에 있어서 정직한 방법으로 차이가 날 수 있으며, 이것은 자주 일어나는 일대로 두 사람의 판사가 역시 정직한 상태에서 똑같은 증거에서도 다른 결과에 도달할 수 있는 것과 마찬가지이다."297)

Bushell's Case는 배심원이 사실에 대한 마지막 검증원(the final trier)이라는 것을 판결취지로 했다. 그 케이스는 배심원이 역시 법에 관한 심판자라고 명백히 판결한 것은 아니었다 — 배심원이 법에 대한 심판자라는 의미는 배심원이 법에 관한 판사의 지시를 거절할 권리를 가졌다는 것이고, 이러한 권리를 Bushell's Case는 명시적으로 판시하지 않았다는 것이다. 그 질문은 성가셔서 짜증나게 하는 질문이었다. 왜냐하면 형사사건과 민사사건에 각각 다르게 대답될 수 있기 때문이었다. 민사사건에 있어서는, 판사는 배심원의 어떤 평결을 지도하거나 지시할 수 있거나 또는 배심원의 평결에도 불구하고 심판을 내릴 수 있었다. 형사 사건에 있어서는, 판사는 기소를 기각함으로써, 무죄방면의 평결을 유효하게 이끌어낼 수 있었다. 아니면 유죄의 평결 이후에 판사는 죄수를 집행유예를 선고하고, 국왕이 사면을 하도록 추천할 수가 있었다; 그러나 Bushell's Case는 다음과 같은 사실을 확립했다. 판사는 배심원이 내린 무죄방면의 평결을 번복할 수 없다. 이것은 비록 배심원의 평결이 판사

---

297) 원저 p.286. 각주 43. *Vaughan Rep.*, 147, 124 *Eng. Rep.* at 1012.

의 지시에 언급된 법의 룰을 명백하게 무효화했을 경우에도 그러하다. 이 케이스는 널리 퍼지게 된, 배심원은 그들이 심리하고 있는 사례들에 적용할 수 있는 법을 결정하는 데에 있어서 판사와 똑같이 권한을 가진다는 널리 유포된 견해로 이끌었다.298)

1680년에 최초로 출간된 배심 재판에 대한 널리 읽히고 있는 논문에서, John Hawles는 Bushell's Case에서의 보간의 판결 이유에 기초해서 더 확대시켰다. "배심원들의 직책은 배심원들의 이웃 사람들을 양심을 다해서 재판하는 것이다." 그래서 (이러한 특수한 상황에서) 배심원이 필요한 것은 그를 어떤 식으로 지시하기 위해서 그가 쉽사리 판사에게서부터 배울 수 있는 것이 아닌 것은 법이 아닌 것도 마찬가지이다.299)

---

298) 원저 p.287. 각주 44. See the excellent discussion in Thomas A. Green, *Verdict According to Conscience: Perspectives on the English Criminal Trial Jury* (Chicago, 1985), pp.256~264. On the basis of a study of reports of cases in the Old Bailey, John Langbein has contended that the decision in *Bushell's Case* did not affect "the ordinary criminal trial," as contrasted with trials involving affairs of state ("political trials"), since judges continued to have the power to comment freely on the facts of the case, to make statements prejudicial to the defendant's argument, and even to instruct the jury that it is to return a verdict of guilty. John H. Langbein, "The Criminal Trial before the Lawyers," *University of Chicago Law Review* 45 (1978), 285. Nevertheless, as Langbein acknowledges, the jury could ignore the judge's instructions without penalty (p. 298). After the introduction of counsel for the defendant at the end of the seventeenth century, first in treason trials and, after 1730, also in cases of felonies, counsel could tell the jury that it should decide according to its own conscience and that it, and not the judge, had the final say in deciding all issues in the case. Indeed, it was widely accepted that in criminal cases the jury was the final judge of law as well as of fact.

299) 원저 p.287. 각주 45. John Hawles, *The Englishman's Right* (London, 1680), p.1, quoted in Green, *Verdict According to Conscience*, p. 255. Hawles adds: "As juries have ever been vested with such power by law, so to exclude them from, or disseize them of the same, were utterly to defeat the end of their institution."

비슷하게 대배심에 의한 기소에 관계해서, Hawles는 다른 널리 읽혀지는 논문에서 다음과 같이 주장했다. "대배심(grand jury) 또한 독립이며, 열성적인 검사에게 굴복해서는 안 된다. 대배심원은 단지 사실들(facts) 뿐만 아니라 법에 대한 지식을 자진해서 떠맡아야 한다."300)

배심원 독립을 확립한 것은 큰 정치적 중요성과 큰 철학적 중요성을 가진 것이었다는 사실은 법과학에 있어서 그것에 동등한 중요성을 찾아볼 수 없을 정도이다. Bushell's Case에서 보간은 다음과 같이 말한다.

"두 사람의 남자, 두 사람의 학생, 두 사람의 변호사 또는 두 사람의 판사가 법에 있어서 똑같은 사례법으로부터 서로 상반되거나 반대되는 결론을 끄집어내는 것보다 더 흔한 일이 어디 있을까라고 생각된다. …… 종교 토론에 있어서 똑같은 종교의 텍스트에서 전혀 다른 교리나 주의를 이끌어내는 것보다 더 빈번한 것이 어디 있을까. 두 사람의 인격이 이성과 정직성으로, 증인 한 사람이나 많은 증인이 말하는 것을 파악할 수 없을 수도 있다는 것은 무슨 이유일까. …… 그러므로 이들 두 사람 중의 한 사람이 다른 사람이 하는 대로 할 수 없었다는 이유로, 즉 그의 선서와 성실성을 유지할 수 없었다는 이유로 벌금과 투옥되는 것이 온당한가. 그리고 이러한 일들이 매우 자주 판사와 배심원들이 등장하는 사례이다."301)

---

300) 원저 p.287. 각주 46. John Hawles, *The Grand Jury Man's Oath and Office Explained* (London, 1680), p.13, quoted in Green, *Verdict According to Conscience,* p.259.

301) 원저 p.287. 각주 47. *Vaughan Rep.* at 141~142, *Eng. Rep.* at 1009.

다른 한편에 있어서 형사 재판의 주된 목적은 기소에 포함된 유죄의 주장의 진실성을 결정하는 것이고, 이것은 사실에 대한 주장과 법 위반에 대한 주장 양자를 포함하고 있는 것이다. 다른 한편에 있어서 똑같은 증거와 똑같은 전제에서 출발해서도 각기 다른 사람들은 각기 다른 결론에 도달하는 것이 사리에 맞지 않는 것이 아니다. 법원에 의해서 강력하게 안내되어지나 그러나 지배되지 않는 상태에서 결과를 배심원의 손에 주는 결정은 부분적으로는 다음과 같은 믿음 위에 기초를 두고 있다. 즉, **12인격의 익명으로 행해지는 집단적인 판단은, 커뮤니티를 대표하고 있는 경우에는, 한 사람이나 한 사람 이상의 특별히 훈련된 관료의 판단보다는 더 가치가 있다.**

9.5.2 피고인의 절차적 권리의 확립
(Establishment of Procedural Rights of the Accused)

16세기에 도입된 형사절차의 변화는 배심원의 독립을 실질적으로 감소시켰을 뿐만 아니라 피고인의 권리 역시 심각하게 제한하였다. 17세기 말에 행해진, 배심원을 판사의 지배에서 자유롭게 하려는 운동은, 반대로, 피고인의 권리를 실질적으로 증가시켰다.

1640년 이전의 기간에 형사 사건에 있어서 피고인의 위치는 다음과 같이 요약될 수 있다.[302] 첫 번째로, 피고인은 재판 이전에 보통 구금 상태에 놓이게 된다. 피고인은 치안 판사(justices of peace)나 다른 지방 관원들에 의해서 심문되고, 그의 답변은 문서로 만들어

---

302) 원저 p.288. 각주 48. See James Fitzjames Stephen, *A History of the Criminal Law of England,* vol. 1 (London, 1883), pp.346~350.

서 재판 때의 기소에 의해서 쓰이도록 준비된다. 그러나 피고인은 그 자신을 변호하기 위해서 준비할 아무런 기회가 주어지지 않는다.303) 두 번째로, 피고인에게는 기소의 내용을 알려주지 않는다. 또한 재판정에서 그를 불리하게 쓰일 어떤 증거에 대해서도 사전에 알려주지 않는다. 세 번째로, 재판 이전이나 재판정에서도 변호인에 대한 아무런 절대적 권리가 없으며, 변호인이 나타나는 것은 아주 드물게 허락될 뿐이다. 네 번째로, 피고인에게는 누가 배심원이 될 것인가를 말해주지 않는다. 다섯 번째로, 재판 때 피고인은 배심원이나 배심원을 위하여 판사에 의해서 그리고 검사에 의해서 심문될 수 있다. 이때 심문할 수 있는 질문을 제한하는 규칙이 없으며, 답변을 거절할 권리가 없이 진행된다. 여섯 번째로, 기소자가 세운 증인은 피고인에 대면할 것을 요구받지 않으며, 출석하지 않고도 서면의 항목이 배심원에게 읽혀지게 할 수도 있었다. 나타나서 기소자 쪽의 증인에 대해서 적절하게 반대 심문을 할 수가 없다. 기소자에게는 그들이 증언할 기회는 주어진다. 그러나 그가 증언할 때에도, 재판은 가끔 그 자신과 그 자신에 반대되는 증언을 하는 사람들 간의 엉성한 언쟁이 되어버릴 수가 있다.304) 마지막으로 피고인은 법원에 의해서 선서된 증인을 채택할 권리가 없으며, 보통 그 자신 증인을 부르는 것도 허용되지 아니했다. 피고인에 의해서 증인이 불러졌을 경우에도 기소자의 증인은 법원에서 선서하게 하는데, 피고인의 증인은 선서 없이 행하게 하고 따라서 그들의

---

303) 원저 p.288. 각주 49. See Langbein, *Prosecuting Crime,* pp.21~31.

304) 원저 p.288. 각주 50. The word "altercation" is used by Thomas Smith, *De Republica Anglorum* (1565), ed. Mary Dewar (Cambridge, 1982), p.114. See Stephen, *History of the Criminal Law,* 1: 346~349; and Langbein, *Prosecuting Crime,* pp.29~31.

증언은 신뢰도가 떨어지게 된다. 또한 피고인은 미리 증인들이 말하는 것을 확인할 방법이 없다. 피고인은 남자든 여자든 간에 선서하고 증언하는 것이 허용되지 아니했다. 잉글랜드혁명과 그 이후의 수십 년이 경과하는 동안에, 이 그림은 급격하게 변화했다. James Fitzjames Stephen의 말에 의하면,

"1640년 이후에 형사법정의 전반적 정신과 기질은 …… 백 년 이전의 시대에서 그러했던 것으로부터는 급격히 현재의 상황으로 변화한 것으로 보인다. 모든 재판에 있어서, 내가 알고 있는 한, 피고인은 특별한 이유가 없는 한 (질병) 그에게 불리한 증인이 그들의 증언조서를 정당하게 읽어내는 것은 피고인과 대면한 상태여야 한다. 어떤 재판에 있어서 죄수가 심문될 때 한 사람이 그 자신을 변호사 없이 변호할 때는 피하는 것이 현실적으로 불가능할 정도 이상의 정도로는 심문되지 않는다. 방어할 수 없을 정도로 심문될 때는, 죄수는 보통 답변을 거부한다. 죄수가 그에게 불리한 증인을 반대 심문하는 것이 허용될 뿐만 아니라 그 자신의 증인을 부르는 것도 허용된다. 절차에 있어서의 이와 같은 큰 변화는 명백히 어떤 입법활동에 의한 것이 아니라 저절로 자발적으로 일어났다."305)

이 구절에서 Stephen은 1640년 이후의 기간을 언급하고 있다. 그러나 중죄로 기소된 사람들이 재판정에서 법정대리인에 의해서 대리될 권리를 가지기 이전이었다. 변호인에 대한 권리는 경범죄인 경우에는 이전에 존재하였는데306) 반역죄의 경우에 1696년의 제정

305) 원저 p.288. 각주 51. Stephen, *History of the Criminal Law,* 1:358.
306) 원저 p.288. 각주 52. The word "misdemeanor" came into use in the sixteenth

법에 의해서 도입되었으며, 1730년대에 와서는 법원에 의해서 일반적으로 중범죄에 대해서까지 확장되었다.

1696년의 **반역재판법**(the Treason Trial Act of 1696)은 1688년의 혁명의 부산물이라고 개념되어 왔다. 권리장전(Bill of Rights)나 (칼뱅파에 대한) 관용법(Toleration Act)과 마찬가지로 혁명의 사후처리를 위하여 제정된 것이다.[307) 그 **덕분에 튜더 왕조 때의 소송**

---

century chiefly to refer to crimes within the jurisdiction of Star Chamber. Prior to that time, minor crimes within the jurisdiction of the common law courts, such as riots, forcible entry, labor offenses, and others, often took the form of indictable trespasses, which combined tort and crime and might be sanctioned by damages to the victim as well as by fines to the Crown and (sometimes) imprisonment. Although the rules forbidding the accused to have counsel or to call witnesses were applicable only to felonies, nevertheless the appearance of counsel in cases of lesser common law crimes was highly unusual. In Star Chamber, by contrast, which had jurisdiction over all non-capital crimes (that is, all crimes other than felonies or treason), and exclusive jurisdiction over the most serious of them (including forgery, perjury, riot, sedition, espionage, maintenance, fraud, libel, and conspiracy), the accused was not only permitted but also required to have counsel. See Stephen, *History of the Criminal Law,* 1:341. It is plausible to suppose that when the common law courts took over the criminal jurisdiction of Star Chamber, they would want to continue Star Chamber's practice of permitting representation by counsel in cases of misdemeanors.

307) 원저 p.289. 각주 53. Samuel Rezneck, "The Statute of 1696: A Pioneer Measure in the Reform of Judicial Procedure in England," *Journal of Modern History* 2 (1930), 5, 6. Rezneck seems to have been the first historian to recognize that the Treason Trials Act of 1696 was a reflection of the ideology of the Glorious Revolution comparable to the 1689 Bill of Rights and Act of Toleration. In 1980 James R. Phifer wrote: "It is not the least of ironies in English history that an act as important as the Treason Trials Act of 1696 should have received so little scholarly attention. The only historian to give the act more than a few pages is Samuel Rezneck in an article written in 1930." James R. Phifer, "Law, Politics, and Violence: The Treason Trials Act of 1696," *Albion* 12 (1980), 235. More recently the act has been taken more seriously, although its connection with the English Revolution has been largely ignored. See J. M. Beattie, "Scales of Justice: Defense Counsel and the English Criminal Trial in the Eighteenth and Nineteenth Centuries," *Law*

절차가 근대화되게 되었다.[308] 이 법률에 의하여 반역죄범에서는 2인의 변호사가 붙었다. 공소사실의 심리(arraignment)의 5일 전에 기소장(indictment)의 복사본을 입수하도록 하여 변호를 준비하도록 충분한 시간이 주어지게 되었다. 재판 2일 전에는 배심원 후보자 명단을 입수할 수 있었고, 소장에 있는 "명백한 반역행위"(overt act)에 대하여는 증거를 제출하든가 2인의 증인이 선서를 하고 명백한 반역행위가 있었던 것을 증언하는 것이 요구되었다.[309]

이 법이 제정된 때, 반역죄뿐 아니라 중죄범(felonies)에게도 이 반역재판법을 적용하자는 의견이 있었다[반역죄(treason)는 매우 폭넓게 규정되어 있었다]. 법률의 제정 시에 인정되지 않았던 이 의견이 수십 년 뒤에 민사법원(Court of Common Pleas)이 이에 대한 별도의 제정법 없이 반역재판법을, 의제(fiction)하여 중죄범에게도 적용하게 되었다. 즉, 고소장의 내용을 재판 전에 알 권리, 충분한 시간을 가지고 변호사의 협력을 얻어 변호를 준비할 권리, 법률문제에 대하여 변호사로부터 조언을 구할 권리, 그리고 1730년에는 증인의 심문·반대심문을 변호사가 할 수 있도록 하는 권리 등이었다. 또한 제정법에 의해 피고는 피고 측의 증인을 소환할 수 있는 권리를 인정받았고, 그 증인은 선서를 하고 증언할 수 있는 권리도 인정받았다.[310]

---

and History Review 9 (1991), 221.

308) 원저 p.289. 각주 54. See Phifer, "Law, Politics, and Violence," p.255.

309) 원저 p.289. 각주 55. The Treason Trials Act, 7 William III and Mary II c. 3 (1696). The first draft of the act was introduced in Parliament in 1689 and every year subsequently to 1696. For a history of the prior drafts of the law, see Rezneck, "Statute of 1696," p.21; and Phifer, "Law, Politics, and Violence," pp.244~254.

310) 원저 p.289. 각주 56. See Stephan Landsman, "The Rise of the Contentious

여기서 주의해야 할 점은 이러한 권리가 **처음에는 정치범에게 인정되었다**는 것이다. 튜더, 스튜어트 왕조, 퓨리탄 정권, 후기 스튜어트 왕조의 200년간의 잉글랜드에서는, 정치가의 형사재판이 계속되었다. 가톨릭파, 프로테스탄트파, 왕당파, 의회파, 휘그당, 토리당과, 때로는 정권에 반대한 모든 활동가들이 대역죄(大逆罪, high treason)로 고소되었다. 기소된 저명인사들은, 보통법 아래에서 그들이 속박되었던 부정의(injustices)에 반대해서 저항하였다. 당시 커먼 로는 판사가 검사의 역할도 담당하는 소송절차(inquisitorial procedure)를 채용하고 있었고, 이것이 정적(政敵)을 배제할 방법으로서 사용되고 있었다. 1603년에 랠리이(Walter Raleigh)가 허위로 반역죄로 몰렸을 때, 법원 외에서 공범이라고 자백한 자를 증인으로 소환할 것을 요구한 것에 대하여 (이 자백이 유일한 증거였다) 판사였던 코크(Coke)는 그것을 인정하지 않았다. 랠리이는 "커먼 로 재판은 배심원과 증인에 의해 행해지고 있을 터이다"라고 말했고, 코크(Coke)는 "인정될 수 없다. 법원의 조사(examination)에 의하여 판단한다. 3인이 반역을 꾀하고 3인 모두 자백한다면 증인이 없게 된다. 따라서 3인은 유죄이다"[311]라고 대답했다.

Spirit: Adversary Procedure in Eighteenth-Century England," *Cornell Law Review* 75 (1990), 534~539; and Beattie, "Scales of Justice," pp.224~227 and 230~231. With respect to the right of the accused to see the text of the indictment in advance of trial, see Douglas Hay, "Prosecution and Power: Malicious Prosecution in the English Courts, 1750~1850," in Douglas Hay and Francis Snyder, eds., *Policing and Prosecution in Britain,* 1750~1850 (Oxford, 1989), p.352, n.31; and William Hawkins, *A Treatise of the Pleas of the Crown,* vol. 2 (New York, 1721), p.402. It is submitted that these texts show that such a right existed, though it was not absolute. Langbein reads them otherwise. See John Langbein, "The Historical Origins of the Privilege against Self-Incrimination," *Michigan Law Review* 92 (1994), 1047, 1058.

311) 원저 p.289. 각주 57. See Stephen, *History of the Criminal Law,* 1:334.

1689년의 명예혁명에서 정치범에 대하여 소송절차가 개정된 때에 그것이 정치범 아닌 자에게도 적용되게 되었다. 배심원의 독립성을 확보한 방법을 채용한 때와 마찬가지로 형사법도 관료의 편견이나 부패에서 피고를 지키는 것을 목적으로 소송절차를 채용한 것이다. 또한 배심원의 독립성은 증거의 제시에서 판사나 감찰관의 편견에서 피고를 보호하지 않으면 실현이 불가능하다. 그것은 정치나 도덕의 문제뿐만 아니라 법제도의 문제이기도 했다.

9.5.3 증거를 둘러싸고 원고와 피고가 직접 대결하는
당사자주의의 채택(Introduction of the Adversary System)

당사자주의(Adversary System)의 설명을 하기 전에 규문제("inquisitorial system")[312]에 대하여 설명하도록 한다. 프랑스혁명 후 프랑스나 도이치 등 유럽대륙 각국에서 직권에 의한 수사(impartial investigation)에 의하여 기소가 이루어지는 방법이 채용되었다. 이것은 예심판사(juge d'instruction, Untersuchungsrichter)가 증인에 대하여 심문·증거수집·피의자에 대하여 심문을 하여, 기소하는가 기소하지 않는가를 판단하는 제도로, 예심판사가 기소할 만한 증거가 있다고 판단하면 증거를 모으고 기소가 이루어진다. 우선 소장이 피고에게 송달되고, 법원에 제출된다. 재판에서 피고의 유죄를 증명하는 것은 검찰 측의 일이다. 재판의 구성원은 국가에 따라 다르지만, 보통 형사재판에서는, (재판에서) 초보인 배심원(jury)이 동석한다. 우선 피고를 심문하고 이어서 증인을 심문한

---

312) 옮긴이 주석: 宮島는 예심제라고 번역했다.

다. 그리고 검찰관과 변호사가 증인에게 추가의 심문을 한다. 기소 내용은 검찰 측이 제출한 증거에 한하고, 변호사는 그 증거에 대하여 이의제기를 할 수 있고, 또한 다른 증거를 제출하는 것도 가능하다. 이 소송절차를 규문주의(inquisitorial)라고 부르는 것은 사실의 규문(inquiry, inquest)[코크(Coke)의 말에 의하면 조사(examination)]이 이루지기 때문이다. 유럽 이외에도 이 방법을 채용한 국가는 많다.

그런데 혁명 후의 잉글랜드에서는 당사자주의가 채용되었다. 한때 대영제국에 속했던 국가(아메리카도 그중 하나에 속한다)에서도 이 제도가 채용되었다(단 20세기가 되어서 양방의 제도 간에 차이는 그다지 발견되지 않았다). 잉글랜드의 당사자주의의 특징을 몇 가지 들어보면, 1) 기소 여부를 결정하는 것은 대배심뿐으로, 검찰 측이 제출한 증거를 가지고 기소 여부를 판단한다. 2) 재판에서는 우선 검찰 측 증인이 증언하고, 이어서 변호사가 반대심문을 하고, 그것이 끝나면 이번에는 변호사 측 증인이 증언하고 검사 쪽에서 반대심문을 한다. 3) 피고는 재판에서의 증언을 거부할 수 있다. 18세기에는 잉글랜드에서 피고가 증언을 거부할 수 있는 것이 무죄 추정의 원칙(presumption of innocence)을 채택해서 그렇다고 하지만 이는 잘못된 생각이다. 유럽대륙 각국의 규문제에서는 확실히 법원에 소환된 판사 앞에서 피고는 판사의 심문에 답할 의무가 있었고, 피고의 답이 판결에 영향을 미칠 가능성이 있었다. 그런데 잉글랜드의 당사자주의에서는 피고가 증언을 거부해도 그것이 유죄가 의심되는 일이 없었을 뿐이다. "묵비를 이유로"(out of his mouth) 피고가 유죄가 되는 이유는 없었다(피고가 증언한 경우, 피고는 검찰관의 반대심문에 응하여야 했다). 또한 잉글랜드의 당사자주의는 증인에 대한 심문은 변호사가 하고(피고가 증인대에 선 경우에도 마찬가지), 유럽대륙 각국의 규문제와 같이 판사가 심문을 하지 않았다.

17세기 말~18세기 초에 잉글랜드에 등장한 소송절차와 18세기 말~19세기의 소송절차를 비교해보면, 18세기 말~19세기에 발견된 당사자주의적 특징이 17세기 말~18세기 초에는 나타나지 않았다. 이러한 점에서 잉글랜드에도 16세기 말~17세기 초에 규문제적 소송절차가 존재하여 그것이 19세기까지 계속되었다고 말하는 학자가 있기도 하다.313) 그 근거로 드는 것이 1836년에 제정된 수인변호법(Prisoner's Counsel Act)이지만[수인(囚人)을 위하여 변호사의 역할이 늘었다].314) 1640년의 청교도혁명 전후에 소송절차가 어떻게 변했는지 본다면, 당사자주의가 등장한 것이 청교도혁명 이후라고 하는 것이 일목요연하다. 수인변호법을 제정한 자는 명확하게 1696년에 제정된 반역재판법(Treason Trials Act)을 염두에 두었기 때문이다.315)

당사자주의의 특징은 우선 검찰 측이 증거를 제출하고 그에 대하여 피고의 변호사가 반론하는 방법으로(판사가 피고를 심문하는 방법은 채용되지 않았다), 이것이 잉글랜드에 출현한 것은 17세기

---

313) 원저 p.291. 각주 58. See Langbein, "Privilege against Self-Incrimination." Landsman correctly states that "by 1800, adversary procedure predominated." See Landsman, "Rise of the Contentious Spirit," p.502.

314) 원저 p.291. 각주 59. For the text of the Prisoner's Counsel Act, see 6 & 7 William IV c. 114 (1836).

315) 원저 p.291. 각주 60. Thus Sir James Mackintosh, who sponsored an earlier version of the Prisoner's Counsel Act, declared that the Treason Trials Act of 1696 produced a "benefit [that] was universally felt as a safeguard for the subject" and that the extension of counsel to felony prosecutions would have the same result. See *Parliamentary Debates,* vol. 4, (London, 1821), p.1513, quoted in Beattie, "Scales of Justice," p.252.

말이었다. 그때까지는 잉글랜드에서도 현재 유럽대륙에서 하는 판사가 검사가 제출한 증거에 기초하여 피고를 심문하거나, 증인을 심문하였다. 이미 지적했듯이 사전에 피고에게 증거를 보이는 일 없이, 또한 피고는 여러 심문에 답해야했다. 재판은 피고에 대한 취조에 중점을 두었다. 검사 쪽 증인이 소환되면 피고는 증인의 증언에 답해야 했다. 또한 피고가 증인을 세우는 것과, 세우지 않더라도 사전에 증인과 증언 내용에 대하여 의논하는 것은 허락되지 않았다(이미 지적한 바 있다). 중죄인에게 변호사가 선임되지 않은 것도 재판을 주도하는 것도 여전히 판사였다.316) 아메리카의 판사와 달리 잉글랜드의 판사는 여전히 재판을 주도한다. 이렇게 판사가 재판을 주도하여 원고·피고·증인에게 여러 질문을 한다고 하여 재판이 당사자주의가 아닌 것은 아니다. 왜냐하면 우선 피고는 판사의 심문에 대하여 답하는 것을 거부할 수 있다(증인은 거부할 수 없다). 또한 피고는 자신의 증인을 세우는 것이 가능하고, 변호사가(변호사가 없는 경우에는 피고 자신이) 변호 측 증인에 증언하도록 할 수 있다. 피고는 검사 측 증인에게 반대심문도 가능하다. 즉, 증인은 피고·검사 측이 서로 대결하기 위하여 소환되는 증인으로, 유럽대륙 각국과 같이 법원이 소환하는 증인은 아니다. **형사**

---

316) 원저 p.292. 각주 61. On the introduction of defense witnesses and other procedural developments in criminal law in the wake of the English Revolution, see Samuel Rezneck, "The Statute of 1696: A Pioneer Measure in the Reform of Judicial Procedure in England," *Journal of Modern History* 2 (1930) 5ff.; and Phifer, "Law, Politics, and Violence." It took time for the reforms of the Treason Trials Act to make themselves felt in ordinary criminal trials. Langbein records, for instance, that into the middle decades of the eighteenth century, defense lacked counsel in most proceedings at the Old Bailey and defense witnesses, where they were available, were generally interrogated by the judge. See John H. Langbein, "The Criminal Trial before the Lawyers," *University of Chicago Law Review* 45 (1978), 263~316.

소송에서도 민사소송에서도, 18세기 초에 피고 측·검사 측(민사소송에서는 원고 측)이 서로 상대방의 증인에게 반대심문을 하고, 이것이 당사자주의에서 중요한 의미를 가진다.317) 유죄 여부를 결정하는 사실(truth of a matter)의 확인을 직접 피고와 증인을 심문하는 것으로 하지 않고, 검사 측 증인에 대하여 피고의 변호사가 반대심문하거나 피고 측 증인에게 검사가 반대심문을 하고, 심문 내용에 판사가 제약을 가하는(이것은 형사재판의 경우이다. 민사재판에서는 원고의 변호사가 피고의 증인에게 반대심문하는 것에 제약을 가한다) 간접적인 방법이 채용되었다.

9.5.4 유죄의 결정방법인 증거의 새로운 평가방법(형사재판)과 책임의 유무를 판단하는 증거의 새로운 평가방법(민사재판)의 출현
(New Criteria for Proof of Guilt and Liability)

1) 배심원의 독립성 확보, 2) 형사재판에 있어서의 피고의 권리 강화, 3) 증거조사에 있어서의 당사자주의 도입으로, 4) 증거의 평가방법도 변하게 되었다. 이 4가지는 커먼 로 재판의 소송절차를

---

317) 원저 p.292. 각주 62. The discussion in the text is supported by Landsman, "Rise of the Contentious Spirit." Langbein, by contrast, stresses the persistence of the non-adversarial "continental" character of the English criminal trial in the eighteenth century, citing especially the active role of the judge in conducting the trial and the limited role of counsel. See Langbein, "Criminal Trial." It is argued here, however, that the shift from a predominantly inquisitorial to a predominantly adversarial mode of criminal trial should be measured not primarily by the extent to which the judge and defense counsel play active or passive roles but rather by the manifestation of what Landsman calls "the contentious spirit" in the right of the accused to refuse to answer questions, the right of the accused's witnesses to testify under oath, the cross-examination of each other's witnesses by the parties, and the division of functions between judge and jury.

근대화를 설명하기 위해서는 어느 하나도 빠질 수 없고, 이 4가지
는 서로 밀접한 관련이 있다.

증거의 새로운 평가방법의 출현은 자연현상과 사회현상에 대한
새로운 사고, 즉 자연현상이나 사회현상은 확률론(probability)으로
밖에 설명할 수 없는 사고의 출현과 관련 있다. 가설을 증명하는
책임은 가설의 제안자에게 있고, 가설이 틀리지 않는 사실이라는
것을 설명할 필요는 없고[당시는 도덕적으로 인정된 정도의 제한적
인 확실성(moral certainty)라고 불렀다], 확률이 높은 것을 설명하
면 그것으로 충분했다. 이 사고를 재판에 도입하면, 유죄나 책임
있음을 설명하는 의무는 검사(형사재판)와 원고(민사재판)이고, 유
죄의 증거나 책임 있음을 드러내는 증거는 무죄의 증거나 책임 없
음을 드러내는 증거 이상으로 확률이 높다면 충분하다는 것이다.
형사재판의 경우 유죄가 되면 심각한 결과를 가져오기 때문에(반역
죄나 중죄는 교수형), 10명의 범인에게 무죄판결을 내리는 것이 1
명의 죄 없는 사람을 유죄로 하는 것보다 낫다는 것이 헤일(Hale)
의 생각이었다[블랙스톤(Blackstone)도 마찬가지로 생각했다].[318]
이미 언급한 바와 같이, 헤일은 무죄추정의 원칙을 채택했다.[319]

---

318) 원저 p.293. 각주 63. See Sir Matthew Hale, *Pleas of the Crown: A Methodical
Summary* (London, 1982), p.289 (a facsimile edition of the original work,
published in 1678); Blackstone, *Commentaries,* 4:352. In *Pleas of the Crown,*
Hale wrote that it is better to acquit five guilty men than to convict one
innocent man. In his diary (and perhaps elsewhere), he raised the number from
five to ten. Quoted in Harold J. Berman, "The Origins of Historical
Jurisprudence: Coke, Selden, Hale," *Yale Law Journal* 103 (1994), n.147.

319) 원저 p.293. 각주 64. "In obscuris et in evidentibus praesumitur pro innocentia"
(In obscure matters and even in clear matters, there is a presumption in favor
of innocence), quoted in Berman, "Origins of Historical Jurisprudence," n.147.
Note that this was an entry in Hale's diary in 1668, while he was sitting on
circuit. It may have been a contemporary Latin maxim.

민사재판의 경우 형사재판만큼 심각한 결과를 가져오지 않고, 원고
와 피고 중 누군가가 책임을 지면 끝나는 것이기 때문에 확률이
낮은 쪽에 책임이 있는 것으로 보았다. 이때까지의 연구로, 합리적
인 의심을 넘는 증거(proof beyond reasonable doubt)라는 말이 잉
글랜드의 형사재판에서 등장하고, 우위에 있는 증거(proof by a
preponderance of evidence)라는 말이 잉글랜드의 민사재판에서 등
장한 것은 1770년 이후라고 본다.320) 그러나 이미 17세기 말~18
세기 중엽에 배심원은 판사로부터 같은 취지의 지시를 받았다. 피
고가 유죄인 것을 양심이 납득하는(satisfied conscience) 경우 이외
에는 유죄판결을 내리지 않았고(형사재판), 피고가 책임 있음이라
고 평결하지 않았다(민사재판). "양심이 납득하는"이란 말은 확률
이 높다는 의미로 보통 사용되었고, 증거가 가지는 가치를 평가하
는 잣대로도 사용되었다.321)

---

320) 원저 p.293. 각주 65. The first express judicial application of the general
"beyond a reasonable doubt" standard of proof in criminal cases seems to
have been in the crown colony of Massachusetts in 1770 in the case of the
Boston Massacre. See Anthony A. Morano, "A Reasonable Examination of the
Reasonable Doubt Rule," *Boston University Law Review* 55 (1975), 516~519.
The first judicial enunciation of the general standard in the mother country
seems to have been in an Irish case in 1798. See John Wilder May, "Some
Rules of Evidence: Reasonable Doubt in Civil and Criminal Cases," *American
Law Review* 10 (1876), 656~657. The general "preponderance of the evidence"
standard of proof in civil cases was first enunciated in the nineteenth century.
These broad standards were generalizations of the particular weights to be
given to particular types of evidence in particular types of cases, as set forth
in the late seventeenth and eighteenth centuries in Gilbert's treatise and in
other scholarly writings and in arguments by counsel and in judicial opinions.

321) 원저 p.293. 각주 66. As indicated earlier, Langbein has attacked the thesis that
substantial changes occurred in the English system of criminal procedure in
the late seventeenth and early to mid-eighteenth centuries. Based on his study
of eighteenth-century criminal trials in the Old Bailey, he has concluded that
prior to the 1780s, at the earliest, in ordinary felony trials (as contrasted with

확률론적 사고는 17세기 말~18세기 초에 민사법원(Court of Common Pleas)이 증거에 대한 생각을 체계화한 때에 출현했다. 길버트(Jeffrey Gilbert)는 증거론(The Law of Evidence)라는 논문에

"political cases" reported in *State Trials*), there was no effective right to counsel and that consequently the adversary system could not prevail, the jury was dominated by the judge, and the accused was not protected by a requirement of proof beyond a reasonable doubt. See Langbein, "The Privilege against Self-Incrimination." There can be no quarrel with his conclusions concerning the privilege against self-incrimination as he defines it, namely, as the right of an accused not to testify at all: if, without counsel, the accused said nothing, he would have no defense whatever. There is also no basis for doubting the accuracy of Langbein's portrayal of the practice of the Old Bailey. It is a mistake, however, to suppose that because the accused were only infrequently represented by counsel at the Old Bailey, therefore there was no effective right to counsel under English law, when in fact, as Langbein acknowledges, the more well-to-do accused whose felony cases are reported in *State Trials* (not all of which, by any means, were political cases) were represented by counsel quite often. Langbein also does not deny that the trial, both at the Old Bailey and in King's Bench, was often a contest between the prosecutor's witnesses and the accused's witnesses, and to that extent, at least, there was an adversary procedure. Moreover, the fact that at the Old Bailey and elsewhere juries very often brought in verdicts of acquittal, or convictions of lesser offenses than those charged, despite strong judicial directions to the contrary, for which they suffered no reprisals, would seem to justify the conclusion, contrary to Langbein's, that *Bushell's Case* continued to have vitality.

The view presented here that the standard of "satisfied conscience" gave protection to the accused analogous to that of "proof beyond a reasonable doubt" is more difficult to defend. As Langbein emphasizes, the phrase "beyond a reasonable doubt" does not appear in the available legal sources until 1770. Indeed, neither Hale nor Gilbert nor Hawkins nor Blackstone refers to any general standard of proof in criminal or civil cases. Yet it is clear from the non-legal literature that by a "satisfied conscience," which was a term widely used both in law and in moral philosophy, was meant a conscience that has taken into account all the evidence and has weighed in according to standards of probability. It is also clear that both jury practice and the writings of legal scholars and judges reflected a strong aversion to the conviction of accused persons where there were reasonable doubts concerning their guilt. It therefore seems fair to conclude that the seeds, at least, of the "beyond a reasonable doubt" standard were sown in the late seventeenth century.

서 (1700년대 초에 쓰였지만, 발표된 것은 훨씬 나중이다. 영어로 쓴 최초의 체계화된 증거론), "배심원에게 제시된 증거는 어떤 것인가, 증거로서의 신뢰성을 어떻게 평가해야 되는가"를 다루고 있다.[322] 어떤 뛰어난 학자[a very learned man, 친분이 있던 로크(Locke)를 말함]에 의하면 "확실한 것(perfect Certainty)부터 불가능한 것(Impossibility)까지, 여러 레벨의 확률이 존재한다. 마찬가지로 증거도 틀림없이 확실한 증거(full Assurance)부터 믿을 수 없는 증거(Disbelief)까지 여러 레벨의 증거가 존재한다."[323] 로크의 『인간지성론』(Essay Concerning Human Understanding)에 의거하면서, 인간은 감각에 의한 지식을 획득하기 때문에 인간의 감각에 호소하는 것으로 증명(demonstration) 가능하다고 쓰고 있다(그가 그 예로써, 토지가 누구의 것인가를 다투는 소송에서 소유권의 증명은 소유 이전의 행위를 인지하는 것(perception)으로 확인 가능하다고 말한다). 그러나 실제로는 틀림없이 확실한 증명(strict demonstration)은 불가능하고, 권리의 증명은 확률론적에 의할 수밖에 없다(Rights of Men must be determined by Probability). 즉, 신뢰할 수 있다고

322) 원저 p.293. 각주 67. Geoffrey Gilbert, *The Law of Evidence* (New York, 1979) (a facsimile edition of *The Law of Evidence with all the Original References Carefully Compared*, published in 1754). Sir Geoffrey Gilbert (1674~1726) practiced law first in England and then in Ireland. He was named chief baron of the Irish Exchequer in 1715 but soon thereafter returned to England to serve in the English Exchequer, of which, at his death, he was chief baron. His treatise on the law of evidence was first published twenty-eight years after his death. See Michael MacNair, "Sir Jeffrey Gilbert and His Treatises," *Journal of Legal History* 15 (1994), 252~255 and 258.

323) 원저 p.293. 각주 68. Gilbert, *Law of Evidence*, p. 1. On Gilbert's relationship to John Locke, who was older, see MacNair, "Sir Jeffrey Gilbert," pp.255~256. According to MacNair (p.255), in 1709 Gilbert anonymously prepared and published an essay titled "An Abstract of Locke's Essay Concerning Human Understanding."

생각되는 증인의 증언을 어느 정도 신용할 것인가가 된다(증인은 선서를 하고, 위증하면 종교적 벌과 위증죄의 위험을 진다). 증인의 증언은 우리가 듣고 경험한 것을 근거하여 신용할 수 있는지 없는지를 판단할 수밖에 없다. 그것이 재판이라는 것이고, 재판에서 증거가 가지는 의미이다(this is the Original of Trials, and all manner of Evidence). 그리고 마지막으로 길버트는 "증거를 다룰 때 가장 중요한 것은 다투어지는 사실의 성질부터 생각하고, 가장 믿을 수 있다고 생각되는 증거를 고르는 것이다"(Man must have the utmost Evidence [which] the Nature of the Fact if capable of) 라고 결론지었다.324)

가장 믿을 수 있는 증거(best evidence)라는 것은 다투어지는 사실을 고려하면서 증언을 분석하고 그것이 어디까지 믿을 수 있는가를 판단하는 것을 말한다. 이 논문은 도이치의 대학의 법학 교수들이 썼던 주제별 정리·분석법(topical method)과는 달리, 잉글랜드의 판사나 변호사가 채택한 판례의 정리·분석법(case method)에 의한다. 이 책에서는 형사재판이나 민사재판에서 배심원이 제시하기 좋은 증거가 열거되어 있고, 처음으로 받은 인상은 마치 판사나 변호사를 대상으로 쓴 안내서 같다. 그러나 길버트의 이 논문에는 일관된 이론과 체계가 존재하고, **증거론이 법학의 한 부분**이라고 쓰고 있다. 경험에 기초한 소송에, 어디까지 증거가 증명능력이 있는가 판단하기 위한 방법을 제시하고 있다. 이 사고는 확률론적인 사로로서, 수학과 같은 추상론을 전개하는 것이 아닌, 경험에서

---

324) 원저 p.294. 각주 69. Gilbert, *Law of Evidence*, p. 3. Cf. *Stillingfleet v. Parker*, 6 Mod. 248, 87 *Eng. Rep.* 995 (1704), which Gilbert cites in support of his formulation of the best evidence rule.

나온 결론, 즉 배심제의 재판에서 가장 신용할 수 있는 증거란 무엇인가를 논하는 과학적인 논문이다.

9.6 새로운 법(과)학의 출현
(The Emergence of Scientific Legal Treaties)

17세기 말~18세기 초 잉글랜드에서 법(과)학의 방법이 바뀐 것은, 잉글랜드법의 일부 분야에서 포괄적인 논문이 쓰이게 되었고, 또한 잉글랜드 법 전체를 다루는 논문이 쓰였기 때문이라고 생각한다. 배심제의 재판에서 증거를 어떻게 다루는가에 대해서 논한, 길버트 경의 논문에 관하여는 이미 소개하였지만, 길버트 경 외에도 부동산 유증(Devises), 부동산 보유권(Tenures), 신탁(Uses and Trusts), 과부권(Dower),[325] 채무(Debt), 부동산점유회복소송(Ejectment)에 관한 논문이나, 민사법원(Court of Common Pleas), 재무법원(Exchequer), 대법관법원(Forum Romanum(Chancery), 왕좌법원 또는 형사법원(King's bench)에 관한 논문도 쓰였다.[326] 그러나 이러한 특정 분야의 법률에 관한 논문이 중요한 것은, 형법에 관한 호킨스(William Hawkins)의 『잉글랜드 형법론』(A Treatise of the Pleas of the Crown)이다(길버트 경의 『증거론』도 같은 무렵에 쓰였다).

커먼 로의 우위성을 확보하기 이전에는, 여러 세속 법원과 교회

---

325) 옮긴이 주석: Dower는 망부의 유산 중에서 과부가 받는 몫을 말한다.

326) 원저 p.294. 각주 70. See MacNair, "Sir Jeffrey Gilbert," pp.258~260. Fifteen of Gilbert's treatises were published posthumously and several others remain in manuscript form. Gilbert used Hale's treatise The Analysis of the Law as a model, and it is apparent that he had in mind eventually to collect his various treatises in a comprehensive "analysis" of English law as a whole.

법원에서 다양한 증거나 형법이 사용되어, 체계적인 증거론이나 형법론이 전개되는 것이 불가능했다. 유일하게 체계적인 논문이라고 할 수 있는 것은 리틀턴(Thomas de Littleton)이 쓴 『토지소유의 제형태』(Tenures)였지만(10세기에 쓰였다), 그것이 가능해진 것은 "자유토지보유"(freehold land tenure)를 다투는 재판에서 커먼 로의 우위성을 확립하고 나서이다. 17세기 중엽의 잉글랜드에서는 교회법·국왕법원(prerogative courts)에서 적용된 로마법, 해상법, 상인법·커먼 로에서 구제될 수 없는 사안을, 대법관법원이 정의와 형평(equity)을 실현시키기 위하여 심의한 재판이 커먼 로 외에 존재했다. 커먼 로의 우위성이 확립될 때까지, 잉글랜드법(law of England)라는 개념은 없었다.

커먼 로를 체계적으로 다룬 최초의 연구서는 헤일(Hale)이 쓴 『잉글랜드 법 분석』(The Analysis of the Law)이다. 이 책의 부제는 "여러 분야에서 분석하고 있는 잉글랜드 법을 한 개의 체계로 모은 것"(A Scheme or Abstract of the Several Titles and Partitions of the Law of England, Digest into Method)이다.[327] 헤일은 16세기에 도이치의 법학자가 도입한 "주제별 방법"(topical method)도 채용하여 법률을 genus와 species로 분류하는 『법학제요』(Institutes)의 용어를 채용하기도 했지만, 이는 어디까지나 커먼 로의 체계화에 이용했을 뿐이었다.[328] 이 책의 서문에서 잉글랜드 법을 우선

---

327) 원저 p.295. 각주 71. Hale's *Analysis of the Law* was written in about 1670 and was circulated privately. It was first published in 1713. See Matthew Hale, *The Analysis of the Law* (Chicago, 1971), a facsimile of the 1713 edition. Its original title page does not name Matthew Hale as author, stating only that the work was "Written by a Learned Hand."

328) 원저 p.295. 각주 72. Hale states (*Analysis of the Law,* p. A3): "Nor shall I confine myself to the Method or Terms of the [Roman] Civil Law nor of

사법(Civil Part), 형법(Criminal Part)으로 나누고, 구체적으로 사법
을 권리(civil rights or interest), 권리침해(wrongs or injuries)와
구제(relief or remedies applicable to those wrongs)로 나누고
있다. 또한 권리는 사람의 권리(rights of persons)와 물권(rights of
things)으로 나누고, 사람의 권리는 사람에 대한 권리(rights that
concern persons themselves)와 물건에 대한 권리(rights relate to
goods and estates)로 나누었다. 또한 사람(persons)은 자연인(natural
persons)과 법인[정치조직도 포함, "corporations"(including "bodies
politics")]으로 나누었다. 이렇게 잘게 분류가 계속되는데(권리침해,
구제도 역시 마찬가지이다), 이 방법을 헤일은 분석적 방법(analytical
method)이라고 불렀다.

　형법이 『잉글랜드 법 분석』에서도 소개된 것은 이미 그가 형법
논문을 썼기 때문으로["잉글랜드 형법 또는 잉글랜드 형법 요람"(Pleas
of the Crown or A Methodical Summary of the Principal Matters
Relating to that Subject)],[329] 헤일은 『잉글랜드 법 분석』의 마지
막 단락에 "이미 쓴 형법의 논문을 이 책에 추가했다"고 쓰고 있
다. 이 논문으로 헤일은 우선 형법을 범죄(offenses)와 기타(incidents)
로 나누고, 범죄를 커먼 로 상의 범죄(common law crimes)와 제정
법상의 범죄(statutory crimes)로 나누고, 각각의 죄를 사형에 적용
하는 범죄(capital offenses)와 사형에 적용하지 아니하는 범죄(non-
capital offenses)로 나누었다. 커먼 로 상의 범죄(common law crimes)
는 신에 대한 범죄(이단과 마술)[offenses against God(heresy and

---

others who have given general Schemes or Analysis's of Laws, but shall use
that Method …… that I shall think most conducible to the Thing I aim at."
329) 원저 p.295. 각주 73. See Matthew Hale, *Pleas of the Crown* (London, 1716).

witchcraft)]와 인간에 대한 범죄(반역죄와 중죄)[offenses against man(treason and felony)]로 나누었고, 중죄는 각각 생명(life), 물건 (goods), 주거(habitation), 공공질서(public justice)에 대한 4가지 것 이 해당되었다. 커먼 로 상의 범죄(common law crimes)로서 그가 열거한 것은, 모살・살인・절도・강도・해적행위・방화 등이고, 제정법상의 사형적용법죄(statutory capital offenses)도 열거하였다. 커먼 로 상의 사형에 적용하지 아니하는 범죄(non-capital common law offenses)로서 열거한 것은 중죄의 은닉(misprision)과 치안방 해(breach of the peace)이다. 사형이 적용되지 아니하는 제정법상 의 범죄(non-capital statutory offenses)는 그 숫자가 너무 많아 하 나하나 열거하지 않았다.

헤일의 이 소책자는 (약 4만 5,000자), 최초로 보통법원(Court of Common Pleas)에서 적용된 형법을 체계적(methodical)으로 정리한 것이었다. 이 책이 사용되고 2세대 후, 호킨즈(William Hawkins)가 『잉글랜드 형법론』(A Treatises of the Pleas of the Crown: A Study of the Principal Matters relating to that Subject, digested under the proper Heads)을 썼다.[330] 호킨즈는 헤일이 개요(summary)로써 정리 한 것을 2권의 체계(system)로 발전시켰다(약 37만 5,000자). 이 호킨즈의 대 저서는 그 후 100년간 권위 있는 잉글랜드 형법의 교 과서로 사용되었다.

헤일의 체계적인 방법은 유럽대륙의 각 나라와 같이 이우스 코 무네(보통법, jus commune, common law)을 공법과 사법으로 구분

---

330) 원저 p.296. 각주 74. See William Hawkins, *Pleas of the Crown,* 1716~1721 (London, 1973), a facsimile edition of Hawkins's two volumes, one originally published in 1716, the other in 1721. The book ran through seven editions in the eighteenth century and one in the nineteenth.

하지 않는다. 통치자(bodies politic)의 권한도 법인(artificial person)의 권한으로 하고 있다. 예를 들면, 국왕은 1인 법인(corporation sole)이다.[331] 이렇게 규정함으로써 그는 지배자를 법제도의 테두리 안으로 넣는 것을 가능하게 했다. 지배자는 법제도에 군림하지 않는다. 이렇게 국왕이나 행정관료(의회·법원도 포함)의 권한도 세세하게 제약을 가하였다. 국왕의 법제정권은 법률에 의해 인정되는 권한에 지나지 않고(only a qualified and coordinate power), 그 행사에는 의회의 동의를 필요로 한다. 확실히 국왕의 왕명은 법률과 같은 효력을 가지지만(의회의 소집·선전포고 등) 제정법이나 커먼로를 무시하고 재산권의 이전이나 형벌을 과할 수는 없었다.[332] 왕명에는 이렇게 엄격한 제약이 가해졌다.[333]

헤일이 잉글랜드법에 대하여 한 체계화의 구조는, 16~17세기에 유럽에서 이루어진 이우스 코무네(보통법, jus commune) 체계화의 구조에 대응하는 것이었다. 유럽대륙 각국에서 따로 가능하던 법률을 보통법으로서 체계화한 것과 같이 헤일은 각각 기능하던 커먼로(판례법과 제정법에 각각 분리되어 있었다)를 하나로 체계화한 것이다. 단 헤일이 체계화한 보통법(common law)은, 유럽의 이우스 코무네(보통법, jus commune)와 달리 과거에 잉글랜드에서 시행되던 것, 즉 민사법원(Court of Common Pleas), 왕좌법원 또는 형사법원(King's bench), 재무부법원에 적용되던 판례와 법률에 한정했다. 교회법, 해상법, 상인법, 주요 산물의 집산 도시(staple

---

331) 원저 p.296. 각주 75. Hale, *Analysis of the Law*, p.6.
332) 원저 p.296. 각주 76. Ibid. p.13.
333) 원저 p.296. 각주 77. Hale's view on the limits to be placed on royal proclamations were developed more fully by Blackstone. See note 78.

towns)[334][335]의 도시법에 저촉하는 것이 있더라도 그것은 표면적 인 것에 지나지 않고 대법관법원의 판례(equity)에는 전혀 저촉되 지 않는다. 대법관법원이 커먼 로에 의하지 않은 구제(remedies)를 목적으로 함에도 불구하고 구제를 다루는 각각의 법원은 대법관법 원에 전혀 저촉되지 않는다.

헤일의 책은 그 내용 이상으로 후세에 미친 영향이 중요하다. 1713년에 초판되고 2세대 후 블랙스톤(Blackstone)이 『잉글랜드 법 분석』(Analysis of the Laws of England)(1753)과 4권의『잉글 랜드 법 주석』(Commentaries on the Laws of England)(1765~1769) 을 쓸 때 헤일의 법과학(science)의 성과에 의거하였다고 고백했 다.[336] 호킨스의 형법론을 2권의 대저서로 칭송했던 것과 같이, 블

---

334) 옮긴이 주석: staple towns의 대표적인 예는 양털 집산지였던 네덜란드의 플랑드 르 지역을 들 수 있다.

335) 옮긴이 주석: 일본어판은 특권도시라고 번역했다.

336) 원저 p.297. 각주 78. See William Blackstone, *Analysis of the Laws of England* (1756; reprint, Buffalo, 1997), and idem, *Commentaries.* Both works were based on Blackstone's lectures at Oxford University, commencing in 1753. The *Commentaries* went through eight editions in Blackstone's lifetime, and another fifteen editions up to the middle of the nineteenth century. See David Lieberman, "Blackstone's Science of Legislation," *Journal of British Studies* 27 (1988), 121. In the subsequent extensively revised edition of H. J. Stephen, Blackstone's *Commentaries* continued to be published until after the Second World War. See S. F. C. Milsom, "The Nature of Blackstone's Achievement," *Oxford Journal of Legal Studies* 1 (1981), 1.
For Blackstone's reliance on Hale's *Analysis,* see Alan Watson, "The Structure of Blackstone's *Commentaries,*" *Yale Law Journal* 97 (1988), 799. Blackstone himself stated that "of all the Schemes hitherto made public for digesting the Laws of England, the most natural and scientifical of any, as well as the most comprehensive, appeared to be that of Sir Matthew Hale, in his posthumous *Analysis of the Law,*" and that the "learned Reader" should easily be able to understand at what points he has departed from Hale, while "it may be no unprofitable Employment for the Student to learn by comparing them." See Blackstone, *Analysis,* preface, p. vii.

랙스톤은 헤일의 사법론을 3권의 대저서로 칭송했다(제4권은 형법에 관하여 썼기 때문에 주로 호킨스의 성과에 의존하여 헤일의 『잉글랜드 형법』에는 간접적으로 의존하였다).

블랙스톤의 두 저작은 잉글랜드혁명이 낳은 새로운 법과학이었다. 그가 목표로 한 것은 "잉글랜드법의 전체상을 나타내는 것으로, 모든 법률을 항목별로 정리하여 법학도가 개개의 법률을 용이하게 찾을 것이 가능하듯이 또한 간단하게 정리하여 적은 노력을 들이더라도 전체상을 파악하는 것이 가능하도록 하는 것"이었다.337)

전체상을 파악하도록 하는 것(understand the Whole)은 여러 법률을 적절한 항목(heads)별로 정리하는 것만으로는 부족하며, 항목 간의 관계나 각각의 항목이 잉글랜드법 전체와 어떤 관계가 있는지 나타낼 필요가 있다. 이를 위해서는 법제도로써 합리성(rationality)이 있는 것을 나타내는 것, 즉 "논리적인 일관성"(logical consistency)뿐만 아니라, 법률제정의 도덕적인 목적(moral purposes)도 보여줄 필요가 있다. 또한 법 제정자의 의지(즉, 정책)의 실현을 배려하고, 전통 유지에도 배려할 필요가 있다. 즉, **블랙스톤도 헤일 등이 중시했던 법학의 3가지 이론(자연법이론, 법실증주의, 역사법학론)의 통합을 목표로 했다. 특히 블랙스톤의 뛰어난 점은 이론의 통합보다도 법제도가 어떻게 기능하는가를 체계적으로 보여준 데에 있다. 그는 이 3가지 법학 이론이 법과학(science of English law)의 목적이라고 하였고, 그가 채용한 것은 "경험중시"(empirical) 방법이었다.**338)

337) 원저 p.297. 각주 79. See Blackstone, *Analysis,* p. iv.
338) 원저 p.297. 각주 80. Michael Lobban argues that Blackstone was attempting to apply to the English common law the deductive logic used by contemporary civilian writers "and thereby create a theoretically coherent view of English law using a Roman structure." Lobban ultimately concludes that Blackstone

또한 그가 말하는 경험에는 정치적·도덕적·역사적 의미를 포함하고 있었다. 법률 안에서는 자의적인 것이 있는 것을 그는 솔직하게 인정하고 일관성을 결한 것이 있는 것도 솔직하게 인정했다.[339)]

failed in this attempt because he could not derive English law deductively from logically prior principles of natural law. See Michael Lobban, "Blackstone and the Science of Law," *Historical Journal* 30 (1987), 311, 312, 321, 331. In fact, Blackstone combined natural law principles with the historical method of the English scientific empiricists. His purpose was, indeed, to "create a theoretically coherent view of English law," but not by "using a Roman structure."

339) 원저 p.297. 각주 81. Bentham's view that Blackstone was a "bigotted or corrupt defender" of English law, who believed that it was "never to be censured ······ [or] found fault with" (see Jeremy Bentham, *The Fragment on Government*, in *A Comment on the Commentaries and a Fragment on Government*, ed. J. H. Burns and H. L. A. Hart [London, 1977], pp.398~400), is contradicted by many examples from Blackstone's writings. For example, Blackstone criticized in the harshest terms the widespread application of the death penalty, calling it "absurd to apply the same punishment to crimes of different malignity" and endorsing the then radical idea of a descending scale of punishment. See Blackstone, *Commentaries*, 4:17~18. Blackstone also referred to the rule that "the goods of the wife do, instantly upon marriage, become the property and the right of the husband" and various other such rules as "absurd and derogating from the maxims of equity and natural justice." Quoted in Robert William, "Blackstone and the 'Theoretical Perfection' of English Law in the Reign of Charles II," *Historical Journal* 26 (1983), 39, 53. For an excellent analysis and refutation of Bentham's "fundamentally misconceived attack" on Blackstone's *Commentaries,* see Richard A. Posner, "Blackstone and Bentham," *Journal of Law and Economics* 19 (1976), 569, 570, and 571.
Related to Bentham's attack on Blackstone as a mere apologist for English law is that of Duncan Kennedy, who, from a contemporary "critical" perspective, calls Blackstone "a pivotal figure in the development of the liberal mode of American legal thought," which he defines as one that first postulates a conflict between two "radically opposed imaginary entitles," namely, civil society and the state, and then postulates that this conflict can be overcome by law. Kennedy characterizes the *Commentaries* as "a vast explication of the single notion that the conflict of right with right was illusory, and the same was therefore true of the conflict of right with power." See Duncan Kennedy, "The Structure of Blackstone's Commentaries," *Buffalo Law Review* 28 (1979), 205, 217, 382. It is, of course, true that Blackstone revered the English common law, but he did not hesitate to expose areas of it in which right

그러나 그럼에도 불구하고 과학자(methodist)로서의 그는 각각의 법률이 사리에 맞음, 조리에 맞음(reasonableness)이나 일관성(coherence)이 있는가 없는가를 판단하는 기준을 찾아낼 의무가 있다고 생각했다. 블랙스톤은 (헤일도 마찬가지로) 잉글랜드 법에 관한 정보나 현상(즉, 판례, 제정법, 절차법, 관습)을 냉정하게(objectively) 분석하는 것으로 잉글랜드 법에 존재하는 원칙(principles and regularities)이나 기능의 방법(the method by which the system was intended to operate), 바꿔 말하면 법제도가 전제하는 법의 대원칙(meta-law)이 존재하는 것을 밝히는 것이다.

법률을 분류하는 때의 항목, 즉 개개의 관습, 법원칙, 법률, 법절차를 분석하는 때에 필요한 주제(topics)를 결정하는 데에 블랙스톤은 유스티니아누스 법전, 그중에서도 Institutes에서 사용한 용어 사람에 관한 법(law of persons), 물건에 관한 법(law of things), 소송에 관한 법(law of actions)을 사용하였다. 『잉글랜드 법의 주석』제1권은 사람에 관한 권리(Rights of Persons), 제2권은 물건에 관한 권리(Rights of Things), 제3권은 개인에 대한 권리침해(Private Wrongs, or Civil Injuries)에 대해 다루고 있다. 제3권이 다루는 것은 권리침해에 대한 구제를 구하는 민사소송(civil actions)이다. 헤일·블랙스톤들을 일컫는 17~18세기의 잉글랜드의 법학제요파(Institutionalists)는 Institutes에서 사용되는 사람(person), 물건(thing),

---

conflicted with right as well as areas in which right conflicted with power. He was especially critical of excesses of royal power, arguing that the king is "the executive magistrate," whose "constitutions or edicts, which we call proclamations, [should be] binding upon the subject [only] where they do not either contradict the old law, or tend to establish new ones; but only enforce the execution of such laws as are already in being." See Blackstone, *Commentaries*, 1:260~261.

소송(action)이라는 언어를 쓰고 있지만, 그들이 쓴 것은 Institutes 의 내용과는 아무런 관련이 없다.340) 원래 Institutes는 법을 사람에 관한 법·물건에 관한 법, 소송에 관한 법으로 분류하고 씀으로써 개념(concepts)을 사용하여 체계화(synthesize)하는 사고방식은 존 재하지 않았다.341) 그리고 유스티니아법전(Body of Civil Law)에 서는 시민법(jus civile, Civil Law)이라고 하면서 공법(public law) 은 다루지 않았고, 사람에 관한 법에 대하여 주로 논의되는 것은 노예에 적용되는 법률과 자유인에 적용되는 법률의 차이 뿐이었다. 그런데 헤일이나 블랙스톤의 시민법(civil law)에서는 유럽 대륙 각 국의 법학제요파와 같이 로마법에서는 공법이라는 개념이 포함되어 있어 사람에 관한 법에서 논의되는 것은 국왕·의원·관료(magistrates) 의 권리·의무이다. 또한 유스티니아누스 법전에서 다루어지는 법 (jus)[사람에 관한 법(jus personarum), 물건에 관한 법(jus rerum)

---

340) 원저 p.298. 각주 82. Hale and Blackstone did not call their works "Institutes," even though their works have been characterized as "institutionalist" by Cairns, Watson, Lobban, Lieberman, and others. Coke did, however, call his major work, which could hardly be called Romanist, *The Institutes* – a usage which Cairns and others discount – "because," Coke wrote, "my desire is, they should institute and instruct the studious, and guide him in a ready way to a knowledge of the national laws of England." Quoted in John W. Cairns, "Blackstone, an English Institutionalist: Legal Literature and the Rise of the Nation-State," *Oxford Journal of Legal Studies* 4 (1984), 337. The word is used in a slightly different sense, though not in Luig's sense, in the treatise of Thomas Wood, *An Institute of the Laws of England* (1729; reprint, New York, 1979), which the author stated was to assist students of English law "by supplying them with a Method to help their memories." Wood was a follower of Hale and a precursor of Blackstone.

341) 원저 p.298. 각주 83. The intensely casuistic and untheoretical nature of the Roman law of Justinian is discussed in Berman, *Law and Revolution,* pp.135~140, citing, among others, Fritz Schulz, *History of Roman Legal Science* (Oxford, 1953) and Peter Stein, *Regulae Juris: From Juristic Rules to Legal Maxims* (Edinburgh, 1966).

이지만, 헤일이나 블랙스톤이 문제 삼는 것은 권리(jura) 사람에 대한 권리(jura personarum), 물건에 관한 권리(jura rerum)]이었다. 로마법에서는 법과 권리를 구별하는 사고가 존재하지 않았다. 그것을 구별하는 사고가 처음 등장한 것은 12세기의 유럽에서였다.[342]

블랙스톤은 『잉글랜드의 법 주석』의 제1권 사람의 권리(Rights of Persons)에서 우선 인간(natural persons)부터 빼앗을 수 없는 권리(absolute rights)로써 신체의 안전(personal security), 신체의 자유(personal liberty), 사유재산권(private property)에 대하여 논하고 있다. 이어서 그가 논하고 있는 것은 공인(public persons; 의원, 국왕과 왕족, 외국인, 관료, 군인)의 타인과의 관계에서 발생하는 권리(relative rights), 사인(private persons)의 타인의 관계에서 발생하는 권리(주인과 하인, 남편과 아내, 부모와 자녀, 후견인과 피후견인), 마지막으로 논하는 것이 법인(corporations)의 권리이다. 이 분류방법은 16~17세기에 유럽대륙 각국에서 채용한 이우스 코무네(보통법, jus commune)의 분류방법에 잉글랜드풍의 수정을 가한 것이다.[343]

---

342) 원저 p.298. 각주 84. See Brian Tierney, "Origins of Natural Rights Language: Text and Contexts, 1150~1250," *History of Political Thought* 10 (1989), 615; idem, "*Ius Dictum a Iure Possidendo:* Law and Rights in *Decretales* 5.40.12," in Diane Wood, ed., *Church and Sovereignty: Essays in Honour of Michael Wilks* (Oxford, 1991), p.457; idem, "Willey, Ockham, and the Origin of Natural Rights Theories," in John Witte, Jr., and Frank S. Alexander, eds., *The Weightier Matters of the Law: Essays on Law and Religion (A Tribute to Harold Berman)* (Atlanta, 1988), p.1; Charles J. Reid, Jr., "The Canonistic contribution to the Western Rights Tradition: An Historical Inquiry," *Boston College Law Review* 33 (1991), 37; idem, "Rights in Thirteenth-Century Canon Law: An Historical Investigation," (Ph.D. diss., Cornell University, 1995).

343) 원저 p.298. 각주 85. Alan Watson argues that Blackstone must have drawn the structure of the *Commentaries,* with its tabular form of presentation, partly from a leading Romanist of the late sixteenth and early seventeenth centuries,

9.7 경험을 중시하는 새로운 법(과)학 - 경험적 방법의 법 (과)학(The Empirical Method of the New Legal Science)

17세기 말~18세기 초에 잉글랜드에서 등장한 새로운 법(과)학 은, 17세기에 잉글랜드에 등장한 과학혁명과 불가분의 관계에 있 다. 예를 들면, "선례구속의 원칙"(doctrine of precedent)은, 자연과 학의 경험을 중시하는 생각과 밀접한 관련이 있다. 자연과학에서는 가설을 세우고 실험을 통하여 가설을 검증하는데, 법학에서는 과거

Dionysius Gothofredus (1549~1622), and particularly from Gothofredus's massive multivolume edition of the *Corpus Juris Civilis.* See Watson, "Structure of Blackstone's *Commentaries,*" pp.806~825. It should be observed, however, that although Watson speaks of "the extreme dependence of the structure of Blackstone's *Commentaries* on that of Justinian's *Institutes*" (p.811), he also notes that Justinian's *Institutes* did not use a tabular form of presentation. The tabular form was one developed first by the jurists of the sixteenth century who presented the *jus commune* in a tabular form based on the topical method introduced first by Philip Melanchthon (see Chapter 3). Also the items listed in Blackstone's table, in contrast to those listed in Gothofredus's table (both of which tables Watson has conveniently presented at pp.813~825), are classified in terms of rights ("rights of persons" etc.), not law ("law of persons" etc.), and this, again, is in the tradition of the European *jus commune* of the sixteenth and seventeenth centuries rather than of the Roman law of Justinian. Indeed, Blackstone, referring to John Cowell's 1605 *Institutiones Juris Anglicani* (published in an English translation in 1651), wrote of its "endeavour to reduce the Law of England ⋯⋯ to the Model of [the *Institutions*] of Justinian," that "we cannot be surprized that so forced and unnatural a Contrivance should be lame and defective in its Execution." Blackstone, *Analysis,* p. vi. Nevertheless, Watson is surely right in linking Blackstone's method with that of seventeenth and eighteenth-century European jurists trained in the *jus commune.* As Maitland put it so well, "It was the idea of a law common to all the countries of Western Europe that enabled Blackstone to achieve the task of stating English law in a rational fashion." F. W. Maitland, "Why the History of English Law Is Not Written," in N. A. L. Fisher, ed., *The Collected Papers of Frederic William Maitland,* vol. 1 (Buffalo, 1911), pp.484, 489. Blackstone himself was trained in the Roman law and drew frequently on the civilian origins of English legal institutions.

에 있던 비슷한 판례를 분석하여 거기서 법칙성을 끌어낸다. 양자 간에 결정적인 차이가 존재하지만 그럼에도 공통점이 존재한다. 자연과학에서는 실험결과에 일관성(consistency)이 있으면(즉, 같은 결과가 몇 번이고 확인되면) 가설은 옳은 것이 되고, 장래의 실험결과도 같을 것이라고 **예측할 수 있다.** 재판에서도 과거에 있던 비슷한 판결에 일관성(consistency)이 존재하면(즉, 비슷한 판결이 내려지면) 그 판결은 장래에 그와 비슷한 사건의 재판에서도 판결이 **예측가능하게** 된다. 과거의 판례가 장래에도 반복하여 등장하면, 그만큼 같은 판결이 내려질 확률도 높아지고, 그 법제도는 신뢰도가 높아진다.

뉴턴(Isaac Newton)이 자연과학의 방법으로서 제창한 경험을 중시하는 방법은, 선례구속의 원칙에서 볼 수 있는 법적 추론(legal reasoning)과 많이 닮아 있다. 뉴턴은 인력 등 자연계가 작용하는 힘을 조사하는 방법으로서 다음과 같은 3가지 단계를 제시한다. 1) 경험으로 얻은 지식으로부터 법칙(laws)을 발견한다. 2) 수학적 방법을 사용하여 이 법칙을 다른 현상에 적용 가능한 이론으로 변환한다. 3) 새로운 대상에 이론을 맞추는 것으로 새로운 현상을 설명한다. 최초의 작업을 뉴턴은 분석(analysis)이라고 부르고, 마지막 작업을 종합(synthesis)[344][즉, 설명(explanation)이라고 불렀다]. 새로운 현상이 잘 설명되지 못하면 이론(법칙)은 변경된다. 뉴턴은 데카르트(Rene Decscartes)가 제창한 "사고만에 의한 논리적 방법"(aprioristic method)과 달리, 자연과학이 출발점으로 두는 것은, 경험에서 얻어진 지식이었고, 사고만에 의지하여 얻은, 즉 형이상학

---

344) 옮긴이 주석: 헤겔의 정-반-합의 과정에서의 마지막 단계(These-Antithese-Synthesis).

적 확실성(metaphysical certainty)이 희생되는 것도 잘 알고 있었
다.345) 잉글랜드의 판사들도 선례구속의 원칙을 채용함으로써 비슷
한 과거의 판결이 경험에서부터 오는 타당한 판단기준이라고 생각
하고 일반적인 법칙을 이끌어내었다. 판사는 그 법칙을 이론적인
절차(logical procedures, 자연과학의 수학적 방법에 해당)에 따라
담당한 재판에 적용시켰다. 만약 판사가 과거의 판례와는 다른 법
칙을 발견한 경우(즉, 다른 판결을 내린 경우) 그 법칙은 변경된다.
새로운 판결이 판례가 되고, 장래에 비슷한 재판에 적용된다. 이렇
게 선례구속의 원칙에서는, 때로는 법칙의 유효성에 의문을 제시하
고 법칙을 변경하는 경우도 있었다. **선례구속의 원칙을 채택한 잉
글랜드의 법학은 확률론에 의거한 과학(science of probabilities)이
었다.**

　**새로운 법(과)학의 등장과 과학혁명의 관계는, 민사재판·형사재
판에서 채용된 증거에 대한 새로운 방식에서도 확인된다.** 형사재판
에서 피고를 유죄로 할 것인가, 또는 민사재판에서 피고의 책임을
인정할 것인가를 배심원이 결정할 때 증거는 양심이 만족하는 정
도의 확인이 있으면 충분하다고 했으나, 이후 새롭게 등장한 "인식
론"(epistemology)을 법학에 응용하게 되었다. 증거에는 배심원의
의문을 없애고, 배심원을 납득시킬 정도의 확실성을 가진 것이면
충분하다.346) 절대적으로 확실한 것(absolute certainty)은 인간과는
인연이 없는 것으로, "도덕적으로 허용된 정도의 한정적인 확실

---

345) 원저 p.299. 각주 86. Margaret J. Osler, "John Locke and the Changing Ideal
　　of Scientific Knowledge," *Journal of the History of Ideas* 31 (1970), 9.

346) 원저 p.300. 각주 87. See Barbara J. Shapiro, *Beyond Reasonable Doubt and
　　Probable Cause* (Berkeley, 1991), pp.1~113.

성"(moral certainty)이 있으면 유죄라고 판단해도 좋다. 이것을 로크는 "가장 높은 확률"(highest degree of probability)이라고 불렀다.347) 체포에도 유죄를 의심받을 만한 "확률적 이유"(probable cause)만 있다면 허용되었다. 재판의 개시를 요구할 만한 확실성만 있으면 충분했다.348) 이렇게 새로운 증거학은 뉴턴이나 로크의 확률론을 기초로 하였다.

이러한 법학과 자연과학의 관계는 절대 일방통행의 관계는 아니었다. 재판에서는 사실(matter of fact)의 인정은 배심원이 하고, 적용하는 법률이나 조문(matter of law)은 판사가 결정하지만, 이 역할 분담의 방식은 자연과학에서 영향을 받은 것이었다.349) 즉, 사실인지 아닌지는 실험에 의해 설명되지만(특히 전문가인가는 묻지 않는다), 이론을 만드는 것은 그 분야의 권위 있는 전문가의 일이라고 여겨졌다. 또한 증언(testimony), 상황증거(circumstantial evidence), 전문(hearsay)이라는 재판용어가 자연과학에서도 사용되게 되었다. 화학자 보일(Robert Boyle)은 자연과학에서 실험을 반복한 가설이,

---

347) 원저 p.300. 각주 88. For Locke's distinction between certainty and the highest degree of probability, see his *Essay Concerning Human Understanding,* bk. 4, chap. 16, secs. 6 and 7. "What others called 'moral certainty' was for Locke a species of probability." Shapiro, *Beyond Reasonable Doubt,* p.8.

348) 원저 p.300. 각주 89. See Shapiro, *Beyond Reasonable Doubt,* pp.42~113.

349) 원저 p.300. 각주 90. See Rose-Mary Sargent, "Scientific Experiment and Legal Expertise: The Way of Experience in Seventeenth-Century England," *Studies in the History and Philosophy of Science* 20 (1989), 19; and Barbara Shapiro, "The Concept of 'Fact': Legal Origins and Cultural Diffusion," *Albion* 26 (1994), 1. See also Peter Dear, "*Totius in verba:* Rhetoric and Authority in the Early Royal Society," *Isis* 76 (1985), 149~151, asserting that in the late decades of the seventeenth century, the authority of the group that has the responsibility of assessing and judging the accuracy and reliability of individual observation came to supplant the authority of leading texts such as Aristotle and Galen. On the role of the Royal Society, see note 100.

예상하고 있는 사실의 확실성을 높이기 위한 방법과 닮았다는 것을 지적했다. 한 사람의 증인의 증언은 살인범을 유죄로 할 수는 없더라도 두 사람의 증인의 증언이 있다면 유죄로 할 수 있듯이, 한 사람의 증언으로는 확실성은 낮아도, 같은 증언을 반복한다면 "도덕적 개연성, 즉 도의적으로 허용된 정도의 한정적 확실성"(moral probability)은 주장할 수 있다.350) 화학에 있어서 실험도 이와 같은데,복수의 화학자가 같은 실험에서 같은 결과를 확인한다면 그것이 사실인 확실성은 높아진다. 당시의 자연과학이나 법학에서는 증거의 수가 많으면 그만큼 증거의 질(quality)도 올라가는 것으로 생각했다. 이 점은 현재와 다른 점으로, 현대에서는 증거의 수(quantity)가 확실성이 높은 것을 나타내지는 않는다.351)

17세기에 잉글랜드에서 사용된 **"조리에 맞는, 사리 있는, 온당한, 타당한"(reasonable)이란 단어는 원래 신학에서 사용된 말이지만,352) 그것이 법학에도 사용되게 되었다.** 프랑스어나 도이치어에서도 비슷한 의미의 말이 있지만(raisonnable, vernünftig), 여기에는 영어의 상식(common sense)이라는 의미는 포함되어 있지 않다. 잉글랜드의 법률가는 이 말을 마음에 들어 사용하였다(타당한 의문(reasonable doubt), 타당한 주의(reasonable care), 타당한 신뢰관계(reasonable reliance), 타당한 리스크(reasonable risk), 타당한 오해(reasonable mistake), 타당한 연기(reasonable delay), 양식 있는 사람(reasonable man) 등).353) 프렛처(George Flectcher)가 지적했듯

---

350) 원저 p.300. 각주 91. See Sargent, "Scientific Experiment," p.38.

351) 원저 p.300. 각주 92. Ibid., p.39.

352) 옮긴이 주석: reason에서 유래. "인간의 reason은 창조주가 부여한 것이다."

353) 원저 p.301. 각주 93. See George P. Fletcher, "The Right and the Reasonable," *Harvard Law Review* 98 (1985), 949. On the relationship between "reasonableness"

이 이 말은 프랑스어나 도이치어에는 없는, 영어 혹은 영미법과 대륙법의 차이에서 온 것이라고 한다.354)

잉글랜드 법학 논문을 쓴 판사나 변호사들로부터 판결이나 법실무가 반영된 잉글랜드법이 논의의 대상이 되는 것은 당연하다. 그들의 논문에는 다른 학문분야부터 영향을 받은 것이 많았다. 즉, 판례(경험)를 근거로 판결의 법적 추론을 한 것, 증거의 확실성을 확률의 문제로 논한 것, 사실 외에 적용할 법률(자연과학의 이론에 해당)을 다투는 것을 당연시한 점, 타당성(reasonableness)을 중시하는 것 등을 들 수 있다. **도이치의 법학이 대학교수의 법학(professorial legal science)인 것에 비하여 잉글랜드의 법학은 판사의 법학(judicial legal science)이었다.**355)

단 이 차이를 강조하는 것은 금물이다. 왜냐하면 잉글랜드도 포함하여 유럽의 법학의 발전에는 법학자·판사·법 제정자 모두가 중요한 역할을 했기 때문이다. 우선 11세기 말~15세기에는 교회 법학자·주교·대주교·교황이 법학자·판사·법 제정자의 역할을 맡았다. 그것이 루터의 종교개혁에 의하여 지배자가 법 제정자가 되고, 대학교수가 법학자가 되었다. 법학연구는 대학교수가 중심이 되어 이루어져 왔다(특히 도이치에서는 이 경향이 현저하게 나타났다). 16세기의 잉글랜드에서도 대학교수가 로마법의 연구에서 중심적 역할을 맡았다(대학에서 가르친 것은 로마법뿐이었다).

---

and the characteristically seventeenth-century English concept of "common sense," see Robert Todd Carroll, *The Common-Sense Philosophy of Religion of Bishop Edward Stillingfleet,* 1635~1699 (The Hague, 1975), p.148 (equating "common sense" with "the experience of mankind").

354) 원저 p.301. 각주 94. Fletcher, "Right and Reasonable," pp.950~954, 980~982.

355) 원저 p.301. 각주 95. See Raoul van Caenegem, *Judges, Legislators, and Professors; Chapters in European Legal History* (Cambridge 1987).

그런데 잉글랜드혁명에서 민사법원(Court of Common Pleas)의 판사의 역할이 두드러지게 되었다. 판사는 판결을 내리는 것뿐만 아니라 판결 이유를 상세하게 설명하게 되었다. 18세기 초에 잉글랜드법이 대학의 커리큘럼으로 자리 잡자 블랙스톤 경(Sir Blackstone)이 담당했지만, 그는 우선 변호사를 했고, 이어서 민사법원(Court of Common Pleas)의 판사를 역임했기 때문에 그의 강의에서는 판사의 입장에서 본 법률(혹은 판례) 강의가 이루어졌다. 그때부터 현재에 이르기까지 잉글랜드에서는(그리고 아메리카에서도), 법학교수는 판례를 분석·비판·설명하는 것을 주로 하게 되었다.

17~18세기 중엽의 잉글랜드 법학은 대학교수가 아닌 판사가 중심으로 구성되었다. 원래 있던 12~15세기의 스콜라 철학이 채용한 "변증적 방법"(dialectical method)에 더하여 16~17세기 초의 "주제에 따른 과제의 정리·분석법"(topical method)이 부가되었고, 선례구속의 원칙을 채택한 잉글랜드 법의 "역사를 중시하는 방법"(historical method)이 등장했다. **여기서 잉글랜드법은 일반적인 법원칙을 중시하는 법학이 되어, 잉글랜드의 독자성을 중시하는 법학이 되었다. 잉글랜드 법학은 잉글랜드의 역사에 주목하는 역사법학이다. 그럼에도 불구하고 잉글랜드의 법학과 법사상은 잉글랜드 이외의 곳에서도 적용 가능한 보편성을 갖게 되었다.**

9.8 새로운 법(과)학과 잉글랜드혁명(The New English Legal Science and the English Revolution)

비교법학자 칸-프로인트(Otto Kahn-Freund)에 의하면, 어떤 법제도에도 '일관된 무언가'(unifying element)가 존재한다. 잉글랜드에서 그것은 "역사적인 일관성이라는 픽션"(fiction of historical consistency)이며, 유럽대륙 각국에서는 "논리적인 일관성이라는 픽션"(fiction of logical consistency)이다.

잉글랜드 법(과)학은 경험과학이다. "과거에 어떻게 해결하였는가"(what was done previously)라고 물어 온 판례를 찾아내는 방법을 채용한 것이 잉글랜드 법학이고, 과거의 해결방법으로부터 논리적으로 결론을 이끌어낸 것이 잉글랜드 법학이다.

그런데 **유럽대륙 각국에서는 법학은 논리학의 체계로써 구성되었다.** 어떤 흠결(gaps)의 존재도 허용되지 않는 완벽한 논리의 체계이다. 이것은 새롭게 등장한 직업공무원 제도를 기반으로 한 관료국가(civil service state)[356][357]의 요망에 응한 법학이라고 할 수 있다. 대학교수가 행정관료를 위하여 법제도를 만든다. 잉글랜드에서는 절대왕정 대신 귀족의 지배체제가 등장했다. 또한 법제도의 운용을 담당하는 것은 토지귀족 출신의 커먼 로 판사나 변호사였다. 칸-프로인트에 의하면 잉글랜드에서 유럽대륙 각국과 같은 체계적인 법제도가 등장하지 못한 것은 로마법을 수용하지 않아서

---

356) 옮긴이 주석: civil service state에서 civil service는 army service와 royal service와 구별되는 말이다. 문관 또는 공식 절차에 의해서 임명된 임기가 보장된, 왕의 특권과 관계없는 직업 공무원을 의미한다.

357) 옮긴이 주석: 일본어판은 행정국가라고 번역했다.

가 아니라, 1688년의 명예혁명 때문이라고 할 수 있다.358)

잉글랜드에서 새로운 법학이 등장한 것은 칸－프로인트가 말했듯이 1688년의 명예혁명만이 원인이 아니라, 1640～1689년의 잉글랜드혁명이 원인이었다. 1650년에 퓨리탄이 의회를 지배한 때부터 시작하여, 1689년에 권리장전(Bill of Rights)이 제정되어 끝날 때까지의 잉글랜드혁명이 새로운 법학의 등장 원인이었다. 잉글랜드혁명이 정치체제를 변화시켰을 뿐만 아니라(국왕에 대한 의회의 우위·국왕법원(prerogative courts)에 대한 민사법원(Court of Common Pleas)의 우위, 위그당과 토리당의 2당제 확립), 사회경제체제의 변화, 즉 궁정귀족(royal nobility)[소위 궁정(court)에 대한 토지준귀족(landed gentry)]과 상인[지방(country)]의 우위의 확립을 실현시킨 것은 명확하다. 또한 잉글랜드혁명이 칼뱅파의 교의를 받아들이고, 칼뱅파에 대해서 관용한(latitudinarian), 국교회를 등장시킨 것도 명확하다. 이러한 잉글랜드혁명에 대한 생각은 전통적인 것으로, 잉글랜드혁명보다 1세기 일찍 루터파에 의한 종교개혁에 의하여 시작하고, 군주들에 의해 지배체제를 확립한 도이치혁명에서도, 또한 잉글랜드혁명으로부터 1세기 늦게 "이신론"(Deism)을 주창한 민주주의체제를 이룩한 프랑스혁명에서도, 잉글랜드혁명과 닮은 이상을 찾을 수 있다. 즉, 내전·계급투쟁·새로운 시대의 도래를 설명한 종말론·결과적으로 실현된 정치체제의 변혁·사회경제체제의 변혁·교의의 변혁이 그것이다.

그런데 잉글랜드혁명에 의해 잉글랜드의 법사상·법학·형법·사법이 크게 변한 것은 의외로 알려지지 않았다. 먼 과거로부터 계

---

358) 원저 p.302. 각주 96. Otto Kahn-Freund, intro. to Karl Renner, *The Institutions of Private Law and Their Social Functions* (London, 1949), p.8.

속된 잉글랜드의 전통이 튜더, 스튜어트 왕조에 의해 붕괴되었다는 생각부터 잉글랜드혁명이 시작되었지만, 많은 역사가들은 그렇게 생각하지 않고 여전히 휘그 사관(Whig, 史觀)359)을 고수한다. 즉, 잉글랜드법은 17세기 말~18세기 초까지도 기본적으로 변하지 않았고, 커먼 로는 항상 "비잉글랜드적"(foreign) 법제도보다 우위를 점하고, 17세기 말의 지배체제의 변화에도 불구하고 민사법원(Court of Common Pleas)에서 적용된 법률의 변화는 찾을 수 없다는 것이다. 17세기 말~18세기 말에 잉글랜드법이 근본적으로 변한 것이 종래에는 무시되었다(제10장 잉글랜드혁명과 형법의 시작에서 지적한 바와 같이, 형법이 부분적으로 변한 것은 인정하고 있다).360)

---

359) 옮긴이 주석: 휘그는 영국 역사에서 토리(Tory)와 대립하였으며, 휘그의 특징은 자유당의 전신으로서, 토리가 왕당파 또는 보수주의자로 토리에 비해서는 다른 방향의 주의 주장을 가지고 있었다. 영국사에서 왕당파와 공화파가 대립할 때에는 구체제인 왕당파를 보수로, 신체제인 공화주의자를 보수 아닌 것, 즉 진보로 보았던 것이다. 이런 맥락에서 토리와 휘그의 대립은 보수 대 자유의 대립이라 할 만하다. 한국인들은 보수 대 진보의 이분법을, 이와 같은 유럽 역사에 있어서의 맥락을 참조한다면, 역사적 맥락에 따라서 그 주장의 내용이 달라진다는 것을 알 수 있다.

360) 원저 p.303. 각주 97. There has been no dearth of research on the largely unsuccessful Puritan movement for law reform in the 1640s and 1650s. See, for instance, Nancy L. Matthews, *William Sheppard: Cromwell's Law Reformer* (Cambridge 1984); Donald Veall, *The Popular Movement for Law Reform, 1640~1660* (Oxford, 1970); and Mary Cotterell, "Interregnum Law Reform: The Hale Commission of 1652," *English Historical Review* 83 (1968), 685. Scholarship on legal developments in the later period, however, has been haphazard, except with respect to criminal law. Even in that field, James Stephen's important 1883 work remained more or less isolated for almost a century. Of more recent literature on the subject, the most comprehensive is John Beattie, *Crime and the Courts in England, 1660~1800* (Princeton, 1986). See also Douglas Hay, ed., *Albion's Fatal Tree: Crime and Society in Eighteenth-Century England* (New York, 1975); Peter Linebaugh, *The London Hanged: Crime and Civil Society in the Eighteenth Century* (Cambridge, 1992); Landsman, "Rise of the Contentious Spirit"; John Langbein, "Albion's Fatal Flaws," *Past and Present* 98 (1983), 96; idem, "Shaping the Eighteenth-

20세기의 잉글랜드의 위대한 법제사가 프렉네트(T. F. T. Plucknett) 마저도 "잉글랜드법은 17세기의 변화에도 불구하고 변하지 않았다"고 쓰고 있다.361) 또한 그는 "잉글랜드법(English law)이란 커먼 로를 의미하며, 통치구조에 대한 법(constitutional law)362)의 의미가 아니다. 또한 그 커먼 로도 사법이지 형법은 아니고, 사법도 의제화한(only preserved by fictions) 형식적인 규칙으로 사법이론은 아니다"라고 하였다.

만약 잉글랜드법이 17~18세기에 크게 변했다면, 다음과 같은 문제가 발생한 것은, 그 변화가 프렉네트가 말한 "순환적 변화"(vicissitudes)와 어떤 관계가 있을 것이다. **또한 새롭게 등장한 잉글랜드의 법학이 지배체제·사회경제체제·종교체제의 변화와 어떠한 관계가 있을 것이다. 지배체제와 어떻게 관계되어 있는가는 선례구속 원칙의 확립과 배심원의 독립성 확보[이 두 가지는 사법(司法)에 대한 정치의 개입을 막는 중요한 역할을 하였다]는, 민사법원(Court of Common Pleas)이 다른 법원보다 우위를 확보하고, 또한 국왕에 의한 지배를 배제한 점(나아가 1701년에는 의회에 의한 지배도 배제한다)과 밀접한 관련이 있다.**363) 또한 사회경제체제

Century Criminal Trial"; idem, "The Criminal Trial before Lawyers"; and Charles J. Reid, Jr., "Tyburn, Thanatos, and Marxist Historiography: The Case of the London Hanged," *Cornell Law Review* 79 (1994), 1158.

361) 원저 p.303. 각주 98. See T. F. T. Plucknett, "*Bonham's Case* and Judicial Review," *Harvard Law Review* 40 (1936), 30.

362) 옮긴이 주석: 일본어판은 지배체제의 존재를 결정하는 법률이라고 번역했다.

363) 원저 p.304. 각주 99. In the 1701 Act of Settlement, Parliament declared that royal judges were to serve "during good behavior." See 12, 13 William III c. 2. The purpose of this provision was to prevent the removal of judges for political reasons. The statute had its desired effect. In 1907 John Maxcy Zane wrote, "Since the [Glorious] Revolution there has never been a removal of a judge by the executive power, nor a single known instance of a corrupt

와의 관련성은, 재산법·계약법·불법행위법·부당이득법의 합리화와 체계화, 토지소유권의 보호와 상거래의 보호의 강화와 밀접하게 관련이 있다. 이때 법학을, (대륙에서처럼) 대학교수에게 맡기지 않고, **토지준귀족(gentry) 출신의 판사나 변호사에게 맡김으로써** 잉글랜드의 법학은 유럽대륙의 국가들과 다른 독특한 모습을 가지게 된다. 나아가 종교체제와의 관련성은 **법률의 합리화와 체계화가 혁명초기에 지배적이었던 신 칼뱅파 청교주의**(neo Calvinist Puritanism) **의 교의와 밀접한 관련이 있고,** 형사재판·민사재판에서 증거의 평가방법에 새로운 방식을 채택하여, 커먼 로 법학자(common lawyers) 가 새로운 증거학을 전개하게 하였고, 당사자주의가 도입된 것도, (칼뱅파를) 관용한 국교회제도가 도입된 것과 밀접한 관련이 있다. **교의의 문제이든 증거의 문제이든, 그들은 "절대적 확실성"**(absolute certainty)**을 부인했다.** "확률적 진실의 범위 안이라면"(within limits of probable truth) 잘못된 방법도 허용할 수 있다는 생각이었다.

과학사 전문가 중 17세기 과학혁명을 청교도의 교의와 결부시킨 설명을 한 사람이 있다. 로얄 소사이어티의 설립자 중에는(그들은 지식을 경험에서만 얻을 수 있다고 생각했다), 많은 칼뱅파 사람들이 참가했다.[364] **사회학자인 머튼**(Robert Merton)**은, 베버를 따라**

---

decision." See John Maxcy Zane, "The Five Ages of the Bench and Bar of England," in *Select Essays in Anglo-American Legal History,* vol. 1 (Boston, 1907), pp.625, 709~710.

364) 원저 p.304. 각주 100. The origins of the Royal Society, perhaps the oldest scientific society in Europe, date from the early 1640s, when – in the midst of civil war – scholars of various disciplines and varying political and religious sympathies gathered on a weekly basis, first at Oxford and then in London, to discuss "the new philosophy." In November 1660 participants in these gatherings agreed to form a "College for the promoting of Physico-Mathematical Experimental Learning," and were granted a royal charter in 1662. Among its famous members

칼뱅파의 『직업윤리』(work ethic)[365]를 소개하고, 그것이 세상을 개혁(reformation of the world)한다는 사상과 결합하여 실험·관찰을 중시하는 방법론이 탄생했다고 한다.[366] 또한 연구자들 중에는 새로운 과학사상이 혁명의 후기, 즉 왕정복고와 명예혁명 때 탄생했다고 말하는 사람도 있다. 이때 관용한 국교회 제도가 확립되고, 다른 의견의 대립에 적극적인 의미를 인정한 방식이 등장한 것을 그 이유로 한다.[367] 이외에도 청교도와 국교회의 "변증법적 상호작용"(dialectical interaction)[368]에서 국교회에 관용성이 생기고,

---

during the next decades were the chemist Robert Boyle, the physicist Isaac Newton, the philosopher John Locke, the jurists Matthew Hale and John Vaughan, and the theologians John Wilkins and Gilbert Burnet. Initially, the emphasis of papers and discussions was on scientific concepts and methods that were common to all the various disciples. Eventually, however, with the generally shared repudiation of Cartesian and Leibnizian epistemology and the focus on experimental learning, the natural and humane sciences tended to become more specialized and to break away from each other. General histories of the Royal Society include Marie Boas Hall, *Promoting Experimental Learning: Experiment and the Royal Society,* 1660~1727 (Cambridge, 1991), and Martha Bronfenbrenner, *The Role of Scientific Societies in the Seventeenth Century* (Chicago, 1963).

365) 옮긴이 주석: 일본어판은 근면의 사상이라고 번역했다.

366) 원저 p.304. 각주 101. See Robert K. Merton, *Science, Technology, and Society in Seventeenth-Century England* (New York, 1970), originally published as an article under the same title in *Osiris* 4 (1938), 360. See I. Bernard Cohen, ed., *Puritanism and the Rise of Modern Science* (New Brunswick, N.J., 1990); M. D. King, "Reason, Tradition, and the Progressiveness of Science," *History and Theory* 10 (1971), 3.

367) 원저 p.304. 각주 102. See W. M. Spellman, *The Latitudinarians and the Church of England,* 1660~1700 (Athens, Ga., 1993) (setting out the philosophical premises of the "middle way" which Anglicanism represented between "Catholic infallibility and the Protestant subjective certainty" (p.22). Cf. Barbara Shapiro, *John Wilkins: An Intellectual Biography* (Berkeley, 1969). A legal expression of the new epistemology may be seen in Chief Justice Vaughan's assertion, discussed earlier in this chapter, that "the judge and jury might honestly differ in the result from the evidence."

그것이 새로운 과학사상의 등장을 가능하게 했다고 말한다.[369] 새로운 법학이 등장한 경위를 보더라도 관용한 국교회의 등장이 새로운 과학사상의 등장에 영향을 주었다는 것도 납득할 수 있다. 또한 머튼은 새로운 과학사상의 등장이, 경제·정치·종교 각 분야의 새로운 "제도"(institutions)의 등장과 밀접하게 관련 있다고 말한다.[370]

또한 17세기 말의 정치제도·경제제도·종교제도의 변혁이나 새로운 자연과학이나 법학의 등장에는 "단체적 성격"(corporate character)[371]이 존재했다. 보통 잉글랜드에서는 중세의 "공동체주의"(communitarianism)가 17세기에 붕괴되어 새롭게 개인주의적 가치관이 생겼다고 알려져 있으나,[372] 실제로 잉글랜드혁명이 낳은

368) 옮긴이 주석: 일본어판 역자는 대화(對話)라고 번역했다.

369) 원저 p.305. 각주 103. See James R. Jacob and Margaret C. Jacob, "The Anglican Origins of Modern Science: The Metaphysical Foundations of the Whig Constitution," *Isis* 71 (1980), 251.

370) 원저 p.305. 각주 104. See Merton, *Science, Technology, and Society.* Merton does not explore inner connections between the underlying philosophical premises of seventeenth-century scientific developments, on the one hand, and other institutional developments, on the other, but instead is concerned to show that the latter provided a social context within which the new scientific movements were "legitimated." His theory, he wrote, "does not presuppose that only Puritanism could have served that function." See Benjamin Nelson, "Review Essay" (on Merton's book), *Varieties of Political Expression in Sociology* (Chicago, 1972), pp.206~207.

371) 옮긴이 주석: 일본어판은 공동체적 가치라고 번역했다.

372) 원저 p.305. 각주 105. For the classical statement of this view, see Crawford Brough MacPherson, *The Political Theory of Possessive Individualism: Hobbes to Locke* (Oxford, 1962). The view that earlier Western society was characterized by an unbounded communitarianism is effectively refuted in Colin Morris, *The Discovery of the Individual,* 1050~1200 (New York, 1972), and idem, "Individualism in Twelfth-Century Religion: Some Further Reflections," *Journal of Ecclesiastical History* 31 (1980), 1. The literature on twelfth- and thirteenth-century individualism is reviewed in Charles Reid, "Rights in

것은 "강한 유대감으로 형성된 공동체"(close-knit communities)였다(종교·정치·경제·동업자 사이 등 각 분야에서 등장했다). 이 공동체의 탄생과 자연과학의 발전이 밀접하게 연결된 것은 보일의 예에서도 나타나듯이, 이 결부는 현재에도 자연과학자들이 당연시하는 것이다. 과학자들 사이에서 반복되는 실험으로 확인된 것이 과학적 "진실"(사실, truth)로 인정되듯이, 법규칙이나 학설도 "강한 유대감으로 형성된 공동체"의 맴버인 판사나 변호사가 비슷한 형태의 재판에서 이것을 적용함으로써 그 유용성이 인정된 것이라고 할 수 있다.

Thirteenth-Century Canon Law" (Ph.D. diss., Cornell University, 1994), p.3.

제10장
잉글랜드 형사법의 변용

17세기 말과 18세기 초의 잉글랜드 형사법이 급격하게 근본적인 변화를 겪었다는 사실은 잉글랜드혁명 자체의 이데올로기에 의해서 가리워져 왔다. 잉글랜드혁명 자체의 이데올로기는 적어도 노르만 정복(Norman Conquest)의 시기부터 잉글랜드 법사가 단속되지 않은 연속성을 가지고 주장했었다.[373) 17세기 말과 18세기 초에

---

373) 원저 p.306. 각주 1. The myth of unbroken continuity is preserved in James Fitzjames Stephen's classic three-volume *History of the Criminal Law in England* (London, 1883), as well as in Holdsworth's treatment of criminal law in his *History of English Law* (the several last volumes of which were published some years after his death). More recently, S. F. C. Milsom, writing of the pre-nineteenth-century foundations of English law, distinguishes two formative periods, the first of which he seems to date in the twelfth and thirteenth centuries and the second in the sixteenth century, but of the second period he states that "the system was transformed without anything much being changed ⋯⋯ The institutions all remained, as did the rules of law themselves; and both were largely by-passed by mean and untidy expedients." S. F. C. Milsom, *Historical Foundations of the Common Law* (London, 1969), p.52. Of criminal law in particular Milsom writes: "The miserable history of crime in England can be shortly told. Nothing worth-while was created. There is no achievement to trace. Except in so far as the maintenance of order is in itself admirable, nobody is to be admired before the [nineteenth-century] age of reform" (p.353). Milsom's evaluation of the history of English criminal law prior to the nineteenth century is the opposite of Stephen's, but his belief in its essentially unchanging character is the same.

잉글랜드 형사법이 급격하고도 근본적인 변화를 겪었다는 사실은, 또한 지난 세기 동안 법제사가들이, 한편에서는 16세기와 17세기 초의 잉글랜드 형법의 개혁에 대해서 집중적으로 연구했기 때문에,374) 또 다른 한편에 있어서는 18세기 말과 19세기의 개혁에 대해서만 집중적으로 연구했기 때문에375) 또한 가리워졌었다. 이상한 것은 1640년대부터 1650년대서부터 1760년대와 1770년대 사이에 끼인 100년은 대체로 무시되어 왔었다. 이 100년을 무시한 학자들은 "중세"(medieval)부터 "근대"(modern)에 이르는 잉글랜드 형법의 변천과정에서 주요한 전환점을 개척한 사람들이었다. 1980년대에 이르러서 비로소 법제사가들은, 방금 얘기한 사이에 끼인 100년간의 잉글랜드 형법의 변화에 대해서 중요한 업적을 출간하기 시작했다. 그러나 그러한 새로운 업적들조차도 그들이 분석하고 있는 변화들을, 그들이 중요시하는 변화가 한 부분인, 전체적인 혁명 ─ 즉, 정치적, 사회경제적, 그리고 종교적 혁명에, 체계적으로 연결시키려고 시도하지 않았다.376) 이에 대비해서 볼 때, 사회사의 역사

---

374) 원저 p.306. 각주 2. John Langbein's important work *Prosecuting Crime in the Renaissance: England, Germany, and France* (Cambridge, Mass. 1974) focuses on institutional and procedural changes in the sixteenth century. He and others have followed it with numerous learned articles on particular aspects of English criminal law in the sixteenth and early seventeenth centuries.

375) 원저 p.306. 각주 3. The standard work is Leon Radzinowicz, *A History of English Criminal Law and Its Administration from* 1750, 5 vols. (London, 1948~1968). Radzinowicz correctly treats the late eighteenth century as a time when Jeremy Bentham and other "Enlightenment" thinkers attacked the traditional English system of criminal law, represented by figures such as William Blackstone and Lord Mansfield, and the nineteenth century as the time when many of the earlier proposals for reform were implemented in practice.

376) 원저 p.306. 각주 4. This chapter covers the same time period and some of the same terrain that is covered by J. M. Beattie in his important detailed study

가들은, 특히 마르크스주의 오리엔테이션을 가진 사람들은, 땅을

Crime and the Courts in England, 1660~1800 (Princeton, 1986), but it presents
the subject in a quite different perspective and thereby adds different information.
Beattie's concern is primarily with "the way the English courts dealt with
crime in a period in which the foundations of modern forms of judicial
administration were laid" (p.3), and "with the character and social meaning of
prosecuted offenses ······ and with the way those accused of them were dealt
with by the courts" (p.4). His sources are drawn chiefly from the quarter
sessions and assize records of the county of Surrey (which embraced a portion
of London and also some rural territory), but also include evidence from the
county of Sussex and the Old Bailey in London. Occasional reference is also
made to documents from other parts of the country. Although the book
emphasizes that 1660~1800 "was clearly a period in which significant changes
were taking place in the criminal law and the system of criminal administration"
(p.4), it is not concerned with how criminal law and administration differed
from those of earlier periods or how they were related to the political,
socioeconomic, or religious changes which they accompanied. As a result, little
or nothing is said about the effect of the abolition of the prerogative courts on
the development of the common law of crimes, or about the new role of the
King's Bench as *custos morum,* "guardian of morals," a role once reserved to
the prerogative courts. Also lacking is a discussion of the effect of the transfer
to the common law courts of sophisticated crimes such as forgery and fraud,
and the development of a new doctrine of conspiracy. Beattie's neglect of the
Puritan background of the English Revolution leads to omission of the fact
that prosecution associations, whose activities he describes in detail, had their
origin in the religiously motivated Societies for the Reformation of Manners of
the late seventeenth century. His failure to take into account theological currents
also blinds him to a possible solution to one of the central paradoxes of
eighteenth-century English criminal law: the extraordinary expansion of statutory
capital crimes and the simultaneous decline in the rate of executions. Finally,
by focusing largely on urban records, Beattie fails to give sufficient emphasis
to the important role played by the landed gentry in the development of the
criminal law and, more particularly, understates the significance of the game
laws for the development of English criminal law.
The purpose of this note is not to detract from Beattie's important accomplishment,
to which the present study is greatly indebted, but rather to help explain the
differences between his purposes and those addressed in this chapter.
Many studies have been made of the agitation for reform of criminal law
during the period of Puritan rule from 1640 to 1660. See especially Donald
Veall, *The Popular Movement for Law Reform,* 1640~1660 (Oxford, 1970),
pp.127~166; Nancy L. Matthews, *William Sheppard: Cromwell's Law Reformer*
(Cambridge, 1984); Mary Cotterell, "Interregnum Law Reform: The Hale

소유한 젠트리(the landed gentry) 계층의 권력의 대두와, 잉글랜드 법의 어떤 중요한 변화 사이의 연관성을 강조하였다. 이때 잉글랜드법의 중요한 변화라는 것은 형사법에 있어서의 변화들인데, 그러나 이 경우에도 전체로써의 형법 체계의 근본적인 변화를 검토하지 않았다는 폐단이 있었다.377)

실로, 잉글랜드의 형사법은, 16세기와 17세기 초에 실체적인 변화를 겪었다. 그러나 17세기 말 이전에는, 형사법에 관한 "영국 고유의" 체계라고 불릴 만한 전체를 포괄하는 하나의 시스템은 없었다. 즉, 형법의 각기 다른 체계들이 교회 법정뿐만 아니라 다양한 세속 법정 자체에서 계속해서 시행되고 있었다: 이때 다양한 법정이라는 것은 왕의 법정(royal), 봉건 법정(feudal), 지방 법정(local), 장원 법정(manorial), 상인 법정(mercantile), 도시 법정(urban)이었다. 17세기에 튜더 왕조는 완전히 새로운 왕의 법정의 제도를 창조하였는데, 이것은 왕의 대권에 기반을 둔 특권적 법정(prerogative courts)으로 불렸으며, King's Bench, 민사법원(Court of Common

---

Commission of 1652," *English Historical Review* 83 (1968), 689; Edmund Heward, *Matthew Hale* (London, 1972), pp.36~47. Only a few of the criminal law reforms advocated in this period were adopted at the time. Many of the proposals of the Hale Commission were adopted after the Glorious Revolution of 1688. The treatment herein of changes in criminal procedure in the late seventeenth and eighteenth centuries has been filtered from Thomas A. Green's excellent work *Verdict According to Conscience: Perspectives on the English Criminal Trial Jury,* 1200~1800 (Chicago, 1985), pp.105~264.

377) 원저 p.306. 각주 5. Some of the changes in criminal law in the late seventeenth and eighteenth centuries that served the interests of the landed gentry are treated in Douglas Hay, Peter Linebaugh, and E. P. Thompson, eds., *Albion's Fatal Tree: Crime and Society in Eighteenth-Century England* (London, 1975); Peter Linebaugh, *The London Hanged: Crime and Civil Society in the Eighteenth Century* (Cambridge, 1992); and E. P. Thompson, *Whigs and Hunters: The Origins of the Black Act* (New York, 1975).

Pleas)이나 또는 재무법원(Exchequer)과 같은 그 이전부터 있어왔던 더 오래된 왕권에 기반을 둔 보통법 법정(common law courts)과 병행하여 나란히 운영되고 있었다. 새로 창설된 이들 왕의 법정의 하나하나가 그것 자신의 형사 관할과 그 자신의 형사 실체법과 절차법을 가지고 있었다. 현재 이 장에서 보이는 바대로, 잉글랜드혁명 기간 중에 있었던, 왕의 대권에 기초한 특권적 법원들의 폐지와 그에 따라서 형사 재판관할권을 보통법 법원(the common law courts)에 집중한 일들은, 실체법과 절차법 양면에 있어서 범죄에 관한 보통법에서 혁명적인 변화를 동반하였다. 이 장의 초점은 이러한 범죄에 관한 보통법의 혁신과 잉글랜드혁명 자체의 관계에 관해서인데, 잉글랜드혁명이라는 것은 1640~1641년 사이에 있었던 왕권에 대한 장기 의회(the Long Parliament)의 반란과 함께 시작되고, 마침내 의회 우위를 확립하고 1689년에 권리장전(the Bill of Rights)을 채택하는데서 정점에 달했던, 전반적인 봉기 – 즉, 정치적이며, 종교적이며, 사회적이며, 경제적이며, 그리고 법적인 봉기를 말한다.

이 장은 네 개의 주제로 나뉜다;

1) 12세기부터 17세기 초까지의 잉글랜드에 있어서 존재한 다양한 형법 체계가 서로 공존하고 또한 경쟁한 사실.

2) 잉글랜드 보통법 법원이, 그것과 경쟁하고 있던 것{옮긴이 주석: 국왕의 대권에 기초하고 있던 특권적 법원을 말함}에 대한 승리(triumph)가 17세기 말부터 18세기에 영국 형사법의 발달에 어떤 효과를 가져왔는가.

3) 17세기 말과 18세기에서 일어났던 잉글랜드 형사법의 발전

에, 지주 향사(the landed gentry)들의 승리가 어떤 효과를 가
졌는가.

4) 칼뱅주의 도덕 신학의 승리가, 17세기 말과 18세기의 영국
형사법의 발전에 어떤 효과를 가졌는가.

10.1 형사법의 서로 다른 다양한 체계가 어떻게 공존하고 경쟁하였는가

6세기부터 11세기까지의 Anglo-Saxon의 형사법의 흔적은, 그
이후에 나타난 법 개혁에 별로 잔존하지 못했다-이것은 서유럽의
모든 곳에서 그러했으며-교황의 혁명(the Papal Revolution) 직후
의 여파에서 또한 그러했다.378) 잉글랜드에 침입한 노르만족의 지
배자들은, 그 이전에 존재했던 체계인 친족 복수에 의한 해결 방식
(settlement of blood feud)과 범죄 희생자들에게 가해자가 개인적
으로 배상하는 체계(private compensation of victims)를 새로운 시
스템으로 대치했다. 즉, 재판의 방식으로 시행되고 감독되는, 시련
에 의한 재판(trial by ordeal)이었다. 이 제도에서는 유죄인 사람은
사형 또는 수족 절단(mutilation)에 의해서 처벌받았다.379)

1215년에, 제4차 라테란 공의회(the Fourth Lateran Council)380)

---

378) 원저 p.307. 각주 6. For a general discussion of Anglo-Saxon and other Germanic criminal law, see Berman, *Law and Revolution,* pp.52~61.

379) 원저 p.307. 각주 7. The Normans also introduced trial by combat into England, with "the battle serv[ing] as the ordeal." T. F. T. Plucknett, *A Concise History of the Common Law,* 5th ed. (Boston, 1956), p.427.

380) 원저 p.307. 각주 8. See canon 18, Fourth Lateran Council, in Norman P. Tanner, ed., *Decrees of the Ecumenical Councils,* vol. 1 (London, 1990), p.244. Cf. John W. Baldwin, "The Intellectual Preparation for the Canon of 1215 against

의 결정에 의해서 시련 재판을 유효하게 폐지함과 함께 잉글랜드의 왕들은 어떤 타입의 폭력적 범죄에 대해서는 배심원에 의한 재판(trial by jury)을 도입하였다. 이것은 영국 왕들이, 이미 50년 전에 어떤 타입의 민사 케이스에 대해서, 즉 왕의 평화를 강제에 의해서 침해한 것(forcible breaches of king's peace)과 관계된 케이스에 대해서는 배심재판을 도입한 것과 같다. 잉글랜드의 왕이 임명한 판사들은, 순회하며 재판하면서, 이전의 시기 동안에 이른바 중죄(felony)를 범했다고 의심되는 현재의 사람들을 위해서 대배심원(grand jury)을 소집했다. 그리고 그다음에는 소배심원(petty juries)을 소집해서, 기소된 사람들이 유죄인가 무죄인가에 관해서 선언하도록 했다.381) 증거 제출을 없었다; 피고인들이 기소된 범죄에 대해서 무죄인가 유죄인가에 대해서는 미리 배심원들 자신에게 보고하도록 했다고 추정된다. 이와 같이 자체 내에서 알리고 보고하는 배심원 제도(the self-informing jury)는 잉글랜드 지방 정부의 중요

Ordeals," *Speculum* 36 (1961), 613 (reviewing late-twelfth- and early-thirteenth-century canonistic and philosophical debates about ordeals).

381) 원저 p.307. 각주 9. The Assize of Clarendon (1166) required juries of presentment to present to royal judges those widely reputed to have committed wrongdoing in particular localities. The accused were then subjected to "purgation" (either by ordeal or by oathhelping) to test their guilt or innocence. Much of early grand jury procedure, both in the initial determination of repute and in the reliance on purgation through oath-helping, bore similarities to canon law. See Richard H. Helmholz, "The Early History of the Grand Jury and the Canon Law," *University of Chicago Law Review* 50 (1983), 613 cf. Roger D. Groot, "The Jury of Presentment before 1215," *American Journal of Legal History* 26 (1982), 1. Concerning the size of the grand jury Baker states, "The number of jurors was usually greater than 12, and in later times it was usually 23." John H. Baker, *An Introduction to English Legal History*, 3rd ed. (London, 1990), p.577 n. 24. The smaller jury of trial was first established for civil cases involving trespass to land and were adapted to criminal cases after the Fourth Lateran Council in 1215 forbade clergy to participate in ordeals.

한 요소였으며, 이것은 연이은 수백 년이 경과하는 동안에, 때때로 왕권에 의한 정책을 좌절시켰던 것이다. 즉, 기소된 수 없이 많은 사람들이 방면되었다.[382] 동시에 형사 케이스와 민사 케이스의 결정에 배심원이 참여한 것은 왕의 재판(royal justice)이 지방에서도 수락될 수 있도록 하는 데에 도움이 되었다.[383]

왕이 임명한 판사들이 지방의 배심원들을 통해서 형사 실체법을 집행하는 것은 제한된 숫자의 신체적 범죄로 구성되었다. 주로 살인, 신체 상해(폭력으로 손·발·눈·이 등 남의 신체 부분에 입히는 상해)(mayhem), 강간(rape), 방화(arson), 주거침입 및 강도(burglary), 강도(robbery)와 같은 중범죄(felony)로 불리는 것과 함께, 비폭력적인 범죄 중에서 심각한 것, 가장 뚜렷하게는 절도죄와 반역죄(treason) 덜 중요한 형사범죄는 경범죄로 불리고, 벌금이나 체형 또는 단기간의 금고에 처해졌는데(보통 1년 미만이었다) 이런

---

382) 원저 p.308. 각주 10. The conviction rate for felonious (capital) homicide in the fourteenth century typically stood at between 10 and 20 percent. Many defendants acquitted of felonious homicide, however, were found guilty of non-felonious accidental killing or killing in self-defense. A verdict of non-felonious homicide resulted in the automatic forfeiture of all of the defendant's goods to the Crown, imposed on the defendant the requirement of obtaining a royal pardon prior to being released from jail, and exposed the defendant to the possibility of civil suit by the victim's relatives. See Green, *Verdict According to Conscience,* p.59 n. 122, summarizing the research of James B. Given, *Society and Homicide in Thirteenth-Century England* (Stanford, 1977); Barbara Hanawalt, *Crime and Conflict in English Communities,* 1300~1348 (Cambridge, Mass., 1979); and Ralph B. Pugh, "Some Reflections of a Medieval Criminologist," *Proceedings of the British Academy* 59 (1973), 83. Cf. Thomas A. Green, "Societal Concepts of Criminal Liability in Mediaeval England," *Speculum* 47 (1972), 669 (arguing that low conviction rates in thirteenth- through fifteenth-century England were the result of social beliefs about homicide that differed considerably from the law "on the books").

383) 원저 p.308. 각주 11. See Green, *Verdict According to Conscience,* p.105.

것들은 왕의 판사에 의해서 배심원들에게 배당되었다. (이것을 기소범죄라고 한다) 그러나 더욱 자주 이러한 범죄들은 왕의 법원에서보다는 지방의 (군 소재지) 당국에 의해서 처벌되었다. 또한 영주와 봉신이 출석하는 "봉건법정", 영주와 농민이 출석하는 장원법정, "면장을 받은 도시와 성읍에 설치된 도시법정"은 12세기 이후 줄곧 잉글랜드나 또한 유럽에 설치되었으며, 시장 또는 도시의 상인들이 출석하는 상인법원들 모두가 그들의 민사재판 관할에 더해서 어떤 종류의 범죄에 대해서는 형사재판권을 갖고 있었고, 열거한 모든 법정이 그들 자신의 절차 유형을 갖고 있었다.

더하여 교회법정에 의해서 시행되는 형사사법 시스템은 그 중요성에 있어서 세속 형사사법의 다양한 시스템과 함께 중요성을 띠고 있었는데 - 세속 법정보다 훨씬 더 정교하였다. 로마 교회의 캐논법에 따라서 운영되면서, 잉글랜드의 교회법원은 성직자들(이 성직자 개념은 매우 넓은 집단인데 예를 들면 대학의 학생을 포함하고 있었다)이 범하는 모든 종류의 범죄에 대해서 적어도 세속 법정과 경합하는 재판관할권을 갖고 있었다. 잉글랜드 교회법원은 성직자가 아닌 일반인이 범한 매우 넓은 범위에 걸친 범죄에 대해서도 전속관할권을 가지고 있었다. 이때의 범죄는 이단, 신성모독, 마술, 요술, 고리대금, 중상모략, 성범죄, 부정행위, 세속인의 성직자나 교회재산에 대한 범죄를 다루었다.[384] 교회법원이 과한 벌은,

---

384) 원저 p.308. 각주 12. In England, after 1170, benefit of clergy protected clerics from secular prosecution (or, if prosecuted and convicted in a secular court, from punishment) for felonies but not for misdemeanors. (In France, for example, the reverse was the case: the clergy could be prosecuted in the secular courts only for serious crimes.) See Berman, *Law and Revolution*, pp.256~264.

기부, 변상, 단식, 자선행위, 성직박탈, 감금, 파문이었다. 교회법원의 특징은 원고·피고·증인이 선서하고 증언을 하는 것이었다(진술서를 쓰는 경우에도 선서를 했다). 또한 사제의 판결에 불복하는 경우에는 대주교(잉글랜드의 경우에는 캔터베리 대주교가 요크 대주교였다)가 로마교황에게 상소하는 것이 가능했다.

12~13세기에 등장한 잉글랜드의 형사재판에서는 유럽 대륙의 나라들과 공통적인 부분과, 잉글랜드만의 독자적인 부분이 있었다. 교회재판·영주재판·장원재판·도시재판·상인재판 등은 유럽 대륙 각국에서도 행해졌던 재판이었다. 그러나 대배심이 기소하는가 하지 않는가를 결정하는 방법이나 배심원 자신이 증거를 모아서 평결을 내리는 방법은, 잉글랜드의 독자적인 방법이었다. 예를 들면 도이치의 영방(land)에서도 형사재판에서 일반인이 참가하지만, 그들 스스로 증거를 모으지는 않았고, 피의자를 기소할 지의 여부는 관리가 결정하였다.[385] 또한 잉글랜드에서는 민사재판에서도 형사재판에서도 국왕이 주재하는 법원(커먼로 법원)의 수와 종류가 유럽 대륙의 각국에 비하여 상대적으로 많았다. 더욱이 국왕이 임명하는 순회판사(상임 전문가)가 각지를 순회하며 형사재판이나 민사재판을 하는 방식도 잉글랜드에서 밖에 없었다.

이 12~13세기에 확립된 재판제도가 14~15세기에 크게 변화했다. 영주법원과 장원법원은 쇠퇴하고, 반대로 도시법원과 상인법원의 중요성이 커졌다.[386] 또한 교회법원이 커먼 로 법원의 침해하는

---

385) 원저 p.309. 각주 13. See Langbein, *Prosecuting Crime in the Renaissance.*

386) 원저 p.309. 각주 14. 참조. Beginning in the twelfth century, major English cities were empowered by royal charter to establish courts to hear cases involving a variety of offenses punishable by the imposition of fines. In the thirteenth, fourteenth, and fifteenth centuries, so-called courts of the staple were

것을 계기로, 의회(royal parliaments)가 커먼 로 재판소의 권한을 강화하는 법령을 제정하여 커먼 로 법원[특히 왕좌법원(King's Bench)]가 형사재판에 대하여 관할을 넓혔다. 이때 동시에 증인에 의한 증언제도가 대배심, 소배심에도 도입되었다. 또한 장원제가 폐지되어 영주를 대신하여 토지귀족(gentry)이 지방에서 영향력을 가지게 되었다. 그들이 치안판사에 임명되어 그들이 각 지역의 형사재판을 하고, 그 결과를 순회판사에게 보고하였다.387) 즉, 12~13세기에 등장한 형사재판제도는 14~15세기에 크게 변화했지만, 그 변화는 근본적으로 변했다고 할 수 있는 정도는 아니었다.

---

created in the fourteen English towns that had the most active trade in "staple products" such as wool, leather, and lead. The Statute of the Staple of 1353 formally recognized that the law merchant rather than the English common law governed relations among merchants and their families and households in the staple towns. See Berman, *Law and Revolution*, pp.347, 380~386; Helen M. Jewell, *English Local Administration in the Middle Ages* (New York, 1972), pp.133~135.

387) 원저 p.309. 각주 15. The first Statute of Westminister (1327) referred to "keepers of the peace." These were local persons appointed by the Crown. They were given a role in enforcing the first Statute of Labourers, enacted in 1349 to regulate wages as a result of the labor shortages caused by the Black Death. The Second Statute of Westminster (1361) subsequently transformed the keepers of the peace into "justices of the peace," giving them responsibility "to restrain ······ offenders, rioters, and all other barrators, and to pursue, take, and chastise them according to their trespass or offence; and to cause them to be imprisoned and duly punished according to the laws and customs of the realm, and according to what shall seem best to them to do by their discretions and good deliberations." Quoted in Sir Thomas Skyrme, *History of the Justices of the Peace*, 3 vols. (Chichester, 1991), 1:31. Subsequent statutes in the fourteenth and fifteenth centuries imposed a variety of other duties upon the justices of peace, both in the area of criminal investigation and in the area of the enforcement of economic regulations. See also Charles Beard, *The Office of the Justice of the Peace in England in Its Origin and Development* (New York, 1904). In addition, a considerable portion of the justice's responsibilities were derived from local customs. See J. R. Lander, *English Justices of the Peace*, 1461-1509 (Gloucester, 1989), p.7.

근본적인 변화가 이루어진 것은 헨리 8세가 교회에 대하여 지배권을 확립하고, 대권법원(prerogative courts)을 신설하여 교회법원을 시작으로 다른 법원의 관할권을 대권법원으로 이전시킨 데서이다. 주로 추밀원(Privy Council)과 고등종무법원(Court of High Commission)이 형사재판을 담당하게 되었고,[388] 그 외에도 신설된 해상법원(High Court of Admiralty), 청원법원(Court of Requests), 대법관법원(High Court of Chancery)이 벌금이나 투옥을 과하는 권한을 가졌다. 이들 법원들은 커먼 로 법원과는 다른 형법·형사소송법을 가지고 있었지만, 때로는 커먼 로를 적용하는 경우도 있었다.[389]

헨리 8세는 국왕위원회(King's Council)로부터 추밀원을 분리·신설하고, 이것이 통치기관의 중추가 되어 모든 법원을 통괄하게 되었고, 동시에 법원으로서의 기능도 하였다. 그 재판이 이루어진 곳이 성실(星室, camera stellata)이라고 불린 방이었기 때문에(천장이 별 하늘을 그려놓아서 이름이 붙여졌다), 이 법원은 성청법원 (High Court of Star Chamber)라고 불리게 되었다. 성청법원은 추

---

388) 옮긴이 주석: 현대 잉글랜드에서 Privy Council은 식민지나 일부 구 식민지 국가들로부터의 상소를 관할한다(望月 지음, 박덕영 역, 2014: 17).

389) 원저 p.309. 각주 16. On High Commission's criminal jurisdiction, see Roland G. Usher, *The Rise and Fall of the High Commission* (Oxford, 1968). On Admiralty's criminal jurisdiction, see Holdsworth, *History of English Law*, 1:550; on the criminal jurisdiction of the Court of Requests, see 1:413; on Chancery, see 1:457~459 and W. J. Jones, *The Elizabethan Court of Chancery* (Oxford, 1967), pp.225~235 (discussing the use of contempt and other coercive mechanisms by the sixteenth-century Chancery). Cf. Penry Williams, "The Activity of the Council in the Marches under the Early Stuarts," *Welsh History Review* 1 (1960), 133~160; and R. R. Davies, "The Law of the March," *Welsh History Review* 5 (1970), 1~30. Cf. Thomas Barnes, "Due Process and Slow Process in the Late Elizabethan and Early Stuart Star Chamber," *American Journal of Legal History* 6 (1962), 221.

밀원의 일부였다. 그러나 성청법원이 개설된 때에는 추밀원의 구성원이 아닌 왕좌법원 민사법원의 주심판사도 참사하였고, 대법관이 재판을 주재하였다. 성청법원은 형사재판도 민사재판도 관할하고 있었고, 국왕이 명령한 특수한 경우를 제외하고는, 보통은 성청법원이 사형선고를 하고 자유보유지의 소유권에 관하여 판결을 내리는 것이 인정되지 않았다. 그것은 커먼 로 법원의 관할이었기 때문이다. 따라서 황실법원이 중죄와 반역죄를 다루지 않았다. 왜냐하면 중죄와 반역죄에는 사형과 토지 몰수가 적용되기 때문이다. 성청법원이 형을 부과하는 것이 가능한 것은 벌금·투옥(종신형 이하)·귀, 코, 혀의 절단(눈과 다리는 제외)·태형·공중 앞에서 고백하기(public confession)이었다.[390] 반대로 커먼 로 법원이 과하는 것이 가능한 것은, 중죄에 대해서는 교수형·눈과 다리의 절단·토지 몰수·동산 몰수·추방(outlawry)뿐으로 경한 죄에 대해서는 소액의 벌금이나 투옥형(1년 이하)을 과하는 것이 가능했다.

성청법원의 절차는 교회법을 응용한 것으로 당시의 커먼 로 법원보다 정비되어 있었다. 기소는 원고가 하든가 사법장관에 의해 이루어졌고(커먼 로 법원에서는 대배심이 한다), 원고·피고·증인은 선서 진술서를 제출하든가 선서 후에 증언을 하였다. 또한 형사사건의 피해자에게도 민사재판에 의한 구제(civil remedy)가 가능

---

390) 원저 p.310. 각주 17. See William Hudson, *A Treatise of the Court of Star Chamber*, written in 1621 though not published until 1792. The 1792 edition has been reprinted with an introduction by Thomas Barnes under the title *A Treatise of the Court of Star Chamber as Taken from Collectanea Juridica* (Birmingham, 1986). See also Cora L. Scofield, *A Study of the Court of Star Chamber* (New York, 1900). Cf. Barnes, "Due Process and Slow Process," and idem, "Star Chamber Mythology," *American Journal of Legal History* 5 (1961), 1.

했다.[391)]

대권법원과 커먼 로 법원의 차이점은, 16세기에 추밀원이 다룬 형사사건을 보면 잘 알 수 있다(성청법원으로서 기능한 것은 특별히 의식하지 않았다). 예를 들면 25인의 서점경영자에게 과거 3년간의 책의 판매기록을 제출하게 하여, 유해한 내용(ill matter)의 책을 유입한 죄를 벌금에 처한다거나, 그릇된(erroneous) 신앙을 설파한 책을 출판한 죄에서 1인의 경영자를 투옥하거나,[392)] 치안을 교란한(lewd) – 반역에 해당하는 – 말을 입에 담은 피고 1인은 공중 앞에서 고백하는 죄에 처해지거나, 귀가 찢어질 때까지 귀에 못을 박는 형에 처해졌다.[393)] 또한 광란 상태에서 방황하던 자를 투옥했다가 제정신을 차리고 서로가 여색에 유혹되어 있었다고 선언한 뒤에 석방하는 경우,[394)] 서리(Surrey) 주의 순회판사와 치안판사에게 고발된 것이 허위로 판명되어 여왕의 은급을 받는 신사[395)](gentleman pensioner)에 대한 소송을 취하하고, 허위의 고발을 한 자를 투옥하도록 명한 일 등을 들 수 있다.[396)]

16세기 후반~17세기 초의 "성청(星廳)에서, 추밀원 위원회앞에" (In Star Chamber, before the Council)라고 명명된 판례 중에서는 (1596년), 에섹스 백작이 해군 제독의 배를 검문한 때에 화약고에 재나 토사가 섞인 것을 발견했기 때문에 에섹스 백작이 그 해군

---

391) 원저 p.310. 각주 18. See Barnes, "Due Process and Slow Process," pp.227~230.
392) 원저 p.310. 각주 19. John R. Dasent, ed., *Acts of the Privy Council,* 46 vols. (London, 1890~), 1:119 (1543).
393) 원저 p.310. p.338. 각주 20. Ibid., 1:390 (1546).
394) 원저 p.310. p.339. 각주 21. Ibid., 1:249 (1545).
395) 옮긴이 주석: 여왕의 고급 관리였다가 연금을 받게 된 사람이라는 얘기이다.
396) 원저 p.310. p.339. 각주 22. Ibid., 11:412 (1579).

제독을 배신자로서 고발했다는 허위 유포로 제소당한 피고가, 공중에게 창피를 당하는 형으로 귀를 잃고, 또한 채찍을 맞아 머리에 죄상을 쓴 종이를 붙이고 부정기징역형(不定期懲役刑, imprisoned during pleasure)에 처해졌으며, 거기에 20파운드의 벌금을 과했는데, "만약 피고가 신분이 높고, 농민도 아니고 소년이 아니었다면 더욱 높은 벌금이 가해졌을 것"이라는 판례가 있다.[397] 또한 16세기 말~17세기 초의 판례에서는, 치안판사나 추밀원이 정의를 행하지 않았다고 비난한 것을 치안을 혼란시킨다(lewd)고 하였다.[398]

성청법원은 특별히 치안이나 사상을 문제삼은 것은 아니지만, 재물강요(extortion), 문서위조(forgery), 반란(riot), 위증교사(subornation of perjury), 소송방조(maintenance), 소송권 남용(vexatious litigation), 문서에 의한 비방(libel), 사기(사칭도 포함)[fraud(including impersonation)], 공동모의(conspiracy) 등, 그때까지의 폭력행위를 동반한 범죄(crimes of force)와는 달리 "악의로 가득 찬 범죄"(crime of cunning)도 관할하게 되었다.[399] 성청법원이 국왕에 의한 압정의 수단으로서 평판이 나빴던 것은, 17세기 초에 이르러서이다. 코크조차도 성청법원은 "의회를 제외하면, 기독교 세계에서 가장 좋은 법원이고,

---

397) 원저 p.311. 각주 23. W. P. Baildon, ed., *John Hawarde: Les reportes del cases in camera stellata,* 1593~1609 (April 29, 1596) (privately printed, 1894), p.39.

398) 원저 p.311. 각주 24. Ibid., p.104. The cases cited in this and the preceding notes are drawn from the unpublished collection of cases and materials compiled by John P. Dawson for use by students in his course in Development of Law and Legal Institutions given at Harvard Law School in the 1960s and 1970s.

399) 원저 p.311. 각주 25. Thomas G. Barnes, "The Making of the English Criminal Law: Star Chamber and the Sophistication of the Criminal Law," *Criminal Law Review* (1977), 316.

판사도 훌륭하고, 재판의 방법도 그 권한에 맞는 것이라고 하였다. 이 법원 덕분에 잉글랜드는 평온하였다"고 높게 평가하였다.400)

이 폭력행위를 동반한 범죄와 악의에 가득 찬 범죄의 차이는, 커먼 로 법원과 성청법원의 차이와 같다. 커먼 로 법원은 오로지 행위로서 확인 가능한 범죄행위(불법행위의 경우도 마찬가지)를 재판의 대상으로 했지만, 성청법원은 오로지 범의(criminal intent)(민사재판의 경우에는 불법행위를 하는 의지)의 유무를 문제 삼았다. 12~13세기에 국왕이 문제 삼은 것은 폭력행위의 단속으로, 그것도 무기(force and arms)를 사용한 폭력행위였다(국왕의 존재 이유가 인정된 것도 그 덕분이다). 폭력행위를 동반하지 않은 도의에 반하는 행위(moral offenses)를 단속하는 것은 교회법원 관할이었지만, 14~15세기가 되어 대법관법원도 도의에 반하는 행위를 단속하게 되었다(대법관은 보통 사제, 대주교, 추기경이 임명되었다).401) 1640년이 되기까지, 커먼 로 법원은 뇌물수뢰, 재물강요, 문서위조, 위증, 사기, 문서에 의한 비방, 폭동 선동(sedition), 공동 모의를 범죄로 치지 않았다. 미수(attempt)는 범죄가 아니라고 생각했기 때문이다. 주범과 공범을 구별하지 않았다. 그것이 17세기 말~18세기 초가 되어서 커먼 로 법원의 우위가 확립되면서 다른 법원이 관할하던 형사재판을 커먼 로 법원에서도 단속하게 되었다. 보통 생각할 수 있듯이, 이 시기가 되어 잉글랜드의 법이론이나 법제도가 "훌륭하게 정비"(sophisticate)된 것이 원인은 아니었다.

---

400) 원저 p.311. 각주 26. Edward Coke, *Fourth Institute,* (reprint, Buffalo, 1986), pp.65~66.

401) 원저 p.311. 각주 27. See Harold J. Berman, "Medieval English Equity," in *Faith and Order: The Reconciliation of Law and Religion* (Atlanta, 1993), pp.55~82.

추밀원(성청법원)보다 하위에 있던 고등종무법원은 교회법원이 관할하던 성직자의 부도덕한 행위(immorality), 교회법 위반을 한 성직자·이단·분파행위(schism), 불복종(nonconformity)(마지막 3개는 세속인·성직자 양방이 대상이 된다)을 처음부터 관할하였다. 또한 마지막 3개의 범죄의 정의는 굉장히 모호했다. 교회에서 2인의 여성이 언쟁하면 분파행위가 되었고, 마술은 이단, 수요일에 수확에 나가서 기도를 하지 않은 성직자는 불복종의 죄를 범한 것이 되었다.402) 고등종무원법원의 재판은 피의자를 소환하면 선서를 한 뒤 (ex officio oath) 증언하도록 하였다.403) 재판을 담당하는 실무가들은 로마법과 캐논법 교육을 받은 사람들로, 교회법원과 같이, 판사는 선서 진술서의 형태로 증언을 하게 하였다. 거기다 교회법원과 달리, 고등종무원법원은 벌금, 투옥을 명할 수 있었다. 잉글랜드 법제사의 전문가 홀즈워스(William Holdsworth)에 의하면, "고등종무원법원과 교회법원의 관계는 추밀원(성청법원)과 다른 법원과의 관계와 닮았다"404)고 한다. 여기에 덧붙일 것은, 고등종무원법원도, 그 관할 아래 있던 교회법원도 (물론 다른 법원도), 추밀원(성청법원)의 지시나 결정에 따르지 않으면 안 되었다. 그러한 예의 한 가지는, 1613년에 고등종무원법원은 성청법원으로부터 출판물 검열의 권한을 부여받고, 그 권한은 퓨리탄이 지배권을 장악한 장기의

---

402) 원저 p.312. 각주 28. Quoted in Holdsworth, *History of English Law,* 1:609.

403) 원저 p.312. 각주 29. On the ex officio oath, see Mary H. Maguire, "Attack of the Common Lawyers on the Oath Ex Officio as Administered in the Ecclesiastical Courts of England," in Carl Frederick Wittke, ed., *Essays in History and Political Theory: In Honor of Charles Howard McIlwain* (Cambridge, Mass., 1936), pp.199~229. On the Court of High Commission, see Usher, *Rise and Fall of the High Commission,* pp.239~249.

404) 원저 p.312. 각주 30. Holdsworth, *History of English Law,* 1:608.

회에서 고등종무원법원과 성청법원이 폐지될 때까지 존속되었던 것을 들 수 있다.

고등종무법원 이외의 대권법원도 형사재판을 관할하였고, 역시 교회법의 절차를 채용하였다. 해상법원(High Court of Admiralty)은 관할한 재판의 대부분이 민사재판이었음에도 불구하고, 해상에서 범한 범죄를 관할하였고, 벌금과 투옥을 명할 수 있었다. 대법관법원(High Court of Chancery), 청원법원(Court of Requests)도 민사재판을 관할 아래 두었는데, 판결에 따르지 않는 자에게 벌금 및 투옥을 과할 수 있었다.[405]

주의해야 될 점은, 커먼 로 법원도 튜더·스튜어트왕조 시대에 형사재판의 관할을 확대한 것이라는 점이다. 의회가 사형이 적용 가능한 범죄를 제정법에서 늘린 한편, 커먼 로 법원만이 사형을 선고할 수 있는 제도는 변하지 않았다(모어가 성청법원에 의해 반역죄로 사행에 처해진 것은 예외 중의 예외). 또한 의회는 제정법에서 토지의 몰수나 눈과 다리의 절단을 할 수 있는 범죄의 종류를 늘렸지만 이것 역시 커먼 로 법원만이 과할 수 있었던 형벌이었다. 왜 성청법원이 커먼 로 법원과 같이 반역자·마법사·이단자를 사형에 처할 수 없었는지는 알 수 없지만, 적어도 모어의 경우와 같이 정치와 관련된 재판은 예외로써, 동료에게 재판 받는 일 없이 사형에 처해지는 것에 저항이 있었다고 추측할 수 있다. 거꾸로 성청법원은 고문으로 피의자에게 자백하게 하여 고발하기도 하지만, 커먼 로 법원이 고문을 피의자에게 가하는 일은 없었다. 대배심에

---

405) 원저 p.312. 각주 31. Unlike High Commission, Admiralty, and Requests, the other principal prerogative courts, namely, the Courts of the Marches in Wales and in the North, were not special courts but courts of very wide jurisdiction, with competence to try felonies and to impose capital punishment.

게 공개되기 전에 피의자나 증인에게 고문을 하거나 소배심에게 공개되기 전에 피고나 증인에게 고문을 하는 것은 저항이 있었을 것이다. 그렇다면 왜 성청법원은 배심제를 채용하지 않았을까. 그것은 배심제가 재판의 방식으로써 결함이 많았기 때문이다. 배심원에게 증인을 심문할 수 있었던 능력이 없었고, 설령 증인의 심문은 판사나 변호사가 배심원을 대신하여 한다고 하여도, 증거처리의 문제는 배심원의 능력을 넘는 것이었다. 이러한 문제 외에, 더 중요했던 것은, 튜더 왕조시대에 너무나 많은 것이 급변했기 때문에, 적어도 커먼 로 법원의 형사재판만이라도 변하지 않게 하기 위한 배려가 있었다고 생각된다.

이유야 어찌되었던 커먼 로 법원만이 사형을 과할 수 있는 제도는 존속했고, 또한 커먼 로 법원 이외의 법원에서는 여전히 배심제가 채택되지 않았고, 증인은 선서를 한 뒤 증언을 하든가 선서 진술서를 제출하도록 하여 증거 처리의 방식도 합리적이었다. 또한, 이 2개의 법원 간에 교류가 있었던 것도 주의할 필요가 있다. 즉, 대권법원(prerogative courts)의 판사는 커먼로에 능통했고(커먼 로 법원인 왕좌법원과 민사법원의 주석판사는 대권법원인 성청법원의 구성원이었다), 커먼 로 법원의 판사는 대권법원의 형법, 형사소송법에 능통했다. 거기다 양자는 경합관계에 있었고, 특히 커먼 로 법원은 대권법원에게 관할을 뺏기는 일 없이 인신보호영장(writ of habeas courpus)·재판이송금지영장(writ of prohibition) 등을 발부하여 대권법원의 재판을 방해하였다.

16~17세기 초에 커먼 로에서 일어난 변화는 그 후 잉글랜드혁명에서 실현되는 법사상·법학의 변화를 앞서는 것이었다. 단 주의할 것은 변화의 계기를 만든 것이 추밀원이었다는 것이다. 추밀

원이 커먼 로 법원의 관할을 넓히고, 또한 절차를 변화시켰다.[406]

10.2 커먼 로 법원(Common Law Courts)의 우위가 확립 (17세기 말~18세기)

1640년에 대권법원이 폐지되고, 대권법원이 관할하고 있던 형사 재판은 거의가 커먼 로 법원(Common Law Courts)의 관할이 되어, 커먼 로 법원(Common Law Courts)의 관할 아래 없던 형사재 판도 커먼 로 법원(Common Law Courts)의 감독하에 있게 되었 다. 이것이 잉글랜드 형법에 큰 변화를 가져다주었다. 즉, 중죄를 범한 형사범은 우선 증거에 기초하여 대배심(grand jury)이 기소 여부를 판단하고, 다음에 소배심(petty jury)이 유죄 여부를 결정하 여 판결이 정해지게 된 것이다. 15~16세기에 커먼로가 중죄라고 한 범죄는 숫자가 한정되어 있었지만, 17세기 말~18세기 초에 의 회가 대권법원의 중죄 이외에도 많은 범죄를 제정법에 추가하여, 의회가 특히 다른 형벌을 정하지 않는 한, 모두 사형을 과하는 것 이 가능해졌다.[407] 종전에는 대권법원의 관할이었던 범죄들이 보통

---

406) 원저 p.313. 각주 32. The principal procedural changes in the common law of crimes during the sixteenth and early seventeenth centuries came about through the expansion of the role of the justices of the peace in criminal investigations and prosecutions, under the supervision chiefly of Star Chamber. The landed gentry in the countryside, serving as justices of the peace, heard complainants and witnesses, supervised grand jury proceedings leading to indictment, and exercised a limited control over the presentation of evidence by witnesses in both the grand jury and the trial jury proceedings. See Langbein, *Prosecuting Crime in the Renaissance,* pp.72~73, 79~80 (on supervision by Star Chamber); idem, "The Origins of Public Prosecution at Common Law," *American Journal of Legal History* 17 (1973), 313.

407) 원저 p.314. 각주 33. After the martyrdom of Becket in 1170, the royal courts

법상 경범죄로 재분류됨으로써, 보통법의 벌금 및 징역 부과 권능
이 크게 확장되었다. 1640년 이후 1세기 동안 제정법에 의하여 중
범죄로 창설된 것에는 간통, (부녀자에 대한 폭행과 같은) 다양한
형태의 가중 폭행, 위조, 해적, 밀렵, 절도죄의 다양한 공모 형태였
다.408) 1640년 이래 처음으로 경범죄로서 처벌이 가능해진 것은
각각 제정법이 금지한 도박이나 가족부양의무의 방치로, 종전에는
대권법원이 관할하던 범죄였다.409) 1640년 이래 처음으로 경범죄

---

lost to the ecclesiastical courts jurisdiction to try "clergy" for felonies. The
royal courts later adopted the procedural device of trying persons before
inquiring about their clerical status, and only after they were convicted could
they plead benefit of clergy and be remitted to the ecclesiastical court. Before
so remitting them, the royal court required that they be branded on the thumb
to signify that they had now lost the right to plead benefit of clergy in any
future secular trial for a felony. In time, the class of "clergy" was extended to
anyone who could read (or recite) a particular verse from the Bible. Thus in
most trials for felonies, first offenders were, in effect, put on probation. In the
late seventeenth century, as Parliament began to increase substantially the number
of statutory felonies, it began to identify most of them as "non-clergyable,"
indicating that the death penalty was to be applied to a first offender, absent a
royal pardon. Where benefit of clergy remained applicable, statutes provided
that offenders might be sentenced to transportation to overseas colonies.

408) 원저 p.314. 각주 34. On adultery, see Keith Thomas, "The Puritans and
Adultery: The Act of 1650 Reconsidered," in Donald Pennington and Keith
Thomas, eds., *Puritans and Revolutionaries: Essays in Seventeenth-Century
History Presented to Christopher Hill* (Oxford, 1978), pp.257~282. Winfield
E. Ohlson, "Adultery: A Review, Part I," *Boston University Law Review* 17
(1937), 350. On the new types of assault, see Holdsworth, *History of English
Law*, 8:421~423, 11:535; on forgery, see 11:534; on piracy, see William
Blackstone, *Commentaries on the Laws of England*, 4 vols. (London, 1966),
4:71~73; on poaching, see Leon Radzinowicz, "The Waltham Black Act: A
Study of the Legislative Attitude toward Crime in the Eighteenth Century,"
Cambridge Law Journal 9 (1947), 56~81; on complicity in larceny, see
Holdsworth, *History of English Law*, 11:530~531. The provisions of the
Waltham Black Act were preceded in the closing decades of the seventeenth
century by a number of more specific statutes addressed to various aspects of
poaching. See Holdsworth, *History of English Law*, 6:403.

로서 처벌이 가능해진 것은 각각 제정법이 금지한 도박이나 가족
부양의무의 방치로, 종전에는 대권법원이 관할하던 범죄였다.410)
경범죄의 재판은 이전처럼 치안판사가 담당하였는데, 성청법원에
의한 사찰이 없어지고 치안판사가 한 조치가 왕좌법원의 순회판사
에게 보고되기만 하면 되었다.411)

특별히 강조할 것이, 대권법원의 재판과 달리 커먼 로 법원
(Common Law Courts)의 재판에서는, 고발은 관리가 하는 것이
아닌 개인(보통은 피해자나 피해자의 가족) 혹은 잉글랜드 각지
에 새롭게 질서유지를 위해 조직된 소행개선협회(Society for the
Reformation of Manners)의 대표에 의하여 이루어지게 되었다. 재
판에서 변호사가 변호하는 것은 드물었고, 보통은 피고가 스스로

---

409) 원저 p.314. 각주 34. On adultery, see Keith Thomas, "The Puritans and
Adultery: The Act of 1650 Reconsidered," in Donald Pennington and Keith
Thomas, eds., *Puritans and Revolutionaries: Essays in Seventeenth-Century
History Presented to Christopher Hill* (Oxford, 1978), pp.257~282. Winfield
E. Ohlson, "Adultery: A Review, Part I," *Boston University Law Review* 17
(1937), 350. On the new types of assault, see Holdsworth, *History of English
Law,* 8:421~423, 11:535; on forgery, see 11:534; on piracy, see William
Blackstone, *Commentaries on the Laws of England,* 4 vols. (London, 1966),
4:71~73; on poaching, see Leon Radzinowicz, "The Waltham Black Act: A
Study of the Legislative Attitude toward Crime in the Eighteenth Century,"
Cambridge Law Journal 9 (1947), 56~81; on complicity in larceny, see
Holdsworth, *History of English Law,* 11:530~531. The provisions of the
Waltham Black Act were preceded in the closing decades of the seventeenth
century by a number of more specific statutes addressed to various aspects of
poaching. See Holdsworth, *History of English Law,* 6:403.

410) 원저 p.314. 각주 35. See Holdsworth, *History of English Law,* 11:539~540;
6:404.

411) 원저 p.314. 각주 36. See Skyrme, *History of the Justices of the Peace,* 1:110~
111; 2:69~73. In 1758 the King's Bench held, in Lord Mansfield's words, that
it had "no power or claim to review the reasons of the Justices of the Peace,
upon which they have formed their judgments." *Rex v. Young and Pitts,*
quoted by Skyrme (2:70).

자신의 변호를 하였다.

커먼 로 법원(Common Law Courts)에 있어서 형사재판의 새로운 역할은 1664년에 왕좌법원 또는 형사법원(King's bench) 법원에서 재판한 King vs. Sir Charles Sidley 재판에 관한 보고에서 알 수 있다.

"시들리 경은 왕의 평화를 거스르는 여러 개의 보통법상의 경범죄(공서양속에 반하는 행위)가 원인으로 커먼 로 위반의 죄를 지게 되었다. 그것은 기독교로 볼 때는 큰 스캔들에 해당하는 것이었다. 그것은 그가 코벤트 가든의 발코니에서 많은 사람들에게 나체를 보였으며, 특수한 비행(상스러운 말)을 말했기 때문이다. 그가 커먼 로 법원(Common Law Courts)에 고발을 당한 것은 성청법원이 없어지고 성청법원을 대신하여 커먼 로 법원(Common Law Courts)이 도덕(공서양속,[412) 公序良俗]의 수호자(custos morum)이기 때문이다. 이러한 종류의 행위가 최근 늘고 있어서, 처벌할 만한 적당한 때라고 판단했다(일부 판독 불능). 해당 법원은 시들리경을 소환하였고 시들리 경은 출두하여 죄를 인정하였으므로, 동 법원은 시들리 경이 유서 있는 가문(켄트 군 출신)의 신사이며, 그의 재산은 저당된 상태임을 고려하여 그를 심각하게 벌하려는 것이 아니라 그를 개선시키기 위해서, 법원은 2,000마르크의 벌금, 그리고 1주간의 금고형(보석 없음), 3년 동안의 관찰을 명하였다."[413)]

---

412) 옮긴이 주석: 공서양속은 미야지마의 번역이다. 공서양속이란 한자어는 한국에서도 쓰는 법률용어이기 때문에 소개하는 것이다.

413) 원저 p.315. 각주 37. *LeRoy versus Sir Charles Sidley, 1 Sid. 168 (Mich. 15 Charles II B. R.) (translated from Law French by the author).*

이러한 예로부터 알 수 있듯이, 왕좌법원 또는 형사법원(King's bench)은 성청법원으로부터 풍속에 관한 범죄(공서양속, moral offense)의 관할을 이어받았을 뿐만 아니라, 벌금, 금고, 석방 후의 보호관찰을 과하는 권한도 이어받았다.

10.3 토지 소유 젠트리와 부유한 상인 승리의 효과

1640~1689년 영국혁명은 국왕에 대한 의회의 우위를, 왕실귀족에 대한 토지소유 젠트리와 부유한 상인의 우위를 확립했다. 따라서 17세기 말과 18세기 초에 새롭게 법으로 규정된 상당수의 사형 범죄가 토지소유 젠트리와 상인 계층의 재산권을 보호하는 효과를 낳았다는 사실은 그리 놀라운 일이 아니다. 예를 들어, 폭넓은 범위의 각종 경제적 위반행위들이 보통법에서의 중절도죄에 포함되었다. 이들은 이전에는 보통법 법정에서 처벌될 만한 행위가 전혀 아니었거나 다른 곳에서 처벌되었더라도 경범죄로 다루어졌던 것이었다. 따라서 1731년의 법령은 (사형에 처할) 절도죄에 대문이나 철책, 건물에 붙어있는 부속물을 훔치는 행위를 포함시켰고, 다른 법령은 사유지에서 나무나 과일, 야채를 훔치는 것을 절도로 규정하였다. 이것은 모두 이전에는 중대하지 않은 위반, 즉 경범죄로만 다루어졌던 것들이다.[414] 경제사범에게 사형을 선고하는 새로운 법들 가운데 가장 악명 높았던 것은, 밀렵을 규제하기 위한 것으로 알려졌으나 다수의 다른 위법행위도 포함했던, 1723년의 Black Act 였다.[415] 노르만 정복 이후 국왕은 일정구역의 땅을 밀렵보호구역

---

414) 원저 p.315. 각주 38. See 4 George II c. 32 and other statutes reviewed in Holdsworth, *History of English Law*, 11:530, 4:71~73.

으로 지정하는 권한을 스스로 부여하고 잉글랜드 내 어디에서든 왕이 허가하지 않은 자의 밀렵을 금할 수 있는 권리를 확고히 하였다. 그러나 16세기 말에 오면 왕실산림법은 대부분의 효력을 잃는다. 제임스 1세 치하에서 산림과 사냥에 대한 왕의 권리는 부활하였다. 사슴이나 자고새, 토끼 등을, 심지어 사유지에서조차, 사냥하려면 면허가 필요했고, 이를 구입하기 위해서는 상당한 금액의 부동산이나 임차권을 보유하여야만 했다.416) 게다가 찰스 1세는 수익 수단으로서의 왕의 독점(판매)권에 관한 고대 사냥법의 일부를 부활시켰다. 위반자는 경범죄로 처벌될 수 있었다. 청교도혁명과 왕정복고에 이래, 산림과 사냥에 대한 통제권은 국왕에서 토지소유 젠트리로 넘어갔다.417) 1671년 의회는 사냥을 하거나 (사냥물을) 보호하는 권리를, 최소 100파운드에 달하는 부동산을 보유했거나 최소 150파운드에 달하는 임차권을 보유한 이에게 부여하는 사냥법을 제정하였다. 그러나 1671년의 법은 밀렵꾼에 대한 처벌에서

---

415) 원저 p.315. 각주 39. See Radzinowicz, "Waltham Black Act"; cf. Thompson, *Whigs and Hunters.*

416) 원저 p.316. 각주 40. On the history of the game laws, see Roger Burrow Manning, *Hunters and Poachers: A Social and Cultural History of Unlawful Hunting,* 1485~1640 (Oxford, 1993); Chester Kirby, "The English Game Law System," *American Historical Review* 38 (1933), 240~262 Chester Kirby and Ethyn Kirby, "The Stuart Game Prerogative," *English Historical Review* 56 (1931), 239~254. Parliamentary legislation enacted under James I "require[d] freeholders to possess an income of forty pounds a year if they would kill game; persons with life estates must have twice as much; and all others must have four hundred pounds in personal property." Kirby and Kirby, "Stuart Game Prerogative," p.241.

417) 원저 p.316. 각주 41. Concerning the Game Act of 1671, P. B. Munsche has observed that it "signalled the transfer of the game prerogative from the king to the landed gentry." See P. B. Munsche, *Gentlemen and Poachers: The English Game Laws,* 1671-1831 (Cambridge, 1981), p.13.

는 예전 규정을 그대로 따랐다. (밀렵꾼들이 변장을 위해 종종 자신의 얼굴을 시커멓게 칠했기에 "시커먼"이라고 불렸던) 밀렵뿐만 아니라 토지재산에 관한 여타 범죄들에 관한 형법이 사실상 성문화된 것은, 밀렵꾼 무리들이 자행한, 사실상 계급 전쟁에 상응했던, 일련의 약탈이 있고 난 후에 제정된 1723년의 Black Act에서였다.

Black Act에서는 무장했거나 얼굴을 검게 칠했거나 변장한 사람이 사슴이나 토끼가 "있었거나, 있거나, 있을만한" 장소에 있는 것만으로도 사형에 처해질 수 있었다. 이 법은 또 광범위한 종류의 특정 사형범죄를 나열하고 있다: 사냥, 상해, 붉은 사슴이나 황갈색 사슴 절도, 토끼나 생선 밀렵, (대저택 진입) 도로나 정원, 과수원에 심긴 나무를 베는 행위, 집이나 헛간, 건초더미에 불을 지르는 행위, "돈이나 사슴고기, 기타 귀중품"을 요구하는 익명의 편지를 보내는 행위, 기타 무수한 행위. 그 어디에서나 누구에게든, 의도적, 악의적으로 (무엇을) 쏘는 것은, 피해자가 살아남았다고 해도, 사형에 처해질 수 있었다. 따라서 누구에게든, 어디에서건 행해진 살인 미수나 상해 미수(attempted maiming) 또한 완결된 행위와 같은 수준으로 처벌될 수 있었다. 해를 입히려거나 죽일 의도로 행한 공격을 경범죄로 다룬 이전 법은 조용히 폐지되었다. 유사하게, 양어지의 언덕을 부수는 행위에 사형을 부과하는 그 법의 한 조항은, 그러한 위법행위에 대해 3개월의 구금과 세 배의 보상에 더해 **7년간의 근신을 보증하는 보증인을 두게 한** 1568년 법령을 대체하는 효과를 낳았다. 게다가 법률의 조항은 주범뿐만 아니라, 범행 사후 방조자를 포함한, 공범에게도 동일하게 적용되었다.[418]

---

418) 원저 p.316. 각주 42. Cf. Radzinowicz, *History of English Criminal Law*, 1:57~58.

Black Act 제제 조항의 가혹함은 이 장의 다음 절에서 다룰 것이다. 여기서 강조할 것은 이 법의 적용범위가 토지소유 젠트리의 재산권 보호를 강화하는 새로운 정책에 반영되었다는 사실이다. 이것은 확실히 계급법이었다. 이러한 관련에서 튜더왕조와 스튜어트 초기 왕조하에서 대부분 왕실관리나 왕실의 감독을 받는 이가 행사했던 법집행권이 이제는, 사적 기소체계하에서, 토지소유 젠트리 당사자에게로 대부분 이관되었다. 부유한 신흥 상인 계층 또한 새로운 형법의 수혜자였다. 해운업자들과 무역업자들에게 위협이었던 해적질은 1700년에 있었던 포괄 입법의 대상이었다. "신뢰를 저버리고 해적이나 적이 된," "배나 선원의 소유자나 관리자는" 사형에 처해질 수 있었다. 유사하게, "해적이나 적에게 자발적으로 배(또는 배의 물자)를 내어주거나, 선장이나 선원을 타락시켜 배나 물건을 버리고 도망가게 하거나, 해적이 되게 하거나, 해적에 항복하게 하는 행위를 부추기는 메시지를 해적이나 적으로부터 받아오는" 선장이나 선원 또한 해적으로 간주되어 사형에 처해질 수 있었다. 해적 재판을 신속하게 처리하기 위해 법령은 잉글랜드 배의 관리자-해군이나 상인-에게 해적 사건 공판을 위한, 경우에 따라서는 사형을 선고할 수 있는, 7인을 불러 모아 법정을 열 수 있는 권한을 부여했다.[419] 은행 업무에 대한 보호도, 여러 종류의 은행권과 채권, 채무증서, 환어음, 기타 상업증권 등의 위조, 절도, 횡령과 관련된 일련의 법령에 의해, 점차 강화되었다. 1724년에는 은행권이나 지폐를 위조하는 행위가 사형범죄로 규정되었고, 1725년에는 동인도회사와 남해회사의 채권을 위조하는 행위가 사형범죄로

---

419) 원저 p.317. 각주 43. 11 and 12 William III c. 7 (1700).

규정되었다.[420] 이전에 그와 같은 위조는 성청법정(Star Chamber)에서, 성청법정이 폐지된 이후에는 보통법정에서, 경범죄로 처벌되었다.[421] 1729년에는, 여러 종류의 상업증권을, **그것을 가지고 있는 구류된 사람으로부터** 훔치는 행위가 중범죄로 규정되었다.[422] 이전에 이와 같은 위법행위는 절도라기보다는 단순 경범죄로 취급되었다. 그러한 증권을 가진 사람은 그것이 제시하는 기본채권에 대한 재산권을 갖고 있지 않았기 때문이고, 그에 따라 어떠한 위반도 없다고 판단했기 때문이다. 1742년에 의회는 더 나아가 잉글랜드 은행 직원들이 여러 종류의 상업증권을 횡령하는 것도 중범죄로 규정하였다. 이후 횡령법령은 그러한 규정을 남해회사와 우체국 직원으로까지 확대하였다.[423]

10.4 칼뱅주의 도덕 신학 승리
(Calvinist Moral Theology)의 효과

우리는 다음과 같은 역설에 대한 더글러스 헤이의 인상적인 설명에 빚지고 있다. 17세기 후반과 18세기 초반, 사형범죄로 규정되었던 죄목의 수가 놀라울 정도로 늘어난 것－1640년 이전 약 30가지에서 약 150년 후에는 적어도 200가지로 늘어났다－과 동시에 교수형에 처해졌던 사형범죄로 기소된 이의 비중은 상당한 수준으로 감소했던 것이다.[424] 부분적으로 이는 배심원단이 사형죄목

---

420) 원저 p.317. 각주 44. 11 George I c. 9 (1724); 12 George I c. 32 (1725).
421) 원저 p.317. 각주 45. See Holdsworth, *History of English Law*, 11:533∼534.
422) 원저 p.317. 각주 46. 2 George II c. 25.
423) 원저 p.317. 각주 47. See Holdsworth, *History of English Law*, 11:489.

으로 기소된 사람에게 무죄판결을 내리거나, 사형으로까지 처벌되지는 않는, **범죄의 일부를 구성하는 범죄**(lesser included offenses)로 유죄판결을 내리곤 했다는 사실에 기인하지만, 다른 한편으로는 판사가 사형범죄 기소를 감경해 처벌하거나, 때로는 유죄선고를 받은 사람에게 노역계약으로 일 하거나 드물게는 죄수 유형지에서의 노역을 위해 해외, 주로 북아메리카로 가는 조건으로 왕의 사면을 제안하곤 했다는 사실에 기인한다. 1718년 의회는 이러한 관행을 합법화하는 유배법(Transportation Act)을 입법하였다. 이로써 판사는 "**성직자**"(clergyable) **중죄로 초범으로** 기소된 사람에게 7년간의 유배를, "**비성직자**"(non-clergyable) **중죄**로 기소된 사람에게는 14년간의 유배를 부과할 수 있었다.[425] 이처럼 의회는 사형을 지속적으로 입법화했지만 기소 대(對) 집행의 비중은 지속적으로 감소하였다. 이러한 현상을 헤이는 다음과 같이 설명한다. 판사와 사인 소추자, 배심원이 토지소유 젠트리 지배 엘리트의 성원이 되고자 했다는 것이다. 이들은 낮은 계층 사람들에게 주고 싶어 하는 인상에

---

424) 원저 p.317. 각주 48. See Douglas Hay, "Property, Authority, and the Criminal Law," in Hay, Linebaugh, and Thompson, *Albion's Fatal Tree,* pp.17~18. Hay takes his account of the dramatic increase in capital statutes from Radzinowicz, *History of English Criminal Law,* 1:1~4. Radzinowicz emphasizes that the figures can only be regarded as approximations, in view of the discrepancies in the estimates of the number of statutory capital crimes existing at various dates. Nevertheless, it may be said with some assurance that more than 1,242 people were hanged in London between 1703 and 1772. See Linebaugh, *The London Hanged,* p.91.

425) 원저 p.318. 각주 49. 4 George I c. 11, sec. 1. On clergyable and non-clergyable felonies, see note 33. In the period 1718~1769, 15.5 percent of convicted felons were hanged, 69.5 percent were transported to America, and the remainder were given lesser punishments. See Roger Ekirch, *Bound for America: The Transportation of British Convicts to the Colonies,* 1718~1775 (Oxford, 1987), p.21.

따라 테러를 행할 수도, 자비를 베풀 수도 있었다. 사형이란 처벌의 위협은, 특히 재산범죄 사례에 있어서는, 많은 잠재 범죄자들을 단념시켰고, 재산의 신성함에 대한 믿음을 유지하는 데에 도움을 주었다. 동시에 그것의 적용에 있어서의 재량은 재산을 가진 사람으로 하여금 법의 객관적 실재성과 위엄에 대한 공동체의 정서를, 그에 따라 계급체계에 대한 충성을, 강화시키는 데에 쓰였다.

헤이의 설명의 많은 부분이 존 랭빈(John Langbein)에 의해 도전받았다. 그는 탄탄한 증거를 제시했는데, 첫째, 헤이의 주장과는 반대로, 이 시기에 사형범죄로 기소된 사람들의 대다수는 경제체계의 궁핍한 피해자들이라기보다는, 종종 그들의 직종에서 꽤나 성공적이었던, 상습범들이었다는 것이다. 둘째, 기소를 한 피해자들의 대다수는 유산계급 출신이 아니라 농부, 소매상인, 장인, 노동자들이었다는 것이다. 마지막으로, 배심원이 될 수 있는 자산으로 연 10파운드를 책정한 최소 자산요건은 잉글랜드의 사회적 엘리트로 구성된 배심원단에서 나온 것이 아니었다는 것이다.426) 랭빈이 주

---

426) 각주 p.318. 각주 50. See John Langbein, "Albion's Fatal Flaws," *Past and Present* 98 (1983), 96~120. Regarding the victims who brought prosecutions, Langbein has observed: "The victim is usually more propertied than the person who victimized him, although often only slightly ⋯⋯ [T]he victims seldom come from the propertied elite. They are typically small shopkeepers, artisans, lodging-house keepers, innkeepers, and so forth." Ibid., p.106. Cf. Peter King, "Decision-Makers and Decision-Making in the English Criminal Law, 1750~1800," *Historical Journal* 27 (1984), 25~58, esp. pp.27~28. King acknowledges, however, that "the fact that a broad spectrum of social groups used the law and made discretionary decisions within it does not necessarily invalidate the view that the law was ultimately controlled by a small gentry elite ⋯⋯ [T]his could, as Hay has suggested, have helped to legitimate it in the eyes of the population as a whole and therefore increased its usefulness to the ruling group" (p.51). By contrast, Peter Linebaugh has argued that the minimal property requirement for jury service advanced the interests of the landed gentry precisely by placing the responsibility for guilty

장하듯이, "(헤이의) 지배엘리트 음모이론은 배심원단 재량권의 실상과 조화될 수 없다."[427]

비록 그러한 역설에 대한 헤이의 공공연한 맑스주의적 해석을 반박하기는 했지만, 랭빈은 그 자신의 해석은 내놓지 않았다. 즉 그는 왜 잉글랜드 역사에서 이 시기에 법률에 의해 규정된 사형범죄의 수가 이례적으로 증가했는지, 왜 배심원단이 사형집행에 있어서 관대했는지, 또 이 두 현상과의 관계는 어떠했는지에 대해서는 설명하려 하지 않았다. 사실 랭빈이 귀족적 특성을 가진 의회 성원에 비해 배심원단은 보다 평민적 특성을 가졌다고 강조한 것은, 그의 설명 또한, 헤이의 것과 약간만 다를 뿐이지, 계급 분석의 시각에 기대고 있을 가능성을 시사한다. 의회 내 토지소유 젠트리는 모든 악당들을 처형하고자 했지만 배심원단의 지역민들과 도시민들은 그들에게 일정한 동정심을 가졌다는 것이다. 그러나 그와 같은 설명은 상층계급의 판사와 의회 성원이 통제받지 않는 하층 배심원단에게 법 집행을 기꺼이 넘기려했다는 사실을 설명할 수 있어야만 한다. 랭빈 자신의 분석에 보다 부합하는 다른 설명 또한, 피

---

verdicts in the hands of those who were particularly susceptible to ruling-class domination by their position of relative dependence and vulnerability. See Linebaugh, *The London Hanged,* p.78. Cf. Peter Linebaugh, "(Marxist) Social History and (Conservative) Legal History: A Reply to Professor Langbein," *New York University Law Review* 60 (1985), 213. But Linebaugh does not reconcile this assertion with the evidence he himself adduces elsewhere in his book establishing that London juries frequently returned verdicts acquitting defendants or reducing the charges against them; see *The London Hanged,* pp.85~86 (half the women and 40 percent of the men charged with capital offenses in the January 1715 assizes were acquitted). For a critique of Linebaugh's book, see Charles J. Reid, Jr., "Tyburn, *Thanatos,* and Marxist Historiography: The Case of the London Hanged," *Cornell Law Review* 79 (1994), 1158.

427) 원저 p.318. 각주 51. See Langbein, "Albion's Fatal Flaws," p.106.

고가 법정에서 증언하는 것이 금지되고 변호인을 내세울 수 없었
던 증거채택절차를 가진, 17세기 후반과 18세기 보통법정 형사소
송체계의 특성에 초점을 **두었어야 했다.** 이러한 상황에서 배심원단
은 유죄는 도덕적 확신, 또는 후에 칭해졌듯이, 합리적 의심 이상
으로 증명되어야 한다는 요건을 매우 중시하였을 것이다.428) 이미

---

428) 원저 p.319. 각주 52. John Langbein has stated that the "beyond a reasonable
doubt" standard "lacked crisp formulation" until the late eighteenth century.
John Langbein, "The Historical Origins of the Privilege against Self-Incrimination
at Common Law," *Michigan Law Review* 92 (1994), 1057. Nevertheless, as
Barbara Shapiro has shown, by the late seventeenth century, judges were
typically instructing juries in language that conveyed the same meaning. Thus
juries were instructed to find the defendant guilty only "if your conscience is
satisfied" or only "if you believe" the evidence. If they had "any doubt" about
the veracity of the evidence, they were instructed to acquit. Shapiro establishes
that these and similar formulas were drawn from academic disputes regarding
the nature of moral certainty and that accordingly "the term 'beyond a
reasonable doubt' was ······ not a replacement for the 'any doubt' test but
was added to clarify the notions of moral certainty and satisfied belief." See
Barbara Shapiro, *Beyond Reasonable Doubt and Probable Cause: Historical
Perspectives on the Anglo-American Law of Evidence* (Berkeley, 1991), p.21.
To Shapiro's analysis should be added the fact that the concept of moral
certainty was first developed in the religious polemics of seventeenth-century
England. Henry van Leeuwen has identified one source for this concept in the
Anglican response to Roman Catholic claims that certainty was possible only
within the fold of the church, since only the pope was qualified to pronounce
with certitude on matters of salvation. Beginning with William Chillingworth
in the second quarter of the seventeenth century, Anglicans replied to this
claim by distinguishing between Scripture, which was inerrantly true, and
scriptural interpretation, to which no more than moral certainty could be
ascribed. The pope's moral certitude with respect to knowledge of Scripture
was said to be no more privileged than anyone else's.
Van Leeuwen summarizes Chillingworth's definition of moral certainty as
follows: "[Moral certainty] is the certainty of everyday life about matters of
fact and is based on such evidence as for all practical purposes excludes the
possibility of error ······ Moral certainty is described as the certainty a sane,
reasonable, thoughtful person has after considering all available evidence as
fully and impartially as possible and giving his assent to that side on which
the evidence seems strongest." See Henry G. van Leeuwen, *The Problem of*

1670년대에 매튜 헤일(Matthew Hale)은 일기에, "만일 …… 척도
가 같다면 …… 가혹보다는 동정 쪽으로 오류가 있는 것이 안전하
다"고, "증거가 모호할 때에는 무죄로 간주된다"고 썼다.[429] 18세
기 후반에 이것은 무죄추정의 원칙으로 불릴 것이었다.[430]

그러나 이들 설명 중 그 어느 것도 이 역설을 완전히 풀지는 못
한다. 의회가, 궁극적으로는 의회가 책임이 있는, 사법체계가 수용
하지 않을 어떤 것을 원했다고 가정할 수는 없다. 적어도, 의회가
입법한 법령과 보통법정에서 도출된 결정 모두 공유된 세계관과
공유된 가치, 공유된 믿음체계를 반영했다는 가정에서부터 출발해

Certainty in English Thought, 1630~1690 (The Hague, 1963), p.23.

429) 원저 p.319. 각주 53. Hale's remarkable diary was not circulated and was only
discovered three centuries after his death. It was edited and published in Maija
Jansson, "Matthew Hale on Judges and Judging," *Journal of Legal History* 9
(1988), 201. The portions quoted in the text are at p. 208. Latin phrases used
by Hale, and quoted here in translation, are *"tutius probate in mise[re]cordia
quam in severitate"* and *"in obscuris et in evidentibus praesumitur pro
innocentia."*

430) 원저 p.319. 각주 54, The phrase "presumption of innocence" may be traced
also to the 1789 French Declaration of Rights of Man and Citizens, which
states in Article 9: "Every man being presumed innocent until he has been
pronounced guilty, if it is thought indispensable to arrest him all severity that
may not be necessary to secure his person ought to be strictly suppressed by
law." Thus a person accused of a crime was to be treated as innocent prior to
trial. The nineteenth-century Anglo-American doctrine of presumption of
innocence, in contrast, was essentially similar to the earlier doctrine, established
in the seventeenth and early eighteenth centuries, that the prosecution has the
burden of proving the guilt of the accused at trial. The French concern with
the rights of the accused prior to trial, arising partly from use of the notorious
lettres de cachet, was resolved in England and America by the writ of habeas
corpus, while the presumption of innocence at trial was maintained in France
(as elsewhere in Europe) by the doctrine *in dubio pro reo* ("in doubt, for the
accused") and by rules of burden of proof *(onus probandi).* On the historical
development of the presumption of innocence in nineteenth-century English
law, see C. K. Allen, *Legal Duties and Other Essays in Jurisprudence* (1931
reprint, Aalen, 1977), pp.253~294.

야 한다. 역설의 핵심은, 16세기에서 17세기 초 잉글랜드 청교도주의에 만연했고, 17세기 말에서 18세기에 와서는 마침내 잉글랜드 국교회주의에 깊숙이 침투했던 칼뱅주의 도덕 신학에 놓여있다.[431] 그 신학은 범죄자를, 법이라는 단어의 공식적인 의미에서의, 즉 공식적인 법적 규칙이지만 구체적인 사건에 적용함에 있어 높은 수준의 인간성 및 양심과도 연계되어 있는, 법에 따라[432] 가장 가혹한 수준으로 처벌하도록 고무하였다.

16세기에 뛰어난 독일 루터주의 법학자는 법을 두 가지 구별되는 요소의 합이라고 정의한 바 있다. 그 하나는, 규칙으로, 초기 왕국의 죄악을 담고 있다고 간주되었는데, 그것은 일반적인 특성을 갖고, 따라서 사람들 각각의 독특한 특성을 구별하지 못하기 때문이다. 다른 하나는 그러한 규칙의 개별 사건에의 적용이다. 여기서 판사는 각 사례의 독특한 상황에 몰입해야 한다. 그리고 자신의 양심과 신성한 영감의 지도를 살펴 당사자들을 공정하게 대하도록 애써야 한다.[433] 잉글랜드 판 칼뱅주의는 (죄악의) 규칙과 (양심적인) 규칙의 적용이란 루터주의식 구분을 받아들였다. 그러나 심지어, 한편으로는 법의 엄격함과 가혹함을, 다른 한편에서는 그것의 적용에

---

431) 원저 p.319. 각주 55. On the influence of Calvinism on Anglican moral theology, see Dudley W. R. Bahlman, *The Moral Revolution of* 1688 (New Haven, 1957); cf. Tina Isaacs, "The Anglican Hierarchy and the Reformation of Manners, 1688~1738," *Journal of Ecclesiastical History* 33 (1982), 391.

432) 원저 p.319. 각주 56. The term "doctrine of maximum severity" was coined by Leon Radzinowicz to describe the proliferation of capital offenses in the eighteenth century; see his *History of English Criminal Law,* 1:231~267. On the relationship of theories of divine justice to capital punishment, see generally Randall McGowen, "The Changing Face of God's Justice: The Debate over Divine and Human Punishment in Eighteenth-Century England," *Criminal Justice History* 9 (1988), 63~98.

433) 원저 p.319. 각주 57. See Chapter 2 ("Equity").

있어서의 양심성과 자비를 지지하는 것에 있어서는 루터주의보다 더 나갔다. 이처럼 상반되는 원칙은, 잉글랜드 성공회 도덕 신학에서 드러나는 칼뱅주의의 세 가지 교리가 관련되어 있었다: (1) 신앙만으로 죄로부터 구원받을 수 있다는 가능성과 결합된, 모든 기독교도는 신성한 삶을 살아야 한다는 소명. (2) 의도적인 죄에 대한 처벌과 병약함으로 인한 죄에 대한 처벌의 구분. (3) 죄를 저지른 자가 있으면 체포·교정해야 하고, 그러한 행위가 범죄를 구성할 경우 형사소추를 해야 할 책임이 공동체에 있다는 생각. 이어서는 이들 세 가지 신학적 원칙을 차례대로 살피고, 이것이 잉글랜드 형사법 및 형사소송의 전환과 어떠한 관계가 있는지를 살펴볼 것이다.

10.4.1 신성한 삶과 신앙에 의한 구원

전통 로마가톨릭 신학은 이른바 복음주의적인 계율과 다른 한편 이른바 완전에의 부름(the counsels of perfection)을 구별한다. 복음주의적 계율은 모든 사람에게 적용되는데, 예컨대 신과 이웃을 사랑하고 살인하지 않으며 훔치지 않고 간음하지 않고 신성한 법을 어기지 않아야 할 의무 같은 것이다. 완전에의 부름은 완전한 삶을 살아야 한다는 소명을 받아들인 사람들을 위한 것이다. 완전에의 부름에는 수도자의 삶을 살기 위한 세 가지 전통적인 맹세에 대응하는 순결, 빈곤, 복종이 포함된다. 전통 로마가톨릭 도덕 신학에서는 오직 교회의 영적 엘리트만이 완전에의 부름에 순응하는 삶을 살 수 있다고 간주되었다. 다른 이들은 "구원될" 수, 즉 신 앞에서만 신성해질 수 있었다. 고백과 속죄를 통해서 그들은 그들의 죄로부터 완전히 깨끗해진다. 루터와 칼뱅 모두 영적 엘리트와

죄로 물든 대중들 간의 위계적인 도덕적 구별을 거부했다. 전통적
인 루터 사상과 전통적인 칼뱅 사상 모두에서 수도자나 사제와 같
은 엘리트들뿐만 아니라 모든 신자들은 악의 오점이 없는 "신성한
삶"을 살아야 할 소명이 있다. 그에 수반하여 모든 죄스러운 행위
들은, 크건 작건, 원칙적으로는 영원한 지옥으로 처벌된다고 일컬
어진다. 동시에 지옥으로부터의 해방인 구원은 오직 신앙으로만 가
능하다. 17세기 잉글랜드의 칼뱅주의자들, 즉 청교도주의자들과 성
공회도들 모두는 모든 기독교 신자는 도덕적으로 완전한 삶을 살
아야 한다는 의무와 가장 죄스러운 이들조차도 신의 자비에 의해
구원될 수 있다는 구원의 가능성이란 이중 교리의 양극단으로 치
달았다. 중요한 성공회 신학자인 제레미 테일러의 말에 따르면,
"모든 기독교인들은 신성해야 할 뿐만 아니라 탁월하게 신성해야
한다."434) 이는 로마가톨릭의 대죄와 소죄—궁극적으로는 지옥에
처해지는 것으로 처벌될 이른바 치명적인 죄와 한시적인 처벌에
그칠 가벼운 죄—의 구분이 거부되었다는 것을 뜻한다. 테일러 주
교와 17세기 중후반의 주도적인 잉글랜드 도덕 신학자들에 따르면,
그러한 구분은 신성함이란 개념의 가치를 저하시키고 사람들로 하
여금 죄짓는 삶을 계속하게 만드는 것이었다. 게다가 그것은 연옥
이란 불쾌한 로마 가톨릭 교리와 그에 따른 면죄행위와 관련된 것
이었다. 칼뱅주의 신학에 따르면 모든 죄는, 심지어 다른 사람을
해하지 않는 것들조차, 영원한 지옥살이로 처벌될 수 있었고, 진정
으로 믿는 자에게는 모든 죄가, 심지어 가장 해를 끼치는 죄라고

---

434) 원저 p.320 각주 58. Quoted in Thomas Wood, *English Casuistical Divinity
during the Seventeenth Century, with Special Reference to Jeremy Taylor*
(London, 1952), p.138.

할지라도, 신성한 자비에 의해 용서될 수 있었다.[435]

언뜻 보기에는 이러한 교리가 저지른 죄에서 유죄의 수준을 구별할 아무런 기초도 제공하지 않는 것으로 비춰질 수 있다. 그러나 사실 17세기 잉글랜드의 학자들과 설교자들의 글에 반영되어 있는 칼뱅주의 도덕 신학은 그러한 것을 구별했다. 그러나 그러한 구별은 죄스러운 행위의 심각성 수준이 아니라 죄스러운 의도의 타락 수준에 기초해 있었다. 악의에 의해 범해진 죄스러운 행위는 행위자의 의지가 도착된 것을 반영하는 것으로 간주되었으며, 따라서 용서될 수 없는 것이었다. 반면 악의가 아니라 행위자의 개인적인 심약함, 즉 덜 "고의적인" 것에 의해 범해진 죄스러운 행위는 용서될 수 있는 것으로 간주되었다. 그런 행위가 용서받을 수도, 용서받지 못할 수도 있다는 사실이 그것들이 실제로 용서되리란 것을 함축하지는 않았다. 모든 사건들에서 실제로 용서받느냐는 진정한 믿음과 신성한 자비에 달려 있었기 때문이다. 그럼에도 불구하고 용서될 만한 죄와 용서되지 못할 죄란 구별은 죄의 수준을 구별하는 데에 쓰였고, 죄의 수준은 결국 죄인의 의지가 삐뚤어진 정도로 측정되었다.[436]

---

435) 원저 p.320 각주 59. For the seventeenth-century Anglican bishop John Davenant, the word "mortal" should not be used "to distinguish or discriminate sins, as the Romish Divines are accustomed to do; but to make it evident that the desert of every, even the least sin, is death according to legal judgment." Quoted in H. R. McAdoo, *The Structure of Caroline Moral Theory* (London, 1949), p.105. At the same time, Anglican moral theologians stressed that all sins could be forgiven through properly performed repentance, which included four elements: "contrition, confession, amendment of life, and faith" (p.121). Repentance was itself a product of grace given freely to the believer (pp.54~55). Cf. C. FitzSimons Allison, *The Rise of Moralism: The Proclamation of the Gospel from Hooker to Baxter* (New York, 1966), pp.64~65.

436) 원저 p.321. 각주 60. On this distinction, and the many refinements to which it

10.4.2 고의적인 죄와 병약함으로 인한 죄

고의적인 죄와 병약함으로 인한 죄의 구별은 18세기 잉글랜드 배심원단이 중범죄 사건을 판단-중범죄에 대해 유죄를 선고할지 무죄를 선고할지를, 기소된 것보다 가벼운 범죄로 유죄판결을 내릴지를, 사형에 처할지 아니면 해외 유배와 같은 보다 가벼운 처벌을 내릴지를 결정-하는 데에 중요한 역할을 했을 것이다. 18세기 잉글랜드의 중범죄 기소 사건들에 드러난 형벌·사면 정책 분석에서 피터 킹은 그와 같은 사건들에서 내려진 결정들의 "대부분"이 "다음과 같은 기준, 즉 재소자가 얼마나 어리거나 병약한지, 어떤 인격을 가지고 있는지, 그 전 행실은 어떠했는지, 취직을 하거나 교정될 가능성은 얼마나 되는지, 가족은 얼마나 궁핍했는지, 무죄의 가능성은 얼마나 되는지, 범죄의 본질과 정황은 어떠했는지, 그의 배경은 얼마나 괜찮은지에 근거해 내려졌다"고 주장한다. 그는 또, 이들 기준 중에서도 "(배경의) 훌륭함이 [판례에서] 가장 적게 언급되었고, 또 가장 양가적으로 다루어졌던 요소였다"고 덧붙인다. 그의 주장에 따르면, 판사는 이들 요인들에 주목했을 뿐만 아니라 "이들 기준에 따라 체계적인 방식으로 조치를 취했다." 그는 이러한 정책이 "사실상의, 그리고 어떤 의미에서는 기독교적인, 휴머니티의 뚜렷한 요소"를 반영하는 것이라고 주장한다.[437]

나열된 기준 중에서도 재소자의 미숙함이나 병약함, 성품, 교정가능성, 범죄의 본질과 같은 것들은 특히나 칼뱅주의의 "병약함으

---

gave rise, see McAdoo, *Caroline Moral Theory*, pp.112~119.

437) 원저 p.321. 각주 61. On this distinction, and the many refinements to which it gave rise, see McAdoo, *Caroline Moral Theory*, pp.112~119.

로 인한 죄"라는 개념과 관련 있다. 이들에 대한 고려는 킹이 "어떤 의미에서는 기독교적 휴머니티"라고 부르는 것을 반영한다. 다른 기준들-고용의 가능성, 가족의 궁핍, 무죄의 가능성, 배경의 훌륭함-은 아마도 킹이 "사실상의 …… 휴머니티의 뚜렷한 요소"라고 부른 것에 속할 것이다. 칼뱅주의적이라고 볼 수 있는 것들 가운데 주목할 만한 또 다른 것은, 방대한 범위의 의도적인 행위가 사형에 처해질 만한 죄가 되었음에도 그를 사면할거나 그의 죄를 경감하는 판결에 있어 지배적인 역할을 한 것은 가해자의 특성이었다는 점이다.

10.4.3 죄를 다스릴 공동체의 책임

쌍둥이 같은 두 신학 교리, 즉 신자들은 신성한 삶을 살아야 할 소명을 받았지만 설령 그 목표를 이루는 것에 실패했다하더라도 구원받을 수 있다는 교리와 고의적인 죄는 병약함에 의해 저질러진 죄보다 일반적으로 엄격하게 처벌된다는 교리는, 제3의 신학적 교리, 즉 신은 공동체에게 개별 신자들이 올바름을 달성하기 위해 노력하는 것을 도울 책임을 부여했다는 것과 관련된다. 20세기의 많은 사회이론가들의 가정과는 반대로 개인주의가 아닌 공동체주의가 17세기 후반에서 18세기 초반 잉글랜드의 지배적인 믿음체계에서 두드러졌던 특성이었다. 17세기 선두적인 성공회 주교였던 로버트 샌더슨(Robert Sanderson)의 표현을 빌리면, "신은 우리를 사회적 존재로 창조하시고, 우리로 하여금 정체(政體)와 사회, 영연방을 이루게 하셨다. 신은 우리를 한 몸을 이루는 동료로, **우리 각자를 서로의 팔다리로** 만드셨다. 그러므로 우리는 우리 혼자서,

또는 우리 혼자를 위해 태어난 것도, 살아야 하는 것도 아니다. 부모와 친구나 지인, 아니, 우리 모두가 다른 모두에 대해 일종의 권리와 이해를 가지고 있고, **우리의 나라와 연방은 우리 모두에 대해 권리와 이해를 가지고 있는 것이다.**"438) 정치적 행위를 정당화하는 요소로서의 17세기 잉글랜드의 공적 정신 개념에 반영되어 있는, 공동체의 도덕적 향상을 위한 청교도적 염려는, 이웃이 죄로 이끌려서는 안 된다는, 이끌린 사람은 적절히 교정되어야 한다는 청교도적 염려를 동반했다. 특히 1689년 이후에는 많은 이들이, 널리 퍼져 있었을 뿐만 아니라 왕정복고시기에 널리 받아들여졌던 대중적 비도덕성으로 인해 잉글랜드에 신의 심판이 내려질 것이라고, 새로운 종교합의가 **파탄날 것이라고** 두려워했다. 예컨대 니네베에서 설교하는 요나의 이미지나 소돔의 몰락과 같은 성서의 이미지를 불러일으킴으로써 설교자 등은 청중들로 하여금 이웃의 삶을 바로잡아 그와 같은 신의 심판을 막아야 한다고 고무했다.439)

이들 세 신학 교리는, 형법은 최대로 가혹한 제재수준, 즉 사형을 허용하고 그 적용 범위의 극적인 확대를 허용했지만, 배심원들은 이러한 법률에 근거해 기소된 자들에게 점차 사형이 아닌 무죄, 또는 사형이 적용되지 않는, 범죄의 일부를 구성하는 범죄로 판결했던 형벌 정책의 역설을 설명하는 데에 도움을 준다. 이러한 신학적 관점에서 보면, 토끼 한 마리를 한 차례 죽인 밀렵꾼도 사슴 여

---

438) 원저 p.322. 각주 62. Bishop Robert Sanderson, *Ad Populum,* Sermon 4 (from *The Collected Works of Robert Sanderson,* vol. 3), quoted in Wood, *English Casuistical,* pp.58~59.

439) 원저 p.322. 각주 63. See Bahlman, *Moral Revolution,* pp.1~30 cf. Edward Bristow, *Vice and Vigilance: Purity Movements in Britain since* 1700 (Dublin, 1977), pp.11~31.

러 마리를 상습적으로 죽인 악의적인 밀렵꾼과 같은 수준으로 엄히 처벌되어야 한다는 주장이 의회에서 정당화될 수 있었다. 그들은 모두 잉글랜드 기독교인들의 도덕적 기준에 미치지 못하기 때문이다. 그럼에도 불구하고 처벌받을 만한 악행은 타락한 의지이기 때문에 재판관과 배심원은 제정법을 적용하는 데 있어서, 피고인이 악의가 동기가 되었는가 또는 피고인의 의지가 허약하고 불안정한가를 결정하기 위하여 배경이나 피고인의 성격을 포함한 제반사항을 성실히 분석해야만 했다. 처벌되어야 할 악마는 타락한 의지이기 때문에, 의지가 악했던 것인지 아니면 나약하고 병약했을 따름인지를 판단하기 위한 법령을 적용함에 있어 판사와 배심원단은 피고의 배경 및 특성을 포함한 그 사건의 모든 정황을 양심적으로 검토해야 한다. 지적으로나 도덕적으로나 허약하기 때문에 초범은 상습범들에게 이끌렸거나 그들의 감언이설에 넘어간 것일 수도 있다. 다른 정황도 피고의 죄를 경감시켜줄 수 있다. 심지어 가장 중죄에 대해서도 절대자인 신 자신은 그의 은총에 의하여 지옥에 떨어뜨리는 것을 용서할 수 있는 것과 같이, 판사나 배심원단은 재량으로 심지어 가장 악랄한 범죄에 대해서도, 만일 피고가 참회하고 병약한 의지란 짐을 극복하겠다는 약속을 한다면, 사형을 보류할 수도 있다. 점차 판사들은 사형 선고를 받은 자들에게, 해외 유배를 조건으로 한, 왕의 사면을 권고하게 되었다. 마침내는 영국 의회 자체가 많은 사형수들을 교수형 대신 해외 유배에 처하게 되었다.[440]

배심원단 재량과 연결되어 있었던 것은 개별 신자들이 신성한 삶을 유지할 수 있도록 하는 일에, 또 죄를 억제하고 교정하는 일

---

440) 원저 p.323. 각주 64. Note that transportation replaced probation for first offenders where the felony was clergyable.

에 공동체가 책임을 져야 한다는 믿음이었다. 배심원단은 공동체의 집합적 판단을 대표한다고 간주되었다. 배심원제는 샌더슨 주교에 따르면 신학적 교리의 표현이었다. 즉, "신은 우리를 사회적 존재로 창조하시고, 우리로 하여금 정체(政體)와 사회, 영연방을 이루게 하셨다. [그리고] 우리를 한 몸을 이루는 동료로, **우리 각자를 서로의 팔다리로** 만드셨다." 유죄를 선고함으로써 배심원단은 죄를 억제하고 교정하는 공동체의 책임을 이행할 수 있다. **배심원단은 혐의가 제기된 죄의 속성과 정황을 고려한 판단을 통해 무죄, 또는 감형 판결을 내림으로써 그러한 책임을 조정할 수 있었다.**

사회성에 관한 신학적 교리와 밀접하게 관계있었던 것은 공적의식을 가진 시민들로 구성된, 법 위반자에 대한 형사소송제기를 목적으로 한, 자발적 결사체의 형성이었다. 전문경찰력이 부재한 상황에서, 또 특권법정에서의 왕실 검사 기소제의 폐지와 함께, 재판에서 기소는 **범죄피해자나 피해자들**, 또는 그들의 친척 몫으로 남겨졌다. 그와 같은 사적 소추는 비용이 많이 들었다. 1660년대에야 왕이 그러한 일을 수행하는 이들에게 약간의 보전을 해주었고, 1689년 이후에야 비용을 보전하는 정규지불체계가 의회에서 도입되었다.441) 그러나 그러한 보전에도, 사적 소추는 되는 대로였다. 1690년대 초와 1700년대 초에 걸쳐 '관습개혁을 위한 지역 사회'가 결성되어 매춘, 주취, 도박, 일요일법 위반과 같은 도덕적 위법행위에 관한 증거를 수집하는 정보원을 고용하였다. 담당자는 지역순경이 지역의 치안판사에게 범죄자들을 데려가는 일을 맡는다는 영장을 발급받고는 했다. 이들 '사회'는 거의 50년간 번창했다.

---

441) 원저 p.323. 각주 65. See Beattie, *Crime and the Courts in England,* p.52.

1730년대에 수가 감소하고 1740년대에는 표면적으로는 사라졌지만, 1760년대에는 보다 작은 규모로 부활해 1800년대 초까지 지속되었다.[442]

따라서 기소 결사체의 형성 과정에서 죄의 억제를 위한 사회성의 교리와 공동체 책임에 관한 신학적 교리는 토지소유 젠트리의 사회적, 경제적 이해에 의해 더욱 강화되었다.[443] 가혹한 법과 관대한 적용의 역설 사례에서와 같이 설명을 위해서는 도덕뿐만 아니라 정치와 경제도 고려해야 한다. 그리고 법 자체의 역사를 포함한 역사 또한 살펴야 한다. 왜냐하면 그것은 경쟁 상대에 대한 보통법 법정의 승리였기 때문이고, 그것이 이후의 잉글랜드 형사소송의 전환이 가능하도록, 또 필요하도록 만든 맥락과 조건을 형성했기 때문이다.

---

442) 원저 p.323. 각주 66. See Chapter 12 ("Moral Offenses").

443) 원저 p.323. 각주 67. In the 1760s and thereafter, landed gentry, frustrated by the refusal of juries to convict persons charged with the capital crimes of poaching game and marauding livestock, formed Associations for the Prosecution of Felons. These consisted essentially of informers paid by gentry to bring prosecutions on their behalf. The difficulty of obtaining jury convictions in such cases persisted, however, and many offenders were prosecuted for misdemeanors in courts of the justices of the peace. It is estimated that there were at least one thousand such Prosecution Associations active in eighteenth-century England, and perhaps as many as four thousand. See sources cited in David Phillips, "Good Men to Associate and Bad Men to Conspire: Associations for the Prosecution of Felons in England, 1760～1860," in V. A. C. Gatrell, Bruce Lenman, and Geoffrey Parker, eds., *Crime and the Law: The Social History of Crime in Western Europe since* 1500 (London, 1980), p.120. See also Adrian Shubert, "Private Initiative in Law Enforcement: Associations for the Prosecution of Felons, 1744～1856," in Victor Bailey, ed., *Policing and Punishment in Nineteenth-Century Britain* (New Brunswick, N.J., 1981), pp.25～41.

10.5 칼뱅주의 도덕 신학이 형사실체법에 미친 영향

새로운 도덕적 개념은 잉글랜드 살인법 발달, '모의'라는 독립 범죄의 창출, 주된 범죄 제재 수단으로서 구금과 유배의 도입에도 반영되어 있다.

10.5.1 살인

법률로 규정된 범죄 수의 확산과 함께 살인에 관한 판례법도 잉글랜드혁명의 여파로 상당한 변화를 겪었다. 그러한 변화는 중죄실행중의 살인(felony-murder, 중죄모살) 규정과 경범죄－모살(misdemeanor-manslaughter) 규정의 등장에서 가장 뚜렷하게 나타난다. **게다가 살인혐의를 고살로 감경해달라는 변호도, 법정에 의해, 이른바 자극(provocation)의 측면에서 보다 분명하게 표현되었다.** 이러한 발전들 또한 부분적으로는 17세기 후반에서 18세기 초 잉글랜드 법률 사상에 끼친 칼뱅주의 도덕 신학의 영향으로 설명될 수 있다.

중죄모살법하에서는 중죄를 저지르는 과정에서 죽음을 초래한 사람은, 그것이 전혀 예상치 못한 것이었다 할지라도, 살인에 대한 책임이 있다. 경범죄－고살법하에서는 경범죄를 저지르는 과정에서 죽음을 초래한 사람은, 그것이 예상치 못한 것이었다 할지라도, 고살에 대한 책임이 있다. 오늘날 잉글랜드와 아메리카에 법으로 남아 있는 이들 두 규정은 대부분의 다른 나라에서는 비합리적이고 부당한 것으로 비춰진다. 예컨대 빈집털이범이 있다고 치자. 그의 예상과는 정반대로, 어떤 사람이 집에 갑자기 등장한 자신을 보고 놀라 심장마비로 죽었다. 이 경우에 왜 그가 살인범이 되어야 하는가? 강도와 살인을 포함한 대부분의 중범죄가 똑같이 사형의 대상이 되었던 17세기와 18세기에 비한다면 오늘날에는 분명 이러한 결과가 이례적으로 보일 것이다.[444] 그러나 경범죄-고살 규정은 그 당시에는 더욱 가혹한 것이었다. 고살(과실치사) 역시 중범죄로 원칙적으로는 모살(고의살인)과 마찬가지로 사형에 처해질 수 있었던 반면 경범죄는 원칙적으로는 최대 1년 구금, 또는(그리고) 벌금형에 해당되는 것이었기 때문이다. **따라서 예측가능성과는 상관없이 그것의 객관적 결과를 고려해 상대적으로 가벼운 범죄의 형량이 사형에 처해질 죄의 수준으로 높아진 것이다.**[445]

17세기 후반 중죄모살에 관한 판례법의 등장도 적어도 부분적으로는, 의회로 하여금 사형범죄의 수를 크게 늘리게 했던 칼뱅주의 신앙체계에 의해 설명될 수 있다. 앞서 언급했듯이 이 신앙체계는 피고의 죄악 수준을 그 또는 그녀가 저지른 행동 유형으로가 아니라 그러한 짓을 저지른 행위자[의지]의 타락 수준으로 측정하였다. 예를 들어 훔치는 행위와 죽이는 행위 모두 십계명에 정해진 신성법을 위반하는 행위였으며, 따라서 원칙적으로는 사형에 처해질 만한 것이었다. 그러나 구체적 사건에 있어서는, 살인을 저지른, 중죄인이라 할지라도 해외 노역을 위한 유배형으로 갈음될 수 있었고,

---

444) 원저 p.324. 각주 68. On the emergence of the felony-murder rule, see David Lanham, "Felony Murder-Ancient and Modern," *Criminal Law Journal* 7 (1983): 91~97 and J. M. Kaye, "The Early History of Murder and Manslaughter, Part II," *Law Quarterly Review* 83 (1967): 587~601.

445) 원저 p.324. 각주 69. See Paul H. Robinson, "A Brief History of Distinctions of Criminal Culpability," *Hastings Law Journal* 31 (1980), 815, 838-839 J. F. Quinn and J. M. B. Crawford, *The Christian Foundations of Criminal Responsibility: Historical and Philosophical Analysis of the Common Law* (Lewiston, N.Y., 1991), pp.306~308.

심지어 범죄의 일부를 구성하는 범죄로 판결되어 구금이나 벌금형 정도로 갈음될 수 있었다. 반대로 뜻하지 않게 죽음을 낳은 강도나 강간, 절도에 있어서 범죄자는, 만일 그러한 짓을 저지른 그 또는 그녀의 죄악성이 충분히 크다면, 정당하게 살인자로 처벌될 수 있었다. 17세기 이전 잉글랜드 법에서 고살과 모살 간의 차이는 계획적 살인("계획적 악의", "고의적 악의")과 충동적 살인("과실 살인", "사고사")의 구분에 기초해 있었다. 그러나 17세기 초에는 계획성이 당연시되었고, 그 결과 이전에는 고살로 처벌되었을 많은 사람들이 모살 판결을 받게 되었다.446) 17세기 후반 과실 살인으로서의 고살 개념의 등장과 함께 모살에 관한 보통법은 심지어 여러 수준의 살인들 간의 공식적인 구분도 없이, 또 정당한, 참작 가능한 살인에 관한 명확한 원칙도 없이 남겨지게 되었다. 17세기 후반에서 18세기 초반 잉글랜드의 변호사도 이러한 결점을 분명 알고 있었을 것이다. 왜냐하면 특권법정은 교회법으로부터 그와 같은 사안에 대한 상당히 정교한 학식을 얻었기 때문이다. 그러나 교회법적("로마법적") 원칙은 1640년 이후 잉글랜드에서 팽배했던 꽤나 이질적인 신학으로부터 도출된 것이었다. 교회법학자에게 다양한 종류의 범죄들 간의 구별은 여러 종류의 죄스러운 행위들 간의 구분을 반영했다. 공공의 포럼에서 처벌되어야 할 것은 공격적인 행위였고, 처벌의 강도는 행위의 심각성에 따라 매겨졌다. 유죄 여부는 그러한 종류의 행위와 관련된 피고의 마음 상태─특히 금지된 결과를 생겨난 데 영향을 미친 그 또는 그녀의 직간접적 의도, 또는 의도가 부재할 경우, 그러한 일을 예견하지 못한 잘못─

---

446) 원저 p.325. 각주 70. See Green, *Verdict According to Conscience,* pp.72~85.

에 의해 결정되었다. 교회법에서의 형사소송절차는 이러한 원칙을 실행하는 데에 적합하게 조정되었다. 반면 배심재판을 가진 보통법 체계는 이 단계에서는 아직 그렇지 못했다.

로마법적 법정의 침몰, 중범죄와 경범죄 모두를 포함한 보통법 범죄 수의 극적인 증가, 그리고 중죄모살 규정과 경범죄-고살 규정 채택과 함께 왕좌부 법정(the Court of King's Bench)은 상이한 종류의 살인들을 구별하는 새로운 방법을 찾는 문제에 직면하였다. 이 문제는 살인 혐의를 가진 피고에게 고살을 선고해야 할, 죄를 경감시킬만한 상황하에서 "자극을 받아" 피해자를 살해한 경우 초범에 한에 1년 구금이나 벌금형을 선고해야 할, 일련의 사건들에서 지속적으로 제기되었다. 자극이란 새로운 원칙은 체계적으로 정교해졌다기보다는 그때그때마다 점진적으로 구체화되었다. 이런 원칙은 "피가 끓어오른", 즉 극도로 분노하거나 불안한 상황에서 살인을 저지른 이는 모살죄가 아닌 고살죄라고 결론내린 윌리엄 호킨스(William Hawkins)에 의해 궁극적으로 요약되어 있다.447)

자극 원칙은, 교회법과 여타 법체계에서 정당성, 정상참작의 원칙이, 또 여러 수준의 살인죄 간의 구별이 수행했던 것과 유사한 기능을 수행하였다. 그러나 그 원칙은 로마가톨릭 도덕 신학보다는 칼뱅주의를 반영하는 방식으로 그런 기능을 수행하였다. 사건의 정황에 대한 고려하에서, 중범죄자는 원칙적으로는 사형에 처한다는 일반원칙에 비추어, 피고 행위의 도덕성 수준을 재는 일차적인 책

---

447) 원저 p.326. 각주 71. William Hawkins, *Pleas of the Crown*, 1716~1721, vol 1. (London, 1716), pp.80~82. See also Graeme Coss, "'God is a Righteous Judge Strong and Patient: and God is Provoked Every Day': A Brief History of the Doctrine of Provocation in England," *Sydney Law Review* 13 (1991), 570~577.

임은, 본질적으로 배심원단에게 주어졌다. 판단되어야 할 것은 특정한 행위의 죄악성이 아니라 그러한 행동을 한 피고의 죄악성이었고, 그러한 행동을 저지른 자의 죄악성이 크지 않을 경우 일반원칙이 가진 가혹함을 누를 수 있었다.

10.5.2 모의

미국에서도 널리 수용된 모의에 관한 근대 잉글랜드의 원칙은 17세기 후반과 18세기 초 왕좌부에서 내려졌던 판결들에서 처음 등장하였다. 그 폭에 있어 서양 법체계의 독특한 이 원칙은 둘 이상의 사람들이 불법 행위, 또는 행위 자체가 불법은 아니지만 둘 이상이 함께 행할 때에는 불법 행위가 될 만큼 비도덕적인 행위를 하기로 한 합의도 범죄로 규정하였다. 일부 다른 법체계에서는 17세기 후반 이전의 잉글랜드에서와 같이, 특정한 종류의 심각한 범죄를 저지르기로 한 합의는 실제 그 자체로 범죄를 구성할 수 있었다. 반역과 같이 국가에 대항해 특정 종류의 범죄를 모의한 경우는 특히 그러하였다. 그러나 일반적으로 여타 서양 법체계에서 범죄 모의 그 자체는, 합의가 진척되어 적어도 범죄를 준비하는 행동과 같은, 그리고 대부분의 법체계에서는 실제로 행하려는 시도나 행위 이후 그것을 숨기는 행위와 같은, 구체적인 행위로 이어지지 않을 경우 범죄가 되지 않았다. 그와 같은 위법행위의 핵심은 "모의"가 아니라 "공모", 즉 두 명 이상이 위법행위를 수행하는 데에 참여하는 것이다. 더욱이 그러한 합의와 시도는 민사범행이 아니라 형사범행을 직접 향하고 있는 것이어야만 한다. 잉글랜드에서 '공모'라는 말은 초기에 거짓 기소를 통해 재판절차를 전복하려는 행위에 붙여졌다.[448] 17세기 초 이전에는 그와 같은 '공모'는, 그 결과 희생자가 실제로 기소되어 이후 무죄판결을 받지 않는 한, 처벌의 대상이 아니었다. 그러나 1611년에 성실법정에서 다뤄진 한 사건에서 법정은 피고에게 공모죄를 선고하였다. 모의에 따라 거짓 증거를 제시한 피고에 대해 대배심이 기소를 거부했음에도 불구하고 법정은 유죄를 선고한 것이다.[449] 1615년 왕좌부는 공모죄의 범위를 보다 확대해, 플리머스시의 유명한 시민들이 다른 이들과 함께 시장의 명예를 훼손하기 위해 여러 차례 노력한 것도 포함시켰다.[450] 이들 사건 모두에서 행위는 비도덕적인 합의를 실행에 옮기기 위해 행해진 것이었다. 그럼에도 그러한 결정에 대한 에드워드 코크 경의 보고서에는 "공공선에 해로운 것을 행하기 위해 다른 사람들과 공모한 것은 범죄자가 그러한 합의를 전혀 실행에 옮기지 않았다고 하더라도" 범죄라는 취지의 표현을 담고 있다. 1664년에 이러한 격언은, 알코올 판매로부터 왕이 세금을 챙기는 것을 허용치 않기 위해 싼 술을 만들지 말자고 합의한 런던의 일부 양조업자들에 대한 기소에서도 반복되었다.[451] 왕좌부는 이들에게 유죄판결을 내렸다. 그러나 사실 이 모든 사건에서 피고는, 보기에 따라서는, 합의를 넘어 합의를 실행에 옮기기 위한 행동을 일

---

448) 원저 p.326. 각주 72. See especially Percy Henry Winfield, *The History of Conspiracy and Abuse of Legal Procedure* (Cambridge, 1921). See also James Wallace Bryan, *The Development of the English Law of Conspiracy* (Baltimore, 1909), pp.9~50 R. S. Wright, *The Law of Criminal Conspiracies and Agreements as Found in the American Cases* (Philadelphia, 1887), pp.5~6 Francis B. Sayre, "Criminal Conspiracy," *Harvard Law Review* 35 (1921~22), 393, 394~398.

449) 원저 p.327. 각주 73. *The Poulterers' Case, 9 Coke 55b (1611).*

450) 원저 p.327. 각주 74. *Baggs' Case, 11 Coke 93b, 98a (1616).*

451) 원저 p.327. 각주 75. *Rex v. Starling, 1 Sid. 168 and 1 Keb. 650 (1664).*

부 취했다. "기본적인 공모"에 더해, 적어도 "명시적인 행위"라는 요건이 지속적으로 요구되었다.452) 1705년 홀트 경(Lord Holt)이 "만일 (그가 다루었던 사건에서와 같이) 둘 또는 셋이 함께 만나 누군가를 어떤 식으로 거짓 고발할지에 대해 논의하고 모의했다면, 그것은 그것 자체로 명시적인 행위이며 그것 자체로 기소될만한 범죄이다. …… 함께 모였다는 것 자체가 명시적인 행위이다"453) 라고 주장함으로써 마침내 이 문제를 정리하였다. 따라서 이 문제 는 허구-오늘날까지 지속되고 있는 앵글로 아메리칸 판례법-에 의해 해소되었다.454)

---

452) 원저 p.327. 각주 76. In *Rex v. Armstrong, Harrison, et al.,* 1 Vent. 305, 86 *Eng. Rep.* 196 (1677~78), the defendants asserted that the verdict against them-for conspiring to bring false charges against a person-should be stayed because "the bare conspiracy, without executing of it by some overt act, was not subject to an indictment according to the *Poulterers' Case.*" The Court held that "there was as much an overt act as the nature and design of this conspiracy did admit."

453) 원저 p.327. 각주 77. *Regina v. Bass,* 11 Mod. 55, 88 *Eng. Rep.* 881 (1705). Lord Holt cited, without discussing, *the Poulterers' Case and Rex v. Armstrong.*

454) 원저 p.327. 각주 78. In 1994 the United States Supreme Court cited *Regina v. Bass* in holding that proof of an overt act is not required under a statute punishing conspiracy to violate a narcotics statute. See *United States v. Shabani,* 513 U.S 10, 16 (1994). Writing for a unanimous Court, Justice O'Connor stated: "Shabani reminds us that the law does not punish criminal thoughts and contends that conspiracy without an overt act requirement violates this principle because the offense is predominately mental in composition. The prohibition against criminal conspiracy, however, does not punish mere thought; the criminal agreement itself is the *actus reus* and has been so viewed since Regina v. Bass." Ibid. at 16. The fiction is in the word "overt": an agreement is undoubtedly an act, as contrasted with a purely mental exercise, but the use of the expression "overt act," meaning an open or manifest act, implies something more than a mere agreement. This had been forcefully stated by the Court of Appeals for the Ninth Circuit, in whose jurisdiction the Shabani case was decided, in the following terms: "An overt act which completes the crime of conspiracy to violate federal law is something apart from conspiracy and is an act to effect the object of the conspiracy, and need be neither a criminal

다른 사건들에서 이 기조는, 형사상의 범죄 행위를 저지르자는 합의가 있을 때뿐만 아니라 위법한 행위를 저지르자는 합의, 또는 사실 범죄도 위법도 아닌 비도덕적 행위를 모의한 것도 범죄가 된다는 식으로 정교해졌다. 따라서 『형사소송』(Pleas of the Crown)(1716)에서 윌리엄 호킨스가 다음과 같이 주장할 수 있었다. "제3자에게 그릇되게 해를 끼치려는 공모자들은 그 누구든 보통법에서 범죄자라는 것에 의심의 여지가 없다."455) 1721년에 왕좌부는 더 높은 임금을 받지 않는 한 서비스를 중단하기로 뜻을 맞춘 숙련 재단사들에게 합의만으로도 범죄라고 판결했다. 판사는 이렇게 주장했다. "비록 공모한 사안이 그들, 또는 그들 중 어느 누구에게는, (결과적으로 그렇게 하기로 하지 않았다면), 합법적인 것이라 할지라도, 모든 공모는 불법이다."456) 왕좌부는 1724년에는 "불법적인 목적을 향한 합법적인 행위를 모의한 것만으로도, 설령 그에 따른 행동이 전혀 취해지지 않았을지라도, 범죄가 된다"고 명시하였다.457)

17세기 후반과 18세기 초 모의 범죄에 관한 잉글랜드의 악명 높은 원칙의 등장은 보통법 법정이 잉글랜드 주민들의 도덕 관리인으로서 수행한 새로운 역할을 반영한다. 이 장의 초반부에 언급했

---

act, nor a crime that is the object of the conspiracy, but must accompany or follow the agreement and must be done in furtherance of the object of the agreement." *Marino v. United States,* 91 F. 2d 691, 694~695 (9th Cir., 1937).

455) 원저 p.327. 각주 79. Quoted in Sayre, "Criminal Conspiracy," p.402.

456) 원저 p.327. 각주 80. *Rex v. Journeymen Tailors,* 8 Mod. 10 (1721). The court in this case purported to apply the Statutes of Labourers of 1349 [23 Edward III c. 7 (1349)] and 1351 [25 Edward III c. 1 (1350)], and later courts and writers, both in England and in the United States, erroneously traced the doctrine of conspiracy back to those statutes. In fact, the Statutes of Labourers expressly required not only an unlawful agreement but unlawful acts in pursuance thereof.

457) 원저 p.327. 각주 81. *Rev v. Edwards,* 8 Mod. 320 (1724).

듯이, 그들은 이러한 역할을, 부분적으로는 폐지된 성실법정으로부터 넘겨받았다. 숙련 재단사 사건이 보여주듯이 법원이 강제하고자 했던 도덕성은 새로운 지배계급 — 토지소유 젠트리와 상인 — 의 이해에 복무하는 것이었다. 동시에 앵글로 — 칼뱅주의적 공공도덕 개념은 형법이 사회적으로 해로운 행위뿐만 아니라 집합적 합의에서 드러나는 공격적인 동기를 다루는 것으로까지 확장되는 데 있어 중요한 역할을 수행하였다. 맨스필드 경(Lord Mansfield)의 표현대로, "*미풍양속과 예의(bonos mores et decorum)*에 어긋나는 것이라면 무엇이든 우리의 법원칙은 그것을 금하고, 공공의 생활을 검열하고 지도하는 검열관이자 지도자로서의 왕의 법정은 그것을 제지하고 처벌할 의무가 있다."[458]

10.5.3 형사 제재

칼뱅주의와 네오 칼뱅주의 신학은 중범죄에 대한 두 가지 새로운 종류의 제재, 즉 구금과 유배가 도입되는 데에도 지대한 영향을 미쳤다. 잉글랜드에서 구금은 1706년 법령으로 처음 도입되었다.[459] 이전에 잉글랜드 왕은 종종 정적을 감옥에 가두었고 16세기에는 새로운 왕실 대권법원(prerogative courts)이, 질서에 따르기를 거부한다는 명목으로 사람을 감옥에 가두기도 했다. 법정모독죄(civil contempt) 또한 16세기에는 홈리스와 극빈자, "멀쩡한 거지"들을 수용하고 일을 시키기 위한 수단으로 이른바 교화소, 또는 "유치장"(Bridewells)이 처음에는 도시 지역에 나중에는 외곽 지역에 등장

---

458) 원저 p.328. 각주 82. *Jones v. Randall*, 98 *Eng. Rep.* 706, 707 (K.B. 1774).
459) 원저 p.328. 각주 83. 5 Anne, c. 6, sec. 2 (1706).

하였다.460) 그러나 보통법 법정은, 재판에 앞서 고발된 사람을 제지하기 위해서거나 채무 지급을 강제하기 위해서거나 특정 경범죄자들을 처벌하기 위한 목적으로, 오직 짧은 기간으로만 구금을 부과할 수 있었다.461) 1706년 법령은 구금을, 사형을 대체하는 제재로도, 또 사형의 대안적 제재수단으로도 규정하지 않았다. 그것보다는 구금을, 이전에 엄지손가락에 낙인을 새기는 것으로 처벌이 한정되어 있었던 이른바 **"성직자적 중죄"**로 처음 유죄판결을 받은 중범죄자에게 적용 가능한 처벌수단으로 규정했다. 이제는 법정의 재량에 따라 최소 6개월, 최대 2년의 구금이 낙인에 더해 추가될 수 있었다.

이전에 가혹한 규칙과 관대한 적용 사이의 긴장과 관련해 논의했던 1718년의 유배법은, 이송되는 사람은 이송 비용을 부담하기로 되어 있는, 그러나 아메리카 식민지에 있는 제3자에게 계약(서)을 팔거나 양도할 수 있는, 계약자에게 **구속된다고** 규정하였다. 구금과 유배 모두 중노동의 조건하에 있었다. 의심할 여지없이 그것은 그러한 노동으로부터 이익을 얻는 토지소유 젠트리와 상인들의 경제적 이해에 유리한 것이었다. 동시에 그것들은, 로마가톨릭 신학에서와 같이 고된 노동은 속죄의 한 형태일 뿐만 아니라 갱생의 수단일 수 있다는, 또 루터 신학에서와 같이 (그것은) 기독교도의 소명일 뿐만 아니라 예정된 구원의 표시일 수 있다는, 신학적 믿음을 반영했다. 칼뱅주의 신학에서 고된 노동은, 어떤 경우에서라도,

---

460) 원저 p.328. 각주 84. See Joanna Innes, "Prisons for the Poor: English Bridewells, 1500~1800," in Francis Snyder and Douglas Hay, eds., *Labour, Law, and Crime: An Historical Perspective* (London, 1987), p.42.

461) 원저 p.328. 각주 85. See R. B. Pugh, *Imprisonment in Medieval England* (London, 1968). pp.1~47.

"기본적인 인간관계인 친구와 친족, 권위와 복종 관계를 시작"하게 하는, 또 "헌신과 동정, 정직과 명예, 규율과 근면, 겸손과 자선이란 기본적 가치를 확립"하게 하는 신성한 "노동 언약"이 부과한 책임이다.462) 17세기와 18세기 칼뱅주의가 번창했던 잉글랜드와 아메리카, 네덜란드, 그리고 프랑스의 위그노 교도 사이에서, 고된 노동과 각성, 검소, 그리고 이른바 청교도 윤리라 불렸던 여타 자질들 또한 번창했다는 것은 우연이 아니다.463)

신성한 정의와 신성한 자비 간의 긴장을 핵심으로 한 강력한 신학적 교리는, 한편으로는 단지 엄지에 낙인을 새기는 것보다는 가혹해지기도 하고, 또 왕의 사면의 경우에서와 같이 완전한 면책이기도 하고, 또 다른 한편으로는 사형판결보다는 덜 가혹해졌던 형벌체계의 발전에 기여하였다. 정의와 자비 간의 그러한 긴장은 실제로 중죄인 처형식을 보러 모인 군중을 향해 순회재판에서 행해

---

462) 원저 p.329. 각주 86. See John Witte, Jr., "'Blest be the Ties that Bind': Covenant and Community in Puritan Thought," *Emory Law Journal* 16 (1987), 579, 584. As Witte shows, performance of works was not itself a means to salvation but a sign that one was saved. Only the "covenant of grace" could confer salvation on those who had faith. Yet even those who were not chosen to be saved were to be held to the basic elements of the covenant of works, such as honesty and obedience.

463) 원저 p.329. 각주 87. Partisans of Max Weber's highly controversial thesis linking the Puritan ethic with the "heroic age" of capitalism will find some support in the linkage presented here between the Puritan emphasis on the covenant of works and certain developments in English criminal law in the seventeenth century, notably the proliferation of statutes imposing severe penalties for crimes adversely affecting the economic interests of the landed gentry and the mercantile class. Neglected, however, in Weber's understanding of Puritanism is an analysis of its theology of covenants and hence of the Puritan emphasis on public spirit, humility, charity, communitarianism, self-sacrifice, and other biblical virtues that do not fit easily with his definition either of Puritan "asceticism" or of the capitalist spirit. See Introduction, Chapter 9, and Chapter 12.

겼던 설교에서 핵심적인 테마였다. 앞서 언급했듯이 가벼운 죄와 무거운 죄 간의 구별은 없었다. 둘 모두 똑같이 사형에 처해질 수 있었다. 그러나 초범은 교정의 대상이 되었다. 신성한 정의와 신성한 자비 간의 구별은 인간의 법(역자: 보통법)과 인간의 형평(역자: 형평법)간의 구별에 반영되어 있다. 1732년 엑스터 카스터(Exeter Caster)의 순회재판에서 설교했던 성직자 자카리아 머지(Reverend Zachariah Mudge)의 표현을 빌리면, 인간의 정의는 불완전하기 때문에 "형평의 여지가 생겨난다."464) 그것은 "자비의 개념으로 정의의 과정을 중단시킬 수 있는 힘"이다.465) 머지는 말하길, 자비는 법을 적용할 때에 상이한 범죄와 상이한 범죄자들을 구별할 수 있게 해 준다.466) 그러나 자비는 유죄를 엄하게 벌하는 것으로도 드러난다. 왜냐하면 죄인에게 정의를 행사하는 것은 결백한 자에게, 즉 범죄의 무고한 희생자에게, 공동체 일반에게, 자비를 베푸는 것과 같기 때문이다.467)

---

464) 원저 p.329. 각주 88. See Zachariah Mudge, *Sermons on Different Subjects* (London, 1739), p.315.

465) 원저 p.329. 각주 89. Ibid., p.317.

466) 원저 p.329. 각주 90. Mercy must be employed "because one punishment must serve for ten thousand crimes, every one of which has yet some thing distinguished, and one law must decide ten thousand cases which have every one their difference." Ibid., p.315.

467) 원저 p.329. 각주 91. "If justice ⋯⋯ be mercy to the injured and innocent part of a community, then certainly a promiscuous pardon of crimes, a general relaxation of punishment, a grace shown undiscriminately to every kind of wickedness, is not so." Ibid., p.317. Other sermons preached in connection with the enforcement of the criminal law struck similar themes. Thus George Halley, in a sermon preached to condemned prisoners in 1691, emphasized that justice and equity are one, and that they concur in justifying the execution of wicked men, which alone can put a stop to them. See George Halley, *A Sermon Preached at the Castle of York to the Condemned Prisoners* (London, 1691).

Other assize sermons, however, admonished judges to exercise mercy. Thus a sermon preached in 1698 at the assizes at Bury St. Edmund's states: "And here is a caution also for those who have the sword of judicature and authority in their hands: Be wise ye that are judges of the earth, pre-judge not a man wholly by his place, nor yet by his company; though the clamours of the sins of a place in general, be as the clamour and the cry of Sodom, yet *descendite et videte*, look into it nearer, and distinguish of particulars." See William Bedford, *Two Sermons Preached at St. Marie's in Bury St. Edmund's at the Assizes* (London, 1698), p.13. Similarly, a sermon preached in Edinburgh asserts: "God himselfe reckons justice his *strange work*, a foreign part of his Providence, and which he never works till constrained; and even then with some aversion ······ The mercy of rulers ought to be a copy of that wondrous compassion God shewed to a destroyed world, and as far as possible an exact transcript of that Grand Exemplar." See James Webster, *A Sermon Preached to the High Church at Edinburgh at the Election of the Magistrates of the City* (Edinburgh, 1694), p.7. Thanks are due to Gregory Lubkin for his assistance in uncovering and analyzing these sermons.

The reference in James Webster's sermon to God's "strange work" is a quotation from the Lutheran Formula of Concord of 1527, in which the law is characterized as "Christ's strange work," whose three "uses" are to deter recalcitrant people from misconduct by threat of penalties, to make people conscious of their obligations and hence repentant of their sins, and to guide faithful people in the paths of virtuous living. Cf. Paul Tillich, *Love, Power, and Justice: Ontological Analyses and Ethical Application* (London, 1954), p.49 ("Love, in order to exercise its proper work, namely charity and forgiveness, must provide for a place on which this can be done, through its strange work on judging and punishing"). On the Lutheran doctrine of the uses of the law, see Chapter 2.

제11장
잉글랜드혁명과 사법 · 경제법
(The Transformation of
English Civil and Economic Law)

이 장에서는 우선 의회의 우위, 토지 귀족(landed gentry)과 부유한 상인에 의한 경제 지배, 칼뱅파의 교의가 확립된 17~18세기 초에, 토지 보유법 · 계약법 · 회사법이 크게 변한 것, 이어서 이러한 사법의 변화가 상법 · 금융법의 변화(국왕에 의한 허가제의 폐지와 근대적 신용제도 · 주식시장 · 과세국가(tax state) · 특허법 · 해상보험 등의 보험제도의 등장)와 어떤 관계가 있는가를 설명한다.

토지법 · 계약법 · 회사법의 변화에 이어, 이 장에서는 실체법을 중심으로 설명한다. 절차법에 대해서는 이미 설명했기 때문이다. 법제사가들 간에, 절차법이 크게 변한 것은 잘 알려져 있고, 실체법이 변한 것은 그다지 알려져 있지 않다.[468] 이하에서는 이러한

---

468) 원저 p.330. 각주 1. Historians of English law have generally treated the history of the English common law of property and contract as an incremental development from the twelfth to the late eighteenth or even nineteenth century, when for the first time, it is said, a modern ensemble of doctrines and principles was derived from analysis of the various evolving common law forms of action. Thus T. F. T. Plucknett tells the story of a gradual unfolding

것을 밝히고자 한다.

11.1 물권법(Property)

토지 보유에 관한 법률이, 17세기 말~18세기 초에 크게 변하였고, 그것을 다음의 4가지로 정리하여 설명할 수 있다.

1) 봉건적인 토지 보유제가 폐지되고, 근대적인 소유권에 기초하

---

of rules of contract law from the actions of debt and assumpsit, culminating in the synthesis of contract doctrines in Blackstone's treatises and Lord Mansfield's opinions. See T. F. T. Plucknett, *A Concise History of English Law,* 5th ed. (Boston, 1956), pp.627~656. Property law is treated in a similar fashion by S. F. C. Milsom, who understands its growth as a gradual process, "step by forward step." See S. F. C. Milsom, *Historical Foundations of the English Common Law* (London, 1969), p.168. Other scholars have recognized the importance of new developments in the seventeenth century. Thus John Baker has noted that in 1651 the word "contract" was first applied "in English law" (by which he means the English law applied in the King's Bench and Court of Common Pleas) to describe "an agreement between two or more concerning something to be done, whereby both parties are bound to each other, or one is bound to the other." See John H. Baker, *An Introduction to English Legal History,* 3rd ed. (London, 1990), p.361 (quoting Serjeant Sheppard). Baker sees the introduction of the new terminology as important and asserts that "by the end of the seventeenth century the modern distinction between contract and tort was in place" (p.361). Scholars have also long recognized that the seventeenth century was of decisive importance for the development of modern forms of business associations, especially the joint-stock company, and that important developments also took place in this period in the law of personal property, relating to property in goods and money, including the transformation of the action of trover into an action to try title to chattels and the elaboration of a law of bailments, drawn largely from admiralty law, to protect one who has placed goods into the custody of a carrier or warehouseman. The creation of the new crime of embezzlement may also be mentioned in this connection. What is attempted here is to show the interrelationships of these and other various developments in order to expose the revolutionary character of the transformation of English civil and economic law of which they were a part.

여 임대제가 등장한 것, 2) 공유지에 대한 인클로져(enclosure)[469] 제약이 없어져서, 대토지 보유가 가능해지고, 또한 1년 이하의 임대권 밖에 인정되지 않았던, 등본에 의한 농민의 보유권(copyhold tenure)[장원의 분쟁 처리를 한 장원 법원의 기록의 등본(copy)이 보유권을 보장했기 때문에 이 이름이 붙었다]을 대체하여, 장기임대(예를 들면 99년간의 임대와 같이, 사실상 소유권을 의미하는 임대)가 가능한 제도의 등장, 3) 정확한 규칙에 지배되고 정도를 벗어나지 않는 토지 승계 방식(strict settlement)[470]이 등장하여, 일족의 토지 보유가 몇 세대에 걸쳐 보증되게 되고, 다른 한편 이 제도의 대상이 되지 않은 토지, 즉 이러한 승계방식에 포함되지 않는 토지를 제외하는 것을 제한 또는 금지하는 데 반하는 이전의 규칙들(while preserving rules against restraints on alienation of land not included in such settlements)을 그대로 보존하였다. 4) 토지

---

469) 옮긴이 주석: In English social and economic history, enclosure or inclosure is the process which ends traditional rights such as mowing meadows for hay, or grazing livestock on common land formerly held in the open field system. Once enclosed, these uses of the land become restricted to the owner, and it ceases to be land for commons. www.wikipedia.org, "Enclosure Movement."

470) 옮긴이 주석: 미야지마는 장자상속제라고 옮기고 있다. 미야지마, 362면. 일본어판을 참조한 것은 우리나라 법률 용어 특히 이 장에서 다루고 있는 민법 및 상사법 전반에 걸쳐서 일본 개화기에 동아시아에서는 처음으로 한자어로 영미법뿐만 아니라 유럽 법률 용어를 옮겼고, 대부분 한국 법학계에서 통용되고 있기 때문이다. 이 장에 해당되는 한자어 중심의 일본역의 특징은 같은 원저자의 제도론을 옮기는 데에 있어서도 일본 법학자의 태도는 자신들의 개화기 이후의 전통을 그대로 따르고 있다. 즉, 법학 문장에서 원칙적으로 1) 간명하게 요약한다. 2) 따라서 영미 법률 문장에서 특징이 되는 전후 맥락을 밝히는 이해 중심의 방식은 거리가 있다. 3) 버만 법학의 특징인 제도의 역사적·사회적 맥락은 일본 번역에서는, 특정 개념이나 제도의 전후에 붙는 형용사, 구와 절을 제거함으로써 특징이 잘 나타나지 않고 있다. 4) 한국 강단 법학의 특징이 되고 있는 사회적·역사적·경제적 맥락을 제외하고 오로지 개념 위주의 제도론으로 일관하는 태도는 아마도 비슷한 시기의 개화기를 겪었던 일본인들의 영향이 크다고 생각된다.

매매를 가능하게 한 신탁 제도·담보 제도가 등장한 것.

11.1.1 봉건적 토지 보유 제도(Feudal Tenure)의 폐지

1641~1645년의 결의(resolutions)와 1656년의 제정법에서, 장기 의회(the long Parliament)는, 봉건적인 토지 보유 제도를 폐지하고, 나아가 왕정복고 후의 1660년, 봉건적 토지 보유의 폐지법(Tenures Abolition Act)에 의하여, 봉건적인 토지 보유 제도의 폐지가 재확인되었다.[471] 봉건적인 토지 소유 제도가 폐지된 결과, 국왕은 귀족에 대하여, 봉건적인 의무[472]를 대체한, 부담금(feudal deus)을 요구할 수 없게 되었다.[473] 봉건적인 토지보유를 근거로, 국왕이 귀족에게 요구할 수 있던, 기사로서의 군역의무는, 이미 12세기에 군역 면제금(scutage)을 지불하고 면제받을 수 있게 되었고, 14~15세기에 봉건적인 주종관계가 소멸되어, 군역 면제금도 없어졌고, 토지보유권의 상속과 이전할 때, 지불하던 상납금이 그에 따라 바뀌었다. 그런데 16세기가 되어, 튜더 왕조가 세입부족을 메꾸기 위

---

471) 원저 p.331. 각주 2. See A. W. B. Simpson, *A History of the Land Law,* 2nd ed. (Oxford, 1986), pp.21~24, 198~199; see also Charles J. Reid, Jr., "The Seventeenth-Century Revolution in the English Land Law," *Cleveland State Law Review* 43 (1995), 221, 241~242.

472) 옮긴이 주석: 기사로서의 군역의무(knight service), 후견권(wardship).

473) 원저 p.331. 각주 3. Knight-service in England had its origin in the land which William the Conqueror parceled out to his leading knights, who were expected to provide military service to the Crown in exchange. Wardship, the other relevant incident, consisted of wardship of land and of the body. When a tenant died leaving a minor heir, the lord exercised the heir's rights in the land and received the profits from it until the heir reached majority. Wardship of the body meant that the lord had the right to arrange the heir's marriage, which the heir could refuse only upon payment of a substantial fee. See Reid, "Seventeenth-Century Revolution," pp.235~236.

하여 이 오래된 제도를 부활시켜, 찰스 1세가 이 오래된 제도를 이용하여 강제 차용을 하게 하였다.

봉건적 토지 보유의 폐지법 때문에, 국왕의 조세권(taxing power) 전부를, 전면적으로 의회의 의지에 종속시키게 되었다. 여러 형태의 자유 보유474) 부동산 보유권(freehold land tenure)도, 모두 자유롭고, 보통의 socage, 즉 일정한 역무 또는 지대 지불에 의한 보유권(fee and common socage)으로 통일하였다. 지난 시절에, 이 "socage"란 이상한 말은,475) 원래, 기사로서의 군역의무는 제외한, 여러 가지 봉사 의무가 부과된, 토지 보유를 의미하였다. 1660년의 제정법에서, 봉사의무는 말할 것도 없이, 토지 보유 형태의 변화에 따라, 상위 토지 보유권자에게 지불되던 상납금도 모두 면제되어, 사실상 근대적인 소유권과 다를 바 없게 되었다.

11.1.2 공유지에 대한 인클로저(Enclosures)의 배제

봉건적 구속 없는, 토지 보유권(freehold land tenure)에 부과되

---

474) 옮긴이 주석: freehold 란, feudal bondage 즉 봉건적 구속과 관계없다는 의미에서, "자유 보유"라 하였다.

475) 원저 p.331. 각주 4. The Saxon word *socage,* retained after the Norman Conquest, is related to the word *sokemen,* referring initially to a class of free peasants who might owe rent or agricultural services to their manorial lords but not military services. By the thirteenth century, an unfree villein socage had also emerged, which gave villein sokemen, in contrast to other villeins, legal protection against ejection and rent increases but denied them rights of freeholders. See Paul R. Hyams, *King, Lords, and Peasants in Medieval England: The Common Law of Villeinage in the Twelfth and Thirteenth Centuries* (New York, 1980), pp.194~195. In this early period, free socage, as contrasted with villein socage, gave those peasants who held it something more than villeinage but something less than the rights of freeholders, such as the right to bring suit in the royal courts. See ibid., pp.199~200.

던, 금전 제공이나 봉사 의무가 소멸된 때에, 그와 관련된 농민이 양이나 소의 방목에 이용하던, 공유지의 인클로저에 대한 제도도 배제되었다(인클로저란, 공유지를 사유지로 하기 위하여 울타리를 둘러치는 것을 말한다).

12～14세기 중엽의 장원제가 기능하던 때에는, 인클로저는 없었다. 장원제 내에서 농민은, 장원의 여기저기에 필지(strips)라고 불리는 띠 모양의 농지를 가지고, 또한 공유지를 이용하는 권리가 인정되었다. 그런데 14세기 말～15세기에 이르러 장원제가 기능하지 못하게 되었다(특히 1348～1349년의 흑사병 이후). 농민은 보유권을 장원법원의 오래된 기록의 등본(copy)에 의하여 보장받았기에, 그 소유권은 등본에 의한 보유권(copyhold)이라고 불렸고, 마침 봉건적인 주종관계가 없어져, 봉건적인 토지보유의 의미가 변했던 것처럼, 장원제가 기능하지 못하게 되어(영주·농민의 관계가 소멸했다) 농민의 등본에 의한 보유권에도 변화가 나타났다. 15세기에 중류 농민으로서 자유민인 요맨(yeoman)이라고 불리는 농민이 등장하여, 가난한 농민의 필지를 사거나 양을 방목하기 위하여, 공유지에 대한 인클로저를 시작했다. 그 결과 많은 농민이 토지를 잃게 되었다.

15세기 말～16세기 초에, 인클로저가 급증하게 되자, 요맨은 가난한 농민뿐만 아니라 국왕이나 귀족으로부터도 적의의 대상이 되었다.[476] 특히 귀족은, 농민의 보호자임에 자부심이 있었고, 신흥계

---

476) 옮긴이 주석: In England and Wales the term is also used for the process that ended the ancient system of arable farming in open fields. Under enclosure, such land is fenced (enclosed) and deeded or entitled to one or more owners. The process of enclosure began to be a widespread feature of the English agricultural landscape during the 16th century. By the 19th century, unenclosed

급인 요맨에 대한 호의가 없었다. 1515년에 모어 경(Sir Thomas More)은 『유토피아』에서477) "양이 인간을 먹는다"고 썼고,478) 1517년에 울지 추기경(Cardinal Thomas Wolsey)은, 인클로저에 의한, 농부의 인구 감소에 관하여 조사를 시켜 인클로저를 행한 요 맨(yeoman)을 대법관법원(High Court of Chancery)에 제소하여 20

---

commons had become largely restricted to rough pasture in mountainous areas and to relatively small parts of the lowlands. www.wikipedia.org, "Enclosure Movement."

477) 옮긴이 주석: Sir Thomas More, in his 1516 work Utopia suggests that the practice of enclosure was responsible for some of the social problems affecting England at the time, specifically theft. "But I do not think that this necessity of stealing arises only from hence; there is another cause of it, more peculiar to England. What is that? said the Cardinal: The increase of pasture, said I, by which your sheep, which are naturally mild, and easily kept in order, may be said now to devour men and unpeople, not only villages, but towns; for wherever it is found that the sheep of any soil yield a softer and richer wool than ordinary, there the nobility and gentry, and even those holy men, the abbots not contented with the old rents which their farms yielded, nor thinking it enough that they, living at their ease, do no good to the public, resolve to do it hurt instead of good. They stop the course of agriculture, destroying houses and towns, reserving only the churches, and enclose grounds that they may lodge their sheep in them."(www.wikipedia.org, "Enclosure Movement").

478) 원저 p.332. 각주 5. Thomas More wrote: "Your sheep ⋯⋯ which are usually so tame and so cheaply fed, begin now, according to report, to be so greedy and wild that they devour human beings themselves and devastate and depopulate fields, houses, and towns. ⋯⋯ [I]n order that one insatiable glutton and accursed plague of his native land may join field to field and surround many thousand acres with one fence, tenants are evicted. ⋯⋯ By hook or by crook the poor wretches are compelled to leave their homes – men and women, husbands and wives, orphans and widows, parents with little children and a household not rich but numerous since farming requires many hands ⋯⋯ . [I]n wandering from place to place, what remains for them but to steal and be hanged – justly, you may say! – or to wander and beg. ⋯⋯ Thus the unscrupulous greed of a few is ruining the very thing by virtue of what your island was once counted fortunate in the extreme." Thomas More, *Utopia*, vol. 4 of *The Complete Works of St. Thomas More* (New Haven, 1963), pp.65~71.

년간 싸웠다.[479] 16～17세기 초에 인클로저는 법률에 의하여 엄격하게 제한했는데, 이 인클로저야말로 토지귀족 대두의 큰 원동력이 었다. 1624년에 제임스 1세가 소집한 의회에서, 코크 경이 인클로저 금지법의 폐지를 시도하였지만 성공하지 못했다.[480] 1630년대에는 찰스 1세가 인클로저를 엄하게 문책하였고, 1544년에는 로드 대주교(Archbishop William Laud)가 처형된 이유 중의 하나가 이 인클로저에 대한 엄격한 문책이었다. 공화정 시대(1649～1689)에, 인클로저는 의회에 의하여 합법화되어, 그 결과 인클로저는 법원이나 의회의 통제하에 있게 되었다. 인클로저를 합법화한 법률이 의회에서 많이 제정되었고, 이 중 어떤 법률도 인클로저에 의한 불이익을 당하는 자에 대하여 보장을 약속했다.[481]

인클로저의 진행과 동시에, 필지의 통합(engrossing)에 의한 개방경지(open field)의 등장도 진행되어, 농민의 등본에 의한 보유권이 침식되었다. 여기서 튜더·스튜어트 왕조는 제정법에 의하여 이를

---

479) 원저 p.332. 각주 6. See I. S. Leadam, *The Domesday of Enclosures* 1517～1518 (Nottingham, 1897); Joan Thirsk, *Tudor Enclosures,* 2nd ed. (London, 1989), pp.214～216; Reid, "Seventeenth-Century Revolution," pp.254～255. Thirsk stresses the fact that many enclosures were amicable and progressive, being associated with the rationalization of agricultural production.

480) 원저 p.332. 각주 7. Coke's effort to repeal the anti-enclosure legislation was part of a larger shift in opinion. Sir Walter Raleigh had argued in 1601 that the legislation had restricted English liberty and its repeal would "leave every man free, which is the desire of a true Englishman." The Puritan polemicist Samuel Hartlib raised the question in 1651 whether common fields "do not rather make poor, by causing idleness than maintaine them; and such poor who are trained up rather for the Gallowes or begarry than for the Commonwealth's service." Gabriel Plattes, a disciple of Hartlib, had earlier argued that enclosures were responsible for increasing national wealth and that the poor were thereby benefited by the practice. See sources cited in Reid, "Seventeenth-Century Revolution," pp.256～259.

481) 원저 p.333. 각주 8. Ibid., pp.259～261.

저지하려 하였다. 그러나 16~17세기가 되어 (특히 인클로저가 합법화되고부터) 등본에 의한 보유권이 임대 보유권(leasehold)으로 변환되게 되었다. 자유 보유권(free hold)을 가진 요맨이, 주변의 등본에 의한 보유권자인 농민에게 참가 비용(entry fine)을 내고 이를 임대차 보유권으로 변환시켜(등본에 의한 보유권인 채로는 1년 이상의 장기 임대를 커면 로가 인정하지 않는다), 임차료를 지불하여 장기간 빌리게 되었다. 봉건적인 보유권 - 사실 장원제에서 관습적으로 농민에게 인정되던 등본에 의한 보유권 - 이 장기의 임차를 가능하게 하는 임대 보유권으로 변한 것이다. 임대 보유권의 임차인이, "socage" - 번역어 차지인(借地人) - 이 아닌 사실상 소유자가 된 것처럼, 장기간 토지 임차인일 수밖에 없었던 농민(peasant)이, 사실상 토지를 소유하는 농장 경영자(farmer)가 된 것이다. 형식적으로는 국왕이 소유하는 토지가, 상속 가능한 봉토(fee simple)가 되어서, 사실상 가신의 소유지가 된 것과 같이, 등본에 의한 보유권이 임대 보유권으로 변한 것으로, 토지의 임차인이 사실상 토지소유자가 된 것이다.482)

---

482) 원저 p.333. 각주 9. In the seventeenth century, leasehold came to be treated as a "chattel real," which meant that it could not descend directly as a fee or a life estate to an heir but could be transferred upon the death of the lessee by instruction to the executor or administrator of his will. See Simpson, *History of the Land Law*, pp.249~250. These limitations did not diminish the lessee's property rights in the land, and indeed long-term leases came to be widely used in commercial enterprises.

11.1.3 정확한 규칙에 지배되고 정도를 벗어나지 않는 토지 승계 방식(strict settlement)의 출현

17세기 말~18세기 초의 토지법의 개정이, 토지 준귀족의 이익을 반영한 것은, 엄격한 장자 상속제의 출현에서도 확인할 수 있다. 이 제도는 보유하는-사실상 소유하는-토지가 몇 세대에 걸쳐, 일족의 손에 확보 가능하게 되는 것을 말한다.

12~16세기에, 자유보유지(freehold land)는 여러 방법(유언·계약·증여)으로, 권리를 이전하는 것이 가능했다. 그 최대의 수익자는 가톨릭교회였다. 이 방법 덕분에 가톨릭교회는 유럽 전토의 삼분의 일을 손에 넣는 것이 가능해졌다고 할 수 있다. 교회가, 조건 붙지 않은 자선 목적의 기증에 의해서, 보유한 땅(free alms, frankalmoign)을 가지게 되면, 교회는 영구하게 그 토지를 보유할 수 있었다. 그러나 기증자와 피기증자 간에 토지의 취급에 대한 생각이 다른 경우에, 곤란한 문제가 나타났다. 따라서 이 문제를 해결하기 위하여, 잉글랜드에서는 여러 연구가 이루어졌다.

예를 들면, 토지를 유증·증여한 경우에 "A가 살아 있는 동안에는 A에게, A의 사후에는 B와 그 자손에게"라는 표현을 유증증서·증여증서에 표시할 수 있고, 따라서, 자신이 죽을 때에는 B가 살아 있다면, 그 토지와 토지의 처분권을 B에게 양도하지 않으면 안 된다. 그러나 A나 B의 사후, B의 장남이 21세가 되었다면 장남이 양도받는 것을 조건으로 토지를 B에게 증여·유증하는 경우에는, B는 장남이 21세가 되기 전에 A의 의지를 무시하고 토지를 처분하는 것도 가능했다. 이러한 권리를 "권리자가 확정하지 않은 권리"(contingent remainder)라고 부르고, 장남의 권리는 무시되어도 괜찮았다. 장남이 21세가 되기 전에 B가 사망할 가능성도 있고, 그렇게 되면 토지에 대한 권리자가 없게 되는 곤란한 상황이 발생할 수 있게 때문이다[이것을 점유자의 부재(abeyance of seisin)라고 부른다]. 따라서 장남이 태어나기 전이라면, B는 자유롭게 토지를 처분할 수 있다. 아들 S에게는 생애 점유권만 인정되어, 아들의 장남 G에게 권리자가 확정되지 않은 권리를 인정하여, 아들의 사후 상속할 수 있게 하고, 아들 S(son)는 장남 G(grandson)가 태어날 때까지 토지를 자유롭게 처분할 수 있다.

점유자의 부재를 피하기 위하여, 다음과 같은 방법이 고안되었다(이 방법은, 지금까지 잉글랜드와 아메리카에서 사용되고 있다). 우선 유증자·증여자의 의지가 무시되어 토지가 마음대로 처분되는 것을 피하기 위하여, 토지는 법정상속인(heir at law)이 상속하든가, 유증자·증여자 간에 생애점유권을 가진 중개자를 두어, 그 중개자에게 상속시킨다. 유증자·증여자는 어느 쪽도 선택 가능하지만, 중개자를 두는 쪽이 토지의 권리이전이 용이하여, 지가가 높으면 중개자가 선발되는 경우가 많았다. 17세기 말의 커먼 로 법원(Common Law Courts)도 가능한 한 토지의 권리 이전을 자유화하는 노력을 했다.

그런데 생애 점유권을 가진 중개자가 토지의 권리이전을 용이하게 하면, 곤란해지는 사람이 있다. 그것이 2세대 이상에 걸쳐 일족에게 대 토지를 상속해온 신흥 지배 계급인 지주 계급(landed gentry)이었다. 그들의 문제를 해결한 것이, 1670년대에 잉글랜드 법조계에서 활약한 브릿지맨 경(Sir Orlando Bridgman)이다.

브릿지맨 경은 당시 유명한 변호사로, 고객이었던 유복한 지주 계급을 많이 알고 있었다. 그는 권리자가 확정하지 않은 권리의 처분 가능성을 남기면서, 동시에 Landed Gentry가 일족의 토지를 보유 가능한 방법을 생각해냈다. 아들 S에게 상속의 조건이 갖춰지면, 수탁자는 즉시 권리를 아들 S에게 증여한다. 우선 S에게 생애점유권이 주어지고, 이어서 S의 수탁자에게 S가 자신이 살아 있는 동안 권리자가 확정되지 않은 권리를 S를 대신하여 관리하도록 수탁한다. 이어서 S의 사후 S의 장남 G의 부계 자손에게 권리가 주어지도록 약속하고, 장남의 부계가 없는 경우에는 S의 차남 이하의 아들과 그 부계 자손에게 권리가 주어지도록 약속한다. 이렇게 내용 증서를 작성해놓으면, S는 아들 G가 태어나기 전에 토지를 처분하고 싶어도 토지는 수탁자의 것이기 때문에 처분할 수 없다. 또한 수탁자가 토지를 처분하려고 해도 그것은 신탁(trust)의 내용에 반하기 때문에 무효이다. 이렇게 G는 권리를 상속받을 수 있게 된다.

G가 21세가 되어 권리를 상속받을 수 있게 되면, S는 40대나 50대의 가장일 것이기 때문에, 일족의 명예・전통・영지의 수호를 자각할 것이다. G는 부적절한 자손으로 자라 일족의 수치가 되었을 수도 있지만, S는 G로부터 상속권을 빼앗아 상속자를 한정하지 않은 상속권(fee simple in remainder)을 손에 넣을 수는 없다. 그것이 가능한 것은 점유상속권이 있는 자(tenant in tail in possession)만이다. 따라서 S는 G에게 이제 어른이 되었기 때문에 유럽 대륙에 여행(Grand Tour)을 떠나든가(잉글랜드 귀족이 견문을 넓히기 위해 유럽, 특히 이탈리아를 여행하는 것이 17세기의 유행이었다), 사교계 시즌(London season) 때 데뷔하는 것이 어떻겠느냐고 제안한다. 이 중 어느 것도 비용이 들기 때문에, 자금을 제공하는 대가로, 몇 개의 서류에 사인을 하도록 한다. 일족의 영지가 타인의 손에 넘어가지 않기 위한 서류이다.[483) 다음에 G의 아이의 시대가

오면, S는 G가 일족의 영지를 타인에게 팔지 않을 것을 확신한다. G의 아들이 21세가 될 무렵에는 G도 가장으로서 입지를 굳히고, 시골에 칩거하며 농업이나 여우 사냥에 힘을 쏟을 것으로, 그런 G가 일족의 영지를 타인에게 팔 리가 없다. 물론 이상은 가상의 얘기로, 비슷한 방법으로 몇 천의 귀족이 일족의 영지보전을 위하여 노력했다. 『왕족, 귀족과 명문가 일람』(Burke's Peerage), 『토지 준귀족 일람』(Burke's Landed Gentry)의 19세기 기록을 보면 이러한 점이 잘 드러난다.484)

1925년에 새로운 토지세·상속세를 정하는 법률이 제정되어 이 정확한 규칙에 지배되고 정도를 벗어나지 않는 토지 승계 방식(strict settlement)은 폐지되었다.485)

---

483) 원저 p.335. 각주 10. The citation continues: "The resettlement which would be created at this point comprised the following steps: (a) S, the life tenant, and the Trustees surrendered their estates to G, the remainderman in tail. This made him a tenant in tail in possession. (b) G suffered a recovery in favor of the family solicitor owner of the fee simple. (c) The family solicitor conveyed to S for life, remainder to G for life, remainder to Trustees for the lives of S and G to preserve contingent remainders, remainders to the first and other sons of G in tail male, remainders to the second and other sons of S in tail male." A. James Casner and W. Barton Leach, *Cases and Text on Property,* 2nd ed. (Boston, 1969), pp.357~358.

484) 원저 p.335. 각주 11. Ibid.

485) 원저 p.335. 각주 12. The strict settlement avoided certain restrictions placed on so-called "perpetuities," defined as grants of land that "perpetuate" ownership for more than twenty-one years beyond the death of any living person named in the grant. The "rule against perpetuities," as it is called, was first enunciated by Lord Nottingham in 1681 in the *Duke of Norfolk's Case* and later elaborated by a succession of eighteenth-century chancellors.

11.1.4 신탁제도(Trusts)와 모기지(Mortgages)제도[486]

"상속인이 한정되지 않은 토지 보유권(held land in fee simple)은, 이미 1290년부터 상급 토지 영주(superior lord)의 양해 없이, 파는 것이 가능했지만, 실제로는 영주에 대한, 봉건적 역무나 장원제도에 의한 역무(feudal and manorial services)나 상납금, 장원의 관습 등이 있어서, 파는 것은 간단하지 않았다.[487] 또한 도시에서는 일찍부터 토지·건물은 자유롭게 매매가 가능했지만[488] 17세기 말이 되어, 농촌에서 봉건적인 보유권이 사라지자 같이 토지의 매매도 성행하였

---

486) 옮긴이 주석: Mortgage를 부동산 저당권 또는 담보로 번역하는 것은 정확하지 못하다고 한다. "부동산 저당권 또는 담보는 도이치어의 Hypothek이고, Mortgage 는 그 생성·변화·발전에 다른 역사를 가진다. Mortgage는 Mort+gage의 합성 어이며, Mort는 mortal처럼 죽은, 죽다에 어원을 두고 있다. gage는 담보물, 저 당물의 뜻이다. 이 두 단어를 합치면 '죽은 담보'라는 뜻이다. '죽은 담보'라는 의미의 대칭은 '살아 있는 담보'가 될 것이다. '살아 있지 않고 죽은'이라는 말 의 역사적 기원은 중세 교회법에서 유래했다고 한다. 즉, 중세 교회법에서는 이 자를 금지했는데, 이후에 이자를 금지하는 채권과 이자를 허용하는 채권으로 분 리·발달되다가, 시간이 지나면서 이자가 붙지 않은 채권은 자연적으로 쇠잔하 여 죽게 되고, 이자가 붙는 채권이 살아남게 되는 말하자면 제도의 진화와 생성· 소멸을 보여주고 있다고 한다. Mortgage는 이와 같은 역사적 연유에서 죽은 담 보라는 어원을 가지고 있다"고 한다(사법학자 임치용 변호사).

487) 원저 p.336. 각주 13. Under the statute *Quia Emptores,* 18 Edward I c. 1 (1290), a superior lord could no longer require the tenant seller of a fee simple estate to continue to provide services and payments that attached to the land, but had to exact them from the buyer in the chain of subinfeudation. See Sir Frederick Pollock, *The Land Laws,* 3rd ed. (1896; reprint, Littleton, 1979), pp. 70−71. A slightly earlier statute, *De Donis Conditionalibus,* 13 Edward I c. 1 (1285), placed severe restrictions on the alienability of estates held in fee tail, requiring consent on the part of the tenant in tail before his superior in the chain could alienate the land to another.

488) 원저 p.336. 각주 14. City land was held chiefly by so-called burgage tenure (*burg* being an Anglo-Saxon word for "city"), which was generally free from all feudal incidents except wardship. Land held by burgage tenure could be alienated freely and could be pledged by mortgage to raise liquid capital.

다. 그렇기 때문에 대토지 소유의 준귀족(landed gentry)은, 엄격한 장자 상속제에 의하여, 일족의 영지가 타인의 손에 넘어가지 않도록 한 것이다. 그러나 다른 한편으로, 영지를 자발적으로 파는 토지 준귀족도 많아진 것은 사실이다. 토지 준귀족이 판 토지를 산 쪽은 유복한 상인들이었다. 도시에 살고 있던 상인은 농촌의 영지를 손에 넣음으로써 토지 준귀족의 동료가 되었다.

17세기 말에 흥한 토지매매에 대응하기 위하여, 토지에 대한 소유권을 2개로 나누는 방법이 등장했다. 소유권의 1개는, 대법관 법원이 보호하는, 형평에 기한 권리(equitable title)[489]로, 다른 하나는 커먼 로 법원(Common Law Courts, 민사법원 및 왕의 법원)이 보호하는, 보통법에 기한 권리(legal title)[490]로, 소유권을 2개로 나누게 된 것은 신탁제도의 등장에서 기인한다. B의 토지를 A에게 신탁하면 A·B가 함께 토지의 소유자가 되지만, 그때 원 소유자 B는, 보통법상 권리를 가진 소유자, 신탁을 받은 A는, 형평법상 권리를 가진 소유자가 된다. 토지에 대한 점유권·이용권·처분권을 가지는 것은 B이지만, 권리를 행사할 수 있는 신탁증서(trust instrument)에 기재된 범위 안에서 가능했다. 이용권의 행사 방법도 정해져 있었고, 또한 처분권을 행사할 수 있는 것은, 신탁을 받은, 수탁자(trustee) A의 양해를 얻을 필요가 있었다. 신탁을 받은, 수탁자 A는, 원 소유자이며 수익자(beneficiary)인, B의 권리를 침해해서는 안 되고, 또한 A의 채권자는 B의 채권자와 달리 토지를 자기의 손해 배상에 충당할 수 없었다.

이렇게 권리가 2개로 나뉜 것에는 대법관법원(Court of Chancery)

---

489) 옮긴이 주석: 일역자는 약한 권리로 옮김.
490) 옮긴이 주석: Miyajima는 강한 권리로 옮김.

이 적용한 법률이 17세기 말에 와서 크게 변화한 것에 기인한다. 변화를 주도한 것은 노팅엄 경(Lord Nottingham)이었다.[491] 그 결과 모기지 제도의 정비가 이루어졌고, 나아가 토지의 매매를 성행시켰다. 토지를 담보로 하는 것은, 이미 12세기부터 커먼 로가 인정한 것으로, 채권자는 채무자가 변제를 완료할 때까지, 채무자의 토지를 점유하였다.[492] 채권자가 기한까지 빌린 돈을 변제하지 않으면, 그 토지는 채권자의 소유가 된다. 이러한 모기지 제도는 커먼 로 법원(Common Law Courts)의 관할이었지만, 대법관이 형평 (equity)의 실현을 위하여 개입하는 형태가 되었다. 즉, 원래 합의된 기한까지 변제하지 않는 경우에도, 어떤 기간 안에 빌린 돈을 갚으면, 채무자가 토지를 되찾을 수 있는 것이다. 이것을 "속전을 내고 되찾고, 회복한다는 종교적 함의가 있는" redemption(종교적 의미는 구속 속죄)이라는 단어를 써서, "the equity of redemption" 이라고 했다. 공평 또는 형평을 위한 원 소유자의 회복으로 보인

---

491) 원저 p.336. 각주 15. Under Lord Nottingham, who was chancellor for a decade prior to his death in 1682, "the old philosophy of uses ...... gave way to a new philosophy of trusts based upon clearer conceptions of public policy and of the nature and purposes of the law." Austin Wakeman Scott, *The Law of Trusts,* 3rd ed., vol. 1 (Boston, 1967), p.22. It was then that the common lawyers adapted the two remaining categories of uses—the active use and the use upon a use—to the needs of clients with landed estates. See Percy Bordwell, "The Conversion of the Use to a Legal Interest," *Iowa Law Review* 21 (1935), 1~46; and John L. Barton, "The Statute of Uses and the Trust of Freeholds," *Law Quarterly Review* 82 (1966), 215~225.

492) 원저 p.336. 각주 16. See Harold Dexter Hazeltine, "The Gage of Land in Mediaeval England," in *Select Essays in Anglo-American Legal History,* vol. 3 (New York, 1909), pp.646, 647~650. A distinction was made between a "live gage" *(vif gage),* under which the gagee was required to apply profits accruing to the land to the progressive reduction of the debt, and the "dead gage" *(mort gage),* under which the gagee was not so required (hence our word "mortgage").

다. 또한 예외적으로, 특별한 사정이 있는 경우에는, 변제 불능에 빠진, 채무자를 구제하는 것도 가능했다.

그러나 17세기에 필요했던 것은, 모기지 관계법이 새로이 출현하고 있는 토지 시장에 봉사하는 것이 목적이었다면, 이러한 어려움에 처한 경우에 형평에 기하여 구제책을 주는 것이 아니라, 모기지권자인 채권자(mortgagee)의, 토지에 대한 관계에 대한 새로운 개념이었다. 이전의 컨셉은, 모기지권자인 채권자는, 토지를 담보로 하여 저당잡고, 채무를 변제하면 채무자에게 원상회복 하는 것이었다. 그러나 이러한 보통법상의 컨셉은, 여러 세기에 걸쳐서, 희석되었다. 하나는 모기지권 설정자(mortgagor)인 채무자가 토지를 점유하게 두는 수 세기에 걸친 관행과 다른 하나는, 예외적인 경우에, 대법관(Chancery)이 개입해서 행하는, 형평에 의한 구제책(equitable remedies)에 의해서였다. 그럼에도 불구하고, 부동산을 구입하기 위해서나, 또는 다른 이유로, 돈을 빌리려는 사람이 이러한 모기지와 담보(pledge)의 조건에 자신을 얽어매는 것을 주저해왔다. 따라서 해결방법은, 다시 한번, 17세기 말에 발전된 새로운 형평법(the new law of equity)에서, 발견되었다. 모기지설정자인 채무자는, 저당 물권에 대하여, 형평법상의 권리(equitable title)를 보유하고, 채권자인 모기지권자에게는 보통법상의 권리를 양도하였다. 보통법상의 권리를 가지는, 채권자인 모기지권자(mortgagee)는, 토지 점유와 사용에서, 단지 이차적이고, 부수하는 권리를 가질 뿐 인데, 그 목적은, 토지 가치의 실질적인 저하를 막기 위해서였고, 채권자인 모기지권자는, 채무 변제가 위험하지 않은 것을 확보하기 위해서 필요한 한도 내에서만, 토지의 처분을 통제하였다. 환언하면, 모기지권은, 처음으로, 채무를 반환받는 안전판(security)으로 단순화되었다. 이와 같이 모기지권은, 부동산의 양도에 대한 새로운 역학에서, 결정적인 역할을 하였다. 이렇게 토지의 모기지제도가 채무의 담보로써 잘 기능하게 된 것이다. 그 결과 토지의 매매가 활성화되었다.

11.2 계약법

12세기 이후, 잉글랜드나 유럽 대륙에서 잘 정비된 토지법이 등장했던 것처럼, 12세기 이후, 잉글랜드나 유럽대륙에서는 잘 정비된 계약법이 등장하였다. 계약법의 시작은 교회법(canon law)이었다. 교회법은 11세기에 발간된, Digesta(유스티니아누스 법전 중 "학설 휘찬")에서 발견되고, 대학에서 가르쳐진, 로마법의 계약법을 크게 수정하여 추가시켰다.[493] 또한 이와 별개로 관습이 된 계

---

493) 원저 p.337. 각주 17. See Berman, *Law and Revolution,* pp.245~250 and 348~354. Even the best contemporary historians of European contract law have failed to give an adequate account of the decisive influence of the canon law in the modernization of the more formalistic Germanic and Roman law of contracts. The great work of Reinhard Zimmermann, *The Law of Obligations: Roman Foundations of the Civilian Tradition* (Oxford, 1996), touches only occasionally on the influence of the canon law. James R. Gordley, in *The Philosophical Origins of Modern Contract Doctrine* (Oxford, 1991), refers briefly to contrasts between canonist and Roman doctrines in the thirteenth to sixteenth centuries but comes down strongly on the side of Romanist influence. Thus Gordley treats Baldus's express attribution of the concept of *causa* to the canon law as the reading back of a Romanist doctrine (p.56), neglecting to note that Baldus was both a Romanist and a canonist and that there is nothing in the Roman law of Justinian, but much in the canon law of Huguccio and Hostiensis, to support a general principle of the purpose *(causa)* of the transaction for distinguishing between enforceable and unenforceable promises. Hostiensis, *Summa,* bk. 1, *De pactis,* sec. 1, written in the 1240s, states that "a contract [*pactum*] is the consent of two or more persons, expressed in words with the intention [*animo*] of binding them to give or do the same [thing], one to the other. ⋯⋯ And so I say 'with the intention of binding' because if I put forward [something] for the purpose [*causa*] of teaching or

약법이 있었다. 이것은 잉글랜드나 유럽 대륙 각국의 시장(market) ·
정기시장(fair) · 국경을 넘는 상거래에 채용된 것으로, lex mercatoria
라고 하는데, 상인법 "law merchant"이라고 불리게 되었다.494) 당시
유럽의 수천에 달하는 도시와 성읍들에 존재했던, 도시 법원(urban
courts)은, 계약상의 쟁점 해결을 위하여, 교회법(canon law) · 로마
법, 그리고, 잉글랜드의 경우에는 커먼 로를 보게 되었으며, 또한
그들 도시의 자치 도시 창설 허가장, 도시 조례뿐 아니라, 상인법
과 도시의 관습법 등을 판결의 법원(sources of decisions)으로 삼
았다.495)

---

for the purpose [*causa*] of telling a joke, that does not bind me." The
canonists also often stated the doctrine of *causa* negatively. In a later work a
leading canonist declared that "contracts shall be kept ⋯⋯ so long as they
are not against the laws or against public policy [*contra bonos mores*] and not
made by fraud." See Richard Helmholz, *Canon Law and the Law of England*
(London, 1987), p.272.

494) 원저 p.337. 각주 18. A short Latin treatise titled *Lex Mercatoria*, dealing
chiefly with procedure, was published in England in about 1280. It is
translated in Paul R. Teetor, "England's Earliest Treatise on the Law
Merchant," *American Journal of Legal History* 6 (1962), 178~210. The first
comprehensive English book on the substantive law merchant seems to have
been Gerard Malynes's work of 1622, *Consuetudo, vel Lex Mercatoria,* or *The
Ancient Law Merchant.* Malynes explains what he means by "law merchant": "I
have entitled the book according to the ancient name of *Lex Mercatoria* ⋯⋯
because it is customary law approved by the authority of all kingdoms and
commonwealths, and not a law established by the sovereignty of any prince."
In 1473, it was said by Stillington, Edward IV's chancellor, in *Carrier's Case*
(Y. B. Edward IV 9, 64 *Selden Society* 30), that cases involving foreign
merchants "shall be determined according to the law of nature, which is
called by some the law merchant, which is a universal law throughout the
world." See Mary Elizabeth Basile et al., eds., *Lex Mercatoria and Legal
Pluralism: A Late-Thirteenth-Century Treatise and Its Afterlife* (Cambridge,
Mass., 1998).

495) 원저 p.337. 각주 19. John H. Baker argues in "The Law Merchant and the
Common Law before 1700,"*Cambridge Law Journal* 38 (1979), 295~322, that
before 1700 the phrase "law merchant" did not refer to a distinct body of

초기의 커먼 로는 계약법이 정비되지 않았었다. 금전 채무 지급을 구하는 소송(action of debt), 동산 반환 청구 소송(action of detinue), 수금을 위탁한 자에게 지불을 구하는 소송(action of account), 사기에 의한 피해를 이유로 손해 배상을 구하는 소송(action of deceit), 도장을 찍은 증서에 기재된 합의의 불이행을 이유로 손해 배상을 청구하는 소송(action of covenant), 침해 행위를 이유로 손해 배상을 구하는 소송(trespass on the case) 등이 커먼 로 특유의 소송형태(forms of action)(엄격하게 정해진 절차에 기한 소송으로, 절차를 지키지 않으면 소송은 취하되었다)에 대응하는 것이었고, 어느 것도 본래는 합의한 것을 실행시키기 위한 제도였던 계약법과는 별개의 것이었다. 단 침해 행위를 이유로 손해 배상을 구하는 소송에서, 피고의 부주의로 원고가 손해를 입었다고 추측되는 경우(assumpsit)의 소송은, 계약법에 의한 소송에 가깝다. 14~15세기, 아직 커먼 로 법원(왕립법원 King's Bench · 민사 법원)이 계약 위

---

substantive law. See also James Steven Rogers, *The Early History of the Law of Bills and Notes: A Study of the Origins of Anglo-American Commercial Law* (Cambridge, 1995), pp. 20~21. Both Baker and Rogers, however, are referring to the fact that fair and town courts, which applied mercantile law to mercantile disputes, also applied the English common law, that is, the law applied by the courts of King's Bench, Common Pleas, and Exchequer Chamber, to other disputes, and their decisions in both types of cases were sometimes reviewed by those courts. In other words, a common law action of debt or covenant or account could be brought in the fair court or town court and would be decided according to the common law; but an action on an executory oral agreement to pay a certain price for delivery of certain goods, for which the common law courts gave no remedy, would be decided by the fair or town court on the basis of a distinct body of substantive mercantile law. The common lawyers – and contemporary historians of English law – often refer to this body of law as "borough law." Hale, however, writing in the latter seventeenth century, states that "the Common Law includes ······ *Lex mercatoria.*" Matthew Hale, *The History of the Common Law of England,* ed. Charles M. Gray (Chicago, 1971), p.18.

반의 구제에 열을 올리지 않았던 때, 대법관법원이 커먼 로 법원의 관할 밖에 있던 소송(구두 약속 oral promises, 제3자의 이익보호 claims of the third-party beneficiaries 등 커먼 로 법원이 구제할 수 없었던 소송)을 관할로 두었다. 그때 양심의 법원(court of conscience)이라고 할 수 있는 대법관 법원는, 교회법·로마법·상인법을 판결의 근거로 삼고, 스스로의 판단에 의하여 판결을 내리게 되었다.496) 16∼17세기가 되어, 튜더 왕조의 대권법원(prerogative courts), 청원법원(Court of Request)·대법관법원(Court of Chancery)의 새로고친 이름인 대법관고등법원(High Court of Chancery)·해상법원(Court of Admiralty)의 새로 고친 이름인 해상고등법원(High Court of Admiralty)이 등장하게 되면서 잉글랜드의 계약법은 정비되게 되었다. 상거래에 관한 재판에서, 상인법 외에 교회법이나 로마법의 방식이나 사고방식을 적용하기 시작했다. 따라서 커먼 로 법원도, 피고의 부주의가 원고에게 손해를 주었다고 추측될 경우의 소송을 다루는 방법이 변화되었다(대권법원에 대한 대항의식이나 시대의 변화에 대응한 결과라고 생각된다). 즉, 부주의(misfeasance)외에 부작위(nonfeasance)도 포함되게 된 것이다. 또한 절차를 간소화시켜, 상거래에 관한 소송을 제기하기 쉽게 하였다. 유명한 Slade's Case(1602년)에서, 계약이 도중까지 이행된 경우라든가, 상품의 일부가 인도된 경우에는 명시적으로 계약이 이루어지지 않아도 계약이 성사되었다고 추측(assumpsit)하게 되어, 명시적인 계약의 존재가 요구되는 금전채무의 지불을 구하는 소송이나 동산반

---

496) 원저 p.338. 각주 20. See Willard T. Barbour, "The History of Contract in Early English Equity," in Paul Vinogradoff, ed., *Oxford Studies in Social and Legal History* (Oxford, 1909), p.4.

환청구소송의 소송형태를 무리하게 적용할 필요가 없게 되었다. 또한 이때 커먼 로 법원(Common Law Courts)은 약속이 이루어진 때의 약속의 대가로서, 약속을 받은 자가 약속한 자에게 주는 consideration497)[계약상의 약인(約因)]498)의 독트린을 고려하는 방식을 채용하게 되었다. 이것은 대법관고등법원이 채용한 형평(equity)이라는 생각과 교회법의 생각과 닮았고(도중까지의 계약의 실행이나 단지 구두약속을 근거로 계약을 존재를 인정함), 계약이 이루어진 때의 상황을 고려하여 계약의 유무를 판단하게 되었다.499)

그럼에도 16~17세기 초까지는 약속을 이행을 전제로 하는 것은 기본적으로 이전과 같았다. 즉, 약속위반을 법원에 소송을 제기하는 것이 가능한 것은, 우선 피고가 권리 침해(wrong)를 하고, 여기에 원고는 소송을 제기하는 것이 도리에 맞음(reasonable), 형평에 맞는(equitable) 목적을 달성하는 경우에 한한다는 것이었다. 경우에 따라서는 커먼 로 법원(Common Law Courts)이, 교회법원보다 이 생각을 채용하는 데 열심이었다. 17세기 중엽까지는, 약속이 이루어진 것이 추측된 것으로, 소송을 제기하는 것은 피고의 편무적인(unilateral) 약속위반이 원인이었지 근대적인 쌍무(bilateral) 계약위반이 원인은 아니었다. 또한 약속이 법적인 구속력을 가지기 위해, 필요한 약속의 대가로서 약속받은 자가 약속한 자에게 주는

---

497) 옮긴이 주석: "consideration"은 영미 계약법상의 특수 용어이다. 한국 영미법학계에서 이 번역을 놓고 논의가 있었다. 최대권 교수의 논의가 있었다. 일본인들이 번역한 consideration은 계약법상의 그 용어의 위치를 정확하게 표시하지 못한다는 논의가 있다.

498) 옮긴이 주석: 미야지마는 물건·행위라고 번역했다.

499) 원저 p.338. 각주 21. See A. W. B. Simpson, *A History of the Law of Contract: The Rise of the Action of Assumpsit* (Oxford, 1975), pp.297~302 *(Slade's Case)* and 316~488 (consideration).

물건·행위도 도덕적으로 맞는 것인가 아닌가, 혹은 약속의 목적에 맞는 것인가 아닌가가 문제가 되었다. 커먼 로가, 도장이 있는 증서(covenant) 위반의 소송을 수리하여도 그때 문제가 된 것은 도장을 찍은 증서 그 자체에 대한 위반으로, 계약위반을 이유로 소송을 제기한 원고의 구제는 아니었다. 따라서 증서의 발행이 협박에 의한 경우는 피고도 약속의 무효를 주장할 수 있었지만 증서의 내용이 허위일지라도 그것을 이유로 피고는 약속의 무효를 주장할 수는 없었다. 물론 사정에 따라서는 대법관 법원에 의한 구제를 기대할 수 있었다. 커먼 로 법원(Common Law Courts)은 약속의 종류에 따라 다른 절차를 요구하고, 또한 절차의 차이에 따라 다른 방법으로 구제를 하였으며(구제 그 자체에는 열을 올리지 않았다), 그 다양성은 법원이 교회 법원과 세속 법정으로 나뉘어 세속 법정이 복수의 법원으로 나누어진 복잡한 현실을 반영하였다. 그 배경에는 11~12세기에 등장한 독특한 세계관(교황의 혁명에 의한 성속분리와 봉건제에 기한 다층화된 지배체제)이 있었다.

커먼 로 법원(Common Law Courts)의 우위성이 확립되고, 게다가 상거래에 관한 재판이 급증했기 때문에 커먼 로 법원(Common Law Courts)은 종래의 방식을 바꿀 수밖에 없었다. 특히 1660년의 왕정복고 후에, 스튜어트왕조가, 청교도혁명의 성과를 받아들인 커먼 로 법원의 우위성을 확립하여, 대권법원(prerogative courts)과 대법관 법원이 채용한 구제책을 커먼 로 법원(Common Law Courts)이 채용하게 되었다. 그러나 17세기 후반~18세기에 커먼 로 법원(Common Law Courts)이 채용하게 된 새로운 방법은, 대권법원과 대법관 법원으로부터 이어받은 것은 아니었다. 그것은 5세기에 걸쳐 커먼 로 법원(Common Law Courts)이 발전시킨 방식과도 크게 달랐다.

우선 약속 위반(breach of promise)이 아니라 거래 위반(breach of bargain)을 문제 삼았다. 약속을 지키지 않은 자의 죄(sin)든가 비윤리성 또는 악(wrong)을 문제 삼지 않았다. 약속을 지키지 않는 것 자체를 문제 삼게 되었다. 또한 약속을 믿는 상대방을 배신한 것을 문제 삼게 되었다. 이 변화는 약속을 편무적인 것인가 쌍무적인 것인가라고 생각하는 것과도 관계가 있다. 종래의 방식은 편무적이었다. 그런데 일방이 약속을 지키지 않은 것을 이유로, 상대방이 약속을 지키지 않는 것은 인정되지 않았다. 그러기 위하여는 새롭게 별도의 소송을 제기할 필요가 있었다. 그런데 1660~1670년이 되어 커먼 로 법원(Common Law Courts)은 약속을 쌍무적으로 생각하게 되었다.500) 계약위반을 중요하게 생각하게 되면, 약속의 대가로서의 약속받은 자가 약속한 자에게 주는 물건과 행위에 대한 생각에도 변화가 나타났다. B에 대한 A의 약속 A's promise to B은, 그것이 A에게 있어 이익이 되는가 아닌가로 구속력 여부가 판단되게 되었다. 이전의 방식에 의하면, 약속의 대가로서 약속받은 자가 약속한 사람에게 주는 물건과 행위는 그 목적·동기·타당성[즉, 교회법학자가 말하는 원인(causa)]이 문제된 것으로, 17세기 후반이 되어 약속받은 자가 약속한 자에게 주는 금전만이 문제가 되게 되었다. 게다가 금액의 크기는 문제되지 않았다. 청교도혁명 이후, 커먼 로 법원(Common Law Courts)은 약속받은 자가 약속한 자에게 지불하는 금액의 적절성에 관계없이(regardless of the

---

500) 원저 p.339. 각주 22. See Samuel J. Stoljar, *A History of Contract at Common Law* (Canberra, 1975), pp.147~163; Charles W. Francis, "The Structure of Judicial Administration and the Development of Contract in Seventeenth-Century England," *Columbia Law Review* 83 (1983), 35, 122~125; and Holdsworth, *History of English Law,* 4:64, 72, 75.

inadequacy of the consideration) 흥정의 결과 성립된 합의(bargained agreements)에 구속력을 인정하게 되었다.[501] 계약 당사자의 일방이 1파운드를 지불하더라도 다른 계약 당사자가 100파운드짜리의 역무를 제공하는 것이 계약상 의무라면 그것은 족한 것이다. 약속의 구속력을 인정하였다. 즉, 쌍방이 합의가 이루어졌다면 약속에 법적인 구속력을 인정하는 것이다.

법적 책임은 약속의 불이행에 의해 발생하는 것이 아니라 합의에 의해 발생하는 것이 되었다. 약속한 자가 약속을 지키지 않은 경우 약속받은 자는 약속의 내용에 따라 손해배상을 청구할 수 있게 되었다. 약속이행의 장해가 있거나 이행을 불가능하게 한 예상외의 사정을 고려할 필요 없이, 약속 불이행에 대한 면책의 범위는 합의에 의해 정하게 되었다.

이 변화가 잘 나타난 것은, 제9장 새로운 법학의 등장에서 다뤘던 1647년의 Paradine vs Jane 사건이다. 내란으로 군대에 의해 토지 이용을 방해받은 것을 이유로, 지대 지불을 거부한 피고에 대하여, 지주인 원고가 지대 지불을 청구한 재판이다. 피고에게는 계약을 이행할 의무는 없다고 하면서, 그 근거로 교회법·로마법·군대법(military law)·도덕법(moral law)·이성법(law of reason)·자연법·국제법(law of nations)을 들었다. 지금이라면 잉글랜드의 법원도, 자연적 정의(natural justice)를 이유로 지대 지불을 면제해줬겠지만, 그 당시 잉글랜드 법은, 토지의 임대계약을 특별하게 보호하고 있었다(지금도 그렇다). 이 재판에서, 커먼 로 법원(Common Law Courts)은, 계약에 의해 발생한 법적 책임이라는 생각을 채용

---

501) 원저 p.340. 각주 23. Simpson, *History of Contract*, p.446.

하여, 지대 지불을 명하였다. 법률에서 정한 의무라면 법적 책임이 없다는 것을 이유로 책임이 면제될지도 모르나, "계약에 의해 의무를 부담한 이상 피고는 어떤 이유라도 그 의무를 면제받을 수 없다"고 하였다.[502]

그 이전에도 같은 판결은 존재했을지도 모른다. 예를 들면 1500년대 말~1600년대 초에 등장한 명시적인 약속의 존재를 추측(assumpsit)한 것에 기한 소송의 판결에서 계약위반에 대한 근대적인 구제책의 맹아를 볼 수도 있을 것이다.[503] 그러나 다음과 같은 것만은 확실하다. 즉, Paradine vs Jane 사건 이전에는 잉글랜드의 법원이, 계약의 이행을 절대적으로 면하는 것이 불가능한 의무라고 한 것은 없었다. 계약에 의해 부담한 채무와 불법행위에 의해 부담한 채무는 전부 별개의 것이었다. 계약에서는 스스로 부담하는 의무(채무)는 스스로 정하는 것이 가능하다. 또한 파라딘 v. 제인(Paradine vs Jane) 사건은, 그 이후에도 판례로서, 잉글랜드에서나, 아메리카에서도 다른 것을 계약으로 정하지 않는한, 상대방의 계약 불이행을 이유로 스스로의 계약 불이행을 정당화하는 것이 불가능하게 되었다.

잉글랜드 법제사의 전문가 중에서는, 계약법 이론의 연구가 시작된 것은 18세기라고 하는 자가 있고,[504] 19세기가 되어서 처음으로, 계약 당사자의 합의에 의해 성립된 계약의 합의설(bargain theory)이

---

502) 원저 p.340. 각주 24. Aleyn 26, 82 *Eng. Rep.* 897 (1648). This is a more complete report of the case than that given in Style 47, 82 *Eng. Rep.* 519 (1647), which is the one usually reproduced. See David Ibbetson, "Absolute Liability in Contract: The Antecedents of *Paradine v. Jayne*," in F. D. Rose, ed., *Consensus ad Idem* (London, 1996), p.1.

503) 원저 p.340. 각주 25. See Simpson, *History of Contract,* pp.31~33.

504) 원저 p.341. 각주 26. Plucknett, *Concise History of the Common Law,* p.652.

등장했다는 학자도 있다.505) 계약법 일반이론(general theory of contract)이라는 말의 의미가 어떠하든, 18세기 이전에도 잉글랜드 법에는, 계약이 법적 구속력을 가지고 존재하고 있었고, **계약 당사자가 흥정의 결과 성립한 합의(bargained agreement)에는 법적인 구속력이 있다는 생각이 존재했다. 계약 위반에 대해서는, 엄격한 법적 책임을 추급하는 생각이 잘 나타나게 된 것은, 유통증서 (negotiable instrument)의 등장이다.** 보스턴 칼리지 교수인 로저스

---

505) 원저 p.341. 각주 27. See P. S. Atiyah, *The Rise and Fall of Contract* (Oxford, 1979), passim. Atiyah states that the distinction between contract and tort "only slowly evolv[ed] in the seventeenth and eighteenth centuries" (p.144). Cf. Grant Gilmore, *The Death of Contract* (Columbus, 1974), p.140 n. 228 ("Until the late nineteenth century the dividing line between 'contract' and 'tort' had never been sharply drawn"). Morton Horwitz, in *The Transformation of American Law, 1780~1860* (Cambridge, 1977), p.160, states that "modern contract law is fundamentally a creature of the nineteenth century. ······ Only in the nineteenth century did judges and jurists ······ assert for the first time that the source of the obligation of contract is the convergence of wills of the contracting parties." These widely accepted misconceptions are based, first, on the exclusion from consideration of all branches of English law other than the common law – the exclusion of the English law merchant, of English admiralty law, of the canon law of the English church courts, of English application of international law, and even of many branches of the common law, such as the law of sales; and second, on the failure to see through the formulary procedure that prevailed in the common law until the nineteenth century onto the substantive doctrines that underlay the forms of action and that were debated at the trial stage after the pleadings were settled. The emergence of treatises on contract law in the late eighteenth and nineteenth centuries signaled, to be sure, a new method of systematization of the common law, and the subsequent abolition of the forms of action allowed that method to be refined and expanded. But the notion that the exchange of promises could give rise to contractual obligations did not first emerge, as Atiyah claims (e.g., at p.139), in the late eighteenth century but existed at least from the time of the thirteenth century canonists – including the English canonists – and prior to its adoption in the common law courts in the late seventeenth century was reflected in the practice not only of English church courts but also of English urban courts, mercantile courts, Admiralty, and Chancery.

(James Steven Rogers)에 의하면, 17세기 중엽에 잉글랜드에서 처음으로 발행한, 이유나 지참인에 관계없이 지급 의무를 지는 새로운 방법의 약속어음(promissory note)이 등장하였다.[506] 그때까지 어음의 지불을 청구하는 소송에서는, 어음 발행의 이유가 된 채권·채무의 존재(underlying obligation)를 증명할 필요가 있었다. 즉, 지불의무의 입증에 수표 그 자체가 문제가 되는 것이 아니라, 상거래 전체가 문제가 되는 것이다. 새로운 형태의 약속어음이 등장한 이유를, 로저스는 그때까지 도시 내에 한정된 상거래가 전국 규모로 확대된 데에서 찾는다. 잉글랜드의 상인은, 런던을 시작으로, 잉글랜드 각지에 상거래의 거점을 세우게 되었기 때문에, 원격지에서 지불에 사용할 어음을 발행하였다는 것이다.[507] 또한 흥정의 결과 성립한 합의가 있는 이상, 어음 발행의 이유에 관계없이, 그 합의에 구속력을 인정하는 새로운 방식이 등장한 것도 주목할 점이다. 그 어음은, 약속의 대가로서 약속 받은 자가 약속한 자에게 주는 물건·행위(consideration)[508]가 근거가 되어 발행된 가능성도 있다. 그 경우에도 지참인의 청구에 응하여(to the order of) 지불한다는 문구가 있다면(그 문구를 넣는 것은 "흥정의 결과 성립한 합의"에서 결정하는 것이 가능하다), 지불은 실행되는 것이다.

---

506) 원저 p.341. 각주 28. Rogers, *Early History of the Law of Bills and Notes*, pp.94ff. and passim.

507) 원저 p.341. 각주 29. Ibid., p.103.

508) 옮긴이 주석: "consideration"은 영미 계약법상의 특수 용어이다. 한국 영미법계에서 이 번역을 놓고 논의가 있었다. 최대권 교수의 논의가 있었다. 일본인들이 번역한 consideration은 계약법상의 그 용어의 위치를 정확하게 표시하지 못한다는 논의가 있다.

11.3 회사법

　이상으로 칼뱅파의 교의가 17세기 말~18세기 초에 잉글랜드의 계약법에 미친 영향을 보았지만, **칼뱅파의 교의는 회사법의 등장에도 큰 공헌을 했다.**

　단, 베버(Max Weber)가 『프로테스탄트 윤리와 자본주의 정신』에서 설명했던 의미는 아니다. 그는 16~17세기의 칼뱅파의 금욕적인(ascetic) 생활방식에 주목하였지만(엄격한 자기 관리 · 금욕 · 근면 등), 그는 그것을 전례 없는 개인의 고독감(feeling of unprecedented inner loneliness of the single individual)과 연결시켰다.509) 베버에 의하면, 칼뱅주의자들의 이러한 생활방식은, 예정설(doctrine of predestination)에서 온 것으로, 칼뱅주의자는, 자신이나 지역공동체에 대하여 자신이 천상의 왕국에 갈 것이 예정되어 있는 선택받은 자(the elect)임을 증명하여야 할 강박관념이 있었다. 그 결과 그들은, 세계에서 선례를 볼 수 없는 기업가 정신을 발휘하게 되어 자본주의 정신을 탄생시켰다.

　그런데 베버는, 칼뱅파의 영향이 강했던 잉글랜드나 네덜란드의 **법 제도를 전부 무시하였다. 17세기의 잉글랜드법이 전제한 것은, 베버가 말하듯이 개인주의가 아니라 공동체주의(communitarianism)였다.**510) 이것의 좋은 예가, 주식회사(joint stock company)의 등장

---

509) 원저 p.342. 각주 30. Max Weber, *The Protestant Ethic and the Spirit of Capitalism,* trans. Talcott Parsons (London, 1992), p.104.

510) 옮긴이 주석: 같은 취지는 김철, "막스 베버의 프로테스탄트 윤리와 자본주의 정신에 대한 해롤드 버만의 연구", 2014.4.19. 한국사회이론학회 전기 학술대회, 한국사회이론학회 및 한국인문사회과학회 공동 주회 베버 탄생 150주년 기념 학술대회 및 「다시 읽는 막스 베버」(서울: 문예출판사, 2015)

으로, 이것은 회사 설립이나, 자선사업을 시작하려는 기업가와 그를 위해 필요한 자금을 제공하는 많은 주주가 함께 하는 것이 최초로 가능한 것이었다.

자본주의 정신을 분석하는 때에, 베버는 17세기에 등장한 주식회사의 공동체주의적 성격(communitarian character)을 간과하고 있었다[개인적인 이익을 내세우는 것이 아니라, 공공의 이익(public causes)을 실현하는 것도 목적이었다].

예를 들면, 1692년에 런던 상인회사(Company of Merchants of London)를 설립한 제정법에서는, 그린랜드와의 상거래가 잉글랜드에 있어서 중요한 의미를 갖는 것을 지적하면서, 외국의 지배하에 있는 그린랜드를 되찾기 위해, 잉글랜드의 다수인의 협력 체제를 쌓는 것을 설립의 목적으로 하였다.511) 이러한 공공 목적(public purpose) 실현을 목표로 내세운 주식회사는 이외에도 많이 설립되었다. 주식회사는, 주주에게 이익을 가져다주고, 또한 많은 주주가 자금을 제공하는 것으로 리스크를 분산시키는 제도로 생각하기 쉬우나, 공공 목적(public cause) 실현을 위하여 많은 동지의 협력을 구하기 위한 제도였다.

17세기 말의 잉글랜드 경제계가 공동체 정신(communitarian spirit)

---

511) 원저 p.342. 각주 31. On the act incorporating the Greenland Company, see Samuel Williston, "History of the Law of Business Corporations before 1800," *Harvard Law Review* 2 (1888), 111. On the economic and legal history of the English joint-stock company, see William Robert Scott, *The Constitution and Finance of English, Scottish, and Irish Joint-Stock Companies to* 1720, 3 vols. (1912; reprint, Gloucester, Mass., 1968). See also Frank Evans, "The Evolution of the English Joint-Stock Limited Trading Company," *Columbia Law Review* 8 (1908), 339~361, 461~480. Unfortunately, these works do not discuss, but take for granted, the strong communitarian character of this form of economic and legal enterprise.

에 비중을 둔 것은, 주식회사 잉글랜드 은행(Bank of England)의
설립에서도 잘 나타난다. 1694년의 제정법에 의하여, 프랑스와의
전쟁에 필요한 전쟁 비용을 조달하기 위하여 설립된 은행이지만,
출자를 하는 위원회(commissioners)는 국왕에 의해 임명되었고, 또
한 국왕은 출자자와 그 상속인·양수인을 모으고, 합쳐서 1개의 회
사로 만드는(incorporate …… to be one body politic and corporate)
권한을 인정하였다.512) 취지는 출자자가 잉글랜드 경제를 위하여
공헌하는 것을 기대하기 위해서였다. 약 1,300인의 출자자가, 프랑
스와의 전쟁을 위하여 120만 파운드를 출자하고, 또한 관세 수입
으로 출자금을 보증한 국왕 덕분에 배당을 받았다. 출자자는 유복
한 상인이나 토지 귀족으로, 그 태반이 의원이기도 했다. 경영진으
로서의 이사회의(Court of Directors)의 최초 구성원 21명 중 6명
이 후에 런던시장이 되었다. 이사회의는 매주 열렸고, 또한 주주총
회(General Court)가 연 2회 열렸으며, 회사의 상태를 사찰하고, 출
자액에 따라 배당을 결정하였다.513)

---

512) 원저 p.342. 각주 32. 5 & 6 William & Mary c. 20 (1694).

513) 원저 p.343. 각주 33. See John Giuseppi, *The Bank of England: A History
from Its Foundation in 1694* (London, 1966), pp.9~14 (discussing the origins
of the bank and the social backgrounds of its first investors and directors);
*Rules, Orders, and By-Laws for the Good Government of the Corporation of
the Governor and Company of the Bank of England,* reprinted in *Bank of
England: Selected Tracts,* 1694~1804 (Farnborough, U.K., 1968), p.11 (on the
weekly meetings of the Court of Directors) and p.19 (on the biennial meetings
of the General Court of shareholders). As in the case of the joint-stock
company, so in the case of banking and other forms of crediting, there exists
a large economic and legal literature which traces the origins of the modern
forms of these institutions to the latter half of the seventeenth century but
which takes for granted, without stressing, their strong communitarian character.
See, for instance, Frank T. Melton, *Sir Robert Clayton and the Origins of
English Deposit Banking,* 1658~1685 (Cambridge, 1986); P. G. M. Dickson,
The Financial Revolution in England: A Study in the Development of Public

17세기 말에는 회사법 외에 근대적인 신탁법도 제정되었다.[514] 신탁제도도 주주회사와 같이, 회사를 설립하거나 자선사업을 시작하려는 자들이, 협력(common endeavors)하기 위한 연구였다.

11.4 경제법의 개혁(Economic Law Reforms)

11.4.1 국왕에 의한 독점권 부여의 폐지

튜더 왕조·스튜어트 왕조 시대에는, 국왕이 마음대로 경제적인 독점권을 부여하였다. 특허장(letter patent, 문자 그대로는 공개장의 의미이다. 그렇게 불렀던 것은 누구에게라도 공개되어야 할 내용이었기 때문이다)을 주는 것으로, 특정 상품을 생산·판매하는 권리를 독점하게 한다. 그런데 1500년대 말~1600년대 초에 이것에 반대하여 소송의 이어졌고, 1623년에 하원이 독점에 관한 법률(Statute of Monopolies)을 제정하여, 국왕은 의회의 승인을 얻는 조건으로 되었다[이때 하원에 지도적인 역할을 한 것이 코크(Coke)였다]. 이때 의회는, 국왕이 특허장을 교부하는 것을 전면적으로 금지하지는 않았다. 발명에 의한 특허에, 일정 기간의 독점권을 인정할 필요가 있었기 때문이다. 이미 1603년, 특허장을 무효로 하는 판결이 나왔고, 그 판결의 이유는 밝혀져 있지는 않았다. 그런데 코크는, 이 판결을 예로 들면서, 상거래에 제약을 주는 것에, 커먼 로 법원(Common

---

Credit, 1688~1756 (London, 1967); Rogers, *Early History of the Law of Bills and Notes.* 1995).

514) 원저 p.343 각주 34. On this development, see Reid, "Seventeenth-Century Revolution," pp.288~296 and authorities cited there.

Law Courts)은 반대하였다.515) 명예혁명 후, 이 코크의 의견이 커
먼 로 법원(Common Law Courts)의 판례로써 확립되었다.516)

  국왕의 특허장 교부가 금지된 것은, 전통적인 직인 조합(guild)에
의한, 생산과 판매의 통제가 강화된 때이다. 몇 세기 간, 모직물 직
인 · 은 세공사 · 금 세공사 · 동 세공사 · 유리 장인 · 가죽 장인 · 푸
줏간 · 빵집 등은 조합을 결성하여, 상품의 질 · 가격 · 장인(master,
Meister)과 도제(apprentice, Lehring)와의 관계를 규제했다. 직인
조합이, 직인의 일을 감시하고, 길드 재판에서 상품에 대한 것을
처리하거나 불공정한 경쟁을 배제하는 것도 가능했다. 유럽(잉글랜
드도 포함)에서 직인 조합(guild)이 등장한 것은 12세기로, 그것이
18세기까지 유럽의 기본적인 생산과 판매를 통제하였다. 잉글랜드
에서는 17세기 칼뱅파가 신과의 계약(covenant)이나 생업은, 신의
소명(calling)이라는 생각을, 조합의 정신에 새로운 요소로 추가하
였다. 1640～1650년대의 청교도혁명을 지지하고, 1680년대의 의회
를 지지한 것은 이러한 직인 조합이었다.517)

---

515) 원저 p.344. 각주 35. *Darcy v. Allen, 72 Eng. Rep.* 830 (1602), holding that a
    royal grant of a monopoly of the manufacture of playing cards was not valid.
    There was no judicial opinion in the case. Coke's report of the case, which he
    presents as though it were the judicial opinion, may have drawn on the
    arguments of counsel. See Jacob Corre', "The Argument, Decision, and
    Reports of *Darcy v. Allen,*" *Emory Law Journal* 45 (1996), 1261～27.

516) 원저 p.344. 각주 36. SeeWilliam L. Letwin, "The English Common Law
    Concerning Monopolies," *University of Chicago Law Review* 21 (1954), 355～
    385; Donald W. Wagner, "Coke and the Rise of Economic Liberalism,"
    Economic History Review 6 (1935), 30ff.; Donald O. Wager, "The Common
    Law and Free Enterprise: An Early Case of Monopoly." *Economic History
    Review* 7 (1936), 217ff.; Barbara Malament, "The 'Economic Liberalism' of
    Sir Edward Coke," *Yale Law Journal* 76 (1967), 1321～58.

517) 원저 p.344. 각주 37. See Robert Ashton, *The English Civil War: Conservatism
    and Revolution, 1603～1649* (London, 1989), pp.84～85, 92: George Unwin,

11.4.2 새로운 융자제도의 등장

16~17세기 초에, 국왕이 의회에 대하여 지배권을 확립하거나 (프로테스탄트 국가의 경우), 지배권을 강화하거나 한 (가톨릭 국가의 경우) 결과, 종교 대립에 의한 전쟁이 끊이지 않았다. 전쟁에서 싸우는 것은 용병들로, 여기에 국왕은 특별한 과세에 의하여 막대한 비용을 충당하였다. 잉글랜드에서는 전기 스튜어트 왕조에 그것을 실현시켜 의회에 의한 혁명이 시작되었다.[518] 명예혁명에서, 윌리엄과 메리가 즉위하자, 오렌지공 윌리엄이 네덜란드에서 이미 경험한 새로운 융자제도를 도입하였다. 그중 하나가 잉글랜드 은행 (the Bank of England)의 설립이었다. 잉글랜드 은행의 융자에 의하여, 국왕은 전쟁 비용의 조달이 가능하게 되었다. 또한 잉글랜드 은행은, 국왕이 보증하는 채권을 팔아 부자들에게서 자금을 조달하여, 국왕에게 제공했다. 또한 잉글랜드 은행은, 전통적으로 은행의 일을 한 수표의 현금화 외에 (새로 현금을 맡아놓음), 새로운 약속어음(promissory notes)의 할인을 시작했다(네덜란드에서는 널리 이용되었다). 1696년에 잉글랜드 정부는, 약속어음을 발행한 잉글랜드 은행에게 할인을 해주어, 그 자금으로 프랑스와의 전쟁을 하였다. 1704년에는 약속 어음법(Prommissory Notes Act)을 제정하여,

---

The Gilds and Companies of London (New York, 1964), pp.336~339.

518) 원저 p.344. 각주 38. For examples of comparable devices to extract money used by rulers of other parts of Europe in the sixteenth and seventeenth centuries, see Carolyn Webber and Aaron Wildavsky, *A History of Taxation and Expenditure in the Western World* (New York, 1986), pp.262~268. These included the sale of monopolies over activities such as the mining of precious metals, direct and indirect taxes on land and produce, confiscation of property, the exploitation of colonies for crown revenue, and the sale of public offices.

국왕에 한하지 않고 누구나 유통 가능한 유가증권(배서에 의해 양
도 가능하고, 지참인이라면 누구나 현금화 가능한 증권으로, 발행
인의 사기·무능력을 이유로 지불을 거부할 수 없다)을 발행할 수
있게 되었다.519)

1680년대 말~1690년대 초에는 주식시장이 잉글랜드에도 등장
했다(최초는 네덜란드). 주식회사는, 양도 가능한 주식을 발행하는
것으로 자금을 조달할 수 있게 되었다. 런던에서 주가의 일람표가
정기 간행물에 게재되거나, 매매의 결과가 공표되게 되었다.520) 지
금은 매매 중개인(stock broker)이라고 불리는 자가, 런던의 커피숍

---

519) 원저 p.345. 각주 39. See E. E. Rich and C. H. Wilson, eds., *The Cambridge
Economic History of Europe,* vol. 5 (Cambridge, 1977), p.352. Because of the
Dutch influence, these innovations were sometimes called "Dutch finance." See
Scott B. MacDonald and Albert L. Gastmann, *A History of Credit and Power
in the Western World* (New Brunswick, N.J., 2001), pp.132~133. In fact,
however, the English went beyond the Dutch in introducing new methods of
finance. See Jan De Vries and Ad van der Woude, *The First Modern
Economy: Success, Failure, and Perseverance of the Dutch Economy,* 1500~
1815 (Cambridge, 1997), pp.131~132, 141~142, 152, 155.

520) 원저 p.345. 각주 40. See Edward Chancellor, *The Devil Take the Hindmost: A
History of Financial Speculation* (New York, 1999). As early as the 1690s,
investors began speculating in stocks in the hope of large profits. Thus the
invention of the diving bell, giving rise to the prospect that goods lost at sea
might be salvaged, led to the creation of over a dozen companies, some
promising returns of 100 percent or better on investments. Ibid., pp.36~38.
Practices such as selling short and the purchase of options were also the
creations of this period. Ibid., p.39. Although the 1690s "bubble" eventually
deflated, the speculative spirit culminated in the notorious South Sea Bubble
of 1720, resulting from the overissuance of stock by the South Sea Company,
which was formed to exploit recent discoveries in the South Pacific. The
directors used proceeds from new subscriptions to pay off previous commitments.
Ibid., pp.66~80. In the wake of this disaster, Parliament outlawed various
forms of speculation, such as short sales and trading in options and futures.
Ibid., p.88. See also Peter M. Garber, *Famous First Bubbles: The Fundamentals
of Early Manias* (Cambridge, Mass., 2000), pp.115~120.

에서 고객을 만나 매매 예약(subscription), 매매 인수(underwriting), 일정 조건으로 상대에게 팔 수 있는 권리(put), 우선적으로 구입하는 권리(refusal) 등의 말을 사용하여 주식을 팔고 있다.[521] 현금화가 간단한, 유동성 높은 주식시장의 등장으로, 기업이나 상인은, 간단하게 자금 조달이 가능하게 되고, 국왕도 잉글랜드 은행의 중개로 기업이나 상인으로부터 간단하게 자금 조달이 가능하게 되었다. 나아가 의회는, 과세의 형태로 기업이나 상인으로부터 자금조달이 가능하게 되었다. 게다가 해외 탐험이나 해외 식민지 확장을 위하여, 국왕이 설립한 주식회사와 같이, 공공 목적으로(for a public purpose) 설립된 주식회사라면, 국왕도 직접 주식회사에 투자할 수 있게 되었다.

1690년이 되어 주식의 명의 변경이 가능하게 되었다.[522] 의회가 임명하는 특별위원회가, 주식의 명의 변경을 감독하게 되어, 외국인이 주식을 가지는 것을 금지시켰다. 또한 동인도 회사(East India Company)나 허드슨 만 회사(Hudson Bay Company)와 같이, 특허 회사(chartered company)는 소수의 주주가 소유하였다. 즉, 당시는 자본가가 지배하는 민주적인 자본제가 아닌, 귀족이 지배하는 상업 자본제 시대였다. 하원에서 대표로 보낸 토지 귀족과 부유한 상인이 지배하는 중상주의였다.

새로운 금융제도의 등장과 함께 새로운 과세제도가 등장했다. 나아가 국채제도도 등장했다. 국왕은 이제 왕가의 자산으로 생활비를

---

521) 원저 p.345. 각주 41. Prior to the stock bubble of the 1690s, the word "broker" had referred simply to a procurer or pimp. Garber, *Famous First Bubbles,* p.31.

522) 원저 p.345. 각주 42. See Chancellor, *Devil Take the Hindmost,* pp.31∼39.

충당할 필요가 없어졌다. 상거래의 활성화로 소비재나 생활재에 대하여 과세가 가능해졌고, 또한 건축재·가옥·말·마차 등 판매되고 생산되는 모든 물건이 과세 대상이 되었다. 부자들은 사치품(가발·계란·트럼프 카드·주사위)을 산 세금을 지불하고, 부유하지 못한 사람은 생활필수품을 사고 세금을 내었다. 또한 전통적인 세금이었던 봉건 토지세(feudal dues), 전출세, 전입세도 폐지되지 않고 남아 있었다. 이렇게 막대한 세금 덕분에, 잉글랜드는 북아메리카나 인도에 진출할 수 있었다. 경제사가가 말하는 조세국가(tax state)의 탄생이었다.

11.4.3 특허제도·저작권제도

6세기의 잉글랜드에서는, 특허장은 생산·판매의 독점권을 특정 사람에게 주기 위한 것뿐만 아니라, 발명가에게 발명품을 독점적으로 생산·판매할 수 있는 권리를 주기 위해서도 공포되었다. 특허(patent)라는 말은 이 특허장(letters patent)에서 나왔다. 17세기 말까지는 이 발명가에게 주는 독점권도, 튜더 왕조, 전기 스튜어트 왕조의 국가만이 가지는 특권(prerogative)이었다. 잉글랜드에서는 (유럽대륙도 마찬가지로) 발명가의 발명품이 지배자의 이익이 된다고 판단되면(국왕의 경우도 있지만, 궁정, 귀족, 관료의 경우도 있었다) 흔쾌히 특허장이 교부되었다.[523]

---

523) 원저 p.346. 각주 43. Under Queen Elizabeth a series of patents were issued, partly in order to bring to England the innovative technology found elsewhere in Europe. See Christine MacLeod, *Inventing the Industrial Revolution: The English Patent System,* 1660~1800 (Cambridge, 1988), pp.11~13. The Italian city-states, especially Venice, played a particularly important role in the

1624년의 독점에 관한 법률은 국왕의 특권 행사를 의회의 감시 하에 두는 것으로, 잉글랜드에 경제적인 이익을 가져다준다고 판단 되는 발명품에 대하여는, 예외적으로 최초의 발명가(true and first inventor)에게, 14년간 독점권을, 의회의 승인 없이 주는 권리를 국 왕에게 인정하였다.524) 특허가 국왕으로부터 교부되는 특권이라는 생각이 없어지고, 발명가의 소유권이라고 생각하게 된 것은, 17세 기 후반이 되어서야 이루어졌다. 명예혁명 이후, 새로운 발명에는, 예외 없이 특허가 인정되게 되었다. 1690년에는 주식시장의 등장 도 있게 되어 특허신청이 붐을 이뤘다.525) 신제품이나 새로운 제조 법은 그것을 발명한 자의 소유물이라는 생각의 등장에 의해 발명 가는 그것을 자유롭게 처분 가능하게 되었다. 그러나 최종적으로는 누구나 이용 가능한 것으로, 소유권에는 일정 기간이 설정되었다. 원래 국왕이 마음대로 가신에게 주었던 독점권은 생애에 걸쳐 유 효한 것으로, 발명가에게 주어진 독점권도 예외는 아니었다.

같은 방식으로, 독점권이 문학작품이나 예술작품에도 인정되게 되었다. 17세기까지 독점권은 복사를 한 자와 책의 판매자에게 인 정되었지만, 인쇄기술이 보급되자, 인쇄소에도 인정되게 되었다. 잉 글랜드에서는 헨리 9세가 그러한 독점권을 인쇄소에 많이 공포했

---

development of patent law. See Pamela O. Long, *Openness, Secrecy, Authorship: Technical Arts and the Culture of Knowledge from Antiquity to the Renaissance* (Baltimore, 2001), pp.90~95.

524) 원저 p.346. 각주 44. The terms of the statute are quoted by Adam Mossoff, "Rethinking the Development of Patents: An Intellectual History, 1550~1800." *Hastings Law Journal* 52 (2001), 1255, 1272~73.

525) 원저 p.346. 각주 45. See Christine MacLeod, "The 1690's Patent Boom: Invention or Stock-Jobbing?" *Economic History Review* 39, 2nd ser. (1986), 549~571.

고, 1530년에 최초로 저자에게도 인정되었다(단, 7년간만 인정되었
다). 1649년에 의회는 저작권에 관한 법률을 제정하였지만 저자의
권리는 보호되지 않고, 보호된 것은 인쇄소의 권리로, 해적판의 출
판을 한 자는 인쇄물을 몰수당하였다. 나아가 1662년에는 인쇄된
책 1권을 국왕의 도서실과 옥스퍼드·케임브리지 양 대학 도서관
에 기부하도록 의무를 부과하였다. 그런데 1694년에 저작권에 관
한 1649년의 법률은 폐지되어 (독점권을 특정인에게 인정해주는
것에서 문제가 발생), 해적판이 크게 늘어났다. 저자의 권리를 보
호하는 법률이 제정된 것은, 1710년이 되어서였기 때문에, 이미 출
판된 책의 저자와 저작권의 양수인은 21년간 또한 출판될 예정의
책은 14년간, 저자만이 저작권을 인정받게 되었다. 책의 저작권의
경우도 특허와 같이 그 권리가 보호된 것은 일정기간뿐으로, 그 후
에는 일반에게 개방되었다.[526]

11.4.4 보험제도

유럽에서는 12~13세기의 제1차 상업혁명 이후 이미 보험제도가
존재하였다(예를 들면 해양보험). 17세기의 새로운 점은, 보험의 리
스크 계산에 숫자가 사용되게 되었다는 점이다. 당시 물리학, 화학
과 같은 자연과학 분야에서 뉴턴(Isaac Newton)이나 보일(Robert

---

526) 원저 p.347. 각주 46. See Richard Rogers Bowker, *Copyright: Its History and Its
Law* (Boston, 1912), pp.25~31. Engraving and prints were given protection by
successive acts in 1734 and 1735. Not until the nineteenth century, however,
were dramatic performances and designs for manufacturing processes protected,
and only then did England begin to bind itself to observe international
conventions on the protection of foreign copyright.

Boyle) 등이 개발한 **확률론이 사용되었는데, 그것이 법학의 분야에
도 응용되었다.** 현재의 해양 보험제도는 1680년대 말~1690년대에
런던의 커피 하우스에서 보험을 인수하는 보험업자가 만들어낸 것
이다(해양 운송의 리스크는 확률론을 사용하여 계산되고 개인이 부
담한다).527)

최초의 보험회사는, 18세기 초에, 국왕으로부터 특허장(royal charter)
을 교부받았는데, 개인으로서의 보험업자는 여전히 커피 하우스에
서 영업을 했다. 보험을 가입하는 자는, 우선 중개업자(broker)에게
가서, 보험을 의뢰한다. 그러면 중개업자는, 보험료와 교환하여 리스
크를 부담하는 보험업자를 찾는다. 보험업자는, 보험을 인수하는 증거
로서 계약서에 서명한다(underwrite)(여기서 보험업자를 underwriter라
고 부르게 되었다). 18세기에는 해양보험 외에 여러 보험이 등장했
다(도난보험·사망보험·화재보험 등). 1670년대에, 런던의 커피 하
우스에서 일을 한 79인의 보험업자가, 1인당 100파운드를 출자하
여 설립한 것이 로이드 협회(Society of Lloyd's)이다[커피 하우스
의 주인 로이드(Edward Lloyd)의 이름을 협회명으로 했다]. 그들
은 스스로 정한 규정(self-regulate code of behaviour)에 근거하여
활동하는 개인의 보험업자의 집단으로, 회사를 설립한 것은 아니었
다. 로이드 협회의 구성원은 전원 "고객의 손해를 보상하기 위해서
라면 전 재산을 내놓는 것을 약속했다."528)

17세기 중반에 등장한 확률론이 보험업의 발전을 지탱했다. 1662년

---

527) 원저 p.347. 각주 47. See Peter L. Bernstein, *Against the Gods: The Remarkable
Story of Risk* (New York, 1996), pp.90ff.

528) 원저 p.348. 각주 48. Ibid. See also Ralph Straub, *Lloyd's: The Gentlemen at the
Coffee-House* (New York, 1938).

에 그랜드(John Graunt)가 쓴 『런던과 런던 주변의 페스트에 의한 사망자 수에 관하여』(Natural and Political Observations Made upon Bills of Mortaliy)는 1650~1960년대에 크게 발전을 거듭한 확률론에 의거하였는데,[529] 이 책이 계기가 되어 후에 보험 위험도 설계법(actuarial science)이 등장하게 되었다.

많은 역사가들은 17세기 말~18세기 초에 잉글랜드에 등장한 경제제도가, 이미 네덜란드에 있던 것과 닮아 있는 것을 지적하지만, 17세기에 네덜란드도 잉글랜드도 칼뱅파의 강한 영향 아래 있었다는 것, 그리고 잉글랜드의 경제발전이 1688년의 명예혁명 이후, 즉 칼뱅파의 오렌지공 윌리엄이 왕위에 오른 때의 일이라는 것을 알아채지 못한다. 칼뱅파의 영향을 지적하는 경우에도, 베버를 인용하여 칼뱅파의 기업가나 신에게 선택된 증거로 생각하는 부의 축적에 열심이었던 것을 지적할 뿐이다. 그 근거로 든 것이 예정설과 근면의 사상이지만, 더 중요한 것은 칼뱅파가 신과의 계약(covenant)을 중요시했다는 것이다. 17세기 말~18세기 초에 네덜란드와 잉글랜드에 등장했던 새로운 경제제도는 신용(credit)에 기초했다. 주식시장·국채·조세국가·약속어음 등은 모두 신용이 있어야 비로소 기능하는 제도이다. 또한 신용은 신뢰(trust)가 있어야 비로소 가능하다. 신과의 계약에 의하여, 하나로 된 공동체의 구성원이라면, 반드시 약속을 지킬 것이라는 신뢰가 있어야 비로소 가능한 것이다.

---

529) 원저 p.348. 각주 49. See Ian Hacking, *The Emergence of Probability: A Philosophical Study of Early Ideas about Probability, Induction, and Statistical Inference* (Cambridge, 1975), pp.102~110.

제12장
잉글랜드 사회법의 변용
(The Transformation of English Social Law)

12.0 16세기 헨리 8세의 제1차 잉글랜드 종교개혁
(the First English Reformation)

16세기 도이치인은 각각의 영방군주가 선택한 종파에 강제적으로 소속되었는데, 똑같이 16세기의 잉글랜드인도 헨리 8세에 의한 종교개혁의 결과 국민 모두가 성공회에 속하는 것이 법률로 정해졌다. 또한 튜더·전기 스튜어트 왕조 때의 성공회는 교황을 대신한 국왕의 명령에 복종하게 되었다(이것도 도이치의 영방교회와 같다). 이 변화는 보통 "세속화"라고 부르는데, 주의해야 할 것은 이들은 종래의 교회의 문제에 개입하지 않았던 국가가 교회의 문제에 개입하게된 것을 의미하는 것으로, 말하자면 "국가 재판관할권이 교회에까지 확장됨"(spiritualization of the state's jurisdiction)을 의미한다고 할 수 있다. 튜더·전기 스튜어트 왕조의 국왕은 스스로를 성공회의 수장임을 선언했을 뿐만 아니라, 그때까지 교회가 관할해왔던 문제를 국왕의 관할하에 두는 것을 선언했다.530) 성

사(聖事, sacrament), 혼인, 부도덕한 행위의 금지, 교육, 빈민 구제
는 그때까지 교회의 관할하에 두었던 것이다. 이러한 점에서도 잉
글랜드는 도이치와 닮았다.

교회의 의식에서 성사에 신자가 참가하게 된 것도, 잉글랜드의
교회는 도이치의 교회와 비슷하다. 라틴어의 기도서가, 에드워드 6
세의 시대에 격식 있는 영어의 "공통의 기도서"(Book of Common
Prayer)로 바뀌었고,531) 신자가 소리 내어 기도를 할 수 있게 되었
다. 또한 성서가 영어로 번역되어, 여러 성사의 장면에서, 신자는
성서를 낭독할 수 있게 되었다.532) 성서의 시편을 시 형식으로 번

---

530) 원저 p.349. 각주 1. The second Act of Supremacy, enacted upon the accession
of Elizabeth I to the throne in 1559, declared her and her successors to be
"the only supreme governor of this realm ······ as well in all spiritual or
ecclesiastical things or causes as temporal." 1 Elizabeth I c. 1 (1559).

531) 원저 p.349. 각주 2. The first English prayerbook, drafted principally by
Archbishop Thomas Cranmer and adopted by Edward VI in 1549, drew even
more on Protestant theology, notably in rejecting the Roman Catholic doctrine
of transubstantiation. See Samuel Leuenberger, *Archbishop Cranmer's Immortal
Bequest: The Book of Common Prayer of the Church of England: An
Evangelical Liturgy* (Grand Rapids, Mich.,1990). There were few major
changes in a third Book of Common Prayer adopted by Queen Elizabeth in
1559, a fourth by James I in 1604, and a fifth and last by Charles II in
1662. Despite some compromises with Calvinist theology, Presbyterian and
other dissenting churches were antagonized by the Roman features that
remained in the various editions as well as by Anglican ritual practices. See
Willian Sydnor, *The Real Prayer Books: 1549 to the Present* (Wilton, Conn.,
1979), p.10.

532) 원저 p.349. 각주 3. The first English translation of the Bible was written in
the fourteenth century by John Wyclif, who relied on the Latin Vulgate as his
source. Thereafter an ecclesiastical statute of 1407 declared that to translate
any biblical text into English was an act of heresy. In 1526 William Tyndale
produced a translation of the Greek New Testament, and in 1530 he published
a translation of large parts of the Hebrew Old Testament. By the end of the
sixteenth century, other English translations were in existence, and in 1604
King James I appointed a commission of scholars to produce an authorized
translation, which appeared in 1611; the King James Bible has remained the

역하여 멜로디를 붙인 성가(metrical psalmody)가 작곡되어, 신자들이 성가를 영창하게 되었고, 18세기가 되어서야 이 의식이 널리 퍼지게 되었다.[533] 또한 설교가 성사에서 중심적인 역할을 하게 된 것도 도이치와 같다.[534]

가톨릭교회의 7개의 성사가, 2개로 줄게 된 것도 도이치의 교회와 같다(즉, 세례와 성찬만이 성사로 인정되었고, 또한 성찬에 대하여 의미를 붙이는 것도 변하게 되었다). 혼인은 교회 전례의 성사가 아니게 되었으며, 도이치와 달리 이혼은 인정되지 않고, 또한 교회에서 공식적으로 결혼식을 올리지 않아도 되어서, 결과적으로

---

official version, required to be read in Anglican churches. See Brooke Foss Westcott, *A General View of the History of the English Bible,* 3rd ed. rev. (New York, 1916).

533) 원저 p.349. 각주 4. Calvin agreed in principle with Zwingli that everything sensuous — such as music, vestments, ritual gesture, and images — should be eliminated from the service. He came to think, however, that there were benefits to congregational song so long as what was to be sung was restricted exclusively to the Psalms. The first English version of the Psalms in meter was published in 1562. See Richard Arnold, *English Hymns of the Eighteenth Century* (New York, 1991), pp.4~7. Madeleine Marshall and Janet Todd, in *English Congregational Hymns in the Eighteenth Century* (Lexington, Ky., 1982), p.12. write that "metrical psalmody was Calvin's gift to England." Eventually the laity grew tired of the "alleged dullness" of the Psalms, and in 1735 John Wesley published a collection of hymns which, with those of Issac Watts and others, "attained an unpredictably high degree of popularity" although the singing of them in what were technically Church of England services remained illegal under parliamentary liturgical legislation until 1859. See Arnold, *English Hymns,* pp.7~17.

534) 원저 p.350. 각주 5. Although such preaching was practiced especially by Puritans within the Anglican Church, it was also practiced by some leading non-Puritans. Thus the sixteenthcentury archbishop of Canterbury, Hugh Latimer, displayed a preaching style that "champion[ed] ······ a rebirth of feeling" and held out "the promise of justification by faith." See Charles Montgomery Gray, *Hugh Latimer and the Sixteenth Century: An Essay in Interpretation* (Cambridge, Mass., 1950), p.20.

내연 관계는 법적으로 유효하게 되었는데, 이것은 가톨릭의 전통이 남은 것이라고 할 수 있다.

도이치와 같이, 잉글랜드에서도 부도덕한 행위(moral offenses)는, 왕명에 의해서 새롭게 결정되었는데(종래에는 교회법이 규정하였다), 도이치와 달리, 재판관할권은 교회 법원에 남기고, 그 단속은 도이치보다도 엄격했다. 교육에 관하여는, 잉글랜드에서도 도이치와 같이 신자가 초등교육을 받을 수 있도록 하고, 교사의 직책을 성직자가 맡지 아니했다. 단 도이치와 달리, 16~17세기 초의 잉글랜드에서는, 교사가 되기 위해서는 관할 주교의 허가가 필요했다. 16~17세기 초에 제정된 빈민 구제법(English poor laws)은, 도이치처럼 걸식(乞食)을 금하고, 도움을 바라는 빈자(deserving poor)를 위하여 빈민구제시설(workhouse)을 짓도록 정하였다. 단 도이치와 달리, 빈민 구제를 하는 것은, 교구의 교회에 속하는 직책(parish officer, 잉글랜드에서는 교구가 그대로 행정구역단위였다) 또는 교구 사람들의 모임(vestry)이었다. 그들이 빈민 구제를 위한 기부금이나 세금을 모았다. 단 그들을 감독하는 것은 교회가 아닌 치안 판사(justices of peace)였다.

이상에서 생각해 볼 수 있듯이, 잉글랜드의 국왕은, 도이치와 달리, 교회가 관할하는 문제를 해결할 때에 교회조직을 이용했다. 튜더·전기 스튜어트 왕조 시대의 잉글랜드에서는, 신학이나 교회 관계의 법률도 가톨릭 시대의 것과 닮아 있었다. 도이치만큼 과격하게 가톨릭교회와의 단절이 이루어지지 않았다는 것을 알 수 있다.

이와 같이 16세기에 Henry 8세에 의하여 시작된 제1차 잉글랜드 종교개혁(the First English Reformation)은, 도이치의 루터주의에 의한 종교개혁(the Lutheran Reformation of Germany)보다, 프로테스탄티즘의 덜 급진적인 버전이라고 할 수 있다.

17세기 중엽에, 청교도혁명과 함께, 잉글랜드는, 헨리 8세 이후의, 두 번째 종교개혁535)을 경험한다. 밀턴(John Milton)이 말하는, 앞선 개혁을 대상으로 한 개혁(Reformation of the Reformation)이다. 이때, 헨리 8세가 행한 종교개혁의 내용이었던, 모든 잉글랜드인을 강제적으로, 왕을 정점으로 하는 국가 교회의 구성원으로 하는 것을 폐기하였다. 도이치 종교개혁의 왼쪽 날개였던, 칼뱅주의 신학 위에, 잉글랜드 청교도는 처음에는 영국 국교회(Anglican Church)에 침투하였고, 다음에는, (청교도혁명의 시대인) 1640~1650년대에 영국 국교회를 전복시켰으며, 다음에는 (청교도혁명의 흐름 중에서도) 영국 국교회가 다시 부활했으며, 마침내 1660년대에 다시 부활한 영국 국교회를, (왕권이 아니라) 의회의 감시하에 두게 되었다. 이러한 발전과 함께, 그 성과로 국교회에 반대하는 교회들(dissenting churches)도 그 존재를 공인받게 되었다. 1689년의 명예혁명 후에도, 잉글랜드인은 영국 국교회에 속하는 것을 강제받지 않게 되었고, 관용된 프로테스탄트 종파(tolerated Protestant Churches)(장로교·회중교·침례교·퀘이커교·감리교)에도 신앙의 자유가 인정되었다.536)

문제는, 복수의 종파를 관용하고 인정하면서, 그때까지 교회가 관할해왔던 문제를, 법률에서 어떻게 처리할 것인가였다. 성사의 문제는 종파에게 맡긴다고 해도, 혼인·부도덕한 행위·학교법·

---

535) 옮긴이 주석: 1648년부터 시작된 Puritan Revolution을 의미한다.
536) 원저 p.351. 각주 6. See Chapter 7 ("The Religious Settlement").

빈민구제법은, 종파마다 다르게 제정할 수는 없었고, 사고방식이나 정책이 다른 종파를 기독교 국가로서 잉글랜드 의회가 어떻게 모아야 할 것인가라는 문제가 남게 되었다.

12.1 전례와 예배(Liturgy)

형식적으로는, 잉글랜드 국왕을 국교회 수장(governor of the Church of England)으로 하는, 엘리자베스 1세 시대에 제정된 수장령(Act of Supremacy)은 현재에도 존재하지만, 국 교회의 주교(bishop), 대주교(archbishop)는 국왕이 임명하는 것으로, 국왕의 감시하에 두게 되었다. 그러나 실제로는 1688년의 법률에서, 수상이 교회의 조언에 기초하여 주교·대주교를 국왕에게 추천하는 것으로 되어, 전통적으로 국왕은 수상이 추천한 인물을 그대로 임명하였다.[537] 또한 공통의 기도서의 내용을 변경할 경우, 국왕은 의회의 동의를 받아야 하였지만, 1689년 이래, 단 한 번도 공통의 기도서의 내용이 변경된 적은 없었다.

의회가 전례 예배의 문제에 개입하지 않았기 때문에, 국교회는 전례 성사로서 여러 종파의 것을 받아들였고, 가톨릭적인 전례 성사를 받아들인 High Church와 프로테스탄트적인 전례 성사를 받아들인 Low Church가 존재하게 되었다. 또한 공인된 프로테스탄

---

537) 원저 p.351. 각주 7. By statute, responsibility to fill vacant episcopal sees shifted from the Crown to the prime minister in 1714. See Bernard Palmer, *High and Mitred: A Study of Prime Ministers as Bishop-Makers,* 1837~1977 (London, 1992), pp.1~8; cf. Norman Doe, *The Legal Framework of the Church of England: A Critical Study in a Comparative Context* (Oxford, 1996), pp.163~165.

트 종파는 교회관계의 법률에 따르지 않아도 되었다.

16～17세기 초의 퓨리탄의 영향으로, 영국 국교회인 성공회는 성사가 변하였는데, 그중에서 성찬을 받을 때에 무릎을 꿇지 않아도 되는 것, 성직자가 예복을 입지 않아도 되는 것, 예배에서 향을 피우지 않아도 되는 것, 예배에서 성가를 부르지 않아도 되는 것 등, 퓨리탄이 신학적 근거가 없다고 생각된 것은 폐지되었다. 왕정복고 후 찰스 2세가 여러 종파의 대표를 모아서 공통의 기도서의 내용을 변경할 것인가의 여부를 의논할 때, 퓨리탄의 논객 박스터 (Richard Baxter)는 "성찬을 받을 때 무릎 꿇는 것을 폐지하고, 예복을 입지 않아도 되는 것을 허용했다면 내란은 일어나지 않았을 것이다"라고 말했지만, 찰스 2세는 박스터들의 요구를 받아들이지 않았다.[538] 성공회가 여러 프로테스탄트 종파를 공인하고 성찬에서 칼뱅주의의 요구와 가톨릭의 요구를 받아들이기에는, 청교도혁명과 왕조의 교체, 그리고 의회의 제정법이 필요했다.

12.2 혼인

잉글랜드의 혼인법은 프로테스탄트의 요구대로 제정되지 않았다. 튜더·스튜어트 왕조는 혼인을 성사로 인정하지 않는 것에는 찬성했지만, 그럼에도 불구하고 혼인을 준성사(sacramental)로써(가톨릭교회는 성직자가 행하는 성수·성유를 사용하여 의식이나 축복을 내리는 행위 등을 준성사라고 했다), 이혼 및 재혼을 인정하지 않았다 (헨리 8세의 경우는 혼인이 무효였다고 주장했기 때문에 이혼한

---

538) 원저 p.352. 각주 8. In fact, it took the Glorious Revolution to achieve these Puritan objectives.

것이 아니다). 또한 가톨릭교회의 전통에 충실하여, 내연관계를 법
적으로 유효한 것으로 인정하였고, 교회에서 결혼식을 꼭 할 것을
유효한 혼인으로 인정하기 위한 요건으로 하지 않았다(가톨릭교회
는 1580년의 트렌트 공의회(Council of Trent)에서 이를 개정했다).
따라서 16~17세기 초의 잉글랜드에서는, 내연관계가 법적으로 유
효하게 인정되었다(개중에는 문제가 되는 내연관계도 있었다). 과격
한 언동으로 알려져 있는 역사가 랏슈(Christopher Lasch)에 의하
면, "가톨릭교회는 혼인을 성욕에 대한 해독제로 생각했기 때문에,
내연관계를 인정하면서 이혼을 인정하지 않았다"고 하였다.[539]

혼인을 사회제도(social estate)로 생각하고 부부간의 애정을 중
시한 당시의 성공회 신학자들은 가톨릭교회의 전통적 방식에 반대
하였다.[540] 그러나 헨리 8세에 의한 종교개혁의 단계에서는, 혼인
법은 가톨릭교회의 교회법을 그대로 채용하였다.[541]

청교도혁명 이후의 공화정 시대에, 혼인 신고를 교구 교회가, 시
장(marketplace)의 공개된 장소에서 행하는 제도와, 민사재판으로

---

539) 원저 p.352. 각주 9. Christopher Lasch, "The Suppression of Clandestine Marriage
in England: The Marriage Act of 1753," *Salmagundi* 26 (1974), 90~91.

540) 원저 p.352. 각주 10. John Witte writes that "dozens of Anglican and
Anglo-Puritan writers, from 1600 onward, expounded this 'commonwealth
model' of marriage [whereby it was believed that] 'good members of a
family are likely to make good members of church and commonwealth.'" See
John Witte, Jr., "The Goods and Goals of Marriage," *Notre Dame Law
Review* 76 (2001), 1059, quoting William Gouge, *Of Domesticall Duties:
Eight Treatises* (London, 1622), p.17. See also idem, *From Sacrament to*
Contract: Marriage, Religion, and Law in the Western Tradition (Louisville,
Ky., 1997), p.173.

541) 원저 p.352. 각주 11. See Richard H. Helmholz, *Roman Canon Law in
Reformation England* (Cambridge, 1990), pp.69~70; and Martin Ingram,
Church Courts, Sex, and Marriage in England, 1570~1640 (Cambridge,
1987), pp.125~218.

이혼을 인정하는 제도가 도입되었는데, 왕정복고 후에 이 제도는 폐지되었다. 내연관계가 법적으로 유효하게 인정되지 않게 된 것은, 명예혁명으로부터 6년이나 후의 이야기이다. 1753년에 하드윅경의 혼인법(Lord Hardwicke's Marriage Act)이 제정되어 혼인은 커플이 사는 지역의 교구 교회에서 새롭게 공시(banns)하는 것이 의무화되었다(커플이 사는 지역이 다른 경우 양방의 교구 교회).542) 이렇게 잉글랜드에서도 내연관계가 법적으로 유효한 혼인관계로 인정되지 않게 되었고, 그것은 가톨릭교회가 트렌트 공의회에서 금지한 때로부터 약 200년도 뒤의 일이었다. 혼인을 법적으로 유효한 것으로 하기 위해서는, 성공회에서 혼인식을 하는 것이 의무화되었다(성직자가 주재하는 증인 2명이 입회한다. 단 퀘이커 교도와 유대교는 이 의무가 면제되었다). 별거는 인정되었지만 이혼은 이정되지 않고(의회가 특별하게 인정한 경우는 별개),543) 또한 혼인을 둘러싼 문제의 처리는 교회법원의 관할하에 남겨두었다.

잉글랜드에서도 혼인법의 제정권은 세속의 지배자(국왕·의회)가 가지는 것으로 되었는데, 혼인법 그 자체는 가톨릭교회 시대 때와 거의 같았다. 잉글랜드에서 혼인법이 크게 변한 것은 1836년에

---

542) 원저 p.352. 각주 12. See 16 George II c. 33 ("An Act for the better preventing of Clandestine Marriage"). The act required the parties to a marriage to seek a license from their pastor or minister after the publication of banns in their usual place of abode, but also recognized the right of the archbishop of Canterbury and his "proper Officers" to dispense with this requirement in appropriate cases. The act also required the consent of the parents when the parties were under the age of twenty-one. See also Stephen Parker, *Informal Marriage, Cohabitation, and the Law,* 1750~1989 (New York, 1990), pp.29~47; and James A. Brundage, *Law, Sex, and Christian Society in Medieval Europe* (Chicago, 1987), pp.563~564.

543) 원저 p.352. 각주 13. On the circumstances under which parliamentary divorces might be granted, see Holdsworth, *History of English Law,* 11:622~623.

제정된 혼인법(Marrige Act) 이후이다. 그 이유도 종교적인 이유가
아닌, 민주주의적 개인주의를 중시하는 사고(democratic individua-
lism)의 보급에 의해서이다. 결혼식의 방식은 당사자가 자유롭게
결정하게 되었고, 혼인을 법적으로 유효한 것으로 하기 위하여 관
청에 등록하기만 하면 되었다. 또한 간통에 관하여는 이혼도 인정
되었다. 재판관할권도 이때 민사재판으로 이관되었다.544)

12.3 부도덕한 행위의 금지

혼인의 경우와 같이, 부도덕한 행위의 금지도, 헨리 8세의 종교
개혁에서는 가톨릭교회의 교회법을 그대로 이어받았고, 재판도 교
회법원이 관할하였다. 반자연적인 성행위・불륜・근친상간・마술
(sorcery)・마법(witchcraft)・교회 내에서의 무례한 행동・예배 불
참가・안식일 모독・신을 모독하는 행위・욕・만취・중상해・고리
대금 등이 금지되었다. 의회는 특정한 부도덕한 행위를 금지하는
법률을 제정하였는데, 그 경우에는 재판의 관할권도 교회법원이
가지지 않았다. 1533년에는 반자연적인 성행위, 1541년에는 마법,
1603년에는 중혼이 중죄로 규정되었고, 커먼 로 법원이 관할하게
되었다. 또한 1624년에는 만취・신성모독은 치안판사가 재판하였
으며, 벌금형과 공개된 곳에서 사람에게 창피를 당하는 형벌이 적
용되었다. 그다음 해에는 일요일에 교회에 가지 않고 술집에서 술
을 마시면 역시 만취나 신성모독과 같은 형벌을 받게 되었다.545)

---

544) 원저 p.353. 각주 14. See 6, 7 William IV c. 85 (1836). Cf. Holdsworth, *History
of English Law*, 15:208~209.

545) 원저 p.353. 각주 15. See Holdsworth, *History of English Law*, 1:619~620.

성범죄 등 부도덕한 행위가 치안판사에 의하여 공공질서와 풍속을 혼란시키는(disturbances of public order) 것이 되었다. 그러나 그럼에도 부도덕한 행위를 재판하는 주역은 교회법원이었다.546)

1641년에 퓨리탄이 지배했던 의회에서, 교회법원이 형벌을 과하는 것이 금지되었지만, 왕정복고 후에는, 다시 교회법원이 형벌을 과하는 것이 가능하게 되었다. 그러나 1641년에 폐지된 고등종무법원(Court of High Commision, 교회재판의 최종심을 담당하는 법원)과 성청법원(Court of Star Chamber)은 왕정복고 후에 부활하지 않고(이 법원들은 부도덕한 행위의 단속에 관하여 권한이 컸다), 이들을 대신하여 커먼 로 법원의 하나인 왕의 법정[왕좌법원 또는 형사법원(King's bench)]이, 교회법원·대권법원(prerogative courts)의 뒤를 이어받아, 도덕의 수호자로써, 부도덕한 행위의 단속(custos morum)을 담당하게 되었다. 왕정복고 후 의회는, 부도덕한 행위에 대하여 형벌을 과하는 권한을 치안판사와 커먼 로 법원에게 인정하는 법률을 제정했다. 일요일의 노동·영업금지나 도박행위의 금지 등이 그 대상이었다.547)

1690년대부터 1700년대 초에 이르러 혁명의 여파가 빠르게 끝을 맺을 무렵, 의회는, 교회법원이 관할해왔던 종교적인 문제에 관한 행위도 치안판사와 커먼 로 법원의 관할로 이관시켰다. 예를 들면, 욕을 하면 벌금형·공중에게 창피를 당하는 형을 받는 법률은 1694년과 1746년에 제정되었고,548) 1697~1698년에 제정된 법률

---

546) 원저 p.353. 각주 16. Helmholz, *Roman Canon Law*, pp.109~114.

547) 원저 p.354. 각주 17. See Holdsworth, *History of English Law*, 6:404, 11:539.

548) 원저 p.354. 각주 18. See 6, 7 William III and Mary II c. 11 (1694). To ensure compliance, it was specified that the provisions of the act be read four times a year in church. See Holdsworth, *History of English Law*, 6:404.

에서는 신학교에 다니는 자나 성직자가 삼위일체·기독교·성서를 부정하는 발언을 하는 경우에 역시 벌금형·공중에게 창피를 당하는 형을 과하도록 규정하였었다.549) 도박행위를 금지하는 법률은 1689년·1710년·1711년·1722년·1733년 등 여러 번에 걸쳐서 제정되었으며, 1739년에는 여러 도박(ace of hearts, pharaoh, basset, hazard)이 이미 제정되었던 도박행위 금지법에서 규정한 도박의 유형에 추가되었다.550) 또한 1740년에는 현상금을 건 경마는 2곳의 경마장에 한정하는 법률이 제정되었다.551)

청교도 공화정 시대에는 퓨리탄적인 엄격한 금지 사항이 많았지만, 그 이전의 튜더·전기 스튜어트 왕조 시대에도 왕정복고 후에도, 대권법원이 관할하고 있던 극장 등의 오락시설은 통제의 바깥에 있었다. 1737년에 의회는 극장에 대한 통제를 규정하는 법률을 제정하고, 상연품목과 배우를 허가제로 하였다(무허가의 배우 중에는, 거지·부랑자(rogues and vagabonds)와 같은 취급을 받은 자도 있었다). 그 결과 국왕·의회·극작곡가가 요구하였던 기준에 맞는 수준 높은 연극이 등장하게 되었다.552)

법률에 의한 통제보다도 중요했던 것은 1690년대에 등장한 품행개혁협회(Sociey for the Reformation of Manners)의 존재이다. 발

---

549) 원저 p.354. 각주 19. See 9 William III c. 35 (1697/98).

550) 원저 p.354. 각주 20. See 12 George II c. 28.

551) 원저 p.354. 각주 21. See 13 George II c. 19. Cf. 18 George II c. 34 (1746) (establishing weight requirements and other standards to be observed by those entering horses in races).

552) 원저 p.354. 각주 22. See 10 George II c. 28 (1737) (on the regulation of the theater). Cf. Holdsworth, *History of English Law,* 11:547~549 (analyzing the terms of the statute); cf. Dudley W. R. Bahlman, *The Moral Revolution of 1688* (New Haven, 1957), pp.1~30.

먼(Dudley Bahlman)에 의하면, 품행개혁협회야말로 발먼이 1688년의 품행혁명(moral revolution of 1688)이라고 불렀던 것의 추진자들(army of reform)이었다. 교회에서도 국가에서도 그들은 원조를 얻지 못하고, 치안판사·치안관(constable, 치안판사가 임명하고 범죄자의 체포를 담당했다. 잉글랜드에서 경찰제도가 등장한 것은 19세기로, 오늘날의 경찰과 달리 무급의 봉사자들이었다)·성직자(clergyman)도 참가했지만, 기본적으로는 민간인에 의한 자원봉사활동으로, 내규도 지도자도 그들 스스로 결정하였다.553) 지역공동체의 주민의 품행[manners(이라고 그들이 그렇게 불렀다)]을 개선하는 것을 목적으로 하는 자들이 모여서 이루어진 조직이었다. 그숫자와 규모도 급속하게 확대되어 위원회를 조직하는 내규를 정하여 실행위원(steward)을 임명하여 개선운동의 실행을 담당하게 했다. 그들이 목표하는 것은 방탕과 욕망의 집(houses of lewdness and debauchery)을 폐쇄하고, 만취·욕·일요일 예배 결석을 없애며, 부도덕한 행위를 단속하는 치안관들을 감시하는 것이었다. 회계계·기록계들이 임명되어 돈으로 고용된 밀고자의 네트워크가형성되었다.

교회도 국가도 직접 지원하지 않았지만, 그 활동에는 찬성하였다. 1691년에 메리 여왕은, 스틸링플리트 주교(Bishop Stillingfleet)의 조언을 받아들여 미들섹스 지방의 치안판사들에게 편지를 써서부도덕한 행위를 엄하게 다룰 것을 요청했다. 여왕으로부터의 편지를 받은 치안판사나 치안관은 바로 품행개혁협회 운동에 참가했을 것이다. 1701년에 협회의 수는 런던만 해도 20개가 넘었다. 특히

---

553) 원저 p.355. 각주 23. Bahlman, *Moral Revolution*, p.31. This account is drawn from pp.37~38, 40~41, 48~55, 58~59.

18세기의 최초의 20년간 협회의 수는 전국에 급속하게 증가했다. 와이트 섬(Isle of Wight)에서는 성직자만의 협회가 있었고, 윌트셔 주(Wiltshire)에서는 1인의 사제(parson)가 연장자만으로 협회를 조직했다. 포츠머스 시에서는 2개의 협회가 있었는데, 하나는 시장·치안판사·시의회 의원으로 구성되었고, 다른 하나는 23인의 무역상으로 구성되었다. 발면에 의하면 "당시의 잉글랜드 인에게 있어 이 품행개혁운동은 혁명 중에서도 가장 중요한 것이었다. 품행의 개혁에 의해서만 혁명의 성과가 정착될 수 있다. 윌리엄 3세가 하려던 것도 무의미해지고, 신의 축복을 얻기 위해서는 품행의 개혁은 불가결한 것이었다."

유럽에서 부도덕한 행위를 벌하기 위하여 민중을 동원하는 것은 드물지 않았고, 잉글랜드에서도 또한 그러했다. 그러나 지역공동체 레벨의 민중 스스로가 조직을 만들고, 공적인 기관(치안판사)과 협력하여 부도덕한 행위를 다루는 것은 처음이었다. 부도덕한 행위의 단속은 원래 성공회의 성직자들에게 맡겨져 있는 것으로, 가톨릭교회의 전통이 남아 있는 성공회[하이 처치(High Church)라고 불렀다]의 주교는 민중이 참가하는 것에 반대하였다(의회에서는 토리당이 이러한 주교의 의견을 지지했다). 반대로 프로테스탄트적인 성공회[로우 처치(Low Church)라고 불렀다]의 성직자와 휘그당은 민중의 참가를 지지했다.

품행개혁협회가 어떻게 활동했는가는 1700년에 발행된 정보 제공자 대상의 매뉴얼인 『국민의 품행 개혁을 향하여』(A Help to a National Reformation)를 보면 잘 알 수 있다. 정보 제공자는 법률 위반의 사실을 잘 확인하는 것이 요구되었고, 만취·신성모독·일요일의 영업 등 금지된 행위를 적발하기 위해서는 무엇을 신경 써야 하는가 등이 설명되어 있었다[치안판사에게 정보를 주는 경우 주의해야 될 것(Prudential Rules for the Giving of Information to Magistrates)도 언급되었다]. 정보 제공자는 원한을 사서 심하게 몰매를 맞기도 했지만, 치안판사에게 제대로 보고하는 것을 장려하였고, 부도덕한 행위를 단속하는 법률을 집행하기 위하여 '적절한 정보 제공은 국민 모두의 의무이다'라고 하여 성직자도 설교에서, 개혁자들을 순교자나 성인과 같은 예를 들었다.

민중은 부도덕한 행위의 단속에 적극적이었고, 치안판사나 의원에게도 영향을 주었다. 의무를 다하기 위하여 관리의 리스트를 인쇄하여 공표하거나 하원에서 단속을 엄하게 하도록 청원하기도 하였다. 그 노력이 어떤 효과가 있었는지는 불명확하지만, 품행이 개혁을 필요로 하는 것은 사실이었다. 예를 들면 알콜 소비량이 급격하게 증가하고 있었다(수학적 방법을 이용한 방법 중 하나이다). 남아 있는 회계 기록에 의하면, 1695~1738년의 44년간 10만 건 이상의 만취가 고발되었다. 다만 이 기록에서 설명할 수 있는 것은, 협회가 고발 활동을 하고 있었다는 것뿐으로, 얼마나 효과가 있었는지는 알 수 없다. 효과가 있었는지 판단하려면 협회가 없었을 때 부도덕한 행위가 얼마나 발생했는지를 알아야 하는데, 그것을 모르기 때문이다.

또한 1730년대가 되어 협회가 감소한 이유나, 1738년에 사실상 존재하지 않게 된 이유,554) 또한 1750년대가 되어 감리교의 웨슬리 (John Wesley)・윌버포스(William Wilberforce)들에 의하여, 다시 증가세로 바뀐 이유도 잘 나타나있지 않다.555) 그럼에도 불구하고

---

554) 원저 p.356. 각주 24. Bahlman (Ibid., p.66) concludes that the decline was simply due to loss of "enthusiasm and hope."

치안판사나 치안관에 의한 단속을 더욱 효과적으로 하기 위한 입법 노력이 경찰제도의 등장으로 이어졌다는 것은 부정할 수 없다.556)

이상에서 볼 수 있듯이, 청교도혁명 후 약 100년에 걸쳐서, 자원봉사활동으로 부도덕한 행위의 단속이 이루어져, 왕정복고에서 중단된 후, 윌리엄 3세 즉위와 의회의 우위 확립에 의하여 다시 단속이 부흥하게 되었다. 품행개혁협회의 등장과 부도덕한 행위를 법률에서 명확하게 규정한 치안판사에 의한 단속을 가능하게 한 의회의 생각 간에는 밀접한 관련이 있다. 그것은 통설대로 종교적 책임의 세속화(secularization of ecclesiastical responsibilities)라고 해석할 수 있지만, 세속적 책임의 종교화(spiritualization of secular responsibilities)라고 해석할 수도 있다. 통설에 의하면 국가(잉글랜드의 경우, 도이치처럼 지배자와 그 관료들이 아닌 의회와 여러 종파의 지도자들이 이끌었던 지역 공동체)가 교회법(잉글랜드의 경우, 가톨릭교회의 교회법이 아닌, 국교회인 성공회의 교회법)을 수용하였고, 프로테스탄트(잉글랜드의 경우 칼뱅주의)가 영향을 준 결과이다.

---

555) 원저 p.356. 각주 25. See Leon Radzinowicz, *A History of English Criminal Law,* vol. 3, *The Reform of the Police* (London, 1956), pp.144~156.

556) 원저 p.356. 각주 26. See John H. Langbein, "Shaping the Eighteenth-Century Criminal Trial: A View From the Ryder Source," *University of Chicago Law Review* 50 (1983), 55~67. Sir Robert Peel'sMetropolitan Police Act of 1829 founded the first English public police force, popularly called "bobbies" after their founder. Also a director of public prosecutions was appointed "for a limited sphere of series crimes." Ibid., p.56.

12.4 초등교육: 빈민 대상의 자선학교(charity school)

잉글랜드혁명은, 초등교육의 방식도 크게 변화시켰다. 성공회에 속하지 않은 여러 프로테스탄트 종파뿐만 아니라, 성공회에도 칼뱅파의 신학이 크게 영향을 끼쳤다. 노동자나 농민의 아이에게 글을 읽고 쓸 수 있도록 가르치고, 직업 훈련을 중시하였다. 토지 준귀족(landed gentry)이나, 부유한 상인이 설립한 봉사 조직이 중심이 되어 운영하고, 여기에 직인이나 상점 주인도 참가하는 형태가 되었다. 이것이 잉글랜드혁명 후에 등장한 계급제도를 지탱하였다. 잉글랜드혁명 이전에는, 잉글랜드의 프로테스탄트도, 도이치의 프로테스탄트와 같이, 많은 이가 성서를 읽을 수 있는 것만을 목표로 했다. 영어로 번역된 성서를 교회의 예배에서 읽고, 영어로 쓰인 공통의 기도서를 교회의 예배에서 읽기 위해서였다(모든 신자에게 예배에 출석할 것이 의무가 되어있었다). 그것은 신자의 영혼을 구하기 위할 뿐만 아니라, 국가와 국왕에 대한 충성심을 가져오기 위함이기도 했다(가톨릭교회와 절연한 국왕 아래에서, 잉글랜드에서는 국가와 국왕은 일체였다). 이런 상황에서, 적은 '잉글랜드에 적대하는'(foreign) 가톨릭교회였다.

또한 튜더·스튜어트 왕조 시대의 국왕의 측근이나 관료는, 가톨릭교회 시대와 같이 성직자 출신이 아닌, 세속인 출신이었다. 따라서 지역의 지도자에게 종교교육뿐만 아니라 고전 및 고대의 문학을 가르치기 위하여 고전 그리스·라틴어 문법학교(grammar school)가 많이 건설되었다.[557] 대학이나 법학원(Inns of Court)에

---

557) 원저 p.358. 각주 27. The number of endowed grammar schools increased in Elizabeth's reign from 51 to 280 or more, and by 1700 to 400. See James

서 지배 계층에 맞는 고등교육을 가르치기 위함이다.

16~17세기 초에 가톨릭교회가 운영하는 수도원 부속학교나 교회 부속학교를 대체하여, 도시당국이나 개인이 운영하는 세속 학교가 등장했다. 그러나 성공회도 세속 학교의 설립을 지지하였고(이 점에서는 도이치의 루터파 이상이었다), 예를 들면 잉글랜드에서 교사가 되기 위해서는(개인의 가정교사의 경우도 포함하여), 소속된 주교구의 주교로부터 허가를 얻을 필요가 있었다(교사의 신앙 내용을 면밀하게 조사했다). 이 권한을 이용하여 성공회는 잉글랜드의 교육제도를 통제할 수 있게 되었다.558)

16~17세기 초의 지배계급에 대한 교육은, 튜더·전기 스튜어트 왕조가 통제했음에도 불구하고, 왕조의 지배에 반대하는 자를 배출하게 되었다. 잉글랜드사 전문가 스톤(Lawrence Stone)에 의하면, 당시 중등·고등교육기관의 장은 비성공회 신도가 많았고, 양심의 자유(freedom of conscience, 신앙의 자유)는 지배 계급 사이에서도 중시하였다. 그러나 당시 법률가들은(그들이 청교도혁명의 주역이 된다), 법학원에서 커먼 로가 국왕이나 성공회보다 우위에 있다고 배웠다. 또한 대학을 졸업한 토지 준귀족들은(그들은 자신들의 특권을 지키기 데에 열성적이었다), 전기 스튜어트 시대의 의원을 선출한 지방 행정체를 지배하였다.559)

1688년에 왕정복고로, 윌리엄 3세와 메리 2세가 즉위하면서 잉

Bowen, *A History of Western Education,* vol. 3 (New York, 1981), pp.129~130.

558) 원저 p.358. 각주 28. See S. J. Curtis, *History of Education in Great Britain,* 6th ed. (London, 1965), p.98. See also Helen M. Jewell, *Education in Early Modern England* (New York, 1988), pp.25~37.

559) 원저 p.358. 각주 29. See Lawrence Stone, "The Educational Revolution in England, 1560~1640," *Past and Present* 28 (1965), 41, 77~78.

글랜드의 교육제도는 크게 변하였지만, 그 준비는 이미 1640~1650
년대에 청교도들이 하였다.[560] 그러한 퓨리탄 중 1명이었던 듀리
(John Dury)에 의하면, "남자 아이이든 여자 아이이든, 교육을 받
는 목적은 신 앞에서 경건한 것, 그리스도의 가르침에 따라 사는
방법이 얼마나 중요한 것인가를, 그들에게 가르치고, 사람들을 위
하여 도움이 되는 인간이 되는 것이다."

"신 앞에 경건한 것"[Godliness(듀리의 말)]은, 이미 이전부터 가
르쳐져 왔던 것이지만, 가톨릭교회적인 하이 처치(High Church)의
성직자가 생각하는 의미가 아닌, 퓨리탄이 생각하는 의미의 경건함
이었다.

"사람을 위해 도움이 되는 것"[Serviceableness(듀리의 말)]이라
함은, 듀리 자신의 설명에서는 "자신이 살고 있는 지역의 사람들을
위하여 도움을 주는 것으로, 즉 훌륭한 직업을 가진 사람들을 위하
여 도움이 되거나, 태만하게 살아서 동시대 사람들에게 폐를 끼치
지 않는 것으로, 학교를 나온 자라면 누구나 해야 할 것이다."[561]

---

560) 원저 p.358. 각주 30. See Samuel Hartlib, *Considerations Tending to the Happy
Accomplishment of* England's Reformation (1627), and John Dury, *The
Reformed School* (1649). Both these works are reproduced in Charles Webster,
ed., *Samuel Hartlib and the Advancement of Learning* (Cambridge, 1970). See
also John Milton, *Tractate of Education,* in Oliver Morey Ainsworth, ed.,
Milton on Education (New Haven, 1928), pp.51~64. Continental writers in the
Reformed tradition who had an impact on English education in the seventeenth
century include John Comenius and Hermann Francke. On Comenius, see
David Cressy, *Education in Tudor and Start England* (London, 1975), pp.101
~102; on Francke, see Mary G. Jones, *The Charity School Movement: A
Study of Eighteenth-Century Puritanism in Action* (Cambridge, 1938), pp.37~
38. See also Irene Parker, *Dissenting Academies in England: Their Rise and
Progress and Their Place among the Educational Systems of the Country*
(Cambridge, 1914), pp.1~44.

561) 원저 p.358. 각주 31. Dury, *The Reformed School,* in Webster, *Samuel Hartlib,*
p.148.

이러한 직업 훈련을 하는 것은 종래의 교육목적은 아니었다. 성서와 기도서를 배우는 것만이 아니라, 일을 성취하여 도움이 되는 지식을 배우는 것을 듀리는 중요시했다.

또한 교육 방법에서도 퓨리탄스러운 특징이 나타난다. 댄스·머리모양·복장과 같이, 여자아이가 "우열을 가리고, 신기한 것을 좋아하고, 공상에 젖게 하는 것"을 멀리하도록 엄하게 교육시켰다. "신이 결혼을 명한 때에는, 남편이나 아이를 사랑하고, 신을 공경하는 좋은 부부가 되는 것"이 여자 아이가 힘써야 될 것이었다.

"만약 언어나 과학에 특별한 재능을 가진 자가 있다면, 그 재능을 살리도록 한다"고 듀리는 썼다. "남자 아이의 경우에도, 언어나 과학에 특별한 재능을 가진 아이가 있다면, 그 재능을 살리도록 하며, 남자 아이의 경우에는, 더욱 직업훈련을 시켜 농민·상인·항해사·관리·군인으로 키워, 가족이나 이웃을 위하여 도움이 되는 인간이 되도록 해야 한다."562) 학생이 지켜야 할 규율은 엄하게, 장기간에 걸쳐 수업이 이루어지고, 게으름을 필 경우 체벌이 이루어졌다.

공화정 시대에, 퓨리탄들에 의하여 잉글랜드 교육제도는 크게 변하여, 왕정복고 때 비국교인, 비성공회도가 가르치는 것을 금지하였지만(40파운드의 벌금),563) 명예혁명 때 다시 칼뱅파의 교육이념이 부활하여, 1690~1700년대 초에 교육제도는 크게 변하게 되었다.

17세기 중엽에 퓨리탄들이 시작한 교육제도의 개혁은, 18세기 초가 되면 장로교·회중교·감리교 등 "공인된"(tolerated) 칼뱅파

---

562) 원저 p.359. 각주 32. Ibid., p.149.
563) 원저 p.359. 각주 33. Uniformity Act 1662, 1665 Act, Parker 46.

의 종파뿐만 아니라, 성공회도 착수를 개시한다[가톨릭교회적인 하이 처치(High Church)도 포함]. 잉글랜드의 칼뱅파도, 도이치의 루터파도 모든 사람에게 초등교육을 하여야 된다는 생각이었다. 도이치에서는 학교법을 제정하여 그 실현을 이루었지만, 잉글랜드에서는 지역 공동체의 공동체를 생각하는 마음이 깊은 사람이, 가난한 사람에게 유용한 일을 가르치는 봉사조직을 만들어, 학교의 설립·유지에 노력을 기울였다. 그러한 조직 중에서도 중요한 것이 그리스도 지식 촉진협회(Society for Promoting Christian Knowledge)였다. 1698년 3월에 런던에서 5인의 발기인에 의하여 설립되었는데(1인은 유명한 성직자, 4인은 성공회의 유력한 세속 관료), 그들의 신조는 여러 가지였는데, 가톨릭교회적인 하이 처치에 속한 자도 있었지만 프로테스탄트적인 로우 처치에 속한 자도 있었고, 토리당을 지지하는 자가 있었다면 휘그당을 지지하는 자도 있었다.564) 이들은 노동자의 자녀들을 교육하는 자선학교(charity school)를 지었고, 잉글랜드 전토에서, **공동체를 생각하는 마음이 깊은 자들을 모아서 조직하는 것**을 목표로 하였다. 2년 후에는 런던의 협회 멤버는 90명이 되었고, 30년 후에는 몇 백 개의 협회가 잉글랜드에서 등장했으며, 1,000을 넘는 숫자의 자선 초등학교가 지어졌다.565) 각 학

---

564) 원저 p.360. 각주 34. The five charter members of the Society for Promotion of Christian Knowledge (SPCK) were prominent members of the Church of England, which was now much more "comprehensive" than before the Revolution.

565) 원저 p.360. 각주 35. See Jones, *Charity School Movement,* pp.364~371, for a list of over one thousand charity schools in England returned in the *Account of Charity Schools* for 1724. Jones writes (p.19): Both [endowed and subscription schools] were charity schools, both aimed at moral improvement of the poor through instruction, both based the education they offered on religious knowledge, both, when they could afford it, gave gratuitous instruction, clothing, and

교는 독립적으로 운영되었지만, 같은 규칙을 따랐다.

"그리스도 지식촉진협회"가 중요했던 것은, 18세기의 잉글랜드에서 초등교육에 큰 역할을 했다기보다, 그 독특한 운영방법에 있다. 즉, 조직으로서는 일체이면서, 동시에 하부조직에서는 자주 운영을 인정했기 때문이다. 구성원의 천거로 새롭게 구성원이 된 자는 매년, 정해진 금액의 회비를 내고, 그 대가로 집회에 참가하여 의견을 개진하고 투표할 권리가 주어졌다.566) 이것은 잉글랜드 은행 등의 주식회사의 방식과 같다. 비교적 소액의 돈을 많은 사람들로부터 모아서 한 사람으로는 불가능한 것을 협력하여 하는 것, 또한 돈을 낸 자는 집회에 참가하여 의견을 개진할 수 있고 투표권을 가지는 것으로 조직의 결정에 참가하는 것이 그러하다.

"그리스도 지식촉진협회"가 운영하는 초등학교는 협회의 구성원이 내는 연회비로 설립·운영되지만, 그 이외에도 많은 초등학교는 부자들의 기부금으로 설립·운영되었다. 부자들은 공익신탁[charitable trust(관리자는 국왕)]을 설정하고, 그 운영을 수탁자에게 맡긴다. 단 수탁자도 협회 구성원으로, 그 지역의 토지 준귀족이나 도시의 유력 상인 등, 같은 계층의 출신자들이었다. 초등학교의 연구자 존스(Mary G. Jones)에 의하면, "18세기의 초등학교는 협회 타입과 신탁 타입의 중간으로 그 차이는 없었다"고 하였다.567)

---

apprentice fees to their pupils, and both the Society for Promotion of Christian Knowledge in England and Wales and the Incorporated Societies in Scotland and Ireland, which coordinated the individual efforts of the charitable into the charity school movement, used the term 'charity school.'"

566) 원저 p.360. 각주 36. See Craig Rose, "The Origins and Ideals of the SPCK, 1699~1716," in John Walsh, Colin Haydon, and Stephen Taylor, eds., *The Church of England, c. 1689-c. 1833* (Cambridge, 1993), p.172. Members also gained admission only by recommendation but did not pay annual subscriptions and enjoyed only observer status at meetings.

당초 그리스도 지식촉진협회는 성공회와 밀접한 협력관계였고, 그 내규로 교사가 되는 자를 성공회 신도에 한하였다.568) 이 내규는 이후에도 계속 남았는데, 원래 크리스트교 지식촉진협회는 최초부터 장로교·회중교 등 비성공회교도도 참가한 품행개혁협회와 함께 밀접한 협력관계에 있었고, 1700년대 초에는 비성공회 신도를 교사로 인정하지 않는 내규가 재판으로 무효가 되어,569) 초등학교 교사는 모두 공인된 종파(tolerated churches)에서 교사로서 인정하게 되었다.

이러한 협회 타입의 초등학교는, 그 후 **교구(이것이 잉글랜드에서는 최하위의 행정단위였다)**에서 학교를 만들 때의 모델이 되었다. 많은 교구에서, 사제나 신자가 학교를 필요로 하는 것이 인정되면, 교구의 몇 명인가를 모아서 계획을 세우고, 기부금을 모아 교사를 고용했다. 교구의 신자는 매월, 소액의 기부를 하여 학교를 유지하고, 정기 집회에 참가하여 학교의 상태에 대하여 의견을 모은다. 만약 운영 방식이 좋지 않거나 교사의 질이 떨어지면 기부가 모이지 않게 되었다.570)

17~18세기 전반에, 잉글랜드에 보급된 노동자 자녀 대상 학교는, 칼뱅파의 사고를 전제로 했는데, 그것에는 결점도 있었다. 규율이 (지나치게) 엄했던 것이다. 7세부터 11세까지 아이들을 4년간

---

567) 원저 p.360. 각주 37. See Jones, *Charity School Movement,* p.19.

568) 원저 p.360. 각주 38. See W. O. B. Allen and Edmund McClure, *Two Hundred Years: The History of the Society for Promoting Christian Knowledge,* 1698~1898 (New York, 1970), pp.22~23.

569) 원저 p.360. 각주 39. Finally an act of Parliament in 1714 exempted elementary schools entirely from the Act of Uniformity. See Parker, *Dissenting Academies,* pp.48~50.

570) 원저 p.361. 각주 40. See Jones, *Charity School Movement,* pp.43~49.

학교에 다니게 했는데, 하루에 6시간을 구속하고 시간엄수·예절 교육·교과서의 암기·집중력 유지·욕과 거짓말 금지 등을 요구했다. 무단결석과 같은 경우보다 일단 주의산만·예습부족·나쁜 장난·무례함 등이, 엄한 체벌의 이유가 되었고, 남자아이뿐만 아니라 여자아이까지도 채찍을 맞았다. 아이들은 매일 자신이 범한 규율위반을 장부에 기록되었는데,571) 1708년의 어떤 "최근 설립된 초등학교의 보고서"(Account of the Charity Schools Lately Erected)에 의하면 이렇다. "아이들은 체벌 덕분에 공포심을 가지게 되었는데, 매우 순종적이 되었다. 유년 시절부터 규율을 가르치면, 앞으로도 계속 정직한 삶을 살게 될 것이다."572)

학생들을, 하층 계급의 사람으로서 취급하는 것도 문제가 있었다. 1724년에 런던 주교의 지도로 작성된 『초등학교의 질서를 유지하고 잘 운영하기 위한 규칙집』(초등학교의 수탁자가 작성)(Rules for the Good Order and Government of Charity Schools drawn up by the Trustees of these Schools)에 의하면 "아이들에게는 하인에 걸 맞는 지식을 가르치면 그것으로 충분"하다고 교사들에게 지시하였다.573) 여자아이에게는 재봉·뜨개질, 남자아이에게는 구두 만들기·정원일과 같은 것을 가르치는 것으로 충분했다. '언어나 과학'을 가르친다고 해도, 실제로는 성서나 교리 문답집을 읽을 수 있고, 계산을 할 수 있으면 그것으로 충분했다. 물론 교사 중에는 그 이상의 것을 가르치기도 했고, 더 높은 수준의 교육을 하여야

---

571) 원저 p.361. 각주 41. See W. K. Lowther Clarke, *A History of the SPCK* (London, 1959), pp.43~44.

572) 원저 p.361. 각주 42. See Jones, *Charity School Movement,* p.73.

573) 원저 p.361. 각주 43. Clarke, *History of the SPCK,* p.27.

한다고 주장하는 자도 있었지만, 대다수의 교사는, 아이들이 게을러지거나 부랑자가 되지 않을 정도면 충분하고, 세면이나 수염 깎는 관습 등을 익히고, 교리문답이 가능하며, 좋은 하인이 될 수 있으면 충분하다고 생각했다. 초등학교는 아이들의 능력을 이끌어 내거나 성공의 기회를 주기 위해 지어진 것이 아니었다.574)

단, 좋은 점도 있었다. 그것은 책임감을 강하게 가지게 하는 규율의 엄격함이었다. 엄격한 규율이, 체벌 없이 실현된 학교도 있었고, 헌신적인 유능한 교사가, 학생이나 그 학부모로부터 사랑받고 존중받는 예도 많았다.575) 또 초등학교에서는 여자아이도 많았고, 그중에서는 초등학교 졸업 후 공부를 계속하여 고도의 지식을 습득하여 성공한 예도 적지 않았다.576)

칼뱅주의 교의에서 주요한 것은, 세속인에게도 크리스천으로서 강한 책임감을 가지는 것이었다. 특히 장로(elders)라 불리는 지도자들에게는, 가난하고 불행한 이웃에 대하여 세심한 배려를 할 것이 요구되었다. 초등학교를 설립·유지하기 위하여 크리스트교 보급협회의 멤버가 기부·운영을 한 것도, 칼뱅파에 의한 **종교의 세속화**(laicisation of religion)**의 한 예이기도 하며,**577) **세속법의 종교화**(spiritualization of secular law)**의 한 예**이기도 하다.

---

574) 원저 p.361. 각주 44. See Jones, *Charity School Movement,* p.74.

575) 원저 p.362. 각주 45. Ibid., pp.106~109.

576) 원저 p.362. 각주 46. On the role of charity schools in the education of girls, see Jewell, *Education in Early Modern England*, pp.89~91.

577) 원저 p.362. 각주 47. Norman Sykes, *Church and State in England in the Eighteenth Century* (New York, 1975), p.379.

12.5 빈민구제활동(Poor Relief)

12~15세기의 잉글랜드에서는, 유럽 대륙 각국과 같이 빈민구제 활동을, 전면적으로 가톨릭교회가 담당하였고(병자·병약한 자·노령자·고아·과부 등 생활이 곤궁한 자들을 대상으로 함), 그 자금원은 교회가 신자에게 과하는 십일조와, 개인이 교회에 기부하는 기부금이었다. 그런데 14~15세기에 잉글랜드에서는 장원제가 붕괴하여, 농지가 양 목장으로 바뀌고, 많은 농민들이 도시로 이주하였다. 그 결과, 교회의 빈민구제활동은, 자금부족에 직면하였다. 잉글랜드에서도 도이치와 같이 부랑자·거지·도둑이 급증하였고, 따라서 일을 하지 않는 부랑자에게 형벌로 위협하여 단속하게 되었다. **시드니 웨브 부부**(Sidney and Beatrice Webb)**에 의하면**, "그것은 가난한 사람을 구하기 위한 빈민구제법이 아닌, 가난한 사람을 단속하고, 가난한 사람이 일할 권리를 빼앗기 위한 법이었다. 만약 교회의 자선사업이 없었다면 더 비참한 상황이 되었을 것이다."[578)]

루터파 영방과 같이, 잉글랜드에서도 가톨릭교회로부터의 이탈이 계기가 되어 도시세·기부금·몰수한 교회재산의 매상금 등에서 공동기금(common chest)이 마련되었다.[579)] 걸식은 금지되었고, 탁발수도회(mendicant orders)는 해산되었다. 각지에서 빈민구제시설

---

578) 원저 p.362. 각주 48. See Sidney Webb and Beatrice Webb, *English Local Government: English Poor Law History,* pt.1, *The Old Poor Law* (London, 1927), p.397. The first parliamentary act dealing with the poor as such was the 1531 act "concerning the punishment of beggars and vagabonds," whose preamble referred to "idleness, mother and root of all vices." See 22 Henry VIII c. 12. The act permitted only the aged poor and the infirm to beg, and only in authorized places.

579) 원저 p.362. 각주 49. See Chapter 6 on sixteenth-century Germany.

(workhouse)이 지어졌고, '원조를 받아 마땅한 가난한 사람'(deserving poor)을 수용하여 게으름을 고치게 하고, 방랑하며 살지 않도록 하였다. 가톨릭파 아래 있던 지역에서도 공동기금이나 빈민구제시설이 지어졌지만, 수도원은 빈민구제활동을 계속했고, 탁발수도회도 존속했다.

이미 지적한 바와 같이, 잉글랜드에서는 교회가 가지고 있던 관할(성사·혼인·부도덕한 행위의 금지·초등교육)을 교회를 대신하여 국가가 처리하게 되었는데, 빈민구제활동도 마찬가지였다. 16～17세기 초에 잉글랜드에서 제정된 빈민구제법에서는, 가톨릭교회적인 성격이 강했다. 가톨릭교회를 대신하여 성공회가 빈민구제활동을 담당했기 때문이다. 이 사태를 변화시킨 것은 잉글랜드혁명이었다. 1640～1689년의 잉글랜드혁명의 결과, 빈민구제활동의 명분도 칼뱅파적인 것으로 변화했다.

12.5.1 16～17세기 초의 빈민구제법

16～17세기 초의 빈민구제법은 추밀원(the Privy Council)이 제정한 것으로, 빈민구제활동의 책임은, 몇 천에 이르는 교구가 부담했다.[580] 교구가 동시에 최하위의 행정단위이었던 것도 이유 중 원

---

580) 원저 p.363. 각주 50. See 27 Henry VIII c. 25 (1536) (creating the parish office of overseer of the poor); 5 & 6 Edward VI c. 12 (1552) (requiring collectors of alms and assessments to be named in every parish); 14 Elizabeth I c. 5 (1572); (requiring collectors of assessments and overseers of the poor to conduct monthly "views and searches" of the poor); 39 Elizabeth I c. 30 (1598) (requiring churchwardens and four overseers in every parish to put the poor to work and to place pauper children in apprenticeships); and 43 Elizabeth I c. 2 (1602) (reducing to two the number of overseers required in small parishes, but otherwise retaining the provisions of 39 Elizabeth I c. 30). See

인 중 하나였다. 교회에서 교구를 이끌고 있던 것은 사제(incumbent)
였다. 또한 연 1회 개최되었던 교구민 집회(town meeting, vestry)
로, 교구의 농지보유자(householder), 자유보유자(freeholder) · 등
본보유자(copyholder) · 임대보유자(leaseholder)들 중에서 교구위원
(church-warden)이 선발되어 사제를 도왔다. 교구의 행정책임자는
국왕이 임명한 치안판사였다. 치안판사는 그 지역의 명사(squire)로,
같은 군(county)의 몇 개의 교구를 담당하기도 했다.581) 또한 치안
관(constable) · 주요 간선도로 감독자(surveyor of highways) · 교구
빈민구제위원(overseer of the poor)도 연 1회 개최된 교구집회에서
교구의 농지보유자들로부터 선택되었고, 치안관은 (3개월 간격으로
열린 재판에서, 피의자를 치안판사에게 데려오는 일을 했다) 교구
가 소속한 군의 치안판사가 임명하였고, 주요 간선도로 감독자는
(교구 내의 도로 관리 일을 맡았다) 치안관 · 교구빈민 구제위원이
임명하였다. 교구민생위원은 1536년의 제정법 이래, 교구마다 매년
2인, 치안판사가 임명하였다.582)

　**잉글랜드에서 특징적인 것은, 지방행정을 담당한 이 6개의 직위
가, 사제 외에는 모두 무급의 세속인이었다는 것이다.** 또한 사제와
치안판사 외에는 모두 매년 교체되었다. 그들은, 전원이 농지보유

Katherine L. French, Gary C. Gibbs, and Beat A. Kümin, eds., *The Parish in English Life,* 1400~1600 (Manchester, 1997), pp.74, 77, and n.15.

581) 원저 p.363. 각주 51. The Webbs report that in the late seventeenth century there were about three thousand justices of the peace and about nine thousand parishes. A majority of parishes had a population of several hundred or less.

582) 원저 p.363. 각주 52. See 28 Henry VIII c. 6. The methods of selection, and the bodies to whom the constables, surveyors, and overseers reported, were governed largely by local custom and varied widely. See Webb and Webb, *English Local Government,* pp.298~299.

자로, 국가와 교회의 장이었던 국왕이 그들에게 과한 의무를 국민으로서 충실하게 부담했다.

지역의 명사였던 치안판사는, 국왕으로부터 교구의 빈민구제활동에 힘쓸 것을 강하게 요구받았다. 시드니 웨브 부부에 의하면, 엘리자베스 1세 시대에 제정된 법률에 의하여, 귀족과 향사들(nobles and gentry)은, 치안판사로서 질서유지와 범죄 방지에 노력을 기울일 것 외에 식료품을 안정적으로 공급할 것, 빈민 구제세를 징수 및 지출하여 건강한 자가 일할 곳을 마련할 것, 고아·병든 자·노령자·병약한 자의 생활이 곤궁하지 않도록 힘쓸 것 등이 요구되었다.[583] 특히 1590~1640년에 추밀원은 왕령(orders and proclamations)을 공포하여 3개월마다 열리는 재판에서 치안판사에게 그 실행을 명했다.[584]

교구빈민구제 위원은 교구에서 도움을 필요로 하는 자의 숫자·필요한 도움의 종류·필요한 경비 등을 조사하여, 교구관리 사제·교구위원·치안판사와 상담하여, 교구의 토지보유자에게 과할 빈민구제세를 정하였다. 빈민구제활동을 교구에서 하게 하는 한편, 국왕은 부랑자를 줄이기 위하여 빈민구제시설을 설립하여 강제적으로 노동하도록 하였고, 그들의 나태함을 시정하도록 하였다(유럽 대륙 각국에서도 마찬가지였다). 1557년에 최초의 빈민구제시설이 런던에서 지어졌다(국왕 에드워드 6세와 런던 주교가 1552년에 제안함).[585] 원래 시설이 지어진 곳은 헨리 8세가 살던 곳으로, 사실

---

583) 원저 p.364. 각주 53. Ibid., p.398.

584) 원저 p.364. 각주 54. Ibid., p.399. On the justices of the peace, see John P. Dawson, *A History of Lay Judges* (Cambridge, Mass., 1960), pp.136~145.

585) 원저 p.364. 각주 55. See Sidney Webb and Beatrice Webb, *English Prisons under Local Government* (London, 1922), pp.12~13; and Bronislaw Geremek, *Poverty: A History,* trans. Agnieszka Kolakowska (Oxford, 1997), pp.217~219.

상 감옥과 마찬가지였던 빈민구제시설은, 그 왕궁의 이름으로부터 브라이드웰(Bridewell)이라 불렸다. 잉글랜드 전국에 200을 넘는 숫자의 브라이드웰이 설치되었고, 교구의 치안관은 3개월마다 열리는 재판에서 포박된 부랑자를 이 브라이드웰에 수감하였다.586)

16~17세기 초에는, 국왕이 손에 넣은 세입도 빈민구제세도 빈민구제에는 충분하지 못했고, 그것을 메꾼 것은 개인이 기부하는 기부금이었다. 개인의 기부금으로 호스피탈(hospital)이라 불리는 빈민구제시설이 지어졌다.587) 1640~1689년의 잉글랜드 청교도혁명에서, 그때까지 교구단위로 처리되었던 빈민구제활동이 전국 규모로 전개되었다. 또한 곤궁한 자의 구제나 나태함의 시정을 주요한 목적으로 하는 체제에서, 교구마다 빈민구제활동의 내용도 규모도 각각 달라졌다. 따라서 도움이 필요한 자는 조건이 좋은 교구에 집중되었다. 따라서 16~17세기에는 몇 번인가 정주법(定住法, Laws of Settlement)이 제정되어, 각각의 교구에 도움이 필요한 자로써 받아들여지기 위해서는 일정 기간 그 교구에 살았든가, 일정액 이상의 재산이 그 교구에 있든가, 가족이 그 교구에 살고 있든가 등의 요건이 부과되었다.588) 그 결과 도움이 필요한 자는 일생, 자신

---

586) 원저 p.364. 각주 56. On the operation of the Bridewells, see Webb and Webb, *English Prisons,* pp.12~17.

587) 원저 p.364. 각주 57. See generally W. K. Jordan, *Philanthropy in England, 1480~1660: A Study of the Changing Pattern of English Social Aspirations* (London, 1959); and W. K. Jordan, *The Charities of London, 1480~1660: The Aspirations and Achievements of the Urban Society* (New York, 1960).

588) 원저 p.365. 각주 58. The first Act of Settlement was enacted in 1662. See 13 & 14 Charles II c. 12. Other seventeenth-century Settlement Acts include 3 William & Mary c. 11 (1692); and 8 & 9 William III c. 30 (1697). A major reorganization of the law was enacted in 1723. See 9 George I c. 7. It was a basic principle of the Settlement Acts that persons who attempted to leave their local parish to seek work elsewhere were to be returned home.

이 태어나고 자란 교구에서 떠나는 일이 없었다. 또한 전국 규모에서 노동력의 이동이 이루어지지 않아 잉글랜드 경제에 악영향을 끼쳤다.[589]

혁명 이전의 제도는 토지 소유 젠트리(Landed Gentry)에게도 불만이었다. 왜냐하면, 교구의 빈민 구제세는 그들이 부담하기 때문이었다. 내란 중 토지 준귀족이 의회 군을 지지한 이유 중 하나가, 바로 국왕이 그들에게 부과한 빈민 구제세였다. 그리고 브라이드웰은 빈민구제시설로서도, 교정시설로서도 그 기능을 못했고 단순한 감옥에 불과했다.[590]

혁명의 시기인, 1640년대에 청교도들은, 청교도 특유의 신앙심 깊은 성격(godliness) · 스스로 앞으로 나아감(self-advance)과 관련 있는 사고방식이 몸에 배어 있었기 때문에, 새로운 타입의 빈민구제시설을 세웠다. 그 시설에는 도움을 필요로 하는 성인뿐 아니라 어린이도 수용되어 '책을 읽을 수 있게 가르치고, 일을 가르치고 나라에 도움이 되는 인간이 되게 하는' 것을 목표로 하였다.[591] 이런 시설

---

589) 원저 p.365. 각주 59. This was a criticism of Sir Dudley North, a leading seventeenth-century exponent of what has come to be known as laissez-faire economics. See Richard Grassby, *The English Gentleman in Trade: The Life and Works of Sir Dudley North* (Oxford, 1994), pp.247~250. North "strongly encouraged an international mobility of labour" and "blamed the Settlement Acts, which by restricting internal migration and labour mobility, had created artificial differentials in production costs between regions and obstructed the equalization of wage rates." Ibid., p.247.

590) 원저 p.365. 각주 60. On the failure of the Bridewells, see Joanna Innes, "Prisons for the Poor: English Bridewells, 1555~1800," in Francis Snyder and Douglas Hay, eds., *Labour, Law, and Crime: An Historical Perspective* (London, 1987), pp.42~122.

591) 원저 p.365. 각주 61. See Valerie Pearl, "Puritans and Poor Relief: The London Workhouse, 1649~1660," in Donald Pennington and Keith Thomas, eds., *Puritans and Revolutionaries: Essays in Seventeenth-Century History Presented*

의 설립을 상위 계층들에게 부르짖었던 하트립(Samuel Hartlib)은, 빈민구제시설이 교정시설(house of correction)이 돼서는 아니 되며, 이익을 얻는 생산시설(productive and profitable enterprise)이 되어서는 안 된다고 하였다. 1647년의 내란 속에서, 시설 설치를 위한 조직인 "런던의 빈민들을 위한 공익법인"(London Corporation of the Poor)이 설립되었는데, 최초의 시설이 1649년에 런던에서 등장하였다.592)

1662년(왕정복고 다음해), 폐지되었던 최초의 시설을 대신하여 새로운 시설이 등장하였는데(설립의 취지는 같다), 런던의 빈민들을 위한 공익법인도 재설립되었다.593) 런던에 다시 등장한 시설이 모델이 되어, 각지에서 같은 취지의 시설이 많이 등장하였다. 그 시설에서는 노동이 강제되지 않았고, 일하는 자도 자유롭게 시설을 벗어날 수 있었다. 신앙심 깊은 성격(godliness)·스스로 앞으로 나아감(self-advance)의 취지는 남아서, 이익과 생산의 중요성이 한층 강조되었다. 기부금에 의한 빈민구제활동이나 오래된 빈민구제시설 브라이드웰도 존속했지만, 1723년의 빈민구제시설법(Workhouse

---

to Christopher Hill (Oxford, 1978), pp.206, 219.

592) 원저 p.365. 각주 62. The ordinance of 1647 created the London Corporation of the Poor, which was empowered to organize workhouses and houses of correction and was to be governed by a president, a deputy, a treasurer, and forty assistants elected annually by the Common Council. See Pearl, "Puritans and Poor Relief," pp.222~223.

593) 원저 p.366. 각주 63. The 1662 Act of Settlement reincorporated portions of the 1649 act and allowed for the creation of workhouses in London, Westminster, Middlesex, and Surrey. The 1662 act also allowed for the reestablishment of the Corporation of the Poor, although that did not occur until 1698. The reconstituted corporation "resembled the original Corporation in operating as an orphanage which emphasized limited education and training." Ibid., p.224. Cf. 13 & 14 Charles II c. 12 (the Act of Settlement).

Test Act)에서, 교구는 새로운 시설에서 일하는 것을 거부한 건강한 빈민에게 원조를 거절할 수 있었다.[594]

12.5.2 1723년의 빈민구제시설법

또한 1723년의 빈민구제시설법은 새로운 빈민구제시설이 빈민의 자녀에게 교육의 기회를 주는 것을 인정하고, 또한 병자·노령자를 수용하여 돌보는 것도 인정하였다. 오래된 빈민구제시설에서 매년 교대하는 무급의 위원들을 대신하여 유급·상근의 직원을 두는 것도 이 법률에서 정하였다. 빈민구제법인이나 시설의 설립에 관하여는 구체적으로는 각 지방의 의회의 제정법에 맡겼고, 그 결과 18세기 전반에는 약 700개의 시설이 등장하였다.[595]

또한 1723년의 빈민구제법은 몇 개의 교구를 한 개로 통합하여 합동으로 새로운 빈민구제시설을 짓는 것을 허용했다. 오래된 빈민구제시설에 대하여 비판이 많았기 때문이다. 그러한 비판의 입장에 있던 자 중 하나가 헤일(Sir Matthew Hale)[596]이나 상인으로 잉글

---

594) 원저 p.366. 각주 64. See 9 George I c. 7.

595) 원저 p.366. 각주 65. See Paul Slack, *The English Poor Law*, 1531~1782 (Cambridge, 1995), p.34.

596) 원저 p.366. 각주 66. *A Discourse Touching Provision for the Poor* [1659], written by Sir Matthew Hale, late Lord Chief Justice of the King's Bench, London: printed by H. Hills, for the John Leigh at Stationers Hall (London, 1683), p.25. See chap. 3: "The Remedy propounded: 1. That the Justices of the Peace at the Quarter Sessions do set out and distribute the Parishes in their several Counties into several Divisions, in Each of which there may be a World-House for the common use of the respective Divisions ······ *viz.* One, two, three, four, five or six Parishes to a World-House, according to the greatness or smallness, and accommodation of the several Parishes" (p.27). "3. That there be yearly Chose by the said Justices a Master for Each Work-House, with a convenient salary out of the said Stock [of the workhouse] or the

랜드 최초의 경제학자로 여겨지는 차일드(Josiah Child)가 있다.[597] 그들은 "빈민을 위한 공익법인"(Corporations of the Poor)이 통괄하는, 전국 규모의 빈민구제시설의 네트워크를 만들고, 실업자에게 직업훈련을 실시하여 일을 하게 하였고, 그 제품을 시장에 팔아 이익을 내게 하였다. 차일드는 "빈민을 돌보는 것을 교구에 맡기는 것은 대실패였다"고 썼고,[598] "네덜란드인이라면 실업자가 어느 교구 출신인지 문제 삼지 않는다"고 썼다.[599] 1696~1711년에 의회는 14개의 도시에 대하여 도시교구를 하나로 통합하는 것을 인정하고, 그 후에도 통합을 인정받은 도시의 수는 증가하였다. 농촌의 교구통합도 의회는 인정했지만, 토지 준귀족이 그것을 환영하지 않았다. 사실, 종래대로 통합하지 않은 채 빈민구제활동을 행한 교구도 많다.

혁명 이후, 교구의 존재 방식도 크게 변했다. 우선 성직자가 교구의 정치·경제문제에 관여하지 않게 되었다. 그러나 반대로, 교구의 정치·경제문제의 해결에 칼뱅파적인 사고방식이 크게 역할

---

proceeds thereof to continue for 3 years" (p.30).

597) 원저 p.366. 각주 67. See Josiah Child, *A New Discourse of Trade* (London, 1670). Child was a merchant who made his fortune as victualler to the navy under the Commonwealth. He subsequently wrote pamphlets on trade issues and served as governor of the East India Company, where he acted, for a time, as virtually its sole ruler. He is widely considered to be one of England's first economists.

598) 원저 p.366. 각주 68. Child, *A New Discourse of Trade,* quoted in Webb and Webb, *English Local Government,* p.103.

599) 원저 p.366. 각주 69. Ibid. Much of the impetus for reform came from pamphleteers who contrasted conditions in England with the operation of poor relief in Holland and Germany. Richard Haines, a reform advocate, wrote in 1678 that "in Holland …… they have public workhouses in every city for perpetual confinement in cases requiring the same." Quoted ibid., p.106.

을 한 것도 사실이다(특히 빈민구제활동의 형식에 관하여). 성공회
나 칼뱅파로부터 영향을 받은 여러 종파는, 17세기 중엽~18세기
중엽에 제정된 빈민구제법에 큰 영향을 주었다. **일하는 것, 또한
도움을 필요로 하는 자에게 손을 내미는 것이 인간의 의무라고 생
각하는 점에서는 성공회 교도도 칼뱅파도 같은 생각이었다.**[600]

자금 면에서도 새로운 방법이 도입되었다. 개인이 각각 기부하는
것이 아니라(이 방식이 없어지진 않았다), 기부를 행하는 자가 협력
체제를 만드는 것이었다.[601] 이렇게 17세기 말~18세기에는 여러
종류의 호스피탈이 등장하였다(병자·빈민의 아이들·버려진 아이
들·노인을 맡아 돌봄). 당시 협력체제에 의한 자선사업(associated
philanthropy)이라 불리는 새로운 자금조달 방법은, 이 당시에 등장
한 주식회사를 모델로 한 것이다.[602] 1640년 이후, 상호원조협회
(friendly society)라고 불리는 조직이 몇 백 개가 등장하였다. 이들
은 회원이 병에 걸렸거나 재해를 입었을 때 서로 돕는 조직이었다.
빈민구제법의 역사에 능통한 영국사의 전문가 슬랙(Paul Slack)에
의하면, "빈민구제활동과 상호원조에서는, 그 법적인 취지는 달라
보이지만, 빈민구제활동이 없었으면 상호 원조의 조직은 생겨나지
않았을 것이다"[603]라고 했다. 또한 이에 덧붙여, 상호원조 없이 빈
민구제활동을 계속하는 것도 불가능했다고 한다.

---

600) 원저 p.367. 각주 70. See Timothy Hall Breen, "The Non-existent Controversy:
Puritan and Anglican Attitudes on Work and Health," *Church History* 35
(1966), 273~84.

601) 원저 p.367. 각주 71. See Slack, *English Poor Law,* p.42, summarizing David
Owen, *English Philanthropy:* 1660~1960 (Cambridge, 1964).

602) 원저 p.367. 각주 72. See Slack, *English Poor Law,* p.43 (citing Owen, *English
Philanthropy*).

603) 원저 p.367. 각주 73. Ibid., p.44.

12.5.3 빈민구제법과 칼뱅주의

17세기 말~18세기 초에 잉글랜드의 빈민구제법을 크게 변화시
킨 것이 칼뱅파의 영향이라는 것은 당사자도 인정한 것이지만,[604]
그것을 강조하면 20세기를 대표하는 역사가는 반대의 목소리를 높
인다. 1920년대 이후 잉글랜드에서 주목할 만한 것은, 빈민구제법과
자본제도의 등장 시기가 겹친다는 설이다. 따라서 빈민구제법은 자
본가를 위해 만들어진 것이라고 한다. 그 대표적인 입장에 있는 자가
17세기 영국사의 전문가 힐(Christopher Hill)이다. 1997년에 그는 다
음과 같이 쓴다. "종교개혁(헨리 8세)으로부터 왕정복고(찰스 2세)에
이르기까지 잉글랜드의 사상에 혁명적인 변화가 일어난 이유는, 경
제적인 것이다. …… 그러나 당시의 사업가들은 자신들의 사업을 신
의 의지에 의한 것이라고 생각하였다. 그들에게 있어 그렇게 생각하
는 것이 그들의 사정에 맞았기 때문이다. 말은 경제활동의 윤활유이
기 때문이다(ideas lubricate economic processes)."[605] 힐에 의하면, 청
교도의 생각은 부르주아적(bourgeois)이고 개인주의적(individualist)
인 것이다. 또한 16~17세기에 등장한 빈민구제법은, 이때까지 자
본가가 되려는 상인이나 제조업자들이 하층 계급을 일하게 하기
위한 법률이었다. 이것이 많은 역사가들의 생각이다(전부라고는 말
할 수 없다). 유럽의 빈곤사에 상세한 폴란드의 중세사가 게레멕

---

604) 원저 p.367. 각주 74. Cf. Matthew Hale, "A Discourse Touching on Provision
　　 for the Poor," in *The Works Moral and Religious of Sir Matthew Hale,* vol. 1
　　 (London, 1805), pp.515, 516.

605) 원저 p.367. 각주 75. See Christopher Hill, *Puritanism and Revolution: Studies
　　 in the Interpretation of the English Revolution of the Seventeenth Century*
　　 (New York, 1964), p.225.

(Bronislaw Geremek)도 비슷한 생각을 했다. 즉, 16~17세기의 빈민구제법은 자본주의의 등장(emergence of industrial capitalism)을 상징하는 것이라고 한다.606)

그러나 실상은 그렇지 않다. 17세기 말~18세기에 잉글랜드에서 등장한 빈민구제법은, 자본가들을 위한 것이 아니었고, 부르주아적인 것도 개인주의적인 것도 아니었다. 17세기 말~18세기 초의 자본가들(특히 도시의 상인이나 제조업자들)은, 빈민구제시설을 적대시했다. 세금을 사용하여 조악한 물건을 싸게 만들고, 그들에게 불공정한 경쟁을 하게 했기 때문이다.607) "세금으로 지탱되는 사업"(subsidized workfare)도 "기부금으로 지탱되는 자선사업"(charitable welfare)도, 함께 자본주의와는 거리가 먼 것이었고, 빈민을 위한 공익법인(무급의 자원봉사 활동)·주식회사를 모델로 한 자선사업·상호원조협회의 등장 등은 개인주의로는 설명할 수 없다. 그것은 **칼뱅파 특유의 공동체주의(communitarianism)**의 출현과 관계있다. 또한, 잉글랜드혁명 후에 새롭게 빈민구제시설을 만든 것은 토지 준귀족으로, 자본가나 상인이 아니었다. 토지 준귀족이야말로 새로운 지배계층으로 작위귀족을 대신하여 잉글랜드의 의회·법원·관료기구를

---

606) 원저 p.368. 각주 76. See Geremek, *Poverty: A History*, p.220.

607) 원저 p.368. 각주 77. Daniel Defoe wrote in opposition to a bill seeking the further establishment of workhouses: "I think therefore, with submission, to erect Manufactures in every Town to transpose the Manufactures from the settled places into private Parishes and Corporations, to parcel out our Trade to every Door, it must be ruinous to the Manufacturers themselves, will turn thousands of Families out of their Employments, and take the Bread out of the Mouths of diligent and industrious Families to feed Vagrants, Thieves, and Beggars, who ought rather to be compell'd, by Legal Methods, to seek that Work which it is plain is to be had; and thus this Act will instead of settling and relieving the Poor, encrease their Number, and starve the best of them." See Daniel Defoe, *Giving Alms no Charity* (1704; reprint, Yorkshire, 1972), p.23.

지배하였다. 잉글랜드혁명은 자본가에 의한 혁명이 아닌 토지 준귀족에 의한 혁명이었다. 의회를 지배한 것은 자본가의 여론(public opinion)이 아닌 토지 준귀족의 공공심(public spirit)이었다. 건강한 실업자가 일 하게 하기 위한 빈민구제시설을 만들고, 병자·노인·고아 등 일하지 않는 자를 위하여 호스피탈을 만든 것은 그들이었다. 장기적으로는 이 시설은 상업 자본에 의하여 움직이게 되었을지는 모르나, 적어도 산업 자본과는 거리가 멀었다.

잉글랜드혁명에서 빈민구제시설을 만든 사람들이 생각한 것은, 우선 신의 의지에 응한 것(response to the will of God), 같은 인간으로써 해야 될 일(act of common humanity), 그리고 정책적 배려(instrument of sound social policy)였다. 헤일은(전혀 자본가 같지 않은 인물이다), 다음과 같이 썼다.

"빈민구제에 우리가 노력해야 할 것은, 1) 신이 그렇게 명하였기 때문이다. 신은 빈민을 제자로, 부자에게 빈민을 돌보는 집사로서 그 생을 주었고, 빈민은 신을 대신하여 구제를 받는 수령인이다. 2) 빈민구제는 뛰어난 인간이 하여야 할 행위이다. 자비심이나 친절함은, 인간보다 못한 가축도 갖는 것이기 때문에, 인간이 그것을 갖는 것은 당연한 것이다. 3) 그것은 지배자의 지혜이고, 정치적인 배려이기도 하다. 인간은 가난하면 소동을 일으키는 존재이기 때문이다. 가난한 자가 많으면 부자는 언제나 부자로 있을 수는 없다."

이러한 사고방식은 칼뱅파에 한하지 않고, 가톨릭교회·루터파 등, 모든 크리스천이 공통적으로 생각하는 것이다. 또한 빈민구제가 지배자의 의무라는 점은, 루터파도 같은 생각이다. 『빈민구제법에 관한 고찰』에서 헤일은 자선사업을 2개로 나눈다. 하나는 병약자와 같은 일할 수 없는 빈민(impotent poor)의 구제(relief)이고, 다른 하나는 건강한 빈자의 고용(employment)이다. 헤일에 의하면, 후자는 자선사업으로서 그 의미가 더 크다. 그것은 왕국에 부를 가져다주어 왕국을 평화롭게 하고, 가난한 자를 위한 것이기도 하기 때문이다.608)

이렇게 잉글랜드의 지배자는 도이치의 영방군주와 같게, 신에게 명령 받은 감독자(stewards)로서, 신을 대신하여 구제를 받아야 되는 빈민(substitutes and receivers)을 돌봐야 한다. 또한 칼뱅파의 사상에 따라, 병약한 자·빈민을 지배자가 마련한 공동기금이나 빈민구제시설에서 돌보는 것이 아닌, 공공심을 기한 봉사정신을 발휘하여 만든 조직에 의하여 약자·빈민의 구제를 하고, 또한 건강한 실업자를 훈련하여 유용한 일을 하도록 한다.

이상의 것으로, 이 장에서 설명한 것이 이 책에 있는 세속화(secularization)의 의미이다. 세속화라 함은, 교회가 담당했던 일을 세속의 제도나 세속인(정부·지역공동체·개인)이 담당하는 것을 말한다. 잉글랜드에서는 16세기의 종교개혁에서 부분적으로 세속화가 실현되었는데, 가톨릭교회가 담당했던 것은 그 대부분을 국교회인 성공회가 이어받았다. 그러나 성공회도 국왕의 통치하에 있었기 때문에 세속화되었다(secularized)고 말할 수 있다. 최종적으로 세속화가 완성된 것은, 1640~1689년의 잉글랜드혁명 때이다(부도덕한 행위의 단속·교육·빈민구제 등의 일이 성공회의 손을 떠났다).

주의할 것은 이 세속화가 동시에 세속 권력의 종교화(spiritualization)를 의미한다는 것이다. 적어도 프로테스탄트들은 (특히 16세기의 도이치와 17세기의 잉글랜드에서의 프로테스탄트) 그렇게 생각했

---

608) 원저 p.369. 각주 78. Hale, *Discourse*, 1:7.

다. 도이치의 루터파는 신자가 성직자이고, 신자의 모임이 교회라고 생각했고, 잉글랜드의 칼뱅파는 신자야말로 세상을 개혁하는 사명을 가진 신에게 선택받은 자라고 생각했다. 즉, 세속인인 신자의 종교화가 그들의 생각하고 있던 것이었다.

그런데 20세기가 되어, 사회학자가 세속화의 의미를 넓게 썼다. 종교를 믿지 않고, 종교 이외의 것을 믿는 것의 의미로 세속화라고 부르게 된 것이다. 겔너(Ernest Gellner)는 이러한 것을 다음과 같이 지적한다. **사회학자들은 초자연적인(supernatural spiritual) 설명을 인정하지 않고, 물질의 구조와 활동만으로 자연현상을 설명하게 되었다.** 자연현상도 인간의 행동도 물질계의 용어만으로 설명 가능하다고 생각하여, 이 세계는 법칙에 의해 지배되기 때문에 인간은 자유로운 선택을 할 수 없다는 것이다. 인간은 경험에 의해서밖에 지식을 얻을 수 없고, 향락주의와 자기중심주의가 발달하였다. 이성(reason)밖에 믿지 않게 되었고, 전통이 가지는 의미를 인정하지 않게 되었다. 공리주의가 발달하였고, 민중의 말이 옳다면 그것이 민주주의라고 받아들이게 되었다. 진실인지 아닌지는 문제가 되지 않았고, 도움이 된다면 그것으로 족하다고 생각하게 되었다.609)

이러한 현상을 베버(Max Weber)는 세계의 비마술화(Entzauberung)라고 불렀고, 그것은 세속 세계 그 자체의 세속화(secularism had itself secularized)라고 부르게 되었다. 역사가 중에서는 이 현상의 시작을 16~17세기의 프로테스탄트에서 찾는 학자도 있지만, 그것은 잘못된 생각이다. 예를 들어 잉글랜드사 전문가 서머빌(John

---

609) 원저 p.370. 각주 79. E. A. Gellner, "French Eighteenth-Century Materialism," in D. J. O'Connor, ed., *A Critical History of Western Philosophy* (New York, 1986), p.278.

Sommerville)은 공간과 시간·역사지식·정치이론·교육·언어·문화 등의 세속화는, 모두 16~18세기의 잉글랜드의 프로테스탄트에서 시작되었다고 한다. 왜냐하면 "프로테스탄트는 원래 세속화를 본성으로 하기 때문이다"(Protestantism has, by its nature, a secularizing tendency). 종교마저도 세속화되어 설명의 근거가 되는 것을 그만두고 설명의 대상이 되어버렸다고 말한다. 합리주의·개인주의·종교를 개인의 내심의 문제로 생각하는 사고(privatization of religion)도 16~17세기의 프로테스탄트에서 시작되었다고 그는 말한다. 종교가 개인의 내심의 문제가 된 것, 여러 제도·조직이 세속화된 것은 표리관계에 있다고 또한 말한다. 프로테스탄트에 의하여 제도·조직의 세속화가 진행되고, 종교는 경우에 따라 중요하지 않게 되었기 때문이다. 예를 들면, 원래 교회가 행하던 빈민구제활동은 교회(temple)의 손을 떠났고, 성스러운 것(the sacred)에서 성스럽지 않은 것(the profane)으로 변했기 때문이다.610)

가톨릭교회가 눈에 보이는 시설을 교회로 본 것과 달리, 루터파나 칼뱅파는 눈에 보이는 시설로서의 교회는 지상의 왕국(earthly)으로써, 눈에 보이지 않는 신자의 모임이야말로 천상의 왕국(heavenly)의 교회라고 한 것으로, 서머빌의 설명을 이해할 수 있다. **그러나 가톨릭교회도 프로테스탄트 교회에서도 연속성은 있었고, 함께 신앙의 문제를 법제도의 문제로 생각한 점도 공통적이었다.** 단 서머빌의 이해 방식은 잘못된 것을, 잉글랜드에서 의회가 성사·혼인·부도덕한 행위의 금지·교육·빈민구제의 문제를 교회에 대신하여

---

610) 원저 p.370. 각주 80. See C. John Sommerville, *The Secularization of Early Modern England: From Religious Culture to Religious Faith* (Oxford, 1992), pp.149, 163, 186. Protestantism, he argues further, leads to dissent, which leads to relativism, which leads to Deism, which leads to atheism (pp.160~162).

담당하게 된 것, 말하자면 성스러운 것이 성스럽지 않은 것으로 되어버린 것은 종교(religious culture)의 약화는 아니고, 오히려 강화된 것이라고 할 수 있다.

제13장
결론(Conclusion)

16세기와 17세기의 프로테스탄티즘이 서양법 제도의 발달에 미친 거대한 충격에 대해서, 역사가, 신학자, 철학자, 사회과학자, 그리고 법학자와 같은 모든 관계있는 영역의 현대 학자들은 별로 예외 없이 큰 주의를 하지 않아왔다. 실로 그들은, 대체로 믿음의 체계들, 즉 **신앙 체계가 일반적으로 법에 미치는 영향**에 대해서 고려하는 것을 게을리해왔다 – 첫 번째로, 11세기 말과 12세기 초에 서양법 전통의 형성에 로마 가톨릭이 미친 영향을 무시해왔고, 두 번째로, 16세기, 17세기, 그리고 18세기 초에, 루터주의와 후기 칼뱅주의 기독교가, 국가의 법체계의 발전에 미친 영향에 대해서 별로 주의하지 않아왔다. 세 번째는 계몽주의 시대에, 이신론(Deism)과 합리주의(rationalism)라는 계몽주의에서의 믿음(Enlightenment belief)이, 법에 미친 영향에 대해서 별로 주의를 하지 않아왔다. 네 번째로, 18세기 후기와 19세기에, 개인주의(individualism)가 법에 미친 영향을 별로 고려하지 않았으며, 다섯 번째로, 20세기에 들어와서는, 무신론(atheism)[611]과 불가지론(agnosticism),[612] 그리고 여러

---

611) 옮긴이 주석: "처음부터 저는, 소비에트 법사상과 소비에트 법 제도가, 소비에트

가지 세속적인 사회 정치적인 믿음의 체계들이,613) 서양법 전통에
미친 영향에 대해서 별로 고려를 하지 않아왔다. 그리고 마지막으
로 가장 중요한 것은, 이들 현대의 학자들이, 이들 전통의 변화에
도 불구하고 계속된 **서양법 전통의 연속성**을 알아차리지를 못했다.
이것은 서양법 전통의 변화 때문이었다고 보여 진다. **서양법 전통의
진화는, 서양에서의 믿음의 체계, 즉 신앙 체계의 진화에 기초하고
있다**는 것이 이 책의 주된 주제이다. 또한 주기적으로 평화적이 아
닌 행동에, 즉 대혁명에 호소하게 되는 것은, 기초가 되는 믿음의
체계가, 때에 따라 변하지 못하고, 그래서 기존의 법체계가, 필요한
변화를 가져 오는 기초를 제공하기 실패했기 때문이다. 이러한 큰
혁명들은, 부분적으로 이러한 변화를 가져오기 위해서, 원래의 종
말론적인 전망을 변화시켰다. 그러나 점차로 각각의 **혁명의 사례에
있어서, 한 세대에 걸친 투쟁과 봉기가 지나간 이후에, 혁명은 종
언을 고하고, 법적인 해결(legal settlememt)에 도달되는 것이다.** 이
때의 **법적인 해결은, 혁명이 원래 가졌던 유토피아적인 전망과, 혁
명이 붕괴시켰던 기존의 법제도들을 화해시키거나 조화시키는 역**

러시아의 무신론과, 또한 왜곡된 방식으로, 러시아에서의 기독교의 종교적 유산
을 취급했다는 것을 이해했습니다." 해롤드 버만과 김철, 『종교와 제도 - 문명과
역사적 법 이론 - 』(서울, 민영사, 1992), p.315.

612) 옮긴이 주석: "무신론은, 물론 그 자체가 하나의 종교라고 할 수 있는 정도의 영
향을 가졌습니다. 무신론은 절대자에 대한 진술이며 - 즉, 신은 존재하지 않는다
는 진술이며 - 불가지론과 대비됩니다. 불가지론은, 인간에 대한 진술인데, 즉 인
간은 신이 존재하는가, 않는가를 알 수 없다는 진술입니다. (해롤드 버만과 김철,
1992: 315).

613) 옮긴이 주석: 종교 사회학자는, 아메리카의 대중 민주주의 자체를 세속 종교
(civil religion)이라고 부른다. (해롤드 버만과 김철, 1992). "청년 문화, 뉴 레프
트, 평화 운동, 여성 해방 운동, 전투적 소수 인종 운동 및 기타 사회 운동; 또한
민주주의와 사회주의의 폭 넓은 이데올로기와 다양한 형태의 공산주의와 같이,
1950년대와 1960년대에 거의 무력하게 보였던 것들이, 1960년대 후기에 이르
러, 리바이벌을 보였다." (해롤드 버만과 김철, 1992: 23).

할을 했다.

열거한 대혁명들의 하나하나가 종언을 고하면서, 혁명 이전의 구법(old law)과 혁명 이후의 신법(new law)이 함께 새로운 합주곡을 연주하게 되었다. 독일 종교개혁으로 알려진 게르만 혁명은, 그 영방들에 있어서, 로마 가톨릭교회를 불법화했으며, 루터주의의 군주에 의해서 통치되게 되고, 이전에 로마 가톨릭 교회법이 관장하던 총체적인 교회 법정의 관할권을 세속 군주의 법정에 종속시켰다. 그러나 로마 가톨릭 교회법의 실체 중 상당한 부분은, (흔히 생각할 수 있는 상식과는 달리) 게르만의 세속 입법자와 세속 법정에 의해서 재도입되었으며, 이것은 루터주의의 교회 법정에 의해서도 마찬가지였다. 실로 서양 세계에 속하는 모든 나라들의 상당한 정도의 법이, 미합중국을 포함하여, 역사적으로는 로마 가톨릭교회의 교회법으로부터 유래한 것이다.[614]

법철학에 있어서, 신의 법(divine law)의 성질은 무엇인가, 자연법(natural law)의 성질은 무엇인가, 신법과 자연법은 국가 실정법(positive law)과 어떤 관계가 있는가 하는 질문들에 대한 대답은 무엇으로 시작되나? 신법·자연법과 실정법과의 관계는, 역사적으로 관찰하면, 기본적으로 루터의 종교개혁 이후에도, 종교개혁 이전과 (그 기본에 있어서는) 같게 유지되었다는 사실을 주목하게 된다. 물론 신법, 자연법과 국가 실정법의 관계에 대한 대답은, 루터주의 법학자와, 그 이전의, 로마 가톨릭 선배 법학자들과, 달랐다는 것을 감안하더라도 그러하다. (어떤 설명이 필요한가?) (종교개혁

---

614) 옮긴이 주석: 어떻게 이런 명제가 가능한가는 지금까지의 모든 논의가 뒷받침하고 있다. 비서양권 또는 동아시아 문화권이 원래 가졌던, 세계사의 인식으로는 불가능한 인식이다.

이전과 이후에, 무엇과 무엇이 같고 달라졌단 말인가?)

달라진 것은, **이전의 가톨릭 시대에도 역시 쓰여 지던 중요한 용어인, 양심(conscience)과 형평(equity)의 개념**에, 새로운 의미가 부여되고 있었다는 얘기이다. 종교개혁 이후, 세속 군주가 통치하는 왕국의 법률이 지배하였다. 그러나 그런 경우에도 세속 군주의 법률은, 법의 목적이라는 불빛 아래에서, 형평에 의해서, 법정에 있어서의 신이 부여한 양심(God-given conscience)에 호소함으로써 적용되었다.

법학 방법론에 있어서, 법과학에 있어서, 종교개혁 이전의 소위 **스콜라주의 방법**은, 루터주의 법학자에 의해서 공격받았으며, (이미 해당 장에서 설명한대로) 새로운 방식, 즉 주제별 방식(topical) 또는 개념에 의해서 체계화하는 방식이 도입되었다. 이것은 물론 종교개혁이 가져온 새로운 방식이었다. 그러나 내용을 면밀히 살펴보면, 스콜라 방식에서 오랫동안 세련되어 온 방식인, 권위 있는 텍스트에서의 전후 불일치(discordance)를 조화시키는 데 쓰였던, **이전의 변증법적 방식(dialectical method)은, 대부분 종교개혁 이후의 새로운 주제별 방식(topical method)으로 옮겨져서 계승되었다.**

종교개혁 이후의 시점에서, 법체계 전체의 통일성과 온전성을 유지하는 때 결정적인 역할을 한 것은 누구였던가? 대학의 법학 교수들이었다. 무엇을 통해 그런 역할을 하였는가? 그들의 논문(treatise)과, 또한 어려운 사례들의 결정[615]을 통한, 그들의 능력을 통해서 그러했다. 종교개혁 이후에 새롭게 등장한 루터주의 법철학과 법과학의 불빛 아래에서, 이전에 있어 왔던, **스콜라주의에 의한 형법과**

---

615) 옮긴이 주석: 예를 들어 Aktenversendung.

민법은, 더 체계화되고 쇄신되었으며, 포기된 것은 절대 아니었다. (예를 들면) 슈바르첸베르크 형법의 법전 편찬(codification)은, 슈바르첸베르크(Schwarzenberg)가 루터주의로 개종하기 이전에 완성되었고, 루터주의가 많은 독일 영방에서 맹위를 떨치게 된 이전에, **로마 가톨릭 황제에 의해서 채택되었으나, 루터주의 종교개혁과 게르만혁명이 가져온, 법철학과 법과학을 다 같이 담고 있었다.**

따라서 프로테스탄트 믿음이, 독일 사법과 경제법에 미친 영향은, 법철학과 법학 일반에 미친 영향보다 덜 명백하며 또한 형법에 미친 영향보다 덜 명백하다. 그럼에도 불구하고 독일 영방의 군주 중에서 프로테스탄트로 개종한 군주들이, 그들 영역에 있어서 사법개혁을 촉진하는 데에 있어서 가장 적극적이었다는 것은 단순히 우연한 일이 아니었다. 또한 다음과 같은 사실도 우연이라고 볼 수 없다. 프로테스탄트의 강조점이, 도덕의 강제라든가 학교교육이라든가 빈민구제라는 일들에서, (성직자가 아닌) 일반인들의 역할에 주어지고, 이러한 강조가 계약법(law of contracts)의 세련화와 체계화와 동반한 것은, 우연이라 할 수 없다. 계약법의 문제에 있어서는 상사 거래나 다른 계약 관계에 종사하는 사람들에게 더 많은 보호를 주는 것과 관계있다. 또한 물권법의 세련 화와 체계화에 강조점이 주어진 것은, 소유권의 이전을 더 안전하게 하고, 토지가 임대되어진 임차인에게 토지 사용을, 좀 더 안전하게 하려는 목적이 있었다. 종교개혁으로 알려지고 있는 게르만의 혁명은, 성서에 나타난 도덕성을 포함하는 성경적 신앙의 이름으로 싸워졌다. 성경에 근거한 도덕은, 모든 수준에 있어서의 신자들 사이에서 법적인 관계를 주입하는 순서를 가져왔다. 따라서 루터주의 프로테스탄티즘이 사법과 경제법에 가져온 것은, 본질적으로 로마 가톨릭이 역시 지지하였던 법 규칙의 조합과 틀리는 것은 아니었다. 오히려 루터주의 프로테스탄티즘이 사법과 경제법에 가져온 것은, 군주인 왕에 의한 입법과 학자들의 논문(treatise)을 통하여, 이러한 규칙들을 체계화하고 또한 세속 법정과 세속 관료제를 통해서 시행 강제하겠다는 강한 동기였다.

16세기 도이치법에서의 가장 큰 변화는, 정신적 영역의 법(spiritual law)이라고 불리는 영역에서 일어났다. 정신적 영역의 법이란, 이전에는 교회의 실질적인 독점 영역의 분과를 얘기하며, 다시 말하자면 교회의 성사, 혼인, 도덕적 범죄, 교육, 그리고 빈민구제를 규율하는 법이었다. 이들 여러 일들에서 로마 가톨릭과 루터주의의 신조는 뚜렷이 달랐다. 그래서 로마 가톨릭교회로부터, 루터주의 국가로 권능이 옮아가는 것은 중요한 영향을 가졌다. 우선 이전에 오로지 라틴어로 진행되던 성사는 도이치어로 번역되었으며, 회중 다수가 직접 부르는 대중의 찬송가를 포함하게 되었다. 혼인은 종교개혁 이후는 더 이상 성스러운 의식이 아니었으며, 그것보다는 사회적이며 가족을 중심으로 하는 행사가 되었다. 이전에는 교회의 내부 포럼 안에서 처벌되었던 도덕적 범죄 유형들이, 이제는 세속 법정에서 처벌되게 되었다. 근대 용어로 일의 복지(workfare)가 종전의 무상 복지(welfare)를 보충하여, 빈민구제의 주된 방법이 되게 하였다. 그럼에도 불구하고 이러한 변화 자체는 새로운 창조라고는 볼 수 없고, 이전에 있던 것이 변용(transformation)한 것이었다. 따라서 모든 혁명의 최초의 시기에, 종말론적(apocalyptic)이고 도덕률 폐기론적(antinomian) 경향의 극단주의자들이, 이전에 예측하였던 바와 같은, "새로운 하늘과 새로운 땅"은 아니었다.

비슷하게 17세기의 잉글랜드혁명을 관찰할 수 있다. 최초의 근본적이고 극단적인 단계에서 혁명은 왕 제도의 폐지, 그리고 영국 국교회의 폐지를 주장하였으며, 민주주의적인 정부의 제도, 성문헌법, 그리고 형법과 사법을 입법부에 의해서 법전화할 것을 주창하였으나, 마침내는 입헌군주제로써, 군주는 의회의 우위에 종속하는 정도로 낙착을 보았으며; 국교회에 반대하는 프로테스탄트 교회를 인정하고 관용하는 "포괄적인" 영국 교회로 낙착을 보았다. 또한 대중 민주주의를 주장하였으나, 휘그(Whig)와 토리(Tories)의 양당 체제의 정부로써, 땅을 가진 젠트리(gentry)라는 준귀족 계층과 부유한 상인들에 의해서, 지탱되는 정부로 낙착을 보았으며, 또한 원래는 형법과 사법을 입법에 의한 법전화를 할 것을 주장하였으나, 종전에 통용되는 보통법을 더 개혁하고 체계화한 것으로써, 독립적인 사법부에 의해서 발전되는 것으로, 또한 독립적인 배심원들에 의해서 형법과 사법 사례에서 적용되는 것으로 낙착을 보았다.

잉글랜드의 제일차 프로테스탄트개혁(First Protestant Reformation, 헨리 8세의 수장령을 말함)은, 어떤 점에 있어서는 도이치에 있어서의 루터주의 종교개혁(German Lutheran Reformation, 1517~1555)의 후기 버전이라고 할 수 있었다. 정신적 영역에 있어서 로마 가톨릭교회가 가졌던 권능의 많은 것들이, 즉 이미 말한 대로 교회 성사, 혼인, 도덕적 범죄, 교육, 빈자 구제를 포함한 원래의 교회의 영역에 있었던 것들이, 프로테스탄트 군주에 의해서 새롭게 국교화한 영국 성공회(Church of England)로 이전되었다. 그리고 영국 성공회의 수장은 왕이었다. 1세기 뒤에 있었던 제2차 잉글랜드 종교개혁(the Second English Reformation, 청교도에 의한 국교의 부정을 말함, 옮긴이 주석)과 동반한 잉글랜드혁명(the English Revolution, 1640~1689)의 영향은, 이와 같은 정신적 영역에 있어서의 일반인들의 역할을 실질적으로 증가시키는 것이었으며, 이것은 100년 전의 도이치에서와 같았으며, 다른 점이 있다면 도이치 종교개혁 및 혁명과 잉글랜드 청교도혁명 사이의 특징이었다. 즉, 도이치에 있어서, 성직자가 아닌 일반인들이 도덕적 범죄나 학교 문제나 빈민구제에 참여하도록 동원하고 규제한 것은, 도이치 영방의 군주와 군주를 보좌하는 고위 관료 집단(high magistracy, Obrigkeit)이었다. 이에 비교해서, 잉글랜드는 도이치보다 약 100년 뒤에, 자선법인조직에서 주도적인 공공심을 가진(public-spirited) 시민들의 자발적인 모임이 주도권을 가지고, 필요한 재정적인 지원을 제공하였다. 여기서 잉글랜드의 칼뱅주의(Anglo Calvinism)의 그 당시 불리던 이름은 청교도주의(Puritanism)이었는데, 그들의 강조점은 지역 커뮤니티가 "언덕 위의 도시"(a city on a hill)[616]의 역할을 강조하는 것이었는데, 결정적인 역할을 하였다.

17세기 잉글랜드 법의 변용의 심장부에, 잉글랜드 칼뱅주의자들의 믿음이 있었다. 즉, 신은 잉글랜드 사람들과 언약(covenant)을 맺었다. 또한 잉글랜드는 신이 선택한 선민 국가이다. 이것은 이스라엘의 사람들이, 한때 신에 의해서 선택된 것과 같으며, "모든 민족과 국가에 대한 빛"(a light to all the nations)이 되라는 것이, 신이 선택한 국민과 나라의 내용이었다. 이러한 하나님과의 언약에 대한 믿음에 더해서, 칼뱅주의자들의 교조는 다음과 같다. 역사는 온전히 하나님의 권능 안에 있다. 그리고 잉글랜드 국민의 역사는, 잉글랜드의 제도의 역사와 함께 중요한 유산이다. 그리고 그 유산

---

616) 옮긴이 주석: 마태복음 5:14. "너희는 세상의 빛이라. 언덕 위의 도시는 숨기지 못할 것이요." 예수의 산상 수훈에서 소금과 빛은 1630년의 청교도 John Winthrop의 "기독교도의 자선"에서 유명해졌다. https://en.m.wikipedia.org

위에, 잉글랜드의, 기본 체계인 헌법(constitutional law)이 위치하고 있고, 그 유산이 잉글랜드의 미래의 발전에 대한 가이드가 되고 있다. 잉글랜드 형태에 있어서의 칼뱅주의는, 또한 절대 왕권에 반대하는 반란에 기여했으며, 더 나아가서 의회를 거점으로 하는 귀족들의 우위성을 확립하는 데에 기여하였다. 잉글랜드혁명(1640~1689)의 100년 이전에, 존 칼뱅 자신이 정부의 가장 좋은 형태는 귀족 중심주의(aristocracy)이며, 어떤 경우에 있어서는 민주주의에 의해서 완화된 귀족주의라고 했다. 이 개념 역시 튜더와 스튜어트 왕조 시대에 맹위를 떨쳤던, 국왕의 대권(prerogative)에 기초한 법원들을 폐지할 것을 지지하였으며, 보통법 법원(common law court)의 우위성을 지지하였다.

잉글랜드 법의 역사성(historicity)이라는 개념과 연결되어 있는 것이, 영국 법학에 있어서 중심적 요소로써의 선례 구속의 원칙(the doctrine of precedent)이다. 의회는 최고의 입법자였다. 그리고 이론적으로 의회의 입법 권능에는 한계가 없어 왔고 또한 없었다. 그러나 의회뿐 아니라 판사들 역시 의회 입법을 적용하는 데에 있어서 창조적인 역할을 하도록 되어 있었다. 그리고 실로 의회 입법뿐만 아니라, 불문의 영국 헌법을, 사회의 변화하는 요구에 맞추어 나가는 역할을, 판사들이 하게 되었다. 사회의 변화하는 요구라는 것은, 형사와 민사 쟁송에서 나타난다. 의회의 입법뿐만 아니라, 사법부의 선례 역시 사법 및 경제법의 극적인 발전을 제어하게 되어 있었다.

17세기 말의 영국 보통 법정의 절차에서 가장 극적인 변화는, 재판 단계에서 증인의 증거를 도입하는 제도를 통해서, 배심원 재판을 변화시킨 것이다. 그래서 판사와 배심원은 똑같은 증언을 청취하였으며, 그 증거를 해석하는 데에 일치하지 않을 수도 있었다. 우리가 이미 본 바와 마찬가지로, 진실에 대한 상대주의적인 개념은, 새로운 시대의 새로운 과학적 방법617)은 증거에 대한 어떤 해석 방법이 더 우세할 것인가의 문제를 해결하는 데 동원되었다. 다시 말하자면, 사실(fact)에 대한, 하나의 또는 다른 해석 방법이 진실하다고 함부로 추정되어서는 안 되며, 오히려 반대로 이성적인 인격이라면 진실에 대해서 차이를 보일 수 있으며, 따라서 대부분의 사례들에 있어서, 판사는 배심원의 평결을 번복하지 않는다는 것이다. 왜냐하면 배심원 제도가 설치된 것은 사실 발견(find facts)이 목적이기 때문이다. 이 문제를 결정하는 데에 있어서 the Court of King's Bench의 판결을 대표해서 본 재판장 Chief Justice Vaughn은 명시해서 지적했다. 즉, 종교와 같은 중요한 문제에 있어서까지도 이성적인 사람들(reasonable persons)은 서로 견해가 달라질 수 있다. 30년 뒤에 종교에 대한 이 견해는, 의회가 종교 관용법(the Toleration Act)을 채택함으로써 우세하게 되었다.

한편에 있어서 10세기, 즉 1000년이라는 기간에 걸쳐서 서양법 전통이 점진적으로 진화한 역사는, 다른 한편에서는 진화의 경위는, 주기적으로 돌연변이(periodic mutation)를 일으켰는데, 이 돌연변이는 16세기부터 20세기에 걸친 시대의 대혁명들에 의해서 야기되었으며, 이러한 주기적 돌연변이가 (1) 관행적인 서양의 역사 편찬 historiography에 의한 연대기, (2) 관행적인 사회 이론, (3) 관행적인 법철학에 충격적인 도전을 행한 것이다.618)

---

617) 옮긴이 주석, 실험에 의한 경험적 방법은 보일의 법칙에서 보여주듯이 실험의 횟수를 늘려갈수록 개연성과 확실성이 높아질 뿐이지 어떤 실험으로써 증명된 법칙이 절대적인 것은 아니었다.

(1)

먼저 서양 역사를, 이른바 중세(medieval)와 근세/근대(modern)로 나누는, 지금까지의 관행적인 시대 구분은, "중세주의자"(medievalist) 라고 아직도 불리는, 뛰어난, 역사 전문가들에 의해서, 80년 넘게 공격을 받아왔으나, 아직도 유지되고 있다. 서양법의 역사는, 바로 이 관행적인 시대 구분에 맞지 않는다.[619] 법의 역사를, 역사 교육 과정에 포함시키게 될 경우에, 일반 역사가들로 하여금 그들이 지금까지 써왔던 관행적인 시대 구분을 개정하도록 강요할지도 모른다.

유럽에 있어서의, 국가 위주의 법체계들의 역사를 보면 그러하다.[620] 새로운 국가 법체계(national legal systems)가, 잉글랜드, 도이치, 프랑스, 이탈리아, 스웨덴, 네덜란드, 폴란드 등지에서, 최초로 성립 된 것은, 12세기와 13세기에 와서였다.

어떤 영향 아래에서, 유럽에서의 국가 법체계(national legal system)가 형성되었나?

---

618) 옮긴이 주석; 어떻게 관행적인 서양의 역사 연대기에 도전하는가가 다음 절(1)에서 설명될 것이다.

619) 원저 p.377. 각주 1. In the United States, Charles Homer Haskins first developed the proposition that modernity commenced in the twelfth century. He and his protégé Joseph Strayer "set the research agenda of [so-called] medievalists in America from the 1920s to the 1980s." Paul Friedman and Gabrielle M. Spiegel, "Medievalisms Old and New: The Rediscovery of Alterity in North American Medieval Studies," *American Historical Review* 103 (June 1988), 682.

620) 옮긴이 주석: 유럽에 있어서, 국가법 체계 national legal system이 출현하기 이전의 상황을 보자. 신성로마제국이나 프랑크 왕국과 같은, 민족국가/국민국가가 아닌, 보편주의적 기독교국가는, 한국인들이 익숙한, 주권의 절대성과 불가분성을 위주로 한, 국가주의가 발달하지 않았다. 왕이 통치하는, 행정적 중심지인 수도는 신성로마제국에서는 없었고, 상설 관료 조직도 발달하지 않았다. 황제의 주된 역할은, 유럽 전역에 걸친, 신성로마제국의 영역을 순회하면서, 재판관의 역할을 하는 것이었다.

첫째로, (교황의 혁명으로, 황제 등 세속 권력의 영향에서 벗어나서) 새롭게 독립하게 된 로마 가톨릭의 조직적, 계층적 교회가 만든, 새로운 교회법(canon law)의 영향이다. 로마 가톨릭의 이 새로운 교회법은, 서유럽의 모든 영역에서, "비세속적이며, 교회와 정신에 속하는" 넓고 다양한 영역을 지배하였다.

두 번째로, 11세기 말에 발견된, 유스티니아누스의 로마법 텍스트가, 유럽의 새로운 국가법 체계를 형성시키는 데 영향을 미쳤다. 당시 이탈리아 피사(Pisa)의 도서관에서, 500년 전의, 즉 6세기의 동로마 황제 유스티니아누스가 편찬한 로마법 텍스트가 발견되었다. 유스티니아누스의 텍스트는, 당시 지역 주권자들을 보좌하던 법학자들과 교회 법학자들에게, 넓은 범위에서, 당시 쓰던 법 용어에서는 없었던, 새로운 법언어를 제공해주었다.

세 번째, 유럽의 국가법 체계가 형성되는 것은, (이전에 존재했던) 왕 또는 군주가 만든 법(royal or feudal law), 봉건법(feudal law), 도시법(urban law), 상인법(mercantile law)이, 병행적으로, 법의 원천이 되거나, 발달한 것이다. 이들 법은, 교회법이 덮지 못했던, 법 관계들 – 왕과의, 봉건 장원 내부의, 자유 도시 내부의, 그리고 상인 길드와 관계 된 법 관계를 맡고 있었다.

유럽의 국가 법체계가 발달하게 된 첫 번째 영향은, (서유럽 전역에서 보편적 관할권을 갖게 되는) 보편적 교회법(canon law)의 출현이다. 즉, 세속 법체계(secular legal system)의 형성은, (세속법과 정반대의 성질과 영역을 가진) 교회법의 등장과 도전에 대한, 부분적인 응수(response)였다고 할 수 있다.[621] 세속 법체계는 교

---

621) 옮긴이 주석: 논리적으로는 이해가 되지 않는 인과관계이다. 성속의 양 법체계는 그 성립과 성질, 영역이 전혀 다르다.

회법과 경쟁하였다. 교회 법원과 세속 법원의 재판관할권이 겹치는 관할구역에서 경쟁하였고 다음에는 관할권이 겹치는 사안들에서 경쟁하였다.

물론 더 이른 시절로 소급해서, 그 연원을 추적할 수 있을 것이다. 그럼에도 불구하고, 다음의 사실은, 법의 역사에서, 항상 치명적인 사실이다. 초기 형성기의 서양법 전통을 특징 지워왔던, 기본적 법제도와 법개념들은, 뒤 이어서 일어난 혁명적 변화의 시대에서도, 그 전통의 변용(transformation)을 이겨 넘어서, 생존한 것이다. 예를 들어 보자. 12세기와 13세기에, 새로운 로마법과 새로운 교회법 모두에서 발전시킨, 계약법과 신용거래(credit transactions)의 정교한 룰(rule)은, 19세기에 출현한 자유방임 자본주의 경제(laissez-faire capitalist economy)의 본질적 초석이 되기까지 살아 남았다. 비슷한 예는, 12세기에 성립한, 교회가 설립한 단체, 동업자 조합(guild), 그리고 애초에 학생들의 조합 조직이었던 대학들과, 원래는 연관되어 있었던, 모임의 법인 형태(corporate form of association)는, 근 현대 상사 회사의 발달 에 본질적 기초를 제공한 것이다. 또 다른 예를 들자. 서양 세계에서의 정치적 데모크라시의 발달은, 복수의 재판관할권이 공존하며, 경쟁하는, 정치적 공동체(polity) 내에서, 불가피하게, "법의 우위"(supremacy of law)라는 개념이 출현한 것과 떼놓을 수 없다.622)

---

622) 옮긴이 주석: 한국의 법학도와 인문사회과학도들이 참으로 이해할 수 없는 것은, 서양 중세 사회에, 황제와 왕이 설치한 법원이나 법원 이외에, 똑같은 효력을 가지는, 다른 법원과 법원이 경쟁적으로 존재했다는 사실 자체이다. 한국의 법학 입문이 시초부터 가르치는, 주권의 불가분성, 최고성에 의하면, 근세 이후의 국민 국가에, 서로 경쟁하고 양립하는, 여러 개의 재판관할권이나 국가 법체계는 존재하지 않는다. 또한 한국 법제사나, 중국 법제사 또는 비서구권 어디의 법 제사에도, 황제나 왕의 입법권과 재판권에 병행해서, 효력을 경쟁하는, 다른 권위

이와 같이, "법의 우위"(supremacy of law)라는 개념은, 12세기라는, 이른바 "중세"(medieval)에서, 이미 거시사회 구조상 발생한 것이고, 서양사에 있어서의 민주주의의 발전은, 이 개념의 지속적 생존과 지속적 채택과 뗄 수 없는 관계에 있다. 18세기 후반과 19세기에, 서양 세계에서 발달된, 입법부와 행정부 양자의 민주적 선거를 위한, 합리적 절차의 초석은 무엇이었던가? 또한 서로 반대하는 정당의 토론을 베이스로 해서, 17세기에 합리적인 의회의 절차가 발달 한 것의 초석은 무엇이었던가?623)

서로 반대하고, 다른 주장을 하는 이른바 대립 당사자의 증언을, 치우치지 않고 공평하게(fair) 듣는 것을 확보하기 위해서, 재판정에서의 규칙들(rules)이 고안되었는데, 이 규칙들에 근거해서, 재판 절차의 합리성을 위한 원칙(principle of a rational judicial procedure)이, 확립되기 시작한 것은, 역시(교회 법정과 세속 법정 간, 또한 세속 법정 간의 경쟁을 통해서, 새로운 교회법과 새로운 세속 법체계가 출현한) 12세기였다.

12세기 이후에 살아남았던 다른 기본적 법 개념이, 또한 위계적

는 존재하지 않는다. 인식의 근저에 존재하는 차이점은 무엇인가? 서양 중세 사회를 설명하는 구조적 열쇠인, 소위 양검 이론(Zwei Schwert Theorie)이다. "법의 우위"는, 흔히 한국의 법학도들이, 생각하듯이, 시민혁명이라고 불리는, 서양 세계의 근대 혁명기에, 절대 군주의 권력을 제한할 목적으로, 고창된 것이 두드러진다. 그러나 그 개념의 연원은, 서양의 종교개혁이나 영국 청교도혁명 시대에 비로소, 흔히 생각하듯이 시민의 봉기의 결과물에 유래한 것은 아니다. 이미 12세기의 서양 세계에 존재했던, 크게는 교회 법체계와 세속 법체계의 경쟁적 관할권과 효력 경쟁에서 유래한 것이다.

623) 옮긴이 주석: 선거의 합리적 절차, 의회의 합리적 절차가 서양 세계에 17세기부터 19세기까지 발달한, 역사적 초석을 어디서 찾을 것인가? 흔히 정치학도나 공법학도들이 그래 왔듯이, 해당 국가의 정치 사정, 또는 경제 사회 사정에서만 찾을 것인가? 의회와 선거는 정치적 영역이기 때문에, 법의 역사와는 무관한 정치 권력의 영역이라고 제외할 것인가? 또는 선거법, 의회법의 입법사에만 주목한다면, 정치사의 반영이라고만 할 것인가?

공직 조직(hierarchy) 내의 상급자와 하급자 사이의 상호적인 권리 의무의 체계를 구비하고 있는, 공직(office)의 위계 조직(hierarchy) 의 개념을, 포함하게 되었다.

(2)

19세기와 20세기의 사회 이론가들은, "중세"(medieval)와 근세/근 대("modern")의 시대 구분을, 이른바 봉건주의(feudalism)와 이른바 자본주의(capitalism)의 시대를 구별하기 위하여 사용해왔다. 이 구 별을 강조함에 있어서, 사회 이론가들은, 이른바 봉건주의의 전성기 의 유럽에서의 상업의 거대한 팽창과 많은 도시의 일어남을 흔히 간 과해왔다. 또한 그들이 간과한 것은 다음의 사실이다. 즉, 12세기[624] 로부터 계속해서, 자본주의뿐 아니라 관료주의(bureaucratism), 합리 주의(rationalism), 그리고 실로 모든 형태에 있어서의 "modernity", 즉 "새로움"이, 정도 차이는 있지만 유럽 사회에 공통적이었다.

칼 마르크스는, 19세기 중반에 저작을 썼기 때문에, 이른바 중세 사에서 일어난 급격하고 근본적인 경제적 변화를 고려 못한, 그의 실패를 얼마간 용서받을 수 있을지도 모른다. 왜냐 하면 중세사의 급격한 경제 변화를, 19세기의 동시대의 역사가들이 인지하지 못 했기 때문이다. 이와 비교하면, 막스 베버는 1900년대의 초에 주 로 썼기 때문에, 자본주의 정신("the spirit of capitalism, Geist der Kapitalismus")의 기원을, 17세기로 연대 매김한 데 대해서, 변명의 여지가 더 약하다고 할 수 있다.

---

624) 옮긴이 주석: 흔히 중세로 불리는, 그래서 중세의 개념적 특징만을 강조해왔다.

즉, 그는 사회질서(social orders)의 이상형(ideal types)을 기술하고 있는 것이다. 더 중요한 것은 다음과 같은 사실이다. 즉, 마르크스나 베버 양자 모두 오류를 범한 것은, 경제변화와 정치변화를 유효하게 하는 데 있어서의 법 제도의 독립적 역할을 과소평가해서이다.

마르크스는, "중세"에서 "modern" 시대로의 사회변화의 기본적 원천을, 경제적 계급투쟁(economic class struggle)에서 찾았다. 서양사의 중세 시대에, 그리고 다른 문명의 역사에서의 비교할 만한 기간에, 봉건 영주들이, 그들에게 종속된 사람들로서 주로 농노들에 의해서 수행되는 재화의 생산과 분배를 통제하였다고 마르크스는 썼다. 또한 modern times라 불리는 시대에는—약 16세기 이후에는—자본가(capitalist)들이 그들의 공장에서 노동자들에 의해서 생산되는 재화의 생산과 분배를 통제하게 되었다고, 마르크스는 썼다. 이 이론에서는, 법(law)은 지배계급(ruling class)이 그들에게 복종하는 자(subordinater)에 대한 지배권을 유지하기 위한 수단이다. 또한 이데올로기라고 불리는 믿음의 테제들(belief system)은 경제적인 계급의식을 설명하고 정당화하는 합리화(rationalization)라고 마르크스는 썼다. 실로 종교(religions)의 형태로 이데올로기들은 착취당한 계급이 그들의 열등한 지위를 수락하도록 유인하는 "아편"(opiate)이다. 법과 종교 양자 모두, 마르크스주의자 용어에 의하면, 이념적인 "상부 구조"(superstructure)의 부분이며, 이 상부 구조는, 사회발전의 경제적 기초(base) 위에 세워져 있는 것이다.

막스 베버와 그의 추종자들은 사회의 발달은 봉건주의에서 자본주의로 옮아갔다는 마르크스주의의 역사 편찬학을 그대로 받아들였다. 이때 마르크스주의의 역사학은 미래의 발전 방향은 자본주의에서 사회주의(socialism)로 간다는 암묵적 가정을 가지고 있었다. 그러나 베버와 그 추종자들은 사회 발전의 근본적인 원인들을 비단 경제적 원인뿐 아니라 정치적 원인에까지 추적하였다. **베버주의자에게는 ─ 마르크스주의자들에게처럼 ─ 그리고 실로 엄청난 숫자의 비베버주의자나 비마르크스주의자들에게도 같이 ─ 법은 일차적으로 권력의 도구(instrument of power)였다.** 그러나 베버는 마르크스와 달랐는데 ─ 법과 이데올로기라는 상부 구조(superstructure)의 하부 기초(base)에까지 추적하는데, **마르크스에 있어서는 생산 수단을 통제하는 사람들의 경제적 계급 이익에서 일차적인 base를 찾는데 비하여, 베버에게 있어서는 정치권력을 위한 경쟁에서 일차적인 "base"를 찾는 것이다.**

이 책에서처럼, 인류사의 두 개의 큰 혁명, 즉 도이치혁명과 영국혁명이 서양의 법 발달에 미친 영향을 소급해서 추적한다면, (혁명을 가능하게 한) 두 개의 신앙 체계를 발견하게 되는데, 이것은 기독교의 두 개의 version이었으며, 16세기 도이치의 루터주의(German Lutheranism)와 17세기 영국의 칼뱅주의(England Calvinism)의 역할을 강조하게 된다. **도이치혁명과 영국혁명에서의 루터주의와 칼뱅주의라는 기독교의 버전은, 기독교의 더 오래된 버전인 로마 가톨릭의 강력한 영향 아래에서, 12세기경에 이미 서양에서 출현한 서양법 전통을, 16세기와 17세기에 변용시킨 것을 발견하게 된다.** 이런 역사적 추적 방식은, 기왕에 보아 온 **막스 베버주의나 마르크스주의자들의 이론과는 현저하게 달라지게 된다. 어떤 점에서 그러한가?** 이 책에서 보아 온 **역사적 추적법은, 법과 종교를 역사적 변화의 base에 놓는 것이다.**[625)626)]

우리들의 역사적 접근법이 맑시즘(Marxism)과 다른 점은 특히

다음의 경우이다. 16세기 게르만 지역에서 로마 가톨릭 사제단에
서부터 권력을 탈취한 계급(class)은, (종교 혁명으로 권위를 갖게
된) 영방의 군주와 고위 관료계층(high magistracy), 즉 (성직자 아
닌) 세속 상부 지배층(Obrigkeit)이었다.627) 또한 17세기 영국에서,
왕과 왕의 궁정 그리고 귀족층으로부터 권력을 탈취한 계급은 (마
르크스주의처럼) 자본주의자, 부르주아지(capitalist, bourgeoisie)가
아니라, 땅을 가진 gentry 계층이었다. 또한 지금까지의 우리의 역
사 추적이 베버주의자와 다른 것은, **16세기와 17세기의 정치권력
의 근본적인 변화를, 신앙체계의 근본적인 변화와 법에 있어서 변**

---

625) 옮긴이 주석: 마르크스주의는 법과 종교는 상부 구조(superstructure)이고, 역사적
   변화의 base는, 하부 구조로서의 경제적 계급 이익과 같은 경제원리로 본다. 베
   버주의는 역사적 변화의 base를, 정치적 요인으로 확장하였으며, 이미 보아온 대
   로, 법과 이데올로기라는 상부 구조의 기초가 되는 것으로, 정치권력을 위한 경
   쟁에서 우선적이고, 일차적인 base를 찾은 것이다. 그러나 베버의 "프로테스탄티
   즘의 윤리와 자본주의 정신"에서는, 서양 세계의 자본주의의 대두와 번영의 기
   본 에너지로서의 정신(Geist)으로서, Westminster 신앙고백서에 나타나는 프로테
   스탄티즘의 영향을 강조하는 점에서, 종교를(마르크스처럼 상부 구조물로 보지
   않고) 역사 변화의 기본 동인인 base로 보고 있다는 점에서, Berman의 입장과
   같다고 할 수 있다. 그러나 법이 역사 변화에서 가지는 위치에 대해서는, 일차적
   으로 우선적으로, 권력(power)의 도구(instrument)로 보며; 기술한 바대로, 마르
   크스와는 달리, 역사 변화의 일차적 base를 권력을 위한 경쟁(competition)으로
   보고 있는 것이다.

626) 옮긴이 주석: 1945년 이후 한국 법학 70년사에서, 법을 도구로써 인식했는가?
   법의 독자성을 부인하고, 경제나 정치의 함수로 인식했는가? 법실증주의는 법을
   정치의 함수로 위치지우는 전제가 되고, 또한 역으로 법이 정치의 함수가 됨으
   로써 법실증주의가 강화되었다. 경제 발전과 성장을 위한 drive에서, 법을 경제
   의 함수로 위치 지우는 것은, 원래 마르크스주의자나 유물론 또는 연장된 근대
   화주의의 특징이다. 2차 대전 이후 비서구권 국가에서 보이는, 법, 종교, 정치,
   경제의 관계는 각각의 justification을 가지겠으나, 12세기 이후에 인류의 문명사
   가 16세기, 17세기, 18세기의 대혁명들을 거치면서 확인된 법과 종교의 "base로
   서의 위치"와는 거리가 아득한 것이다. 이 또한 "인류의 문명사"의 보편성/특수
   성의 논의 한도에서 가능한 것이다.

627) 옮긴이 주석: 마르크스주의 역사학에서는 Land Lord와 Owner를 강조하는 데 비
   교해서이다.

화에서 유래하는 것으로, 이끌어 내는 것이다. 이 순서를 주의해야 한다. 즉, 흔히는 거꾸로 생각한다. 즉, 신앙 체계의 근본적인 변화와 법의 변화의 연원을 정치권력의 근본적인 변화에서 유래하는 것으로 생각하기 쉽다. 어째서 서양의 경제적 발전이 세계의 다른 곳과 비교해서 특별한 것인가?

현대 경제사학자들은, 이 의문을 위해서, 서양의 경제 성장의 시대를 11세기와 12세기 이후부터 현재까지 소급해서 추적하였다. 이 질문에 대해서, 경제사학자들은, 경제 성장과 발전에, 법의 발전이 큰 역할을 한다는 것을 주목하였다.[628] 특히 물권법의 주기적 변화를 주목하였다. 이 변화는 급격한 경제발전에 필요한 안전성(security)을 제공하였다. 물권법의 변화뿐 아니라 계약법과 상법(business association)과 같은 다른 분과와, 실로 전체로서의 법체계의 변화는 법철학과 법학의 변화가 모두 경제 성장을 촉진하거나 억제하는 데 결정적인 역할을 하였다. 경제와 법의 얽혀진 상호관계의 탐구가 그렇게 확대되자마자, 경제성장의 법에 대한 의존 뿐 아니라, 법이, 사회의 그 저변에 존재하는, 신앙·신념 체계에 대한 의존성도 탐험할 것이 필요하게 된다. 언젠가 이러한 미개척의 탐험을 하는 법사학자에게 노벨상이 주어질 희망을 가질 수 있다.[629]

---

628) 옮긴이 주석: 법이 경제의 함수가 아니라, 경제가 법의 함수이다.

629) 옮긴이 주석: 법 사학자라기보다 경제 사학자로써, 경제 발전·성장과 법 제도의 관계에 대한 연구로 노벨상을 받은 예로는, Douglass C. North, *Institutions, Institutional Change and Economic Perfomance*(1990)을 들 수 있다. (김철, 2008.3; 134~135, 3장 "경제사와 법은 서로 어떤 영향을 미치는가")(김철, 2010.12: 248; 2014.7: 500).

(3)

　서양법 전통의 연원과 발전을 연구하면, 지금까지의 관행적인 역사(편찬)학이나 사회이론뿐 아니라 관행적인 법철학의 오류가 드러난다. (예를 들면) 이른바 법실증주의(positivism)과 소위 자연법 이론(natural law theory) 사이에 벌어지는 오래된 논쟁이 여러 가지 변형된 모습으로 최근까지 법 철학자들에 의해 지속되었다.630) 이들은 이렇게 묻는다. 결국, 법이란 무엇보다도 입법자들이 무엇을 원한다는 의지가 표현된 것이 아닌가? 그들이 만든 실정법에 표현된 규칙은 국가의 제재에 의해서 강제되기에 법이 되는 것이 아닌가?

　여기에 반해서, 자연법 이론가들의 신조는 다음과 같다. 법은, 무엇보다도 앞서서, 인간의 본성에 존재하는 도덕 원칙(moral principle)이며, 이성과 양심(reason and conscience)을 통해서 알려지고, 정의(justice)의 근본적 기준(fundamental standard)에서 표현되며, 입법자들이 공포하는 법규칙은 이 정의의 기준에 일치하지 않으면 법으로서의 효력을 잃게 된다. 이것은 확실히 정당성이 있는 주장이다.

　그러나 지난 세기 동안의 양 진영의 주장에서, 거의 예외 없이 실종된 것은, 자연법 이론뿐 아니라 법실증주의까지도, **원래 무엇 위에서 세워졌는가라는 주춧돌에 대한 논의이며, 이 주춧돌은 종교적 기초이다.** 양 진영의 주장에서 실종된 것은 또한, 19세기에 역사 법학, 역사학파로 불리워지게 된, 제3의 이론과의 관계이다. 이 학파는, 법의 "의지" 차원(will dimension of law)과 "이성과 양심"

---

630) 옮긴이 주석: 한국의 법과 정치와의 관계에서, 늘 정치인들이나 법 전문가가, 압도적인 정치 편향으로 몰입하게 되는 것은 입법 과정에 관계되면서 더욱 그러하다.

차원(reason and conscience dimension)을, "경험" 차원(experience dimension)에 종속시켰다. 경험 차원이라는 것은, 그 법이 존재하는 사회의 역사적 전통이다. 역사학파는 나머지 두 학파를 결합시키나 다음의 사실을 강조한다. 즉, 어느 주어진 시간에, 법 규칙을 선언, 강제하는 정치적 의지나, 이러한 규칙을 고차적 정의의 기준에 묶는 도덕적 이성은, 역사적으로 평가되지 않으면 안 된다. 즉, 법이 존재하는 그 사회의 전통과 가치의 용어도. 이와 관련된 대단히 인상적인 예는, 1841년의 위대한 도이치 법학자 Freidrich Carl von Savigny로, 개척적인 메시지에서 역사학파를 창설했다. 당시 프랑스가 10년 전에 그랬다고, 도이치의 민법전 제정 제안은 잘못된 것이고, 그 이유는 정치적·도덕적 고려 때문이 아니라 역사적으로 도이치인들, 도이치의 법 전통과 그리고 도이치의 법 언어 자체가 그러한 법전화의 준비가 되어 있지 않다는 이유였다. 사비니는 Edmund Burke의 저작을 인용하여, 법이란 세대를 넘어서 시대를 넘어서 역사적으로 관찰된, 한 국민의 문화의 산물이며, 그가 국민정신(Volksgeist)이라고 부른 것, "정신"(spirit) 또는 "마음"(mind) 또는 그 사회의 믿음의 체계(belief system)에 일치하여야 한다.

이전의 장이 17세기 잉글랜드에서의 역사 법학이(선례구속의 원칙과 잉글랜드 보통법의 역사성에 대한 신뢰의 원칙을 통해서) 법원의 암묵적 법학 이론으로 확립된 스토리를 얘기하였다. 19세기에 부분적으로는 Savigny의 영향 아래에서, 역사 법학은 유럽의 여러 나라와 또한 아메리카의 법학자들 사이에 많은 동조자를 가지게 되었다. 실로 법의 역사성(historicity of laws)은 아메리카 헌법에 내재되어 있는데, 그것의 성문 언어는 수백 년 동안 끊임없는 재해석을 요구하여 왔다. 성문헌법의 언어는, 어떻게 존재하게 되었으며, 어떻게 되어가는 경향이 있는가라는 전망 아래에서만 이해될 수 있기 때문이다.

그럼에도 불구하고, 현대 유럽과 아메리카 모두에서의 법철학 저자들 중에는, 전통의 규범적 성격에 대한 믿음을 가진 역사학파는 거의 존재하지 않는다. 서양법 전통의 규범적 성격의 스토리는, 연이은 변용의 역사와 함께 통합된 법학(integrative jurisprudence)을 지지한다. 통합된 법학 안에서는, 역사가 정치와 도덕 사이의 긴장 해소를 도우면서, 정치와 도덕과 함께 동등한 역할을 한다. 누군가 말할 것이다. "그러나 역사와 전통은 두 개의 다른 것이 아닌가?"

프로테스탄트혁명들이, 서양법 전통을 변용시키고, 변용시킴으로써 보존한 역할은, 학문적인 주제에 그치는 것이 아니다. 이 문제는 역사가인 솜머빌(C. John Sommerville)이 명백하게 다루었다. 그는 프로테스탄티즘이, (기존의 신념 체계를) 반대하는 성향으로 이끌었고, 이 반대하는 성향은 상대주의(relativism)로 인도하였으며, 상대주의는 이신론(Deism)으로 인도하였으며, 이윽고 이신론은 무신론(atheism)으로 이끌었다고 했다 – 어쨌든 **프로테스탄티즘은 서양법 전통을 포함하여, 서양 문화의 유지ㆍ보존에 결정적이었다**고 추측된다. 현대의 우리는, 창건자들의 나중의 계승자에 의해서 행해진, 원래 신념들의 왜곡을, 새로운 시대의 기초를 놓은 창건자들의 탓으로 돌려야 할 것인가? 또는 약간의 자부심과 얼마간의 비하감을 가지고, 새로운 시대의 창설자들의 업적으로 다시 돌아가야 할 것인가? 왜냐하면 새로운 시대를 시작한 창건자들은 그들 시대의 악덕을 극복한 업적이 있기 때문이다. 그들 시대의 악덕(evils)이, 창건자들에게 새로운 신념(new beliefs)을 가지게 하고, 또한 창건자들로 하여금, 새로운 신념을, 새롭게 만든 제도 안에,

성육(incarnating)시키는 선도적인 역할을 했기 때문이다.

21세기 초에 와서, 서양법 전통은 더 이상 생기 차 있지도 않고, 안녕하지도 않다. 이와 같은 주장을 하며, 역사를 그와 같은 전망에서 조망하는 데 있어서, 법과 혁명의 첫 번째 권은 역사에서 출발해서 예언으로 들어갔다(from history into prophecy)고 어떤 비평가는 말한 적이 있다. 그러나 모든 역사의 편찬에 있어서는, 예언의 요소(element of prophecy)가 존재한다. 그런 의미에서, 역사가는 역으로 본다면, 예언자라고 한 언급은 잘 말해진 것이다. 그러나 비록 지나간 세기, 즉 20세기 동안에 일어났던 일들에 대한 문헌들이, 처음에는, 20세기 이전의 세기에 나온 책들에서는 찾아볼 수 없는 것이라 하더라도, 곰곰이 성찰해보면, 현재가 과거를 밝게 비춰서 해명해줄 수 있다(the present can illuminate the past)는 것은 있음직한 일이다 – 또한 우리들의 세기에 있어서, 서양법 전통의 쇠퇴는, 그 전통이 번성하였을 많은 이전 세기들 당시에, 지니고 있었던, 서양법 전통의 성질을 비춰서 해명해주고 있다는 것도 실로 가능성이 높다. 이와 함께, 과거는 미래를 비춰서 해명해줄 수 있다. 실로, 위대한 역사가이자 예언자였던 알렉시스 드 토크빌(Alexis de Tocqueville)의 다음 말처럼, "과거가 더 이상 미래를 밝게 비추어서 해명해주지 않을 때는, (시대와 인간의) 정신은 어둠 속을 걷게 된다"(the spirit walks in darkness).

■ 해롤드 버만(Harold J. Berman)의 생애와 학문

I. 버만 법학이 한국 법학에서 가지는 의미
　　(『법과 혁명 I』에 수록)
II. 생애와 교육, 학문적 여정의 시작
III. 제2차 대전과 동유럽 러시아혁명(1989년) 이후 오늘날까지
　　세계 법학에 있어서 버만 법학의 의미
IV. 옮기고 정리한 사람과 버만 교수와의 업적 관계

I. 버만 법학이 한국 법학에서 가지는 의미

『법과 혁명 I – 서양법 전통의 형성1』(서울: 한국학술정보, 2013)
의 제5장 "해롤드 버만(Harold Joseph Berman)이 한국 법학에 가
지는 의미"에서 이미 소개하고 있다. 차례를 열거한다.

I. 들어가는 말
II. 생애와 교육, 학문적 여정의 시작
　1. 버만의 성장기와 청년기의 사회경제사
　2. 학제적, 통합적 방법을 시작하다

그러나 이 책은 속편이자 독자에게는 분권이 되는 것이므로 그
중의 생애 부분만 다시 수록하기로 한다.

II. 생애와 교육, 학문적 여정의 시작

버만의 생애로 시작하는 것은 "인물 중심 법학사" 같아서 다소
주저스럽지만, 그러나 업적 중심으로 바로 뛰어드는 것이 힘든 상
황에서는 하나의 방식으로 보인다. 특히 그의 역사적 접근이 그의
생애와 상당한 관계가 있는 것 같이 관찰되기 때문에 학문의 특징
을 이해하는 데에 도움이 되리라고 생각한다.

1차 대전이 끝나던 1918. 2. 13.에 미국 코네티컷 하트포트에서
태어났다. 선조는 동유럽계의 유대인으로 추정되고 전쟁을 피해서
신대륙으로 건너온 것으로 짐작된다. 추정되고 짐작되는 것은 생전
에 그의 선대사에 대해서는 기록한 바가 거의 없고, 공식적으로는
버만 교수는 개종한 크리스천(Converted Christian)으로 유대인 공동
체(Synagogue)에서 떠난 까닭이다. 코네티컷은 뉴욕과 보스톤의 중

간 지점으로 유대인 부모의 열렬하고 강단 있는 감화로 신대륙의 가장 문화수준이 높은 곳에서 10대를 보내고, 아이비리그 대학 중에서 가장 소규모이며 인문학적 전통이 출중한 다트마스(Dartmouth) 칼리지에 입학하였다; 곧 역사, 철학, 언어학, 사회학, 신학과 법학을 겸한 종합적 사상가이며 프로이센 및 유대인계 이민 학자인 오이겐(유진) 로젠스토크 휘세이(Eugen Rosenstock Huessey)[1]를 만나서,

---

1) 역시 한국 법학계에서는 잘 알려져 있지 않은 학자이나, 한국법사학회의 최병조 교수가 이미 인지하고 있었다. 오이겐 로젠스토크 휘시 Rosenstock-Hussey(1888~1973)는 1933년 히틀러 집권 후 신대륙으로 이주해서는 역사, 신학, 사회학, 철학을 포함하는 학제적 연구로 처음에는 하버드에서 다음에는 다트마스 Dartmouth College에서 가르쳤다(1935~1957). 이민학자로서 전 생애에 걸쳐, 아메리카 지식인 사회의 주류에 속한 적은 없으나, 그의 저작은 시인 오든(W. H. Auden), 법학자 해롤드 버만(Harold Berman), 신학자 마틴 마티(Martin Marty), 인류학자 루이스 멈포드(Lewis Mumford)에게 영향을 끼쳤다. 한국에는 잘 알려져 있지 않으나, 그를 기념하는 국제협회가 있다. 해롤드 버만과 김철,『종교와 제도 - 문명과 역사적 법 이론』(민영사, 1992), 제8장 대화편 310~311면. 가족사의 시대적 배경으로는 프로이센의 비스마르크가 통일을 이룩하고 비스마르크 헌법을 제정한 1871년 이후의 제2제국 빌헬름 2세 시대(1888~1918)의 1888년에 베를린의 주식중개인 및 금융인의 아들로 태어났다. 이 시대에 프로이센은 테크놀로지의 선두주자로 영국을 이어 대공업국이 되어 보호무역과 식민지 정책에 나섰다. 김철,『법과 경제질서』, 제12장 3.7 근대 3기의 경제적 상황과 세계. 이 시대에 프로이센은 비스마르크 헌법(1871)에 이어 독일 지상주의와 범게르만주의를 표방하였다. 김철, 「위기 때의 법학: 뉴딜 법학의 회귀 가능성 - 현대 법학에 있어서의 공공성의 문제와 세계 대공황 전기의 법사상」,『세계헌법연구』제14권 제3호(세계헌법학회 한국학회, 2008), 40~41면. 이러한 시대적 배경에도 불구하고 로젠스토크 일가는 유대인의 혈통이었으나 기독교 전통과 휴일을 지키며 자라났고, 루터 교회에서 세례를 받았으며, 생애를 통하여 기독교 전통의 옹호자였다; 초기에 나치즘의 위협을 알고, 히틀러가 집권하자 곧 신대륙으로 이주한 이유로 추정된다. 그 시절의 부유한 프로이센 거주 유대인들이 그러했던 것처럼, 로젠스토크는 김나지움에서는 고전언어(라틴어)와 문학을 공부하고, 대학에서는 법학(Zurich, Berlin, Heidelberg)을 배웠다. 21살에 하이델베르크 법학부를 졸업하고(법학의 학위) 24살에 라이프치히 대학의 사강사(Privatdozent)가 되어서 1차 대전이 발발할 때까지(1914) 약 2년간 헌법과 법제사를 가르쳤다. 1차 대전에 징집되어, 최대 격전지인 베르덩(Verdurn)에서 1년 6개월을 포함해서, 서부전선에서 정훈분야에서 종군하였다. 바이마르 공화국 초기인 1919~1923년은 노동자교육문제에 종사하여 다임러 자동차회사의 노동신문 편집인이 되고 1921년에 노동아카데미(Die Akademie der Arbeit)를 프랑크푸르트/마인에 설립하였다. 1차 대전과 그 후의 노동자교육의 경험 이후, 법학교수가 되는 것을 포기하고, 하이델베르크 대학에서 철학으로 학위를 받았다; 공과대학에서 사회

지도를 받게 된다.[2]

1. 버만의 성장기와 청년기의 사회경제사

1918년 출생의 버만이 유년시절을 보낸 1928년까지의 10년은 미국이 1차 대전에 승전 후 세계 질서에서의 미국의 평화(Pax Americana)를 구가하던 호황기였다. 즉, 미국 사회경제사에서는 재즈시대로 분류되며, 급격한 물질적 부가 증가되고 이전의 아메리카 자본주의 형성의 에토스였던 청교도 정신이 압도되고 대중의 감각이 호사와 안락 그리고 사치에 길들여졌던 때였다.[3]

버만이 11살 때의 1929년 가을에 세계대공황이, 버만의 거주지였던 코네티컷에 인접한 뉴욕시에서 일어났다. 1933년 대공황의 절정기에 버만은 15살이었다. 1933년 세계대공황의 와중에서 아메리카와 도이칠란트는 다 같이 실업률이 가장 높을 때에는 33%를 웃돌았다.[4] 1930년 말에 미국에서 608개의 은행이 파산하였다. 연방정부는 아무런 조치를 취하지 않았다. 1932년 1월까지 1,860개의 은행이 파산하였다. 1932년 말부터의 은행파산의 물결은 드디어 국가가 '은행 휴일'을 제정하기에 이르렀고 프랭클린 루즈벨트가 취임한 이틀 뒤인 1933년 3월 6일 예금자들의 예금인출 사태에

사와 사회과학을 가르치다가 브레슬라우 대학에서 도이치법제사 교수로 이민 떠날 때까지 가르쳤다. 1925년 로마 가톨릭 신부인 Wittig, 유대인인 마르틴 부버, 개신교도인 Victor von Rosenzweig 등과 같이 Die Kreatur(The Creature)라는 저널을 창간하였다. Wikipedia의 해당 항목 참조.

2) 해롤드 버만과 김철, 『종교와 제도-문명과 역사적 법 이론』(민영사, 1992), 310~311면.

3) 김철, 『법과 경제질서: 21세기의 시대정신』(한국학술정보, 2010), 141면.

4) 김철, 위의 책, 96면.

대응하여 다시 휴일을 선포하기에 이른다. 이 은행 휴일 동안 2,500개 은행이 파산했다.[5]

유대계 미국인에 대한 사회 경제사로는 유대계의 상업은행으로 40만 명 이상의 유대계 이민의 예금을 취급하였으며, 이들은 주로 복식 산업에 고용되어 있어서 뉴욕 은행가에서는 '바지 다리미장이들의 은행'으로 통했던 뉴욕시의 '뱅크 오브 유나이티드 스테이츠'(Bank of United States)가 1930년 12월 11일에 문을 닫았다. 어떤 관찰자(Ron Chernov)는 유대계 이민사회의 은행이 몰락한 것을 월가의 오랫동안 군림해 온 가문들, 특히 전투적일 정도로 씨족적이고 이교적인 모건 가(House of Morgan)의 행동과 관계 짓는다.[6]

1933~1934년경에 버만은 대학에 입학하고, 1938년에 졸업하였다. 1933년 4월에 루즈벨트가 대통령에 취임하고, 1933년 6월부터 뉴딜 입법의 핵심이 되는 글라스 스티걸 법을 제정하였다. 이후 1937년까지 루즈벨트 대통령은 연속되는 뉴딜 입법을 통해서 아메리카가 대공황의 와중에서 침몰하는 것을 방지하였다. 대공황의 엄습과 파괴적인 효과가 약 4년간 계속되고 그 이후 약 5년간 루즈벨트가 뉴딜 정책을 쓰는 동안 버만의 전기 청년시대와 대학시절이 영위된 것이다. 이 대공황기의 대학생활이 버만의 지적 생활과 학문의 형성에 영향을 주었다고 추정된다. 왜냐하면 대공황 전기부터 아메리카의 지식인 사회가 유럽의 영향과 형식주의에서 벗어나기 시작했기 때문이다. 법학자들이 독자적인 방법론을 수립하기 시

---

5) Milton Friedman and Anna Schwartz, *A Monetary History of the United States: 1867~1960*(Chicago: Chicago Univ. Press, 1963); Niall Ferguson, "The End of Prosperity?", (New York, TIME, 2008. 10. 13.), 김철, 위의 책, 95면.

6) Chernov, Ron, *The House of Morgan*(New York: Atlantic Monthly Press, 1990), pp.323~324.

작했다. (김철, 2009.3: 2009.9: 2010.12)

2. 학제적, 통합적 방법을 시작하다

"로젠스토크 – 휘시가, 학문세계에서 칸막이 치는 것(Compartment-
alization)이 파괴적이라고 저 자신에게 가르쳐 준 최초의 은인이었
습니다. 다트마스 대학에서, 학부생으로서, 나는 그의 지도 아래에
서 내 스스로의 연구에 집중할 수 있도록, 허락을 받았습니다. 단지
하나의 주제로서, 「여론」(Public Opinion)이었는데, 사회학, 역사학,
정치학 그리고 철학을 결합한 것이었습니다. 그때(1938년 기준) 이
후로, 저는 내 학생들과 동료들과 대화할 때, 특수화된 학문상의 전
문용어를 피하고 다양한 학문 분야(Scholarly disciplines)의 통찰을
일으킬 수 있는, 언어와 문체로 표현해왔고, 투쟁해왔습니다."[7]

학부 때부터 시작된 해롤드 버만의 학제적 연구 태도는 『종교와
제도: 문명과 역사적 법이론』의 모태가 된 로웰 석좌 강좌의 서장
이 되는 프롤로그에서 나타나는데,

"'학문 세계'만큼 보통 쓰는 의미에서 오염된 용어도 없을 것이다.
학문 세계가 학자들의 세계를 나누어버린, 전문화 때문에 생긴 구획
정리는, 그것 자체가 의미 있거나 충족적인 단위가 아니며, 어린이
들의 땅 뺏기 놀이에서처럼, 나누어진 구획이 열어젖혀지지 않는다

---

[7] 해롤드 버만과 김철, 『종교와 제도 – 문명과 역사적 법 이론』(민영사, 1992), 대화
편/여섯 개의 질문과 여섯 개의 대답 – 김철 교수와 해롤드 조셉 버만 교수 316~
317면.

면, 그 구획과 구분은 너무 좁게 칸막이를 친 공동주택의 공간 같이 우리를 가두고 질식시킬 것이다. 필자는 우선 이 사실을 스스로에게 그리고 다른 사람에게 알리기 위해서, 이 '쓰인 강좌'를 내놓는다."[8]

3. 세계 대공황 후기와 뉴딜시대, 전체주의의 대두시대

버만(Berman)이 학부를 졸업한 1938년은 세계대공황(1929~)과 뉴딜정책(1933~)에 이어서 두 번째로 루즈벨트가 취임했을 때였다. 유럽에서는 히틀러(Hitler)가 1933년 의회에서 수상으로 취임한 이후 경제위기에 대처해서 범게르만, 반유대, 반자유주의, 반공산주의를 내걸고,[9] 세계대공황 이후 경제 파탄에 이른 바이마르 공화국을 일당 독재의 전체주의 국가로 전환시키고 있을 때였다.[10] 1938년 버만(Berman)의 스승인 오이겐 로젠스토크 휘시의 저서『혁명으로부터 - 서구인의 자서전』(Out of Revolution: Autobiography of Western Man)이 간행되어서, 버만에게 약 30년간의 학문적 영향을 미쳤다.[11] 제도사나 비교법 사를 대학원의 최초 전공으로 택한 이유가 여기에 있다고 본다. 1938년 대학 졸업 직후, 버만은 프럭네트(T. F. T. Prucknette) 교수의 지도로 "17세기 영국혁명이 잉글랜드 법제도에 미친 영향"을 연구하기 위해서, 런던대학(London

---

8) 해롤드 버만과 김철, 위의 책, 29~30면.

9) 김철,『경제 위기 때의 법학』(한국학술정보, 2009), 447~448면. 또한 김철,『법과 경제질서: 21세기의 시대정신』(한국학술정보, 2010), 96면.

10) 이 시대의 도이칠란트의 대표적인 법학자는 칼 슈미트로 그는 '국가와 사회가 동일한 전체국가(total state)'로 전개된 것을 논의의 출발로 삼고 그에게 있어 전체국가로의 경향은 경제 영역, 즉 경제국가로의 전환에서 가장 두드러졌다(Carl Schmitt, 1931)(송석윤, 2002: 303)(김철, 2009ㄱ: 41).

11) 해롤드 버만과 김철,『종교와 제도 - 문명과 역사적 법 이론』(민영사, 1992), 311면.

School of Economics)로 갔다. 프럭네트 교수는 대신 "헨리 2세 치하에서의 보통법(Common Law)의 기원"을 주제로 내놓고, 17세기 영국혁명 이전 5세기를 소급해서 12세기부터 시작하라고 했다. 즉, 12세기부터 시작하지 않으면 17세기 잉글랜드 법제도의 단 한 마디도 이해할 수 없을 것이라고 충고했다. 500년을 소급해서 헨리 2세 때의 보통법의 기원부터 시작하자 다음의 사실이 드러났다; 즉, 당시 통설은 틀렸다; 통설은 보통법(Common law)의 독자적 형성을 말한다; 잉글랜드의 보통법은 형성기부터 기독교의 세계관과 로마 가톨릭교회의 교회법(Cannon law)에 의해서 심대한 영향 받았다는 것은 갓 학부를 졸업한 버만이 발견했다.12) 이때부터 버만의 필생의 연구과제, 즉 "법제도와 종교와의 교차적 영향"의 탐구가 본격화되고 구체화되기 시작했다. 1939년 9월 히틀러의 폴란드 침공으로 전쟁이 임박해졌다. 다시 본국으로 귀환 후, 1940년에 영미와 유럽제도사의 연구를 위해서 다시 대학원에 진학해서, 1942년 예일(Yale)대에서 M.A(master's degree in history)를 받았다. 1942년 6월에 잉글랜드, 프랑스 그리고 도이치에서 3년간 연합군 미 육군 유럽 작전 현장 자치부의 암호담당부서(cryptographer)에 근무하고 훈장을 받았다. 1945년 2차 대전 종전 후 예일 법과대학원에 입학하여(아마 유공제대자 장학금으로 추정된다) 1947년에 졸업하자마자 (학위 LL.B) 스탠퍼드 로스쿨의 조교수로 초빙되고, 1948년에는 하버드 로스쿨에 조교수로 초빙되었다.

---

12) 해롤드 버만과 김철, 위의 책, 313면.

4. 세계 제2차 대전이 유럽에서 발발하다

"1939년 9월에, 히틀러가 폴란드를 침공한 직후, 저는 유럽 제도사－즉, 유럽 법제사－의 연구를 계속하기 위해서, 아메리카로 돌아왔습니다. 그리고 1940년에 예일(Yale)대학 대학원에 들어갔습니다. 1941년 6월 22일에 도이치란트가 러시아를 침공하자, 저는 갑자기 모든 인류의 장래가 아메리카와 러시아의 관계에 걸려 있다는 것을 깨달았습니다. 그리고 어떤 교수들도 러시아와 소비에트 유니온을 제가 이해할 수 있도록 미리 준비시키지 못했다는 것도 갑자기 깨달았습니다. 그 깨달음의 날에, 나는 러시아어를 연구하기 시작했고, 1년 뒤에, 저는 러시아 말의 문법책을 가지고, 입대하였습니다. 2차 대전 동안 잉글랜드와 프랑스 그리고 도이치란트에서 연합군으로 봉사한 3년 뒤, 1945년 전쟁이 끝나고, 대학으로 돌아왔습니다. 1945년 예일 법과 대학원에서, 첫 번째 법학학위(LL. B를 말함)를 위한 학점 신청에서, 다른 과목과 함께, 소비에트 법을 연구할 허가를 받았습니다. 당시 아메리카에는, 소비에트 제도－소비에트 법에 관해서는 거의 알려진 것이 없었기 때문에, 제가 연구할 의도를 발표하자마자, 그 주제에 대해서 전문가로, 환호하며 환영받았습니다. 재학 중에 쓴 학생 논문이 법학 잡지의 논문으로 간행되었으며, 1947년에 예일 법과 대학원을 졸업하자마자, 스탠퍼드 대학에서 소비에트 법을 가르쳐 달라고 초청받았고[13) 다음 해에는 하버드 대학에서 초청받았습니다. 처음부터 저는 소비에트 법사상과 소비에트 법제도가, 소비에트－러시아의 무신론과 또

---

13) 1947년 스탠퍼드 법과 대학원 조교수.

한, 왜곡된 방식으로, 러시아에서의 기독교의 종교적 유산에 가깝게 관계되고 있다는 것을 이해했습니다. 무신론은, 물론 그 자체 하나의 종교입니다. 무신론은 절대자(神)에 대한 진술이며 - 즉, 신은 존재하지 않는다는 진술이며 - 불가지론(不可知論)에 대비됩니다. 불가지론은 인간에 대한 진술인데, 즉 인간은 신이 존재하는가 않는가를 알 수 없다는 진술입니다."14)

III. 제2차 대전과 동유럽 러시아혁명(1989년) 이후 오늘날까지 세계 법학에 있어서 버만 법학의 의미

서양법 전통이라는 용어로써 20세기까지의 서양 법 역사를 종합한 첫 번째 저서가 『법과 혁명 I』이었으며, 이 책은 버만이 65세였던 1983년에 간행되었다. 이후에 세계 법의 역사에서 큰 사건은 1989년 가을의 동유럽 러시아혁명이었다. 동유럽 혁명 이전에, 버만은 이미 1987년에 "역사적 전망으로 본 고르바쵸프의 법 개혁"을 『페레스트로이카가 러시아 소비에트 법에 미치는 영향』(1987)에서, 러시아와 당시의 동유럽에 미치는 광범위한 영향을 분석하고 있다. 이 책의 부록 4에서 옮긴이의 논문으로 수록된, "동유럽 러시아혁명(1989년)이 러시아의 법치주의와 입헌주의에 미친 영향"에서 보여준 대로, 1991년 12월 소비에트 공화국 연방이 와해되고 난 후, 1993년 12월의 러시아 새 헌법의 제정 전후의 기간을 교량 기간이라 부르는데, 이 결정적인 기간 전후에 걸쳐서, 버만은 러시아의 입법안에 대해서, 러시아의 지도적인 관리들의, 자문에 응하

---

14) 해롤드 버만과 김철, 위의 책, 대화편/여섯 개의 질문과 여섯 개의 대답 - 김철 교수와 해롤드 조셉 버만 교수 314~315면.

였으며, 법 제도의 개발에 대해서, 러시아 학자들과 정치 지도자가 참석한 세미나를 인도하였다(Wikipedia 버만 항목). 그는 러시아 연방의 법무성과 Emory로스쿨의 합작 사업으로써, 모스크바에 아메리카 법센터(America Law Center in Moscow)를 창설하고 공동이사가 되었다. 1989년 동유럽 러시아혁명은 세계 제2차 대전 이후에 문명국의 법질서를 반분하고 있던 사회주의 법군이 붕괴하는 계기가 되었으며 중동부 유럽과 소비에트 연방에 걸치는 광대한 지역에서 공산주의가 사라져가는 계기가 되었다. 버만은 만년에는 중동부 유럽 및 러시아와 중국에서, 구 공산주의 법과 공산주의 이후의 법에 대한 가장 권위 있는 문헌의 저자가 되고 있다(Wikipedia 버만 항목). 2000년에 헝가리 부다페스트의 중앙 유럽 대학(Central European University in Budapest)에서 공산주의 이후의 최초의 세계법을 위한 아카데미(Academy of World Law)가 열렸는데 이것은 해롤드 버만이 공동창설하고 공동의장을 맡은 세계법기구(the World Law Institute)가 개설한 것이다. 이 기구의 목적은 동유럽 러시아혁명 이후의 신흥국가에서의 신뢰, 평화, 그리고 사법을 통한 정의를 위한 체제를 확립하고 지구 상에서의 사회적 불평등을 교정하는데 목적을 두고 있다(Wikipedia 버만 항목). 이 모든 실천은 그의 평생에 걸친 학문적 업적을 실현하기 위한 것이다.

버만은 1991년 5월에 발표된 "법을 기초로 한 국가"(The Law-Based State, The Harriman Institute Forum, May, 1991)에서 공산주의 붕괴 이후의 러시아 및 동유럽 국가의 법치주의에 대해서 논하고 있다. 1993년에 발행된 『신앙과 질서』(*Faith and Order: The Reconciliation of Law and Religion*)에서 버만은 새롭게 성립되는 중동부 유럽과 러시아의 역사적 전통 중 서양법 전통에 주목하고,

서양법 전통 중 중요 요소로써 종교적 원천을 다시 강조하고 있다.15) 또한 세계 질서의 전개에 있어서 법과 종교를 중요 요소로 제시하고 있다.16) 1996년 그가 78세 때, 버만의 학생이었던 현직 교수들이 다섯 개 분야로 나누어서 『해롤드 버만의 통합 법학』(The Integrative Jurisprudence of Harold J. Berman)이라는 제목으로 그 때까지의 버만의 업적을 총정리하였다.17) 다섯 개 분야는 1) 법철학 (jurisprudence), 2) 법과 종교(law and religion), 3) 법사학(legal history), 4) 국제거래법(international trade and commerce), 5) 러시아 법사와 소비에트 법(Soviet Law and Russian history)이다.

1985년에 버만은 그때까지 재직하고 있던 하버드 로스쿨을 떠나서 에모리 로스쿨의 우드랖(Woodruff) 법학 교수이자, 법과 종교 센터(Center for the Study of Law and Religion)로 자리를 옮겼다. 이때부터 그의 연구의 초점은 하버드 시절의 기초법과 국제거래법, 러시아 법에서, 더욱더 "법과 종교"를 서양법 전통의 초점으로 두는 에모리 시대로 접어들게 된다. 에모리 로스쿨 교수와 "법과 종교 연구센터" 책임자를 겸하고 있는 존 위테(John Witte Jr.) 교수는 버만의 다섯 개 전공 중 하나인 법과 종교를 평생의 전공으로 삼았던 학생이었는데, 에모리 시절의 주된 조력자로 활약하게 되었다. 이미 하버드 시절부터 구상하였던 서양법 전통의 장대한 문명사는 그 1권이 하버드 재직 중이던 1983년에 간행되었고, 그

---

15) Berman, "The religious foundations of Western Law", *Faith and Order: The Reconciliation of Law and Religion*(Atlanta: Emory Univ. Press, 1993).

16) Bernam, "Law and religion in the Development of a World Order", *Faith and Order: The Reconciliation of Law and Religion*(Atlanta: Emory Univ. Press, 1993).

17) Howard O. Hunter(ed.), *The Integrative Jurisprudence of Harold J. Berman* (Boulder: Westview Press, 1996).

이후 에모리 시절에 그 속편이 논문 하나하나로 쓰여지고 종합되어서 1편이 나온 20년 뒤, 즉 에모리로 옮기고 난 이후 18년 뒤인 2003년에 드디어 II권이 간행되었다.

IV. 옮기고 주석한 사람과 버만 교수와의 업적 관계

버만 교수와 만나게 된 경위와 교류에 대해서는 『법과 혁명 Ⅰ : 서양법 전통의 형성1(서울, 2013, 한국학술정보)』의 옮긴이 후기에서 비교적 자세하게 쓰고 있다.

Ⅳ.1 1989년 3월, 동유럽 러시아혁명이 일어나기 약 6개월 전에, 김철이 『러시아 소비에트 법: 비교법 문화적 연구(1989)』를 출간하였을 때, 책 끝에 붙은 해제에서 해롤드 버만 교수를 소개하면서 버만의 "서양법 전통의 형성"에 대한 최초의 한국에서의 소개가 이루어졌다.

Ⅳ.1.1 동유럽 러시아혁명 이후의 교량기간(The Bridge Years) 동안의 체제전환에 대해서 김철은 『미·소 비교론』(서울, 어문각 1992)[18]의 논문에서, 동유럽과 러시아의 체제전환을 재는 척도로써 해롤드 버만의 연구업적을 열거하고 있다.

Ⅳ.2 "법과 종교"를 주제로 한 버만 교수의 업적의 한국에서의 최초의 소개는, 1992년 4월 25일 『종교와 제도－문명과 역사적 법

---

18) 『미소비교론』의 내용은, 김철을 비롯한 여러 교수들의 연구 논문을 모은 것이다. 따라서 편집자의 이름만 책 표지에 표기된 것은 편집상의 편의일 뿐, 내용은 공저의 방식을 취하고 있다.

이론』과『종교와 사회제도 – 문화적 위기의 법사회학』을 출간되면서
이다. 이 두 책은 모두 버만 교수의 *Interaction of Law and Religion*
(Abingdon, 1974)를, 앞 책은 한국의 법학도를 위해서, 뒤 책은 한
국의 사회학도를 위해서 김철이 옮기고 정리한 것이다.

Ⅳ.3 2009년 9월 김철은『한국 법학의 반성 – 사법개혁시대의
법학을 위하여』(서울 2009, 한국학술정보)를 출간하면서 책의 시작
부분에서 이 책 전부를 해롤드 버만 교수에게 헌정하였다. 이 책은
2011년 10월 17일 김철의 저서 출판 기념회에서 다음과 같이 평
가되었다.

> 자신의 학문적 스승으로 비교법학자 Harold Berman(1918~2007)을 들
> 고, 자신과 버만의 관계를 오 헨리(O. Henry)의『마지막 잎새(The Last
> Leaf)』에 그려진 화가와 병상의 화가 지망생과의 관계에 비유한다(9쪽). 책
> 후미에 실린 저자 자신의 해제는 이 저술이 버만의 이론적 틀을 한국적 상
> 황에 적용한 시론(試論)임을 고백한다(448~451). 비교법적 방법론에 근
> 거한 '통합 법학을 위해' 법 실증주의 극복, 순수자연법의 극복, 순수역
> 사학의 극복, 배타적인 사회이론의 극복 등 버만의 세부 논제가 김 교수의
> 절차탁마를 담금질한 화두들이었다(『한국 법학의 반성』을 말한다. p.6, 김
> 철 교수 저서 출판기념회).

Ⅳ.4 2013년에 김철은 해롤드 버만 지음·김철 옮기고 정리함으
로『법과 혁명 Ⅰ: 서양법 전통의 형성1』(서울: 한국학술정보, 2013)
를 출간하였다.

Ⅳ.5 2016년 초에, 김철은, 해롤드 버만 지음·김철 옮기고 주석
『법과 혁명 Ⅱ: 그리스도교가 서양법 전통에 미친 영향』(서울: 한
국학술정보, 2016년)을 전·후편으로 나누어 2권의 분권으로 출간
할 예정이다.

부록 해제

John Witte, Jr.에 의하면, 원래 버만(Berman) 교수는 『법과 혁명 Ⅰ』, 『법과 혁명 Ⅱ』에 이어서, 『법과 혁명 Ⅲ』를 구상하고 있었다고 한다. 『법과 혁명 Ⅰ』의 프롤로그의 일반이론과 『법과 혁명 Ⅱ』의 총론 부분을 보면, 18세기 아메리카 독립 혁명과 18~19세기의 프랑스 대혁명과 20세기의 러시아 혁명에 대한 일반이론을 개략적으로 다루었으나, 2007년 타계함으로 각론으로 이어지지는 못했다. 그가 각론으로 다루지 못한 18세기 아메리카 혁명, 18~19세기의 프랑스 혁명, 20세기말의 동유럽 러시아 혁명에 대해서, 버만의 학생으로서, 4개의 논문을 한국의 독자의 이해를 위하여 부록으로 덧붙인다.

[부록 1] 법과 혁명: 아메리카 독립 혁명(1776년)이 법제도에 미친 영향 — "서양법 전통"과 프로테스탄티즘

> * 이 논문은 김철, "미국에서의 교회와 국가" 『교회와 법』 2015년 제2권, 한국교회법학회, 서울, 2015년 2월 23일, pp.144~181 및 "칼뱅주의와 법에 대한 사상사: 로저 윌리암스의 교회와 국가에 대한 분리주의 원칙", 『칼뱅주의 논쟁: 인문사회과학에서』(한국인문사회과학회 편)(서울: 북코리아, 2009) 및 "현대 세속 국가에 있어서의 교회와 제도법과의 관계 — 수정 제1조(아메리카)의 판례분석을 중심으로 —", 『종교와 제도 — 문명과 역사적 법이론 —』(서울: 민영사, 1992)에 게재된 논문을 수정한 것임.

0. 서양법 전통과 비교문화

이 논문의 가장 근본적인 출발은, 아메리카의 종교의 자유에 대한 헌법 조항과 판례가 서양법 전통에서 유래한 가지라는 것이다. "서양법 전통"(Western Legal Tradition)은 한국의 전통 법학에서는 썩 익숙하지 않다. 주로 나라별로 법 발전을 고찰하는 방식을 써 왔기 때문이다. 그러나 『법과 종교』의 20세기와 21세기에 걸친 가장 중요한 학자, 해롤드 버만은 그의 대표적 저서, 『법과 혁명 I - 서양법 전통의 형성』(1983)과 『법과 혁명 II - 그리스도교가 서양법 전통에 미친 영향』(2003)에서 서양이라는 문명사적 흐름이 기독교의 2000년 이상의 전개에 의해서 서로 영향을 미쳐왔다는 것을 증명하였다. 서양 중세 이후 근세와 근대, 현대에 이르기까지 서양법의 성장과 발전, 변용은 기독교와의 상호 역동적인 교호관계에 의해서 형성·발전되어 온 것을 증명하였다(Berman, 1983)[19] (김철, 1994)(해롤드 버만 지음, 김철 옮기고 정리함, 2013).[20]

한국의 법학도들이 익숙한 유럽 국가 시스템은, 오로지 왕권은 의회에 의해서, 또는 삼권 분립 체제 이후에는 잘 알려진 삼권 분립 원칙에 의해서 견제, 균형되는 것으로 잘 알고 있다. 그러나 서양의 시민혁명의 이전의, 15세기를 기준으로 한, 거의 천 년을 넘는 기간 동안의, 왕권의 견제 균형에 대해서는 구조적인 지식이 많지 않다. 이것은 이 기간 동안 서양 세계가 사회적으로는 봉건주의 위에 서 있을 뿐만 아니라, 자유 도시라는 동양 사회에 없는 존재가 있었으며, 가장 중요한 것은 **오랜 중세 동안 서양 세계의 주된 권력 행사는, 동양 사회와는 달리 왕권과 교회권이라는 상호 견제하는 양검 이론(Zwei Schwert Theorie)에 의해서 견제 균형되었다는 것이다.** 비교 공법학에서 또는 비교 법학에서 흔히 동서양의 대비에서 기본적 전제로써 출발하여야 되는 것은, **절대 왕권에 대한**

---

19) Berman, Harold, *Law and Revolution-the Formation of Western Legal Tradition* (Cambridge: Harvard Univ. Press, 1983).

20) 해롤드 버만 지음, 김철 옮기고 정리함, 『법과 혁명 I - 서양법 전통의 형성1』(서울: 한국학술정보, 2013).

견제 균형을 실제로 유효하게 할 수 있었던 제도적 법적 구조가 서양 세계에서는 존재하였다는 것이다. 이런 의미에서 **전제 정치라 하더라도 동양적 전제정(oriental despotism)은 구조적으로 견제와 균형 장치가 없는 것이라는 인식이, 헤겔(Hegel)로 하여금 동양적 전제정이라는 개념을 주조한 듯하다**(김철; 2013.2: 509).

0.1 서양 중세와 중국을 중심으로 한, 동아시아 전통 사회

0.1.1 서유럽 전역에 걸쳐서 기원후 5세기부터 기원후 15세기까지의 사회구조는, 중국의 사회구조와 가장 현격한 차이를 보여준다. 즉, 동아시아인이 자신들의 경험에서 오는 선입관으로서의 단일한 국가는, 서양에 있어서의 이 시기에는 간단하게 말해서 존재하지 않았다. 다시 말하자면 오늘날 동아시아인들이 보고 있는 서유럽의 국가들, 즉 프랑스, 도이치, 오스트리아, 이탈리아, 네덜란드 같은 나라들은 존재하지 않았다. 그뿐만 아니라 중국 대륙을 지배했던 단일한 제국의 지배권과 같은 강력하고 중앙 집권적인 제국도 서양에는 존재하지 않았다.

신성로마제국의 황제권도, 프랑크 제국의 황제권도, 중국에 비하면 부분적이며 특히 정신적 권위에 있어서는 '**두 개의 검(Zwei Schwert) 이론**'에서 보여주는 대로, 늘 서유럽 전부에 보편적인 '교회의 관할권', 교황을 정점으로 하는 거대한 위계를 이루고 있는 성직자 피라미드에 의해서 견제되고 있었다. 중세에 있어서의 교회의 관할권은 동양인이 상상하는 것보다는 훨씬 더 국민의 생활에 가까이 있었고 실효적이었다고 할 만한 이유가 있다.

한마디로 **서양 중세**는 동아시아의 어떤 경험도 꿈꾸지 못할, **지**

상의 왕국과 천상의 왕국의 실질적인 이원적 지배에서, 국가나 정부가 정하는 제정법에 대해서 '신이 정한 법'(Lex divina)의 권위에서 유래하는, 국가 권력이 제정하지 않은 자연법(Ius naturale)은 항상 견제하는 위치에 있었으며 또한 인간이 정한 법은 재는 척도이기도 하였다. 중세적 분위기에서 인정법(Lex humana)은 신법(Lex divina)보다 아래에 있다. 이것은 신학적 명제일 뿐만 아니라, 실제로 교회는 신법과 자연법의 권위로 항상 정부나 국가 기관에 대해서 유효하게 법의 유효성을 검증할 권위를 갖고 있었다.

0.1.2 중국의 전통 사회에 있어서의, 국가나 정부의 법과 정신적 권위의 관계를 보여주는 것은 세속 권력의 정점인 황제의 위치이다. 중국 대륙을 지배한 대제국의 통치자는 그가 가진 세속적 권력 이외에 국가나 정부와 맞먹을 만한 정신적 권위나 종교의 견제를 용인하지 않았다. 중국 민속의 어떤 연구자는 다음과 같이 증언한다.

공식적 유교이론에 있어서, 중국 황제는 하늘로부터의 위탁에 의해서 통치한다. 황제의 정신적 권위는 동심원적으로 바깥으로 뻗어 나간다. 그의 정신적 권위의 대가로 황제는 모든 신민의 충성과 삼라만상, 즉 다른 피조물의 복종을 받아낸다. 중국인들은 황제를 하늘의 아들(Son of heaven) 백성의 아버지로 여긴다. 따라서 전통 중국에 있어서의 황제는 서양 중세에 있어서 두 가지 칼을 모두 다 가진, 즉 황제권과 교황권을, 단일하고 반신(半神)적인 존재에 집중한 것이다.[21]

---

21) Moss Roberts, Introduction, ⅹⅵ, *Chinese Fairy Tales and Fantasies*, pantheon Books, New York, 1979, 또한 Chull Kim, 같은 논문, p.36.

동아시아에 있어서의 제정법과 자연법의 관계는, 위와 같은 공식적 유교 독트린에 의해서 이론의 여지없는 관계를 성립한다. 즉, 주권자가 만든 법은, 어떤 정신적 권위에 의해서도 도전하거나 부인할 수 없다. 왜냐하면 제정법에 도전할 수 있는 정신적 권위 역시 입법자인 주권자가 독점하고 있기 때문이다. 두 가지 칼을 다 가지고 있는 주권자에게는 어떤 도전의 여지도 봉쇄되어 있다. 따라서 공식 유교 독트린이 동아시아 지역의 전통 사회에 미친 영향은 거의 같게 보인다.22)23)

0.2 17세기 유럽의 30년 (종교) 전쟁과
1648년의 베스트팔리아 조약(the Peace of Westphalia)

영역을 중심으로 한 다양한 정치 공동체 내부에서의 종교적 위기와 정치적 위기는, 다 같이 17세기에 유럽을 좌초시킨 국제적인 위기와 연결되어 있었다. **30년 전쟁**은 도이치의 게르만인들의 제국, 개별적인 도이치의 군주의 영방들, 스웨덴, 덴마크, 폴란드, 프랑스, 스페인, 그리고 네덜란드가 직접 개입한 전쟁인데, 범유럽적인 내전이었다. 직접적으로 전투에 참가하지 않았던 나라들까지도 (예를 들어 잉글랜드) 그럼에도 불구하고 간접적으로는 깊숙이 개입되고 있었다(Berman, 2003: 203, 각주 6).24) **종교적 적개심이나**

---

22) 공식유교 독트린이 큰 영향을 미치게 된 것은 한국과 일본의 문화의 원형으로 지적될 수 있는 건국신화의 함의에 있다고 주장하는 입장이 있다. Chull Kim, 같은 논문, p.36.

23) 김철,『한국 법학의 반성』(서울: 한국학술정보, 2009. 09.), 355~356면.

24) Berman, Harold, *Law and Revolution Ⅱ-the Impact of Protestant Reformations on the Western Legal Tradition*(Cambridge: Harvard Univ. Press, 2003), p.203. 각주 6.

원한이 같이 일어나고 또한 정치적 적개심과 원한 관계와 같이 갈등을 일으킴에 따라서, 나라들의 동맹과 연합은 계속 변화하였다. 어떤 프로테스탄트들은, 루터주의를 택한 도이치의 영방에서 보여주는 것처럼, 입헌군주제(constitutional monarchy)나 또는, 네덜란드와 스위스에서의 예처럼 공화주의(republicanism) 양자를 좋아했다. 여기에 비해서 가톨릭들은 절대 군주를 더 좋아하는 경향을 띠게 되었다. 비슷한 양상으로, 어떤 도이치의 프로테스탄트 영방들은 도이치 제국(옮긴이 주석: 신성로마제국을 의미하고 있다) 내부에서의 군주들의 연합과 연맹을 좋아하는 경향이 있었으며, 여기에 비해서 도이치의 가톨릭 영방들은 중앙 집권화된 연합을 더 좋아하는 경향이 있었다. 그러나 이와 같은 연결은 단순하지가 않았다. 예를 들면, 절대주의를 지지하는 프로테스탄트도 있었다. 입헌주의를 지지하는 가톨릭도 있었으며, 연방주의를 지지하는 가톨릭도 있었으며, 중앙 집권을 지지하는 프로테스탄트도 있었다. 그래서 다양한 영역을 중심으로 한 정치적 공동체들이 직접 간접으로 모두 개입한 유럽의 30년 전쟁은, 결국은 (종교적 분류를 넘어선) 일종의 적나라한 권력 투쟁으로 전락하게 되었다 - 이러한 권력 투쟁을 그 당시에는 "국가의 존재 이유"(reason of the state, raison d'état)라고 불리게 되었다(Berman, 2003: 203, 각주 7).

이와 같이 적나라한 권력 투쟁으로 전락한 30년 전쟁의 국제적인 정치적 위기는, 마침내 1648년에 해결되게 되었다. **베스트팔리아 평화 조약**(the Peace of Westphalia)은 신성로마제국 내부를 구성하고 있는 하나하나의 영방의 독립 주권과 주권의 평등을 선언하였고, 또한 게르만 제국뿐만 아니라 다른 유럽 국가의 하나하나에 대해서도 주권의 독립성과 주권의 평등성을 선언하였다. 이와 같이 **베스트팔리아 평화 조약**(the Peace of Westphalia)은, 근대 유럽에 있어서의 국가들의 존재 양태를 이루는 국제적인 시스템의 법적인 기초, 즉 공식적인 법적인 기초를 확립하였다. 이 조약에서 각각의 국가는, 근대 유럽의 국가 시스템 안에서 구성원으로 존재한다는 데에서부터 국가의 성격을 취하게 되었다. **베스트팔리아 평화조약은 또한, 종교적 신조에 있어서 지배자와 주권자에 의해서 국교로 인정된 국교와는 종교적 신조가 다른, 가톨릭교도들, 루터주의자들, 그리고 칼뱅주의자들에게 양심의 자유**(freedom of conscience)**를 부여했으며, (국교와 다른 경우에도 개인적으로) 종교 의식과 예배에 대한 권리를 부여하였으며, (살고 있던 나라에서부터 다른 나라로 떠나서 살 수 있는) 이민의 권리를 부여받았다.**

0.3 17세기 식민지, 뉴잉글랜드에서의 정부와 교회 일치 문화

뉴잉글랜드는 주로 성직자들이 통솔했다. 그들이 학교를 만들어 주었고, 법률을 통과시켰으며, 백성들의 사회적 성격을 형성했다. 존 카튼으로부터 조난 에드워드까지 뉴잉글랜드의 청교도주의는, 위대한 시기를 통과해서 공정하고 지식 있는 사람이라면 도저히 감탄하지 않을 수 없는 인간 유형을 배출해내었다. 코네티컷의 '엄격 법'은 주일의 오락을 금했던 청교도 시대의 법이며, 사치를 금하는 버지니아의 규제법들은 보스턴의 법보다 더 가혹했다. **뉴잉글랜드의 정교융합**의 재판은, 중세풍의 마녀 사냥을 연상시키고[25] 1692년 매사추세츠의 살렘에서 행해졌다. 당시 마녀의 화형은 거

---

25) 나다니엘 호손(Nathaniel Hawthorne, 1804~1864)의 주홍글씨(the Scarlet Letter)는 이런 재판의 기록이다.

의 1세기 동안 유럽 전역에서 행해지고 있었고 살렘에서 19명이 마녀로서 교수형을 당하고 1명이 압살 당했다.26) 침례교 파들은 체포되어 보스턴에서 재판을 받았고, 퀘이커 선교사들은 투옥당하거나 교수형을 당했다. 1665년에 이르러서야 사정이 달라졌다(McNeill, 1954). 로드아일랜드 식민지 외에는 영국 왕 찰스 1세의 압제와 종교적 불관용으로부터의 피난민이, 자기들의 땅을 자신들 이외의 소수파들을 위한 피난처로 만든다는 것은 생각하지 못할 일이었다(김철, 2009: 75~76).

0.4 교회와 국가의 분리와 종교의 자유, 양심의 권리

1628년 매사추세츠 식민지에 정착하기 시작한 칼뱅주의자들 중, 로저 윌리암스는 교회와 국가가 분리된 영역이라는 칼뱅주의적 교리를 강조하는 바람에, 당시 정교 융합의 매사추세츠에서는 추방당해서, 1636년 "양심의 문제로 고통당하는 사람들을 위한 피난처"로 로드아일랜드 식민지를 세웠다. 로저 윌리암스는 뉴잉글랜드에 있어서의 정부와 교회 융합의 문화에 대해서 비슷한 시기에 유럽 전역에서 행해지고 있었던 마녀 사냥에 대해서와 마찬가지로 양심의 자유와 종교의 자유를 추구하게 되었다. 종교의 자유를 찾아서 신대륙에서 건국한 신교도들은, 이윽고 권리장전과 독립선언을 거쳐 세계 최초의 성문 헌법인 아메리카 헌법을 제정하기에 이른다(1787). 1791년에 이 헌법에 최초의 수정 1개 조가 첨가되었는데

---

26) 바잉턴(E. H. Byingtion)은 네덜란드의 필그림들의 기질이 뉴잉글랜드 청교도들보다 더 온유했는데, 그 이유는 필그림들이 '역경의 모진 학교에서 배웠기' 때문이라고 주장했다. 그러나 네덜란드에서 관용(tolerance)을 배웠다고 본다(같은 책: 389).

이 수정 헌법 1조에 양심과 종교의 자유가 규정되기에 이른다. 1636년 이후의 로저 윌리암스의 정교 분리의 사상은 이와 같이 1791년 수정 헌법 1조에 의해서 실현되게 된 것이다. 그러나 국교 수립금지의 원칙과 종교 활동 자유의 원칙과 함께, 양심의 권리는 그 이후 구체적인 사건에서 대법원 구성하는 대법관과 법학자들에 의해서 다양한 스펙트럼의 원칙으로 발전되고 마침내 현실적이고 유연한 몇 개의 테스트를 확립하게 된다(김철, 2009: 96).

1. 서론

미국은, 1791년에 제정된, 헌법 수정 1조에 의해서 국교 수립금지의 원칙과 종교행사의 자유가 보장되고 있다.

Amendment 1(1791:) Congress shall make no law respecting an establishment of religion prohibiting the free exercise thereof;

그러나 어느 한 종교를 국교(國敎)로 정립하지 못한다는 명제와 또한 어떤 종교의 자유로운 행사도 금지하지 못한다는 명제 사이에는 자연스럽게도 긴장관계가 따르기 마련이다. 여기에서 중심적인 가이드로 나타나게 되는 것은 '중립성'(中立性) – 국가의 중립성 – 의 개념이다. 그것은 정부는, 단지 종교와는 다른 세속적인 목표를 달성하려고 행동하여야 하고 그것도 종파적으로 중립적인 양상으로, 그 목표를 달성하여야 한다는 요구이다. 그러나 불행하게도 정부는 그때그때에 따라 어느 특정 종교 집단이나 특정 종교 관행을 도와주는 결과가 되거나 혹은 저지하는 결과가 되는 식으로 할 수밖에 없는 상황이 종종 일어나는 것이다.

커랜드(Philip Kurland) 교수[27]는 종교를 정부 활동의 표준으로 사용하는 것을 금지함으로써, 비로소 정부는-종교적으로-중립의 위치를 지킬 수 있다는 학설을 발전시켰다. 그에 의하면 혜택을 주거나, 부담을 지우기 위해 종교들을 분류하는 것을 그칠 때, 비로소 기본법의 두 조항(국교 수립금지의 조항과 신교 자유의 조항)을 만족시킬 수 있는 것이라 한다. 어쨌든 대법원은 아직 이런 이론을 탐색하지는 않았으며, 두 조항의 적용의 구체적인 예에 있어서는, 각각 다른 베이스에서 독립된 심사 기준을 발전시켰다. 결국 '중립성'(neutrality)이라는 개념이 양 조항에 있어서 중심적인 원칙임에는 틀림없으나, 아직도 어떤 정부의 행동이 종교적으로 중립적이냐를 결정하는 아무런 단일한 기준도 법원의 판례에서는 찾아볼 수 없다.

어쩔 수 없이 우리는 종교 조항에 관한 문제를 분석하는 데 있어 역사적인 접근을 꾀할 수밖에 없다.[28]

2. 역사적 접근

2.1 수정 1조 제정 이전의 상황[29]

식민지 시대의 정교 분리 및 종교 행사 자유운동은, 특정한 종파

---

27) P. Kurland. *Religion & the Law of Church and State and the Supreme Court* (Aldine Pub. Co., Chicago, 1962).

28) 해롤드 버만, 김철,『종교와 제도-문명과 역사적 법이론』(서울: 민영사, 1992), 271~272면.

29) 여기에 대해서는 Journal of Continental Congress I 의 역사적 기록을 Stokes(1950)가 인용함.

와 공인된 종파, 그리고 식민지 정부 사이에 생기는 문제였다. 이
에 대하여 연합 규약(1781), 아메리카 합중국 헌법(1787)의 제정을
지나 수정 헌법 1조(1791)에 의하여, 아메리카 시민의 기본적 권리
가 보장된 건국 이후에는 사정이 달라졌다. 건국 시대에는 기독교
의 여러 종파와 합중국 정부와의 관계가 문제가 되었다.[30]

2.1.1 합중국에서의 경건의 전통[31]

의회에서의 기도는, 건국 준비를 위한, 1774년 **대륙 회의**(Continental
Congress)로 거슬러간다. 이미 대륙 회의에서는 1774년 9월 6일
그 제 1회기의 개회 때 기도를 하자는 제안이 행해져 기도로써 개회
를 하였던 것이다. 동의는 실제로는 토마스 쿠싱(Thomas Cushing)이
제출했지만 이것은 존 제이(John Jay, 1745~1829), 존 루틀리지
(John Rutledge, 1739~1800)의 반대를 받았다. 그 이유는 의회에
서는 종교 감정에 관한 것은 행할 수 없고, 예배 행위를 할 수 없다
는 것이었다. 거기에 사무엘 아담스(Samuel Adams)가 일어서, 경건
과 덕을 갖춘 사람에게서 기도를 받는 것은 누구도 할 수 있는 것이
라고 주장하여, 의회의 다수의 찬성을 받기에 이르렀다. 「아침의 기도」
로 불리는 짧은 기도문은 의회 다수의 찬성을 받아서 낭독되었다.[32]

---

30) 아메리카 헌법 수정 1조의 조항 성립사와 해석 그리고 분리주의 원칙에 대해서는
김철, "수정 제1조에 관한 연구 – 조항 성립사의 해석의 문제", 원래 발표된 논문집
은, 『해체기의 비교제도론/가치와 제도』(사간본)(서울: Myko Int'l, 1994) 참조. 또
한 김철, "칼뱅주의와 법에 대한 사상사: 윌리암스의 정교 분리원칙", 『현상과 인
식』2009 가을호, 제33권 3호 통권 108호(서울: 한국인문사회과학회, 2009.9.30); 한
국인문사회과학회 엮음, 『칼뱅주의 논쟁: 인문사회과학에서』(서울: 북코리아, 2009).

31) Stokes(1950: 448)은 Journal of Continental Congress Ⅰ: 26을 인용하고 있다.
Stokes, Anson Phelps, *Church and State in the United States* 전 3권(New
York: Harper & Brothers, 1950). 또한 김철, 2009.9.30; 한국인문사회과학회,
2010 참조.

이 개회식의 기도 후 의회는 그날의 의식의 주재자에 대하여 감사의 뜻을 나타내는 표결(a vote of thanks)을 하였다. 초기의 의회 목사의 역할을, 매 회기에 일정한 기도의 의식을 행하는 것뿐만 아니라, 설교를 하고, 사망한 의원의 장의를 행하고 또 자기의 죄 많고 비천함을 내성하는 날(a day of humiliations), 감사절의 의식을 집행하고, 국가의 경축 절 의식(Patriotic Celebrations)을 행하고, 미국판 성경의 준비 및 간행을 감독하였다. 그런데 대륙 회의는, 식민지 연합(Colonial Union)의 정식적 강화를 목적으로 하여 최초의 감사절을 행하기 위해서 이에 앞서 금식일의 선언(The fast day proclamation)을 발표하였다. 건국 이후, **1787년 6월 28일 연방 의회** 내에서 기도의 문제가 토의되었는데 찬성파와 반대파 사이에 격론이 벌어졌다. 이러한 찬반양론을 거쳐 합중국 의회는 1789년에, 대륙회의에서 행했던 의회 개회의 기도의 관행을 인계받았다.

2.1.1.1 독립 선언에 나타난 경건의 전통과 종교적 관용의 문제
1776년 **독립 선언문**에서는 '자연의 신의 법(Laws of Nature's God)', '창조주(Creator)', '세계의 지고한 심판자(Supreme Judge of the World)', '성스런 신(Divine Providence)' 등의 표현이 사용되고 있다. 그러나 대조적으로 공식적으로 성립된, **1778년의 성문 헌법**으로서의 합중국 헌법에서는 이러한 표현이 사라졌다.33) 이러한 절대자에 관한 언급의 결여는 헌법을 비준할 때까지 종종 비난의

---

32) "신이여, 우리와 상극하는 것에 대해서 나의 입장을 옹호해 주시고, 또 나와 적대하는 자들에 대해 싸워주소서." Gaillard Hunt, *History of the Seal of the United State*, 1909.

33) 메이플라워 서약서, 독립선언서, 대륙회의의 결의에서 보이는 신의 영광, 가호, 감사에 관해서는 성문 헌법에서는 사라지고 오히려 그때까지의 관행이었던 종교적 선서를 금지하는 규정을 담고 있다.

대상이 되었다. 예컨대 당시 예일대 총장 드와이트(Timothy Dewight, 1752~1817)는 당시 보수적 크리스찬의 대표자로 "우리의 헌법에 절대자를 인정하지 않는 것은 우리들에게 명백한 불명예이다"라고 하였다(A. Stokes, 1950: 523). 그러나 합중국 헌법은, 메이 플라워 서약서, 독립 선언서, 그리고 대륙 회의의 결의들에서 보여 지는 신의 영광, 가호, 감사에 관하여 조금도 언급하지 않고, 오히려 당시 남아 있던 **종교적 선서를 금지하는 규정**을 담고 있었다. 이것은 합중국에 있어서 종교행사의 자유, 정교 분리의 역사에 있어서 하나의 이정표로서의 의미를 갖는 현상이라고 할 수 있다. 즉, 식민지 형성 이래의 **공인 교회와 교파를 가지고 있던 주들** 가운데, 헌법 회의 개회에 이르기까지 다섯 주-뉴저지, 뉴욕, 노스캐롤라이나, 조지아, 버지니아-는 **공인 교회 제도**를 폐지하고 있었지만, 뉴잉글랜드의 다른 주에서는 조합 교회 파 또는 감독파의 공인 교회(Establishment)를 가지고 있었다. 또 공인교회 제도를 폐지하고 있는 주에서도, 공직 취임의 요건으로서 신학적 테스트(Theological Test)가 여전히 남아 있는 상황에서, 헌법 회의에서 결의한 대로의 공직 취임에 있어서의 종교적 선서 금지를 실지로 헌법에 규정한다는 것은 많은 어려움을 가지고 있었다.

경건의 전통은 사라지지 않았으나, 다양한 종파가 각축하거나 또는 특정 기독교가 공인됨으로서 가지는 소수파의 불이익과 부자유를 제도적으로 해결하려는 의도는, **종교적 선서 금지**에서부터 보이는데, 이러한 취지에 가장 열의를 보여준 것이 핑크니(Charles Pinkney, 1757~1824)였다.34) 그의 「정부의 계획(Plan of Government)」에 의

---

34) 1787년 연합규약을 개정하기 위해서 모인 대표자 회의에서, 그 이후 약 2세기 이상 지속된 정치적 지혜의 기적이라 할 수 있는 미합중국 헌법을 만들었다. "정치

하면 종교상의 선서의 금지는, 인신보호 영장, 배심 재판, 출판의
자유와 함께 새 국가를 조직하는 중요한 요소라고 생각되었다35)
(김철, 1994: 6).

2.2 수정 1조의 성립에 있어서의 여러 사정

그러나 이러한 공직 취임 때의 종교상의 선서 요구를 봉쇄함으로
써, 종교의 자유를 확보하려는 소극적 선언에서 만족할 수 없는 입
장에서는, 다시 적극적으로 종교의 자유를 보장하는 헌법조항을 요구
하고 나섰다(William G. Torpey, 1948: 15~16)(Joseph Story, 1833:
183)(Edward S. Corwin, 1956: 758)(熊本 信夫, 1972: 150~152).

이러한 권리 선언을 요구하는 움직임은 대륙 회의에서도 보이지
만, 거기에서는 조합 교회파 또는 감독 교회파를 주의 공인 종교로
하고 있기 때문에, 종교의 자유를 둘러싼 권리 선언의 문제를 취급

적 지혜의 기적"으로서의 합중국 헌법이라고 할 수 있는 것은 최초로 **종교적 관
용**이라 할 만한 가치가 표현되었다는 것이다. 현재로 봐서는 이 자유는 당연하게
여겨지지만 당시로 봐서는 지구 상에서 팽배하고 있던 방식으로부터는 생각지도
못하던 급격한 전회였기 때문에 이 종교적 관용의 제안은 미합중국 헌법이라는
기적의 최초의 것으로 평가되는 것이다. 핑크니는 "미합중국의 어떤 공직이나 공
적인 임무의 자격 요건으로서 어떤 종교적 심사도 필요하지 않도록 한다"라는 조
항을 제안하여 10일 뒤에 미합중국 헌법 3조 6항(Clause 3 of Article 6)이 성립
되었다. 1787년의 환경은 종교적 자유에 관한 한 오늘날과 엄청나게 다르다. 모든
나라는 정부가 공식적으로 설정한 종교가 있었으며 종교적 소수자나 국가 공인
종교와 다른 사람들에게는 아무런 법적 보호가 없었다. 국가 종교를 갖고 있는 나
라들은 제1급의 시민권을 단지 공인 종교 집단에게만 부여하였다. 통치자나 공직
자들은 모두 국가 공인 종교의 구성원이 되지 않으면 안 되었다. 예외자는 나설
수가 없었다. Albert J. Menendez, "No Religious Test: Mr. Pinkney's Fogotten
Freedom", *Church & State* Vol. 40 No. 3, March 1987.

35) Charles Pinkney의 1787년 헌법 회의에서의 역할에 대해서는 Chistopher Collier
   and James Lincoln Collier, "The Puzzle of Charles Pinkney" *Decision in
   Philadelphia-The Constitutional Convention of 1787*(N.Y.: Random House, 1986).

하는 데까지는 이르지 못하였다.

① 매디슨 안(추가 방식)의 패배

2년 뒤인 1789년 6월 8일, 매디슨(J. Madison)[36]은 의회에 대하여 신교 조항을 포함한 권리 선언을 채택할 것을 요구하였다. 그는 제안 이유로서 새로운 합중국 헌법이 개개의 권리 침해에 대한 충분한 보장 규정을 갖고 있지 않으며, 많은 국민이 헌법에 만족하지 않고 있다고 설명했다. 그리고 헌법 원안(the Original Constitution) 제1조 9절과 10절에 신앙 또는 예배를 이유로 기본권을 침해해서도 아니 된다는 뜻이 추가되어야 한다고 하였다. 이 매디슨의 제안은 하원의 전체 위원회에 회부되어 7월 21일에는 각 주 1인의 대표로 구성된 11인 위원회에서 검토하였다. 이 특별 위원회는 델라웨어의 바이닝(John Vining, 1758~1862)을 위원장으로 하여 7월 28일 보고서를 제출하였다. 이 보고서는 다시 전체 위원회에 송부되었다. 하원에서는 이 수정 제안에 대하여 많은 논의가 이루어졌지만 반대가 많아 결국 매디슨은 그의 제안을 철회하였다.

② 셔먼의 재제안(분리방식)

이렇게 합중국 헌법에 신교 조항을 둘러싼 수정을 해보려는 최초의 시도가 실패로 끝났는데, 그러나 이러한 논의를 통하여 종교 조항이 다수의 의원의 강한 관심을 불러일으키게 되었다. 이러한 경과를 지나서 8월 19일 헌법 수정 문제는 다시 코네티컷 주의 로

---

36) 제헌 헌법 회의에 있어서의 종교 자유에 대한 매디슨의 입장에 대해서는 Chistopher Collier and James Lincoln Collier, *Decision in Philadelphia-The Constitutional Convention of 1787*(N.Y.: Random House, 1986) 53~54.

저 셔먼(Roger Sherman)의 제안에 의하여 재연되었다. 그의 제안은 매디슨의 경우와는 달리 수정조항도 헌법 원안의 각 조항의 삽입할 것이 아니라 따로 분리하여 추가 조항을 설치해야 한다고 하였다. 이 제안은 상당한 지지를 받았다. 8월 20일 이 「추가」 수정안도 채용되었다. 이때, 종교의 자유에 관한 수정조항은 매사추세츠의 에임즈(Fisher Ames, 1758~1805)의 동의에 의하여 다음과 같이 규정되었다.

"의회는, **국교를 정하는 법률**, 또는 자유로운 종교 활동을 방해하는 법률, 또는 양심의 권리를 침해하는 법률을 제정해서는 아니된다."[37]

8월 22일에는 수정조항의 용어의 표현에 관하여, 뉴욕 출신이며, 대륙회의 의원이었던 벤슨(Egbert Benson, 1746~1833)을 위원장으로 하고 디오도어 세즈위치(Theodore Sedgewich)를 위원으로 하는 소위원회가 설치되어 문제의 수정 조항의 표현을 검토하였다. 이 심의 결과 하원안의 "to prevent"(방지한다)는 표현을 "prohibiting"(금지한다)로 고쳤다.

8월 24일 벤슨은 하원 제안을 포함하는 합중국 헌법 수정조항의 문체와 조항에 관한 결의를 보고하였다. 이것을 하원 결의라 하는데 이 결의는, 각 주의 입법부에서 4분의 3의 찬성을 얻어 비준된 경우에는 당해 조항이 합중국 헌법의 일부로서 효력을 가진다고 하는 것이다. 하원은 위 결의와 위원장에 의하여 보고된 수정조항

---

37) Ibid. "Congress shall make no law establishing religion, or to prevent free exercise there of, or to infringe the rights of conscience."

을 승인하고 상원에 송부하였다.

8월 25일 상원은 위의 하원 제안을 수리하고 토론에 들어갔는데, 제안된 수정조항 12개안의 제3안의 표현이 취급되었다. 이 하원 제안의 조항 가운데 "국교를 정하는 법률, 혹은 자유로운 종교 활동을 금지하는 법률"38)을 삭제하고 "다른 종파 혹은 종교 단체에 대하여 한 종파 혹은 한 종교단체를 우선하여 취급하는 법률"39)을 삽입하자는 동의가 있었다. 그러나 이것도 부결되었다. 그러다가 이 동의에 관하여 재 고려를 구하는 동의가 나와서 가결되었다. 이에 기초하여 다음의 문제의 수정 원안 3조 전문을 삭제해야 한다는 동의가 나와서 이것도 다시 부결되었다.

다음에 수정 원안 3조 대신에 의회는 "양심의 권리를 침해하는 법률을 제정하거나, 어떠한 종파 또는 종교 단체를 공식적으로 국가의 종교로 정하는 법률을 제정할 수 없다"40)로 규정하자는 동의가 나왔다. 이 동의도 부결되었다. 다음의 수정 원안 3조를 다시

"의회는 다른 것에 우월하여 특정한 종교의 교파를 국교로 정하는 법률을 제정하거나, 자유로운 종교 활동을 금지하는 법률을 제정할 수 없다. 또한 양심의 권리는 침해되어서는 아니 된다."41)

---

38) Ibid. "…… religion, or prohibit the free exercise there of."

39) Ibid. "One religious sect or society in preference to others."

40) Ibid. "Congress shall not make any law infringing the rights of conscience, or establishing any religious sect or society."

41) Ibid. "Congress shall make no law establishing any particular denomination of religion in preference to another, or prohibiting the exercise there of, nor shall the right of conscience be infringed."

로 하자는 제안이 나왔다. 그러나 이 제안도 부결되었다. 이러한 경과를 볼 때 결국 상원은 다른 종파 내지 교파의 **이익 또는 특전**을 부여하는 것을 금지하자는 제안에 만족하지 아니하고 다시 널리 **종교와의 국가의 결합**을 금지하고 종교의 자유를 구체적으로 보장하려는 의도를 가지고 있었다고 추측된다. 이것이 바르다고 생각할 수 있는 것은 나중에 수정 1조를 둘러싼 해석과 결부되기 때문이다.

③ 상원 원안과 하원 제안

9월 9일 상원은 하원 결의에 대한 심의에 들어갔다. 그 후 상원은 수정원안 3조나 수정원안 4조를 결합하여 나중에 보는 바대로의 1796년의 수정 헌법 1조에 관한 다음과 같은 상원 안을 정하였다.

"의회는 신앙에 관한 조항 또는 예배의 방법을 공식적으로 정하는 법률을 정하거나, 자유로운 종교 활동을 금지하는 법률을 정하거나, 언론 또는 출판의 자유 또는 평온한 집회, 불만의 구제를 위하여 정부에 청원하는 국민의 권리를 빼앗을 법률을 제정할 수 없다."42)

종교 조항에 관하여, 하원 제안에 대한 상원 원안은 위에서 본 바와 같이 표현에 있어서 다르다. 이 상원 원안은 하원 제안과 비교해 볼 때 다음과 같은 두 가지 특색이 있다. 하나는 **종교의 자유**를 하원은 양심의 권리와 함께 규정하고 있는데, 상원은 언론, 출

---

42) Ibid. "Congress shall make no law establishing articles of faith or a mode of worship, or abridging the freedom of speech, or the press, or the right of the people peaceably to assemble and petition to the government for the redress of grievances."

판의 자유, 집회, 청원의 자유와 함께 규정하고 있다는 점이다. 또 하나는 **종교 조항**을 하원은 국교를 공식적으로 정하는 법률 제정의 금지, 종교 활동을 자유롭게 행하는 권리의 보장이라는 형태로 규정하는데 대하여 상원은 신앙에 관한 조항 제정의 금지, 예배의 방법을 공식적으로 정하는 법률 제정의 금지, 더 나아가 자유로운 종교 활동의 보장이라는 형태로 규정하고 있다는 점이다. 또 "양심의 자유"와의 관계에서 양원에서는 다음과 같은 차이점을 보여주었다. 하원의 제안에서는 "종교의 자유", 즉 국교를 정하는 법률, 자유로운 종교 활동을 금지하는 법률 제정의 금지와 **"양심의 자유"**, 즉 양심의 권리는 침해하는 법률 제정의 금지를 구별하여 취급하고, 후자를 독립한 것으로 생각하는 데 의미가 있었다. 이러한 사고방식은 이미 하원에서 매디슨과 같은 사람들에서 보인 것인데 이 제안에 대한 동의에서 점점 더 의식되었다. 여기에 대해서 상원의 원안에서는 양심의 자유를 특히 밝혀서 특정하지 않는 것이 있다. 그러나 이것은 위의 원안이 정하는 "종교행사의 자유"에 "양심의 자유"를 포함시킨다는 취지라고 생각된다. 상원 원안이 양심의 자유를 "신앙에 관한 조항" 속에 위치하고 있다고 생각하는 것은 동의를 심의하는 과정에서 자연스럽게 보여졌다. 이런 의미에서 상원이 **신앙에 관한 조항이 양심의 자유를 포함하고 있다고 생각하고** 종교 자유에 관한 역사적이고도 넓은 입장에 서 있었던 데 비하여 하원은 양심의 자유를 명확히 구별하여 독립한 권리로 위치 지우려는 입장에 서서 **종교의 자유를 오로지 좁은 의미의 신앙의 자유로 사용하고 있다**는 점이 대조된다. 이러한 양원의 불일치에 대하여 하원은 합동 위원회의 개최를 구하고 상원은 이것에 동의하였다. 이 합동위원회는 상원에서 코네티컷의 올리버 엘스워드(Oliber Ellsworth,

1745~1807), 메릴랜드의 찰스 캐롤(Charles Carrol, 1727~1822), 뉴저지의 윌리엄 패터슨(William Paterson)이 선출되었고, 하원에서 는 버지니아의 제임스 매디슨(James Madison), 코네티컷의 로저 셔 먼(Roger Sherman), 델라웨어의 존 바이닝(John Vining)이 선출되 었다.

하원의 매디슨은 정교 분리와 종교의 자유에 관한 가장 열심 있 는 추진자였는데, 상원의 엘스워드도 특정한 교회에 우월한 지위를 주고 종교의 자유를 제약하는 불합리에 반대하는 입장을 취하였다. 이 합동 위원회에서는 주로 매디슨이 지도적 역할을 담당하였다.

④ 상원 법안의 채택

9월 24일의 상원에서 합동 위원회를 대표하여 행한 엘스워드의 보고에서 상원에 의하여 제안된 수정조항에 대하여 하원이 동의하 는 것이 적당하다는 취지였다. 상원 제안의 조항은 수정 원안 3조 를 다음과 같이 규정하고 있었다.

"의회는 국교를 정하는 법률, 자유로운 종교 활동을 금지하는 법 률, 또는 언론 출판의 자유를 빼앗거나 평온한 질서 또는 고충의 구제를 정부에 청원하는 권리를 빼앗는 법률을 제정할 수 없다."43)

하원은 같은 날 상원에 대한 메시지 가운데서 이와 같은 규정에 따를 것을 결의하고 같은 문장의 수정 3조를 제안하는 뜻을 정하

---

43) Ibid. "Congress shall make no law respecting an establishment of religion, or prohibiting the free exercise there of; or abridging the freedom of speech or of the press; or the right of the people peacebly to assemble, and petition the government for the redress of grievance."

였다. 후에 이 수정 원안 3조는 수정 10개조 가운데 제1조로 되었다. 이 수정 제1조의 최종 초안의 구성자가 누구인가 하는 것은 분명하지 않지만 매디슨 의원이었다는 설이 유력하다.44)

종교의 자유에 관한 이 수정 조항은 매사추세츠의 Ames(1758~1805)의 동의에 의해서 채용되었다. 이 규정에 대해서 문구 수정이 제의되었는데 "다른 종파 혹은 종교 단체에 대하여 한 종파 혹은 한 종교 단체를 우선하여 취급하는 법률을 제정하지 못한다"라는 문구를 삽입하자는 동의가 있었다. 여러 가지 경과를 볼 때 결국 상원은 다른 종파 내지 교파에 이익 또는 특전을 부여하는 금하자는 것에 만족하지 아니하고 다시 널리 **정부가 어떤 종교와의 결합을 금지하고 종교행사의 자유를 구체적으로 보장하려는 의도를** 가지고 있었다고 추측된다. 그것은 1791년 수정 1조에 대한 상원의 안을 보면 알 수 있다.

"의회는 신앙에 관한 조항 또는 예배의 방법을 공식적으로 정하는 법률을 정하거나 자유로운 종교활동을 금지하는 법률을 제정할 수 없다."

3. 아메리카 헌법 수정 1조에 대한 해석론

정교 분리에 있어서의 가장 큰 영향은, **로저 윌리암스**에게서 찾아볼 수 있다. 그는 "**만약 성속의 엄격한 분리가 행해지지 않으면,**

---

44) Gles & Seaton, Journal of the First Session of the Senate, 1820, James Madison, The Nationalist Vol. 2.

세속의 부패가 교회를 물들이게 된다"고 하였다(M. Howe, 1965). 이 말은 국가에 대해서 교회를 보호하는 수단으로 분리의 개념을 파악하고 있는 견해라고 할 수 있다. 이것은 절대적 분리와는 거리가 있는 것으로 국가의 관여나 통제 없는 경우에 국가의 원조를 받을 수 있다는 정도의 내용이라고 해석하기도 한다(김철, 1994: 13). 윌리엄스는 종교적 봉사, 역무에 있어서는 국가는 이를 지원하고 후견하며 북돋아 주는 역할을 해야 한다고 하여 적극적 협조(Positive Cooperation)를 대변해 주었다고 말할 수 있다고 한다. 그의 견해를 폭넓게 해석하면 국가에 대해서 모든 종교에 대한 우호적인 분위기를 조성해야 한다는 의무를 지우고 있다는 것이다. 이것은 종교적 복수주의(Religious pluralism)와 관련된다.

3.1 토마스 제퍼슨의 정교 분리-"교회와 국가의 엄격한 분리의 벽'

제퍼슨은 교회로부터 정부를 배제하는 방법으로 분리를 주장하고 있다. 세금에 의해 지탱되는 영국 현 국교회(Anglican church)를 해체하는 법안을 1779년에 제출했으며, 목회자는 공직에 취임할 수 없음을 강조하였다. 이것은 제퍼슨식 민주주의 사상(Jeffersonian Democracy)과 관계가 있다. 이 견해는 오늘날에는 종교 행사 자유의 위반(free exercise of religion)으로 받아들여지기도 한다. 제퍼슨은, 정치의 종교에 대한 영향을 제거하고 공중에게 정치적 견해의 자유로운 선택을 재공하려는 신념에서 나온 것으로 보인다. 따라서 그는 "교회와 국가의 엄격한 분리의 벽"(strict wall of separation between church and state)을 강조하는 이른바 엄격 분리론의 시조로 알려져 있다.

3.1.1 제임스 메디슨의 정교분리론

제임스 메디슨은 **종교와 정부는 각자가 그 개별적 영역에 자유롭게 내버려둘 때** 가장 높은 목적을 달성할 수 있다고 주장한다 (Paul G. Kauper, 1964). 한쪽이 다른 한쪽을 탈권하는 것은 부패나 뒤엉킴을 가져온다고 한다.

3.2 분리하되 협조(separation but distinction and cooperation)의 이론

분리하되 협조의 이론에 의하면 헌법 수정 1조의 분리는, 비유 또는 헌법상 존재하지 않는 표상이라고 한다(O'Neill, 1949). 이러한 입장에서는, 종교문제에 대한 정부의 중립을 전제로, **의료 교육 분야에 있어서의 정부의 행위에 의한 종교 자체의 권고**를 인정한다. 컨비츠(Milton Konvitz)는, 레오 13세(Leo XIII)와 비오 9세(Pius IX) 교황이 이러한 교시를 내린 바 있다고 지적하면서 교회의 입장에서도 받아들일 수 있다고 설명한다(Milton Konvitz, 1949: 47).

3.3 자발주의(Voluntarism)와 분리주의(Separatism)

수정 1조의 해석에 있어서 판례의 연구는, 자발주의와 분리주의를 강조한다고 한다. 이 견해에 의하면, 헌법상 종교 자유의 조항은, 최소한 양심의 자유를 보장하기 위해서 고안되었으며 이것은 **신앙의 문제에 있어서는 어떠한 강제도 방지되어야 한다**는 취지로 발상되었다(Laurence Tribe, 1978). 직접적인 강제뿐만 아니라 차별을 함으로써 가져오는 간접적 강제까지도 포함해서 금지한다는 뜻이다. 따라서 **종교 자유 조항은 종교적 자발주의**[45](Religious voluntarism)를 고취한다는 뜻이다. 국교 수립금지의 조항(Non-establishment Clause)도 광범위하게 해석되고, 주에 적용될 때 **교회의 발전은 국가의 정치적 지지에 의해서가 아니라 회중과 신도의 자발적 지지에 의해서 이루어질 수 있다**는 것이다. **종교 집단은 그들 신도들과 관행의 내부적 장점에서 번영하고 소멸하여야 한다는 믿음**의 표시라고 할 수 있다. 이렇게 본다면 국교 수립금지의 조항은 종교적 자발주의의 법률적 표현이라고 표현하여도 잘못이 아닐 것이다.

이것에 비교해서 **분리주의**는 **중립**(Neutrality), **비개입**(Non-involvement) **또는 비유착**(Non-entanglement)**의 원리**라고 할 수 있다. 국가와 종교는 각자의 분야에서 독립하여 활동할 때 가장 잘 기능한다고 주장한 매디슨의 견해에서 잘 나타났다. 그리고 이 이상을 요구하는 것은 국가가 교회의 기능적 분리를 넘어서는 것을 요구하는 것으로 해석된다. 즉, 국가는 종교 문제에는 개입하지 말아야 하며, 종파 또는 교파의 차이가, 불공정하게 정치를 분열시키도록 허용하여서는 안 된다는 것이다. 따라서 종교 조항을 기초한 자들에게 있어서 **종교의 국교화는 후원 – 재정적 지원 – 과 종교 활동에 있어서의 주권의 능동적 개입**을 의미하는 것으로 해석되는 것이다.[46] 자유행사 조항(free exercise clause)과 국교 수립금지 조항(the establishment clause)을, 에버슨 사건에 있어서의 블랙과 루트리지(Black and Rootridge) 판사가 의미하는 대로 본다면, 상당한 정도 **자발주의와 분리주의**의 시각으로 파악할 수 있다. 그렇지

---

45) 논문 발표 당시 논찬을 맡은 김정우 박사는, "Religious voluntarism이라는 표현이 나오는데, 이것은 종교의 문제에 있어서 개인적인 판단을 할 수 있는, 양도할 수 없는 권리라는 개념이 제시되었다면 더욱 이해가 용이하였을 것이라고 생각된다"고 하였다.

46) 이러한 해석은 Walz v. Tax Commission, 397 U.S. 1970에서 나타난다.

만 국교 수립금지 조항에 관한 실제적인 역사는, 이미 수정 1조의 채택 이후의 사정에서도 반대되는 해석을 가능케 하는 방향으로 흘러져 왔다는 사실도 부인할 수 없다. 1868년의 수정 14조의 채택과 1947년에 종교조항이 수정 14조로 편입 Incorporation됨으로써 그러한 변화는 불가피했다고 볼 수도 있다.

3.4 조정(Accommodation)[47]

국교 수립금지와 종교 행사 자유조항의 관계에 있어서 긴장관계는 아빙턴 교육구 대 셈프(Abington School District v. Schempp) 사건처럼 **국교 수립금지 조항은 강력한 교파와 정부 기능이 융합할 때 소수 종파에 대해서 불행한 결과를 가져온 역사적 교훈과** 함께, 또한 **종교 교육과 종교적 교훈의 보편적 가치를 인정할 때** 각자가 자유롭게 종교를 선택하는 가치를 인정할 수 있다. 양 조항의 갈등에 대한 조정의 문제는, 여러 입장을 가능하게하고, 최초의 성립된 견해는 엄격 분리론이었다. 엄격 분리론은 최초에는 국가와 교회의 벽을 강조하였으나 차츰 **종교 교육과 종교적 교훈의 보편적 가치를 인정하는 입장에서는 분리의 벽을 완화하려는 방향으로 나아갔다.** 지도적 원리에 동의한 판사들도 결론에 있어서는 의견이 분열되어 **"분리의 벽"이라는 언어는 비유 이상의 것이 아니라고 주장되었다.** 이러한 논지는 블랙 판사에 의해서 개진되었고 루틀리지, 프랑크퍼터, 잭슨, 버튼 판사들은 반대 입장에 서 있었다.

---

47) 법학에서의 일반적인 뜻은 타자에 대한 호의로써 행해지는 낙성계약이 아닌, 계약 기타를 뜻한다. 또한 우호적인 동의 또는 이견의 집성을 의미한다. *Black's Law Dictionary.*

3.5 무원조의 이론(no-aid theory)

일반적으로 국가가 종교를 돕기 위해서 아무것도 할 수 없다는 것을 의미하는 분리는 무원조 이론(No-aid theory)으로 표현된다. 그러나 무원조 이론은 '원조(aid)' 또는 '무원조(no-aid)'가 무엇을 의미하는가의 해석에 있어서 결코 명확하지 않다고 보는 경우도 있다(Wilber G. Katz, 1964: 9). 이 이론 역시 **교육문제에 관해서 다양한 판례**를 발전시키게 되었다. 맥컬럼 대 교육위원회 사건 (McCullum v. Board of Education)[48]에서 법원은 국교부 정립 조항에 위반된다고 판결하였다. 반대의견에서 리이드(Reed) 판사는 무원조 이론의 "도움"(aid)은 단지 "교회 그 자체나 혹은 어떤 종교적 기능을 행하는 **종교단체에 대한 목적적 원조**를 뜻하는 것으로 엄격히 해석해야 한다"고 주장하였다. 그러나 블랙, 프랑크퍼터, 루틀리지, 버튼 판사와 다수의견은 "도움"은 위 사항과 같이 **종교를 진작시키는 데 고안된 정부행위**(Government Action) **일반**을 뜻한다고 해석하였다. 어떠한 패턴과 정도의 경제적 혜택이 종교에 대한 '허용되지 않는 도움'인가는 결정하는 데 있어 엄격 분리이론이나 무원조 이론이 어떠한 확실한 지침도 주지 않았기 때문에, 법원은 중립성이나 중립이론이라는 개념을 써왔으나 결코 엄격 중립이론이라고 불리는 것을 채택한 것도 아니라고 한다(Philip Kurland, 1963). 이 이론의 요점은 **정부 행동 결정에 있어서 종교를 그 분류 표준으로 삼는 것을 그만두는 것**이라고 할 수 있다. 다소 **완화된 분리론**은 정부의 계획이 종교적인 것이 아니고 **세속적인 목적**

---

48) McCullum v. Board of Education, 333 U.S. 203(1948), 공공학교시설 내에서의 종교교육 프로그램에 관한 것으로 비참가 학생의 경우가 문제가 되었다.

을 가지는 한 어떤 정부 계획에 종교적 결사가 포함된다고 해석하여도 무방하다는 견해이다(Gianella, 1968). 아빙턴 교육구 대 셈프(Abington School District v. Schempp) 사건에서 나타난 보다 현실적이고 유연한 태도는 다음과 같이 요약될 수 있다. 즉 진정한 종교의 자유의 최고의 실현을 위해서는

1. 정부는 종교적 관행에 간여하거나 강요하지 않을 것이다
2. 교파 간에 있어서나 신앙과 불신앙에 있어서 어떤 편애의 효과도 없게 하는 것이며
3. 어떠한 종교적 신조도 저해하지 않도록 정책을 수행하는 것이다.

이러한 해석의 접근 방법은 조정(Accommodation)의 개념을 중요시하는 것으로서, 정부와 종교 사이에는 필요한 관계가 존재한다는 사실, 정부는 국민생활에서의 종교의 역할에 무관심할 수 없다는 사실, 그리고 더 나아가서 적대적이거나 무관심과는 달리 정부의 기구와 계획을 국민의 종교적 이익에 조정 또는 조화하여야 한다는 사실을 인정하는 데에 있다. 이러한 조정과 조화의 관념은 조라크 대 크로선(Zorach v. Clausen) 판결에서의 윌리암 다글라스 판사와 공립학교 밖에서의 방과 후 기도 프로그램을 지지하는 입론에서 나왔다고 볼 수 있다(김철, 1994: 65).

4. 판례

4.1 국교 수립금지의 원칙의 판례

이제 판례법(Case Law)에 의해 발전된 개별적인 원칙을 보기로 한다. 국교 수립금지의 수정 1조항에 어떤 법률이 저촉되느냐는 세

단계의 테스트를 거쳐야 한다.

첫째로 어떤 법률은 명백히 **비종교적인 목적**을 가져야 한다.

둘째로 그것은 제1차적으로 **비종교적인 효과**를 가져야 한다.

세 번째로 그것을 정부로 하여금 어떤 종교에 과도하게 뒤엉키게 하지 않아야 한다. 만약 정부와 특정 종교와의 **과도한 유착**의 가능성이 있을 때는 다른 세 단계의 정사(精査)가 따르게 된다. 유착의 정도는 다음 세 요소를 평가함으로써 측정된다는 말이다.

첫째로 혜택을 받는 종교 기관(혹은 단체)의 특징과 목적,

둘째로 지원 혹은 혜택의 성질

그리고 세 번째는 지원의 결과로서 나타나는 정부와 종교 기관의 관계, 덧붙여서 특정 법률은 종교적인 라인에 따라 과도한 정도의 정치적인 분리(효과라고 부를 수도 있다)를 초래하지 않아야 한다.

공립학교에서의 기도와 성경읽기에 관한 일련의 케이스에서, 대법원은 전술한 "비종교적 목적과 일차적 효과" 테스트를 선언하였다. 이 테스트는 종교 단체에서 운영하는(종파적인) 학교의 학생들에게 교과서를 무상으로 대여하는 문제에서 다시 쓰였다. **1970년 대법원은 최초로 전술한 목적 – 효과 – 유착 테스트를 사용함으로써 교회에 대한 재산세 면세를 합법이라고 지지하였다.** 그 후의 케이스에서 종교단체가 운영하는 학교에 대한 지원을 취급함에 있어 대법원은 특정법률에 의해 야기되는 유착정도를 측정하는 세 가지 요소의 평가(이미 쓴)를 확립하였다. 그러나 **1971년에서 1975년까지 대법원**은 다른 최종의 요소 – 즉, 문제의 프로그램(혹은 법률)이 종교적인 라인을 따라 정치적인 분리(혹은 효과)를 야기하는가 – 에 대해서 점점 더 관심을 쏟게 되었다(김철, 1994: 273~274).

4.2 종교 행사의 자유 조항(Free Exercise Clause)

헌법 수정 제1조는 또한 종교의 자유로운 행사를 금지하는 어떤 형태의 법률도 제정하지 못하도록 예비하고 있다. 그것은 정부에 의해 어떤 종교적 신조도 배척하지 못하도록 하고 있고 덧붙여서 불가피하게 정부가 종교적 관행에 부담을 지울 때에는 종교적인 관행에 약간의 조절(편의를 위한)을 행할 수 있게 하고 있다. 그러나 본 조항에 의해 요구되는 조절은 그렇게 크다고 할 수 없다. **종교의 행사에 대한 부담은, 그것들이 비종교적인 규제에 불가피하게 부수해서 일어나거나 국가 이익이 종교적 관용을 엄청나게 초과하는 경우에만 인정될 수 있을 뿐이다.** 정부에 의한 어떠한 종교적 신조의 금지도 종교조항에 저촉된다. 따라서 정부는 국민의 종교적 신조를 이유로 개인에게 부담을 지우거나 어떤 특혜도 베풀 수 없다. 정부가 개인의 어떤 특정한 종교적 신조를 가졌다는 이유로 공직 취임을 거부하는 것은 결과적으로 정부가 다른 종교를 선호하는 결과가 되기 때문에 종교 조항에 위배된다.

4.2.1 예를 들면 토카소(Torcaso v. Watkins)[49] 케이스에서 미합중국 연방 대법원은 공직취임에 앞서 신 앞에 선서를 시키는 것을 위헌이라고 판시하였다. 정부가 특정 종교에 주는 부담은 직접적일 수도 있고 간접적일 수도 있다(김철, 1992: 274~275).

4.2.2 레이놀드 케이스(Reynolds v. United States)[50]에서 대법원

---

49) Torcaso v. Watkins 367. U.S. 488, 81st. ct. 1680, Ed. 2d 982(1961).
50) 98 U.S. 145(1879).

은 일부다처제를 그들의 종교적 관행으로 하는 모르몬교도에게 일부다처제를 금하는 연방 법률을 지지하였다(김철, 1992: 277).

4.2.3 브라운 펠드(Braunfeld v. Brown) 판결[51])에서 일요일에 휴점을 명하는 법률을 정통적 유태인에게도 적용할 것인가를 고려하고 있다(김철, 1922: 278).

4.2.4 위스콘신(Wisconsin v. Yoder)[52]) 사건에서 재판정은, 위스콘신주는 메노나이트파의 교도들이 8학년 이후에 그들의 자녀들을 공립학교에 보내도록 강요하지 못한다고 판시했다. 여기서도 또한 두 부분의 이익교량(two part balancing test)이 행해졌다.

첫째로 종교의 자유에 대한 중대한 부담을 발견하기 위해, 법원은 그 교파의 양친들이 그들의 자녀를 공립학교에 보내는 것을 거절하는 것이, 종교적인 신조에 근거한 것인지 아닌지를 결정하여야 했다. 법원이 주시했듯이, 세속적 가치(Secular values)에 대한 개인적이거나 철학적인 혐오나 거절은 종교의 자유조항에 의해 보호받지 못한 것이다. 따라서 메노나이트파 교도들이 단순히 전통적인 생활양식을 고수하기 위해 그들 자녀를 학교에 보내기를 거절했다면 그들의 주장은 부인될 것이다. 그러나 법원은 메노나이트의 라이프스타일, 교육 관행, 그리고 그들의 자녀를 더 이상의 세속적 교육에 맡기지 않는 것이 종교적인 데에 기인한다고 판시했다.

이 결정에 주된 기여를 한 것은 다음의 사실들이었다.

1) 이것은 개인적인 선호라기보다는 조직화된 그룹에 의해 공유

---

51) 366 U.S. 599(1961).
52) 374 U.S. 398(1963).

된 신조이다.

2) 이 신조는 또한 어떤 신학적 원칙들과 종교적 문헌의 해석에 관련되어 있다.

3) 이들 신앙 혹은 신조의 체계들(System of belief)은 교도들 사이에는 일반적인 것이며 그들의 일상생활의 지침이 되고 있다.

4) 종교적 신앙의 체계와 그로부터 연유되는 생활스타일(life style)은 상당한 기간 동안 존재해 왔었다.[53]

여기서 분명한 것은 종교의 자유조항에 의해 보호를 받기 위해서는, 특정신조를 가진 사람들이 그들의 신조가 명백히 '종교적'이라는 것을 증명하여야 한다는 것이다. 종교조항의 보호를 받기 위해서는 색다르거나 비조직화된 그룹에게 정부에 의해 종교의 자유를 부여할 것이 아니라, 단지 고도로 조직화된 종교만을 인정함으로써 종교에 대한 아주 협의의 정의를 채택하고 있다고 보아야 할 것이다. 종교의 자유란 것은, 정부의 확립된 사회 보장프로그램을 번복하는 데 쓰일 것이 아니라, 사적인 개인의 자유를 보호하기 위해서만 수용될 수 있다는 점이다.[54] 대법원장 버거(Burger)가 다수의견에서 개진한 것처럼 "비록 법적 수호를 받을 만한 종교적인 신조와 관행이 무엇인지를 결정하는 데에는 미묘한 문제가 따르지만, 예정된 자유의 정확한 개념은 모든 사람이 전체로서의 사회가 중요한 이익을 가지는 행위의 문제에 대해 제멋대로의 목표를 설정하게 방임하지 않는 것이다."[55]

---

53) 406 U.S. at 215~17.

54) Freund, "Public Aid to Parochial Schools", 82. *Harv. L. Rev.* 1680~1687 n. 14(1969); 또한 Galanter, "Religious Freedom in the United States: A Turning Point?" 1966 *Wis. L. Rev.*

55) Wisconsin v. Yoder, 406 U.S. 205, 215~216(1972).

메노나이트파 교도들이 그들의 자녀를 8학년 이후에 학교에 보내지 않겠다는 것이 종교적인 데에 근거한다고 증명을 하였기 때문에 법원은 강제적인 교육법을 위에서 본 두 부분의 이익교량 테스트에 적용할 가능성을 결정하였다. 첫 부분의 테스트—즉, 종교의 자유에 대한 부담의 증명—은 메노나이트 교도들에 의해 성취되었다. 8학년 이후에 그들의 자녀를 공립학교에서 교육시키는 것이, 그들의 종교적 신조와 갈등을 일으키고 그들의 자녀의 전적인 종교적 훈련을 위협하는 것이 증명되었다. 종교의 자유에 대한 부담(주의 규제나 활동에 의해 야기되는)이 존재한다고 밝혀졌기 때문에 법원은, **주의 이익을 교파의 이익과 교량하지 않으면 안 되었다.** 위스콘신주는 14세부터 18세까지의 이들 자녀들이 학교에 다니는 것이 사회의 성원과 시민으로서의 그들의 성장에 필수불가결하다고 주장하였다. 그러나 법원은 실정 제도가 주장하는 이러한 목표는 메노나이트교도들에게 그들의 교육의 자유를 줌으로써 훼손되지 않는다고 판시하였다. 최초 8년간의 공식적 교육과 그들 종파의 양친들에 의한 가정교육은 자녀들을 사회의 유능한 시민과 생산적인 성원으로 만들 수 있다고 하였다. 주 정부는 또한, 자녀들의 건강과 복지에 있어서의 제도 법의 관심과 이익은 모든 아동들에게 중등교육을 부여하는 절대적 가치를 정당화한다고 주장하였다.[56] 법원은 실정 제도의 이런 이익은, 종교적 관행이 아동의 건강과 훈련과 복지에 치명적일 때에, 종교적 자유의 주장을 능가할 것이라고 인정하였다. 그러나 기록이 보여주는 바와 같이 메노나이트 자녀들은 잘 보살펴져 왔고 그들의 커뮤니티에 있어 잘 양

---

56) 406 U.S. at 229~30.

육되어왔기 때문에, 실정 제도의 이와 같은 이익과 목적이 메노나
이트 자녀들에게 강제적 교육을 면제함으로써 훼손되지는 않는다
고 하였다(김철, 1992: 280~283).

4.2.5 일체의 폭력을 사용하는 것을 금하는 종교적 신조에 집착
하는 데 있어서의 **개인적 이익과 관심**은 강력하며, 그러한 신조 때
문에 지게 된 **정부의 부담**은 심각하다. 그러나 군대를 유지·양성
하는 데 있어서의 정부의 이익은, 이들 양심적 병역기피자의 징집
없이도 적절히 채워질 수 있는 것이다. 또한 전투임무 수행에 있어
서의 이들의 부적격성과 종교적인 반대자를 강제 징집함으로써 야
기되는 사회문제는 중시하여야 한다. 그러나 국방에 있어서의 정부
의 이익(특히 전시에 있어서는)은 전통적으로 법원에 의해 존중되
어 왔다. 실제로 대법원은 1971년에 오직 특정 전투만을 반대하는
사람들에게 징집면제를 거절한 것을 받아들였고, 오늘에 있어서도
법원의 입장은 마찬가지이다.[57]

질레트(Gillette v. United States) 판례가 그 예이다. 현재에 있어
서의 법제도의 면제는, 어떤 종류의 전쟁에도 참가하기를 반대하는
사람들에게만 허용되고 몇몇 전쟁에만 반대하는 사람들에게는 부
인되었다. 이것은 그들의 공식적 종교나 종교적인 철학이 그들로
하여금 '부정당'한 전쟁에 참여치 않도록 하는 일단의 사람들에 의
해 이의가 제기되었다. 다수의 판사들은 그 실정 제도의 좁은 해석
이 종교 자유의 조항과 공존할 수 있다고 판시했다(김철, 1992:
284~285).

---

57) Gillette v. United States, 401 U.S. 437, 461 n. 23(1971).

5. 교회 내부의 분쟁에 대한 제도법의 간여

어느 종교 집단 내부에서 분쟁이 생길 경우, 한쪽 당사자 또는
양쪽 당사자가 법원에서 분쟁의 해결을 구할 수 있다. 물론 정부는
'어느 당사자가 종교적 분쟁에서 옳은가'에 대해 판단 선언할 수
없음은 기본법 종교 조항에 의해 금지된 바대로이다. 왜냐하면 이
러한 분쟁에 대한 사법적 선언은, 종교 집단에 있어서의 반대되는
견해에서 특정 견해를 지지하고 다른 견해를 배척하는 결과가 되
어, 종교적 신조의 자유로운 행사를 금지하는 결과가 되기 때문이
다. 그러나 충돌되는 두 그룹이 동시에 교회 재산에 대한 소유권을
주장하게 될 때는, 법정이 종교적 신조 그 자체에 대한 판단을 피
한다는 보장하에서만 조심스럽게 재판권이 행사될 수도 있다.

판례법의 영역에서 교회 내부의 분쟁에 관한 최초의 예는 왓슨
케이스(Watson v. Jones)이다.[58] 기본법상의 원칙보다는 보통법 원
리에 의해서 판단된 동 사건은, 관련된 시민들의 다양성에 근거한
재판관할 때문에 연방 법원이 서로 경합하는 두 집단 중 어느 것
이 월넛가 교회(Walnut Street Church of Louisville)의 재산을 적
법하게 관리사용할 수 있느냐를 결정하도록 요구되었다. 주 법원의
판결에 의하면, 비록 그들이 합중국 장로교회의 최고 위원회의 명
령에 의해 교체되었음에도 불구하고, 지방의 장로와 재산 관리인들
이 교회 재산을 통제하도록 하는 것이었다.

대법원은, 이러한 상황에서는 주 법원은, 한 종교 집단의 최고
위원회의 결정에 따라야 된다고 판시하였다. 비록 수정 제1조의 종

---

58) 80U.S.(13Wall.) 679(1982).

교 조항이 아직 주를 위해 적용되어 질 경우까지는 오지 못했다 하더라도, 대법원의 동 판결은 종교 조항의 가치를 반영하는 것으로 이제는 인정되고 있다. 대다수 판사는, 내부의 종파적인 분쟁을 민사 법정(일반 법정)에 적용하기 위해서는 세 가지의 일반 법칙이 성립될 수 있다고 판시하였다.

첫째로 만약 문제의 재산이 그것이 특정한 목적을 지지하기 위해서 쓰일 것만을 조건으로 하는 것과 같이 명백한 조건을 달아서, 회중에게 주어졌을 때에는, 민사 법정은, 그 재산이 특정 목적을 위해 더 이상 쓰이지 못할 경우에는, 재산의 반환을 명령할 수 있다고 하였다.

두 번째로 재산이 독립된 종교 집단의 일반적 용도에 주어졌을 때는, 그 재산은 그 사회의 과반수이상이 결정한 바대로 쓰이지 않으면 안 된다. 혹은 이 경우에 지침이 되는 것은 '창설한 바대로의 원래의 목적'이다.

세 번째로 문제의 재산이, 일반적인 종교 조직의 일부를 구성하고 있는 어느 사회나 그룹에 의해 취득되었을 경우에는, 그 전체 조직의 확정된 위원회와 민사 법정에 의해 문의되어야 한다. 교회 재산에 관한 권리는 그것이 종교적 교의나 종법의 문제에 매인 한, 종교 기구의 최고 위원회나 권위에 의해 해결되지 않으면 한 된다.

왓슨(Watson)판결 이후 민사 법정이 종교 단체의 '목적으로부터의 이탈'의 문제를 해결할 수 있는 능력은 수정 헌법 제1조의 정신의 원칙에 비추어서 한정되어 왔다. 그러나 특정 종파의 교회 조직이나 위계 질서의 높은 자리에 일단 경의를 표하는 이런 원칙은 이후의 판결들에 의해 강화되어 왔다. 수정 제1조를 주에 적용하기 이전에 대법원에 의해 두 개의 다른 판결이 제시되었다.

회중 교회 케이스(Bouldin v. Alexander)[59])에서 대법원은, 특정
의 독립한 회중 교회(congregational church)의 재산을 누가 규제할
권한이 있는가를 선언하였다. 이 케이스에서 회중의 과반수가 안
되는, 소수의 회중이 만나 회중의 대다수를 축출하고, 교회 재산권
의 명의가 공식적으로 신탁되어 있는 수탁자를 내 쫓았던 것이다.
대법원은 판시하기를 민사 법정이 법적 권한을 결정짓기 위해서는,
이 회중 교회의 대다수의 뜻에 따라야 한다고 하였다. 이 결정이
수정 1조 원칙에 근거한 것인가가 분명치 않은 반면, 이 판례는 대
법원이 명백히 독립적인 회중 교회(congregational church)의 재산
권을 둘러싼 분쟁에 대면하여, 왓슨(Watson v. Jones)에서 언급된
원칙을 답습한 유일한 예라고 할 수 있다.

마닐라의 가톨릭교회(Gonzalez v. Roman Catholic Archbishop
of Manila)[60]) 케이스에서 대법원은, 로마 가톨릭교회의 사제의 자
격을 결정하는데, 민사 법정(Civil court)이 개입하는 것을 거절하
였다. 이 케이스에서, 여성의 유언자가, 그녀의 가장 직계 근친이
언제든지 가능하기만 하면 사제직에 임명될 수 있도록 되어 있는
상황에서, "사제직을 확고히 하기 위해서" 교회에 기금을 헌납하였
다. 문제의 직계 근친이, 그 사제직과 그에 부수되는 수입(헌납된
기금으로 말미암은)을 차지하려고 하였으나, 현행 교회법 아래에서
의 자격 요건을 충족시키지 못하여, 교회 당국에 의해 지명이 거부
되었다. 대법원은 판시하기를, 민사 법정이라 하더라도, 교회 당국
의 판단을 교란시킬 수 없기 때문에, 조성된 기금이나 사제직을 그
직계 친족에게 줄 수 없다고 하였다. 이유로서 열거하기를, 사제직

---

59) Bouldin v. Alexander 82 U.S.(15 Wall.) 131(1872).
60) Gonzalez v. Roman Catholic Archbishop of Manila 280 U.S. 1(1929).

은 교회의 위계질서의 일부이기 때문에, 교회 당국에 의한 교회 내부의 문제에 대한 결정은 사법 심사의 대상이 되지 않는다고 하였다. 그러나 대법원은 단서 사항으로서 이 원칙은 사기, 공모 그리고 자의가 없는 경우에만 타당하다고 하였다.[61] 후일에 진술은 부수의견(Obiter dictum)[62]으로 간주되기에 이르렀으며, 교회의 결정이 자의적인가를 결정할 교회 자체의 판단을 법원이 심사할 아무런 일반적 권능이 없다고 하였다.

니콜라스 정교회 케이스(Nicholas Cathedral)에서, 수정 1조의 법 조항을 주에 적용하는 문제에 잇달아서, 대법원은 러시아 정교회가 가지고 있는 재산의 관리권을, 그 교회의 아메리카의 멤버에게 줄 것인가의 문제에 직면하게 되었다.[63] 그러나 이 경우에 있어서, 대법원은, 비록 해당 교회 당국이 합중국의 이익에 적대적인 국가(즉, 옛 소비에트 연방 공화국)에 본부를 두고 있다고 하여도, 정부가 계층적인 교회의 권위에 간여하는 것을 거절하였다. 원래 뉴욕 주는, 러시아 정교회의 재산을, 뉴욕에 위치하는 러시아 정교회의 독립적인 교회에 주는 취지의 입법을 행하였었다. 이 입법이 모스크바에 있는 중앙 교회에 의해 지명 받은 주교에 의해 무효라고 주장된 것이다. 러시아 정교회는 과거에 아메리카 내의 그룹이 속해진, 계층적인 위치를 가진 교회로 법원에서 판단하였다. 그러나 정식 명칭은 명백히 아메리카의 시민인 동 교회의 간부들과 연합해서 만든 것이었다. 문제가 되는 것은 아메리카 교회가 중앙 교회와

---

61) 280 U.S. at 16.
62) Obiter dictum; 눈앞의 사건의 해결을 위해서는, 전적으로 긴급하지 않으나, 필요한 의견의 전개.
63) Kedoff v. St. Nicholas Cathedral 344 U.S. 94(1952).

의 유대관계를 끊어버리고, 교회 재산을 그 명의로 할 수 있느냐 하는 데 있었다. 본안 판결64)에서 교회 재산권의 통제를 아메리카 교회의 섹트에 넘겨준 뉴욕 법에 대해서, 주의 입법을 무효라고 선언하였다. 다수 판사의 견해로는, 이 입법은 교회 당국의 자치적인 규제와 결정에 부당하게 간여하여 종교의 자유로운 행사 조항(Free Exercise Clause)의 제 원칙들을 위배하였다는 것이다(김철, 1992: 297~300).

6. 교회의 재산권 분쟁에 관한 미국 판례 법리의 고찰65)

이하에서는 현재 국내에서 연구된 몇 가지 문헌들66)을 토대로 우리의 현실에 적합하게 적용할 수 있다고 생각되는 점들을 발췌하여 정리하였다. 향후 비교법적 필요를 고려할 때 가능하면 1차 자료들을 토대로 미국의 최근 판례의 경향들과 법리들을 보다 심도 있게 연구할 필요가 있다고 생각된다.

(1) 교회법원 존중 원칙(reverence to church tribunal)

미국 연방대법원 Miller 대법관은 교회의 재판기관을 존중해야 한

---

64) Kedoff v. St. Nicholas Cathedral 344 U.S. 94(1952).
65) 이 부분은 김정우 박사가 정리한 자료이다. 자료의 사용을 허락해주신 김정우 박사에게 감사를 표한다.
66) 김진현, "교회재산 분쟁에 관한 비교법적 고찰", 『강원법학』 제1호(강원대학교 비교법학연구소, 1985); 백현기, 『교회의 분쟁에 관한 민사법적 연구』, 법학박사 학위논문, (한양대학교, 2010); 박상도, 『교회분열시 재산귀속관계』, 법학석사 학위논문, (서울대학교, 2006); 김문혁, 『교회재산분쟁에 관한 연구』 법학석사 학위논문, (한양대학교, 2002).

다면서 교회정체(church polity)에 따른 접근을 주장했다. 교회재산이 특정교리에 명시적으로 신탁되지 않았을 때, 서열형 정체(hierachical polity)의 경우 법원은 교회의 결정을 최종적이고 구속력 있는 것으로 받아들이고, 회중정체의 경우 교회재산에 대한 권리는 다수결의 원칙 또는 자발적 단체를 지배하는 일반원칙에 따라 결정되어야 한다는 원칙을 수립하였다.67) 이는 교회의 역사적, 헌법적 특수성을 고려한 분쟁해결방법이라고 볼 수 있다.68) 일반법원이 교회정체의 특수성을 고려하여 판결하였다는 것 자체가 의미가 있다고 본다. 우리의 경우 교회정체란 것을 단체법적 시각으로 고려하여 사단의 특성에 적합한 법리를 도출해볼 수 있지 않을까 생각된다. 그러나 교회법원의 결정을 완전히 존중하여 교회의 판단에 대한 공정성 여부를 심사하는 것이 금지될 경우 교회법원에 의한 하위 지교회 혹은 교인들에 대한 억압가능성이 발생할 위험이 있다고 보는 견해가 있다.69)

(2) 중립적 원리(neutral principles)

Brennan 대법관은 "교계조직의 상급재판권자의 입장을 단순히 따르도록 명령하지 않고, 모든 재산분쟁, 교회재산 분쟁만이 아니라 일반재산분쟁에 까지도 적용할 수 있는 중립적 원리에 기초하여 판결할 것"을 주장했다.70)

---

67) 김진현, 위의 논문, 116면; 백현기, 위의 논문, 84~85면.
68) 김문혁, 앞의 논문, 41면.
69) 박상도, 앞의 논문, 35면.
70) 백현기, 앞의 논문, 89면.

중립적 원리란 교회분쟁사건의 헌법적 특수성을 고려하지 않고 일반사적단체의 분쟁을 해결하는 법일반이론에 따라 해결하려는 입장이다. 이 원리에 따르면 계쟁재산을 거의 예외 없이 어느 한쪽으로만 귀속시키지, 분할시킨다거나 공유 등 공동소유로 하는 예는 찾아보기 어렵다.[71] 이 원리와 관련된 두 가지 이론을 소개하면 다음과 같다.[72]

1) 재산권 분쟁설

이 이론은 재산권 분쟁이 있는 곳에 소의 이익내지 재판권이 있다고 본다. 분쟁이 재산적 이익과 관련된 것인 한, 설사 그 해결을 위하여 사적단체의 내부적 분쟁의 해결이 전제 문제로 되어 있는 경우에도 법원은 재산적 이익과 직접 관련된 부분은 물론 사적단체의 자주적 결정에 속하는 내부적 사항에 대하여도 사법적 심사를 할 수 있다는 입장이다. 그 주요한 근거로 재산적 이익의 침해는 그 자체만으로 언제나 사법권의 개입을 정당화할 만큼 충분히 심각한 것으로 보아야 한다는 점을 든다.[73] 우리나라의 판례의 법리는 이 견해를 따르는 것으로 보인다.

2) 계약설

이 이론은 사적 단체의 정관, 기타 자치규정을 계약조항으로 보아 사적단체를 둘러싼 분쟁은 이 계약조항에 의거하여 해결될 수 있다는 입장이다. 따라서 분쟁의 해결은 당사자들 사이에 이미 존

---

71) 백현기, 위의 논문, 97면.
72) 김진현, 앞의 논문, 130면.
73) 김진현, 위의 논문, 130면.

재하는 자치규정에 의하게 된다. 1980년의 미네소타주 최고법원은 "계약(교회헌법 등의 자치규정)에 해당문제가 교회치리회에 의하여 결정되어야 한다는 명문의 규정이 있거나 묵시적으로 추단될 수 있는 경우에는 그 치리회의 결정은 세속 법원에 대하여 종국적이 다"[74]라고 판단하였다. 계약설은 대체로 교회의 헌법, 기타 자치규정을 교회관계자 모두의 합의에 의한 계약조항으로 보고 교회치리기관의 지위는 동 계약에 의한 중재인으로 본다.

(3) 판례의 경향에 대한 분석

미국의 판례들은 크게 두 가지 계열로 나누어 볼 수 있다. 한 가지 계열은 교회와 국가의 분리를 철저히 하기 위하여 비록 사안이 재산분쟁이더라도 그 해결은 교회내의 자치기구의 의사결정에 절대적으로 따르며, 이렇게 하는 것이 지극히 불합리한 몇몇 경우에만 예외적으로 그 기관의 행위를 심사할 수 있다고 보는 입장과 또 하나의 계열은 교회재산분쟁에는 종교적 측면과 순수 재산적 측면이 있음을 상정하고 후자의 경우 일반재산분쟁과 달리 취급할 필요가 없다는 입장이다.[75] 현재는 존중원칙과 중립적 원리가 경합하고 있으며, 그 선택은 각 주에 달려 있다.[76] 이처럼 교회재산분쟁에 대한 미국 판례법상의 특징은, 먼저 교회의 특수성을 존중하여 판단하는 것으로부터 일반사회단체의 재산분쟁과 동일하게 취급하는 경향으로 나아가고 있다고 볼 수 있다. 또한 분쟁을 해결

---

74) 김진현, 위의 논문, 132면.
75) 김진현, 위의 논문, 129면.
76) 박상도, 앞의 논문, 42면.

하는 데 있어 실정법에 맞는지를 철저하게 검토하고 있다는 점, 교회의 자율적 해결을 중시하고 있다는 점, 분쟁재산을 거의 한쪽으로 귀속시키고 있다는 점이 그 특징이라고 볼 수 있다.[77]

7. 맺는말

미국에서의 교회와 국가의 관계에서, 중심적 주제가 되는 "정교분리"의 문제를, 필자는 "서양법 전통"의 오랜 문명사라는 세계사적인 관점에서 바라보려고 하였다. 그래서 아메리카의 교회와 국가의 인류사적인 연원이 되는, 17세기의 유럽, 17세기의 뉴잉글랜드 식민지의 역사에 소급하였고, 비단 프로테스탄트혁명 이후의 유럽뿐 아니라, 종교개혁 이전의 교회와 국가의 관계가 기원후 5세기에서 15세기의 중세 동안 서양법 전통의 문명사에 끼친 영향부터 보려 하였다. 서양 세계의 정교 분리의 역사는 실로 "양검 이론" 이후, 교회가 세속 정부에 대해서, 우월한 정신적 권위를 가지고, 세속 법정을 선도하거나, 형성시키거나, 법이념을 제시한 역사가 있었다. 그리고 서양법의 세계에는 그러한 역사가 남아 있다. 이것은 동아시아 법문화의 역사와 대비되는 것이다.

"이 논문이 다루는 주된 시기는, 17~18세기라는 특정의 시대이다." 따라서 "19세기의 미국의 교회는, 국가와의 분리를 유지하면서도, 사회정의를 위한 윤리적 책임을 결코 회피하지 않았다"라는, 논문 논찬자의 견해를 결론에 첨가한다.

---

77) 박상도, 위의 논문, 42면.

■ 참고문헌

김 철, "수정 제1조에 관한 연구 - 조항 성립사의 해석의 문제", 『해체기의 비교제도론/가치와 제도』(사간본)(서울: Myko Int'l, 1994).

_____, "칼뱅주의와 법에 대한 사상사: 윌리암스의 정교 분리 원칙", 『현상과 인식』 2009 가을호, 제33권 3호 통권 108호(서울: 한국인문사회과학회, 2009. 9. 30.).

_____, "해롤드 버만의 통합 법학", 금랑 김철수 선생 팔순 기념 논문집, pp.811~831, 『헌법과 기본권의 현황, 과제』(서울: 경인문화사, 2012).

_____, "칼뱅주의와 법에 대한 사상사: 로저 윌리암스의 교회와 국가에 대한 분리주의 원칙" 한국인문사회과학회 엮음, 『칼뱅주의 논쟁: 인문사회과학에서』, pp.71~99, (서울: 북코리아, 2009).

_____, "인류문명사에 있어서의 '법과 종교'의 상호교호관계에 대한 연구", pp.27~28 V-1., 한국법철학회 편, 『한국의 법철학자』, pp.17~38 (서울: 세창출판사, 2013).

해롤드 버만과 김철, 『종교와 제도 - 문명과 역사적 법이론』 중, pp.271~306, 제7장, 김철, "현대 세속국가에 있어서의 교회와 제도법과의 관계"(서울: 민영사, 1992).

해롤드 버만 지음, 김철 옮기고 정리함, 『법과 혁명 Ⅰ - 서양법 전통의 형성1』(서울: 한국학술정보, 2013).

_____, 『법과 혁명 - 근대 종교개혁이 서양법 전통에 미친 영향』 중

Introduction, "0.5 아메리카 혁명"(파주: 한국학술정보, 2015) (미출간 자료, 출간 예고).

김정우, "루터의 종교개혁과 로마 가톨릭 교회법의 관계에 관한 연구-로마 가톨릭 교회법에 대한 비판 및 그 영향을 중심으로-", 숭실대학교 법학과 박사학위 논문, 2011. 6.

Berman, Harold, *Law and Revolution-the Formation of Western Legal Tradition*(Cambridge: Harvard Univ. Press, 1983).

Berman, Harold, *Law and Revolution II-the Impact of Protestant Reformations on the Western Legal Tradition*(Cambridge: Harvard Univ. Press, 2003).

Black, Henry Cambell, *Black's Law Dictionary*. Fifth Edition (St. Paul, West Pub. Co., 1979).

Freund, "Public Aid to Parochial Schools", 82. *Harv. L. Rev.* 1680~1687 n. 14(1969).

Galanter, "Religious Freedom in the United States: A Turning Point?" 1966 *Wis. L. Rev.*

Korean Association of Legal Philosophy (ed.), "Kim Chull", pp.119~146, *Legal Philosophers in Korea*, (Seoul: Sechang, Pub. Co., 2014).

P. Kurland. *Religion & the Law of Church and State and the Supreme Court* (Aldine Pub. Co., Chicago, 1962).

Albert J. Menendez, "No Religious Test: Mr. Pinkney's Fogotten Freedom", *Church & State* Vol. 40 No. 3, March 1987.

Chistopher Collier and James Lincoln Collier, "The Puzzle of Charles Pinkney" *Decision in Philadelphia-The Constitutional Convention of 1787*(N.Y.: Random House, 1986).

Richards, David A. J., *Toleration and the Constitution* (New York: Oxford Univ. Press, 1986).

Stokes, Anson Phelps, *Church and State in the United States* 전 3권(New

York: Harper & Brothers, 1950).

Witte, John, Jr. and Frank S. Alexander, *Christianity and Law-An Introdunction*, (Cambridge: Cambridge Univ. Press, 2008).

熊本信夫, 『アメリカにおける政教分離の原則』(札幌: 北大圖書刊行會, 1972).

Watson v. Jones 13 Wall. 679, 20 L. Ed. 666 (1870); 장로교회 관련.

Bouldin v. Alexander 82 U.S.(15 Wall.) 131(1872); 회중(침례)교회 관련.

Gillette v. United States, 401 U.S. 437, 461 n. 23(1971).

Gonzalez v. Roman Catholic Archbishop of Manila 280 U.S. 1(1929); 로마 가톨릭교회 관련.

Kedoff v. St. Nicholas Cathedral 344 U.S. 94(1952); 러시아 정교회 관련.

McCullum v. Board of Education, 333 U.S. 203(1948); 학내 종교교육 관련.

Torcaso v. Watkins 367. U.S. 488, 81st. ct. 1680, Ed. 2d 982(1961); 종교자와 비종교자 구별 관련.

Walz v. Tax Commission, 397 U.S. (1970); 종교단체에 대한 면세 관련.

Wisconsin v. Yoder, 406 U.S. 205, 215~216(1972); 특정 교파 학생들의 공립학교 입학 강요 관련.

98 U.S. 145(1879).

366 U.S. 599(1961).

374 U.S. 398(1963).

406 U.S. at 215~17.

[부록 2] 법과 혁명: 프랑스 혁명(1789년)이 법제도에 미친 영향－법과 종교의 관계를 겸하여

* 이 논문은 김철, "법과 혁명: 프랑스혁명이 법제도에 미친 영향－법과 종교의 관계를 겸하여－", 『세계헌법연구』제19권 제2호, 세계헌법학회 한국학회, 서울, 2013년 8월과 『경제위기와 치유의 법학－글로벌 경제변화를 꿰뚫는 법학자의 시선』(서울: 한국학술정보, 2014), pp.250~287에 게재된 논문을 수정한 것임.

1. 들어가는 말; 공법사의 재인식

이것은 통합 법학(integrative jurisprudence)[78]을 시도한 것이다. 구체적으로는 역사법학[79]의 방법으로 공법 및 기초법의 영역을 통

---

78) 김철, "해롤드 버만(Harold Joseph Berman)이 한국 법학에서 가지는 의미", 『법과 혁명 I － 서양법 전통의 형성1』(해롤드 버만 지음, 김철 옮기고 정리함)(서울: 한국학술정보, 2013).

79) Berman, Harold J., *Law and Revolution-The Formation of the Western Legal Tradition*(Cambridge: Harvard Univ. Press, 1983). Berman, Harold J., *Law and Revolution II-The Impact of Protestant Revolution on the Western legal Tradition* (Cambridge: Harvard Univ. Press, 2003).

합 시도한 것이다. 목적은 개념 법학에서 소홀히 한 공법사를 재인식하기 위해서 구획화된 법학을 재구성해 보려는 시도이다.

또한 이번에 사거한 드워킨(Dworkin, ～2013.2)[80]의 명제[81]로서 "판례의 집성은 비유로써 연작소설이다"(1982)라는 공식에 의해서 그 역(逆)의 공식을 적용해본 것이다. "연작소설은 한 시대의 드라마이고 그 드라마는 수없는 판례의 집성이다."

2012년 말경부터 2013년 초까지, 길고 혹독한 겨울 동안, 한국의 대중 저널리즘이 취급한 외국 문화 중 지식인과 청년학생들의 인구에 회자한 것은, 1862년 출간된 프랑스의 빅또르 위고(Victor Hugo)의 5부작을, 배경이 되는 큰 역사를 빼고,[82] 인물 중심의 사건만으로 발췌해서 만든 영화 "레 미제라블"이 아닐까 한다. 이 영화에서는 1814～1815년 앙샹 레짐(혁명 이전의 구 체제)으로의 왕정복고기에서, 1830년의 7월 혁명 기간과 그 이후의 불안정한 시기 동안의, 이른바 프랑스의 하층민 생활 상 - 실업 이후의 팡티느의 영락(零落, fall down)의 묘사, 몽트뢰유 쉬르 메르시로 들어가는 입구에 등장하는 이름 없는 "비참한 사람들"의 생활 - 이 인상

---

80) 드워킨은 2008년 가을 방한하였고, 한국 법철학회의 이틀에 걸친 전문가 세미나에서, 논문 필자는 법과 도덕에 대한 드워킨의 결정적인 견해를 끄집어 낼 수 있었다(김철, 2009b; 2010. 12.). 한국 법철학회편,『한국의 법철학자』(서울: 세창출판사, 2013), 22～23면.

81) Ronald N. Dworkin, "Natural Law Revisited", *University of Florida Law Review*, vol. 34, 1982. 김철,『법과 경제질서 - 21세기의 시대정신』(서울: 한국학술정보, 2010. 12.), 10～11면.

82) 전 5부작인 레미제라블은 1권 팡티느, 2권 코제트라는 식으로 주된 인물을 제목으로 삼고 있으나 2권 1부의 약 100페이지는 프랑스혁명의 계승자 나폴레옹과 당시의 유럽 구체제 연합군의 격돌 전투인 워털루 전쟁을 상세하게 묘사하고 있다. 또한 제4권 1부에서는 1830년의 7월 혁명의 배경을 철저하게 설명하고 있다. 한국의 어떤 법 철학자(이항녕)는 이 역사 소설을 "자연법의 표현"이라고 한다. 한국 법철학회편,『한국의 법철학자』(서울: 세창출판사, 2013).

적으로 표현되고 있다. 또한 앙샹 레짐 왕정복고기(1815~1830)로 대표되는 대혁명의 반동기 동안 1789년 대혁명을 계승하려는 공화파 청년들의 폭동 장면도 상당한 시간 동안 묘사하고 있는 것이 특징이다.

이 영화의 대중심리적 영향은, 이미 오래전부터 잘 알려져온 단순화된 공식으로 요약된다. 즉, 자베르에 의해서 표상되는, 억압법의 무자비함과 불관용, 법을 집행하는 관료 체계의 경직성과 자동기계의 성격, 전과자에 대한 일반인들의 낙인찍기, 누범에 대한 무자비한 응보형83) 등이 인상적이다. 팡티느의 생활에 나타나는 공식 법제에서의 소외, 인간다운 생활을 보장받지 못함, 코제트의 초기 생활에서 나타나는 아동에 대한 정부나 국가의 보호 없음, 아동노동과 학대에 대한 방임 등이 두드러진다. 또한 가석방된 장발장에 대한 사회적 격리 조치도 드러난다. 사회적 약자에 대한 배려가 전혀 없는 법제도의 시대를 그리고 있다고 하겠다. 다른 한편 미리엘과 회심 이후의 장발장에 의해서 대표되는 "지고의 존재(dê·tre superier)의 뜻"에 따른 관용과 용서의 세계가 그려지고 있다.

공법사의 재인식이라 한 것은, 이제까지의 공법의 인식이 역사적으로 진화하거나 역사적 계기(예: 프랑스 대혁명)를 거쳐서 형성되었다는 것을 고려하지 않는 경우가 많았다는 것이다(김철, 2013).84)

---

83) 프랑스혁명이 법체계에 미친 영향에 대해서는, Harold J. Berman, *Law and Revolution Ⅱ-The Impact of Protestant Revolution on the Western legal Tradition*(Cambridge: Harvard Univ. Press, 2003) 특히 pp.10~13 The French Revolution: Deist Rationalism. 프랑스혁명은 형법에서도 현격한 변화를 가져왔다. 신 형법은 보복적 형법을 금지 했고, 무죄 추정의 원칙, 신분에 불구한 가벌성, 그리고, 죄형 법정 주의를 도입하였다. 동시에 나폴레옹의 1810년 형법은 응보형주의보다, 형벌의 위협에 의해서, 범죄를 예방하려는 예방 주의에 중점이 있었다. 이런 태도는 18세기 후반의 개혁 사상가들 사이에 널리 풍미되었던, 공리주의적 태도를 반영하는 것이었다.

이 논문에서 프랑스의 공법 제도와 혁명과의 관계를 간단하게 엿볼 수가 있다.

2. 프랑스혁명의 경위[85]와 인권선언 이후의 프랑스 헌법의 경위

2.1 프랑스혁명과 재정문제

1789년 프랑스혁명의 원인에 대해서는 앙드레 모로아는 혁명의 발단을 서술하는데, 사회경제적 요인을 주목하지 않고 있다(모로아, 1993).[86] Edmund Burke는 혁명의 발단을 우연한 사건의 연쇄로 기술하고 있다(같은 책). 노명식 교수는 1. 귀족의 반동과 왕의 무능 2. 혁명의 경과에서 재정 문제를 중요시하고 있다. "1775년 이후 불황에 직면한 프랑스 정부는 두 가지 정책적 과오를 저질렀다. 하나는 1778년 미국 독립 전쟁의 참전이고, 이때 비용이 20억 리브르였다고 한다. 이것 때문에 프랑스는 만성적인 재정 적자를 일으키게 되었다. 1786년의 영·불 통상조약은 프랑스 공업에 타격을 주고, 곡물가격의 폭등을 가져왔다. 불경기를 악화시켜 사회 불안 요인을 만들었다. 곡물 가격의 폭등은, 여러 가지 위기적 요인을 가중시켰다. 종합적으로 세금 징수가 어렵고, 세입이 줄어들었다. 절대왕권 루이 14세의 유산은 부채와 사치 생활이었다. 루이

---

84) 김철, "해롤드 버만(Harold Joseph Berman)이 한국 법학에서 가지는 의미", 『법과 혁명 Ⅰ-서양법 전통의 형성1』(해롤드 버만 지음, 김철 옮기고 정리함)(서울: 한국학술정보, 2013).

85) Schwill, Ferdinand, *A Political History of Modern Europe-From The Reformation To The Present Day*(New York: Charles Scribner's Sons, 1911). 김철, 『한국 법학의 반성』(서울: 한국학술정보, 2009. 09.) 특히 제2장 공법의 역사 pp.168~181.

86) 앙드레 모로아 지음, 신용석 옮김 『프랑스사』(서울: 기린원, 1993).

16세 이후 혁명의 해인 1789년, 15년간 부채가 3배가 증가하였다. 1787년까지 재정 보고서는 허위로 작성되고, 1786년까지 재정 상태는 더욱 악화되었다"(노명식, 2011: 58).[87] 프랑스 혁명사에서 재정문제와 조세제도를 강조하는 학설은 조세제도가 문제될 때마다 되풀이 인용되는 역사의 맥락이다.[88]

1789년 바스티유 감옥에 진격한 역사의 전례 없는 부녀자 부대는 빵값 폭등에 가장 큰 자극을 받았다고 한다(wikipedia, "French Revolution"). 빵의 문제가 얼마나 프랑스혁명에 절실했는가는 혁명 이후 혁명정부(1793년 국민의회)는 '혁명 빵'의 규격을 지정해서 혁명 전에 존재했던 부유한 자의 빵과 가난한 자의 빵의 현격한 차이를 없애려고 노력했다고 한다(양창삼, 2006).[89] 국민의회 법령 제8조 "부유와 빈곤은 평등의 사회에서는 소멸되어야 한다. 고로 부자는 최상급의 흰 빵을 먹고, 가난한 자는 저질의 빵을 먹어서는 안 된다." 국민의회 법령 제9조 "프랑스의 모든 빵 가게는 오직 한 가지 종류의 질 좋은 빵, 곧 평등 빵만을 만들어야 한다. 이를 어기면 금고형에 처한다." "바게트 빵의 길이는 80cm, 무게는 30g으로 하라."

---

87) 노명식, 『프랑스혁명에서 파리 코뮌까지, 1789~1871』(서울: 책과 함께, 2011).

88) 이 논문의 초안이 학회에서 발표된 약 5개월 뒤 한국에서의 세제 개편 논쟁에서 프랑스 혁명사에서의 인용이 저널리즘에서 반향을 보여준다. 서양원, "[매경포럼] 세제개편 솔로몬의 해법 – 프랑스혁명, 방만한 재정 운영 때문 재정은 아차하는 순간 망가져, 증세·복지부담, 국민 대타협 필요 – ", 『매일경제신문』2013. 8. 19.일자.

89) 양창삼, "포스트모던 시대의 자본주의 위상 재검토", 『사회이론』통권 제30호(서울: 한국사회이론학회, 2006).

2.2 역사적 사건의 강조

이 항목에서 역사적 연대를 강조하는 것은 역사법학과 사회학적 법학의 표어로써, 뒤르케임의 다음의 명제를 실행하기 위해서이다. "역사적 사실을 물건처럼 취급하라"(Durkheim, 1993: 255~256) (김철, 2008; 2009; 2010).

프랑스 대혁명은 6개의 큰 분수령으로 나누어진다.[90] 첫째 혁명

---

90) 다음과 같이 프랑스혁명의 여섯 개의 큰 분수령을 이루는 구체적인 연대기를 법학도를 위해서 되풀이하기로 한다. 1744~1789년에 Bourbon 왕가 Louis 14세, 16세의 절대 왕정의 시대였고, 1789년에 절대주의가 붕괴해서 대혁명이 일어났으며, 그 결과로, 1789~1791년 국민의회(The National Assembly)가 주역이 되어서 온건파인 미라보가 1791년에 입헌군주제의 헌법을 만들었으며, 1792~1795년에는 국민공회(The National Convention)가 주역이 되고, 온건파인 지롱드파와 매파인 몽테뉴(Montagne)파(몽테뉴파를 직역해서 일본 및 한국 교과서에서 산악당 파라고 표기해왔으나, 그 어원은 산이라는 뜻의 mountain과는 직접적으로는 관계없고, 당시 국민 공회의 매파가 앉은 자리가 회의장의 높은 곳이라는 것에서 유래한다고 한다. 지적해준 토론자들에게 감사한다)가 대립하였으며, 1793년 6월에 공화국을 채택한 헌법을 만들었으며, 1793~1794년에는 로베스피에르를 필두로 하는 자코뱅주의가 공포주의를 시행하였으며, 이후에 나폴레옹이 대두하여, 1799년에 나폴레옹 헌법을 제정하고, 1804년 5월 18일 헌법에 의해서 나폴레옹이 황제가 되었음. 이후의 경위는 1804~1815년 제1집정관에게 권력 집중되고, 나폴레옹 제국이 성립되었다. 이후 1814~1815년에 영국·러시아·프로이센·오스트리아의 연합인 앙샹 레짐 연합군이 승리하고, 그 결과로 Bourbon 왕가의 Louis 18세의 왕정복고가 이루어지고(1815년 프랑스 루이 8세에 의한 왕정복고는, 1648~1649 영국 청교도혁명이 40년 경과한 후의, 1688 영국 왕정복고(Restoration)(명예혁명)와 비교된다. 왜 비교되느냐는 어떤 토론자가 질문하였고 이 대비는 Victor Hugo가 1815년 왕정복고를 묘사할 때 한 것을 필자가 인용한 것이다), 1814년 6월에 앙샹 레짐 왕정복고에 따른 구 체제 회귀의 헌법이 성립하였다. 따라서 1814~1830년까지는 루이 18세(1814-1824)와 샤를르 10세(Charles Ⅹ, 1824-1830)의 앙샹 레짐 체제가 통치하였다. 앙샹 레짐 체제하에서, 1830년 7월 26일 샤를르 10세가 언론 억압과 투표권 제한의 4개 칙령(ordinances, decree)을 공포하자, 1830년 7월 29일 7월 혁명이 일어나고, 대중의 봉기로 앙샹 레짐에 속하는 Bourbon 왕조의 샤를르 10세가 퇴위하였다. 1830년 7월 29일의 구체적 사정은 샤를르의 실정에도 불구하고, 자유주의적 성향을 가진 왕당파가 다수 있었다. 공화주의적 근로자였던 거리의 전투자들과는 반대로 이들은 중산층 또는 제3계급(bourgeoisie)이었다. 이들은 무정부 상태에서 나라를 구하기 위해서, 프랑스는 입헌군주제가 필요하다고 결정하고, 오를레앙(Orleans) 대공인 루이 필립(Louis Philippe)을 옹립했

직후 온건한 입헌군주제의 시대, 둘째 프랑스 인권선언의 정신으로 왕정을 폐지하고 공화주의를 기본으로 한 시기와 셋째 나폴레옹 등장 이후 집정관 시대와 황제정의 시대, 그리고 넷째 나폴레옹 몰락 이후 유럽의 구체제 연합 왕가의 압박으로 1815년 이후 구 체제에 의한 왕정복고가 이루어진 1830년까지가 한 시기이며, 다섯째 1830년 7월 혁명 이후 다시 입헌군주제의 헌법을 가지게 되는 시기이다. 이 논문에서는 취급하지 않겠으나, 여섯째 1848년 2월 혁명에 의해서 프랑스는 다시 공화주의에 의한 국민주권의 헌법을 가지게 된다.

2.3 프랑스혁명의 단계에 대한 비유

"사람들은 첫 번째의 계주(繼走: 이어달리기)를 온건한 미라보(Mirabeau)와 더불어 했고, 두 번째 계주를 로베스피에르(Robespierre)와 더불어 했고 세 번째의 계주를 보나파르트(Bonaparte)와 더불어 했다. 사람들은 녹초가 되었다. 피로는 휴식을 원하고, 기성의 것은 보장을 원한다. 영국이 크롬웰 뒤에 스튜아트(Stuart) 왕가의 명예혁명(Glorious Revolution)을 원한 것이, 프랑스가 나폴레옹 이후에 부르봉 왕가의 왕정복고(1815)를 원한 것이 그것이다"[91](Victor Hugo, 1862; pp.10~11).

다. 따라서 7월의 입헌군주제는 제3계급(bourgeoisie)의 지배로 불리고, 루이 필립 자신은 시민의 왕(roi-bourgeois)로 불렸다. 1831년과 1832년 이후에도 루이 필립 은 한편에서는 강경 왕권론자로부터 한편으로는 대혁명 이후의 공화주의자들로부터 도전을 받았다.

91) Victor Hugo, Les Miserables 4권 1부 pp.10~11, 정기수역, 민음사, 2012.

2.4 프랑스 인권선언(1789.8.29) 이후의 프랑스 헌법의 경우(인권조항)[92]

레미제라블의 배경이 되는 앙샹 레짐 왕정복고기(1815~1830)의 외견상 무자비하고, 형평의 여지가 보이지 않는 법의 세계는, 유형화 된 헌법의 타입으로는, 근대 입헌주의적 헌법 이전의 절대주의 시대로의 후퇴로 보인다. 근대 입헌주의가 유럽 대륙에서 나타난 계기가 되는 1789년 프랑스혁명의 대정신인 인권선언은, 1791년과 1795년의 프랑스 헌법에 다수의 인권조항을 당연히 포함시켰다.[93] 1799년 나폴레옹 집권 후 인권조항은 숫자가 줄어들었다고 한다 (김철수, 2006: 254). 다른 한편, 나폴레옹은 프랑스혁명의 성과를 법 제도에서 실현시킨 장본인으로, 1804년의 나폴레옹 민법은 그 제정에 나폴레옹이 직접 참여했으며(Harold Berman, 2003: 12), 1810년의 나폴레옹 형법은 무죄 추정의 원칙, 예방주의 원칙, 신분에 의한 차별금지를 강조하고 있었다(Berman, 2003: 같은 면).

레미제라블의 시대는 1814~1815년 앙샹 레짐 왕정복고로부터 1830년 7월 혁명과 그 이후인, 1832년까지의 기간이다. 1814~1815년 앙샹 레짐으로의 왕정복고는, 대혁명 이후 나폴레옹 시대까지 진행되었던 근대 입헌주의 아래에서의 근대 법체계의 성과를 없애고, 다시 1789년 이전의 세계로 돌이켰다는 이야기인가? 이 질문에 대해서 1815년 6월 18일에 나폴레옹이 워털루에서 영국과 프러시아, 그리고 대륙에 있어서의 구체제 국가들의 연합군에게 패하고 나서는, 프랑스 국민들은 혁명 이후에 그들이 얻었던 거의 모든 권리를 잃었다는 견해가 있다.[94]

---

92) 본 논문 9항 프랑스 헌법의 제정과 변천 참조.
93) 김철수, 제18전정신판『헌법학개론』(서울: 박영사, 2006), 254면.

3. 프랑스혁명(1789)과 나폴레옹 제국(1804~1815)의 국가학(Staatslehre)적 성과 – 강력하고 통일된 중앙 집권국가

프랑스혁명과 나폴레옹 제국의 성과에 대한 다음의 견해는 국가의 통일성과 중앙집권, 그리고 법체계와 행정 제도에 관한 것이다(노명식, 2011: 268~269).

프랑스혁명과 나폴레옹 제국은 낡은 프랑스를 철저히 부수었다. 혁명 이전의 프랑스는 법률, 제도, 통치 체계, 관습, 도량형, 생활 양식, 언어 등 어느 하나도 통일된 것이 없고 제멋대로 사는 사람들의 하나의 집합체였으나 혁명은 통일을 가져왔다. 혁명정부도 나폴레옹도 권력의 중앙집권을 강력히 추진하여 프랑스라는 나라는 국민 국가의 온갖 면모를 갖추게 되었다. 통치와 행정의 중앙집권적·통일적 체계, 합리적이고 체계적인 법률, 전국에 공통되는 도량형, 모두 남자에게 부과되는 병역 의무, 재산에 비례하는 객관적이고 합리적인 세제, 국가가 관장하는 단일적인 교육제도 등 온갖 면에서 앙시앵레짐의 지방주의적 성격이 말끔히 씻겼다. 한마디로 말하여 1814년 당시의 프랑스는 아주 능률적인 중앙집권의 나라였다. 그것은 주로 나폴레옹의 업적이었다. 민법, 형법, 상법, 사법제도, 재정 제도는 말할 나위 없고 레지옹 도뇌르 훈장을 제정하고 프랑스 은행을 설립하는 등 이 시점 등장한 훌륭한 모든 제도가 나폴레옹의 창작 내지 개작이 아닌 것이 없었다. 나폴레옹이 루이 18세에게 물려준 능률적인 행정제도는 복고 왕정이 손질할 필요가 거의 없었다. 물론 어떤 부분은 다시 고쳐야 했지만, 복고 왕정도

---

94) wikipedia, "French Revolution."

그 후의 누구도 효율적인 통치기구를 약화시키려고 하지 않았다(노명식, 2011: 268~269). 나폴레옹이 특히 프랑스의 행정제도를 정비했다는 견해에 대해서 검토해보기로 한다.

3.1 나폴레옹 헌법시대의 행정제도(김철, 2009.09: 171~172)

프랑스의 내부 행정은 혁명 동안 무정부 상태였다. 1791년의 혁명은 프랑스를 83개의 도 또는 현(縣, department)으로 나누고 지방자치제도에 의해서 왕이 지명한 구 중앙 행정부를 보충하였다. 실제로 모든 공직은 선거제가 되었고, 따라서 정치활동을 요구하였으며, 이러한 의무에 익숙하지 못한 투표자들은 곧 염증을 느끼게 되었다. 시민들은 투표에 참가하기를 거절하고, 투표권이 소수의 전문 직업 정치인 손에 표류하도록 내버려 두었다. 공포 시대 때에도 공식제도는 포기되었다. 보나파르트의 등장과 함께 중앙통제의 전통적 정책에 대한 복귀가 행해졌다. 83개의 모든 현에 제1통령에 의한 지사가 임명되고 소환되었다. 이와 같이 프랑스 전국은 제1통령의 손에 장악되었다. 보나파르트는 그의 놀라운 정확성의 감각으로 지배의 폭과 깊이에 있어서 어떤 왕권신수설 시대의 군주도 할 수 없었던 정도로 그의 제도를 완성하였다. 19세기 후반기에 프랑스 행정법의 기초가 된 권위 행위, 관리 행위의 학자인 라페르(E. Laferriere)는 1887년에 '행정 재판과 소송 청구권'을 간행했으며 주관적인 제도이론(Théorie de l'institution)의 오류(M. Hauriou)는 1874년에 '행정법 개요'를, 1897년에 '프랑스 행정법 연구'를 간행했다(김도창, 1986).

3.2 나폴레옹 헌법 아래에서의 국 참사원[95](김철, 2009.09: 170~171)

1799년 12월 22일에 '공화 8년의 헌법'으로 불리기도 하고 통령 제 헌법으로 불리기도 하는 보나파르트 법체계가 성립하였다. 정부 는 제1통령에게 집중되었다. 입법 기능은 투표권 없는 호민관과 심 의권 없이 투표만 하는 입법 기구에 주어졌다. 권한이 나누어짐으 로써 이 입법 기능과 관련된 두 기구의 힘은 나누어지고, 이윽고 모든 영향을 잃게 되었다. 또 다른 쿠데타에 의하지 않고, 단순히 타이틀을 바꿈으로써 보나파르트 통령은 프랑스를 절대군주로서 지배할 수 있는 나폴레옹 황제로 나가는 길을 열었다. 이 '공화 8 년의 헌법' 제52조에 근거를 두고 1799년 12월 25일 국 참사원(國 參事院, Conseil d'Etat)이 설치되었다. 이것이 프랑스 행정재판제 도의 '빛나는 전통'이다. 지방 행정 법원의 전신인 도 참사원(道 參事院, Conseil de préfecture)이 같은 1799년에 발족하였다.

3.3 나폴레옹 헌법시대의 프랑스의 행정재판제도(김철, 2009.09: 169~170)[96]

통일전제왕국(統一專制王國)이 일찍 성립되었기 때문에 공법의 역사는 프로이센-도이칠란트보다 먼저 성립되었다. 행정재판제도는 프랑스에서는 1800년대에 확립되었다. "그러므로 프랑스 행정법의 180여 년이 오늘날의 행정법의 역사이며, 행정법과 행정법학의 모국 이 프랑스라고 일컫는 연유도 여기에 있다"라고 한다(김도창, 1986).

---

95) 찰스 E. 프리드먼, 양승두 역, 『프랑스 行政法 序說: 프랑스 國事院의 구조와 기 능』(서울: 연세대학교 출판부, 1983).
96) 김철, 『한국 법학의 반성-사법개혁 시대의 법학을 위하여』(서울: 한국학술정보, 2009.09).

3.4 프랑스혁명 이후의 사법부의 위치(김철 2009.09: 172)

앙시앵 레짐하에서의 사법법원은 전제군주의 행정의 현대화 및 사회 개혁의 여러 시도에 대하여 정면으로는 아니나 종종 실효적인 반대 운동을 전개한 바 있다. 이러한 사법법원의 저항은 루이 15세 및 루이 16세 때에 그 절정에 달하였던 것이다. 또한 제헌 혁명의회의 최초 조치 중의 하나는 1790년 8월 16일부터 24일까지의 법 제정에 의하여, 사법법원에 의한 행정권에의 도전 의도 또는 도전의 가능성을 완전히 봉쇄한 것이었다. 이 원칙은 5년 후 공화력 3년의 데크레(decree)에 재천명되고 있는바 "법관은 어떠한 종류의 행정 행위에 대해서도 재판할 수 없으며, 그렇지 아니할 경우에는 법적으로 처벌된다."

3.5 사법부가 행정권 내부에 대한 재판을 하지 못하는 전통
   (김철 2009.09: 172~173)

① 오랜 앙시앵레짐 아래에서나,
② 1789년의 대혁명에 의해 절대 왕조가 무너진 다음 해인 1790년의 제헌혁명 회의에 의해서나(1791년 헌법)
③ 다시 모든 대혁명의 주체였던 회의체 정부(~1793년 헌법)가, 보나파르트에 의해서 통령 정부-1인의 수중에 다시 모든 권한이 장악된 시대에 있어서도, 변하지 않는 제도의 전통이 있다.

즉, 절대 왕조-제헌 혁명회의-국민 공회의-보나파르트 통령 정부(1799년)-보나파르트 황제정(1804년)으로 이어지는 다섯 개의 전혀 다른 역사적 단계의 어느 시기에서도, 사법부가 행정권 내부에 대한 재판을 하지 못하는 점은 일관되었다. 행정에 대한 재판이 행정기관의 내부에서만 이루어지는 이러한 일관성이 부르봉 왕조 이후의 근대까지의 프랑스 법문화의 특징이라고 할 수 있다. 이 법문화가 산출한 "국 참사원(Conseil d'Etat)은 1799년 이후 제3공화정(1817~1940), 제4공화정(1946~1958)의 헌법에서는 명문의 규정을 두지 않고 참사관 임명에 관한 규정을 두고 제5공화정 헌법은 입법 참여권을 규정하여, 150년의 전통을 자랑한다"고 한다.

4. 혁명 이후 왕정복고기의 특징 중 정교융합의 문제와 성속의 재융합 문제

빅토르 위고가 창조한 "비참한 사람들"의 연대기는 1814~1815년의 왕정복고와 1815년의 나폴레옹의 워털루 패전 이후, 유럽의 구체제의 결정적 승리에 잇따른 루이 18세와 샤를르 10세의 앙샹 레짐 왕정복고기를 배경으로 하고 있다. 물론 위고의 5부작의 인물설정과 인물들의 삶의 역정은 말할 필요도 없이 픽션이다. 그럼에도 불구하고, 위고의 이 픽션은 집필기간이 19년 내지 20년이 걸렸으며, 1862년경에야 벨기에에서 발간되었으며, 이 픽션은 프랑스 국민들에게는 혁명시대의 역사적 기록으로서 공인되고, 사후 국민적 작가로서 국가적 위인이 묻히는 팡테옹에 안장되었다는 사실, 그리고 불어권에서는 성경 다음으로 많이 읽히는 고전이라는 점에 있어서, 그가 그의 픽션의 콘텍스트로 택한 이 기간의 역사적 묘사에 엄청난 사실성과 정확성을 부여하려 했다는 것은 인정할 수 있다.

위고의 역사 드라마에서 자베르와 장발장에 의해서 표상되는, 억

압 법의 무자비함과 불관용, 법을 집행하는 관료 체계의 경직성과
자동 기계의 성격, 전과자에 대한 일반인들의 낙인찍기, 누범에 대
한 무자비한 응보형97) 등이 인상적이다. 자베르와 대조되는 또 하
나의 중요 인물은 미리엘 신부 또는 몬시뇰이다.98) 이 인물의 개
인적 특징은 서양의 기독교 전통(버만과 김철: 1992)99)에서 중세
이후 서양사에서 나타나는, 교회의 세속 권력과의 융합을 반대하
고, 정교 융합과 이에 부수하는 교회의 부패를 제거하려는, 중세
이후의 개혁 운동100)의 연장선상에서 파악될 수 있다. 중세 이후의
오래된 전통은 다음과 같다. 10세기 초와 11세기 초부터 이러한
정교 분리 운동의 주도적인 역할은, 남 프랑스의 클루니 또는 클뤼
니(Cluny) 수도원에서부터 시작되었다.101) 미리엘 신부의 가장 철

---

97) 프랑스혁명이 법체계에 미친 영향에 대해서는, Harold J. Berman, *Law and
Revolution Ⅱ-The Impact of Protestant Revolution on the Western legal
Tradition*(Harvard Univ. Press, 2003) 특히 pp.10~13 The French Revolution:
Deist Rationalism. 프랑스혁명은 형법에서도 현격한 변화를 가져왔다. 신 형법은
보복적 형법을 금지했고, 무죄 추정의 원칙, 신분에 불구한 가벌성, 그리고, 죄형
법정주의를 도입하였다. 동시에 나폴레옹의 1810년 형법은 응보형주의보다, 형벌
의 위협에 의해서, 범죄를 예방하려는 예방주의에 중점이 있었다. 이런 태도는
18세기 후반의 개혁 사상가들 사이에 널리 풍미되었던, 공리주의적 태도를 반영
하는 것이었다.

98) 레미제라블의 한국어 번역판(정기수 역, 민음사, 2011)과 영화 레미제라블에서 미
리엘 신부를 주교로 번역하고 있다. 그러나 영화의 영어로 발음하는 실제 대사에
서 미리엘 신부를 몬시뇰이라고 부르고 있다. 몬시뇰은 가톨릭 사제의 계층 구조
에서 교구의 사제 임명권을 가지는 주교는 아니다. 그렇다고 보통의 사제는 아니
고 사제와 교구장인 주교의 중간쯤 위치이다.

99) 해롤드 버만과 김철, 「종교와 제도-문명과 역사적 법이론」(민영사, 1992).

100) Harold Berman, 김철(정리), 「법과 혁명 Ⅰ-서양법 전통의 형성1」 중 특히 제3
장 서양법 전통의 기원과 교황의 혁명 참조.

101) "10세기와 11세기 초에 강력한 운동이 일어났는데, 부패로부터 제외하려는 움직
임이었다. 주도적인 역할은 클루니의 대수도원(Abbey of Cluny)이 행하였는데,
본부는 남프랑스의 클루니에 있었다. 마침내 클루니 수도원단은 지방과 지역을
넘는 광범위한 영역에 걸쳤다는 점에서, …… 한 지방이나 지역을 넘는 성격을
가지고 계층 질서를 가지며 또한 단체적 성격과 법인격을 가진 정부의 모델로서

저한 복음주의적 태도는 그 시대의 콘텍스트로서는 부르봉 왕조 내내 계속된 절대 권력과 고위 성직 계층 간의 유독한 연합, 즉 정교 융합 체제102)를 거부하는 개인적 표현으로 보여 진다. 만약 이런 배경이 아니었다면 부르봉 절대 왕조에서 귀족들과 함께 특권 계층으로 공인되었던 성직자 계층의, 평민에 대한 지배적 태도가 나타났을 것이다. 구 체제 왕정복고의 전반적 분위기에서 경찰이 체포한 범인에 대해서 무조건의 관용을 베푸는 것은, 앙샹 레짐하에 있어서의 지배층으로 분류되던 성직자들이, 1789년의 대혁명 이후 혼란의 26년 뒤에 다시 구 체제와 회귀한 왕권과 동행하던 제도 교회의 성직자가 범법자에게 행할 수 있는 태도는 아니다.

일단 자베르와 미리엘의 대비는 종교와 법을 극단적으로 분리하는 태도를 연상시킨다.103) 장발장이라는 허구적 주인공은 말하자면

작용한 클루니 수도원단의 중요성은 10세기 말경에 하느님의 평화(Peace of God)라는 아이디어가 성직자뿐만 아니라 세속 지배자들에 의해서 공식적 재가가 주어졌다(3장 본문 중에서)." 해롤드 버만 지음, 김철 옮기고 정리함, 『법과 혁명 Ⅰ-서양법 전통의 형성1』(서울: 한국학술정보, 2013), 241~248면.

102) 정교 융합 체제, 즉 체자로파피즘에 대해서는 해롤드 버만 지음, 김철 옮기고 정리함, 위의 책, 248면. 또한 12세기까지의 정교 융합 체제에 대한 전면적 개혁을 행한 혁명적 사태에 대해서는 위의 책, 제3장 서양법 전통의 기원과 교황의 혁명을 볼 것.

103) 종교와 법의 극단적 분리에 대 해서 현대 신학자들은 세 가지 독트린을 논의한다. 해롤드 버만과 김철, 『종교와 제도-문명과 역사적 법이론-』(서울: 민음사, 1992), 131~132면. "첫째로 들 수 있는 것은 누군가가 부르듯이 '사랑의 신학'의 범주이다. 크리스천을 구속하는 유일한 법은 사랑의 법으로, 다음의 믿음으로 인도된다. 법 규범적인 윤리적인 구조는 항상 상대적이다(이것은 흔히 '상황윤리'라고 불리 운다). 두 번째는 크리스천은 신앙으로 살지, 법에 의해(법으로) 살지 않는다는 것이다(저자는 '신앙의 신학'이라고 부르기도 한다). 이 원칙은 다음의 믿음으로 인도된다. 분리되고, 눈에 보이는 존재로서의, 교회의 동일성은 해소되고, 최현대의 상황인 '세속 도시'에서 기독교인은 그들 자신을 잃어버린다는 것이다(통칭 '종교 없는 기독교'로서, 역시 기독교적 세속주의의 형태를 띤다). 세 번째는 신앙 지상의 이율 배반 주의로서(엄격하게 부른다면 '반 율법주의'이다)-그리스도의 부활은 새로운 은총의 시대를 맞아들이며, 이때에는 그리스도인은 시간의 끝을 살면서, 모든 율법적 윤리적 구속에서부터 해방된다는 독

법과 종교의 문제에 있어서 극단적인 예에 속한다. 주인공은 현대의 한국인 법학자의 눈에 볼 때, 의심할 나위 없이 범법자이다. 그는 절도범이었다가 탈옥범이었으며, 가석방 이후 당국의 제한 조치를 회피해서 또다시 범법자가 되었다. 미리엘 신부의 집에서 만찬을 대접받고 나서, 다시 한번 은혜를 배신해서 고가의 은식기를 훔친 절도의 누범이다. 어떤 한국의 법학도도 이런 케이스에서 이런 피의자를 만나면 동정보다는 단호한 처벌을 원하게 될 것이다. 형식법을 자동적으로 적용하는(Nonet & Selznik, 1978)[104] 법실증주의의 입장에서는 동정의 여지가 없다. 그렇다면 이런 사람을 주인공으로 내세운 빅토르 위고는 낭만주의자의 낙인을 피할 수 없을 것이고, 어느 경우에는 법적 니힐리스트로, 또는 무정부주의자로 낙인찍힐 만하다. 여기에 대해서 미리엘 신부는 캐논 법체계 속에 있는 가톨릭 사제이다. 12세기부터 발달한 교회법 역시 그 원형에 있어서는 모세의 10계명을 출발로 하고 있고, 이것은 모세의 율법이 서양법 전통에 있어서의 원형일 뿐만 아니라, 서양 신학의 원형인 것도 마찬가지이다. 거짓말 하지 말라, 남의 것을 탐내거나 훔치지 말라는 모세의 율법은 서양 신학이 법학과 만나는 접점이다. 예수조차도 다음과 같이 말했다. "내가 온 것은 율법을 폐하려고 온 것이 아니라, 율법을 온전케 하기 위함이다."

한국 개화기부터 시작된 한국에 있어서의 교회사는 초기 서양

트린이다(저자는 '희망의 신학'으로 부르기도 한다) - 이 믿음은 종종 급진적인 프로테스탄티즘과 연결되나, 요즘은 이 입장에서 교회의 캐논 법체계의 정당성에 의문을 가지는 로마 가톨릭교회 신학자의 저작에서 새로운 발견을 하게 되는 믿음이다." 해롤드 버만과 김철, 위의 책, 131면.

104) 자동인인 법은 억압적인 법과 응답적인 법과 함께 3종의 단계이다. Phillipe Nonet and Philip Selznick, *Law & Society in Transition* (Harper & Row, 1978).

선교사들이 조선조 말기의 조선인에 대한 어떤 태도를 증언하고 있다. 요약하면, 어떤 계층의 조선인들은 소유권의 개념이 별로 명확하지 않았다고 한다. 따라서 시골에서는 남의 밭의 과일이나 채소를 필요한 만큼 먹는 것은 죄로 치지 않는다. 또한 사소한 소지품 같은 것들에 대해서 친인척 사이나 가까운 사이에서는 사전에 동의 없이 수시로, 임의로 점유하기도 한다. 이 문제에 대해서 장 발장의 위치에서 본 신학적 논의는 역시 법과 사랑의 문제로 전개될 수 있다.105)

5. 법과 종교는 과연 극단적으로 분리되어 있는가?

5.1 극단적 대비

자비 또는 사랑의 신학은 단 하나의 신성한 계명이 존재한다고 선언한다. 즉, 신과 인간을 사랑함이며, 기독교적 의미에서의 진실한 사랑은 다른 모든 도덕적 법적 규율을 무시할 수 있다고 한다. 말하기를 사랑은 도덕적 또는 정치적 법에 종속될 수 없는, 자유로운 선물이다. 말하기를 법은 추상적이며, 객관적이며, 그리고 몰개인적이고, 한편 자비 또는 사랑은 구체적이며, 주체적이며, 개인적이다. 법은 일반화하며, 대칭적으로 자비 또는 사랑은 유일한 개인과 관계한다. 법은 권력과 관계가 있으며, 일과 관계가 있으며, 세상사와 관계가 있다. 대칭적으로 자비 또는 사랑은 종교인 또는 그리스도인의 삶과 관계가 있다. 말하기를 진실한 종교인 또는 그리스도인은 법을 필요로 하지 않는다. 그의 법은 성 어거스틴의 "사

---

105) 같은 사람, 위의 책, 132~133면.

랑하라 그리고 당신이(다른 사람이 행하기를) 원하는 대로 행하라!"(Dilige et quod vis fac)이다.[106]

그러나 레미제라블에서 나타나는 법과 종교를 극단적으로 분리하는 태도는, 이 역사적 픽션이 말하자면 어떤 한정된 기간(즉, 1815년 왕정복고 때부터 1830년과 1931년의 폭동 때까지)이라는 맥락에서의 몇 사람의 상징적인 인물을 주인공으로 하여 쓰인 형태로는 역사적 픽션이다. 그러나 1861년에 발간된 이 역사적 창작물이 150년이 지난 최현대에 이르기까지 여전히 어떤 문화권에서는 성경 다음으로 읽히는 세기적 고전이 되었다는 것을 생각할 때, 인문학에 있어서의 하나의 전형을 창조했다고 봐야 한다. 따라서 인문학적 법학의 경우에 있어서도 물론 법원에서 다루어진 실화로써의 사건은 아니라 할지라도 이미 상당한 정도 역사적 실존성을 인정받았기 때문에 법학이 다룰 수 있는 하나의 역사적 사례라고 할 수 있는 측면이 있다. 어쨌든 문학은 몇 사람의 개인을 통해서 사회과학이나 법학의 일반 이론이 제시하는 이론을 넘어서서 지극히 개인적인 스토리로써 무엇인가 중요한 것을 사회적으로 기록하고, 기억하게 하며 집단 기억 속에서 하나의 가공의 역사물을 창조하는 것이라 할 수 있다. 법 철학자 드워킨(Dworkin)이, 연속되고 일관성이 있는 판례들의 집성을 문학의 비유로써 연쇄소설(chain novel)이라고 이름 붙인 적이 있다(Ronald N. Dworkin, 1982).[107] 판사의 재판하기의 과정은 물론 소설가들의 연속 창작 작업과는 다르다. 그러나 그는 비유의 방법으로서 설명한 것이다(김철, 2010.12:

---

106) 같은 사람, 위의 책, 132면.

107) Ronald N. Dworkin, "Natural Law Revisited", *University of Florida Law Review*, vol. 34, 1982.

10).[108] 거꾸로 역사적으로 인정된 드라마는 연속되고 일관된 판례의 집성과 가까운 의미를 가진다고 할 수 있다.

5.2 서양법 전통에서의 법과 종교와의 관계: 동아시아 법학자의 반성과 자연법

동아시아의 개화기 이후에 받아들인 서양법 전통은, 그 원형 그대로가 아니라 당시의 동아시아의 문화적 전통과 종교적 배경을 선재조건으로 해서, 어떤 중요한 것을 제외하고 선택적으로 받아들인 것이다. **서양법 제도의 중요한 개념을 수입할 때 그 제도와 개념을 원산지에서 배태시키고 발전시킨 문화적 요소 중 가장 중요한 종교적 요소를 분리해서 받아들일 수밖에 없었다.** 자연법 전통의 전면적 부인이었다. 또한 고차법의 전면적 부인이었다(김철, 2012; 2013). 그 결과는 현재 한국 법학에서 보이는 바대로의, 법학 분과 간의 거의 대화가 되지 않을 정도의 현격한 단절과 또한 법을 테크니컬한 제도의 장치처럼 보는 기계론적인 관점이다. 해롤드 버만은 그의 주저 『법과 종교와의 상호 연관 관계』[109] 및 『법과 혁명 – 서양법 전통의 형성』에서 **서양법 전통이 형성되고 지금까지 지속되어 온 중요한 요소로써, 역사적 요인으로서의 종교와의 상호 관계를 들고 있다.** 현대의 법실증주의 법학에서는 초학자들이 법학 입문에서 배우듯이 법과 종교는 구별되고 서로 다른 영역에 존재한다는 일반적 분리론을 학습한다. 그러나 이 일반적 분리론은 최현대의 현상 중 하나일 뿐이고, 현재의 법제도를 가능케 한 오랜

---

108) 김철, 「법과 경제 질서 – 21세기의 시대정신」(한국 학술 정보, 2010) p.10 이 책의 성격.

109) Harold J. Berman, *The Interaction of Law and Religion*(Nashville, 1973). 한국어판 번역, 해롤드 버만과 김철, 『종교와 제도』(서울: 민영사, 1992).

기간의 역사적 발전의 동인에 대한 통찰과는 거리가 있다. 최현대
의 문명 세계는 2008년 9월 금융 위기 이후 오랫동안 지탱해왔던
법철학적 태도로써의 법실증주의는 한계가 있다는 것을 느끼게 되
었다(Dworkin, 2008)[110](김철, 2010.5; 2010.12).[111] 법 제도의 도
덕성은 오로지 법실증주의만으로는 확보될 수 없다는 것을 세계
금융위기가 다시 증명한 것이다. 서양법 전통에 있어서 법의 도덕
성은 무엇과 관계있는가? 종교적 전통이었다.[112] 다른 말로 하면,
자연법의 전통이다.

레미제라블이라는 역사적 창작물[113]에서 유형화된 자베르와 미

---

110) "우리는 쉽사리 나무의 구조에다 법을 놓을 수 있다. 즉, 법은 도덕성의 한 가지
이고 하위 분야이다."

111) 김철, "세계 금융위기 이후의 경제, 규범, 도덕의 관계: 금융위기와 관련된 제도
의 도덕성 논의를 위한 이론",『현상과 인식』2010 봄/여름호(서울: 한국인문사회
과학회, 2010.5). 또한 김철,『법과 경제 질서 – 21세기의 시대정신』(서울: 한국학
술정보, 2010.12), 426~427면.

112) 세계금융위기 이전의 약 30년간의 문명사회의 법학의 에토스가 무엇이었던가?
자유지상주의라고 부르든, 신보수주의라 부르든, 신자유주의라 부르든, 어느 경
우나, 인간의 존엄성을 최우선 순위로 하지 않았던 물신주의였다. 결국 세계 금
융위기의 진원지였던 아메리카와 영국에 있어서, 자본주의를 형성시키는 동인이
되었던 청교도주의나 경건주의 의 전통이 사라져 간 시기라는 것을 부인할 수
없을 것이다. 막스 베버가『프로테스탄티즘의 윤리와 자본주의 정신』에서 파악
한 자본주의 형성의 에토스는 프로테스탄티즘이었다. 동아시아 외환위기의 1997
년과 1998을 상기해보자. 태국, 인도네시아, 한국과 같은 국가들은 대내적으로
그때까지 그들의 문화적 전통이 되었던 근면 성실, 절약, 큰 것을 위해서 작은
것을 희생함이라는 에토스를 상실하고 있었다. 동아시아 외환위기는 동시에 심
각한 문화적 위기, 아이덴티티의 위기를 동반하고 있었다.

113) " …… 이항녕은 "문학자들이 문학이라는 형식을 통해서 자연법을 구상할 때 그
사회적 영향력은 법학자가 순전히 법학이라는 형식을 통하여 자연법을 구상하는
것보다도 더욱 강력하다"(2011, 400)고 주장하면서, 톨스토이나 빅토르 위고, 그
리고 춘원 이광수 등의 작품세계를 예로 들고 있다. 톨스토이의 "부활"과 빅토르
위고의 "레미제라블"의 배후에 자리 잡은 사상은 법질서를 유지한다는 것이 얼
마나 인간성을 유린하게 되는지를 보여주고 있으며, 한국법철학회 편,『한국의
법철학자』(서울: 세창출판사, 2013), 13면. 이항녕,『작은 언덕 큰 바람』(유고집)
(서울: 나남, 2011), 400면.

리엘로 대립되는 법과 종교의 극단적인 분리는 다른 편으로는 법과 도덕의 극단적 분리를 의미하며, 이 극단적 분리는 배경이 되는 시대가 법실증주의의 시대[114]라는 것을 알 수 있다. 즉, 자연법이 사라진 시대였다. 그 시대의 혁명적 상황이 가져온 서양법 전통에서의 단절을 보여주고 있다. 쉽게 말하면 단절 없는 서양법 전통에 있어서는 자베르로 표상되는 관료법은 좀 더 형평에 관심을 가져야 되는 것이고, 미리엘로 표상되는 종교적 자비는 좀 더 자비 이후의 장발장의 제도 내에 있어서의 반경에 관심을 가지는 것이 법과 종교의 바람직한 관계라는 얘기이다. 법과 종교의 원래적 관계에 대해서 해롤드 버만은 다음과 같이 말한다.

가장 형식적-율법적인 종교에 있어서도, 인간의 내부의 정신적 삶에 대한 관심이 있으며, 있어야 하는 것처럼; 역시 심지어 가장 개인적이고 신비적인 종교에 있어서도, 사회질서와 사회정의에 대한 관심이 있으며 있어야 한다. 모든 종교에는 법적 요소가 있으며, 있어야 한다-이것은 실로 두 가지의 법적 요소로, 한 요소는 특정한 종교적 신앙을 나누는 공동체의 사회적 과정과 규칙에 관계하며, 다른 요소는 그 종교 공동체가 부분인, 보다 큰 공동체의 사회 과정으로 국가법에 관계된다.

종교 자체가 법 제도적 차원을 가졌다는 사실은, 현대 대중사회에 팽배하고 있는 어떤 종교 사상이 강한 반법(反法)적 성향을 가진다는 것과 대비된다. 실로 프로테스탄트와 가톨릭을 막론하고, 오늘의 많은 수의 아메리카와 다른 곳의 신학교에서 보이는 대로,

---

114) 관계되는 법사상으로, 한국의 법학계에서 다소 간과되었던 지난 시절의 어떤 법철학자(이항녕, 2011: 400)는 "빅토르 위고의 레미제라블이 문학이라는 형식을 통해서 자연법을 나타내주고 있다"라고 한다.

법에 대한 깊숙이 자리한 불신이 있다. 사회적 질서 부여와 관계된
구조와 과정은 인간의 정신적 영감에는 별 관계없고, 심지어 서로
충돌한다는 느낌이 있다고 전해지고 있다. 비슷한 느낌이 법과대학
원에도 확실히 널리 퍼져있는데, 여기서는 이번에는 법이란 대부분
분쟁을 해결하고 사회 문제를 푸는, 규칙과 테크닉의 체계라고 보
고, 도덕적 감정, 윤리의식, 약자에 대한 동정[115]이나 인간의 궁극
적 관심에 대한 질문과 응답과는 관계없다는 시류이다.[116]

6. 『법과 혁명 – 서양법 전통의 형성』에 나타난 혁명, 종교, 그리고 법체계의 관계[117]

우리가 도이치의 종교개혁이라고 부르고 있는 16세기(1517년)의
역사적 사건을, 버만은 혁명기라고 부른다. 이 도이치 종교 혁명은,
루터주의의 신앙 체계를 반영하는 법체계를 산출하였다고 한다. 한
편, 17세기(1648년과 1649년의 청교도혁명에서 1689년의 명예혁명
에 이르는 40년간의 기간)의 영국혁명은, 칼뱅주의의 신앙체계를
반영하는 법체계를 산출하였다고 한다. 여기에 비해서 1776년 이

---

115) 2007년 7월의 법학 전문대학원 법과 직후의 시행령, 시행규칙에 의한 한국의 이
른바 법학 전문대학원은 그 모델이 소위 "미국식 로스쿨"이라고 알려져 있다. 그
러나 입학 허가 때부터 사회적 약자에 대한 제도적 배려(affirmative action)를
배제한 방식은 미국의 로스쿨에서 사회적 약자의 입학 허가를 위한 방식과는 전
혀 다르다.

116) 같은 사람, 위의 책, 130면.

117) Berman, Harold J., *Law and Revolution-The Formation of the Western Legal
Tradition*(Cambridge: Harvard Univ. Press, 1983); Berman, Harold J., *Law and
Revolution Ⅱ-The Impact of Protestant Revolution on the Western legal Tradition*
(Cambridge: Harvard Univ. Press, 2003); 해롤드 버만 지음, 김철 옮기고 정리
함, 『법과 혁명 Ⅰ – 서양법 전통의 형성1』(서울: 한국학술정보, 2013).

후의 아메리카 독립혁명과 1789년에서 1830년에 이르는 프랑스혁명은, 버만에 의하면 이신론(Deism)[118]의 믿음의 체계를 반영하는 법체계를 만들어냈다고 한다. 이신론은 무신론과는 다르다. 흔히 한국에서는 프랑스 대혁명의 폭력을 동반한 성격 때문에, 또한 구체제와 결합하였던 구교의 정교 융합에 도전했던 성격 때문에, 프랑스 대혁명의 정신이 무신론과 관계있는 것이 아닌가 하는 의문이 있었다. 무신론과 결합한 현대의 혁명은 1917년의 소비에트혁명이었다. 프랑스 대혁명의 지도 이념을 간명하게 표현한 것이 1789년 8월 26일 이른바 "시민과 인간의 권리 선언"[119]이 시작되기 전의, 그 전문 마지막 문장은 다음과 같이 마치고 있다.

따라서 국민의회는 "**지고(至高) 또는 최고(superier)의 존재**", 즉 (de l'Être suprême)[120]**와 보호하**에 다음의 인간의 제(諸)권리를 인정하고 선언한다.

6.1 프랑스혁명과 그 성과인 헌법 및 법체계는 종교적 무신론이 아니라 이신론(理神論, Deism)이 반영된 것이다

왜냐하면 상기한바 프랑스 인권선언 전문의 마지막 문장을 주의

---

118) 이신론(理神論)이란 하느님이 우주를 창조하긴 했지만 관여는 하지 않고 우주는 자체의 법칙에 따라 움직인다고 보는 사상을 말한다(Deism is the belief that there is a God who made the world but does not influence human lives). 네이버 영어사전, "Deism."

119) 제1조 인간은 권리에 있어서 자유롭고 평등하게 태어나 생존한다. 사회적 차별은 공동 이익을 근거로 해서만 있을 수 있다. wikipedia, "프랑스 인권선언."

120) 1789년 8월 26일 "인간과 시민의 권리 선언"의 번역 참조, 성 낙인, 『프랑스 헌법학』(서울: 법문사, 1995), 908면. 필자는 논문 발표 때에 "신의 존재와 보호"로 했으나, 프랑스 인권선언의 원어를 직접 제시한 김효전 교수에게 감사한다.

하여야 한다.

따라서 국민의회는 "**지고 또는 최고의 존재**"와 **보호하**에 다음의 인간의 제 권리를 인정하고 선언한다.

국민의회가, 프랑스 인권선언에서, 인간의 제 권리를 인정하고 선언하는 전제는, 이전의 서양법 전통에서 결합되어 있던 "지고(至高) 또는 최고(superier)의 존재"였다.[121] 그렇다면 1789년 프랑스 인권선언의 전제가 되는 신학은 어떤 종류의 것이었을까? 이 물음에 대해서 거의 유일하게 대답을 하는 사람은 해롤드 버만이다 (Berman, 2003: 11).

이신론(理神論)이란 18세기까지 서양 사회의 사람들, 특히 지식인들 사이에 넓게 공유하고 있던 믿음의 체계였다. 그들은 서양 문명사의 전통에 따라서, 우주는 원래 신에 의해서 창조되었다는 것을 믿는다. 또한, 신은 우주 안에 있는 삼라만상 모두에 대해서 어떤 목적을 지정하였다. 또한 인류로서의 인간은 신에 의해서 어떤 능력을 부여받았는데, 그중에서도 이성이 가장 중요한 것이며, 이 이성이 인간으로 하여금 인간 자신들의 복지를 확보하도록 가능하게 했다 한다. 그러나 대변혁기였던 18세기에 이르러서, 이들 서양인들은 신의 우주 창조성을 믿었으나, 그리스도의 신성성에 대해서는 철저한 신앙이 없었고, 실로 많은 경우에는 - 계몽사상의 영향과 절대주의 국가에서의 정교융합 체제에 염증을 느낀 나머지 - 전통적 의미에서의 기독교인과 자신들을 일치시키지는 않았다.

---

121) 이 구절에 대한 해석에서는 다소 다른 태도가 있을 수 있다. 예: 조병윤 교수는 이 구절의 명료한 종교적 함의보다는, 일반적 훈시적 어법이라고 보고 있다.

6.2 계몽주의의 종교적 배경

볼테르(Voltaire), 디드로(Diderot), 루소(Rousseau)는 당시에 그들이 불리던 이름으로써의 "어둠 속의 빛"(lights, lumières)이었는데, 그들은 인간은 자유롭고 평등하게 태어났으며 타고난 이성을 사용함으로써 지식과 행복을 추구할 수 있는 능력을 가지고 있다고 가르쳤다. 이 사람들은 이신론자로 분류할 수 있다. 왜냐하면 모든 인간은 똑같이 창조주로부터 이성을 부여받았으며, 이러한 점에서 자유롭고 평등하다고 가르쳤기 때문이다. 이러한 철학은 19세기 초기에 처음에는 도이치에서, 그다음에는 다른 곳에서 계몽주의(Enlightenment, Aufklärung)[122]라고 불렸다. **이 계몽주의는, "원래 창조주에 의해서 부여된 인간 이성의 자유롭고 평등함을 강조하였기 때문에" 종교적 차원을 가졌던 것이다.**[123] **이신론은 인간 이성의 순수성과 인간 이성의 능력을 최대한으로—종교적 신앙과 같이—믿는 것이며, 또한 더 나아가서 인간 이성의 소산인 과학과 학문을 신앙과 같이 믿는 것이 특징이다.** 이러한 인간의 이성적 능력과 과학적 능력을 신뢰하는 태도는 그때까지의 전통적 기독교 신앙의 어떤 점에 도전하는 바가 있었다. 왜냐하면 기독교 신앙은

---

122) 어둠 속의 빛(lights)—어둠 속에서 빛을 밝히기(enlighten)—빛을 밝히기(Enlightenment)—계몽주의(the Enlightenment)라는 언어의 전개에서 계몽주의라는 용어를 최초로 쓴 사람은 임마누엘 칸트이다(Berman, 2003: 386). 그러나 칸트가 창조한 것이 아니고, 애초에 프랑스의 계몽주의 운동에서 나타난 프랑스어의 어둠 속의 불빛(lights, lumières)을 도이치어로서 적절하게 옮긴 것이 die Aufklärung이며, 이것이 영어의 Enlightenment에 해당한다. 이 Aufklärung을 동아시아에서 한자어로 옮길 때 계몽 또는 계몽주의가 되었는데 원래 프랑스어에서 쓰였던, 단순하고 간명한 "어둠 속의 불빛"이라는 직관적인 느낌은 거의 전달되지 않는다.

123) Berman, Harold J., *Law and Revolution Ⅱ-The Impact of Protestant Revolution on the Western legal Tradition*(Cambridge: Harvard Univ. Press, 2003), pp.10~11.

인간은 원래 죄 많은 존재이고, 즉 원죄를 가졌다는 것을 강조하며, 인류의 역사에 있어서 인간의 능력보다는 창조주의 섭리라는 면을 강조한다. 이러한 전통 기독교에 있어서의 믿음들은, 로마 가톨릭교회에 의해서 강조하는 신앙과 종교의 단체적 성격에 있어서나, 개별 교회 중심의 전통에 있어서의 기독교인의 신앙에 있어서, 그리고 도이치 종교혁명 이후의 루터주의나 청교도혁명 이후의 칼뱅주의에서 똑같이 강조되는 점이다. 여기에 대해서 이신론(Deism)은 로마 가톨릭과 개신교 양자 모두의 역사적 산물이라고 할 수 있다고 한다(Berman, 2003: 11). **즉, 로마 가톨릭과 개신교의 공통되는 믿음은 첫째로, 신이 인간을 창조하였으며, 창조주는 인간에게 이성을 부여하였으며, 또한 인간에게 공통된 도덕적 가치를 주었으며, 또한 신, 구약을 통틀어 나타나는 신의 명령인 법에 대한 신뢰를 요구하였으며, 더욱이 신의 뜻으로서의 법을 세상을 변화시키는 방법으로 주었다는 믿음이다**(Berman, 2003: 11).

6.3 이신론과 합리주의가 미친 근본적 변화-공법과 사법 양면에서

혁명의 시대였던 18세기 프랑스의 철학자들의 이신론(Deism)은 특별히 그 철학이 가지고 있는 본질로서의 **합리주의**(rationalism)를 포함하여 프랑스혁명 이후의 근본적인 변화에서 반영되고 있다. 근본적인 변화는 어디에서 발견되는가? 공법과 사법 양쪽에서 발견될 수 있다. 도이치 종교혁명(1517년, 1544년)의 강조가 군주제와 왕의 특권에 있었는데에 비교하고, 영국혁명의 귀결점이 귀족주의와 귀족의 특권에 있었는데에 비교해서; 프랑스혁명의 참여자들의 강조점은 민주주의(democracy)와 시민의 권리와 자유(civil rights and liberties)에 있었다. 이것은 "인간과 시민의 권리에 대한 1789년 프랑스 (인권) 선언"124)에서 명백히 나타나게 되었다. 즉, "인간의 자연적이며 양도할 수 없는 권리들의 선언"이다. 프랑스혁명의 특징은 첫째로, 프랑스 귀족주의의 관습적 특권이라는 억압적이고 비합리적인 체제를 폐기하는 것이었고, 두 번째, 군주에 의한 억압적이고 비합리적인 독재권을 폐기하는 것이었다. 따라서 민주적으로 선출된 의회에 최고의 권력이 주어져서 의회를 선출한 자격 있는 중산층의 여론을 반영할 수 있는 정책을 수행하도록 책임지우는 것이었다. 일련의 성문 헌법들이 권력을 엄격하게 분리하는 정부 체제를 도입하였다. 즉, 집행부 또는 행정부는 오로지 집행 또는 행정을 할 뿐이고 사법부는 개별 소송 사례에 있어서 법을 단지 적용할 뿐이며, **법 자체는 오로지 입법부만이 창조할 수 있는 권능을 가졌다**(Berman, 2003: 11).

7. 혁명 이후의 프랑스 헌법의 제정과 변천
(1789년 이후 1814년 및 1830년의 왕정복고까지)

1789년 대혁명 이후 프랑스인들이 만든 헌법의 변천은 다음과 같다. 1791년 9월 3~4일 헌법에서는 국민 주권에 의한 25세 이상의 시민 중에서 **재산세 액을 감안한 선거인단**을 선출하고, 선거인단이 국회의원을 선출하는 간접 선거 제도를 수립했다. 1791년 헌법의 성격은 절대 왕권에 대한 경계와 함께, **부르주아적인 헌법 제정 국민 의회가 멸시하던 '하층민'에 대한 경계**로도 가득 차 있

---

124) 김철수, 제18전정신판『헌법학개론』(서울: 박영사, 2006), 254면.

었다(Duverger, 2003: 78).[125] 입헌군주제의 기본 골격에서 의회, 집행권이 분리되고 왕은 의회를 해산할 수 없으나 법률안 거부권을 갖는다. 1792년 8월의 소요로써 이 헌법은 종말을 고한다(성낙인, 1995: 60~61).

1792년 9월 21일 국민공회는 공화국 제1년이 시작된다고 결정했다(Duverger, 2003: 84). 1793년 6월 24일 헌법은 국민공회의 다수였던 지롱드파가 기초한 것이다. 헌법은 124개 조문에 그쳤고, 각 조항은 매우 간결하고 치밀하고 엄격하였다((Duverger, 2003: 86). 국민주권의 이론은 인민 주권의 이론으로 대치되었고, 각 개인은 주권의 일부를 가지고 있는 것으로 보았다. 자유권, 평등권의 선언과 시민의 국가에 대한 국가 부조 청구권이 인정되었다(Duverger, 2003: 86). **소유권을 명확하게 보장하여 1793년의 민주주의도 부르주아지 민주주의라고 할 수 있다**(Duverger, 2003: 87). 1793년에서 1794년은 쟈코뱅주의의 권력행사가 공안위원회에 의해서 나타나는 시기였고, 마침내 로베스피에르의 제거가 이 시기의 특징이다. 1793년 7월 헌법이라고 불리는 문서에서 기본권의 수가 한층 많아지고 잘 정비되었으나(김철수, 2006: 254), 국민투표에 의해 채택되는 데까지는 갔으나 시행에 이르지 못하였으며 의회에 의해서 폐기되었다(성낙인, 1995: 62).

1795년 8월 22일의 이른바 집정관 헌법은 만 4년간 시행되었다. 헌법 제정자를 사로잡았던 유일한 생각은 군주제와 공포정치로의 복귀를 두려워했다는 것이다(Duverger, 2003: 93). 권리와 의무의 선언을 먼저 두고 나서 (권리선언은 22개조, 의무선언은 9개조) 헌

---

125) Maurice Duverger 지음, 문광삼·김수현 옮김, 『프랑스 헌법과 정치사상』(부산: 해성, 2003), 78면.

법의 본문은 377조에 달한다(성낙인, 1995: 62~63). 권력 분립을 복구하였으며, **납세자만이 선거인이 되고 보통선거는 폐지되었다.** 즉, **제한선거,** 간접선거제로 복귀하였으며, 집행부의 집정관은 원로 원에서 투표한다. 의회와 집정관은 서로 독립적 위치에 선다. 의회 와 집정관의 대립으로 심각한 위기를 야기하고[126] 이 헌법은 1799 년 11월 9일 집정관 시에예스(Sieyés)에 의해서 준비되고, 나폴레 옹에 의해 실행된 정부 전복에 의해 헌법 체제가 종언된다.

다음의 단계가 1799년 12월 13일 이른바 나폴레옹 헌법이다. 시 에예스의 사상과 나폴레옹의 수정 보완으로 만들어졌으며, 총 95조 로 구성되어 있다(성낙인, 1995: 63~64). 이 헌법의 특징은 의회의 권한은 약화되고, 제1집정관에게 권력이 집중되었다. 선거절차는 간 접 선거로, 2단계의 과정을 거쳐서 지방자치단체 대표의 명부가 먼 저 작성되고 이들 중에서 상원의원, 법제 심의관, 집정관이 선출되 는 방식이다(성낙인, 1995: 64). 나폴레옹은 선거 절차보다도 신임 투표를 통한 직접 신임을 강조했다. 1802년 상원 결의 헌법에 의해 서 나폴레옹은 종신 집정관이 되고 2년 뒤 1804년 5월 18일의 헌 법은 제1통령이 기초한 것으로 원로원의 의결과 인민에 의한 플레 비시트를 거쳐 헌법으로 확정되었다. 이 헌법에 의해서 보나파르트 나폴레옹은 종신 제1통령에서 장남 상속제에 의한 세속 황제가 되 었다. 이러한 상황에서도 공화제라는 이름은 유지되었다. 즉, 1804년 헌법 1조는 "공화국의 통치는 황제에게 위임되고, 황제는 프랑스인 의 황제 자격을 가진다"라고 규정하였다(Duverger, 2003: 108).

1813년 4월 11일 영국·러시아·프로이센·오스트리아의 연합군

---

126) 일단 플레비시트(plébiscite)에 의해 헌법이 승인되면 그 실시는 국민공회의 유명 한 데크레에 의해 왜곡되었다(Duverger, 2003: 95).

에 패배하고 러시아 황제 알렉산더 1세와 프로이센 황제 빌헬름 3세
가 파리에 입성하였다. 나폴레옹은 퇴위를 선언하였다(노명식, 2011:
266~267). 1814년에 왕정복고가 이루어졌다. 1814년 6월 4일 헌법
헌장은 전문 및 76조로 구성되고 1815년 4월 22일의 전문 및 67조
로 보충된다. 그 형식에 있어서 구체제에로의 전면적 회귀를 담고
있으며, 헌장 자체는 "왕에 의해서 하사되는 방식"이었다. 그러나 헌
법의 앞부분 12개조에서는 자유, 평등, 재산에 관한 권리는 다시 확
인하고 있다. 이어서 1830년 8월 14일의 헌장은 1814년 왕정복고
이후의 헌장의 기본 체제는 그대로 두고 왕에 의해서 하사된 성격은
없애며 왕의 신민은 다시 프랑스 시민이 되고, 따라서 프랑스는 공
화국 시대의 3색 기를 회복한다. 1830년 7월 혁명에 의해서 구 체
제 왕정은 입헌군주제로 바뀐다. 의회로부터 왕관을 받은 루이 필립
은 대혁명 때 공화주의자로 투쟁하였던 왕족이었으며, 프랑스의 왕
이 아니라 프랑스 국민의 왕으로 칭호가 바뀐다. 그러나 왕정복고
이후의 제도는 별로 달라지지 않았다(성낙인, 1995: 65).

8. 프랑스혁명의 법학에 대한 영향: 새로운 법과학과 새로운 법철학

  새로운 헌법 체계를 수립하는 데에 그치지 않고 더욱 인류 문명
사에서 중요한 것은 프랑스혁명은 새로운 법과학과 새로운 법철학
을 도입하였다는 것이다(Berman, 2003: 11~12). 프랑스혁명 때까
지의 서양 법학의 중점은 도이치와 영국에 있어서 달랐다. 즉, 도이
치 법학의 경우는 genus(두 개 이상의 종에 의해서 구성되는 더 상
위 개념인 속(屬)(genus)으로 번역됨)와 그보다 하위 개념인 종(種,
species) - 즉, genus는 두 개의 종(species)에 의해서 대표된다 - 으

로 구성된다.127) 예를 들면, 인류는 human species이고, 생물 분류법에서 인류보다 더 범위가 넓은 상위 개념은 영장류이고, 영장류보다 더 범위가 큰 상위 개념은 포유류까지 올라간다−의 관계와 같은 더 좁은 개념에서부터 더 넓고 포괄적인 개념으로 이루어진 개념과 개념이 나타내는 주제의 삼각형을 이루는 **용어와 개념 체계**에서, 각각의 법원칙들(legal principles)을 전문적인 법학자들이 어디에다 위치 지우느냐(placing)를 강조하였다. 영국의 경우는 법문제를 해결하기 위해서 사법부에서 "논쟁(debating)할 때" **역사적인 선례들(precedents)을 찾아내어서** 그 선례들의 맥락에서 법적인 문제를 사법적으로 취급하려고 하였다. 이와 비교해서 프랑스혁명 이후에, 이미 말한 계몽주의 이후의 인간의 이성의 능력을 신봉하는 이신론의 영향에 따라서, 프랑스인들은 그들의 법학을 건설함에 있어서, 법에 있어서의 독트린을 **포괄적인 의미의 입법을 행함으로써 분명하게 할 수 있다고 믿었다.** 즉, 존재하고 있는 모든 법의 독트린은 입법에 의해서 명료해진다는 것을 강조한 것이다. 도이치에서 강조되던, 법학자들이 수립한 원칙들(Professorial principles)과 영국에서 기준이 되었던 사법 결정의 선례(judicial precedents)는 프랑스에 와서는−혁명 이후 국민의 대표자인 의회의 입법에 전적인 중점이 주어짐에 따라서−서양법 최초로 형법전과 민법전이 포괄적인 모습으로 입법화되었다. 이러한 포괄적인 법전에서 나타난, 법의 독트린과 규칙에 다른 것이 우선하지 못하게 되었다.

---

127) 속(屬, genus)과 종(種, species)은 원래 생물 분류학에서 나왔다. 즉, 문(門)−강(綱)−목(目)−과/(科)−속(屬)−종(種)의 순서로 구성된다. wikipedia, "생물 분류". 식물학의 분류체계는 이후에 Roscoe Pound에 의해서 신대륙에서의 법교육의 기초가 된다. 김철, 「한국 법학의 철학적 기초−역사적, 경제적, 사회·문화적 접근」pp.59~61(한국학술정보, 2007).

동시에 16세기와 17세기 초의 혁명 이전의 자연법 사상이나 계몽주의 사상과 같은 혁명을 예비한 기간 동안 지배적이었던 자연법 이론과 역시 17세기와 18세기 초에 자연법 사상과 병행하여서 존재했던 역사 법학은, 일단 혁명에 의해서 국민의 대표권이 의회에 집중되고 더 이상 다른 권위가 필요 없음에 따라서 법에 대한 실증주의적 이론에 양보하게 되었다. 이러한 법실증주의는 점차로 더 19세기에서 받아들여지게 되고 20세기에 들어와서는 서양 법철학을 실질적으로 지배하게 되었다(Berman, 2003: 11~12).

8.1 나폴레옹 민법전과 나폴레옹 형법전에 나타난 법철학과 입법정신

이상과 같은 프랑스혁명 이후의 새로운 법과학과 새로운 법 이론은 실체법에 있어서의 프랑스혁명 이후의 중요한 변화와 밀접하게 관련되어 있다. 나폴레옹 자신이 입법에 있어서 분명한 역할을 한 1804년의 나폴레옹 민법전은, 프랑스혁명의 정신을 표현하고 설명하기 위해서 의도되었는데, 개인 소유권과 계약에 대해서 특별히 강력한 보호를 주고 있었다.[128] 불법행위법에 있어서 일반 원칙

---

128) 나폴레옹 민법전의 사회사적인 의미는 중세의 삶의 양식으로서의 집단주의를 청산하고 권리와 의무의 주체로써 개인 인격을 단위로서 출발한 것이라 볼 수 있다. 이 문제에 대해서는 김철, "사회적 차별의 심층심리학적 접근 - 법 앞의 평등의 내실을 위하여", 『한국 법학의 철학적 기초 - 역사적, 경제적, 사회·문화적 접근』(한국학술정보, 2007), 331~332면. 1789년 당시 신흥 브루주아지는 절대주의 왕권에뿐만 아니라 봉건제도하에서의 지배세력을 붕괴시키고자 하였다. 시민혁명에 의해서 비로소 인류는 중세 아니 고대 이후의 집단주의적 생활양식과 집단주의적 사회제도, 경제제도에서 벗어날 수 있었다. "우리들은 인간이 태어날 때부터 자유롭고 평등하다는 것을 믿는다"라는 것은 언어의 21세기적 의미에서 평등주의의 고창이 아니다. 중세적 근세 절대주의적 질곡에 매이고 중세적 근세 절대주의적 집단주의 방식에 의해서 삶의 양식이 억압당한 사람들의 자기 발견이자 집단주의적 인간관에 대한 해체선언이다.

으로 배상 책임은 잘못된 행위 자체의 성질에 기초하여야만 했다: 즉, 해악을 끼친 자는 고의나 과실이 아닌 경우에는 피해자에게 민사적으로 배상할 책임이 없었다. 가족법에 있어서는 혼인은 다른 민사계약과 유사하게 취급되었으며, 따라서 이혼은 상호의 동의에 의해서 가능하였으며, 귀책사유나 또는 증명된 성격 불일치로 가능했다. 부인과 자녀에 대한 남편의 가장권은 제한되었다. 부인들에게 재산권에 있어서의 더 큰 기회와 민법상의 더 큰 기회가 일반적으로 주어졌다(Berman, 2003: 12).[129]

프랑스혁명 이후에 형사법의 영역에서도 엄청난 법 개혁이 도입되었다. 1810년의 신 형법은 소급입법을 금지하고, 무죄추정의 원칙을 선언하였으며, 범죄자의 신분에 막론하고 범죄에 따라서 차별없는 처벌을 과하였다. 죄형법정주의가 채택되었다. 동시에 1810년의 나폴레옹 형법전은 응보형 주의보다는 형벌의 위협에 의해서 범죄적 행위를 저해하는 데에 강조를 두었다. 이른바 예방형 주의이다. 이런 경향은 혁명의 세기였던 18세기 말의 위대한 개혁가들 사이에 팽배했던 형벌에 대한 공리주의적 철학을 반영하고 있었다. 프랑스 혁명가들이 신격화시켰던 인간의 이성은 다음과 같은 사실을 밝힌다고 했다. 즉, 범죄 행위가 처벌되어야 되는 것은 이전의 종교개혁 이후의 도이치의 루터주의에서처럼 범죄 행위가 도덕적으로 악해서 응보의 가치가 있다는 이유가 아니다. 또한, 범죄 행위가 처벌되어야 된다는 것은 영국 칼뱅주의 신학이 팽배했던 잉

---

129) Berman, Harold J., *Law and Revolution Ⅱ-The Impact of Protestant Revolution on the Western legal Tradition*(Cambridge: Harvard Univ. Press, 2003); See James F. Traer, "From Reform to Revolution: The Critical Century in the Development of the French Legal System", *Journal of Modern History* 49 (1977), 73~88.

글랜드에서처럼 범죄 행위가, 전통적으로 항상 확인되어야 되는 공동체의 기준을 위반했기 때문이라는 것도 아니고, 실로 당시 도이치 루터주의의 인간의 악에 대한 신조와 당시 잉글랜드의 칼뱅주의의 공동체에 관한 확인되어야 되는 신조를 넘어서서 1차적으로 범죄 행위는 사회에 유해하며, 범죄자를 처벌하는 것은 범죄자 자신뿐만 아니라 타인도 미래에 있어서 범죄 행위를 다시 행하지 않도록 저해하는 효과가 있기 때문이었다. 이것이 혁명 이후 프랑스 합리주의자들이 채택한 형벌관이었다.

8.2 합리주의, 개인주의, 공리주의와 종교적 전통

이와 같이 합리주의, 개인주의, 그리고 공리주의 철학은 혁명 이후 성립한 혁명 입법에 동반한 새로운 프랑스 법과학의 저변에 깔려 있었으며, 이러한 새로운 세속주의를 동반한 철학은 한편에 있어서는 그때까지 프랑스 전통 사회를 유지시켜왔던 관행적인 구교 교의를 거부하는 것과 관계있었다. 그러나 이 대목에 있어서 지금까지의 동아시아의 법사상사가 그러했던 것처럼 프랑스의 새로운 법학은 종종 자주 동아시아의 학도들이 오해하는 것 같이 무신론이나 허무주의에 기초를 두고 있는 것은 아니었다. 지금까지 동아시아 내지 한국의 서양 법학도들이 역사에 대한 바른 인식 없이 인류 문명사에 나타난 전형적인 큰 혁명에 대한 관견은 영국 청교도혁명이나 도이치의 종교개혁이나 아메리카의 독립혁명이나 또 현재 논의하고 있는 프랑스 대혁명 모두 정치사에서의 단속적인 큰 봉기로 이해하고 새로운 혁명 운동이 기초로 하고 있는 **사상사적 기초**[130] **내지는 그들 전통에 있어서의 종교적 기초**[131]를 파악하지 않아왔다. 즉, 혁명이란 무력과 폭력을 동반하는, 성공한 정치적 봉기라는 관점이다. 이런 정치적 관점에 있어서는 혁명 이후 전개된 새로운 법제도의 발전을 오로지 혁명에 성공한 사람들의 정치적이고 권력적인 의지로밖에 파악이 되지 않는다.

프랑스혁명은 그것을 가능케 한 합리주의, 개인주의 그리고 공리주의 철학이라는 기조로서는 이미 말한 바대로 일견 그때까지 프랑스 사회를 지배했던 정통적인 기독교 교의를 부인한 것처럼 보일 뿐이다.

8.3 계몽주의 정신은 이전의 서양법 전통에서 일탈이 아니다

그러나 그렇다고 해서 프랑스혁명의 정신이나 프랑스혁명을 가능케 한 계몽주의 정신이 서양법 전통의 맥락에서 프랑스혁명을 가능케 한 혁명 전사에 이르기까지의 일관된 특징을 벗어났다고

---

130) 빅토르 위고는 그의 대표작 Les Miserables에서 혁명의 흐름에 동반하는 "**사상의 보이지 않는 힘**"을 강조하려 했다. 제4편 제1부 참조. "혁명은, 로베스피에르 앞에서 발언권을 가졌고; 대포는, 보나파르트 아래에서 발언권을 가졌는데; 지성(知性, intellectual)의 발언의 차례가 온 것은, 막상 왕정복고시대의 루이 18세와 샤를10세 치하에 와서였다. 왕정복고의 15년 동안 평화 속에서, 광장 한복판에서, "그 위대한 원칙들"이 너울거리는 것을 사람들은 보았다. 그것은 법 앞의 평등, 신앙의 자유, 언론·출판의 자유, **모든 재능의 소유자들이 모든 직업에 종사할 수 있는 권리**(Victor Hugo, 1862: 12~13)이다. 1830년 7월 혁명까지는 그렇게 진행되어 왔다. 이제 맑은 산꼭대기에서, "정신의 가장 순수한 빛"이 회복됨에 따라서, 이윽고 부르봉 왕가는 신(지고 또는 최고의 존재)의 손 안에서, 깨어질 문명의 도구였다."(Victor Hugo, 1862; 국어역 12~13 정기수역) – 1830년의 중도에서 멈춘 혁명은 영국에서 1688년에 적용되었던 이론, 즉 왕정복고(Restoration, Glorious Revolution)의 이론을 실행했다. (Victor Hugo, 1862: 20) – 1830년 7월 혁명을 중도에서 제지한 것은 누구인가? 제3계급인 부르조아지이다. 왜? 부르조아지는 만족에 도달한 이익이기 때문이다(Victor Hugo, 1862: 21).

131) 상술한 바대로(8.1) 국민의회가 인간의 제 권리를 인정하고 선언하는 전제는, 이전의 서양법 전통에서 결합되어 있던 "지고(至高) 또는 최고(superier)의 존재"(dê·tre superier)라는 것이 프랑스 인권선언의 출발이었다.

생각하는 것은, 근대 시민혁명을 경험하지 못한 동아시아인 내지 한국인의 단견이라고 볼 수밖에 없다. 왜냐하면 프랑스혁명 이후 성립된 새로운 법과학은 다음과 같은 점에서 창조주인 신에 대한 강력한 믿음과 밀접하게 관계되어 있었다. 앞에서 이미 프랑스혁명의 정신과 계몽주의 철학은, 절대자인 창조주를 전제로 하는 이신론과 관계있음을 밝혔다. 혁명 당시까지 혁명을 가능케 한 철학과 사상의 공통되는 점은, 우선 창조주 신은 인간 모두에게 이성이라는 더할 데 없는 선물을 부여했다. 또한 이러한 창조주가 준 이성이라는 선물을 행사함으로써; 양심의 자유, 표현의 자유, 기회 균등 기타 다른 자연권을 행사할 수 있다고 믿었으며, 이 모든 자연권들은 새로운 프랑스 헌법과 이미 논한 법전에 체화되어 있는 것이다 (Berman, 2003: 12∼13).

9. 현대 복지국가 헌법의 출현 이전의 법 현상

프랑스혁명 이후의 일련의 헌법들은 권력 구조에 중점이 가 있었고, 인권선언의 모든 조항은 증감이 무상했으나, 근대 입헌 주의적 헌법의 형식적 특징을 보여주었다. 따라서 개념적으로 한국의 법학도에게 파악된 "현대 복지 국가의 헌법"과 이와 병행하는 사회·경제법 체계의 출현132) 이전의 법 현상이 두드러진다. 레미제

---

132) 복지국가는 사회복지정책에 의해서 다양하게 발전되어 왔다. "비스마르크형과 비버리지 형이 있으며, …… 사회 체제에 따라 사회 보장적 체제는 1) 자유주의 체제 2) 보수주의 체제 3) 보장체계로 나눌 수 있다. …… 오늘날 많은 국가들이 1) 사회국가(예를 들면 독일)를 지향하거나, 2) 복지국가를 지향하고 있다. 20세기나 21세기 헌법에서는 사회 국가 정책을 구가하고 있으며, 헌법상 사회보장 수급금을 헌법에서 보장하고 있다." 김철수, 『법과 정의·복지』(서울: 진원사, 2012), 194∼195면.

라블의 "비참한 사람들"의 이야기는 결국 복지 국가 출현[133] 이전의 드라마로 파악될 수 있다. 그 밖에 근대 입헌 주의적 헌법체계에서 발달시켰던 법전 법-나폴레옹 형법전, 나폴레옹 민법전-에 의한 법 형식주의(Legal formalism) 및 그와 동반하는 개념법은, 프랑스혁명의 주체 세력이었던 제3계급의 융성에는 도움이 되었다. 그러나 가공의 드라마인, 그러나 역사적 실존성이 이미 문명세계의 역사에서 받아들여진 "레미제라블의 비참한 사람들"에게는 도움이 되지 못했다. 법제도에 의해서 인간을 돕거나 구출한다는 것이 이 가공의 드라마에서 나타나는 대혁명의 역사적 전변 중에서는 개별적인 자비와 희생, 사랑에 의한 도움[134]에 비해서 쉽지 않다는 것을 느끼게 된다.

---

133) 프랑스 헌법에 있어서 사회적 기본권의 대두는 1946년 제4공화국 헌법 전문과 헌법적 법률의 등장 때부터라고 김문현 교수는 토론에서 지적한다(2013.03.08).

134) "프랑스혁명의 이념은 자유(Liberté), 평등(Égalité), 박애(Fraternité)이고 프랑스 인권선언과 프랑스 헌법에 나와 있으며" 박애는 Solidarite와 통한다고 김효전 교수는 토론에서 지적한다. 여기에 대해서 "박애(Fraternité)는, Duiguit에 의하면 연대(連帶)를 의미하며 형제애와 동지애를 의미하는 것으로 1789년 프랑스혁명 헌법에 권력분립 조항은 있으나 구체적 박애 조항은 없다"고 김종철 교수가 토론에서 지적한다(2013.03.08).

■ **참고문헌**[135]

김 철, "해롤드 버만(Harold Joseph Berman)이 한국 법학에서 가지
　　는 의미", 『법과 혁명 Ⅰ－서양법 전통의 형성1』(해롤드 버만
　　지음, 김철 옮기고 정리함)(서울: 한국학술정보, 2013).

＿＿＿＿, "세계 금융위기 이후의 경제, 규범, 도덕의 관계: 금융위기와
　　관련된 제도의 도덕성 논의를 위한 이론", 『현상과 인식』2010
　　봄/여름호(서울: 한국인문사회과학회, 2010. 5), 『법과 경제질
　　서－21세기의 시대정신』(서울: 한국학술정보, 2010. 12).

＿＿＿＿, 『한국 법학의 반성－사법개혁 시대의 법학을 위하여』(서울:
　　한국학술정보, 2009. 09).

＿＿＿＿, "제5장 1980년대 이후 세계법학의 가장 큰 도전이었던 경
　　제학적 법학방법론의 형성과 그 의미, 그 한계는 어떠한가",
　　『경제 위기 때의 법학』(서울: 한국학술정보, 2009).

＿＿＿＿, "뒤르케임의 아노미이론과 평등권에서의 기회균등: 기초법
　　적 연구", 『사회이론』 2008년 가을/겨울 통권 제34호(서울:
　　한국사회이론학회, 2008.11).

＿＿＿＿, "사회적 차별의 심층심리학적 접근－법 앞의 평등의 내실을
　　위하여", 『한국 법학의 철학적 기초－역사적, 경제적, 사회·
　　문화적 접근』(서울: 한국학술정보, 2007).

＿＿＿＿, "최현대의 경제공법 사상", 『세계헌법연구』제15권 제2호(서

---

135) 프랑스혁명이 현대법학 내지 헌법학에 미치는 영향에 대해서는 우리나라의 문헌
　　이 적고 외국문헌도 흔하지 않다고 김철수 교수는 2013. 3. 8에 공법이론과 판
　　례연구회에서 지적한다.

울: 세계헌법학회 한국학회, 2009)－2009b.

_____, 사간본(Privater Druck), 『법제도의 보편성과 특수성』(서울: Myko Int'l. Ltd., 1993).

_____, 「한국 법학의 철학적 기초－역사적, 경제적, 사회・문화적 접근」pp.59~61(서울: 한국학술정보, 2007).

김철수, 제18전정신판『헌법학개론』(서울: 박영사, 2006).

_____, 『법과 정의・복지』(서울: 진원사, 2012).

미셸 보벨, 최갑수 역, 『프랑스 혁명사 200주년 기념총서 第1卷. 왕정의 몰락과 프랑스혁명』(서울: 일월서각, 1987).

나종일, 『자유와 평등의 인권선언 문집』(서울: 2012. 12).

노명식, 『프랑스혁명에서 파리 코뮌까지, 1789~1871』(서울: 책과 함께, 2011).

뒤르케임, 에밀, 임희섭 옮김, 『자살론』(서울: (주)삼성, 1993).

_____, 김충선 옮김, 『자살론』(서울: 청아출판사, 1993).

_____, 『사회분업론』(서울: (주)삼성, 1993).

성낙인, 『프랑스 헌법학』(서울: 법문사, 1995).

앙드레 모로아 지음, 신용석 옮김 『프랑스사』(서울: 기린원, 1993).

양창삼, "포스트모던 시대의 자본주의 위상 재검토", 『사회이론』통권 제30호(서울: 한국사회이론학회, 2006).

유기천(Paul K. Ryu), 음선필 역, 『세계혁명－혁명을 통해 본 민주주의의 역사－』(서울: 도서출판 벽호, 1999).

정재황・한동훈, 『2008년 프랑스 헌법개정에 관한 연구』(서울: 한국법제연구원, 2008).

조병윤, Ontologie de la souverainete du peuple et de la dignited de l'homme: selon le bouddha et J.J. Rousseau(Paris: [s. n.], 1989).-Originally presented as the author's thesis-Universite Paris II, 1989.

찰스 E. 프리드먼, 양승두 역, 『프랑스 行政法 序說 : 프랑스 國事院의 구조와 기능』(서울: 연세대학교 출판부, 1983).

한국 법철학회편, 『한국의 법철학자』(서울: 세창출판사, 2013).

해롤드 버만 지음, 김철 옮기고 정리함, 『법과 혁명 Ⅰ－서양법 전통의 형성1』(서울: 한국학술정보, 2013).

해롤드 버만과 김철, 『종교와 제도-문명과 역사적 법이론-』(서울: 민음사, 1992).

Maurice Duverger 지음, 문광삼·김수현 옮김, 『프랑스 헌법과 정치 사상』(부산: 해성, 2003).

Propser Weil 저, 김동희 역, 『프랑스 행정법』(서울: 박영사, 1980).

김도창, 『일반 행정법론(上)』(서울: 청운사, 1986).

Berman, Harold J., *Law and Revolution-The Formation of the Western Legal Tradition*(Cambridge: Harvard Univ. Press, 1983).

_____, *Law and Revolution II-The Impact of Protestant Revolution on the Western legal Tradition*(Cambridge: Harvard Univ. Press, 2003).

Schwill, Ferdinand, *A Political History of Modern Europe-From The Reformation To The Present Day*(New York: Charles Scribner's Sons, 1911).

Hugo, Victor, *Les Misérables* (1862). The first English translation, Charles E. Wilbour.(New York: Carleton Publishing Company, June 1862).

Traer, James F., "From Reform to Revolution: The Critical Century in the Development of the French Legal System", *Journal of Modern History* 49 (1977).

서양원, "[매경포럼] 세제개편 솔로몬의 해법-프랑스혁명, 방만한 재정운영 때문 재정은 아차 하는 순간 망가져, 증세·복지부담, 국민 대타협 필요-", 『매일경제신문』2013. 8. 19일자.

네이버 영어사전, "Deism."

wikipedia, "프랑스 인권선언."

_____, "생물 분류."

_____, "French Revolution."

[부록 3] 법과 혁명: 동유럽 러시아 혁명(1989년)까지의 러시아와 체코 행정법의 역사

* 이 논문은 김철, "러시아와 체코의 행정심판에 대한 절차법의 역사적 발전 – 헌법현실의 대변혁과 관계해서(1989년까지의 결과) – ", 『공법연구』제28집 제4호 제2권, 2000년 6월과 『한국 법학의 반성 – 사법개혁시대의 법학을 위하여 – 』(서울: 한국학술정보, 2009), 제4부 제2장 체코와 러시아, pp.310~346에 게재된 논문을 수정한 것임.

이 장에서는 동유럽 러시아혁명이 러시아와 체코의 행정법에 미친 영향을 역사적 순서로 보기로 한다. 저자에게 있어서 체코법과 러시아법은 크게 말하면, 서양법 전통의 문명사에서의 흐름이라는 법학의 보편적 관심을 위한 두 개의 소재에 지나지 않는다. 이렇게 얘기하는 이유는 지금까지 한국의 행정법학과 공법학은 그 소재를 프로이센과 도이치란트에서 거의 배타적으로 가져와서 장점과 함께 단점도 성과로서 나타났다. 법 소재를 넓힘으로써 비로소 지금까지 한국 행정법학의 경계선과 한계선이 되었던 마지노선이 무너지고 한국의 법학은 더 넓은 역사를 받아들이게 되며 나아가서 더 넓은 세계가 필요한 다음 세대에게 유연하고 문제 해결력이 있는 법학을 물려주게 될 것이다.

1. 들어가는 말

왜 두 나라의 법을 연계시켜서 소개하는 것일까? 첫째 넓게 보면 두 나라 모두 동유럽 혁명 이전에는 지구 상의 법 가족을 이분하는 사회주의 법군에 속하고 있었다. 1917년 이후 지구 상에 나타난 제도로서의 사회주의 法群은 다른 法群인 자본주의 法群과 대비되는 것으로서 비록 그에 남아 있는 나라가 현저히 줄어들었다 하더라도136) 우리나라의 입장에서 중요한 북한, 중국, 인도차이나 반도의 세 나라가 잔존하는 사회주의 法群임을 주목할 필요가 있다. 세계 체계의 변전은 이윽고 이들 나라에도 급격하든 점진적이든 법제도의 변화를 가져올 것이므로, 사회주의 법체계에 속했던 나라가 자본주의 체계로 이행하거나 혹은 과도기에 있어서 나타나는 문제를 간과할 수 없다. 러시아는 1917년 이후 페레스트로이카까지 지구 상의 모든 사회주의 법제도를 수출한 원산지이며 체코는 사회주의 국가였다가 동유럽 혁명 이후 가장 효율적으로 개혁을 진행시키고 있는 말하자면 가장 경쟁력 있는 변용의 예이다. 따

---

136) 2000년 5월 현재 마르크스 사회주의 국가 또는 공산당 국가의 법체계로서 잔존하는 것은 중국 인민공화국, 베트남 인민공화국, 북한, 쿠바 등의 법체계이다. 그 외의 정도 차는 있으나 캄보디아, 라오스, 앙골라, 기나아가 사회주의 법제도에 속한다. 2015년 한국 위키피디아에 의하면, 사회주의 국가는 중국, 베트남, 라오스, 쿠바를 들고 있다. 같은 페이지는 북한은 "독재로써, 사회주의가 아닌 주체사상을 목적으로 하는 국가이다"라는 설명도 있으나, 역사적 접근에 의한 대분류로써는 같은 범주에 속한다고 할 수 있다.(출처: 한국 위키피디아, "사회주의 국가").

라서 예를 들어 북한이 또는 중국이 체제변환을 하는 경우 러시아와 체코의 경험이 우선 약 70년 동안 사회주의 법제도의 배경을 공유하고 있다는 점에서 또한 앞서서 자본주의화되었다는 의미에서 그들의 법제도가 적극적인 의미이든 부정적인 의미이든 선례가 될 수 있을 것이다. 다시 말하자면, 나폴레옹 전쟁 이후 유럽 최강국이었고, 사회주의혁명 이후 최대의 사회주의 종주국이었다가 자본주의 법체제로 전환 중 비할 데 없는 고통을 겪고 있는 러시아의 전환 모델과 약소국이나 그 나라의 지적인 전통 때문에 효율적으로 전환하고 있는 체코의 전환 모델이 같은 사회주의 배경을 가지고 있으나 두 가지 대비되는 전환 모델을 보여준다. 남아 있는 사회주의 국가는 이 두 대비되는 전환 모델을 참조하여야 될 것이다.

2. 체코법(Sbirka Zakonu [Sb.] 1967 No. 71)과 러시아법(Ved. SSSR 1989 NO. 22 Item 416)의 意義

체코와 러시아어의 법 명칭을 한국어로 바로 번역하면 "행정 절차법"이 된다. 참고로 다른 번역을 본다면, 영미권의 번역자가 Administrative Procedure Law라고 번역했으며 독일어권의 번역자가 Verwaltungsverfahren이라고 번역했다. 따라서 영미학자나 독일어권의 학자가 체코어와 러시아어를 직역한 것은 모두 행정절차법이 된다. 따라서 일단 행정절차법이라고 번역해도 될 듯하다. 그러나 이 번역어는 오해의 소지가 있다. 한국의 행정법학에서 행정절차의 개념을 감안하여야 한다.[137] 행정절차(administrative procedure, Verwaltungsverfahren)의 개념은 廣狹 두 가지가 있다.

(1) 넓은 의미에서의 행정절차라고 하면 행정과정에 있어서 행정청이 밟아야만 하는 절차를 말한다고 할 수 있고, 입법절차, 사법절차에 대응하는 관념이다. 그것은 절차법적 관념이라는 점에서 행정법 속에서 실체법적 면과 대립하고 있다. 이러한 의미의 행정절차에는 사전절차로서의 1) 행정입법절차 2) 계획 확정절차 3) 제1차 행정처분절차 4) 행정 계약절차 그리고 사후절차로서 5) 행정심판절차가 포함될 수 있고, 그 밖에 더 넓게는 6) 행정집행절차 7) 행정처벌절차까지도 포함될 수 있다.

(2) 좁은 의미의 행정절차는 위에 말한 제1차 처분 행정절차 또는 일반 행정절차를 중심으로 하지만 그밖에 어떤 것을 포함하느냐는 것은 나라에 따라 다르다. 우리나라에 있어서 행정절차를 1) 내지 4)의 의미로 쓰는 것 같고, 따라서 행정심판절차는 좁은 의미에서는 제외한다.138)

행정절차와 행정심판의 구별은 행정절차를 어떻게 이해하느냐에 따라 달라진다.139) 행정절차를 입법절차와 사법절차와 대칭되는 개

---

137) 김도창, 신고『일반행정법론(상)』(서울: 청운사, 1983), p.392. 제7절 행정절차(청문절차) 김남진, 제6판『행정법 I』(서울: 법문사, 2000), p.439, 김철용,『행정법 I』(서울: 박영사 1998), p.351~5. 행정심판과 행정절차 (1) 양자의 구별, p.352 (2) 양자의 관계, 같은 취지 김동희, 제6판『행정법 I』(서울: 박영사, 2000) p.331, 같은 취지 석종현,『일반행정법(상)』(서울: 삼영사, 1986), p.430, 같은 취지 박수혁,『행정법 요론』(서울: 법문사, 1997) p.261. 이와 달리 행정절차의 개념을 광의, 협의, 최협의로 3분하고 가장 좁은 뜻에서의 행정절차를 행정심판의 의미로 사용하는 용례이다. 이는 행정소송이 사법절차에 의한 것인데 대하여 행정심판은 행정기관에 의한 재결을 위한 것이라는데 착안한 것이라고 한다. 이상규, 신정판『신행정법론(상)』, (서울: 법문사, 1983), p.256.

138) 위 사람들의 같은 책들, 같은 쪽.

139) 위 사람들의 같은 책, 같은 쪽.

념으로 이해한다면 행정심판절차는 행정절차 속에 포함된다. 그러나 행정절차를 행정청이 행정활동을 함에 있어서 공적타당성을 확보하기 위하여 사실을 정확히 파악하고 당사자와 이해관계인의 의견을 듣고 사전에 각종의 이해조정을 행한 후에 행하는 구체적인 조치의 과정이라는 사전절차 특히 제1차적 처분절차로 이해한다면 사후절차인 행정심판절차와 일단 구별할 수 있다.

따라서 본 연구의 대상이 되는 체코의 Sbirka Zakonu [Sb.] 1967 No. 71와 러시아의 Ved. SSSR 1989 NO. 22를 한국말로 옮길 때에는 한국행정법학의 통상적인 용례를 따라서 행정절차를 협의로 써서 행정심판과 구별하는 용법례에 따라서 해본 번역은 일단 "행정심판에 관한 법"이 된다. 그러나 이것 역시 무리가 있다.

3. 사회주의 법 가족(Legal family)을 역사적 배경으로 하는 나라와 북미 및 서구전통의 법제도를 배경으로 하는 나라의 행정심판의 차이

입법, 사법, 행정의 정부기능을 삼분해서 각기 다른 기관에 맡겨서 견제·균형케 하는 것은 근대 이후의 서구전통의 법제도의 특징이다. 이른바 서구적 법치주의의 나타남이다. 그리고 이 견제 균형의 목적은 궁극적으로 시민개인의 기본권보장이다. 1917년 이후에 나타난 사회주의 법 가족의 특징은 쉽게 말해 권력분립이 아닌 권력 융합형태의 국가를 특징으로 한다.[140] 이 경우의 국가생활의 중점은 오히려 맑스 이념의 구현자인 공산당에게 있고 사회주의

---

140) 김철, 『러시아 - 소비에트 법 - 비교법 문화적 연구』(서울: 민음사, 1989), p.43.

국가에서의 행정통제를 목적으로 하는 상급행정기관에 의한 하급
행정기관에 대한 심판의 절차는 그 내용에 있어서는 현대적 민주
주의 국가의 법치주의에 길들여진 한국의 학도에게는 몹시 낯선
것이 된다. 즉, 사회주의 국가에서의 행정심판이라는 것은 오늘날
한국에 있어서의 행정심판과 그 목적과 취지가 다르다고 할 수밖
에 없다.141)

이 글의 출발이 된 러시아법과 체코법은 다 같이 사회주의 시대
에 성립된 것이어서 애초의 그 목적이 국민의 권리구제보다는 행
정에 대한 통제의 목적이 보다 강하다고 할 수밖에 없다. 따라서
위의 체코법과 러시아법을 바로 "행정심판절차법"으로 옮기는 것
도 무리가 있다고 하지 않을 수 없다. 그러나 동유럽법群 중 가장

---

141) 우리나라 행정심판에 대한 근거는 다음과 같다. 헌법 107조 ③ 재판의 전심절차
로서 행정심판을 할 수 있다. 행정심판의 절차는 법률로 정하되, 사법절차가 준
용되어야 한다. 구 사회주의 체제하에서의 러시아 및 그 영향권인 동유럽의 블
록국가에 있어서의 행정심판에 대한 절차법의 근거는 다음과 같다. 즉, 1977년
소비에트 유니온 헌법 58조 1절 소비에트 유니온의 시민은 공무원의 행위, 국가
와 사회조직체의 행위에 대해서 이의를 제기할 수 있는 권리를 갖는다. 이 이의
는 법에 의해서 미리 예정되어 있는 방법과 시간적인 제한의 범위 안에서 고려
되어 진다. 제2절 법을 위반하여 행해지거나 권한을 초과해서 행해진 시민의 권
리를 침해하는 공무원의 행위는 법이 예정하고 있는 방법으로 법원에 소송이 제
기될 수 있다. 제3절 소련의 시민은 공무의 수행과정에서 국가와 사회조직체 및
공무원이 행한 불법적인 행위로 인하여 발생한 손해에 대해서 그 배상을 청구할
권리를 갖는다. 이 소비에트 유니온의 구 헌법은 그 문면상으로는 서양법제도를
배경으로 하는 행정심판이나 행정소송과 다를 바 없이 읽힐 수도 있다. 그러나
삼권분립과, 개인의 권리와 자유보호를 목적으로 하는 법치주의가 선행하지 않
는 행정심판이나 행정소송이 어떻게 같겠는가? 문면과 현실과는 엄청난 괴리가
있게 마련이다. 1977년 소비에트 유니온 최고 회의에 의해서 "소비에트 유니온
의 법령을 소비에트 유니온의 헌법에 일치시키기 위한 계획"을 채택하고, 이를
시안을 두어서 행하도록 결의하였다. 그러나 이 결의가 지켜지지 않을 것임은
헌법의 문면이 아니라 헌법현실 때문이었다. 1986년 고르바초프는 공산당 제27
차 전당대회에서 이러한 헌법 아래에서 헌법에 맞는 법률의 제정에 책임이 있는
기관들이 그 시한을 이미 5년 이상 초과하면서 그 임무를 수행하지 않았음을 지
적하면서 입법을 촉구하게 되었다.

빠르게 자본주의로 이행하는 체코와 구 사회주의 법群 중 가장 큰 영향력을 가진 러시아의, 애초의 행정통제를 목적으로 하는 심판절차법이 동유럽혁명 이후 점차로 개인의 권리구제의 한 수단으로 이행하고 있는 과정을 지켜볼 때, 이 두 나라의 법이 한국의 행정심판에 대한 절차법과 비록 그 성격은 다르나 유사성을 가지기를 기대하면서 소개하지 않을 수밖에 없다.

4. 사회주의 법群에 속하는 법제도에서 행정심판과 행정소송의 구별이 가능한가?

이미 기술한 대로 서양법제도에서 익숙한 법치주의 아래서 행정소송은 그 목적이 개인의 권리구제이다. 사회주의법제도에서 우선 삼권분립이 되어 있지 않고 또한 법제도의 시작과 출발이 개인인격이 아니기 때문에 개인의 자유와 권리를 위해서 개인이 국가기구를 상대로 소송한다는 것은 원칙적으로 불가능한 일이 된다. 따라서 이러한 법제도하에서 행정통제를 위한 행정에 대한 불복절차와 서구형 법치주의 제도 아래서의 행정심판 및 행정소송을 동일평면에서 생각한다는 것은 불가능한 일이 된다. 혹시, 사회주의 법群에서 행정에 대한 불복, 행정심판절차, 행정소송절차를 그 개념이나 의의로 구별하려는 시도가 있다면 이것은 법제도의 근본적인 차이를 간과하는 무모한 노력이 될 것이다. 그러나 주의할 것은 똑같은 절차법이 체코와 러시아의 역사에서 행정에 대한 통제의 기능을 주로 하다가, 자유화의 정도 및 단계에 따라서 어느 정도 시민의 권리 보호의 역할을 하게 되는 과도기적인 법현상이 있어왔다. 그렇다 하더라도 이러한 약한 의미에 있어서의 시민의 권리를 위한 행정심판 절차가 서구형의 그것과 동일하지 않은 것은 물론이다. 본격적인 행정소송절차가 사회주의 체제에서 찾아볼 수 없는 것은 말할 필요도 없다. 그러나 헌법체제가 근본적으로 변화하면서 러시아와 체코가 서구형 삼권분립, 서구형 법치주의, 서구형 재판제도를 수립하는 데 성공하면 그 경과에 따라서 행정의 통제를 위한 불복심판절차, 권리보호를 위한 행정심판절차, 그리고 본격적인 행정소송절차가 분화될 것임은 말할 필요도 없다.

5. 동기

이 논문을 쓴 동기는 다음과 같다. "헌법은 변하나 행정법은 변하지 않는다"라는 오토 마이어의 일반 명제는 한국의 해방 이후의 행정법학의 변함없는 황금률이 되어 왔다. 이 논문의 전체는 바로 이 오토 마이어의 일반 명제를 검증하기 위한 목적이다. 검증의 실험실은 역사에 의해서 주어졌다. 즉, 체제 변동이 행정법 제도에 어떤 영향을 미치는가는 지금까지 한국 법학에 익숙한 도이치 행정법의 소재에서는 찾기가 힘들었다. 관찰과 실험의 소재를 동유럽-소비에트 러시아라는 지금까지 한국의 공법학자가 다루어보지 못한 새로운 역사적 맥락에서 구함으로써 이 연구는 종전의 협소한 법적 소재를 초과하여 본격적인 세계의 비교 법학으로 확장함으로써, 미래의 한국의 법학자와 법학도가 과거의 고정 관념을 버리고, 보편성 있는 과학적 법학의 세계로 들어가기를 바라는 것이다.

1) 한국의 강단법학에서는 헌법과 행정법과의 관계가 자주 논의되지 않고 있는 듯하다.142) 특히 행정법의 기술성을 강조하는 입장

에서 그러하다. 국가 발전기의 전문성을 위해서는 불가피했다 할 수 있으나, 체제 변환기의 움직이거나 변화하는 역사적 시점에서는 비현실적인 법학이 되기가 쉽다.

2) 한국의 기존 문헌에서는 행정법의 역사적 발전 또는 행정법 발전의 역사적 배경이 그리 논의되지 않는 듯하다. 이것은 한국의 전통 행정법학이 이미 오래전에 받아들인 기본적 법 개념과 개념을 만든 논리적 카테고리를 검토하지 않고, 권위의존적으로 따라간 것과 관계있다. 어떤 법 개념도 어떤 역사적 맥락에 있어서의 구체적인 산물일 뿐, 그 개념 자체가 규범이 될 수 없다. 한국의 국가 건설기의 행정법학도는 법 개념의 역사적 형성을 참조할 만큼 시간이 없었던 탓도 있다.

3) 헌법과 행정법과의 관계, 또한 공법의 역사적 발전을 선명하게 보여주는 것은 오히려 전형적으로 발전하지 않았던 동유럽과 러시아 법제의 연구에서 보여질 수도 있다. 동유럽의 약소국가들은 정치적 경제적 문화적 강대 세력 틈바구니에서 그 자신의 역사를 가지면서 발전하여 왔다. 특히 체코는 문화적으로는 오랜 뿌리가 있으며, 정치적 자기 결단의 역사도 결코 뒤지지 않는다. 러시아 제국은 프랑스혁명 이후 서유럽 대륙의 앙샹 레짐을 지탱시키는 마지막 보루가 되었으며, 그 법 제도는 이 책의 다른 부분에서 논한 것처럼 근대 서양법의 특징 중에서도 대조되는 대륙법의 분기

---

142) 예를 들면, 이 문제를 논의하고 있는 논문 중의 하나는 김영훈, "헌법과 행정법의 문제에 관한 고찰", 『법학논총』 제2집(서울: 숭실대학교 법학연구소, 1986. 11). 그 밖의 논문들이 있겠으나 필자의 형편으로 검색하지 못했음을 양해 바란다.

라고 할 만하다. 그러나 자유주의적 개혁이 실패하고 지구 상에서 최초로 노동자 농민의 사회주의 법체계가 성립된 법문화를 가졌다. 이후 1989년 동유럽−러시아혁명 때까지 그 영역 내의 16개의 독립 주권 국가와 동부 유럽의 이전 위성 국가 그리고 지구상에 잔존하는 사회주의 법체계의 마지막 국가들까지 영향을 미쳤다. 실로 1945년경부터 1989년까지의 냉전체제는 소비에트 사회주의 법체계의 참호를 전선으로 해서 유지된 것이다.

4) 흔히 비교법 연구는 예를 들어 특정 국가의 법제도, 즉 한국에서 익숙한 대로 미국법, 영국법, 도이치법, 프랑스법 기타의 명칭으로 오로지 특정한 국가의 법제도를 대상으로 한다. 그래서 흔히 비교법 연구는 특정국가가 대상이 되고, 그 연구의 방법이나 성과가 보편적인 법제도의 공통점을 추출하려는 의도를 놓치기 쉽다.

5) 이 논문에서 명백히 보이는 비교법적 방법은 이 논문이 일차적인 대상으로 삼는 동유럽의 특정국가와 러시아 자체의 법제도를 문제로 삼기보다 특정 국가를 넘어서 문명국가의 법의 일반원칙이 역사 속에서 어떻게 나타나는가를 추적하려 한다.

6) 체코와 러시아가 이 연구의 대상이 된 까닭은 1989년 동유럽혁명 및 러시아대변혁이 20세기의 종반기에 있었던 가장 큰 세계사적 사건이며, 세계체제에 영향을 미쳐 21세기 세계의 법제도의 재편성에 시금석이 된다고 생각하기 때문이다.

7) 우리나라에 있어서 기존 문헌은 체제대변혁이 행정법에 미치

는 영향을 그리 취급하지 않았다고 본다. 따라서 행정심판에 대한 절차법이라는 일견 매우 기술적인 절차법에 러시아와 동유럽의 대변혁이 어떤 영향을 미치기 시작했는가는 행정법의 외부체계와의 관계에서 시사를 줄 수 있을 것이다.

그러나 이 연구의 한계는 다음과 같다.

1) 연구소재로 쓰인 러시아와 체코의 행정심판에 대한 절차법은 1989년까지의 발전까지만 취급할 수 있었다. 그 이유는 동유럽과 러시아의 대변혁 이후 주로 헌법 제도적인 측면에서 큰 문제들이 부각되었고, 따라서 행정심판에 대한 절차법과 같은 부분은 큰 관심을 끌지 못했기 때문이다. 따라서 주도적인 북미와 서구학자들의 대변혁 이후의 러시아와 체코의 행정심판에 대한 절차법의 영역에 대한 연구 성과가 나오는 것은 지연되고 있다.[143]

2) 헌법 현실과 규범의 급격한 변화가 행정법의 영역에 있어서

---

143) 예를 들어, 동유럽과 러시아 법에 관한 가장 정평 있는 문헌인 *Law In Eastern Europe* 시리즈 A series of publications issued by the Documentation Office for East European Law, Leiden University(Dordrecht; Martinus Nijhoff Publishers)에서도 1990년대 후반 이후 정리된 시리즈가 나오지 않고 있다. 또한 이 분야의 전문 저널로서 인정되는 *The Parker School Journal of East European Law* (New York, Columbia University)는 1994년에 창간된 이래 동유럽과 러시아법의 최신 자료를 수록하고 있는데 다른 모든 법의 영역은 골고루 취급되고 있는데 비해, 행정심판에 대한 절차법의 분야는 아직 공식적으로 취급되고 있지 않고 있다. 아마도 1990년 이후의 대변혁을 취급하는 순서가 헌법제도, 전반적인 입헌주의, 법치주의의 문제와 함께 경제나 정치의 촉급한 문제들을 우선적으로 다루고 있기 때문이라고 생각된다. 제도변화를 어느 정도 체계를 갖추어서 문헌화하는 것이 학자들의 의무라고 한다면 어느 정도 지연되고 있는 것은 이해가 된다고 하겠다.

어떤 영향을 미쳤는가를 추적하는 방식은 때때로 역사와 역사적 사실의 외연적 나열로서 시작하는 수밖에 없고, 그 역사의 함수로서의 행정심판에 대한 절차법의 구조적 생성은 다소 거칠게 그릴 수밖에 없었다.

3) 특정 법제도가 역사와 어떤 상호관계를 가지는가는 일단 이 논문에서 대변혁을 시작한 동유럽의 한 국가와 러시아의 예를 듦으로써 비교법적 접근의 많은 가능성 중 하나를 소개하는 것이 된다.

오랫동안 비교 법학자들은 문화적·역사적·정치적·경제적 그리고 사회적인 요인들에 대한 고려를 접어두고, 법률 양식과 기술적인 사항들에만 주로 전념하였다. 기억할 사실은, 법은 진공 속에서 존재하는 것은 아니며, 그렇기 때문에 진정으로 비교를 하려는 어떠한 연구도 법을 그 출생지와 분리시키지 않는다. 반드시 인식되어야 하는 한 가지 사실은 법체계를 유형화하는 연구는 어느 시점에서의 정치적·경제적·사회적 기준들이 법 원칙들과 법 절차들에 어떻게 반영되었는가에 대한 분석 안에서만은 추출될 수 없다는 사실이다. 법률제도들이 그 일부분을 구성하는, 전체 사회의 역사적 발전의 맥락에서, 오랜 시간에 걸쳐 법 제도들의 역사적 발전을 분석하는 것도 동등하게 중요하다.[144] 일정법률체계는 사회의 정치조직, 시민의

---

144) 김철, 1. 법체계의 공동핵의 문제 I. 비교법 체계론의 기본적 연구. "아메리카 합중국의 법체계와 러시아공화국을 비롯한 구 소비에트 유니온의 법체계", 미국과 러시아의 비교연구 특집, 『미소연구』제5집(단국대미소연구소, 1991), 또한 김철 "아메리카 함중국의 법체계와 러시아 공화국을 비롯한 소비에트 유니온의 법체계", 김유남 공저, 『미소비교론』(서울: 어문각 1992). 또한 김철, 『러시아-소비에트법-비교법 문화적 연구』(서울: 민음사, 1989).

사회, 경제적 복지와 관련될 뿐만 아니라, 개인의 정신적인 복지와
도 관련된다. 다양한 법체계의 정신적 요소를 무시하는 것은 그 체
계의 사회·경제·정치적 관심을 잊어버리는 것만큼 어느 법체계에
대한 불완전한 분석이다.145) 외부에서 관찰하는 외국학자들의 경우
에, 그들은 관찰대상의 현실에서 떨어져 있기 때문에, 법적 텍스트
(문자로서의 법전)의 범위를 넘어서는 것이 대단히 힘들다.

법체계 외부의 학자들이 동유럽과 러시아 법구조의 극히 개괄적
인 외형물을 요약해서 소개하거나 해석론적인 시도를 하는데, 이러
한 개념적 접근으로는 그 법제도의 정신과 실제를 아는 것이 힘들
게 되어 있다. 어느 정도 수준의 비교법학자들이 서양법제도와 비
교하는 경우에도 역사적 기초에 대한 연구와 법사회학적 연구를
동반하지 않는 경우에, 초학자들에게 오해를 주기 쉽다. 이러한 이
유로 지금까지의 동유럽과 러시아법 연구가 국제법적인 연구나 거
래법적인 측면에서 접근되었다. 동유럽과 러시아 국내법에 대한 실
제는 다른 사정과 분리해서는 판별하기 힘들다. 소수의 비교 법학
자들이 법의 문자를 법의 실제에서 구별하는 기회를 가졌다. 한국
법학의 개념을 연상 할 것이나, 같은 명칭이면서 그 내용이 다르다
는 것을 잊기 쉽다.146)

6. 체코와 러시아 연방 행정심판에 대한 절차법의 공통요소

체코슬로바키아와 러시아 연방의 행정 심판에 대한 절차법을 비
교하는 것은 공통요소가 있기 때문이다.147) 1948년 공산당과 그

145) 같은 책 p.43.
146) 같은 책, pp.73~74.

지지자로 이루어진 체코 신정부가 이루어진 이후 1948~1962년간의 스탈린주의 시대동안 체코슬로바키아에서는 개인의 자유, 사회적 권리는 전혀 포기되었다. 1952년 노보트니체제 이후 전 공업의 91.5%가 국가관리하에 들어갔다. 90% 이상의 농업의 집단화가 진행되었다. 1959년 7월 스탈린 헌법을 모방한 신헌법이 채택되고, 삼권분립이 폐지되었다. 공산당의 지도적 역할이 명시되고; 각급 구민위원회는 지방주의의 자치조직이라는 것보다 정부의 행정기관의 성격이 부여되었다. 1962년에 제3차 5개년 계획이 포기되고, 국유화 경제체제의 실패는 지식인의 비판을 야기했다. 1964년부터 개혁파가 정치부문의 민주화, 경제의 분권화, 행정의 분권화를 실현시켰다. 1966년 지방행정기관인 국민위원회의 개혁이 실시되어 재정권을 비롯한 자치권이 회복되었다. 보수파와 개혁파의 충돌은 1967년에 정점에 달했다.

1) 행정절차에 대한 규제가 처음으로 나타났을 때는 사회주의가 아직 부인할 수 없는 국가의 기본 요소였을 때였다; 즉 체코슬로바

---

147) 고르바초프 개혁 시절의 러시아 행정심판에 대한 절차법 (Ved.SSSR 1989 No.22 item 416)과 프라하의 봄 시절의 체코슬로바키아 행정심판에 대한 절차법 (Sbirka Zakonu [Sb.]1967 No.71)의 전개과정에 대해서는 다음의 문헌 참조; ① Klaus-Jurgen Kuss, "Gerichtliche Verwaltungslkontrolle in Osteuropa", *Rechtswissenschaftliche Veröffentlichungen*, Vol.15, (Berlin, 1990) ② S.Lammick, K.Schmid, eds. *Staatsordnung der Tschechoslowakai*, (Berlin, 1973) ③ K.Westen, B.Meissner, F.-Chr. Schroeder, eds. *Der Schutz der individuellen Rechte und Interessen im Recht der sozialistischen Staaten.* ②와 ③에서 "Gesetz über das Verwaltungsverfahren"과 "Das tschechoslowakische Verwaltungsverfahren"을 기고한 Karen Schmid가 체코 행정심판에 대한 절차법의 최근 성과로 보인다. Schmid는 Köln의 연방 동유럽 연구소 소속이다. 이 글에서 Schmid의 연구에 의존할 수밖에 없는 것은 이 작은 영역에 있어서의 최근(1992년까지) 성과를 낸 거의 유일한 사례로 보이기 때문이다.

키아 1967년, 구 소비에트 유니온, 1987년과 1989년이었다.

체코슬로바키아의 1967년은 Stalin주의에서의 개혁이 진행되던 때
였다. 1963년에 이미 지식인의 정부비판이 점차 대담해지고 Dubcek
가 탈스탈린주의의 지지로 등장하였다. '당의 무과실의 원칙'과 '교
조주의'가 비판되고 교육과 문화부문에서 자율성이 회복되기 시작
했다. 1964년부터 1966년까지 경제체제의 근본적인 변혁인 '신경제
모델'이 착수되었다. 개혁파는 정치부문의 민주화를 요구하고 1964
년 이후 국민의회가 정부안을 수정 또는 거부하면서, 경제의 분권
화와 행정의 분권화를 실현시켰다. 선거제도개혁(1964~1967)이 진
행되었다. 사회적 이익 집단의 활동이 활발해지기 시작했다.

노동조합, 청년조직, 작가동맹이 당의 통제를 벗어나려고 했다.
전문적 능력에서가 아니고 이념과 당에 대한 충성에 의해 지위를
얻은 그룹들은 개혁에 의하여 많은 것을 잃게 된다고 여겼으며, 노
동자들은 의혹의 눈초리로 바라보고 실업의 새 가능성, 임금 낙차
를 두려워하였다. 보수파는 개혁에 저항하고, 이 충돌은 1967년에
정점에 달했다.[148]

1987년에 있어서 미하일 고르바초프의 통찰은 그의 조국의 병이
심각한 것을 공식적으로 알리고, 체제의 모든 주요 국면이 분석되
고 개혁되어야 한다는 것이다. 사회, 문화, 국가, 당, 그리고 경제
가 역사적 단계의 구조적 요구에 맞게끔, 조정하면서 개혁해야 한

---

148) 이정희, 『동유럽사』(서울: 대한교과서 주식회사, 1987). 체코의 헌정사 전반의 연
표는 크게 이 책에 의존하였다. 러시아사를 전공한 위 저자의 동유럽 역사의 헌
정부분에 대해서 경의를 표한다. 직접 인용하지 않았으나 필자가 특히 체코의 법
치주의에 대해 관심을 갖게 된 최신 국내문헌으로는 참조, 박영신, 『실천도덕으
로서의 정치 - 바츨라브 하벨의 역사참여』(서울: 연세대학교 출판부, 2000).

다는 것이다. 1987년은, 개혁의 충분한 표현을 위해서는 적어도 두 개의 '5개년 계획'을 필요로 할 만큼, 개혁의 새로운 시대를 증거하고 있을 때였다.[149]

2) 가) 항목의 명제는 기본법상의 문자로는 진실이다. 선언된「사회주의 기본노선」은 스탈린 헌법 이후로 변하지 않았다.[150] 그런데 이 경우가 바로 국법학(Staatslehre) 전통의 해석론이 내용을 가지지 않으면 의미가 없는 경우에 해당한다; 즉, 체코의 67년과 러시아의 87년은 그 체계가, 내용에 있어 바뀌는 방향으로 이미 움직이고 있을 때이다. 사회주의 기본노선이 헌법상으로는 불변으로 보인다는 것은 외견상이다. 역사적 내용이 없는, 통찰 없는 해석법학의 위험성을 지적한다.

3) 행정심판에 대한 절차법은 정치적 해빙기에 세련되었다. 즉, 체코의 경우는 '프라하의 봄'의 시기에, 소비에트의 경우는 페레스트로이카의 새로운 시기에 세련되었다.

1968년은 Dubcek의 개혁운동은 지식인의 운동에서 대중적인 운동으로 발전했다. 경제개혁은 한층 더 추진되어 기업의 독립성이

---

149) Moshe Lewin, *The Gorbachev Phenomenon-A Historical Interpretation* (University of California press, 1988).

150) 체코는 노보트니 체제에서 1960년 7월 1936년의 스탈린 헌법을 모방한 신헌법과 '사회주의 공화국'의 명칭을 채택하였다. 1960년 말 90% 이상의 농업집단화를 달성하였을 때였다. 러시아의 경우 1977년의 헌법은 1987년에 그대로 존속하고 있었다. Glasnost와 Peresteroica는, 그러나 개혁의 과정에서, '사회주의의 목표'를 포기하는 것이 아니라 그 의미에 더욱 가까이 가는 것으로 설명하였다. 그 '사회주의'는 이윽고 포기될 것이었다.

강해졌다. 노동자 평의회의 설치가 제창되었다. 정치개혁은 온건개
혁파가 주축이 되어 국가, 경제, 사회, 문화, 조직에의 당의 독단적
개입의 억제, 당내 민주주의 강화에 큰 진전을 보았다. 지식인 상
층과 당 지도자들이 타협하였다. 1968년 6월 '2000어(語) 선언'은
하부조직과 노동자 계층에게 자유화 추진에 참가하도록 했다.
1968년의 개혁운동은 내정 지향형이었다.151)

6.1 체코에 있어서의 행정심판에 대한 절차법의 발전152)

1918년 법치국의 모든 특징과 함께 전통적인 민주주의를 지향하
는 목표가 설정되었다. 1차대전 종전 후 성립된, '국민의회'가 탄생
시킨 신공화국의 최대 관심사는 개혁법안이었다. 국민위원회는 정
당 투표수에 비례하여 대표를 선출하였다. 제정된 법률은 통화개혁
법안과 1919년 4월의 토지개혁안이었다. 개혁업무를 점진적으로

---

151) 이정희, 앞의 책, 446면.
　　　체코에 있어서의 근대 입헌주의와 법치주의의 약사는 다음과 같다.
　　　1765, Habsburg 가문의 Leopold II세의 계몽君주 치세 시작; 세제개혁 선포; 헌
　　　　　법부활, 사법개혁, 종교적 관용, 농민 해방문제가 숙제였다.
　　　1784, 보헤미아 왕립 학술원 창설, 체코민족주의 부활의 지적인 중심이 됨.
　　　1848년까지 Habsburg왕국은 다시 반동정책 실시; 정치, 행정이 다시 경직됨. 도
　　　　　이취와의 경쟁에서 밀려나기 시작함.
　　　1848년 2월 혁명의 영향/Prach에서, 집회의 자유, 검열제 폐지, 농민해방, 법 앞
　　　　　의 인종평등을 주창.
　　　Habsburg의 입헌주의 실험시대(1849~1867), 이중왕국 체제(1867~1914).
　　　1907, 보통선거권에 의해 체코 신의회 성립 1913, 보헤미아 의회 쿠데타로 해
　　　　　체, 1913~1918 제1차 세계대전, 전후 도이치, Habsburg, 러시아, 터키제
　　　　　국 소멸.
　　　1918.10.31. 프라하의 '국민위원회'와 파리의 '체코슬로바키아' 국민회의가 '체
　　　　　코슬로바키아 공화국'을 탄생시킴.
152) Karin Schmid, "Legislation On Administrative Procedure in Czechoslovakia and
　　　the Soviet Union", *The Emancipation of Soviet Law*, edited by Feldbrugge,
　　　Martinus Nijhoff Publishers. 1990년까지의 법 발전을 주로 다루고 있다.

철저하게 실행할 수 있는 국토청(State Land Office)을 설립하였다. 철저하고 실질적인 방식으로 시행된 통화개혁법안은 경제적 안정과 산업화를 서유럽의 수준으로 올렸다. 보헤미아와 모라비아의 전 토지의 37.3%와 34%가 인구의 0.1%도 안 되는 대토지 소유자의 손에 있어서, 국가가 일정한도 이상의 모든 토지에 대해서 몰수, 재분배할 수 있는 권한을 가졌다. 치밀하게 수행된 토지개혁정책은 성공을 거두었다.

교육부문에서도 광범위한 개혁이 실시되었다. 1918년의 행정심판에 대한 절차법(Sb. 1918)은 이러한 신공화국의 기본적인 개혁법안의 연속 흐름 안에서 제정되었다. 명목적(Nominal)이거나 훈시적(instructive) 규정이 아니라 개혁행정의 실질 절차를 보장하기 위한 입법이었다. 1928년 "정치적 기구의 권능 내부에서 일어나는 문제들에 대한 절차"에 관해서, 이를 줄여서 "행정심판의 절차"에 대한 행정명령이 공포되었다.[153] 이것은 새롭게 성립된 국가의 행정심판절차에 대한 법적 규제로서 최초의 것이었다.

신생 체코슬로바키아의 쟁점은 중앙집권주의 대민족(Slovachia) 자치주의였다. 1927년 슬로바키아의 자치권이 획득되었다. 1928년 종교적 관용주의가 다원주의를 회복하고, 정치적 기관이 현실적 권위를 회복하였다. Sb. 1928 No.8은 이와 같은 정치·행정을 반영하였다. 그러나 주의할 것은 이 행정사건에 대한 절차법은 사법절차를 포함하지 않았다.[154] Sb. 1928 No.8은 1945~1948년까지의

---

153) Sb. 1928 No. 8.

154) 1918년 독립 이후 체코슬로바키아 법치주의의 특징은 복수정당-사회민주노동당, 농민당, 사회당, 도이치인당, 슬로바키아 인민당, 기독교 사회주의자 당-이 연립하는 의회와 내각 중심이었다. 사법부가 신생공화국에서 현저한 역할을 한 기록은 찾을 수가 없었다.

급격한 사회적, 정치적 봉기 이후에도 존속하였다. 새로운 사회주의 질서와 양립하지 않을 때는 무효로 생각되었다.

1945~1948년은 동유럽국가들의 공산주의 신정권 수립시기에 해당한다. 체코슬로바키아는 대전 중 연합국 노선의 자유주의적인 망명정부가 수립되었고, 전쟁 말기까지 국내, 국외적으로 강한 영향력을 발휘하고 있었으며, 공산당은 소수였다. 1918년 국민의회와 국민위원회가 세운 공화국의 전통이 법치주의 및 법치행정의 역사를 남겨 놓았다.[155] 소비에트 유니온의 무력 개입으로 공산정권이 수립된 이후에도 정치적 동요는 계속되어 복잡한 양상을 띠었다. 소비에트 유니온의 무력적, 반타협적 영향력이 사회주의 법체계 성립에 결정적이었다. 1948~1953년까지는 '획일적 스탈린주의' 시대였다. 1949년 개시된 산업화 5개년 계획은 소비에트 유니온 생산혁명 방식이었고, 행정 면에서는 관료주의가 지배적으로 나타났다. 1953년 스탈린 사후, 집단 지도제가 도입되고, 새 정책과 방침이 발표되었다.

1955년 '행정심판에 대한 절차령'이 공포되었다. 사회주의 수준에 있어서의 일반행정(심판)절차에 대한 규제를 꾀했다.[156] 스탈린 체제 이완의 결과이다. 중공업 위주 정책 수정, 생활수준 인상과 경제부문에서의 신 노선이 모든 동유럽에 전파되었다. Stalinism 정책에 대한 비판일 뿐, 사회주의국가의 다양성을 의미하는 것도, 자유주의적 생활관을 의미하는 것도 아니었다.

---

155) 1948년의 신헌법은 이론상으로는 서유럽의 입헌주의 원칙을 그대로 유지하였다. 권력분리, 인권보장, 제한된 개인적 사유화가 확인되었다. 부가된 규정은 「모든 시민의 국가 이익을 위한 근로의무」이며 국가 이익은 공산당이 결정한다.

156) Sb. 1955 No.21; 보라, Uredni List 1955 No.48.

총 52개항이 이전의 135개항을 대치하였다.[157) 1928년 제1공화국의 행정심판에 대한 절차법(Sb. 1928. No.8)과 비교된 특징은 권리를 강행하려는 개인의 원고에게는 더욱 불리해졌다. 1960년 "행정심판에 대한 절차법"이 구법을 대치하였다. 총 34개 구절로 구성되었다.[158)

1948~1962년간의 Stalin주의 시대 동안 개인적 자유, 사회적 권리는 전혀 포기되었다. 1952년부터 Stalin체제 도입자인 Novotny는, 국유화법에 의해 공업생산의 99.7%(1954년) 농업의 70%(1959년)의 집단화를 달성하였다. 1959년 7월, Stalin헌법(1936년 제정)을 모방한 신헌법이 채택되고 '사회주의 공화국' 명칭이 공식 채택되었다. 1959년의 법체계는 1948년 법체계의 여러 규정(9헌법)을 수정했다. 삼권분립은 정식으로 폐지되었다. 대통령에게는 제1공화국의 전통에 따라 강력한 권한이 남아 있었다. 공산당의 역할/각급 국민위원회의 행정기관으로의 성격/중앙정부의 권한 강화가 특색이다. 국가위원회의 권한에 속하는 절차에만 적용되었다. 가능한 개인으로서의 원고에게는 권리의 실행에 있어 편의보다는 더 장애를 주는 방향이었다. 중앙집권화의 경향을 나타내는 1959년 법체계의 영향이다. 다른 정치 세력을 무력화시키고, 소비에트 공산당(CPSU)과 각급 국가위원회에 중심이 주어졌다. 위원회에도 지방자치의 자발적 조직이 아니라 중앙정부의 행정기관의 성격이 부여되었다. 소수민족의 인종위원회도 폐지하고, 슬로바키아 국민위원회도 중앙정부 직속이 되었다. 국민평의회는 실질적 권한은 거의 없었다.

시민이 비공식적으로, 그리고 기간의 제한 없이 언제 소를 제기

---

157) 보라, 같은 문서, p.246.
158) Sb. 1960. No.91.

할 수 있는지 또는 기간 내에 언제 공식적으로 소를 제기할 수 있는지 분명하지 않았다. Stalin시대의 특징으로 시민이 개인적으로 출소하는 것을 실질적으로 예비하지 않았다. 항고소송의 경우에 수평적(horizontal) 기준에 의했는데, 똑같은 국가위원회 (제1차 관할)에 한정했고, 다음 순위의 국가위원회에는 할 수 없었다. 똑같은 수준의 국가위원회 내부에서 항고소송을 처리하려고 한 것은 행정의 자기 심사 중에서 가장 폐쇄적인 것이다.

자연적 정의의 두 원칙 ① 아무도 그 스스로에 관한 사건에 대해서는 판관이 될 수 없다(NEMO JUDEX IN PARTE SUA). ② 쌍방의 진술이 모두 행해져야 하며 어느 누구도 그 진술이 경청되지 않고 비난되지 않는다(AUDI ALTERAM PARTEM)[159]에 일치되지 않는다. 소위 프라하의 봄에서 절정을 이루는 정치적 조류의 경로에서, 행정(심판)절차에 대한 비판이 높아지자 절차법도 새로운 접근을 꾀하게 되었다.[160] 지금까지의 1960년의 구법이 폐지되고, 아직 존속하나 사문화한 1967년의 법으로 대치되었다.

6.2 1967.6.29. 체코 행정심판에 대한 절차법[161]

보다 포괄적인 이 입법 형태는 이전의 것들과 비교해서 더 높은

---

159) 전술, 제2장 "러시아 – 소비에트 법체계의 역사적 기초" 특히 p.56, 소비에트 법 (1989).

160) 보라, K. Schmid, "Gesetz uber das Verwaltungsverfahren", in *Staatsordnung der Tschechoslowakai, (S. Lammick, K.Schmid, eds.), Berlin* 1973, 385~404. 보라, 같은 사람, "Das Tschechoslowakische Verwaltungsverfahren", in Der Schutz der individuellen Rechte und Interessen im Rechte der sozialistischen Staaten, (K. Western, B.Meissner, F.-Chr. Schroeder, eds.), Berlin 1980, 85~101. 또한, 같은 사람, 위 책, p.217 각주 15.

161) Sbirka Zakonu[Sb.] 1967 No.71. 이 오래된 법은 1990년대까지 유효하다.

질을 보여주고[162] 85항목이 늘어난 분량은 개인의 권리를 강행시킬 수 있는데 초점이 주어졌다. 항고절차를 포함하여, 행정(심판)절차에 대한 포괄적인 규율을 하고 있다. 제소, 원고(고소인), 검사에 대한 이의와 같은 항고 절차를 개시하는 데 대한 것과 같은 다양한 가능성에 대한 명백한 차이점을 밝히는 데 대한 요구를 충족시키고 있다.[163]

공정한 진실의 원칙, 증거에 대한 치우치지 않는 고려, 공개의 원칙 - 그리고 때에 따라서는 소송절차의 비공개의 원칙, 그리고 공식적인 심리의 원칙과 같은, 일반적으로 인정된 절차의 원칙에 기초하고 있다.[164]

이 법이 예정한 사법 심사[165]는 그 실현이 특별법에 매어 있게 되었다. 실제로 행정(심판)절차는 국가위원회의 행정상의 권한에 속하는 일들에 이전처럼 국한되게 되었으며, 개인과 국가 간의 정치적 갈등을 포함하지 않게 되었다. 문헌과 문서로 발행된 사례들은 문제의 법은 주로 다섯 유형의 케이스에 관련되었다; 즉, 선거등록; 의료보험의 문제들; 사회보험과 연금보험의 문제; 주택의 공급 그리고 가장 특기할 만한 것은 정신병 환자의 입원치료 명령이다.[166]

---

162) 같은 책, p.217.

163) 1960년의 법이 항고소송의 수평적 기준 - 동일국가위원회 내에서의 제도 - 에 의했는데, 67년의 법은 수직적 기준 - 직근 고위국가위원회에로의 제소 - 에 의했다.

164) 보라, K. Schmid, 위에 인용된 note 15, in Staatsordnung der Tschechoslowakei, 393~394, esp. 92. 같은 사람, 위 책, p.218. 각주 16.

165) 주의할 것은 북미나 서양법제도에 있어서의 행정절차에 대한 사법적 통제를 의미하는 것이 아니다. 이 당시 체코에 국가 체제는 권력 융합형 사회주의 국가이며, 따라서 행정절차에 의한 독립된 사법부의 통제는 예정되어 있지 않았다. 여기서 사법심사라는 말에 속지 않기를 바란다. 그 참뜻은 준 사법절차에 의한 심사라는 뜻이다.

166) 보라, Klas-Jurgen Kuss, *Gerichtliche Verwaltungskontrolle in Osteuropa, Rechts-*

시행의 첫해에, 집행권의 恣意에 대한 시민의 법적 보호는 매우 제한된 영역에서 유효하였으나, 적어도 이 행정심판에 대한 절차법은 사실상 적용되었을 뿐만 아니라, 진지하고 법률적으로 하자 없는 방식으로 적용되었다.167) 행정법원에 의한 권리 보호를 위한 이러한 진보는 몇 달 뒤에 프라하의 봄을 끝장 낸 폭력적인 개입에 의해서 급작스럽게 끝장이 났다.

6.2.1 1980년대의 반전 – 헌법 현실의 후퇴

프라하의 봄이 박살난 1980년대의 초에, 행정(심판)절차에 대한 것은 아무것도 들을 수 없게 되었다. 억압적인 구체계가 점점 더, 그때까지의 알려진 방법으로, 눈에 띄게 회귀함에 따라, 행정권의 恣意에 대한 법적 보호를 최소한으로 줄여버렸다.168)

6.2.2 1989년 12월의 반전 – 1989년 동유럽혁명의 결과

1989년 12월, 정치체제는 완전히 반전되었다. 당의 지도적 역할이 포기되었고, 이미 1차 대전 직후 성공적으로 증명되었던, 전통적 의미에서의 법치국가로의 복귀가 선언되었다.169) 따라서 이 나라의 법치주의의 자랑스러운 전통을 계승한 1967년 이후의 행정심판에 대한 절차법이 다시 유지되었다. 이제, 내부 사정에 대한 문헌에 의하면, 공공당국의 恣意에 대한 보호는 명백히 말해진 대로,

---

wissenschaftliche Veröffentlichungen, vol.15, Berlin 1990, 17~37, K.Schmid는 Kuss가 이 케이스를 빼먹었다고 지적한다.

167) 보라, K.Schmid, 위에 인용한 Der Schutz der individuelle Rechten und Interessen- 99-101. note 15.

168) K.Schmid, Supra, p.218.

169) 같은 책, p.218.

"개인의 보호에 역시 적용될 수 있다"170)고 하였다.

6.2.3 점증하는 부동산관계 케이스

행정심판에 대한 절차법은 역시 현재의 정치적 갈등을 덮고 있다고 의미할 수도 있다. 실제로 대규모의 부동산 사유화를 향한 경향을 보여주는 것으로, 부동산에 관한 케이스가 점점 더 많아지고 있다.171)

7. 러시아에서의 행정심판에 대한 절차법의 발달 및 러시아 법치주의의 전통

슬라브주의(Slavophil)와 서구주의(Westernphil)의 대립. "러시아는 강한 법치주의 전통을 가지고 있지 못하다"172)라는 견해가 있다. 서구주의의 입장이다. 슬라브주의 입장에서는 피상적인 관찰이다.173) 무엇이 강한 법치주의인지 시사하는 바가 없다. 아마도 이 판단은 제정 러시아 때부터 줄곧 계속된 프러시아 전통의 법학의 선입견이 아닌가 생각된다. 어떠한 외국의 영향도 보여주지 않는 러시아의 관습법만을 담고 있는 Russkaia Pravda는 11세기까지 소급한다(1019~1054).174) Byzantine 문화의 계승자로서 동로마제국 패망

---

170) 같은 책, p.218.

171) 같은 책, p.219.

172) 같은 사람, 같은 책.

173) 김철, "러시아–소비에트 법체계의 역사적 기초" pp.55~77 참조. 『러시아–소비에트법–비교법문화적 연구』(서울: 민음사, 1989).

174) 김철, 위의 책. p75, Russkaia Pravda 부분 참조.
로스카이아 프라브다는 러시아 법률사의 가장 중요한 기록들 중 하나이다. 17세기까지 러시아의 법전 편찬에 상당한 영향을 끼쳤다. …… 제1판은 러시아의 관

(15세기) 이후 군주에 의한 법개혁·수집의 법전 편찬은 차르·러시아의 주요한 과업이 되었다. 황제 측근 법학자 및 법전문가의 압도적인 역할도 그러하다.[175] 자유주의적 개혁의 군주 Alexander 1(1801~1825)은 러시아 권리장전(Russian Charter of rights)을 계획하였으며,[176] Alexander의 개혁 2기(1807~1812)시대의 Michael Speransky는 법과 합법적 절차에 기반을 둔 군주체제를 기도했다. 정치국가(Rechtsstaat)의 계몽군주적 개념을 시도하였다.[177]

따라서 "서구 법문화의 깊은 뿌리를 가지고 있지 않다"[178]는 단정은 서구주의의 입장만을 고수하는 단정이다. "서구 법문화의 뿌리"는 법치주의와 관련해서 한 가지 뜻으로만 단정할 수 없다. 가치 개념이 들어가지 않으면 안 된다. 러시아의 근대사는 유럽이라는 지정학의 문제라기보다는, 근대적 가치를 표방한 자유주의적 개혁이 계몽군주에 의해서 시도되고 좌절되는 고통스러운 역사이다. 1809년 황제의 법률가 Speransky의 국가개혁안은 전 러시아에 Duma를 정점으로 하는 입법의회, 원로원을 정점으로 하는 사법체계, 중앙집권적으로 통합된 행정원이 설치되는 기본법 체계였다. Duma는 일반이 입법과정에 참여할 기회를 줄 수 있었고, 엄격한 법률 존중주의와 일반에 의한 법관 선출은 적절한 시기와 규모로 실시되었으며

습법만을 …… 제2판은 외국법, Byzantine과 동로마제국의 법률에서 빌려온 사상을 포함한다. …… 러시아 제국의 Byzantine제국과의 교섭은 13세기까지 소급된다. …… 이 러시아 관습법의 현대어 출판은 참조, The Russian Law (New York; Octagon Books, 1947).

175) 같은 사람. 같은 책, p.75

176) 랴자노프스끼/ 김현택 역, 『러시아의 역사』(서울: 까치글방, 1985) 중 알렉산드르 1세의 통치 1801~1825, p.13.

177) 위의 책, p.15, 또한 참조; 김철, 위의 책, p.527, 러시아-소비에트법 문화 연표.

178) Karin Schmid는 "근대주의의 서구적 가치"의 면에서, 오늘날의 결과로서의 현상만을 본 듯하다. 보라, 같은 책.

개혁이 성공할 뻔하였다.[179)

"러시아에서 국가의 기초는 차르(Tsar)의 지배였고, 자유주의적인 서구사상을 소개하려는 여러 다른 시도에도 불구하고, 차르의 체제는 1917년까지 전체적으로 유지되었다."[180) "서구 사상의 소개"가 문제가 아니라 구체적인 개혁법안의 문제였다. 요약된 논리(summary logic)를 좋아하는 프러시아 풍의 관변 법학자의 역사 인식이다. 모든 경과와 역사적 경험은 오로지 결과주의에 의해, 없는 것과 같게 된다, 타국의 역사를 이런 식으로 피상적으로 요약하는 것은, 문화적 우월 의식이나 문화 제국주의의 발로라고 할 수 있다.

7.1 러시아의 행정심판에 대한 절차법

「불법이거나 시민의 권리를 위반하는 공무원의 행위에 대한 이의 절차에 관한 법」의 전개과정 (1987. 6.30. 성립, 수차 개정 1989년 갱신).

혁명 뒤에 러시아는 공산당이 이끄는 국가가 되었다. 따라서 주권자며 지배자인 차르(Tsar)의 역할은 공산당에 의해서, 아직도 문맹인 사람들의 권위로서, 중지 없이 계승되었다.[181) 국가는 도구・

---

179) 랴자노프스키, 앞의 책, p.17.

180) Karin Schmid, 같은 책, "자유주의적 서구사상"에 의한 개혁의 예는 다음과 같다; 보라, 김철, 같은 책, p.521.
   1767. 계몽군주 에카쩨리나 진보적 법전, 초안을 위한 입법위원회 소집, 653항의 조문 기초.
   1775. 행정개혁, 푸가초프난에 의해서 자유주의 시기는 끝남.
   1801~05. 계몽군주 Alexander의 자유주의시기, 행정개혁 시도.
   1805. 프랑스와의 전쟁, 개혁위원회는 끝남.
   1807~12. Michael Speransky의 법치국가에 의한 개혁안, 반대파에 의해 물러남.

181) 소비에트의 이념가는 소비에트법이 절대적 진리와 이성 완성의 예라고 주장하였

수단적인 성격을 그대로 가지고, 권력의 일치의 원칙은 모든 경과에도 유효하였다.[182] 그러나 혁명기의 첫 번째 기간에 행정심판관할권의 체계를 수립하려는 노력이 행해졌다.

시민의 국가에 대한 법적 보호보다 국가 기구의 비행을 폭로하는데 향해졌다.[183] 스탈린 시대에도, 제소권과 이의권의 새로운 정리가, 행정심판절차로 하여금 어떤 영역에 있어서 행정을 통제하려는 목적을 위해서 쓰이도록 하는 경향을 강화하였다. 이것은 행정권에 대한 개인의 보호와는 다른 것이다. 1956년 20차 당 대회에 이은 후루시쵸프 시대에 "시민의 권리와 이익의 보호"가 최소한 법원에서의 초점이 될 수 있었다. 행정의 심판관할권의 문제가 다시 토론되기 시작하였다. 1977년 기본법 제정자에게 영향 미칠 만큼은 충분히 강한 것으로 보였다. 기본법의 58조 2단락은 행정에 대한 법의 보호의 요구를 선언하였다.

었다. 소비에트 공산당(C.P.S.U)은 이 절대적 진리의 최고 해석자이자 또한 현시자이다. 왜냐하면 국가권위의 계층에 있어서 지배하는 당(C.P.S.U)은 최상층에 위치하고 있기 때문이다. 김철, 러시아 - 소비에트법 - 비교법문화적 연구, 제3장 법의 본질과 기능, 특히 p.91. 또한 Schmid, 같은 책, p.219.

182) "소비에트국가와 법은 지배하는 당(C.P.S.U)의 도구에 불과하다. 주권의 최종적 행사는 지배하는 당(C.P.S.U)에 의해서 통제되고 지도되고 원대부여자인 인민에 의해 통제되는 것은 아니다." 위의 사람, 같은 책, p.91, 또한 Schmid, 같은 책, p.219.

183) 여기에 대해서는 K.-J. Kuss, *Gerichtliche Verwaltungskontrolle in Osteuropa*, note 4, 167~173. Schmid의 인용도 같다.

7.1.1 1977년 헌법 아래에서의 러시아 행정심판의 체계[184]

정규 법원의 사안부담을 줄이기 위한 노력으로 소비에트 러시아
는 행정위원회라는 병행 체계를 고안하였다. 프랑스의 행정법원과
비교하는 것부터 큰 맥락을 구별 못하는 것이지만 구태여 말하자
면, 프랑스의 Conseil d'Etat에 비유될 만한 별도의 최고 행정법원
이 없다. 소비에트의 행정위원회의 결정으로부터의 항소가 소비에
트적 의미에 있어서의 다른 정규법원에 취해질 수 있다. 소비에트
의 행정위원회는 보통의 행정제도에서 분리된 하나의 조직을 이루
지는 않는다. 이른바 소비에트의 '경제법원'과 마찬가지로 소비에
트의 그들의 용어대로의 이른바 '행정법원'은 그 활동상 정부 행정
부서의 한 결합된 부분이다.

아마도 이러한 행정위원회를 삼권분립제도 아래서의 법원과 다
른 것은 말할 필요도 없다. 소비에트 법령에서의 용어상의 문제로
서 '행정법원'이라는 단어의 사용은 단지 편의상의 문제이다. 행정
위원회의 관할권은 개별 시민 또는 공무원에 의해 저질러지는 소
규모의 행정적 위반에만 의도적으로 제한된다. 예를 들어 이른바
'행정법원'은 정부 사무국의 활동 결과로서 입은 손해로부터 나오
는 정부에 대한 개별 시민의 소송을 받아들일 권한을 갖고 있지
않다. 행정위원회에 해당될 수 있는 소송의 유형을 기록하고 있는
어떠한 법령도 없다. 오히려 개별 법령들이 위원회에 다양한 유형
의 위반을 열거하고 있다. 행정위원회는 지역, 시 그리고 촌락 카
운실(council) 수준에서 조직된다. 구조적으로 그것들은 해당 소비

---

184) 1977년 헌법제도하의 행정법원과 행정위원회에 대해서는 참조, 김철, 『러시아-소
   비에트법,-비교법문화적 연구』(서울: 민음사, 1989), 특히 제9장 "법문화와 사법기
   구, 준사법기구 5. 행정법원(Administrative Courts. Administrative Commission)."

에트의 집행위원회에 부속되며, 그 전반적인 감독 아래서 위원회가 활동한다. 위원회는 다양한 사회 조직의 대표들과 함께 활동하는 해당 소비에트의 회원들로 구성된다. 위원회는 의장, 1명의 부의장, 비서와 4명 이상의 위원회 정규 구성원으로 이루어진다. 해당 소비에트의 집행위원회의 의장 또는 부의장이 위원회의 집행위원장으로 활동한다. 행정위원회 구성원의 업무조건은 위원회가 부속하는 소비에트의 업무조건과 일치한다. 행정위원회는 소비에트의 집행위원회에 책임을 진다.

7.1.1.1 행정위원회의 회부권 절차

국가 기구 또는 사회 기구의 권한 있는 관리가 행정서류(adminstrative protocol), 즉 위반의 성격을 서술하는 고소장을 제출할 때 행정위원회에서의 소송이 시작된다. 고소장은 행정위원회의 비서에게 제출되며 그는 피고(defendant)에게 그 고소장에 대한 답변을 제출할 것을 요구한다. 피고는 심리에 참석할 권한을 갖고 있다. 증인과 전문가는 필요한 것으로 간주되면 소환될 수 있다. 위원회는 기록과 증인과 전문가를 요청할 전적인 제출 및 소환권을 갖고 있다. 특정한 경우에 소비에트 법령집의 용어대로의 소위 '행정법원'은 좀 더 많은 사실을 증명하기 위해서 위반 혐의에 대해 예비수사를 수행할 수 있다. 예비 수사는 일반적으로 위원회의 구성원에 의해서 또는 위원회의 요청에 의하여, 사회 기구 구성원에 의해 수행된다. 심리는 대중에게 공개되며, 작업시간이 아닌 때에 피고의 거주지에 가까운 장소에서 한다. 피고가 국가 또는 사회 기구의 관리이거나, 위반 혐의가 그의 공적인 의무와 관련되어 있는 경우 심리는 피고의 직장에서 열린다. 그 이유는 피고의 동료들의 관심을 불러일으키려는 생각에서이며, 그 자체는 실질적인 교육적 가치를 갖는 것으로 추정된다. 피고는 다음과 같은(그것에 한정되지는 않지만) 헌법에 보장된 절차권을 향유한다. 즉, 소송의 자료에 접근할 권리, 고소장에 대한 설명을 추가할 권리, 목격자 소환권, 심리에서 반대 목격자에 대항할 권리 등이다. 소비에트적 의미에 있어서의 '행정법원', 즉 행정위원회에서 원고가 향유할 수 있는 것으로 헌법상의 권리가 아닌 것은 변호사의 조력을 받을 권리(the right of counsel)이다. 행정위원회에서 소송을 완전히 사법화하지 않으려는 노력에서 소비에트 법률상 피고에게는 변호사의 조력을 받을 권리, 즉 자문권이 허용되지 않는다. 피고는 위원회에서의 모든 소송에서 그 자신의 변호인 즉 자문역으로서 활동한다. 행정위원회, 즉 소비에트적 의미에 있어서의 법원의 판결은 위원회 구성원들의 단순 과반수 투표에 의해 이루어진다. 피고는 결정 10일 이내에 위원회의 결정에 대해 항소할 수 있다. 처벌의 성격에 따라 위원회 결정으로부터의 항소가 정규인민지역 법원 또는 그 위원회가 부속하는 인민소비에트의 집행위원회에 제출될 수 있다. 그러나 벌금에 대한 항소만은 인민지역법원에 취해진다. 다른 모든 유형의 처벌에 대한 항소는 그 위원회가 속하는 소비에트의 집행위원회에만 취해진다.

7.1.1.2 제재

행정위원회가 부과할 수 있는 제재는 명백히 비형사적인 성격의 것이다. 따라서 행정적 처벌의 부과는 원고에게 범죄 기록을 남겨주지는 않는다. 소비에트의 법률상 행정적 처벌은 행정위원회뿐만 아니라 정규법원 또는 특정 법령에 따라 활동하는 국가기구 또는 관리에 의해 부과될 수 있는 행정 처벌에 한정하기로 한다. 행정적 위반의 성격에 따라 행정위원회는 다음과 같은 처벌의 어느 하나 또는 그 결합을 부과할 수 있다. 경고와 행정 벌금 위반 행위가 직업과 관련된 것이라면, 경고가 기소된 관리의 기록에 삽입된다. 행정 벌금의 규모는 그것이 산정되는 적용법령에 의해 결정된다. 일반적으로 벌금의 규모는 위반의 중요성과 피고의 경제적 여건에 따라 결정된다. 위원회는 피고가 기소되고 재판되게 하는 법령에 규정된 처벌을 부과할 수 있다. 특정한 경우에 위원회는 덜 엄중한 사회적 압력 수단의 적용을 위해서 동지의 법원(Comrade's Court)에 그 소송을 이전할 수 있다.

피고에 대해서 추산되는 벌금은 그 산출일로부터 15일 이내에 지급되어야 한다. 피고가 지불하는 데 실패할 경우, 행정위원회는 피고의 고용주가 그의 봉급에서 산정된 벌금을 공제하도록 명령하는 압류명령을 내린다. 그러나 피고에게 수입원이 없을 경우, 즉 그가 실직하였을 경우에는 그의 재산에 대한 압류가 보안관에 의해 집행된다. 소송에 대한 수사 중에 또는 심리 중에 위반행위가 범죄의 증인을 포함하고 있으며, 행정위원회는 적절한 행동을 위해서 소송 대리인에게 소송의 자료를 제출한다.

7.1.1.3 행정행위에 대한 제재

기소된 행정적 위반이 소송 개시 한 달 이전에 일어난다면 어떠한 피고도 행정위원회에서 재판될 수 없다. 또한 피고는 행정 위반이 범해질 경우라든가 16세에 달하지 않을 때 혹은 소송이 개시할 때, 그리고 행정 위반을 규정하는 법령이 소급되는 경우에도 행정위원회에서 재판될 수 없다. 1977년 기본법의 58조 2단락에서 선언된 행정에 대한 법의 보호의 요구는 10년 뒤에 실현되는 것처럼 보였다. 즉, 필요한 입법은 10년 뒤에 고르바쵸프 치하에서 통과되었다.[185] 고르바초프 행정부의 주된 슬로간은 "법에 기초를 둔 국가"(pravovoe gosudarstvo)였다.[186]

1987년 6월 30일의 입법은 국가기구에 대한 늘어난 규제이다.

(1) 행정권에 대한 개인의 포괄적인 법적 보호를 보여준다. 가까이 보면 행정권의 침해에 대비한 법적 보호는 모델케이스의 리스트에 국한되지 않아서, 단지 외관으로만 포괄적으로 나타난다. (법 제1조)

(2) 불법인 공무원의 행위만 대상이 되고 부적절한 행위는 심사 대상이 되지 않았다. (법 제2조)

(3) 행정심판에 대한 절차법 은 다른 구제 수단이 없는 경우에만 적용 가능하였다. (법 제3조)

(4) 상관이나 직근 고위 당국에 대한 심판절차는 이에 앞서 이의 절차가 선행되어야 하는 규정에 대해서 특별한 비판이 있었다. (법 제4조)

(5) 심판이 청구된 행정행위에 대해서는 정지 효과가 없으며 원칙적으로 두 번째의 심사를 허용하지 않는 것도 그러하다.

(6) 공무원 개인에 대해서만 이의가 가능하고 집합체에 대해서는

---

185) 이미 1980년이나 브레즈네프 시대에도 행해질 수도 있었던 것이고, "자유주의 흐름이 상대적으로 약하다"라는 평가가 된다. 보라; Schmid, 같은 책, p.220.

186) 김철, "러시아의 법치주의와 입헌주의", 『헌법학연구』제6권 제1호(서울: 한국헌법학회, 2000.5). pravovoe gosudarstvo의 번역은 "법의 지배"라기 보다도 '법에 기초를 둔 국가'가 되고, 러시아에 있어서의 법치주의의 가능한 함의는 제정 러시아 때부터 문제가 된다.

가능하지 않다.

(7) "비방의 목적을 가진 경우의 범죄 구성"의 조항은 어떤 범죄인지 애매하며, 가능한 이의를 봉쇄하는 효과가 된다. (법 제10조)

(8) 행정권의 침해에 대한 법적 보호는 매우 제한적이고 새로운 법 자체가 개인에 대해서 더 많은 권리를 주지 않고 있다. 법치국가나 법의 지배를 향한 중요한 일보(一步)로 거의 불릴 수 없다.187)

최초로 거의 동시에, 고르바초프는 19차 전 연방 당 대회에서 pravovoe gosudarstvo – 즉, '법에 기초를 둔 국가'라는 용어를 사용하였다.188) 더 나아가서 법률가는 권력 분립뿐 아니라 서구타입의 진정한 다원주의적 민주주의를 공개적으로 논의하였다. 행정심판에 대한 절차법에 대한 더 큰 관심과 행정청과의 관계에 있어서의 개인에 대한 관심이 역시 몇 개의 개정에서 나타났다.189)

7.1.2 1987년 10월 20일 개정조항190)

(1) 심판청구에 앞서서, 필요한 전제였던 행정부 내부에서의 이의 절차가 포기되고, 심판 청구된 행정행위의 정지효과를 허

---

187) Schmid의 평가, 보라; 같은 사람, 같은 책, p.221.

188) O. Luchterhandt, *Die Sowjetunion auf dem Wege zum Rechtsstaat* (Forschungsinstitut der Konrad-Adenauer-Stiftung, ed)(St. Augustin, 1990_, note 6, 14~20 ; Schmid, 같은 책, p.221.

189) V. M. Chkhikvadze, "Der Umbruch und die Entwicklung der sowjetischen Rechtswissenschaft", *Osteuropa Recht* (1990), pp.100~109, pp.102~104.

190) Ved. SSSR 1987 No.26 item 629 위의 사람, 위의 책, p.221.

용하고, 첫 번째 결정에 대해서 불복하는 경우 두 번째의 기
회를 제공하였다.191)

(2) 1987년 12월 24일의 행정심판에 대한 절차법의 적용에 대한
입법은 소비에트 유니온의 법무성, 최고 법원 그리고 검찰의
모범 예규를 담고 있다.192)

(3) 1988년 5월의 중앙 위원회 전체회의는 고르바쵸프의 법치주
의 창조를 위한 요구를 그 중심 테마로 했는데, 직후 최고
소비에트 지침 14호가 나왔다.193)

중심 테마는 일의적 법치국가가 아니고, "사회주의적 법치국
가"였다.194)

(4) 따라서 권력 분립은 단지 "기능상의 분리"가 되고 다원주의
적 견해의 지배는 당의 지배를 문제 삼지 않는다.195)

(5) 1988년 12월 23일에 공포된 "시민의 권리를 위반한 관헌에
의한 불법행위에 대한 소송에의 개정법안"에 대한 최고 소
비에트 지침 14호도 또한 그러하다.

8. 결론

지금까지 체코와 러시아와 같은 사회주의 국가가 기본적인 헌법
현실이 변화할 때, 행정법체계 중 심판에 관한 절차법이 어떤 변화

---

191) 같은 사람, 같은 책, p.221.
192) Sots, Zak, 1988 No. 3, 13~16; No. 4, 36~38; Sov. Iust, 1988 No. 7, 18~
   20. 같은 책, Fn.30.
193) 같은 책, p.222.
194) O. Luchterhand, 위에서 인용한 책, note 6, 14~27. 또한 같은 책, p.222.
195) 같은 책. p.222.

를 가지는가를 추적하였다. 1990년대의 주된 변화를 포함하지 못했으나, 특징적인 변화를 헌법 현실과의 관계에서 찾을 수 있었다면, 다행으로 여긴다. 보다 본격적으로 변화된 심판에 관한 절차법의 전개과정의 논의는 최신 자료가 입수되는 이후로 미룰 수밖에 없는 것을 안타깝게 생각한다.

이 제한된 역사적 연구에 있어서 얻을 수 있었던 귀납은 다음과 같다.

1) 서론의 동기에서 되풀이된 대로, 헌법현상과 어떤 행정법제도를 인위적으로 분리해서 전연 별개의 영역으로 취급하는 것은 강의의 편의상은 불가피하다 할지라도, 법의 발견이나 역사 속의 법의 형성이라는 관점에서는 자연스럽지 못할 수도 있다. 러시아의 경우와 동유럽의 체코의 경우 이런 관점이 선명하게 드러났다고 본다.

2) 행정법의 기술성이라는 문제는 특정 국가의 역사적 상황에서 문제해결을 위한 도구로서의 기술성이라는 것은 당연하나 그 기술성이 테크놀로지와 같은 의미에 있어서의 기술성이라는 것은 행정법의 생성, 발전, 변혁의 역사적 증례에서 볼 때 당연하지 않다. 행정법 체계 역시 넓은 사회체계의 함수로서 변화하는 것이라고 볼 수 있고, 역사성과 가치성이 그 기술성과 함께 존중되어야 한다.

3) 이 논문에서 다룬 체코나 러시아의 법제도를 바라보는 공법학도로서의 우리의 관점은, '인류의 보편적인 법 원칙'의 일부가 사회주의 법체계에서는 어떤 모습으로 나타났는가 그 뒤에 어떻게 변화하였는가, '문명사회의 일반 원칙으로서의 자연적 정의'가 행정심판에 대한 절차법이라는 형식에서 더욱이 전례 없는 대변혁의 와중

에서 어떤 모습으로 나타났는가라는 법학도의 일반적 관심이다.

4) 체코의 경우, 1차 대전 종전 직후인, 1918년에 입헌주의와 법치주의에 의한 헌법제도를 실질적으로 갖춘 전통이 있었다. 약 70년 뒤, 동유럽과 러시아연방의 여러 나라 중에서, 이 나라에서 가장 빠르게 동유럽 혁명을 주도한 이유를 알 수 있다. 러시아의 경우, 1917년 볼셰비키혁명 이전에 절대군주에 의한 제한적 입헌주의와 절대주의에 입각한 법치주의가 시도된 경험이 있었다. 그러나 체코가 이미 1918년에 보여준 근대적 입헌주의와 근대적 법치주의의 경험은 없었다. 1988년 고르바초프 지도 아래 비로소 사회주의적 법치주의를 요구하였다. 1992~1993년 헌법제정 기간 동안 다양한 법치주의 논의가 실질적으로 행해졌다.

■ 참고문헌

김남진, 제6판『행정법 I』(서울: 법문사, 2000).

김도창, 신고『일반행정법론(상)』(서울: 청운사, 1983).

김동희, 제6판『행정법 I』(서울: 박영사, 2000).

김영훈, "헌법과 행정법의 문제에 관한 고찰",『법학논총』제2집, (서울: 숭실대학교 법학연구소, 1986).

김 철,『러시아-소비에트 법-비교법 문화적 연구』(서울: 민음사, 1989).

_____, "미국과 소련의 법체계",『미소연구』제5집 (서울: 단국대미소연구소, 1991).

_____, 김유남 공저, "미국과 소련의 법체계",『미소비교론』(서울: 어문각 1992).

_____, "러시아의 법치주의와 입헌주의",『헌법학연구』제6권 제1호 (서울: 한국헌법학회, 2000. 5.).

김철용,『행정법 I』(서울: 박영사, 1998).

랴자노프스끼/ 김현택 역,『러시아의 역사 1801~1976』(서울: 까치글방, 1985).

박수혁,『행정법 요론』(서울: 법문사, 1997).

박영신,『실천 도덕으로서의 정치-바츨라브 하벨의 역사참여』(서울 "연세대출판부, 2000).

석종현,『일반 행정법(상)』(서울: 삼영사, 1986).

이상규, 신정판『신 행정법론(상)』(서울: 법문사, 1983).

이정희,『동유럽사』(서울: 대한교과서 주식회사, 1987).

Chkhikvadze, V. M., "Der Umbruch und die Entwicklung der sowjetischen Rechtswissenschaft", *Osteuropa Recht* (1990).

Lewin, Moshe, *The Gorbachew Phenomenon - A Historical Interpretation,* (University of California press, 1988).

Luchterhandt, O., *Die Sowjetunion auf dem Wege zum Rechtsstaat* (Forschungsinstitut der Konrad-Adenauer- Stiftung, ed), (St. Augustin, 1990).

K. Westen, B. Meissner, F.-Chr. Schroeder, (eds.) *Der Schutz der individuellen Rechte und Interessen im Recht der sozialistischen Staaten* (Berlin, 1980).

Kuss, Klaus-Jurgen, *Gerichtliche Verwaltungslkontrolle in Osteuropa,* (Rechtswisseen schaftliche Veröffentlichhungen, Vol.15)(Berlin, 1990).

S. Lammick, K. Schmid(eds.), *Staatsordnung der Tschechoslowakai,* (Berlin, 1973).

Schmid, Karin, "Legislation On Administrative Procedure in Czechoslovakia and the Soviet Union", The Emancipation of Soviet Law, edited by Feldbrugge, (Leiden: Dordrecht Martinus Nijhoff Publishers, 1985).

_____, "Gesetz uber das Verwaltungsverfahren", in *Staatsordnung der Tschechoslowakai,* S. Lammick (eds.)(Berlin, 1973).

_____, "Das Tschechoslowakische Verwaltungsverfahren", in *Der Schutz der individuellen Rechte und Interessen im Rechte der sozialistischen Staaten,* K. Western, B.Meissner, F.-Chr. Schroeder, (eds.)(Berlin, 1980).

F. J. M Feldbrugge(ed.), *Encyclopedia of Soviet Law*(Law In Eastern Europe No.28) (Leiden: Dordrecht Martinus Nijhoff Publishers, 1985).

Olimpiad S. Ioffe(ed.), *Soviet Civil Law*(Law In Eastern Europe No.36)(Leiden: Dordrecht Martinus Nijhoff Publishers, 1985).

Donald D. Barry(ed.), *Law and The Gorbachev Era*(Law In Eastern Europe No.39)(Leiden: Dordrecht Martinus Nijhoff Publishers, 1985).

F. J. M. Feldbrugge, et. el.(ed.), *The Emanscipation of Soviet Law*(Law In Eastern Europe No.44)(Leiden: Dordrecht Martinus Nijhoff Publishers, 1985).

The Parker School Journal of East European Law 1994~1996 (New York: Columbia University, 1994~1996).

The Russian Law (New York: Octagon Books, 1947).

Sbirka Zakonu[Sb.] 1967 No.71.

[부록 4] 법과 혁명: 동유럽 러시아 혁명(1989년)이 러시아의 법치주의와 입헌주의에 미친 영향-법과 권리의 우위원칙; 러시아와 동아시아에 있어서의 체제변환의 기초

* 이 논문은 김철, 『한국 법학의 반성-사법개혁시대의 법학을 위하여-』 (서울: 한국학술정보, 2009), 제4부 제1장 제3강 러시아의 법치주의와 입헌주의, pp.278~302 및 "러시아의 법치주의와 입헌주의", 『헌법학연구』(서울: 한국헌법학회, 2000. 5. 30)에 게재된 논문을 수정한 것임.

이 글의 가장 큰 동기는 지난날의 제정러시아의 법학자나 소비에트 러시아의 법학자나 동아시아를 비롯한 신흥국의 법학 엘리트가 청산해야 될 공통적인 태도를 가지고 있다고 보는데서 출발한다.

1. 러시아에 있어서의 법치주의 역사

소비에트 시대(1917~1987)에 법과 권리에 대한 기본 태도는 맑스의 교의에 의해 결정되었다. 즉, 법은 계급 정치의 하녀이다. 그

러나 이런 기본 교의와는 달리 소비에트 시대의 유일한 지배 정당
은 법을 압도적인 지배의 도구로 이용하였다. 개인의 권리란 지배
하는 세력이 적합하다고 판단하는 대로 정해졌다.[196]

"(고차)법과 인간의 권리의 우위의 원칙"[197]은 지나간 시대(1917~
1987)의 사회주의의 원칙에 있어서는 당연하지 않았고 오히려 '새
로운 사고'로 여겨졌다. 북미와 서유럽에서 오랫동안 당연히 여겨
져 왔던 "(고차)법과 인간의 권리의 우위 원칙"은 사회주의 법체계
아래에 있어서는 이단자들에 의해서 주장되었다. 새로운 사고는 안
드레이 사하로프와 같은 처벌된 이단자에 의해서 1968에서 1971년
사이에 주장되었다.[198]

사회의 민주화, 많은 사람이 관계되는 공적인 문제들에 대한 공
개적인 논의, 그리고 (고차)법의 지배와 기본적 인권을 보장하는

---

196) John N, Hazard, *Communism and Their Law: A Search for Common Core of the Legal Systems of the Marxian Socialist States* 521(1969). John Hazard 교수는 1990년 말 필자가 그를 방문했을 때, 미국 비교법 학회 회장이었다. 러시아 법의 개척자중 한 사람으로써 Harold Berman (Harvard & Emory)과 함께 20세기의 가장 현저한 법학자로 기억될 것이다. 두 사람의 업적에 대해서는 김철, 『러시아 소비에트 법 – 비교법 문화적 연구』(서울: 민음사, 1989) 참조.

197) the supremacy principle of law and rights의 한글 직역은 법과 권리의 우위원칙으로 된다. 그러나 한국인의 무의식적인 지각기능은 "법과 권리"라고 할 때, 법의 지각을 넓은 뜻으로 자연적으로 받아들이는 문화에서 배양되지 못했다. 서구인들이 principle of law and rights라고 할 때는 law의 뜻을 '보편적으로 통용되는 도덕원칙과 일치하며 어떤 사람과 국가에 의해서도 침해될 수 없는 권리와 정의'를 의미하고 있다. 동아시아의 역사적 유산은 법의 함의가 도덕원칙과 일치하는 보다 넓은 뜻이 되지 못하고 주로 (중국고대 왕조의 법가사상에서 보는 바대로) 국가주의, 형벌주의, 실정주의에 의해서 뒷받침되는 법을 연상하게 된다. 따라서 "법의 우위"의 원칙은 동아시아 특히 한국현대에 있어서는 자칫하면 실정법 만능주의를 의미하는 것으로 되기 쉽다. 따라서 the supremacy principle of law and rights를 고차법과 인간의 권리의 우위의 원칙이라고 풀어서 쓴 것이다. 참조, William E. Butler "The Rule of Law and the Legal System", in Stephen White et.el. ed. *Developments in Soviet Politics, 1990.*

198) Peter Juviler, "Human Rights and Russia's Future", *The Parker School Journal of East European Law* 1995/VOL.2 Nos.4~5(New York: Columbia University, 1995).

것이 결정적인 중요성이 있다고 나는 간주한다. - 안드레이 사하로
프, 브레즈네프 서기장에게, 1972년 6월.[199]

이러한 새로운 사고는 실제로 러시아 공산주의 치하에서는 낯선
것이었다.[200] 1986년에서 1989년까지 진행된 절반만의 민주적 개
혁이나 1990년에 행해진 당의 권력 독점의 제거는 '(고차)법과 권
리의 최고 원칙'에 대한 반대를 끝내지 못했다. 반동적인 정치가들
에 의해서 도전이 계속되었는데 민주주의와 시장경제의 전반적인
경험 미숙, 그리고 볼셰비키혁명 이전에 존재했던 괜찮은 시민적
질서를 공산당이 파괴했기 때문에 법의 지배로 가는 길을 저해하
였다. 따라서 1991년 12월 소비에트 공화국 연방이 와해되고 난
후 '(고차)법과 권리의 우위 원칙'이 힘을 얻었으나 '법의 정치에의
종속 원칙'[201]의 강력한 잔재 물들은 계속해서 새롭게 성립된 러

---

199) Andrei D. Sakharov, "Postscript to Memorandum", in *Sakharov Speaks* 153
(Harrison Salisbury ed 1974).

200) John Newbold Hazard, "The Evolution of the Soviet Constitution", (ed. Donald
Barry) *Political & Legal Reform in the Transition Period* (New York: M.E.
Sharpe, 1992) Hazard 교수의 영전에 경의를 표한다. 그는 러시아법의 연구를
비교법이라는 보다 넓은 맥락에서 공인된 대학의 독자적 영역으로 높인 2차 대
전 후의 개척자였다. 컬럼비아 대학 러시아 연구소의 공법 교수로 출발하여, 컬럼
비아 법과대학의 교수로 재직하였다. 추도 논문집으로는, "John Newbold Hazard
(1909~1995)", *The Parker School Journal of East European Law*, Vol.2
No.2(New York: Columbia University, 1995).

201) 법치주의와 입헌주의의 한국에 있어서의 현상을 볼 때마다 법이 정치에 종속되
었던 가장 대표적인 역사적 예로서 맑스 레닌주의의 예를 들지 않을 수 없다.
즉, 이 체제에 있어서는 법을 지배의 수단으로 보고 따라서 법은 정치에 종속된
다. 북미와 서구 전통의 국가에서는 관계가 달라진다. 법과 권리가 정치보다 우
위에서는 법의 지배의 원리가 국가 생활, 시민 생활, 정치 경제 문화 생활의 전
제이다. 한국인들은 1948년 건국 이후 명목상으로는 입헌주의와 법치주의를 채
택하였으나(1948년 제 1공화국 헌법 이후) 한국의 역사는 입헌주의와 법치주의
의 내용과 실상을 경험하게끔 내버려두지 않았다. 그 결과로 한국 문화의 어떤
부분은 헌법과 법을 정치의 수단으로 당연히 받아들이는 태도를 배양시켜 왔다.

시아와 다른 독립 주권국가에서 힘을 떨치게 되었다. 새롭게 성립한 러시아는 처음에는 법의 지배의 길을 걸어가고 있는 것으로 보였다. 그러나 1992년부터 1993년 사이의 입법부와 행정부간의 대결 1년 뒤에 민주주의는 쇠퇴했다.[202] 그때 이후 중앙에서는 점점 권위주의적이며 낙하산 같은 입법을 해대고 다른 한편에서는 사회적, 정치적 무정부주의가 진행되었기 때문에 법의 지배, 즉 법치주의는 지속적으로 거점을 잃어 왔다. 어쨌든 한 나라의 법의 지배를 향한 전진의 지침이 되는 것은 인간의 권리의 상태이다. 러시아에 있어서의 인간의 권리에 대한 전반적 전망은 전적으로 부정적이기 보다는 혼돈되어 있다. 러시아가 개혁의 유산들을 모아서 "법의 지배" 국가로 진행하는 것은 대개 위험하며 폭력적인 반동에 의해서 방해받아 왔다.[203] 따라서 우리는 1991년 소비에트의 해체기에 다시 서서 러시아의 법치주의의 문제를 그때의 시점에서 음미하려는 노력을 하지 않을 수 없다.

이 어찌된 일인가? 한때는 20세기의 법체계를 3분하였던 사회주의 법체계의 모국이었던 러시아가[204] 사회주의 법체계를 포기하였

만약에 서구와 북미 전통의 '법과 권리의 우위' 원칙이 실질적으로 지켜지지 않고 항상 정치에 종속된다면 그 나라는 어떤 명목적인 선언적 헌법을 가졌든 안 가졌든, 권위주의나 전체주의 국가의 사회생활과 본질적으로 유사한 국면을 계속 가지게 될 것이다. Peter Juviler, 윗글(1995), 495쪽.

202) 그 결과로 예를 들어서 토지법과 같은 영역에서 여전히 구세력이 다수를 차지하고 있는 입법부와 이른바 시장경제를 급속하게 추진하는 행정부간의 갈등은 열친 행정부 이후의 의미 있는 진행을 크게 저해하였다. 참조. 김철, "러시아 토지 소유, 이용, 양도에 관한 법제", 대학원 강의 교재(서울; 고려대학교 국제대학원, 1997).

203) Peter Juviler, 윗글(1995), 496~497쪽.

204) 김철, 『러시아 소비에트 법』, pp.37~47. 특히 1. 사회주의 법체계가 자율적인 법체계인가? p.37 1) 개념적 - 형식적 범주로서의 사회주의 법 p.39. 2) 역사적, 정치적, 경제적 그리고 사회적 범주로서의 사회주의 법 pp.40~4 3) 사회주의

다.205) 다시 러시아는 그의 법체계와 헌법 제도에 있어서 이른바 주도적인 서양 제도를 다시 수용하는 단계로부터 출발하였다. 이 단계에 있어서 우리는 반문하지 않을 수 없다. 이것은 당연한 것인가? 사회주의혁명 이전에 있어서 이미 러시아는 오랫동안 국가 제도를 존속시킨, 나폴레옹 전쟁 당시 유럽 최대의 제국이었다.206) 도이치의 어떤 학자는 "러시아는 강한 법치주의 전통을 가지고 있지 못하다"라고 기술하고 있다.207) 도이치란트 법치주의의 시각이라고 보인다. 왜냐하면 어떠한 외국의 영향도 보여주지 않는 러시아의 관습법만을 담고 있는 Russkaia Pravda는 11세기까지 소급한다.208) 비잔틴문화의 계승자로서 동로마 제국 패망(15세기) 이후 군주에 의한 법 개혁·수집의 법전 편찬은 차르·러시아의 주요한

헌법 체계의 요소들 p.41 같은 사람 같은 책(1989년).

205) 러시아 헌법 제정 전후의 사정은 서구의 주된 법체계에서의 법학자가 참여, 조언하였다. 대단히 특기할 만한 사항은 한국의 법학계와 유사하게도 아메리카와 도이칠란트의 법학자들이 경쟁적으로 참여한 점이다. 상세한 사정은 후술한다.

206) 김철, 같은 책 (1989년) "러시아－소비에트 법체계의 역사적 기초", p.55~77 "유럽 혁명의 실패는 러시아의 콧대를 높였다. 러시아는 홍수에 잠긴 유럽에 홀로 우뚝 서서 유럽 구체제의 구원자가 되었다. 자유주의적, 급진적 유럽인에게 러시아는 지고한 적이었다. 증오했으나 존경했고 최대의 유럽 국가로 인정하였다."

207) Karin Schmid, "Legislation on Administrative Procedure in Czechoslovachia and the Soviet Union", in Feldblugge ed. *The Emancipation of Soviet Law*, (Dordrecht; Martinus Nijhoff Publishers, 1992) 1990년까지의 법 발전을 주로 다루고 있다. 도이치법과 제정러시아의 관계에 대해서 개략적인 것은 구체적으로 법학에 대한 문제는 아니나 참조. 이인호. "모스크바 자유 석공회와 장미 십자단" 「러시아 知性史」(이 논문은 제정 러시아에 있어서의 지식인과 학자 그리고 관료에 대한 프러시아의 영향을 다룬 것이다. 자유석공회는 Free mason의 번역어로서는 적절하지 않게 보인다. Free Mason은 18세기 잉글랜드에서 시작된 비밀결사로서, 프로이센까지 건너가는 동안 그 성격이 바뀌었다고 한다. 위 논문 참조. 이것은 石工들의 모임이 아니었고, 프로이센에서는 영향력 있는 인사들의 결사이었다.

208) 김철, "4－나) 러시아 법치주의의 전통", pp.62~64 『법제도의 보편성과 특수성』 (Seoul: Myko, 1993).

과업이 되었다. 자유주의적 개혁의 군주 Alexander(1801~1825)는 러시아 권리장전(Russian Charter of rights)을 계획하였으며, 알랙산더의 개혁 2기(1807~1812)시대의 Michael Speransky는 법과 합법적 절차에 기반을 둔 군주 체제를 기도했다. 법치국가의 계몽 군주적 개념을 시도하였다.209) 어떻게 해서 11세기부터의 러시아 관습법은 자취를 감추고 어떻게 해서 피이터 대제와 알랙산더 대제의 법개혁은 현재에 와서 아무 의미도 없다는 것인가? 어떻게 해서 소비에트 해체 이후의 헌법 제도와 법치주의에 외국의 법학자들이 더욱 강한 영향을 끼친다는 것인가? 이것은 정서적인 의문이 아니라 방법론적 질문이다. 이 질문에 해답하는 것은 많은 시간이 걸릴 것이다. 자유주의적 법제도라면 이미 제정 러시아 때에도 그 맹아가 있었다고 관찰된다. 모스크바 대학 법학부의 최초의 러시아인 교수210)이며 최초로 러시아 언어로 강의하는 러시아 법사의 교수였던 데스니츠키는 그의 법학 교육 방법론에서 1764년 이후의 스코틀랜드의 아담 스미스의 영향을 받고 있다. 자유주의적 법제도의 러시아에 있어서의 주창자였던 그는 비교적 일찍 대학의 직책을 떠났다고 한다.211) 실로 220년 만에 러시아에 있어서의 자유주의적 법 제도가 다시 나타났다고 할 수 있다.

---

209) 김철, 위의 책, p.63.
210) 1768년 이전에는 모스크바 대학 법학부의 교수는 전원 프로이센 사람이었고, 도이치어로 강의했다고 한다. 따라서 1768년 데스니츠키가 최초의 러시아인으로 러시아어를 쓰는 법학 교수였다고 한다. 참조, 김철, 같은 책 p.518(1989년).
211) 김철, 위의 책, p.518. 데스니츠키의 그의 시대에 있어서의 지배적인 법이론과 법이론가와의 관계는 약술하기에는 큰 문제이다. 푸펜도르프와 당시 모스크바 대학의 법학부를 지배했던 독일인 학자에 대한 그의 태도와 아담 스미스와 존 밀러의 그의 사상에 미친 중요한 영향 및 윌리암 블랙스톤과의 다소 애매한 관계가 참조 된다. 1770년대의 일이다.

1988년경부터 고르바초프 행정부의 주된 슬로건은 법에 기초를 둔 국가(pravovoe gosudarstvo), 즉 법치국가였다. 법치주의가 새로운 개혁의 중심 테마가 되었다. 종종 이 러시아어의 번역은 아메리카에서는 Rule of Law로 하기도 한다. 그러나 '법에 기초를 둔 국가'와 '법의 지배'는 차이가 있다.212)

러시아 법치주의의 개혁 이전의 문제는 무엇이었던가? 먼저 볼셰비키혁명 전(1917년 이전) 제정 러시아 학자들에 의해서 법치주의는 뜨거운 논쟁의 대상이 되었고, 물론 그것은 19세기 도이치의 법학자들로부터 빌려 온 것이었다. 이 법치주의는 혁명 후에는 소비에트의 정치와 법 문헌에서 공식적으로 비난의 대상이 되었다. 이론적으로 법치주의는 마르크스 레닌주의와 충돌하였다. "법은 모든 사회에서 지배계급의 의지의 반영이며, 국가는 궁극적으로 법에 의해서 구속되지 않는다"라는 것이 맑스주의의 교의였다. 그리고 실제에 있어서는 우리가 관찰한 바대로 법치주의는 공산당의 전능성과 충돌하였다. 그래서 1988년, 즉 혁명 이후 71년 만에 법치주

---

212) 윌리엄 버틀러는 '법에 기초를 둔 국가'와 '법의 지배'의 차이를 인정하여 '법의 지배 국가'라는 표현을 사용한다. 그 이유는 법 개념 중에서 보다 넓고 보다 근본적인 개념을 옹호하는 사람들에게 혜택을 주기 위함이라고 한다. 이때 넓은 의미의 법은 권리와 정의 그리고 언제 어디서나 우선하는 도덕법칙과 일치하며 어떤 시민이나 국가에 의해서도 침범되지 않는 법의 넓은 개념이라고 설명한다. William E Butler, 위 글, 위 책, pp.104~105(1990), 도이치어로서의 법치주의(Rechtsstaat)는 러시아어의 법치주의와 대체로 같게 보는 것이 서구 학자들의 시각이었으나 이것을 영어로 번역할 때 도이치어와 러시아어의 법치주의는 똑같은 어려움이 있다. 즉, 영어권에서의 Rule of Law로 해석하느냐 또는 방금 우리가 한국어로 쓴 "법에 기초를 둔 국가"로 해석하느냐의 문제이다. 버틀러가 러시아어를 번역하는 데 있어서 그의 영어에 있어서의 법의 지배와 같은 넓은 법 개념을 사용한 것은 러시아 어의 앞으로의 법 발전에 그와 같은 희망을 표시한 것이라고도 볼 수 있다. 이미 논한 대로 엄격한 의미에서 도이치어나 러시아어의 법치주의와 영어의 법의 지배는 차이가 있다. 참고 유럽에 있어서 형식적 법치주의의 발달에 대해서는 김철, 『법제도의 보편성과 특수성』 (Seoul: Myko, 1994), pp.16~21.

의의 개념이 소비에트 지휘부에 의해서 페레스트로이카 글라스노스트 그리고 민주화에 덧붙여서 강조되었다. 또한 1917년 이후 처음으로 소비에트의 법학자들은 법치주의의 개념에 있어서 그들을 한편으로는 플라톤, 아리스토텔레스, 키케로로 연결을 시키고 다른 한편으로서는 로크와 칸트에까지 정치사상과 법사상을 연결시켰다.213) 또한 혁명 이전의 제정 러시아의 계몽주의 시대와 계몽 군주에 의한 자유주의적 개혁 시대에 논의되었던 것들 중에서 러시아의 법치주의와 도이치의 법치주의를 논한 학자들이 다시 각광을 받고 있다. 역사는 71년 전으로 돌아갔다. 통일된 동서독이 그의 정신적 유대에서 괴테의 문학작품을 다시 확인하듯이 공산주의를 벗어 던진 러시아는 도스토옙스키와 투르게네프의 두 가지 전통으로 돌아갔다. 이미 짐작하듯이 계몽시기에 있어서의 법치주의의 뉘앙스도 자유주의적 개념에서 수정된 군주 주권에까지 두 가지의 방향이었다. 그러나 페레스트로이카까지의 지배적인 소비에트의 법학자의 특징은 국가에 의해서 포고되고 인정된 법률과 분리되거나 혹은 더 높은 권위를 가진 어떤 법의 개념도 일반적으로 무시하거나 거부하였다.214) 법사상에서 볼 때 따라서 소비에트 법은 헤겔과

---

213) Harold Berman, "The Rule of law and the Law-Based State (Rechtsstaat)" Vol.4, Nr5, May 1991 *The Harriman Institute Forum* 이 논문은 새로운 러시아의 법치주의와 입헌주의의 지난 과거와의 관계를 가장 포괄적이고 심도 있게 다룬 것이다. 이 논문을 필자에게 직접 보내준 Harold Berman 교수에게 감사한다. 그러나 한국의 대학사정은 필자의 연구결과를 수년 동안 발표할 만한 시간을 주지 않았다.

214) 참조. 같은 논문 각주 15. 덧붙일 것은 이따금씩 자연법의 방향에 대해서 약간의 주의를 전혀 하지 않은 것은 아니었다. 그러나 국가의 권위와 밀착된 법, 즉 실정법주의에 대한 강한 집착이 1990년대에 이르기까지의 소비에트 전통의 법학자의 가장 큰 특징이다. 이런 점에서 이미 해체되었으나 소비에트법 체계는 존 우 (John Wu) 교수가 1955년에 사회주의법은 논리적 목표를 향해 추구되는 실증주의라고 주장한 것은 타당한 것이다. 참조 김철, 같은 책 p.46(1989년).

맑스의 지적 전통, 즉 강한 국가주의에 의한 이데올로기의 실현이라는 맥락에 서 있었다.

2. 서양법 전통에 있어서의 고차법(高次法)

서양법 전통에 있어서, 국가보다 높은 법의 개념은 12세기에 처음으로 체계화된 신법(神法)과 자연법의 이론으로 되돌아간다. 그리고 이와 같은 넓은 법 개념이 교회법의 관할에 속하는 사람들과 세속 법의 관할에 속하는 사람들 간의 갈등 관계 그리고 세속 법 체계에 있어서도 왕의 법, 봉건법, 도시법, 상인법에 속하는 사람들 간의 갈등관계로 돌아간다. 실로 교회법과 세속법의 관할 충돌이 정치적 주권보다 더 높은 법의 원천을 찾아내는 노력으로 이어졌다.215) 한국의 법학도도 익숙한 자연법과 실정법의 구별은 처음에는 신학자들과 교회법학자들에 의해서 쓰였다. 그들이 실정법이라고 했을 때 입법자에 의해서 부과된 법을 가리키는 것이며, 그들이 신의 법이라고 했을 때 한편에 있어서는 성서에서 다른 한편에 있어서는 인간성, 인간 이성과 양심에서부터 출발한 자연법이 연원이 된 것이다. 16세기와 17세기에 이르러서 부분적으로 교회가 왕권에 복속함으로 인해서 통치자의 의도보다 더 높은 법의 원천이라는 생각이 처음으로 심각하게 도전되었다. 그러나 국가의 최고 통치자가 그의 뜻을 맞추어야 될 신의 법이나 자연법이 존재한다는 것은 여전히 부정되지 아니하였다. 이 시대 새로운 철학적·과학적 개념이 법학에 있어서 당위와 존재의 구별을 하게 되었고, 이

---

215) Harold Berman, *Law and Revolution: The formation of the Western Legal Tradition.* (Cambridge; Havard Univ. Press, 1983).

구별 때문에 주권에 대한 새로운 정치 이론은 누구나가 주권자의 명령이나 존재하는 어떤 법에 대해서 도전하는 권리를 부인하였다. 당위와 존재의 구별이라는 한국의 법학도가 처음부터 익히는 당연한 전제는 근세 국가주의 시대의 산물이며, 이와 같은 편리한 법철학으로 말미암아 근세 절대 주권은 강화되었으나 법학은 이전의 풍부한 내용을 상실하였다. 이와 같은 국가주의에 입각한 법학에 의해서 신의 법과 자연법은 존재하는 법의 영역으로부터 제거되어 도덕의 영역으로 물러갔다. 따라서 남아 있는 법은 오로지 국가의 실정법으로서 강제력을 가지는 법이 되었다. 이와 같은 16세기와 17세기의 절대주의 왕권에 봉사한 법학과 법 개념에 대해서 반격을 가한 것이 17세기 잉글랜드와 18세기의 아메리카 및 프랑스혁명이었다.216)

우리나라의 경우 1910년부터 시작된 식민지 치하 이전인 구한말의 법관 양성소 시대에도 일본의 메이지유신(1889년217))의 영향을 받았다고 할 수 있다. 메이지 헌법은 도이치의 헌법 모델에 따랐고 도이치의 법사상이 그 구조와 사상에서 내재되어 있었다. 또한 그것은 전통적인 황제와 국가에 대한 일본인의 태도를 사용하였다. 예를 들면 메이지 헌법 제3조는 "황제는 신성하고 불가침이다." 반(半)공식적인 일본 제국의 헌법 코멘타르(Commentar)를 쓴 이토 히로부미에 의하면, "황제는 하늘에서 내려왔으며, 神적인 성질을 갖고 있으며, 신성불가침이다."218) 따라서 대한제국의 경우 그 성

---

216) Harold Berman, 같은 책 (1983).

217) 메이지 헌법에 대해서는 참조. Richard H. Minear, *Japanese Tradition And Western Law* (Cambridge; Harvard, 1970), pp.1~2, 33~34, 106~107.

218) Ito Hirobumi, Ito Miyosi(tr.), *Commentaries on the Constitution of the Empire of Japan* (Tokyo, 1889), p.6.

질상 절대 군주 내지 계몽 군주의 초기 모습이었으므로 일본의 경우를 참조했다고 할 수 있다.

역설적으로 법의 우위라는 의미에서의 법의 지배는 가장 최초로는 1649년의 재판에 회부되어 반역죄로 사형 언도를 받은 찰스 1세에 의해서 쓰였다. 찰스 1세는 청교도혁명 때 청교도 의회에 대해서 자신을 변호하기를, 의회는 그를 재판할 법적 권위를 가지고 있지 못하며 따라서 그 재판은 잉글랜드의 근본법을 위반했다고 항변했다. 그는 주장하기를 청교도 체제는 법의 지배 없이 권력이 지배했으며 이 왕국이 번영했던 모든 정부 체제를 변화시켰다고 주장했다.[219] 1885년에 다이시는 잉글랜드와 아메리카에서 널리 쓰이게 되는 '법의 지배'라는 용어를 그의 헌법학 입문에서 사용하였다. 즉, 법의 지배에서 정의의 기본 원칙은 심지어 가장 높은 입법 당국에 의해서도 합법적으로는 침해할 수 없다는 것이다. 찰스 1세와 마찬가지로 그는 가장 기본적인 법원칙을 근본법, 즉 잉글랜드 헌법에서 찾았다. 일시에 제정된 것은 아니었으나 1215년의 마그나 카르타, 1628년의 권리청원, 1679년의 Habeas Corpus 그리고 가장 중요한 것은 1689년의 권리장전과 함께 역사적으로 진화하는 보통법(Common Law)에서 찾았다. '법의 지배'의 용어는 아메리카에 있어서는 다소 다른 의미로 쓰이게 되었다. 잉글랜드가 합법성의 역사적 기초를 강조한 데 비하여 아메리카인들은 연방과 주의 성문 헌법적 기초를 강조하였다. 연방과 주의 헌법은 종교의 자유, 스피치의 자유,[220] 언론의 자유 그리고 결사의 자유와 같은

---

219) "His Majesty's Reasons against the Pretended Jurisdiction of the High Court of Justice", reprinted in *A Collection of scarce and valuable tracts on the most interesting and entertaining subjects*, series I, vol, p.169. (London, 1748).

시민의 자유를 선포하였다. 더하여 미국 헌법 수정 5조와 14조에 담긴 적법절차의 아메리카에서의 개념은 '절차적 정의'뿐만 아니라 '실체적 정의'까지 포함하게 되었다. 아메리카인들은 그들의 잉글랜드 조카들과 달리 의회 대신에 사법부에 헌법을 지킬 권위를 부여함으로써 견제와 균형(Checks And Balance)의 정부 체계를 도입하였다. 따라서 이것은 법의 지배의 개념에 새로운 차원을 추가한 것이 된다. 왜냐하면 적절한 사례에 있어서 시민은 어떤 법원에서도 입법부에 대해서 법률이 틀렸다는 것을 다툴 수 있게 되었기 때문이다. 아메리카에서 새롭게 만들어진 입헌주의와 입헌성은 지금 이야기된 여러 가지 원칙들을 다 의미하는 것으로서 아메리카에서는 쓰여 왔다.221)

신대륙의 입헌주의에 내재하는 철학은 잉글랜드의 역사적 법학뿐만 아니라 자연법 이론을 내부에 가지고 있다. 즉, 이성과 양심에 뿌리를 둔 어떤 종류의 도덕 원칙은 법적 구속력을 가지는 것으로서 생각된다. 이 점에 있어서 국가주의에 기원을 둔 절대주의적 입헌주의와는 날카롭게 대비된다.222) 이 헌법의 언어는 법적 문서에 성문화되어 있다는 의미에서는 실정적이다. 그러나 헌법 언어가 궁극적으로 '자연'과 '자연의 神'에서 유래되었다는 점에서는223) 그들의 성문화된 형식을 뛰어넘는 것이다. 따라서 헌법의 언

---

220) 아메리카 헌법에 있어서의 스피치의 자유는 우리나라의 언론의 자유에 속하는 일부를 포함한다. 즉, 공개적 연설은 스피치의 자유에 속한다. Press의 자유는 우리나라에서의 언론 매체의 자유에 해당된다.

221) 참조. 위의 논문, p.2.

222) 1776년과 1781년의 아메리카 헌법은 1871년의 비스마르크 헌법과는 스펙트럼의 양극단에 있다.

223) 이것은 1776년의 독립선언서에 나타난 언어이다.

어는 세대에서 세대로 옮아가면서 새로운 상황에 맞게 법원에 의해서 의식적으로 조심성 있게 조정되는 것이다.224) 프랑스혁명에 있어서 군주에 의한 자의적인 통치와 귀족의 불의한 특권에 대한 공격은 주로 "인간과 시민의 권리"의 이름으로 행해졌다. 그리고 인간과 시민의 권리는 입법, 행정, 사법을 엄격히 분리함으로써 보호될 것이었다.225) 1791년의 헌법은 개인의 자연적 자유에 리스트를 포함하고 있었고 입법부는 여기에 침해할 아무런 법적 권한이 없다고 선언하였다. 그러나 실행의 문제에 있어서 그들에게는 잉글랜드와 같은 오래된 역사적 전통에 호소할 수도 없었고 입법부를 구속하기 위해서 사법부에 입법을 무효로 선언할 힘을 줄 수도 없었다. 이와 같이 프랑스의 개념에서는 법의 궁극적인 원천은 입법행위이며 입법부의 입법권에 대한 외부적 통제는 단지 선거 구민의 정치적 통제인 셈이다. 행정부와 사법부는 입법부를 견제하거나 균형시킨다고 생각되지 않으며 오히려 입법된 법률을 각각 집행하거나 적용할 뿐이다.226) 따라서 프랑스에 있어서의 법치주의는 고

---

224) Harold Berman의 위 글 p.3.

225) 삼권 분립의 이론은 흔히 몽테스키외의 "법의 정신"(1748년)에까지 소급한다. 몽테스키외는 권력분립의 원칙을 잉글랜드 헌법에 유래한다고 잘못 인용하고 있다. 재인용, 해롤드 버만의 위의 논문 p.3 note 7.

226) 1791년의 헌법은 프랑스에서는 입법부의 입법 행위의 결과인 법에 우월 하는 것은 없다고 선언했다. 이런 견해는 계몽 시대의 개념을 반영하는 것으로서 '사람에 의한 정부'가 아닌 '法에 의한 政府'라는 계몽 시대의 이념을 나타내는 것이다. 종종 흔히 우리가 이야기하는 대로 '人治'가 아닌 '法治'라는 식의 단순 법치 개념은 지금까지 얘기되어 온 법의 지배와 혼동되어 왔다. 그러나 구별되어야 한다. 보라. 해롤드 버만, 위의 논문, p.10, 각주 8. 동아시아에 있어서 법치주의의 내용이 가장 간략하게는 '人治가 아닌 法治' 그리고 '法은 議會가 만든다'라는 것으로 프랑스에 있어서 앙샹 레짐의 절대 왕권 시대를 벗어나는 데 있어서 중요했던 것처럼 역시 동아시아인들이 동양적 전제정을 벗어나는 데 필요했던 것처럼 보인다. 그러나 현대의 대중 민주정치에서 정치권력이 불의하게 의회의 다수석을 점하는 경우에 있어서는 이와 같은 계몽 시대의 기초적 법치주의만으

차법(高次法)227)이 아니라 국민의 여론에 프랑스 국가가 마지막으로 책임지는 것이라 생각된다. 따라서 법학적 용어로는 이러한 프랑스 헌법 장치는 실정법 이론을 반영하는 것으로 보인다. 실정법 이론에 의하면 법은 일단의 법적 규범과 규칙으로 구성된다. 이러한 법적 규범과 규칙은 국가에 의해서 입법되거나 인정되고 강제적 제재에 의해서 강행된다. 프랑스 헌법에서는 프랑스 인민의 이름으로 국민의회에서 제정된 법에 대해서 더 고차의 법적 권위의 이름으로 도전할 수 있는 방법이 없다. 그 고차법(高次法) 역사에서 유래되었든 도덕 원칙에서 유래되었든 개인 인격의 자연권은 실로 인간의 본성과 인간 이성에서 유래한다. 그러나 이러한 자연권은 그것 자체가 입법부의 의지를 전복시킬 만한 자연법을 창출하지는 못한다.228)

로는 견제와 균형이 불가능하다는 것을 알 수 있게 된다. 따라서 잉글랜드에 있어서의 오래된 불문(不文)의 전통 또는 아메리카에 있어서 '냉정한 이차적 사고'를 할 수 있는 '가장 덜 위험한 정부 기구(司法府)'의 강력한 견제 장치가 더 진화된 제도이다. 도이치에서는 1945년 이후 헌법법원에서 다수당의 횡포에 의해서 제정된 위헌적인 법률에 대해 위헌 판결을 내림으로써 의회에 있어서의 다수당의 횡포를 견제하는 역할을 해 왔으며, 이로써 의회 내에서의 소수당의 권익 보호를 함과 아울러 소수당이 지나치게 과격한 행동으로 다수당의 법안 통과를 저지할 필요가 없게 만듦으로써 지나친 정치적 불안정을 예방하는 역할을 하고 있으며, 또한 사법부의 판결에 의한 국민의 권익 침해에 대하여 위헌 심사를 함으로써 사법부에 의한 인권침해를 방지하고 있으며, 이러한 모든 것을 통해서 궁극적으로는 일반 국민의 권익을 옹호하고 있다.

227) 고차법의 전통에 대해서는 다음을 보라. 김철, 『법제도의 보편성과 특수성』(Seoul: Myko, 1993), p.35 "법의 문자에 집착함 대 근본법 또는 고차법", pp.35~40. 또한 보라. 같은 사람, 『현대의 법이론 – 시민과 정부의 법』(Seoul: Myko, 1993) pp.54~75, 특히 Ⅱ. "코먼 · 로에 있어서 고차법의 전통."

228) Harold J. Berman, supra. p3. 물론 서구어에서, 우리의 법에 해당하는 용어는 droit, Recht, pravo이고, 법률에 해당하는 용어는 lois, Gesetze, zakony이다.

3. 러시아에 있어서의 입헌주의 형성기

1993년 12월의 러시아 새 헌법의 제정에 앞서서 많은 북미 및 유럽 학자들이 새 헌법의 방향에 대해서 러시아 학자와 협조하여 논의하였다. 우리는 러시아 새 헌법의 조문이라든가 해석론에 앞서서 헌법 제정에 따랐던 많은 입법론적 논쟁을 정리해 보기로 한다. 왜냐하면 러시아 새 헌법의 제정이 몇 가지 점에서 법학도에게 비교할 수 없는 실험의 장을 직접 제공한 것이기 때문이다. "우리는 신의 실험장을 관찰하였다." 새로운 러시아의 국가 제도를 기초하는데 있어서 근대 이후의 민주주의 이론이 다시 등장하였다. 민주주의는 세 가지 요소를 가진다. 첫째 권력이 정부 기관 사이에서 배분되고 또한 정부와 사회 사이에서 배분되었다는 점에서 다원주의, 둘째 경쟁적인 정치 집단과 규칙적으로 스케줄이 잡히고, 정직한 선거에서 공직을 구하는 개인, 셋째 시민의 자유의 보장 – 시민의 자유라 함은 자유로운 스피치의 권리, 자의적인 체포로부터의 자유, 투표의 자유와 같은 것이다 – 조셉 슘페터와 사뮤엘 헌팅톤은 절차의 권리를 강조한다. 즉, 권력에 대한 경쟁과 선거에 있어서의 절차.229)

Freedom House의 분류에 의하면, 1990년대 초에 러시아는 동부 및 중부 유럽 그리고 발틱 국가들과 함께 '부분적으로 자유로운' 범주로 이동하였다. Freedom House의 분류는 연례 보고서에서 지구상의 모든 국가를 세 범주로 분류한다. '자유로운 국가', '부분적

---

229) Brucel. R. Smith "Constitutionalism in the New Russia", Brucel. R. Smith & Gennady M. Danilenko (ed.) *Law & Democracy in the New Russia* (The Brookings Institution, 1993).

으로 자유로운 국가' 그리고 '자유롭지 않은 국가.' 만약 지난날의
소비에트 국가가 안정적인 민주주의가 된다면 그 영향은 한때 소
비에트 제국의 구성 국가 전부에게 갈 것이다.

우리는 민주주의와 입헌주의를 이야기할 때의 가장 기초적인 출
발점으로 되돌아간다. 한국인의 뼈저린 경험에서 우선 외관과 실질
을 구별하는 것이다. 민주주의 제도와 입헌 정부의 외관(外觀)과
실질(實質)은 같지 않다.230) 물론 해체된 소비에트 제국도 적어도
쓰여 있는 데로는 대단히 인상적인 시민들의 자유를 열거하고 있
는 헌법을 가지고 있었다.231) 이미 논한 대로 페레스트로이카 이후
에 나타난 제정러시아 전통의 법치주의는 다음과 같은 현대적 법

---

230) 한국의 법학도는 그 시초에서 헌법 개념의 분류를 1. 고유의 의미의 헌법 2. 근
대적 의미의 헌법 3. 현대적 의미의 헌법으로 구별한다. 고유의 의미의 헌법은
어디서나 국가와 정부가 있는 곳이면 어느 정도의 기본적 제도는 존재하고 있는
것으로 본다. 고대 그리스 도시국가나 고대 로마나 혹은 동아시아의 국가에도
이런 의미의 헌법은 존재한다. 참조 김철. "포스너의 입헌주의 경제학 연구 서설
－한국 법제도의 법 경제학적 접근을 위하여" 「숙명여자대학교 경제경영연구소
논문집」(1997). 2. 근대적 의미의 헌법은 근대라는 시대적 가치 개념이 들어가
있는 것으로 특별히 서구의 근대, 즉 17세기, 18세기, 19세기에 있어서의 시민혁
명의 결과와 관계된 정치제도, 국가 제도를 가리킨다. 3. 현대적 의미의 헌법은
1차 대전 종전 이후의 주도적인 선진국에서 나타난 개념으로 근대적 의미의 헌
법보다 더 나아간 특히 사회적 경제적 권리와 질서에서의 현대 법의 이념을 나
타낸 것이다. 참조, 김철수・『헌법학 개론』(서울: 박영사, 2000), 권영성・『헌법
학 원론』(서울: 법문사, 2000), 허영, 신정 9판『한국 헌법론』(서울: 박영사, 2000).
이상이 한국의 법학도와 법조인이 친숙한 입헌주의에 대한 기초개념이다. 이 모든
분류보다 더 의미 있는 것은 칼 뢰벤슈타인의 '장식적 의미의 헌법' 또는 '명목적
의미의 헌법'이라는 개념이다. 이와 별도로 한국 법 문화 전반에 걸친 명목주의,
형식주의, 외관주의에 대해서는 참조, 김철, "현대 한국 문화에 대한 법철학적 접
근"『현상과 인식』 2000년 봄/여름 호(서울: 한국인문사회과학회, 2000).

231) 1950년대 후반부터 모스크바는 소비에트 법을 법전화하는 데 노력하였다. 이러
한 법 개혁은 1977년의 소비에트 헌법 채택에도 나타난다. 또한 체계화하고 근
대화시키려는 노력은 1980년에 소비에트 법전의 출간으로 나타난다. 문제는 이
와 같은 공개적 법의 쇄신은 오로지 관료기구 내부에서만 쓰이도록 만들어졌다
는 것이다. 시민의 국가에 대한 관계는 변하지 않았고 법이 국가권력의 수단이
되는 것 역시 변하지 않았다. 참조, Brucel. R. Smith, 같은 논문(1993).

치주의의 중요한 점을 결여하고 있었다. 첫째 시민의 정부에 대한 참여, 둘째 인권의 보장, 셋째 권력분립, 넷째 (이것은 참으로 러시아인들에게는 생소한 것이며, 경우에 따라서는 가장 이질적인 성격인 것인데) 고차법(高次法)의 존재와 대중의 권력. 네 번째의 요소는 이미 논한 대로 해체 이후의 러시아가 그들의 전통을 따라서 제정 러시아 시대로 돌아갔을 때 찾을 수 없는 요소이다. 또한 이미 법치주의의 유럽적 기원에서 밝힌 대로 프로이센 기원의 군주를 중심으로 한 법치주의에서도 찾을 수 없는 것이었다. 대중의 권력과 고차법의 문제는 러시아인들에게는 가장 아메리카적인 것으로 보이는 것이다. 국가 구성의 문제에 있어서 제정 러시아나 혹은 혁명 이후의 볼세비키 정부에 있어서도 일관된 태도는 무제한한 정부의 특징이다. 이 점에서 건국 초기부터 그렇게도 많은 노력을 제한된 정부에 초점을 맞춘 그래서 권력의 균형과 개인의 자유라는 결과를 가져온 1776년 이후의 신대륙의 경험과는 스펙트럼의 극단에 있다고 할 수 있다.

4. 러시아에 있어서의 국가주의 전통

1147년 슬라브인들이 모스크바 부근에서 정착했을 때부터 몽고인들과의 투쟁은 시작되었다. 1294년 징기스칸의 후계자였던 쿠빌라이 칸의 사망 시에 모든 아시아와 동유럽의 일부분이 칸(Khan)들의 영토로 나뉘어졌다. 헝가리와 왈라키아에 이르는 지금의 러시아와 독립 주권국가의 영토들은 킵차크 칸 제국에 속하였다. 이와 같이 러시아는 그 국가 성립의 주요기에 항상 몽고인들과 영토를 다투었고 모든 군주는 사실상 전사(戰士)였다. 그들의 일상은 몽고인들과의 끊임없는 피의 대결로 특징지어졌다. 이름 있는 러시아 왕과 황제의 업적은 타타르인과의 전투와 승리에서 비롯된 것이다. 국가 공인의 그리스 정교회도 타타르인에 대한 승리를 신에게 기원하는 데 주요한 역할을 하였다.[232) 로마노프왕조가 그의 영역을 확대함에 따라서 러시아의 최전방 부대인 코사크는 대륙의 동쪽으로 이동하였고 1640년에는 태평양에 도달하였다. 슬라브인의 역사는 이와 같이 생존의 주요 기반을 국가를 통한 영토 확보에 두고 있었다. 따라서 강력한 군주와 강력한 국가는 생존의 제일 조건이었다. 봉건주의에서 절대주의로 이행 과정 중의 러시아에 외국 방문객이 규범 및 제도의 관찰자로서 다음과 같은 자료를 수집하였다. 1) 러시아 입법의 내용, 2) 법원 구성과 사법 개혁의 서술, 3) 법 이론가에 대한 일차 및 이차의 자료/재판 과정, 변호인의 역할 그리고 선고의 집행, 4) 좋든 나쁘든 다른 법체계에 대한 러시아의 경험에 대한 비교 분석과 같은 그런 것들이다. 외교 및 교역상의 예양(禮讓)을 젖혀놓는다면 다수 서구인의 러시아가 운영하는 법제도 및 법에 대한 러시아인의 일반적 태도에 대한 결정적인 표현은 잔인함이라고 할 수 있다.[233) 러시아인의 법에 대한 태도는 다음과 같은 언급에서 나타난다. "나라의 법의 대부분은 형법이며 모든 민사 관계법은 부정적(否定的) 유시(諭示)로 이루어져서 금지 조항으로 구성된다. 이것은 다른 나라에서는 종교나 시민의 역할에 해당하는 것이다. 시민은 흡사 최하층의 천민이 그의 상관에게 하듯 아첨하며 비굴하게 법에 대한 의무를 행하며, 종교상의 의무는

---

232) 김철, 『러시아 소비에트 법-비교법 문화적 연구』(서울: 민음사, 1989), p.21, 그림 17. 또한 같은 책, p.214, 지도 18 참조.

233) 김철, 위의 책, p.62.

놋쇠 십자가를 벽에 걸어 두는 것으로써 수행한다."[234] 그러나 러시아인의 자존심은 미하일 로마노프가 황제로 선출된 이후 그들의 국가를 로마 제국의 계승자로 자부할 만큼 국가적 자존심이 높았다. 비잔틴 기독교의 전통을 계승한 제3 로마제국으로 자부하였다. 1780년 피터대제가 페테르부르그(St. Petersburg)를 서구 세계를 향한 창문으로 건설하고 서구화를 지향하였다. 이때 러시아는 절대 왕권의 극성기에 도달했다. 러시아의 계몽 시대는 절대 군주에 의하여 열려졌다. 예카테리나 여제는 한편으로는 무력으로 영토 확장을 꾀하고, 다른 한편으로는 유럽 원칙에 의한 입헌주의적 정부를 만들려고 했다. 이는 절대 군주에 의한 입헌주의 도입의 예라고 하겠다. 실로 러시아에 있어서의 자유주의의 소개도 절대 군주에 의한 것인데 여제는 프랑스 계몽주의의 대표자들과 친밀한 관계를 유지했다. 러시아 제국에 있어서의 최초의 법치주의도 이와 같은 절대 군주에 의해서 시작되었다. 1767년 새로운 법전은 몽테스키외와 베카리아의 저작에 근거를 두고 만들어질 예정이었다. 여제의 653항에 달하는 입법 조항은 신민(servant people)의 모든 생활에 걸쳐 있어서, 우리로 하여금 프로이센 제국의 빌헬름 프리드리히 1세의 프로이센 일반란트법을 상기하게 한다. '어머니가 그의 아기에게 젖을 먹일 의무', '하루에 몇 번 젖을 먹일 의무'가 빌헬름 황제의 입법내용이었다.[235] 프로이센의 국가주의는 부국강병책에

---

234) 참조, 같은 사람, 같은 책, p.63.

235) 프로이센 일반란트법(Allgemeine Landrecht für die preussischen Staaten, 1794. 6.1. 공포)은 사생활의 말단까지도 규율하려 하고 있다. 그것은 일반적인 명제를 따르면서 높은 정도의 공동체 구속성을 강조하고 있다. 같은 법 II-20 §174-181 은 부부의 성생활에 대한 세밀한 관계까지 법적인 권리 의무로서 규정하고 있다. 이것은 신민의 국가에 대한 의무가 생활 관계에 기본이 된 것이다. 즉, 신민은 건강한 병사를 산출하여야 한다. 참조, 같은 사람, 같은 책, p.16.

기본을 두고 있었다. 따라서 신민의 모든 가족생활은 건강한 병사를 산출하는 데 목적이 있었다.236) 예카테리나 여제의 '자유주의적인' 그리고 '인간주의적인' 개혁은 농노 출신인 푸가초프의 반란으로 중지되고 절대주의로 복귀하였다.237) 1917년 혁명 이후 소비에트 국가를 건설한 이데올로기를 제외한다면, 비교 법학도나 헌법학도가 특징적으로 얘기할 수 있는 것은 다음과 같다. 인간의 국가에 대한 관계에서 플라톤 이후 소비에트 국가에서처럼 私人의 국가에 대한 역사상 가장 완벽하고 예외 없는 시인(是認, endorsement)은 전례 없는 것이다. 실로 소비에트 사회주의 헌법에서 국가는 절대적 존재로 신격화(神格化)된 것이다.238) 이와 같은 극단적인 국가주의는 제정 러시아 때의 러시아인들의 삶의 방식과 아주 멀리 떨어져 있다고 생각되지 않는다. 여기에서의 발견은 제정 러시아 때나 소비에트 시대나 극단적인 국가주의는 마찬가지이고 이는 러시아의 전통으로 볼 수 있다. 레닌은 "모든 법은 공법이다"라고 말했다. 또한 절대주의 제정 러시아에 있어서 최상층의 귀족을 제외한 신민이 국가에 대해서 어떤 요구를 할 수 없었다는 것이 국가주의의 예가 될 것이다.239)

---

236) 김철, "유럽에 있어서의 형식적 법치주의의 발달", 『법제도의 보편성과 특수성』 (Seoul: Myko, 1993), pp.16~18.
237) 김철, 미발표 영문 원고, "Russian Jurisprudence", (1992).
238) 참조, 김철, 같은 책, p. 41, 3) 사회주의 헌법 체계의 요소들 특히 p.42(1989).
239) 참조, 고골리, 외투, 이 기념할 만한 절대주의 시대의 삶의 기록의 배경은 제정 러시아가 잘 분류되고 계층적으로 조직된 황제의 관료 집단에 의해서 통치되는 국가라는 것을 보여준다.

5. 1990년대 러시아에 있어서의 법과 국가와의 관계

1990년 11월에 러시아 연방의 최고 소비에트에 제출된 러시아 연방의 헌법 초안에서 비로소 국가보다 더 높은 효력을 가지는 법의 용어로써 사고하는 흔적이 보이기 시작했다.[240] 헌법 초안은 법 (pravo)과 헌법의 우위를 선포하고 "국가와 모든 기관 그리고 공무원은 법과 헌법 질서에 의해서 구속된다"라고 선포하였다. 그리고 "러시아 연방의 헌법은 공화국의 가장 높은 법이다"라고 하고 있다. 또한 "헌법의 조항과 모순되는 법과 입법 행위는 법적 효력을 가지지 않는다"라고 하고 있다. 다시 초안은 "법 규정(zakon)은 적법성(pravovym)을 가져야 한다"라고 하고 있다. 또한 "시민은 그들의 권리를 독립적으로 행사하며, 따라서 시민의 권리는 헌법에 의해서 국가가 제한할 수 있을 지라도, 권리 그 자체가 국가로부터 부여되는 것은 아니다"라고 하고 있다. 시민의 권리에 대해서 그 내용이 국가에 의해서 주어지지 않는다는 것을 명시함으로써 러시아는 862년 이후의 국가 생활에서 처음으로 국가주의에 의해 결정되지 않는 시민의 권리를 밝힌 것이다. 이 헌법 초안은 "헌법의 규범은 직접적인 적용을 할 수 있다"라고 규정하고 있다. 위헌으로 간주되는 법이 문제가 될 때, 법원은 절차를 지연시키고 헌법 재판소의 심리에 돌릴 수가 있다. 헌법 재판소는 헌법을 침해하는 모든 법률, 명령 또는 규범적 입법 행위를 무효화시킬 수 있는 권한과 의무를 가지게 되어 있었다. 또한 어떤 국가 기관과 공무원의 결정

---

240) "Draft: Constitution of the Russian Federation: Document published by decision of the Constitutional Commission of the RSFSR", in *Sovetskaia Rossia*, November 24, 1990, pp.1~8.

과 행위가 시민의 헌법적 권리를 침해할 때에는 정규 법원에 제소하게 되어 있었다. 따라서 1990년의 러시아 헌법 초안은 입법 행위에 대한 헌법심사와 사법 심사 양자 모두 예비하고 있었다.

1990년의 러시아 연방 헌법 초안에서 자연권의 개념이 나타났다. 즉, 사람, 사람의 목숨, 영예, 위엄과 자유 그 외 자연적이고 양도할 수 없는 권리는 최고의 가치를 이룬다는 일반적인 선언을 하고 있다. "인간의 권리와 자유는 태어날 때부터 인격에 속한다. 따라서 헌법과 법률에 나타난 권리와 자유는 다른 인간의 권리와 자유를 축소하는 데 쓰여서는 안 된다." 이 개념은 러시아 연방이 당사자인 국제조약(UN인권 규약을 포함한다)이 러시아 연방의 입법과 다른 규범을 포함할 때에는 국제조약이 적용될 것이라는 조항에 의해 강화된다. 따라서 국가는 헌법에 의해서 자연권과 천부인권을 침해하지 않게끔 구속되고 또한 보다 상위의 국제적 의무에 매이게 되는 것이다. 이 헌법 초안은 근대적 의미의 헌법의 모든 주도적인 개념과 사상을 가장 선명하게 드러내 주고 있다고 하겠다. 물론 시민의 권리, 즉 정치적 권리, 사회적 권리, 경제적 권리와 문화적 권리를 자연적이고 침해할 수 없는 것으로 선언하는 것만으로는 충분하지 않다.241) 선언과 포고(布告)의 법문화는 이미

---

241) 헌법과 법률의 선언적(宣言的) 효과는 종종 헌법과 법률의 내용을 역사적 경과로서 노력하여 얻거나 체험하지 못한 문화의 경우에 두드러진다. 법문화 중에서 강령적·선언적 면과 실천적 면이 다른 방향으로 발달하게 되는 경우가 있다. 근대 이후에 시민 문화가 위로부터의 권위에 의해서 진작되어진 곳에서는 선언적·강령적 법문화가 특징이다(레닌에게 있어서 헌법이라는 것은 프로그램의 문제였다). 논리만이 강조된다. 다른 한편, 근대 시민사회가 반대 방향으로 성립한 곳에서는 실천적 면이 두드러진다. 역사의식이 강조된다. 이것은 근대적 법 가치를 중심으로 할 때의 표준이다. 세계 제2차 대전 이후의 신생국이 봉건주의나 권위주의에서 벗어나서 새로운 국가를 건설할 때에도 선언적·강령적 법문화가 우선한다. 또한 어떤 문화가 명목 가치(名目價値)를 발전시켰느냐 그렇지 않느냐에 따라 달려 있다. 또한 어떤 법문화가 외관 가치(外觀價値)를 중요시하느냐

소비에트 국가에 있어서도 충분했었다. 이제는 여러 권리가 훼손되지 않도록 방지하는 기제(機制)를 준비하는 것이 필요하다. 1990년의 러시아 연방 헌법 초안이, 만약 의회 입법이나 행정 입법이 헌법과 충돌할 때에는 전자를 무효화할 수 있는 권한과 의무를 사법부에 부여한 것은 이런 방향으로의 중요한 발전이라고 여겨진다. 그러나 사법 심사권에 의한 사법의 우위만이 완벽한 보장은 아니다. 왜냐하면 사법 심사를 실행할 때 사법부는 시민의 권리와 공공질서를 보호하는 데 있어서의 사회의 이익과 헌법에 밝혀진 다른 공공이익들을 교량하여야 되기 때문이다. 이 문제에 대해서 러시아 연방 헌법 초안은 18세기의 계몽주의의 정신으로 돌아갔다고 할 수 있다. 실로 러시아는 약 80년간 계속된 소비에트 국가 형태를 폐기하고, 다시 유럽의 근대정신으로 돌아간 것이다. 헌법 초안은 권력 분립의 기본 틀을 채택하는 데 있어서는 프랑스적인 개념을 취했고(몽테스키외를 연상하자) 견제와 균형과 함께 강한 대통령을

그렇지 않느냐에도 달려 있다. 이 문제는 종래의 도식화된 헌법 개념을 쓰는 방식보다 훨씬 더 근본적이고 광범위한 분석이 필요하다. 이를 위한 기초 작업으로 예를 들면, 김철, "현대 한국문화에 대한 법철학적 접근"『현상과 인식』 2000년 봄/여름호(서울: 한국인문사회과학회, 2000). 소비에트 국가의 경우 두 가지 요소가 그들의 법문화를 선언적 강령적으로 만들었다. 첫째로 헤겔 전통의 국가주의가 마르크시즘과 결합한 경우 법의 형성에 있어서 항상 연역적인 방식을 쓰게 되고 역사적 경험을 무시하게 된다. 법적 사유에 있어서도 Top-down(위에서 아래로)의 이론 형성이 주도하게 된다. Richard A. Posner Overcoming Law(Cambridge; Havard, 1995)이론의 경향은 항상 거대 이론, 전체적 이론, 어떤 원칙이 일반적으로 위에서 아래로 작용하여서 세부에까지 이르는 경과를 보여준다. 두 번째로 논리적인 위에서 아래로의 법 사유는 러시아에 있어서도 절대 군주 국가 시대의 절대 권력자의 측근으로서의 법학자의 방식과 같다. 이런 사유는 동아시아에 있어서의 법조 관료나 법학 엘리트에 있어서도 특징적인 것으로 나타난다. 어떤 법 원칙에 의해서 전체 사회를 일관해서 관철시키려는 태도는 일반 법학 그리고 일반 원리의 강조로 나타나게 된다. 이데올로기적 측면을 제외하게 되면 이런 태도는 제정 러시아의 법학자나 소비에트 러시아의 법학자나 또는 후진국의 법학 엘리트가 공통점을 가지고 있다고 생각된다.

선택한 데 있어서 아메리카 헌법의 예에 따랐다고 할 수 있다. 이 것은 다당제의 정치 체계와 의회와 대통령의 민주주의적인 선거에 서 더욱 그러하다. 그러나 러시아 헌법 초안은 한 가지 중요한 점 을 결여하고 있었다. 즉, 행정 입법이나 의회 입법 또는 사법 결정 에 대해 국민이 헌법의 근거 위에서 도전할 수 있는 여지는 마련 되어 있지 않았다. 강한 국가주의, 아니 전능한 국가주의의 전통이 러시아 건국 초부터(9세기) 일관한 이 나라의 법문화에서 삼권이 연합해서 인간의 기본적인 권리를 침해할 경우에는 어떻게 할 것 인가? 이 문제는 러시아뿐만 아니라 전통주의(傳統主義)와 국가주 의가 결합된 동아시아 또는 정치적 후진국의 공통된 문제이다. 어 떠한 국가주의 철학도 이 문제를 실질적으로 해결할 것 같지는 않 다.242) 1990년의 러시아 연방 헌법 초안의 태도는 헌법의 연원을

---

242) 어떤 종류의 헌법 철학도 이런 문제에 대해 여러 가지 다양한 사유를 전개할 수 있을 것이다. 그러나 우리가 관심을 갖는 것은 객관적 제도의 문제이다. 모든 종류의 국가 철학과 법철학에 대해서 우리가 궁극적으로 묻고 싶은 것은 주도적인 정치권력, 사회권력, 경제권력 이외에 국가나 정부가 그 스스로가 매일 수 있는 구속력 있는 규범이 실제적으로 발견 가능한가 하는 문제이다. 이 문제는 근대 계몽시대의 문제이자 - 당시는 절대 권력으로부터의 자유가 큰 명제였다 - IMF 외환위기에 의해 노출된 동아시아의 명목적 입헌주의와 법치주의의 문제이자 21세기의 전형적인 민주주의 국가에서도 다 같이 끊임없이 나타나는 현실적인 문제이다. 어느 사회에서 주도적인 다수의 자의는 허용되는가? 결단 주의나 혹은 위장된 사회 권력주의는 이 문제를 설명할 수 없다. 법이 단순히 다수의 의사이고 절차적 합법성을 지니기만 했다면, 법치주의의 위기에서 인류가 경험했던 것처럼 그 법은 정당화될 수 있는 것일까? 네 사람이 모여서 다수의 이름으로 한 사람에게 보통의 이성과 상식에 전혀 어긋나는 처사를 집단주의의 이름으로 강요할 때 정치적 민주주의는 할 말이 없게 된다. 이 문제는 근대의 여명에 있어서도 이미 예견되었던 것이다. 또한 정치적 후진국에 있어서, 입헌주의나 민주주의의 어떤 이름으로서도 쉽사리 행해지는 경향이 있다. 따라서 이런 민주주의에 대한 반동은 여러 곳에서 민주주의 가치 자체에 대한 반동(反動)으로 나타나서 세계 도처에서 집단주의와 결합한 권위주의가 다시 나타나고 있다. Ronald Dworkin은 최근 "민주주의의 개념에는 이미 두 가지 방향이 공존하며 다수결 개념은 그중 한 방향에 불과하다"라고 요약하고 있다. Ronald Dworkin, "Television and Democracy", unpublished course reading, *The Program for the*

헌법 외부에서부터 확립하려고 기도하였다.

이 연원은 '시민사회'로 불리고 헌법의 주된 장들이 여기에 바쳐졌다.

1. 소유자의 양보할 수 없는 자연적 권리, 노동자가 노동조합을 결성하고 단체적인 노동 협약을 체결할 권리, 그리고 사인(私人)과 사인(私人)의 연합이 기업체를 형성할 자유이다. 2. "가족은 사회의 자연적 최소 단위, 즉 세포이다." 3. "문화, 과학, 연구, 교수는 자유롭지 않으면 안 된다." 그리고 "지적인 정신적인 영역에 있어서의 다원주의는 보장된다." 4. "매스 미디어는 자유로워져야 되고 검열은 금지된다." 5. "종교적 결사는 국가로부터 분리되어야 한다." "국가는 어떤 종교나 또는 무신론에 대해서 선택적인 호의를 베풀 수가 없다." 6. "정당과 자발적 공적 조직은 자유롭게 결성된다."

헌법이 근거하고 있는 연원을 찾는데 있어서의 시민사회(市民社會)는 여섯 개의 절에서 밝혀지고 있다. 주의할 것은 여섯 개의 자연적 자유가 1990년의 헌법 초안 외부에 존재하며, 헌법의 연원이 되는 것으로 구성하고 있는 것이다.243)

'시민사회'란 용어는 법학 용어는 아니다. 그러나 1989년 이후에 동유럽과 소비에트에서 일어난 근본적인 변화를 지칭하고 있다. 용어 자체는 그 기원에 있어서 17세기 잉글랜드에서 처음으로 널리

Study of Law, Philosophy & Social Theory, (New York University Law School, Fall, 1995).

243) 흔히 천부불가양의 자유로 헌법상의 문자로 표현되어 있더라도 강한 국가주의의 전통을 가진 나라에서는 헌법 자체가 국가에 의해서 창조되고 국가주의의 표현이기 때문에 사실상 불가침의 자유라도 국가가 부여한 것으로서 해석되는 것이 실제의 문제이다. 따라서 헌법만 바꾼다면 이윽고 헌법의 문자가 달라질 것이고 따라서 다수결은 불가침의 자유까지도 실정적으로 만들 수 있다는 것이 지금까지의 경험이었다. 헌법의 문자적 해석이 얼마나 비실제적인가를 알려주고 있다.

쓰인 것으로서, 홉스의 자연 상태와 대치되는 로크의 사회 계약론과 관계가 있다. 결국 '시민사회'는 자유주의적 사회 계약론의 영향하에 근대의 인류가 성취하려 했던 시민혁명의 성과와 관계가 있다.244)245)

244) 해롤드 버만, 위의 글, p.7 또한 p.11의 주 25. 존 로크의 '시민사회'와 대비되는 흐름은 인간성에 대한 불신에서 출발하는 토마스 홉스의 '리바이어던', 즉 필요악으로서의 거대한 국가주의가 된다. 근대 법사상의 특징적인 두 흐름이 한편에서는 시민사회를 한편에서는 소비에트 국가와 같은 리바이어던을 가져오게 했다고 할 수 있다. 그렇다면 1989년의 동유럽과 러시아의 혁명은 1700년대의 시민혁명과 대비될 수 있는 맥락을 찾을 수 있다. 이 경우 동유럽이 시민의 자발성이 더욱 두드러진 경우이다. 공산주의를 축출한 것은 시민들의 자발적 행위로 일단 파악될 수 있다. 러시아의 혁명은 세계적인 추세에서는 동유럽과 같은 궤적이나, 보다 권력 엘리트의 자각과 위로부터의 개혁(페레스트로이카)이 두드러진다. 1997년 현재 시민사회 성립의 진척은 체코, 폴란드, 헝가리, 발틱 국가가 선도하고 있으며 이것은 근대의 역사적 유산으로 보인다. 참조, 김철, 『해체기의 비교제도론/가치와 제도』(Seoul: Myko, 1994), 특히 p.174. 5) 결론과 전망/구조 변화의 특징/자발성 vs 위로부터의 혁명. "소비에트 러시아에서의 구조적 변화의 특징은 첫째, 동유럽에서와 같이 시민들의 자발적 봉기와 개입에 의한 것이 아니며, 둘째, 러시아 근대화의 예처럼「위로부터의 혁명」이며, 셋째, 따라서 자유주의 혁명의 기초였던 근대 자연법의 특징이 나타나지 않으며, 즉 부인할 수 없는 인격의 존엄성과 어떠한 국법 체계도 침해할 수 없는 영역의 선언이 없다. 열거된 특징은 다음과 같이 추론된다(1991년 현재 관찰로서 지적할 수 있는 것은) …… 셋째, 제국의 근대화 이후의 전통인 슬라브주의(Slavophil)/서구주의(Europhil)의 대립과 병행하는 집단적 가치 중심(Communitarian Value Centered)과 개체의 가치 출발(individual value-starting)의 분열을 어떻게 해결하고 있는지 문제이다."

245) 러시아에 있어서의 "시민사회"는 푸틴 등장 이후, 서방세계에 괄목할 만한 성장을 보여주지 못했다. 그러나 헌법이 근거하고 있는 연원을 찾는 데 있어서 동유럽 러시아혁명 이후 1990년 11월에 러시아 연방 헌법 초안에서 처음으로 천명된 "시민사회"는 약 20년의 시간적 거리를 두고 2010년 이후의 자스민혁명을 민주주의 정착과정으로 이끈 튀니지에서 다시 나타난 것이다. 2015년 노벨평화상의 영예는 북아프리카·중동의 민주화 물결인 '아랍의 봄' 운동과 이후의 민주주의 정착 과정을 이끈 '튀니지 국민4자대화기구'(Tunisian National Dialogue Quartet)에 돌아갔다. "'아랍의 봄' 발원지인 튀니지는 2010년 말 시작된 대대적인 반정부 시위로 이듬해 초 지네 알아비디네 벤 알리 독재정권이 무너진 뒤 암살 등의 정치적 폭력과 광범위한 사회 불안에 시달려왔다. 이런 가운데 노동, 산업·복지, 인권, 법률 등 4개 부문의 대표 조직이 참여한 이 단체가 **시민사회와 정당, 행정부 사이의 평화적 대화**를 이끈 덕분에 아랍권에서 유일하게 튀니지만 평화적인 민주주의 이행에 성공했다"고 노벨위원회는 판단했다.

■참고문헌

권영성,『헌법학 원론』(서울: 법문사, 2000).

김 철,『러시아 소비에트 법』(서울: 민음사, 1989).

_____,『법제도의 보편성과 특수성』(Seoul; Myko, 1994).

_____,『해체기의 비교 제도론/가치와 제도』, 특히 p.174 5) 결론과 전망/구조 변화의 특징/자발성 vs 위로부터의 혁명, (Seoul; Myko, 1994).

_____, "포스너의 입헌주의 경제학 연구 서설 – 한국 법제도의 법경제학적 접근을 위하여"『숙명여자대학교 경제경영연구소 논문집』(서울: 숙명여자대학교 경제경영연구소 1997).

_____, "현대 한국 문화에 대한 법철학적 접근"『현상과 인식』 2000년 봄/여름호, (서울: 한국 인문사회과학회, 2000).

김철수,『헌법학 개론』(서울: 박영사, 2000).

허 영, 신정 9판『한국 헌법론』(서울: 박영사, 2000).

Berman, Harold J., "The Rule of law and the Law-Based State (Rechtsstaat)" Vol.4, Nr 5, May 1991 *The Harriman Institute Forum.*

_____, *Law and Revolution: The formation of the Western Legal Tradition.* (Cambridge; Havard, 1983).

Butler, William E., "The Rule of Law and the Legal System", in Stephen White et.el. ed. *Developments in Soviet Politics*, 1990.

Dworkin, Ronald, "Television and Democracy", unpublished course reading, *The Program for the Study of Law, Philosophy & Social Theory*(New York University Law School, Fall, 1995).

Hazard, John N, *Communism and Their Law: A Search for Common Core of the Legal Systems of the Marxian Socialist States* 521 (1969).

_____, "The Evolution of the Soviet Constitution", (ed. Donald Barry) *Political & Legal Reform in the Transition Period* (New York: M. E. Sharpe, 1992).

Ito Hirobumi, *Commentaries on the Constitution of the Empire of Japan* tr. Ito Miyosi (Tokyo, 1889).

Juviler, Peter, "Human Rights and Russia's Future", *The Parker School Journal of East European Law* 1995/VOL.2 Nos.4~5(New York, Columbia University).

Minear, Richard H., *Japanese Tradition And Western Law* p.1~2, 33~34, 106~107 (Cambridge; Harvard, 1970).

Sakharov, Andrei D., "Postscript to Memorandum", in *Sakharov Speaks* 153(Harrison Salisbury ed 1974).

Schmid, Karin, "Legislation on Administrative Procedure in Czechoslovachia and the Soviet Union", in Feldblugge ed. *The Emancipation of Soviet Law*, (Dordrecht; Martinus Nijhoff Publishers, 1992).

Smith, Brucel. R., "Constitutionalism in the New Russia", Brucel. R. Smith & Gennady M. Danilenko ed, *Law & Democracy in the New Russia*, (The Brookings Institution, 1993).

"Draft: Constitution of the Russian Federation: Document published by decision of the Constitutional Commission of the RSFSR", in *Sovetskaia Rossia*, November 24, 1990.

"His Majesty's Reasons against the Pretended Jurisdiction of the High Court of Justice", reprinted in *A Collection of scarce and valuable tracts on the most interesting and entertaining subjects*, series I, vol, p.169. (London, 1748).

"John Newbold Hazard (1909~1995)", *The Parker School Journal of East European Law*, Vol.2 No.2(New York: Columbia University, 1995).

■ 옮기고 주석 붙인 이 후기(후편)

이 책의 구조

1.1 이 책은 해롤드 버만,『법과 혁명 Ⅱ - 그리스도교가 서양법 전통에 미친 영향』(하버드 대학교 출판부, 2003) 중에서, 전편에 수록된 총론 부분 및 게르만혁명(종교개혁)과 게르만법의 변화(16세기)를 제외하였다. 이 후편은 잉글랜드혁명과 잉글랜드법의 변용을 다루고 있다. 이 후편에 앞선 전편에 담겨진 총론 부분은 근대 시민혁명 전부 및 1917년 러시아혁명에 대한 일반이론이다. 전편의 많은 부분은 1517년 게르만의 종교개혁이 유럽의 법에 미친 영향이며, 후편은 1648년 이후의 영국 청교도혁명이 미친 영향이다. 후편의 부록에서는, 해롤드 버만이 각론으로 직접 다루지 못했던 1776년의 아메리카 독립혁명, 1789년의 프랑스 대혁명, 그리고 1989년 베를린 장벽붕괴를 정점으로 하는 동유럽 러시아혁명 전후를 다루고 있다.

연결과 통합의 일생

1.2 "해롤드 버만이 한국 법학에 가지는 의미"에 대해서는 『법과 혁명』 시리즈로 첫 번째 나온 『법과 혁명 Ⅰ－서양법 전통의 형성1』의 제5장에서 옮기고 주석을 붙인 이가 따로 논문을 써서 한국의 독자에게 설명하고 있다. "해롤드 버만의 생애와 학문"에 대하여는 이 책에서 그의 생애에 초점을 맞추어 설명하고 있다. 전편의 후기에서 필자는 해롤드 버만이 약 60년 동안 학자와 교수로서 한 역할을 요약하여 "동서의 가교 역할"이라고 소제목을 붙인 적이 있다. 그는 20세기와 21세기의 중요한 세계사적 사건을 모두 그의 학문에 반영한 전례 없는 종합적인 지식인으로 평가되고 있다. 버만 자신은 19세기 내지 20세기에 활약한, 법학자였던 사비니 (Friedrich Carl Savigny)와 메인(Henry Sumner Maine), 그리고 사회학자인 뒤르케임(Emile Durkheim)과 막스 베버(Max Weber)를 법체계의 역사적 발전에 대한 학문적 이론을 발전시킨 사람으로 크게 평가하고 있다(이 책, 본문 8.5.2 법체계의 역사적 발전 참조). 그러나 버만 자신은 이 네 사람을 전부 계승해서 발전시킨 20세기 내지 21세기의 유일무이한 법학자로 평가된다. 비교법학의 눈으로 볼 때, 도이치와 잉글랜드의 법학 그리고 프랑스와 도이치의 사회학을 같이 연결시켰다. 법사상가로서는 로스코 파운드와 론 풀러 (Lon Fuller), 그리고 칼 르웰린(Karl Llewellyn)과 비견된다. 그의 학부 스승이었던 오이겐 로젠스토크 휘시(Eugen Rosenstock-Huessy)는 1888년 베를린 태생으로 도이치 대학에 있다가 히틀러가 집권하자 신대륙으로 이주한 2차 대전 이후의 종합적 학자였다.

해롤드 버만의 보편주의

한국의 법학도 및 비법학도를 위해서 더 단순화시키면, 버만은 21세기까지 한국의 사회과학도 및 법학의 선입견 중 하나를 없앤 것이 된다. 즉, 그는 흔히 아메리카 소재 대학 교수의 통례를 넘어서 처음에 대서양을 극복하였으며, 다음에 서유럽의 국가주의를 극복하였으며, 더 나아가서 그와 같은 보편주의를 동부 유럽과 슬라브 지역의 광대한 영역에까지 확대해서 1, 2차 대전 이후의 특징이던 유럽의 국가주의를 그의 필생의 연구와 교수에 의해서 극복하였다. 그와 같은 보편주의는 그다음 단계에는 유럽 대륙을 넘어서 아시아의 중국에서 수천 명의 학자들에게 감명을 주었으며 (2006년) 마지막에는 일본의 비교법학계에까지 학생을 가지게 되었다(2010년). 한국에 버만의 중요 업적이 처음 본격적으로, 그의 이름으로 소개된 것은 1989년, 1992년, 2013년 필자에 의해서 시작되었다. 필자와 해롤드 버만의 관계는 이 책(후편) 결론 다음에 수록된 "해롤드 버만의 생애와 업적" 제목의 끝부분에 간략하게 소개되어 있다.

감사의 말씀

1.8 먼저 고인이 된 Harold Berman 교수께 감사한다. 또한『법과 혁명』의 그의 조수이자 동역자였던 존 위티(John Witte, Jr.)에게도 감사한다. 위티 교수는 2015년 5월에 방한하였다. 고인이 된 Harold Berman의 전속비서였던 Ms. Knack(Emory Law School)에게 팩스, 편지, D.H.L.을 통한 교신과 수많은 Berman 교수의 논

문 별쇄본들, 저서들을 보내준 것에 감사한다.

1.9 2013년 5월부터 시작된『법과 혁명 Ⅱ』독회 모임에 참석, 발표, 토론해 준 여러분들에게 감사한다. 특히 다음의 발표자에게 감사한다. 표시된 달은『법과 혁명 Ⅱ』중에서 후편에 해당하는 내용의 독회일이다. 2014년 3월 윤혜선 교수, 2014년 4월 김기진 교수, 2014년 6월 김용훈 교수, 2014년 7월 황지혜 박사, 2014년 11월 이상직·박우경 선생. 독해 모임은 원서를 사용해서 발표자가 발표를 위한 요약 드래프트를 마련한 케이스도 있고, 옮긴이가 드래프트를 미리 마련한 케이스도 있으나, 모든 경우 발표 및 토론 후 옮긴이가 종합적으로 검토하여 원고를 마련하였다. 이 과정에서 특별히 수고한 황지혜 박사와, 독립적으로 드래프트를 마련해서 발표해 준 박우경, 이상직 선생에게 감사한다. 연구 모임에 장소를 제공한 김종철 변호사에게 감사한다.

1.10 이 책은 물론『법과 혁명Ⅱ』의 후편이다. 그러나 이미 설명한 것처럼 법과 혁명Ⅰ과 Ⅱ의 전후편은 세계사의 연대기적순으로 진행되고 있어서 전후편으로 분권했지만 실상은 연속되어 있다. 따라서 이 전편의 후기에서도 2012년부터 시작된 이 책을 출간을 위한 약 4년 이상 동안 옮긴이를 격려하고 직접 간접으로 도와준 여러분들에게 감사하지 않을 수 없다. 옮긴이가 소속한 학회뿐 아니라 특히 인격적으로 개인적으로 옮긴이를 도와주고 격려한 여러 분야의 이해자들에게 이 자리에서 다시 한번 깊은 감사를 드린다. 하빈·예빈과 찬우·시우가 이 책을 읽기 바란다.

1.11 한국학술정보(주)의 기획 담당인 이아연 선생은 세심하게 원고를 검토하고 여러 가지 배려를 해주었다. 출판부 차장 송대호 선생은 학술서 출판에 이해를 보여주었다. 『법과 혁명 Ⅰ』과 『법과 혁명 Ⅱ』의 전편에 이어서 후편에 대한 출판을 맡아주신 한국학술정보(주)의 채종준 대표이사에게 처음으로 인사를 하고, 이아연 선생과 송대호 선생에게 감사의 뜻을 표한다. 디자인을 해준 이효은 선생에게도 감사 인사를 드린다.

2016년 1월

옮기고 주석 붙인 김철

■ 옮긴이와의 서신과 버만의 자필 서명

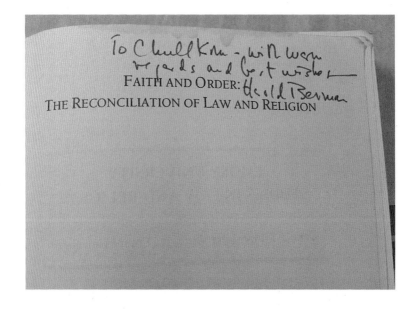

    1989년 가을 베를린 장벽 붕괴에 잇따른 동유럽·러시아 혁명은 세계 제2차 대전 이후의 사회주의 법군이 붕괴하는 계기가 되었다. 공산주의 붕괴 이후의 구 사회주의 법제도 국가의 법치주의에 대해서는 버만의 연구가 선구적 역할을 했다. 1993년에 발행된 『신앙과 질서: 법과 종교의 화해』에서 버만은 새롭게 형성될 구 사회주의 국가의 질서를 위해서, 문명국가의 역사적 전통 중 서양법 전통에 주목하고 서양법 전통의 종교적 원천을 다시 강조하고 있다. 사진은 버만 교수가 김철 교수에게 발간 직후 보내온 『신앙과 질서』 속표지의 버만 교수의 필치, 본문 끝에 붙은 "해롤드 버만의 생애와 학문"을 참조할 것.

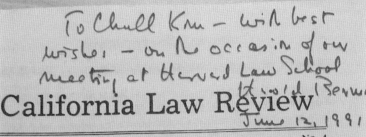

To Chull Kim — with best wishes — on the occasion of our meeting at Harvard Law School Harold J. Berman June 12, 1991

California Law Review

L. 76   JULY 1988   No. 4

Toward an Integrative Jurisprudence: Politics, Morality, History

Harold J. Berman†

> *"Without philosophy, history is meaningless. Without history, philosophy is empty."*
>
> — *Anon.*

Integrative jurisprudence is a legal philosophy that combines the ~~re~~ classical schools: legal positivism, natural-law theory, and the his~~cal~~ school. It is premised on the belief that each of these three com~~ng~~ schools has isolated a single important dimension of law, and that both possible and important to bring the several dimensions together a common focus.[1] After exploring some of the tensions and inter~~nections~~ among the three competing schools, I shall draw upon the

†   Woodruff Professor of Law, Emory Law School; Ames Professor of Law Emeritus, ~~ard~~ Law School. B.A. 1938, Dartmouth College; M.A. 1942, LL.B. 1947, Yale University. Essay is a revision of the opening address delivered at the annual meeting of the American ~~ty~~ of Christian Ethics in Boston, Massachusetts, January 16, 1987.

1.   For some years I used the term "integrative jurisprudence" without knowing that it was ~~used~~ by Jerome Hall. I am glad to have the opportunity now to apologize for this substantial ~~ught.~~ My usage differs from Professor Hall's but contains some of the same basic ~~cteristics.~~ *See* J. HALL, FOUNDATIONS OF JURISPRUDENCE (1973) (especially chapter 6

EMORY UNIVERSITY
SCHOOL OF LAW

HAROLD J. BERMAN
Woodruff Professor of Law

GAMBRELL HALL 333
ATLANTA, GEORGIA 30
TEL: (404) 727-6503
FAX: (404) 727-6820

April 7, 1995

Professor Chull Kim
Sookmyung Women's University
Department of Law
R.C.O.P.O. Box 248
Seoul, Korea (R.O.K.) 140 - 600

Dear Professor Kim:

I would be very glad to see you in Cambridge during the summer months when, I hope, you will be a visiting researcher at Harvard Law school and I shall be working from time to time in the Harvard Law School Library.

I am enclosing a copy of the letter of recommendation which I have written in your behalf to Ms. Athena Mutua, Director of Admissions at Harvard Law School. If you do not hear from the Committee by early May concerning your application, please let me know and I will then ask the Director of East Asian Legal Studies at Harvard Law School whether he could take you as a Visiting Scholar.

Of course I shall be delighted to cooperate in your study of my writings. I will be glad to give you copies of my recent publications.

My wife and I will be leaving for Massachusetts on May 18, and I should be coming to Harvard from our summer place on Martha's Vineyard for one or two days a week during June, July, August, and early September.

With best wishes,

Yours sincerely,

Harold Berman

HJB:njk

Enclosure

색인

English) 211, 214, 285
법학제요, 잉글랜드의(Institutes, English)
141, 270, 277
법학제요파(Institutionalists) 278
베버, 막스(Weber, Max) 5, 167, 186,
379, 380, 432, 449, 451, 538,
628 See also 사회 이론(Social
theory), 베버주의의(Weberian); 베버의
칼뱅주의 명제(Weber's Calvinist
thesis)
베스트팔리아 조약(Westphalia, Peace
of) 478
베이컨, 프란시스(Bacon, Francis) 109,
172, 191
베젠벡, 마테우스(Wesenbeck, Mattheus)
전편 색인 참조
벤담, 제레미(Bentham, Jeremy) 233
보나파르트, 나폴레옹(Bonaparte,
Napoleon) 528, 547
보댕, 장(Bodin, Jean) 105, 107, 108,
112
보라, 캐더린 폰(Bora, Catherine von)
전편 색인 참조
보유권(Copyhold) 353, 356, 359
See 물권법, 잉글랜드의(Property law,
English)
보일, 로버트(Boyle, Robert) 198,
200, 221, 222, 283, 389
보카치오, 조반니(Boccaccio, Giovanni)
전편 색인 참조
보통법(Common law) 46, 134, 170,
188, 341, 365, 466 See 교회법
(Canon law); 잉글랜드 보통법(English
common law);
보통법(Jus commune) 273, 280 유
럽 보통법(European common law),
See also 교회법(Canon law); 봉건
법(Feudal law); 로마법(Roman law)
보통법(이우스 코무네, Jus commune);
로마법(Roman law) 236, 272, 279

보통법원(Common law courts) 46,
217 See also 대권법원(Prerogative
courts)
본햄 케이스(Bonham's Case) 134,
290
볼테르(Voltaire) 543
볼프, 에릭(Wolf, Erik) 전편 색인 참조
봉건법(Feudal law) 144, 446
봉건주의("Feudalism") 34, 37, 449,
615, 619 See also 봉건법(Feudal
law); 연대 구분(periodization of)
부겐하겐, 요한(Bugenhagen, Johann)
전편 색인 참조
부다에우스(Budaeus, Guillelmus) 전편
색인 참조
불법행위(Unjust enrichment) 205,
236
불법행위에 관한 법(Tort law) 223,
238, 240
뷔르템베르크의 군주 울리히(Ulrich,
Prince of Württemberg) 전편 색인
참조
브라우델, 페르난드(Braudel, Fernand)
전편 색인 참조
브락톤(Bracton) 95, 169, 215
브릿지맨경(Bridgman, Sir Orlando)
361
블랙스톤, 윌리엄(Blackstone, William)
212, 264, 274, 275, 278, 286
블레이크, 로버트(Blake, Admiral Robert)
39, 44
블루멘베르크, 한스(Blumenberg, Hans)
전편 색인 참조
비겔리우스 니콜라스(Vigelius, Nicolas)
전편 색인 참조
비르길리우스(Virgil) 전편 색인 참조
비악커, 프란츠(Wieacker, Franz) 전편
색인 참조
비에드, 헤르만 본 추기경(Wied, Cardinal
Hermann von) 전편 색인 참조

해롤드 버만(Harold Joseph Berman, 1918~2007)

하버드 로스쿨(Harvard Law School)의 가장 중요한 업적을 내는 교수에게 주어지는 스토리 교수직(Story Professor of Law)과 에임즈 교수직(Ames Professor of Law)에 37년간 있었다. 이후 남부의 하버드라 불리는 에머리 로스쿨(Emory Law School) 최고의 교수에게 주어지는 우드러프 교수직(Woodruff Professor of Law)을 역임하였으며 89세에 영면할 때까지 60년 동안 현역 교수로 활약하였다.

1. 비교법과 비교법제사, 법철학(jurisprudence), 법과 종교, 국제 통상 및 국제사법, 러시아-소비에트법사, 법 교육 등을 전공 하였다.

2. 문명사에서 인류의 법과 종교의 상호작용 관계를 정리하였으며, 그의 영향으로 에머리 로스쿨의 'Center for the Study of Law and Religion'이 설립되었다[그의 학생이었던 존 위티 주니어(John Witte Jr.)가 director].

3. 법학 교육에 미친 영향은 하버드 로스쿨의 실질적인 창설자 로스코 파운드(Roscoe Pound), 법현실주의자 칼 N. 루엘린(Karl N. Llewellyn), 자연법론의 론 풀러(Lon Fuller)와 동열에 위치한다고 한다. 학제적으로는 막스 베버(Max Weber)에 비견된다고 한다.

4. 지적인 세계에서, 먼저 신대륙과 영국을 거쳐, 대서양을 넘어, 서유럽의 게르만 문명과 프랑크 문명을 연결시키고, 마침내 중동부 유럽과 러시아를 연결시켜, 서양법 전통이 지나간 역사가 아니라 '현존하는 전통의 힘'이라는 것을 증명하였다.

5. 그의 '법과 종교' 연구에서 확립된 보편주의는, 1989년 구 공산주의가 무너진 동유럽 러시아혁명 이후 진공 상태의 광대한 지역에서 새로운 질서를 형성시키는 데 기여하여 왔다. 또한 그가 '법과 종교'에 기한 인류문명사의 과거와 미래에 대한 해석 및 예견은, 2006년 중국서도 수천 명의 중국학자들을 경청하게 만들었다. 2010년에는 일본에서도 비교법을 통해 많은 학생들이 그를 따랐다.

6. 2013년 『법과 혁명 Ⅰ』을 한국에서 출간한 이후, 이번에 출간되는 『법과 혁명 Ⅱ』의 전편과 후편이 한국의 지식사회 및 법학계 에 줄 충격은, 1995년 독일어로 출간된 『법과 혁명』이 유럽대륙에 던진 파문에 비교될지는 알 수 없다.

김 철(金徹) chullkim715@hanmail.net

서울대학교 법과대학과 동 대학원의 법학과 박사 과정을 수료, University of Michigan Graduate Study(fulbright fellow & UM Law fellow) 졸업, NYU Law Sch. 방문학자, Harvard, Columbia 등에서 단기연구를 진행한 바 있다. 서울대학교, 고려대학교, 숭실대학교 등 여러 국내 대학교에서 학생들을 가르쳤고, 1982년 숙명여자대학교 법과대학 창설 교수였으며, 현재는 명예교수로 서울대학교 등에 출강하고 있다. 이 밖에 법철학회, 법사학회, 경제법학회, 도산법연구회, 공법학회 산하 여러 학회, 행정법학회, 헌법학회, 사회이론학회, 인문사회과학회 등 여러 학회에서 활동하고 있다.

대표 저서로는 I. **한국 법학 3부작**『한국 법학의 반성』(2009.9),『한국 법학의 철학적 기초』(2007),『법제도의 보편성과 특수성-한국 공법학의 지향점』(2007), II. **기초법 3부작** 한국 법철학회 편의『한국의 법철학자』(2013) 및 Legal Philosophers in Korea(2014, 영문판), 한국사회이론학회 공저『뒤르켐을 다시 생각한다』(2009.3), 한국사회이론학회 공저『다시 읽는 막스 베버』(2015), III. **법과 경제 3부작**『경제위기와 치유의 법학』(2014.2),『법과 경제 질서: 21세기의 시대정신』(2010.3),『경제 위기 때의 법학: 뉴딜 법학의 회귀가 능성』(2009.3), IV. **법과 종교 3부작** 해롤드 버만과 김철『종교와 제도: 문명과 역사적 법이론』(1992.2), 영문논문「Religion & Law in East-Asian Culture」(2009.3), 인문사회과학회 공저『칼뱅주의 논쟁』(2010), V. **법과 혁명 옮기고 주석 3부작** 해롤드 버만 원저, 김철 옮기고 정리하고 주석『법과 혁명 I -서양법 전통의 형성』(2013.2),『법과 혁명 II -그리스도교가 서양법 전통에 미친 영향(前)』(2016.2),『법과 혁명 II -그리스도교가 서양법 전통에 미친 영향(後)』(2016.2), VI. **비교법 2부작** 공저『미소 비교론』(1992.2),『러시아 소비에트법-비교법 문화적 연구』(1989) 등이 있다.

학제적 연구로 '인문, 사회, 과학, 특히 법학과 경제학, 법학과 신학의 학제성의 업적'으로 2015년도 한국인문사회과학상을 수상하였다(한국인문사회과학원, 2015.6.20).

단독 저서로, 학술원우수학술도서(2010), 문화관광부우수학술도서(2009, 2011), 학회 공동저서로 학술원우수도서(2009)에 선정되었다.

법과 혁명 Ⅱ
그리스도교가
서양법 전통에 미친 영향(後)

초판인쇄 2016년 1월 29일
초판발행 2016년 1월 29일

지은이 해롤드 버만
옮기고 주석 김철
펴낸이 채종준
펴낸곳 한국학술정보(주)
주소 경기도 파주시 회동길 230(문발동)
전화 031) 908-3181(대표)
팩스 031) 908-3189
홈페이지 http://ebook.kstudy.com
전자우편 출판사업부 publish@kstudy.com
등록 제일산-115호(2000. 6. 19)

ISBN 978-89-268-7191-1 93360